KB137884

이 책에 쏟아진 찬사

스나이더는 1930년에서 1945년까지 발트해 연안국들, 벨라루스, 폴란드, 우크라이나에서 실제로 무슨 일이 있었는지를 보여준다. 스탈린의 인위적 기근에서 1945년 죽음의 행진, 그리고 대규모 인종 청소까지 수많은 유혈이 빚어진 이 경계 지역들은 스탈린과 히틀러의 이데올로기적 아집의 피해를 집중적으로 입었다.

_앤터니 비버, 『텔레그래프』 '올해의 책'

우크라이나 기근, 홀로코스트, 스탈린의 대숙청, 소련 포로들의 의도적 아사, 전후의 인종 청소, 이 모든 일에 대해 스나이더는 같은 현상의 다른 면들을 드러냈고, 이로써 큰 기여를 했다. 다른 이들처럼 나치의 잔혹함이나 소련의 잔혹 행위를 따로 연구하지 않고 하나로 묶어서 본 것이다. 스나이더는 이 두 체제를 면밀히 비교 검토하기보다 두 체제가 같은 시대, 같은 장소에서 같은 범죄를 저질렀음을 보여주고자 했다. 그들은 서로 더 잔혹해지도록 부추겼고, 그에 따라 각각 저지른 것보다 훨씬 더 많은 집단 학살을 저지르게 되었다. 이 점이 중요하다.

_앤 애플바움, 『뉴욕리뷰오브북스』

자국의 역사를 꽤나 안다고 자부하는 사람이라도 스나이더의 통찰과 비교·대조의 놀라움 앞에서는 전율하게 된다. 스나이더의 꼼꼼하고 의미심장한 책은 '스탈린이 더 나쁘냐, 히틀러가 더 나쁘냐' '소련의 우크라이나 학살과 나치의 유대인 학살 중 뭐가 더 중대한 범죄냐' 같은 무미건조하고 정치관이 일쑤 개입되는 물음에 명확하고 통렬한 해답을 준다. 이 책은 그런 문제의 배경을 설명하고, 기록한다. 두 전체주의 제국은 사람을 숫자로 만들어버렸으며, 그들의 죽음을 더 나은 미래로 가는 필연적인 단계로 간주했다. 스나이더의 책은 어떤 일이 누구에게 일어났는가를 동정심과 공정성, 그리고 통찰을 더해 설명해낸다. _『이코노미스트』

의도적인 집단 학살, 그 하나하나의 공포가 생생히 드러난다. (…) 스나이더는 희생자, 집행자, 증인들 개개인의 모습을 간략하게 보여줌으로써 이 이야기를 더욱 설득력 있게 끌어간다. _『뉴욕타임스북리뷰』

1933년에서 1945년까지 동유럽에서 1400만 명이 학살당했다. 히틀러와 스탈린 사이의 유럽은 어디서, 어떻게, 왜 그 많은 사람이 죽었는지를 기록했다. 이를 들여다보면 현대 유럽과 제2차 세계대전을 완전히 다시 생각하게 될 것이다. 이 과정에서 스나이더는 중대한 공헌을 한 가지 했다. 그는 죽어간 사람들에게 인간으로서의 존엄성을 되찾아준 것이다. 그들을 단지 희생자로만 치부한 것이 아니라.
_『뉴리퍼블릭』 '편집자들이 뽑은 2010년 최고의 책'

티머시 스나이더의 연구는 세세하고 완전하다. 그의 서술은 힘이 넘친다. 스나이더는 독일과 소련의 대량학살을 들여다보며, 핵무기가 나타나기 전 20세기에 자행된 총력전이 얼마나 사악한 것이었는가를 제대로 파헤친다. 그 필수적인 작업은 이제껏 터부로 남아 있었다. _『워싱턴포스트』

대부분의 전쟁처럼 제2차 세계대전의 이야기도 승자가 한 것이 대다수다. 외교와 군사 작전은 대체로 서방 국가들이 주도한 것처럼 혹은 미국·영국·소련이라는 도덕적으로 우월한 동맹국들이 파시즘과의 싸움에서 활약한 것처럼 그려진다. 그 과정에서 홀로코스트는 전쟁과 별개의 이야기이며, 대량학살과 인류의 비극이라는 차원에서 접근된다. 『피에 젖은 땅』은 그런 관점을 뒤흔들어놓는다. (…) 스나이더는 이 책의 여러 목적 가운데 하나로, 더 광범위한 유럽 분쟁의 맥락에서 홀로코스트에 접근하려 했다. 그것은 곧 그 의미의 복원이었다. 상당한 논쟁을 각오하지 않으면 어떤 역사가도 시도 못 할 과제이지만, 유대인들의 고난을 평가절하하는 일 없이 『피에 젖은 땅』은 나치의 학살 기계, 그 전모를 포착해냈다.
_『월스트리트저널』

히틀러와 스탈린이 어떻게 서로의 범죄를 가능케 하고, 발트해와 흑해 사이의 땅에서 1400만 명의 목숨을 앗을 수 있었는가? 예일대학의 역사학자가 필생의 작품으로 써낸 이 책은 읽고 또 읽을 가치가 있다. _『이코노미스트』 '올해의 책'

분명 우리는 모두 알아야 한다. 모두 이해해야 한다. 모두 실감해야 한다. 스나이더의 책은 막대한 상세 자료와 소름 끼칠 만큼 노골적인 묘사로, 이 암울하지만 투명한 폭로를 읽는 사람이라면 누구든 이 시대에 관한 한 이 세 가지를 달성할 수 있게 해준다. _데이비드 덴비, 『뉴요커』

이 놀랍고 가슴 아픈 역사책은 1933년에서 1945년 사이, 베를린과 모스크바 사이에서 숨져간 1400만 명의 학살을 다룬다. 그들은 홀로코스트의 희생자만이 아니었다. 330만 명은 스탈린이 우크라이나에 강제한 기근으로 숨졌고, 많은 폴란드의 엘리트 또한 숙청되었다. 러시아인, 벨라루스인, 우크라이나인들 다수는 히틀러에 의해 굶어 죽었다. _『파이낸셜타임스』

의도적 대량학살에 있어 히틀러와 스탈린은 아직도 타의 추종을 불허하는 이들이다. 그들의 범죄에 대해 우리는 오랫동안 많은 지식을 쌓아왔지만, 그 성격과 정도에 대해서는 이해가 부족한 면도 있다. 적어도 이 두 거물 독재자가 어떻게 상호작용했는지에 대해서는 말이다. 우리는 1930년대 중반에서 1940년대 중반까지 폴란드와 러시아 서부에서, 그리고 우크라이나, 벨라루스, 발트 삼국에서 벌어진 최악의 공포를 미처 알지 못했다. 따라서 티머시 스나이더는 『피에 젖은 땅』에서 20세기 중반 유럽이 겪은 악몽을 제대로, 확실하게 제시해보려 했다.

_『인디펜던트』 '올해의 책'

꼼꼼하게 조사 연구를 했고 (…) 이 시기에 대한 우리의 일반적인 생각을 고쳐주는 『피에 젖은 땅』은 너무나 큰 가치를 지닌 책이다. (…) 역사 지리학에 있어서 강력하고도 중요한 교훈을 준다. _애덤 호치실드, 『하퍼스매거진』

수백만 명의 동유럽인이 독일과 소련, 유럽사 최악의 살인 정권들 사이에 갇혔다. 그들의 이야기는 티머시 스나이더의 놀라운 책에 잘 나타나 있다. (…) 『피에 젖은 땅』은 훌륭한 필치와 명료성과 뛰어난 가독성을 갖춘 책이다. 이 책은 놀라운 최신의 통계 자료도 많이 갖추고 있는 한편, 심금을 울리는 개인사도 담고 있다. (…) 그중 일부는 익숙하지만, 대부분은 새롭다. 스나이더는 스탈린주의와 나치즘, 홀로코스트에 대한 우리의 생각을 바꿀 만큼 동유럽을 새롭게 바라보는 중요 인물이다. (…) 스나이더는 새로운 사고와 조사 결과를 산더미처럼 제시한다. 그 다수가 처음 보는 것들이다. 참으로 대단한 학술적 연구이며, 여러 신화의 파괴이자 유럽 역사를 새롭게 다시 보는 시작점일 수밖에 없다. _『뉴스테이츠먼』

티머시 스나이더의 책은 대단하다. 제2차 세계대전과 그 잔혹성에 대한 새로운 정보를 주기 때문이 아니다. 그것을 연대기적으로나 지리학적으로나 새롭게 구축해내고, 그리하여 이 역사적 사건들을 새로운 관점에서 바라볼 수 있게 해주기 때문이다. _『주이시 포워드』 '2010년 5대 논픽션'

스탈린과 히틀러의 킬링필드, 그 본모습을 스나이더가 명확하고 통렬하게 드러냈다. 새로 발굴한 많은 자료를 활용해 소련의 범죄를 부정하던 사람들을 무색하게 하며 (…) 1937년에서 1938년까지의 숙청에서 10만 명의 폴란드인이 살해된 일, 계획된 기근으로 600만 명이 죽은 일을 지적한다. _『리즌』 '2010년 최고의 책'

티머시 스나이더의 『피에 젖은 땅』은 나치와 공산주의자들이 저지른 우크라이나, 벨라루스, 폴란드, 서부 러시아, 발트 삼국에서의 대량학살을 민낯으로 드러내 보인다. _존 그레이, 『뉴스테이츠먼』 '2010년 올해의 책'

티머시 스나이더가 블러드랜드라고 부르는 땅에서 벌어진 소련과 나치의 이데올로기, 정치 전략, 매일같이 일어난 공포에 대한 진실되고도 소름 끼치는 보고서. (…) 스나이더는 영어, 독일어, 이디시어, 체코어, 슬로바키아어, 폴란드어, 벨라루스어, 우크라이나어와 러시아어, 프랑스어로 쓰인 자료를 낱낱이 섭렵했다. 그야말로 놀라울 정도로 연구하고 조사했다. 그의 생생한 상상력은 남들이 오직 혼란과 혼돈밖에 못 볼 곳에서 비교 가능한 면모와 비슷한 점들, 일반적인 흐름을 잡아냈다. (…) 정말로 중요한 책이다. _이스트반 덱, 『뉴리퍼블릭』

이 철저한 조사에 바탕한 역사책에서 (…) 스나이더는 히틀러의 유대인 몰살과 그보다 앞선 스탈린의 쿨라크 박멸이 윤리적으로 비등하다는 주장을 하려는 게 아니다. 반대로, 시체와 그 뼛가루를 산업적으로 활용한 일은 완전히 히틀러적인 잔혹성이며, 인류의 둘도 없는 오점이라고 말하고 있다. 영어로 쓰인 책 가운데 독일과 소련의 대량학살을 함께 다룬 책은 『피에 젖은 땅』이 첫 번째다. 정치적인 대량학살의 역사책으로서 이 책은 1400만 명의 사람을 인간이 아닌 존재로 치환해버린 정치적 병폐를 조명한다. _『텔레그래프』

히틀러와 스탈린이 거의 동시에 저지른 인종 청소에 대한 놀라운 책. (…) 스나이더의 책을 읽기 전에는 스탈린주의도, 인간의 본성도 결코 완전히 이해했다고 볼 수 없을 것이다. _『슬레이트』

재능 있는 역사가이자 훌륭한 이야기꾼인 스나이더는 최고로 복잡하게 얽힌 이야기의 타래를 풀고, 신화를 깨고, 잘못된 개념을 바로잡으며, 사건의 맥락과 의미 분석, 이해관계 분석을 공평하게 제시한다. 언제나 희생자들의 목소리에 귀를 기울이면서. (…) 『피에 젖은 땅』은 유럽사 최대의 인구학적 비극을 놀라울 정도로 선명하게 그려낸 탁월하고, 권위 있으며, 상상력 넘치는 책이다. 스나이더는 전체주의에 희생된 수없이 많은 사람에게서 인간의 얼굴을 보려 했다. 그런 점에서 그는 훌륭하게 성공했다. _로저 무어하우스, 『BBC 히스토리매거진』

『피에 젖은 땅』은 이 경악할 만한 시기에 대한 우리의 생각을 고쳐준다. (…) 스나이더는 그가 '블러드랜드'라 부르는 곳에서 벌어진 엄청난 잔악 행위를 단지 하나의 역사적 틀로써만 들여다보지 않는다. 두 독재자의 잔악 행위를 따로따로 보는 것(가령 히틀러의 범죄를 '역사의 예외로 쳐야 할 사건'으로 보거나, 스탈린의 범죄를 근대화 달성을 위한 거친 수단으로 이해하는 일)은 두 독재자를 '우리 잣대로 판단하는' 일이다. (…) 우크라이나 기근에 대한 이 책의 잊지 못할 설명은 스탈린이 자기 나라 농촌에서 무슨 일이 벌어지고 있는지 똑똑히 알았으며, 의도적으로 그런 일을 부추겼음을 분명히 알려준다. (…) 너무나 많은 사람이 죽어갔고 또한 비참히 죽어간 까닭에 오히려 슬픔에 무덤덤해질 수 있다. 그러나 위대한 연구자이자 훌륭한 작가이기도 한 스나이더는 그 점을 알고 있었다. 그는 우리에게 죽음을 숫자로만 보지 말라고 충고한다. _『가디언』

티머시 스나이더의 『피에 젖은 땅』은 히틀러와 스탈린 치하의 동유럽에 대한 흥미로운 재조명의 일환이면서, 그 참혹한 실제를 잘 드러내준다.

_데이비드 허먼, 『뉴스테이츠먼』

역사학 작업의 중요한 결과물이다. (…) 스나이더는 홀로코스트의 진짜 킬링필드가 독일 점령하의 동유럽이었음을 분명히 제시해준다. 그는 눈에 확 띄는 사실들과 딱 떨어지는 숫자를 백과사전처럼 펼쳐놓는다. (…) 『피에 젖은 땅』에서 스나이더는 홀로코스트를 다른 잔혹 행위들과 함께, 하나의 포괄적 틀에 놓고 바라본다. (…) 아마 스나이더야말로 가장 유능한 신진 현대 유럽사 연구자이리라. 그는 놀라울 정도로 풍부한 정보를 수집해 사실관계를 전문가답게 다루고, 여러 언어로 된 자료에서 중요한 정보를 캐내며, 자신의 조사 내용을 탁월하게 취합·분석함으로써 일을 완수해냈다. 적어도 『피에 젖은 땅』은 유럽 역사상 가장 끔찍했던 시대를 하나로 통합해서 볼 수 있는 시각을 제공한다는 점에서 가치가 크다. (…) 천부적인 산문 작가인 스나이더는 이 우울한 주제가 갖는 도덕적 심각성에 적절한 글을 쓰기 위해 애썼으며, 진부한 내용은 거의 찾을 수 없다. (…) 어떤 잣대로 보더라도 『피에 젖은 땅』은 뛰어난, 심지어 최고의 업적이다. (…) 궁극적으로, 스나이더가 세운 업적의 첫째를 꼽는다면 두 살인 정권을 나란히 놓고 봄으로써 그 사악한 본질을 제대로 알 수 있게 한 점이다. 얼마 전까지만 해도 몇몇 희생자의 개별적인 악운이나 영웅적 행동 위주로만 접근해왔던 상황에 대해. _새뮤얼 모인, 『네이션』

『피에 젖은 땅』이 신선한 까닭 중 하나는 그것이 제2차 세계대전과 그 직전 시기에 대한 우리의 통상적 관점을 걷어치워버린다는 데 있다. 분쟁을 위에서 아래로 보고, 강대국끼리의 다툼으로 이해하는 대신, 희생자의 시각에서, 살육과 가장 가까운 지점에서 본다. (…) 히틀러와 스탈린의 범죄를 같은 맥락에서 볼 수 있는가, 아니 그렇게 봐야 하는가에 대해서는 계속 열띤 논쟁이 있으리라. 그러나 확실한 점이 하나 있다. 희생자 입장에서는 둘 다 차이가 없다는 것이다.

_갤 베커먼, 『보스턴글로브』

뛰어난 학자가 쓴 대담한 책이 동유럽 역사, 소련 역사, 홀로코스트 연구에 새롭고 중요한 목소리를 던진다. 이 거대 서사는 아름답게 구성되고, 공감과 엄격함을 갖고 쓰였다. 스나이더의 책은 나치와 스탈린 체제를 단지 비극적인 시기, 파멸의 시대로만 보면서 그 둘 사이의 연관성은 간과하며, 어떻게 서로 다른 사람들이 실제 그 두 체제에서 고통을 받았는지를 면밀히 살피지 않는 우리의 일반적인 경향에 반론을 제기한다. (…) 어떤 이유에서든 히틀러의 범죄를 과장하고 스탈린과 그 협력자들이 저지른 범죄는 최소화하려는 사람들에게 스나이더는 남겨진 기록을 내민다. 그는 여러 유럽 언어로 된 소련, 나치, 동유럽 역사, 홀로코스트 연구의 최신 연구 결과들을 근거로 삼고 있다. 이는 박수를 받을 만한 업적이며, 아직 학제적 접근에 의한 결실이 별로 없는 이 분야 전체에 대한 기여다.

_웬디 로어, 『저널 오브 제노사이드 리서치』

중요한 새로운 역사. (…) 『피에 젖은 땅』에서 스나이더가 이룬 중요 업적 중 하나는 한편으로 유대인들의 비극을 그대로 그려내면서 다른 한편 유대인들이 살았던 땅에서 다른 사람들이 겪었던 비극과 유대인의 비극이 갖는 복잡한 관련성을 밝혀냈다는 것이다. (…) 유대인과 공산주의 사이의 관계는 아마 스나이더가 보여주는 주제들 중 가장 폭발력 있을 것이다. 그는 이 책 전반에 걸쳐 그가 보여준 강점, 즉 심층 조사와 폭넓은 감수성, 분명하고 신중한 도덕 판단 등의 도움을 받아 이를 드러낸다. (…) 누구든 홀로코스트를 온전히 이해하려면(이해될 수 있는 점이 있다면 말이겠지만), 『피에 젖은 땅』을 읽어야 한다. 궁극의 악을 실현하고자 얼마나 많은 악이 행해졌는지를 알기 위하여. _애덤 커시, 『태블릿』

서방 국가 사람들에게 제2차 세계대전의 공포는 아우슈비츠, 이오섬, 히로시마 등의 이름과 관련된다. 예일대학의 유능한 역사학자인 스나이더는 그런 곳들에서 벌어진 일의 심각성을 부정하지 않으면서도, 이 시기에 자행된 대량학살의 참모습을 제시해준다. 그 대부분이 어디서, 어떻게 저질러졌는지를 보여줌으로써. 『피에 젖은 땅』은 놀라운 사실과 폭로로 넘쳐난다. (…) 모두가 읽어야 할 결론에서, 스나이더는 이 살육의 역사가 주는 도덕적 교훈을 들려준다. 누가 범죄자인가 하는 문제 뒤에, 당시는 희생자와 집행자를 말끔히 구분하기 어려운 시대였다는 통찰을 담아서. 그는 또한 그리 멀지 않은 과거의 '순교 경쟁'이 갖는 위험에도 눈을 돌리도록 한다. 바로 블러드랜드의 나라들이 저마다 자신들이 최대 희생자라고 주장했던 사실을 들려주면서. _『시애틀타임스』

스나이더의 수정주의적 역사는 어떻게 독일과 소련 사이의 땅에서 1400만 명이 죽어갔는지 묘사하며, 제2차 세계대전 중 일어난 비극에 새롭게 접근하도록 해준다.

_『롤콜』

스나이더의 서술에서 통계는 중요한 부분이다. 그러나 그는 모든 숫자가 개개의 인간임을 잊지 않는다. (…) 이 책은 암울하지만 읽을 가치가 있다. _『워싱턴타임스』

스나이더는 두말할 것 없이 참신한 연구 결과를 내놓았다. 더욱이 그것은 서구 학자들에게 도무지 익숙지 않은 언어로 된 자료들에서 나온 것이다. 『피에 젖은 땅』의 성공은 냉정하고 치밀한, 그리고 풍부한 학식의 효과적인 전개 덕분이다.
_『파이낸셜타임스』

충실하고 적절한 연구 성과. _『북리스트』

소련과 나치 독일이 함께 저지른 대량학살에 대한 소름 끼치도록 체계적인 연구. (…) 놀라운 숫자들과 학문적 식견. _『커커스리뷰』 '주목할 만한 책'

흠잡을 데 없이 연구된 역사서다. (…) 스나이더의 책이 갖는 큰 장점 중 하나는 '블러드랜드'에서 죽어간 일부 사람의 잊힌 목소리를 되살렸다는 것이다. 나치와 소련 체제는 사람을 숫자로 바꿨다. 그러나 스나이더는 동유럽의 비할 데 없는 비극에 대한 거시적인 서술과 개개인의 삶에 대한 긴밀한 접근을 서로 연결지었다.
_『아이리시타임스』

이 책을 읽는 어떤 독자든 20세기 중반에 대한 생각을 완전히 뒤바꿀 것이다. (…) 스나이더는 두 난제를 동시에 해결했다. 그는 이제껏 여러 번 조사된 시기를 다시 파고들면서 완전히 새로운 시각을 정립해냈다. 그는 또 언제나 역사의 증인이 많지 않았던 동유럽의 시각을 통해 여태 외면되었던 역사적 사건들에도 빛을 비추었다. (…) 『피에 젖은 땅』은 20세기 역사에 관심 있는 모든 이의 절대적 필독서이며, 나아가 어떻게 역사 서사가 만들어지고 유지되는지에 관심을 지닌 사람도 이 책을 꼭 읽어봐야 한다. 스나이더의 과거사 연구는 앞으로도 계속 기대할 가치가 있다. _『프라하포스트』

동유럽 역사에 관심 있는 사람이라면 반드시 읽어야 할 책. _애나 포터, 『글로브앤메일』

놀랍고도 중요한 신간. (…) 스나이더의 글쓰기는 어떤 이에게는 불편할 만큼 대담하다. 그는 '집단학살genocide'이라는 말뜻의 쓸모에 의문을 제기한다. 그 대신 그는 '대량학살mass killing'이라는 말을 쓴다. 히틀러의 '마지막 해결책'에 해당되는 스탈린의 조치를 제시하며. (…) 스나이더는 단순 비교에 머물지 않는다. 그의 논증은 범위를 엄격하게 맞춘 선에서 이뤄진다. 그는 나치 독일과 소련이 서로를 자극해 학살의 정도를 높여간 결과 폴란드, 리투아니아, 우크라이나, 벨라루스 등에서 어떻게 1400만 명을 살육하게 되었는지를 보여준다. _『내셔널』

매우 흥미롭고, 도발적이다. _『워싱턴먼슬리』

대담하고, 탁월하며, 독자를 불편하게 만드는 책. 20세기 중반 나치와 소련이 저지른 공포를 나란히 놓고 하나의 서사로 풀어나간다. 이 두 체제가 서로 겹치거나 겨뤘던 지역, 즉 폴란드, 발트 삼국, 우크라이나, 벨라루스에 집중하면서 스나이더는 전체주의의 무수한 희생자에게 인간의 얼굴을 부여한다. 시의적절하고, 내용이 탄탄하며, 잘 쓰인 책으로, 올해의 역사서 가운데 으뜸이다. _『히스토리투데이』

제2차 세계대전과 1920년대에 대한 우리의 이해를 근본적으로 뒤바꿔놓는 대작이다. (…) 절제된 글쓰기와 적확한 판단의 위업. (…) 명확하고 강렬하며 생생하고 예지 넘치는 이야기들. (…) 『피에 젖은 땅』은 20세기 중반의 유럽을 연구하는 학자의 완벽한 참고서다. 널리 읽히는, 기본적인 참고문헌이 될 것이다.

_『미시간 워스터디 리뷰』

20세기 동유럽에서 1400만 명에게 저질러진 집단 범죄, 그 기억을 보존하고 그 역사를 기록하는 과정에서 매우 중대한 이정표다. 스나이더는 여러 유형의 희생자 집단을 한결같은 공감력으로 살폈다. 그리고 다양한 인과관계를 계속해서 포착했다. _『야드바셈 스터디스』

출간 즉시 고전의 반열에 오른 책. (…) 스나이더는 잘 알려지지 않은 역사 이야기를 풍성하게 내놓는다. _『포린폴리시인포커스』

꼼꼼하게 조사하고 대범하게 관점을 잡은 『피에 젖은 땅』은 20세기 최대의 악행에 대해 눈을 떼지 못하게 하며, 독자로 하여금 진실을 불편하게 마주하도록 서술한다. _『에틱스 앤 인터내셔널 어페어스』

읽기 불편한 페이지들을 넘기다보면 스나이더가 블러드랜드 전역에서 일어난 소수 민족 학살을 묘사한 부분이 나온다. 여러 해가 지났건만, 역사책도 많이 나왔건만, 아직도 우리를 소름 끼치게 하는 역사의 디테일은 남아 있다. (…) 흥미롭게도 관점을 비틀어버리면서, 스나이더는 보통의 서구인들이 홀로코스트에 대해 갖는 이해가 얼마나 불충분한지를 보여준다. 파리, 암스테르담, 로마에서 벌어진 거의 병원 내 범죄 수준인 '죽음의 춤'이나 추방에만 몰두하던 우리는, 그사이에 동유럽에서 벌어진 일들을 알고 경악하게 된다. _『내셔널리뷰』

대단한 역사책이다. (…) 스나이더는 우리 대부분이 제2차 세계대전을 바라보는 관점을 뒤바꿔놓는다. _『매클린스』

『피에 젖은 땅』은 현대 세계의 가장 파괴적인 집단 기억 중 일부의 진위를 시험한다. 스나이더는 학술적인 엄격함과 유려한 문체로 20세기 최대의 무시무시한 집단 학살의 원인과 결과를 설명하려고 한다. _『이코노미스트』 프로스페로 블로그

『피에 젖은 땅』은 매우 특별한 학문적 노고의 산물이다. 저자는 6개 언어로 된 16개 기록보관소를 샅샅이 뒤졌다. 그 결과 대량학살에 대한 상세한 묘사가 가능해졌고, 소름 끼치는 세부 사항들을 꾸준히 모은 끝에 나오는 절제된, 거의 의료 처방전처럼 차분한 글로 이를 이뤘다. (…) 이 기념비적인 저작은 유럽의 가장 암울했던 시기에 학살된 수백만 명의 남녀노소가 남긴 것을 찾으려는 한 학자의 인도적이고 끈기 있는 노력으로 가능했다. _『코먼윌』

최상급 수준의 대중 역사서. 스나이더는 스탈린과 히틀러의 범죄를 이끌어낸 동기를 효과적으로 잡아냈을 뿐 아니라, 심금을 울리는 세부 사항들을 차근차근 제시했다. '블러드랜드'에서 고통받은 개인들의 수많은 이야기는 스탈린주의와 나치 국가사회주의 이데올로기의 이름으로 자행된 학살 장면에서 인간성을 살려낸다. 이는 아마도 스나이더의 필생의 역작이 될 것이다. _『초이스』

아마 다른 어떤 역사보다 더 많이 연구되고, 극화되고, 논쟁의 대상이 된 시대와 주제를 다루었지만, 『피에 젖은 땅』은 믿을 수 없을 만큼 독창성 넘치는 책이다. 이

는 홀로코스트를 기본적으로 동유럽의 현상으로 생각하도록 하고, 일정 기간 자행된 대량학살 정책의 일환으로 여기도록 한다. (…) 이 대단한 작품으로, 스나이더는 홀로코스트와 그에 선행되었거나 동반되었던 공포를 제 위치에 놓았다.

_『폴리시리뷰』

쓸모 있는 책은 많다. 그러나 중요한 책은 얼마 안 된다. 『피에 젖은 땅』은 적어도 우리가 20세기 역사를 다시 생각하도록 해주고, 전체주의적 이상주의가 치른 무서운 인명 희생을 그 가장 두드러진 성격을 들어 파악하도록 해준다. (…) 『피에 젖은 땅』은 20세기 역사에서 가장 강렬하고 괴로운 주제를 대담하고 계몽적이게, 감동적이고도 지적으로 도전적이게 파고든다. 이 책을 주의 깊게 읽는다면, 누구나 전체주의의 디스토피아라는 이름으로 1400만 명의 목숨이 사라져간 상황을 티머시 스나이더가 얼마나 세밀히 해부했는지 잊어버리지 못할 것이다. _『폴리시리뷰』

『피에 젖은 땅』은 히틀러와 스탈린이 모두 취했던 정책에 주목한다. 특히 인종 청소의 한 방법인 의도적 기아는 소름 끼치는 이야기다. 이 책의 더 넓은 시각을 통해 독자들은 숱하게 이야기되어온 주제를 더 정확하게 이해할 수 있을 것이다.

_『컨템포러리리뷰』

나치 독일을 연구하는 역사학자들은 히틀러의 동유럽 말살 정책, '마지막 해결책', 인종 구조를 근본적으로 바꿔놓으려던 시도와 식민화 프로젝트 등을 『일반 계획』에서 탐구해왔다. 소련 역사를 연구하는 사람들은 스탈린의 집단화, 대공포, 수용소군도, 집단 이주와 불신받은 소수 민족의 추방, 서부에서 새로 병합된 지역들의 급속한 소비에트화 등을 분석해왔다. 두 경우 모두 중점은 그 희생자들의 운명보다는 독재 지도부의 정책과 의사 결정에 맞춰지곤 했다. 티머시 스나이더의 책이 기여한 놀라운 점이 무엇인가 하면, 히틀러와 스탈린의 살육 정책이 상호작용을 하며 서로 겹치고, 심화되도록 이끌었던 동유럽 역사를 통합적으로 제시했다는 것이다. 스나이더가 생생하게 보여주듯, '블러드랜드'에 살던 사람들에게 그 둘의 정책이 복합되면서 미친 효과는 유럽사 최악의 인위적 재난이자, 인류의 비극이었다. _크리스토퍼 B. 브라우닝 노스캐롤라이나주립대학 프랭크 포터 그레이엄 기념 역사학 교수

티머시 스나이더는 대체로 잘 알려지지 않은 자료를 바탕으로, 러시아와 독일 사이의 20세기 유럽 킬링필드에서 벌어진 일에 대해 철저하게 파헤친, 의미심장하고도 참신한 책을 썼다. 고급 역사서로서 『피에 젖은 땅』은 우리 시대에 대한 교훈 역시 제시하고 있다. _티머시 가튼 애시 옥스퍼드대학 유럽학 교수

유럽 승전 후 거의 70년 동안 제2차 세계대전은 서방 측의 좁은 시각에서만 판단되어왔다. 1939년에서 1945년 사이에 빚어진 전쟁 관련 문제들은 대부분 해결되지 못한 채 내버려져 있었다. 독일과 러시아 사이에 가로놓인 넓은 땅에 대해 파고드는 이 책에서, 티머시 스나이더는 히틀러뿐 아니라 스탈린에 의해서도 저질러진 유럽 대륙의 비극에 대해 잘 알려지지 않은 사실을 파헤친다. 그리고 사뭇 불편한 결론에 이른다. 공평해야 한다는 의식을 잃지 않으면서도 언어적으로 놀랍고도 방어적인 글쓰기를 동원하며 그는 자신보다 담이 작은 역사학자들이 기피해온 질문에 매달린다. 가장 큰 인명 피해를 낳은 사건은 언제, 어디서였는가? 집행자들은 누구였으며, 희생자들은 어떤 인종적·민족적 정체성을 갖고 있었는가? 희생자 수는 어떻게 추산하며, 증명할 것인가? 이것이야말로 역사를 다시 생각하도록 독자를 인도하는 책임에 틀림없다. _노먼 데이비스, 『유럽의 역사』 저자

러시아와 독일 사이에 놓인 땅은 20세기 중반 10년 이상 유럽의 킬링필드였다. 폴란드, 우크라이나, 리투아니아, 벨라루스에서 소련군과 나치 독일 당국에 의해 수천만 명의 민간인이 굶주리고, 두들겨 맞고, 총에 맞고, 독가스를 마시고 숨져갔다. 우리는 이 이야기를 알 만큼 안다고 생각했고, 아우슈비츠와 강제수용소를 알면 그것으로 충분하다고 여겨왔다. 유럽의 '블러드랜드'에 대한 이 획기적이고 용감무쌍한 연구에서 티머시 스나이더는 이 이야기가 생각보다 훨씬 더 복잡다단하게 꼬여 있음을 보여준다. 살육 체제(대내·대외 모두에서)의 방법과 동기에 대한 그의 설명을 통해 우리는 지난 수십 년 동안 벌어진 대량학살에 대한 이해를 전면적으로 수정할 수 있다. 흠잡을 데 없는 연구와 이 힘든 주제에 대한 적절한 감성을 갖춘 『피에 젖은 땅』은 수십 년간 이 분야에서 나온 책 가운데 가장 중요한 저작이다. _토니 젓, 『전후 유럽 1945~2005』 저자

히틀러와 스탈린의 잔학 행위에 대해 쓰인 책 가운데 가장 돋보이는 작품. (…) 내 생애에 가장 눈이 번쩍 뜨인 책 중 하나. (…) 티머시 스나이더 교수는 천재다. 이 책이야말로 진정 놀라운 책이다. (…) 나는 이 주제에 대해 볼 만큼 봤다고, 들을

만큼 들었다고 생각했지만 착각이었다.

_마이클 새비지, 뉴욕타임스 베스트셀러 작가·「마이클 새비지 쇼」 메인 MC

그 어떤 역사가도 이런 책을 써내지 못했다.

_테리 마틴, 하버드대학 데이비스 러시아-유럽 연구센터장

폴란드만이 아니라 벨라루스, 우크라이나, 발트 삼국을 망라하는 지역에 대한 탁월하고, 중요하며, 고도로 참신한 책. _『주이시 저널』

『피에 젖은 땅』은 그 주제 때문에 읽기 버거운 책이다. (…) 20세기 중반부 전기의 역사, 그 피에 젖은 역사를 공부하는 사람이라면 누구에게나 중요한, 잘 쓰인 책이다. _『페더럴 로이어』

『피에 젖은 땅』에서 티머시 스나이더는 히틀러와 스탈린 사이에 놓인 유럽을, 인류사 최대의 참혹한 살육과 대량 파괴의 시대를 더 넓게, 멀리 내다보는 시각으로, 그리고 아마도 논란의 여지가 있는 참신한 시각으로 바라본다. (…) 1400만 명의 비무장 남녀노소가 어떻게 살해되었는지를 전율과 교훈을 담아 이야기한다.

_『오타와 시티즌』

스나이더의 책은 히틀러의 유대인 박멸전의 유일무이성을 해치지 않으면서, 홀로코스트를 나치와 소련이라는 더 큰 범위의 인종 말살 정책의 견지에서 바라볼 수 있게 해준다. _『주이시 북월드』

이 책에서 대담하게 펼쳐지는 한편 매우 정밀하게 제시되는 티머시 스나이더의 주제는 중부 유럽의 최근 역사가 두 거대한 제국 사이의 상호작용 결과로 바라볼 때 비로소 적절히 이해될 수 있다는 것이다. (…) 『피에 젖은 땅』은 당대의 맥락을 매우 엄중하고 열정적으로 짚어낸다. 한 시대의 분위기를 펼쳐 보이며, 그때 펼쳐진 일련의 공포스런 사건들을 이해할 실마리를 준다. _『위켄드 오스트레일리언』

우리는 블러드랜드에 살았던 사람들이 마주한 딜레마와 공포를 본다. 그들이 어

떻게 살아남았나, 어떻게 협력했나, 저항하고, 사랑하고, 희망을 품고, 상황을 바라보고, 살고, 죽었는가를. 스나이더는 스탈린과 히틀러의 손에서 역사 서사를 빼앗아 희생자들에게 그날을 서술할 주도권을 찾아준다. 이는 힘이 넘치는 필력으로 뒷받침된다. 그는 유능한 역사학자로서 여러 언어로 된 수백 가지 자료를 거뜬히 소화해낼 뿐 아니라, 뛰어나고 호소력 있는 작가이기도 하다. _『키예프포스트』

중요한 책이다. (…) 인상 깊고도 잘 다듬어진 서사가 돋보인다.

_『커네이디언 주이시 뉴스』

히틀러와 스탈린을 하나로 엮는 일이야말로 스나이더의 책이 갖는 두드러지게 놀라운 점이다. 다른 이들도 이 엇비슷한 정신의 광인들을 비교해보았다. 하지만 내가 아는 한 그 누구도 스나이더처럼 적절한 분석을 해내지는 못했다. 그는 이 배배 꼬인 관계의 모든 면을 낱낱이 검토했고, 이를 통해 소련의 기근, 몰로토프-리벤트로프 협정, 스탈린 반유대주의의 참모습 등을 알려준다. _『주이시 익스포넌트』

티머시 스나이더의 『피에 젖은 땅』은 제때를 만난 책이 아니다. 오랫동안 이어져온 때에 도전한 책이다. 이 책이 동유럽에서 널리 받아들여진다면, 이 지역에서 오래 문제를 일으켜온 양자 갈등관계의 해소에 새로운 돌파구가 열릴 것이다.

_『모스크바뉴스』

『피에 젖은 땅』은 읽을 가치가 있다. 어떤 점에서 보더라도 교훈이 넘치는 역사책이다. _『위니펙 프리프레스』

스나이더의 훌륭한 책은 세상이 결코 잊지 못할 주제에 대해 많은 것을 알려준다. 시간을 내서, 참을성을 갖고 이 책을 읽어보자. 이 책에서 얻는 지식은 참으로 값질 것이다. _『익스체인지』

히틀러와 스탈린 체제가 학살한 1400만 명에 대한 놀라운 역사적 탐구.

_『비즈니스인사이더』

강력하고 소름 돋는 역사. (…) 『피에 젖은 땅』은 두 전체주의 독재자가 가졌던 진정한 광기와 잔혹성을 새롭게 조명한다. 히틀러와 스탈린은 인류사에 일찍이 없었던 수준으로 사람의 생명을 유린했다. _『새러소타 헤럴드 트리뷴』

스나이더는 이 수고로운 대작을 씀으로써 탁월한 학문적 성취와 내장이 뒤틀릴 정도의 비극을 균형감 있게 내놓았다. 이 책에 묘사된 무서운 일들이 천부적인 이야기꾼을 필요로 함은 말할 나위가 없다. 스나이더는 여러 문서고를 훑으며, 희생자들을 단지 통계상의 숫자로 보지 않고 사람으로 묘사하며, 또한 히틀러와 스탈린 모두의 내적 동기를 드러내면서 유일무이한 작품을 써냈다. 새롭고, 매력적이며, 기념비적인 작품을. _『위치타 이글』

『피에 젖은 땅』의 첫 장을 읽으면, 아니 아무 곳이나 손이 가는 대로 펴서 읽으면, 야심찬 두 지도자와 그 추종자들의 비이성적인 타락 행위에 전율하며 내용에 빠져들 것이다. (…) 흥미진진하고, 놀랍고, 무시무시한 이야기들을 희생자가 쓴 일기, 생존자들의 증언, 당시의 신문 기사, 개인의 편지 등에서 수없이 추려냈다. (…) 스나이더는 이런 단편적 이야기들을 하나로 엮어 히틀러와 스탈린 체제의 의사 결정 과정에 대해 경고 섞인 고발을 하며, 또한 제2차 세계대전 중 폴란드, 우크라이나, 벨라루스, 발트 삼국에 살았던 사람들의 슬픈 운명을 풀어나간다.

_『킨들 데일리포스트』

중요하고, 면밀히 조사된, 심금을 울리는 이야기. (…) 여기 나오는 숫자들과 서사는 흥미진진하다. 하지만 스나이더의 책의 더 큰 장점은 파멸당한 인간성을 되살려놓았다는 데 있다. _『콩코드 모니터』

『피에 젖은 땅』은 베를린과 모스크바의 정책이 어떻게 동유럽의 수백만 명에게 상상도 못 할 고통과 죽음을 안겨주었는지를 명쾌히 파헤친다. (…) 나치와 소련 체제가 각자의 사회를 완성하려고 저지른 공포와 비극을 묘파한 스나이더의 지적 능력이 빛난다. _『데저럿 모닝 뉴스』

티머시 스나이더는 그 어떤 유럽사 연구자들보다 세부를 놓치지 않으면서 전체적인 그림을 잘 그려낸다. (…) 이 책은 '인간성에 대한 질문'이라는 장으로 끝난다. 그야말로 인도주의에 대한 중요한 책인 것이다. 또한 아름답고 때로는 거의 시적인 문장으로 쓰여 있다. 특히 희생자들을 이야기할 때. (…) 그 역사학적·문학적 가치에 더하여, 무려 10개 언어로 된 문헌들에 입각해 쓰인 이 책은 학문적으로도 성공을 거두었다. _『워 인 히스토리』

『피에 젖은 땅』에서 티머시 스나이더는 진실된 역사적 그림을 인상적으로 그려낸다. 그 주제는 1932년에서 1933년까지의 우크라이나 기근에서부터 제2차 세계대전 종전 후 소련의 반시온주의 운동에 이르는, 살인 이데올로기와 동유럽의 집단 학살이다. _『브라우저』

『피에 젖은 땅』은 (…) 홀로코스트를 제대로 의식하려는 노력이 아직도 학계에서 진행 중이며 가까운 시일 안에 끝나지는 않을 것임을 재확인시켜준다.

_『주이시 데일리 포워드』

피에 젖은 땅

BLOOD 피에 젖은 땅 LANDS

스탈린과 히틀러 사이의 유럽

티머시 스나이더 지음
함규진 옮김

글항아리

일러두기

본문 하단 각주는 옮긴이 주다.

들어가기에 앞서

—유럽의 한 장면

"살았어, 이젠 살았어!" 고픈 배를 움켜잡고 을씨년스러운 거리를, 황량한 들판을 비틀비틀 헤매고 다니던 소년은 이렇게 외쳤다. 소년의 눈에 들어온 먹을거리. 그러나 그것은 환상일 뿐이었다. 들판의 밀은 남김없이 징발된 뒤였다. 그 무자비한 물자 징발은 유럽의 집단학살 시대를 여는 것이었다. 때는 1933년, 이오시프 스탈린은 우크라이나를 의도적으로 기아의 늪에 빠뜨리는 중이었다. 그 소년은 결국 죽었다. 우크라이나 동포 300만 명과 마찬가지로. "나는 지하에서 그녀를 다시 만날 거야." 어느 소련 젊은이는 자기 아내를 생각하며 이렇게 말했다. 그 말은 들어맞았다. 그는 그녀 다음 순서로 총살되었고, 그녀와 함께 묻혔다. 스탈린의 1937~1938년 대숙청 기간에, 다른 70만 명과 함께였다. "그놈들은 내 결혼반지를 내놓으라고 했다. 나는……" 어느 폴란드 장교의 일기는 이렇게 중단되는데, 1940년에 그가 소련 비밀경찰의 손에 처형되었기 때문이다. 그는 제2차 세계대전의 시작 무렵, 폴란드를 동시 침공한 소련군과 나치 독일군에게 희생된 20만 폴란드인의 한 사람이었다. 1941년 말, 러시아의 레닌그라드에서, 어느 열한 살짜리 러시아 소녀는 낡은 일기장에 마지막 말을 이렇게 썼다. "이제 타냐만 남았어." 히틀러가 스탈린을 배신하고, 그 도시를 포위했다. 그리고 그녀의 가족은 농성 끝에 굶어 죽은 400만 명의 소련인에 포함되었다. 이듬해 여름, 이번에는 열두 살짜리 유대인 소녀가 벨라루스에서 아빠에게 보내는 마지막 편지를 썼다. "죽기 전에 인사해. 나 무서워. 그들이 아이들을 구덩이에 산 채로 집어던지고 있어." 그녀 외에도 독일군이 가스나 총탄으로 죽인 유대인은 500만 명 이상이었다.

—

20세기 중반 유럽 대륙의 중앙부에서, 나치 독일과 소비에트 러시아는 약 1400만 명의 사람을 살육했다. 그 희생자들이 쓰러져간 땅, 블러드랜드bloodlands는 폴란드 중부에서 러시아 서부, 우크라이나, 벨라루스, 발트 연안국들에 이른다. 스탈린주의와 국가사회주의가 세력을 굳히던 시기(1933~1938), 독소의 합동 폴란드 침공(1939~1941), 독소 전쟁(1941~1945) 동안, 사상 초유의 대학살이 이들 지역을 덮쳤다. 희생자들은 주로 유대인, 벨라루스인, 우크라이나인, 폴란드인, 러시아인, 발트 연안국인들로, 그 땅에 살고 있던 주민들이었다. 1400만 명이 겨우 12년 동안, 1933년에서 1945년까지 학살되던 때는 히틀러와 스탈린 둘의 집권기였다. 그 기간 동안 그들의 조국이 전쟁터가 되었다고 해도, 그들은 전쟁보다는 잔혹한 정책 때문에 희생된 것이다. 제2차 세계대전은 사상 최악의 살육전이었다. 그리고 참전 군인들의 대략 절반이 바로 이곳, 블러드랜드에서 쓰러졌다. 그렇지만 1400만 명의 희생자 가운데 전사한 병사는 한 사람도 없었다. 대부분은 여성, 어린이, 노인이었다. 아무도 무장하지 않은 채였고, 대개 모든 재산을, 몸에 걸칠 것조차 빼앗긴 상태에서 숨을 거뒀다.

아우슈비츠는 블러드랜드에서 가장 잘 알려진 인간 도살장이었다. 오늘날 아우슈비츠는 홀로코스트의 대명사이며, 홀로코스트는 20세기 악惡의 대명사다. 그러나 아우슈비츠에서 '노동 가능자'로 분류된 사람들에겐 살아남을 기회가 있었다. 생존자들의 회상록과 소설 덕분에, 아우슈비츠 희생자들의 이름은 알려져 있다. 반면 더 많은 유대인, 대개 폴란드 유대인들로서 다른 독일 '살인 공장'(트레블린카, 헤움노, 소비부르, 베우제츠 등등)에서 숨져간 사람들의 이름은 잘 기억되지 않는다. 그리고 그보다 더 많은 유대인, 원거주지에서 얼마 떨어지지 않은 곳에서 총살당하거나 산 채로 묻힌 폴란드, 리투아니아, 라트비아, 우크라이나, 벨라루스의 유대인들 이름도 마찬가지다. 독일인들은 다른 곳에서 유대인들을 끌고 와서 블러드랜드에서 죽였다. 유대인들은 헝가리, 체코슬로바키아, 프랑스, 네덜란드, 그리스, 벨기에, 유고슬라비아, 이탈리아, 노르웨이에서 기차에 실려 아우슈비츠로 왔다. 독일 유대인들도 블러드랜드의 도시들, 우치, 카우나스, 민스크, 바르샤바 등으로 끌려와 총알 또는 독가스 세례를 받았다. 지금 내가 이 책을 쓰고 있는 구역인 빈 제9구의 주민들은 아우슈비츠, 소비부르, 트레블린카, 리가로 이송되었다. 모두 블러드랜드의 도시들로, 독일의 유대인 대량학살은 점령된 폴란드, 리투아니아, 라트비아, 소련 땅에서 이뤄졌고 독일 본토에서는 진행되지 않았다. 히틀러가 수상으로 집권한 1933년 당시 독일의 유대인 인구는 1퍼센트도 되지 않았으며, (독일이 팽창한 뒤인) 제2차 세계대전 발발 시점에도 4분의 1 이하였다. 히틀러가 집권하고 첫 6년 동안, 독일의 유대인들은 이민을 허락받았다(굴욕과 박해의 와중에서). 1933년 히틀러의 집권을 지켜봤던 독일계 유대인 대부분은 천수를 누렸다. 독일계 유대인 16만 5000명을 학살한 일은 분명 끔찍한 범죄이지만, 유럽 유대인 전체가 겪은 비극에 비하면 새 발의 피다. 홀로코스트 전체 희생자의 3퍼센트도 되지 않기 때문이다. 나치 독일이 1939년 폴란드를, 1941년 소련을 침공했을 때에야 '유럽에서 유대인을 몰아낸다'는 히틀러의 비전이 유럽 유대인의 가장 큰 두 분파와 연결되었다. 그의 유럽 유대인 박멸의 꿈은 유대인이 살고 있는 유럽 땅에서만 실현될 수 있었다.

이 홀로코스트를 들여다보면, 독일은 더 많은 학살을 계획하고 있었던 것 같다. 히틀러는 유대인들만 없애고 싶어하지 않았다. 그는 폴란드와 소련이라는 나라도 아예 뿌리 뽑기를 원했고, 그 지배 계층을 박멸함은 물론, 수천만 명의 슬라브족(러시아인, 우크라이나인, 벨라루스인, 폴란드인)도 학살하려 했다. 만약 독일의 소련 침략이 예정대로 진행되었다면, 그 첫 겨울철에 3000만 명의 민간인이 굶어 죽었을 것이고, 수천만 명이 추방 혹은 학살되거나, 노예가 되었을 것이다. 비록 이 계획이 실현되진 않았지만, 독일의 동방 점령 정책의 근간을 마련하기에는 충분했다. 독일군은 전쟁 내내 유대인만큼 많은 비유대인을

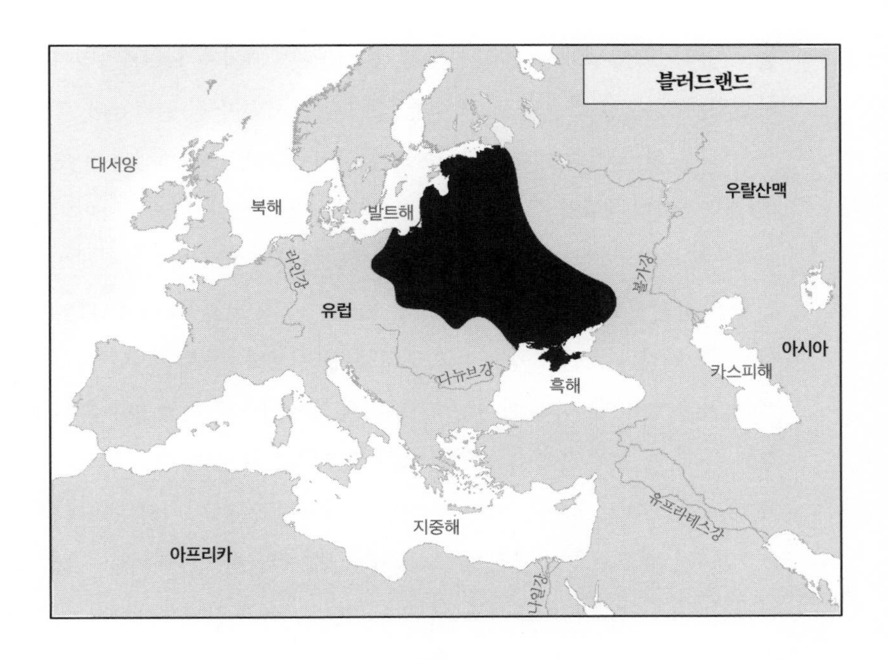

학살했으며, 소련의 전쟁포로를 굶겨 죽이거나(300만 이상), 포위한 도시 시민들을 굶겨 죽이거나(100만 이상), "보복"의 일환으로 민간인들을 총살함으로써(벨라루스와 폴란드인 수십만 명) 그렇게 했다.

소련은 제2차 세계대전 동부 전선에서 나치 독일을 꺾었고, 그리하여 스탈린은 수백만 명으로부터의 감사와 함께 전후 유럽 질서에서 중요한 축을 얻게 되었다. 그러나 스탈린이 저지른 대량학살은 히틀러의 그것과 맞먹는 규모다. 그리고 비전시 학살만 따져보면 한 수 위일 정도다. 소련을 방위하고 현대화한다는 명목으로, 스탈린은 1930년대에 수백만 명의 아사와 75만 명의 총살을 지휘했다. 스탈린은 히틀러가 타국민을 죽인 정도에 전혀 뒤지지 않을 강도로 자국민을 죽였다. 1933년에서 1945년까지, 블러드랜드에서는 1400만 명이 타살당했으며, 그 가운데 3분의 1은 소련 땅에서 벌어진 일이었다.

이 책은 한 정치적 대량학살의 이야기다. 1400만 명의 희생자는 모두 소련 또는 나치의 살육 정책으로 생명을 잃었으며, 그 둘 사이의 전쟁으로 숨진 것이 아니다. 심지어 그들의 4분의 1은 제2차 세계대전이 시작되기도 전에 죽어갔다. 또 20만 명은 1939년에서 1941년 사이, 즉 독일과 소련이 '동맹국'으로서 유럽 지도를 다시 그리던 시기에 죽었다. 1400만 명의 학살은 때로 경제 계획의 일환이었거나 혹은 경제 문제 때문에 가속이 붙었던 것으로 여겨진다. 그렇지만 엄격하게 따지자면 결코 경제적 필요성 때문에 빚어진 일은 아니다. 스탈린은 1933년 배고픈 농민들에게서 식량을 강제 징발하면 어떤 일이 일어날지 알고 있었다. 히틀러도 그보다 8년 뒤, 소련 전쟁포로들의 식량 배급을 끊으면 어떻게 될지 알고 있었다. 두 경우 모두 300만 명 이상이 죽었다. 1937년과 1938년의 대숙청 시기에 숨져간 수십만 명의 소련 농민과 노동자는 스탈린의 명확한 지시에 따른 희생자였으며, 그것은 1941년과 1945년 사이에 히틀러의 명확한 지시대로 수백만 명의 유대인이 총과 가스에 희생된 것과 마찬가지였다.

전쟁은 두 진영의 살육 판도를 바꿨다. 1930년대에, 소련은 유럽에서 대량학살을 벌이는 유일한 나라였다. 제2차 세계대전 이전, 히틀러가 집권한 뒤 6년하고 반이 지나는 동안에, 나치당은 1만 명가량만 살육했다. 당시 스탈린 체제는 이미 최소한 60만 명 이상을 총살하거나 굶겨 죽인 상태였다. 대량학살에 있어서 소련과 앞다투려는 독일의 방침은 1939년에서 1941년 사이, 스탈린이 히틀러의 제2차 세계대전 개전을 용인했을 때 이뤄졌다. 베어마흐트Wehrmacht(독일군)와 붉은 군대는 1939년 9월 동시에 폴란드를 침공했고, 두 나라의 외교관들은 국경 설정과 우호관계에 대한 조약을 맺었으며, 독일군과 소련군은 폴란드를 거의 2년 동안 사이좋게 점령했다. 1940년, 독일이 노르웨이, 덴마크, 베네룩스 3국, 프랑스를 침공해 그 제국을 서쪽으로 확장한 뒤, 소련은 리투아니아, 라트비아, 에스토니아, 루마니아 동북부를 침공해 병합했다. 두 정권 모두 수만 명의 폴란드 민간인(교육 수준이 높은)을 쏴 죽이고, 수십만 명을 강제이주시켰다. 스탈린에게 그러한 대중 탄압은 새로 차지한 땅에서 그때까지 시행해오던 정책의 되풀이였다. 그리고 히틀러에게는 새로운 길이었다.

이 학살의 역사에서 가장 지독한 시기는 히틀러가 스탈린을 배신하고 독일군이 최근 부풀어나 있던 소련의 영토로 쏟아져 들어가기 시작한 1941년 6월부터 시작되었다. 제2차 세계대전은 1939년 9월, 독소의 폴란드 합동 침공으로 시작되었으나, 저질러진 학살의 대부분은 이 '두 번째 동방 침공' 이후의 일이다. 소련령 우크라이나, 벨라루스, 레닌그라드 구역은 8년 전부터 스탈린 정권이 400만 명가량을 굶겨 죽이고 쏴 죽인 곳이었다. 그곳들에서, 독일군은 비슷한 숫자를 굶겨 죽이고 쏴 죽이는 데 약 절반의 시간만 쓰는 위업을 달성했다. 소련 침공이 시작된 직후부터, 베어마흐트는 사로잡은 소련군 포로들을 굶겼다. 그리고 아인자츠그루펜Einsatzgruppen이라 불리던 특수부대는 정적과 유대인들을 총살하기 시작했다. 독일 무장친위대Waffen-SS와 베어마흐트, 그리고 해당 지역의 경찰 및 민병대와 힘을 합쳐, 아인자츠그루펜은 그해 여름을 유대인 공동체를 근절하는 데 보냈다.

블러드랜드는 유럽 유대인이 살던 땅 모두였다. 히틀러와 스탈린의 제국이 차지하려 했던 모든 땅, 베어마흐트와 붉은 군대가 싸운 모든 땅, 소련 내무인민위원회NKVD와 독일의 친위대SS가 힘을 집중시켰던 모든 땅이 피로 물들었다. 떼죽음이 일어난 땅은 대체로 블러드랜드에 포함된 땅이었다. 1930년대와 1940년대 초의 정치 지형에서, 블러드랜드는 폴란드, 발트 연안, 벨라루스, 우크라이나, 그리고 소련의 서쪽 변경지대를 의미했다. 스탈린의 죄악은 흔히 러시아에 지은 죄악으로 여겨지며, 히틀러의 죄악 역시 독일에 대한 죄악으로 불린다. 그러나 소련의 가장 심한 만행은 비러시아 변경지대에서 저질러졌고, 나치 역시 독일 바깥에서 살육의 대부분을 자행했다. 20세기의 공포는 집단수용소에 도사리고 있다고 여겨져왔다. 그러나 국가사회주의와 스탈린주의의 희생자 대다수를 낳은 곳은 집단수용소가 아니다. 대량학살의 장소와 방식에 대한 이런 잘못된 이해는 우리가 20세기의 공포를 보는 시각을 오도한다.

독일은 1945년 미군과 영국군이 해방시킨 집단수용소들이 있었던 곳이다. 소련의 시베리아는 물론 알렉산드르 솔제니친에 의해 서방에 알려진 굴라크Gulag의 대부분이 있던 곳이다. 사진이나 글을 통해 전해진 이 집단수용소의 이미지는 독일과 소련이 범한 폭력의 일부만 알려준다. 독일 집단수용소에서 노역을 선고받은 사람 가운데 약 100만 명이 숨졌는데, 독일의 가스실과 살육장에서, 그리고 강제된 굶주림의 지역에서 1000만 명이 숨진 것과 대조된다. 1933년에

서 1945년 사이 소련 굴라크에서는 100만 명 이상이 과로와 질병으로 목숨을 잃었는데, 소련이 살육과 굶주림을 강제한 곳에서는 약 600만 명이 죽었고, 그중 400만 명은 블러드랜드에서 숨져갔다. 굴라크에 수용된 사람 가운데 90퍼센트는 살아서 그곳을 빠져나왔다. 독일의 집단수용소에 수용된 사람들도 대부분 살아남았다(독일의 가스실, 처형 구덩이, 포로수용소에 들어갔던 사람들과는 달리). 집단수용소 재소자들의 운명은 물론 가혹한 것이었다. 하지만 가스, 총탄, 굶주림으로 죽어간 수백만 명의 운명과는 차이가 있었다.

집단수용소와 학살 장소들 사이의 차이가 완전히 뚜렷하지는 않다. 분명히 집단수용소에서도 사람들이 처형되고 굶어 죽었다. 그렇지만 수용소행이 곧 사형을 뜻하지는 않았고, 강제노역과 가스실, 노예 신세와 총알받이 신세도 그 의미가 달랐다. 독일과 소련이 빚은 희생자들 가운데 대다수가 집단수용소는 구경도 못 해본 사람들이다. 아우슈비츠는 이중적 의미를 띠었다. 강제노동 시설이면서 처형 시설이었다. 그리고 비유대인인데 강제노동을 시키려 수용한 사람들 및 강제노동자로 분류된 유대인의 운명은 가스실행으로 분류된 유대인의 운명과 전혀 달랐다. 따라서 아우슈비츠는 두 가지 역사, 서로 이어져 있지만 다른 두 가지 역사 모두와 엮인다. '강제노동 시설로서의 아우슈비츠' 경험자들은 독일(또는 소련)의 강제 수용 정책을 겪은 다수의 사람과 비슷한 경험을 했다. 한편 '처형 시설로서의 아우슈비츠' 경험자들은 의도적 살육을 당한 사람들과 같았다. 아우슈비츠로 끌려간 유대인의 대부분은 곧바로 가스실로 보내졌고, 따라서 블러드랜드에서 숨져간 1400만 명이 으레 그랬듯이, 집단수용소 생활을 경험하지 않았다. 독일과 소련의 집단수용소는 동에서 서로 블러드랜드를 둘러싸고 있었으며, 그 회색 그림자로 암흑 지대를 흐릿하게 만들고 있었다. 제2차 세계대전의 끝 무렵, 미군과 영국군은 벨젠이나 다하우의 독일 집단수용소를 해방시켰다. 그러나 서방 군대가 주요 처형 시설을 해방시킨 일은 없다. 독일은 이제 소련에게 점령될 땅에서 대부분의 학살 정책을 실시했다. 붉은 군대는 아우슈비츠를 해방시키고, 트레블린카, 소비부르, 베우제츠, 헤움노, 마이다네크의 수용소들 역시 해방시켰다. 미군과 영국군은 블러드랜드에 전혀 이르지 못했고, 주요 살육 현장을 하나도 보지 못했다. 미군과 영국군은 소련의 살육 현장을 못 봤을 뿐 아니라, 스탈린주의의 범죄가 냉전이 끝난 뒤에야 문서로 공개되도록 내버려두었다. 그들은 독일의 살육 현장 역시 보지 못했고, 그래서 히틀러의 범죄가 제대로 드러나는 데 그토록 오랜 시간이 걸렸다. 독일의 집단수용소를 다룬 사진이나 영화 자료가 대부분의 서방 사람이 그 집단학살에 대해 알 수 있는 가장 생생한 자료였다. 그런 자료들이야 물론 끔찍했지만, 블러드랜드에서 벌어진 참상을 전하기에는 한참이나 부족했다. 그것은 그 전모는커녕 일부조차 제대로 전해줄 수 없었다.

유럽의 대량학살 하면 보통 홀로코스트가 떠오르며, 홀로코스트는 빠르게 진행된 '살인 공정'이었다고 여겨진다. 그런 이미지는 지나치게 단순하고, 명쾌하다. 독일과 소련의 살육 현장에서, 그 살육 방법은 오히려 원시적인 것이었다. 1933년에서 1945년까지 블러드랜드에서 살육된 1400만 명의 민간인과 전쟁포로 중 절반 이상은 식량을 배급받지 못해 죽었다. 20세기 중반, 유럽인들은 같은 유럽인을 무지무지하게 많이 굶겨 죽였다. 홀로코스트 다음가는 두 가지 최대 대량학살, 1930년대에 스탈린이 시행한 의도적 굶주림과 1940년대 초 히틀러의 소련 전쟁포로 굶기기는 이런 식의 학살이었다. 그건 사실 계획상으로는 더 큰 규모였다. "기아 계획"에서 나치는 1941년과 1942년에 걸친 겨울에 수천만 명의 슬라브인과 유대인을 굶겨 죽이려 했다.

굶겨 죽이기 다음에는 총살이 집행되었고, 그다음은 가스실이었다. 1937년에서 1938년까지인 스탈린의 대숙청 때, 거의 70만 명에 이르는 소련 시민이 총살되었다. 약 20만 명의 폴란드인은 독소의 합동 점령 시절에 총살되었다. 30만 명 이상의 벨라루스인과 그 비슷한 숫자의 폴란드인이 독일군의 "보복전" 때 처형되었다. 홀로코스트에서 죽은 유대인은 가스실에서만큼이나 총살로도 많이 죽었다. 그 점에서 보면, 가스실이라고 해서 그리 '현대적인' 방식인 것은 아니었다. 아우슈비츠에서 질식사한 수백만 명의 유대인은 시안화수소에 중독되었는데, 이는 18세기에 만들어진 화합물이었다. 트레블린카, 헤움노, 베우제츠, 소비부르에서 죽은 약 160만의 유대인은 일산화탄소에 중독되었고, 그것이 사람을 죽일 수 있다는 사실은 일찍이 고대 그리스인들도 알고 있었다. 1940년대에 시안화수소는 살충제로 쓰이고 있었다. 일산화탄소는 내연기관에서 만들어졌다. 소련과 독일은 1930년대와 1940년대에는 전혀 새로울 것 없던 기술인 내연기관, 철도, 화약무기, 살충제, 철조망 등을 써서 대량학살을 했다.

어떤 기술을 썼든 간에 그 학살은 개인적인 살인이었다. 굶주리고 있는 사람들은 종종 그들을 굶주리게 만든, 감시탑에 있는 장본인들의 눈에 보였다. 총살당하는 이들은 아주 근거리에서, 셋 중 둘은 소총의 가늠쇠 너머로, 셋 중 한 명은 머리에 권총이 겨눠진 채로 보였다. 중독사하게 될 사람들은 색출되고, 기차에 태워지며, 가스실로 밀려 들어갔다. 그들은 소유한 재물을 빼앗기고, 다음엔 입은 옷을 빼앗기더니, 여성들은 머리카락마저 잃었다. 그들 한 명 한 명이 다르게 죽었다. 그들 한 명 한 명이 다르게 살아온 사람들이었기에.

—

그 엄청난 숫자에 질려, 우리는 그들 한 명 한 명의 개인성을 생각 못 할 수 있다. 러시아의 시인 안나 아흐마토바는 그녀의 『레퀴엠』에서 이렇게 썼다. “당신들의 이름을 부르고 싶어요. 하지만 명부는 사라졌고, 아무 데서도 볼 수 없군요.” 역사학자들의 수고 덕분에, 우리는 명부를 어느 정도 볼 수 있다. 동유럽의 문서보관소가 개방된 덕분에, 그들의 마지막을 다룬 문서도 열람할 수 있게 되었다. 희생자들이 남긴 목소리가 얼마나 많은지 놀랄 정도다. 가령 키예프의 바비 야르에서 나치에게 생매장될 구덩이를 스스로 파야 했던 젊은 유대인 여성의 회상, 빌뉴스 근처 포나리에서 마찬가지로 죽어간 사람의 말, 트레블린카에서 살아남은 수십 명의 증언도 있었다. 우리는 애써 수집된 뒤 묻혔다가 다시 발견된 바르샤바 게토*의 문서보관소도 봤다. 1940년 카틴 숲속에서 소련 내무인민위원회에게 총살된 폴란드 장교들의 시신과 함께 남긴 일기장들도 찾아냈다. 그해에, 독일군의 살육 과정에서 생매장되려고 실려가던 폴란드인들이 버스에서 던진 쪽지들도 찾아냈다. 코벨 시너고그** 벽에 새겨진 낙서들도 있다. 바르샤바에서 게슈타포가 운영했던 감옥 벽에도 낙서들이 있다. 1933년 소련이 일으킨 기근에서 살아남은 우크라이나인들의 증언, 1941년 독일군의 식량 배급 중단을 견딘 소련군 포로들의 증언, 1941년부터 1944년까지의 포위전에서 굶주림을 견뎌낸 레닌그라드 시민들의 증언도 있다.

* 유대인들만 격리되어 살도록 한 특별 행정구역. 중세 때부터 있었으나 20세기 초중반 나치가 만든 게토가 그 야만성과 잔혹성에서 가장 유명하여 대명사처럼 되었다.

** 유대교의 예배당.

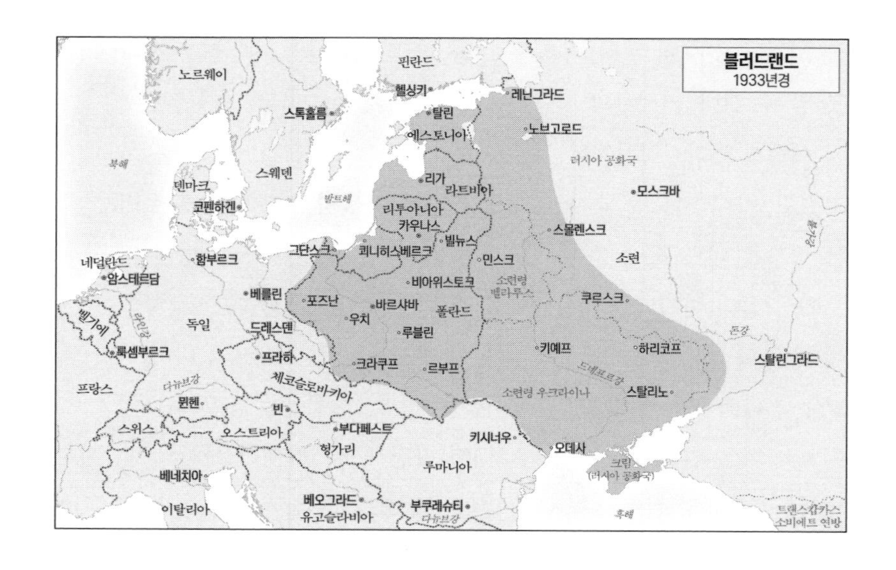

가해자 쪽에서 남긴 기록도 없지 않은데, 패전 후 독일에서 입수한 것이나 1991년 소련 붕괴 이후 러시아, 우크라이나, 벨라루스, 폴란드, 발트 삼국 등에서 입수한 것들이다. 유대인에게 총격을 가했던 독일 경찰과 군인들이 남긴 보고서 및 편지들, 벨라루스와 폴란드의 민간인을 쏴 죽였던 독일의 대빨치산 부대의 기록들도 있다. 1932년에서 1933년까지 우크라이나에서 인위적 기근 작전에 돌입하기 전, 공산당 운동가들이 이를 재고해달라며 모스크바에 보낸 청원서도 남아 있다. 1937년에서 1938년까지 지역 내무인민위원회에 모스크바가 하달한 '농민 및 소수 민족에 대한 각자의 살육 할당량' 관련 문서도 있다. 그에 대한 답신으로 '할당량을 늘려달라'고 한 문서도 있다. 구덩이에 묻힌 유대인과 가스실에서 쓰러진 유대인 숫자에 대한 독일군 자료도, 대숙청 시기와 카틴 숲 학살 때 소련군이 작성한 희생자 자료도 있다. 주요 살육 현장에서 유대인 학살 숫자를 대강 따져볼 수 있으며, 그 근거는 독일군의 업무일지와 통신 기록, 생존자의 증언, 소련 측의 기록 등이다. 우리는 기록이 전부 남아 있지는 않은 소련의 아사자 숫자도 대략 유추해낼 수 있다. 가까운 동지에게 보낸 스탈린의 편지들, 히틀러가 사석에서 남긴 말들, 힘러*의 일지 등등 참고 자료가 많이 있다. 적어도 이 책과 같은 형태로는 대체로 규명이 가능하다. 다른 역사학자들 덕분이며, 그들이 위와 같은 원자료와 그 외 셀 수 없이 많은 자료를 활용해준 덕분이다. 비록 이 책에 제시된 논의는 내가 직접 수행한 문헌 조사에서 비롯된 것이지만, 동료와 선배 역사학자들의 큰 기여는 책의 쪽마다, 주석마다 깃들어 있다.

전체적으로, 이 작업은 희생자들 스스로의 목소리를 소환할 것이며, 그들의 친구와 가족의 목소리 또한 울리게 될 것이다. 그리고 학살을 실행한 자들과 실행을 명령한 자들의 목소리, 또한 몇몇 유럽 저자의 증언의 목소리 또한 불러오리라—안나 아흐마토바, 한나 아렌트, 요제프 잡스키, 귄터 그라스, 바실리 그로스만,** 개러스 존스, 아서 케스틀러,*** 조지 오웰, 알렉산더 바이스베르크 등등의. (또한

---

* 하인리히 힘러. 나치 간부 가운데 한 명으로 친위대와 게슈타포(비밀경찰)를 이끌었으며 한때 히틀러에 이어 제2인자로 알려졌다. 1945년 연합군에 체포된 뒤 자살했다.

** 우크라이나 태생의 소련 작가로, 특파원이 되어 제2차 세계대전을 취재했다. 소수 민족에 대한 소련 정부의 탄압에 항의하면서 모든 글이 출판 금지를 겪고 1964년 실의 속에 사망했으나, 대표작 『삶과 운명』이 1980년 서방 세계에서 출판되면서 알렉산드르 솔제니친과 함께 대표적인 소련 반체제 작가로 알려졌다.

*** 헝가리 출신의 영국 작가. 본래 열렬한 사회주의자였으나 기자 활동을 하며 소련 치하의 참상을 보고 1938년 공산당을 탈당, 1948년 영국에 귀화했다. 『한낮의 어둠』은 소련의 만행을 고발한 역작이며, 『야누스』는 부분과 전체의 조화를 '홀론 사상'으로 이뤄보려는 과학철학서로서 많은 영향을 끼쳤다.

두 사람의 외교관도 낀다. 미국의 러시아 전문가 조지 케넌은 결정적인 시점에 모스크바에 있었고, 일본의 스파이 스기하라 지우네杉原千畝는 스탈린이 집단학살을 벌일 때 정당화를 위해 썼던 정책의 일익을 담당했으며, 나중에는 히틀러의 홀로코스트에서 유대인들을 구했다.) 이들 작가의 일부는 집단학살의 한 가지 정책에 대해 썼으며, 나머지는 둘 혹은 그 이상에 대해 썼다. 일부는 선명하게 분석하는 글을 썼고, 다른 일부는 모호하게 비교하는 글을 썼다. 또 일부는 가슴에 뚜렷이 새겨지는 이미지를 남겼다. 공통점은, 그들 모두 '히틀러와 스탈린'이라는 관점에서 당시 유럽을 보려 애썼다는 것이다. 그야말로 오늘날에는 왠지 좀처럼 꺼려지는 관점이다.

—

소련과 나치 체제를 비교하며 1951년에 정치이론가 한나 아렌트는 그 실재성 자체가 "그런 체제들이 비전체주의적 세계 속에서 이어진다는 데 근거한다"고 썼다. 미국 외교관 조지 케넌도 1944년 모스크바에서 같은 말을 더 쉬운 표현으로 남겼다. "여기서는 사람이 진실과 거짓을 판정한다." 진실이란 그저 힘의 조정물에 불과한 것일까, 아니면 힘의 구도에 저항하는 진짜 역사일까? 나치 독일과 소비에트 러시아는 역사 자체를 쥐고 흔들려 했다. 소련은 마르크스주의 국가였고, 그 지도자들은 역사의 '과학자'로 자처했다. 국가사회주의는 전면적인 변혁의 종말론적 버전이었고, '의지'와 '인종'이야말로 과거의 유산을 없애버릴 수 있다고 믿는 사람들이 실행에 옮긴 근거였다. 나치의 12년 집권과 소련의 74년 집권은 분명 우리가 세계를 평가하는 능력에 영향을 미쳤다. 많은 사람은 나치의 범죄가 역사적으로도 보기 드물 정도로 심각했다고 여긴다. 이는 히틀러 스스로가 실제 이상으로 성과를 신봉한 것과 묘한 대응을 이룬다. 또 다른 사람들은 스탈린의 범죄가 비록 그 참혹함에도 불구하고 새로운 근대 국가를 지켜내기 위해 어쩔 수 없었다는 주장을 고수한다. 이는 역사가 오직 한 방향으로만 움직인다는, 따라서 어떤 정책을 쓰든 그 방향과 어긋나지만 않는다면 모두 정당하다는, 스탈린의 믿음을 일깨워준다.

전혀 다른 기초 위에 세우고 다져진 역사 없이는, 우리는 히틀러와 스탈린이 아직도 우리를 그들의 올가미에 쥐고 있음을 알게 될 것이다. 그런 기초란 뭐가 될까? 이 연구는 군사, 정치, 경제, 사회, 문화, 지성사를 포괄하고 있지만, 사용하는 기본 연구 방법은 단순하다. 1) 과거의 어떤 사건도 역사적 이해를 초월할 수 없다, 또는 역사 탐구의 범위를 벗어날 수는 없다는 점을 고수할 것. 2) 당시 사람들이 선택할 수 있는 대안이 확실히 있었는지에 대해 숙고할 것. 3) 다수의 민간인 및 전쟁포로를 학살한 스탈린과 나치의 정책을 시기순으로 정연히 따져볼 것. 이는 제국의 지정학에서가 아니라, 희생자의 지리학에서 구성되는 문제다. 실제로든 허구로든 블러드랜드는 정치적 지역이 아니다. 유럽의 가장 살인적인 체제들이 가장 막대한 살육을 저지른 곳. 그저 그뿐일 따름이다.

수십 년 동안 각 국민의 역사(유대인, 폴란드인, 우크라이나인, 벨라루스인, 러시아인, 리투아니아인, 에스토니아인, 라트비아인의 역사)는 그들이 겪은 참화에 대한 나치와 소련의 개념화에 저항해왔다. 블러드랜드의 역사는 유럽의 과거사를 국민 단위에서 나누고, 그 단위들이 서로 뒤섞이지 않게 하면서 종종 이지적이고도 용감하게 지켜져왔다. 하지만 어느 한 집단의 학살에만 초점을 맞춘다면, 아무리 잘 하더라도 1933년에서 1945년까지 유럽에서 벌어진 일을 제대로 파악하기 어렵다. 우크라이나의 과거사를 완벽하게 안다고 해도, 그들이 겪은 굶주림의 원인을 알아낼 수는 없다. 폴란드 역사를 착실하게 익혀도 왜 대숙청 시기에 그토록 많은 폴란드인이 죽어가야 했는지 이유는 나오지 않는다. 아무리 벨라루스의 과거사를 연구한다 해도 그토록 많은 벨라루스인이 포로수용소와 대빨치산 전역에서 숨져가야 했던 이유를 찾아낼 수 없다. 유대인들의 삶을 연구하면 홀로코스트의 참상을 알 수 있을지 모르나, 그 원인은 설명할 수 없다. 한 집단에 벌어진 일은 종종 다른 집단에 벌어진 일과 비교했을 때 이해된다. 그러나 그런 비교는 시작일 뿐이다. 나치와 소련 체제 역시 그 지도자들이 이 땅들을 어떻게 장악하려 애썼는지, 그리고 이들 집단을 어떤 관계에 놓고 봤는지를 살펴봄으로써 이해될 수 있다.

오늘날 20세기의 대량학살이야말로 21세기에도 가장 중대한 도덕적 의미를 갖는다는 데는 널리 합의가 이뤄져 있다. 그렇다면 블러드랜드의 역사에 대해 알려진 게 없다는 것은 참으로 놀라운 일이 아닐 수 없다. 집단학살은 유대인의 역사를 유럽사에서 떨어뜨려놓고, 동유럽의 역사도 서유럽의 역사와 구분 짓게끔 한다. 살육이 국가 민족을 만들어내지는 않는다. 그러나 그 이론적인 구분에 영향을 준다. 국가사회주의와 스탈린주의가 사라진 지 수십 년이 지나서도 말이다. 이 연구는 나치와 소련 체제를 하나로, 유대인사와 유럽사를 하나로, 각 국민의 역사를 하나로 묶는다. 희생자와 집행자의 참모습을 드러낸다. 그 만행에 개입된 이데올로기와 실행 계획을 따지고, 그런 만행이 벌어지게 만든 체제와 사회를 분석한다. 이것은 멀리 떨어진 곳에 자리잡은 지도자들이 내린 명령으로 살육당한 사람들의 역사다. 희생자들의 고향 땅은 베를린과 모스크바 사이에 있었고, 그 땅은 히틀러와 스탈린이 집권한 다음 온통 피로 얼룩지고 말았다.

차례

들어가는 글
—히틀러와 스탈린

나치와 소련 체제의 기원, 그리고 그들이 왜 블러드랜드에서 만나게 되었는지의 기원은 1914년부터 1918년까지 벌어진 제1차 세계대전에 있다. 이 전쟁은 유럽의 옛 대륙 제국들을 무너뜨리는 한편, 새로운 제국에 대한 꿈을 일으켰다. 황제들의 왕조 통치 방식을 국민 주권에 의한 통치라는 약하디약한 개념으로 바꿔놓았다. 수백만 명의 사람이 명령에 따라 싸우고 죽는 모습을 보여주었다. 그 목적이라는 것은 추상적이고 멀게만 느껴지는 것, '조국을 위하여'였다. 그 조국이란 이미 수명을 다했거나, 이제 막 태어나려 하는 것이었건만. 새 국가들은 거의 무無에서부터 만들어졌으며, 수많은 민간인 집단이 아주 간단한 방식으로 옮겨지거나 말살되었다. 100만 명 이상의 아르메니아인이 오스만 정권에 의해 학살되었다. 독일계 주민과 유대인들이 러시아 제국에 의해 거주지에서 멀리 이동했다. 불가리아계, 그리스계, 터키계 주민들은 전후에 나라별로 옮겨가야 했다. 그에 못지않게 중요한 사실은, 이 전쟁이 하나로 통합되어 있던 세계 경제를 조각내버렸다는 사실이다. 1914년에 살아 있던 유럽의 성인은 생전에 두 번 다시 그만큼의 자유무역이 복구되는 일을 보지 못했다. 또 그런 유럽인의 대부분은 그 전 시대 수준의 번영을 다시는 누려보지 못했다. 제1차 세계대전은 간단히 말해서 두 진영의 무력 충돌이었다. 한쪽 진영에는 독일 제국, 합스부르크 왕실, 오스만 제국, 불가리아("동맹 제국")가, 반대 진영에는 프랑스, 러시아 제국, 영국, 이탈리아, 세르비아, 미국("협상 제국")이 있었다. 1918년 협상 제국의 승리는 3대 유럽 대륙 제국인 합스부르크, 독일, 오스만의 종말을 가져왔다. 전후 강화 조약인 베르사유 조약, 생제르맹 조약, 세브르 조약, 트리아농 조약의 결과 다민족 제국은 국민국가들로 바뀌고, 군주국들은 민주공화정으로 바뀌었다. 이 전쟁에서 무너지지 않은 유럽 강대국들도, 가령 영국 그리고 특히 프랑스는, 크게 약화되었다. 승리자들 사이에는 1918년의 승리로 전쟁 이전의 삶으로 돌아갈 수 있으리라는 환상이 있었다. 패전국들에서는 나라의 주도권을 쥐려던 혁명가들이 더 급진적인 변혁을 위한 유혈은 정당하다고 여기는 믿음이 있었다. 그런 변혁이야말로 참혹했던 전쟁에 의미를 부여하고, 그 피해를 위로하리라는 믿음도.

그 가운데 가장 중요한 정치적 비전은 공산주의 유토피아였다. 전쟁이 끝나던 때는 카를 마르크스와 프리드리히 엥겔스가 한 유명한 말, "만국의 노동자여, 단결하라!"라고 한 지 70년이 지난 시점이었다. 마르크스주의는 여러 세대에 걸쳐 혁명가들을 배출하며, 정치적·도

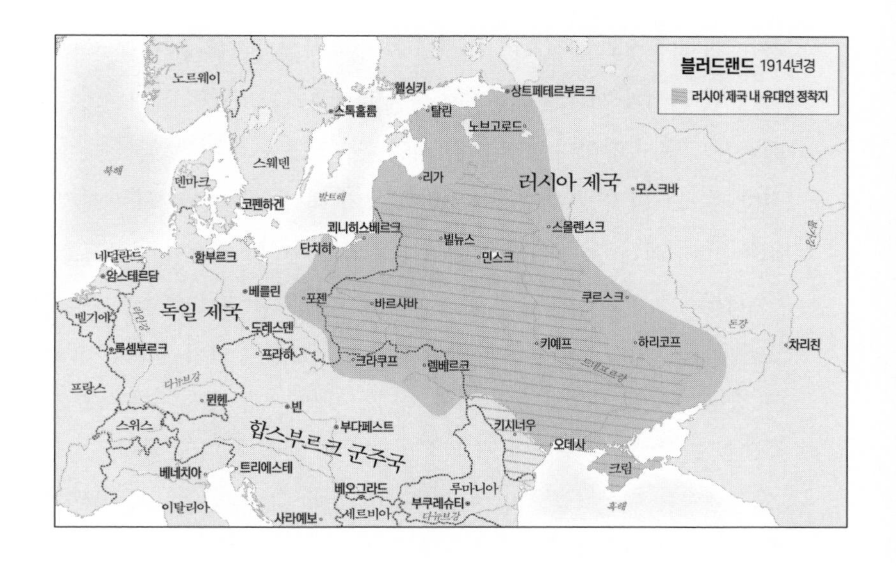

덕적 변혁을 요구했다. 자본주의의 종말과, 사유재산제가 가져왔다고 여겨지는 무력 갈등의 종식을, 그리고 대신 사회주의를 수립함으로써 노동 대중을 해방하고 인간성과 때묻지 않은 혼을 되찾는 혁명을. 마르크스주의자들에게 역사 발전은 계급 갈등에서 비롯되며, 경제적 생산 양식의 변화에 따라 그 계급은 탄생했다가 소멸되었다가 한다. 각각의 지배적 정치 질서는 새로운 경제적 기술 발전으로 생겨난 신생 사회 집단의 도전을 받는다. 근대의 계급투쟁은 공장 소유자와 공장 노동자들 사이에서 벌어진다. 그에 따라 마르크스와 엥겔스는 대규모 노동계급이 존재하는 선진 산업국가들, 가령 독일이나 영국에서 혁명이 시작되리라 여겼다. 자본주의 질서를 깨뜨리고 대제국들의 힘을 뺌으로써, 제1차 세계대전은 혁명가들에게 확실한 기회를 준 듯했다. 그러나 대부분의 마르크스주의자는 국민국가 체제 안에서 활동하는 데 점점 익숙해졌으며, 전시에 자국 정부를 지지하는 쪽을 택했다. 반면 러시아 제국의 신민이자 볼셰비키의 지도자였던 블라디미르 레닌은 그렇지 않았다. 그의 독자적인 마르크스주의 이해, 역사는 적절한 궤도에 따라 움직인다는 신념은 그가 대전大戰을 큰 기회로 여기도록 했다. 레닌 같은 독자적 해석가로서는, 역사의 평결이 마르크스주의자들 스스로에게 자유 행동권을 준 것이었다. 마르크스는 역사가 예정된 것이라기보다 그 원칙을 깨달은 사람들의 작업의 소산이라고 봤다. 레닌은 대체로 농촌에서 지지를 받았는데, 그것은 마르크스주의적 관점에서는 혁명의 경제적 조건일 수 없었다. 다시 한번, 그는 그의 혁명을 뒷받침할 혁명 이론을 내놓았다. 그는 식민지 제국들이 자본주의 체제에 생활을 구속할 힘을 추가로 대주고 있었고, 제국들 사이의 전쟁으로 대혁명이 일어날 수 있게 되었다고 봤다. 먼저 러시아 제국이 무너지고, 레닌이 행동에 나설 것이었다.

러시아 제국의 고달픈 병사와 굶주린 농민들은 1917년 초에 폭동을 일으켰다. 그해 2월에 대중 봉기로 러시아 왕조가 무너지자, 새로운 자유주의 정권은 독일 제국과 합스부르크 제국에 한 차례 더 공세를 펼쳐서 전쟁에서 이기려고 했다. 이때 레닌은 독일의 비장의 무기가 되었다. 독일은 스위스에 망명 중이던 레닌을 4월에 러시아 수도 페트로그라드로 보내, 러시아가 전장에서 물러나게끔 할 혁명을 일으키도록 했다. 카리스마 넘치는 동지인 레온 트로츠키와 그의 규율 잡힌 볼셰비키 당원들의 도움으로, 레닌은 11월에 어느 정도의 대중적 지지를 받으며 쿠데타에 성공했다. 1918년 초, 레닌의 새 정부는 독일과 강화 조약을 맺고 벨라루스, 우크라이나, 발트 연안, 폴란드를 독일의 손에 넘겨주었다. 독일은 어느 정도는 레닌 덕분에 동부 전선에서 승리하고 잠깐이나마 동유럽 제국으로 군림할 수 있었다. 레닌은 평화를 얻은 대신 러시아 제국의 서쪽 변방이던 곳들을 독일의 식민 지배 아래 내주었다. 그러나 물론, 독일 제국도 폭압적인 자본주의 체제의 나머지와 함께 곧 쓰러져버릴 테니 별문제는 아니라고 볼셰비키는 믿었다. 그때가 되면 러시아와 다른 혁명 세력은 그들의 새 질서를 서쪽으로, 지금 빼앗긴 땅의 훨씬 너머까지 퍼뜨릴 수 있으리라. 레닌과 트로츠키는 제1차 세계대전이 서부 전선에서의 독일의 패배를, 그리고 독일 내에서의 노동자 혁명을 가져올 것이라고 주장했다. 레닌과 트로츠키는 중부와 서부 유럽의 좀더 산업화된 땅에서 곧 프롤레타리아 혁명이 일어나리라는 생각으로 그들과 다른 마르크스주의자들의 러시아 혁명을 정당화한 것이다. 1918년 말과 1919년에는 레닌의 생각이 맞아떨어지는 듯 보였다. 1918년 가을, 독일은 서부 전선에서 프랑스, 영국, 미국에게 확실히 패배했다. 그리고 패배하지는 않았으되 그들의 새로운 동쪽 땅에서도 물러나야 했다. 독일 혁명가들은 집권을 위해 산발적인 시도를 벌이기 시작했다. 볼셰비키는 우크라이나와 벨라루스를 거저먹었다.

구러시아 제국의 붕괴와 구독일 제국의 패배는 동유럽에 힘의 공백 상태를 만들어냈고, 이는 볼셰비키들이 채우기에는 역부족이었다. 레닌과 트로츠키가 러시아와 우크라이나에서 벌어진 내전에 그들의 새로운 붉은 군대를 투입했지만, 발트해 연안의 다섯 지역(핀란드, 에스토니아, 라트비아, 리투아니아, 폴란드)은 독립 공화국이 되었다. 이들 지역을 잃고, 볼셰비키 러시아는 러시아 제국 때보다 더 동쪽으로 밀

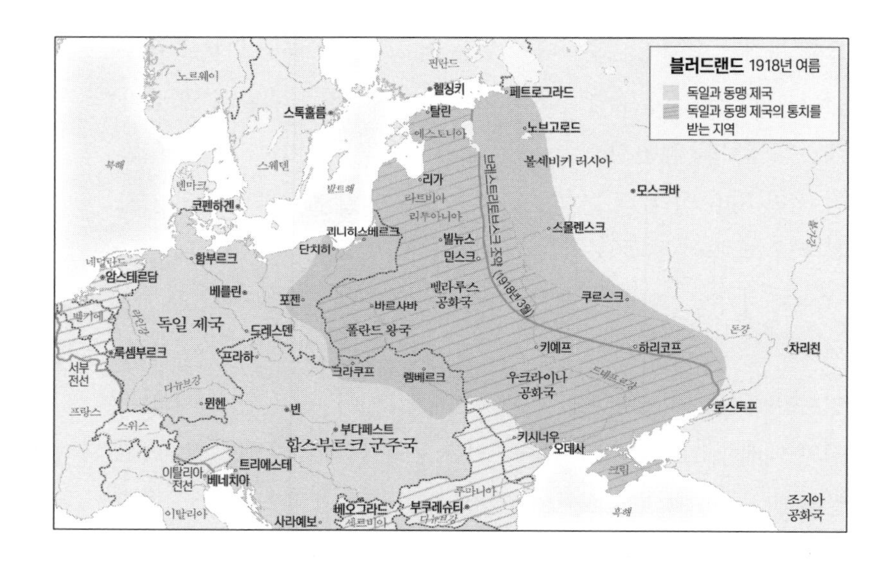

려난 모양새가 되었다. 이 신생 독립국들 가운데 폴란드는 다른 모든 나라를 합친 것보다 더 많은 인구를 보유했으며, 전략적으로 가장 중요한 위치를 차지했다. 전후에 생겨난 다른 어떤 국가보다, 폴란드는 동유럽의 세력 판도를 바꿔놓았다. 강대국이 되기에는 모자랐지만, 그 어떤 강대국의 팽창 정책이라도 펴기에 걸림돌이 될 만큼의 큰 영토는 갖고 있었다. 100여 년 이래 처음으로 러시아와 독일을 분리하는 나라였던 것이다. 폴란드의 존재 자체가 러시아와 독일 세력 사이에서 완충 역할을 했고, 따라서 모스크바와 베를린 모두 이 나라를 눈엣가시로 여겼다.

폴란드의 이데올로기라고 하면, 독립 그 자체였다. 폴란드 국가는 폴란드-리투아니아 연방이 그 제국주의 이웃들에게 분할된 18세기 말 이래 존재하지 않았다. 폴란드 정치는 19세기 내내 제국주의 지배에 묶여 있었고, '폴란드 국민'이라는 아이디어는 결코 모양을 갖출 수 없었다. 1918년 11월 폴란드의 독립 선언은 앞서 분할에 참여했던 세 세력인 독일, 합스부르크, 러시아 제국이 전쟁과 혁명으로 소멸했기 때문에 가능했다. 이 거대한 역사적 사태를 폴란드 혁명가 유제프 피우수트스키는 최대한 활용했다. 젊은 시절 사회주의자였던 피우수트스키는 나중에는 실용주의자가 되어, 다른 제국들에 맞서기 위해 한 제국의 편에 붙었다. 모든 제국이 무너진 다음, 이미 전쟁 중에 군사 집단으로 조직되어 있던 그와 그의 추종자들은 폴란드 국가를 선언하고 보위할 최선의 입장에 있었다. 피우수트스키의 정치적 숙적이던 민족주의자 로만 드모프스키는 파리 강화회의에서 승전국들에게 폴란드의 입장을 대변했다. 신생 폴란드는 민주공화국으로 수립되었다. 승리한 협상 제국들에게 승인받은 바르샤바 정부는 서쪽에서는 독일과 어느 정도 안정적인 국경 유지를 기대할 수 있었다. 그러나 폴란드 동쪽 국경의 안정성 문제는 아직 남아 있었다. 협상 제국이 동부 전선에서 승리한 것은 아니었기에, 동유럽에서 그 위력으로 뭔가를 강요할 순 없었기 때문이다.

1919년과 1920년, 폴란드와 볼셰비키는 유럽 질서에 결정적 영향을 미칠 폴란드-러시아 국경선을 두고 전쟁을 벌였다. 붉은 군대는 독일군이 퇴각한 우크라이나와 벨라루스로 진군해 들어갔으나, 그 전리품은 폴란드 지도부의 승인을 받지 못했다. 피우수트스키는 이들 지역을 폴란드와 역사적으로 연관 있는 독립적 주민들, 그리고 벨라루스와 리투아니아에서 구식 연방체를 복구하려는 지도자들 사이에 놓여 있는 곳으로 봤다. 그는 우크라이나인들의 지지를 받는 폴란드

군이 우크라이나 독립 국가를 세우는 데 나설 수 있기를 바랐다. 그러나 1919년에 볼셰비키가 우크라이나를 접수하고 1920년 봄에 폴란드군의 공세를 저지하고 나서는, 레닌과 트로츠키는 무력을 써서라도 노동자들이 자신들의 역사적 역할을 알도록 하자, 즉 폴란드에서 공산혁명이 일어나게 하자고 생각하게 되었다. 폴란드가 무너지고 나서는, 새로운 붉은 군대와 합세한 독일 공산주의자들이 독일의 막대한 자원을 써서 러시아 혁명을 지켜주게 되리라. 그러나 1920년 8월, 베를린까지 치달으려는 붉은 군대의 발목을 바르샤바에서 잡았던 쪽은 폴란드군이었다.

피우수트스키가 이끈 반격으로 붉은 군대는 벨라루스와 우크라이나로 퇴각했다. 당시 우크라이나 주둔 붉은 군대의 정치장교였던 스탈린도 함께 패주했다. 스탈린 자신의 오판이 볼셰비키군의 적절한 배치를 막았고, 붉은 군대가 피우수트스키의 공세에 꼼짝 못하도록 만들었다. 하지만 폴란드군의 승리가 볼셰비키 권력의 종말을 뜻하지 않았다. 폴란드군은 모스크바까지 진군하기에는 기진맥진해 있었고, 폴란드 사회는 그런 모험을 지지하기에는 분열되어 있었다. 결국 벨라루스와 우크라이나인들이 살고 있던 땅은 볼셰비키 러시아와 폴란드 사이에 나눠졌다. 그리하여 폴란드는 다민족 국가가 되었으며, 언어를 기준으로 할 때 3분의 2는 폴란드계가 되지만, 약 500만 명의 우크라이나인, 약 300만 명의 유대인, 약 100만 명의 벨라루스인, 그리고 50만 명에서 100만 명 미만의 독일계 주민이 포함되는 나라가 되었다. 폴란드는 헌법상 "폴란드인의 국가"였다. 그러나 유럽 유대인 다수와 볼셰비키 러시아 다음으로 많은 숫자의 우크라이나계, 벨라루스계 주민을 포함하게끔 되었다. 이 나라는 그 3대 소수 민족(유대인, 우크라이나인, 벨라루스인)의 거주지와 동부 접경 이웃 나라들의 영토를 직접 맞대고 있었다.

동유럽 국경선들이 우크라이나, 벨라루스, 폴란드의 전장에서 결정되었듯이, 제1차 세계대전의 승자들은 서부와 중부 유럽을 마음대로 주물렀다. 제1차 세계대전의 동부 전선이던 땅에서 폴란드와 볼셰비키가 싸우는 동안, 패전국 독일은 승전국들에게 평화 공세를 펼치고 있었다. 독일은 스스로를 공화국으로 선언하고, 이로써 더 나은 입장에서 프랑스, 영국, 미국과 협상을 하려 했다. 그 주요 마르크스주의 정당인 사회민주당은 볼셰비키의 예를 따르기를 거부하고, 독일 혁명을 추구하지 않았다. 대부분의 사회민주당원은 전쟁 중 독일 제국에 충성했으며, 이제는 독일 공화국의 출범을 진보로 바라보고 있었다. 하지만 그런 온건한 선택이 독일에 별 도움은 되지 않았다. 전후 체제는 논의보다는 독단으로 이뤄졌다. 유럽의 오랜 전통을 파괴했으며, 패전국은 파리 강화회의에 참여할 기회도 얻지 못했다. 독일 정부는 1919년 6월의 베르사유 조약을 받아들이는 수밖에 없었다. 하지만 그 내용에 수긍하는 독일 정치인은 거의 없었다.

이 조약이 도덕적 우위를 주장하는 승전국들의 손에서 나왔기에, 이는 위선이라는 비판을 받기 쉬웠다. 대륙 제국들과 싸우며, 협상 제국들은 중부 유럽 민족들의 해방을 지지한다고 선전했다. 특히 미국은 민족 자결의 십자군처럼 비쳤다. 그러나 어느 강대국보다 피해가 더 심했던 프랑스는 독일을 엄벌하고 프랑스의 동맹국들에게 전과를 나눠야 한다고 고집했다. 그리하여 베르사유 조약은 협상 제국들이 전쟁을 벌이며 내세웠던 원칙, '민족자결주의'와 완전히 모순되고 말았다. 트리아농 조약(1920년 6월), 세브르 조약(1920년 8월)과 마찬가지로, 베르사유 조약에서도 협상 제국의 동맹자로 여겨진 민족들(폴란드, 체코, 루마니아)은 영토를 늘렸고 그에 따라 더 많은 소수 민족을 품게 되었다. 반면 적으로 여겨진 민족들(독일, 헝가리, 불가리아)은 영토를 잃었으며 따라서 다른 국가들 영토 내에 자민족을 남겨두게 되었다.

폴란드-볼셰비키 전쟁은 베르사유 조약 협상이 시작되고 세브르 조약이 체결되는 그 사이에 벌어졌다. 서쪽에서 이들 조약이 협상과 체결을 거치는 와중에도 유럽 동쪽에서는 아직 전쟁이 그치지 않았었기에, 새로운 전후 질서는 어느 정도 비현실적인 데가 있었다. 그것은 좌익 쪽에서의 혁명에 취약해 보였는데, 그런 혁명은 볼셰비키가 부추기거나 주동할 것처럼 보였다. 폴란드-소련 전쟁이 계속되는 동안, 독일 혁명가들은 붉은 군대로부터의 도움을 상상할 수 있었다. 신생 독일 공화국은 우익 쪽에서의 혁명에도 취약해 보였다. 승리를 거두었던 동부 전선에서 돌아온 독일 병사들은 새 공화국과 그쪽이 받아들인 베르사유 조약을 '조국의 치욕'이라 여겼고, 결코 용납할 수 없다고 생각했다. 많은 참전 군인이 우익 민병대에 가입해 좌익 혁명가들과 싸웠다. 독일 사회민주당 정부는 대안이 없다고 여겨 공산혁명 시도를 진압하는 데 일부 우익 민병대를 동원했다.

1920년 8월, 폴란드군이 붉은 군대를 이김으로써 유럽 사회주의 혁명의 희망은 끝장났다. 1921년 3월, 리가에서 맺어진 폴란드-볼셰비키 사이의 강화 조약은 전후 질서가 제대로 완성되는 계기나 마찬가지였다. 이로써 폴란드의 동부 국경이 수립되고, 우크라이나인과 벨라루스인들을 두 나라에 분리 거주토록 함으로써 이후 여러 해 동안 이어질 분쟁거리를 만들어냈다. 그리고 볼셰비즘을 무장 혁명론보다는 국가 이데올로기로 만들었다. 이듬해에 수립된 소비에트 연방은 국경을 가진 국가가 되었고, 그런 점에서 기존 국가와 매한가지인 정치체가 되었다. 그리고 이것으로 대규모 무력 충돌이 일단락됨으로써 좌익 혁명에 맞서 반혁명을 일으키려는 우파들의 희망도 끝장냈다. 독일 공화국을 뒤집어엎으려던 세력들은 (극좌든 극우든) 스스로의 존립이나 걱정해야 할 판이었다. 독일 사회민주당은 공화국의 지지자로 남은 반면, 독일 공산당은 소련 모델을 찬양하며 그 노선을 따라갔다. 그들은 1919년에 레닌이 수립한 사회주의 인터내셔널의 지침에 따라 행동하기로 했다. 독일 극우파는 전후 질서를 붕괴시키는 것을 독일만의 일로 한정해서 생각해야, 다시 말해서 독일을 재건하고 독일 자체를 다시 만들어내는 일부터 해야 한다고 여겼다.

독일의 재건, 이것은 생각보다 훨씬 어려운 일이었다. 전쟁 책임을 추궁당해야 했던 독일은 영토와 인구만 잃은 게 아니라 정상적인 군대 보유권마저 잃었다. 1920년대 초에는 초인플레이션과 정치 혼란으로 난리도 아니었다. 그렇더라도, 독일은 (적어도 잠재력만으로는) 유럽에서 가장 강력한 나라로 남아 있었다. 그 인구는 소련을 제외하면 규모가 가장 컸고, 산업 역량도 최고였다. 제1차 세계대전 중 누구에게도 침범당하지 않았던 영토, 그리고 팽창 가능성은 평화조약 내용이 그토록 가혹했던 이유의 은밀한 배경이었다. 유럽의 무력 충돌이 그치고 나자, 독일 정부는 소련과 공통의 이익 기반을 빠르게 마련했다. 어쨌든 베를린과 모스크바는 폴란드를 희생시켜 전후 유럽 질서를 바꾸고 싶어했다. 두 나라 모두 국제정치에서 고립되기를 바라지는 않았다. 따라서 1922년에 소련과 라팔로 조약을 맺은 당사자는 민주적인 독일 정부였다. 이 조약으로 두 나라는 외교관계를 복원하고, 무역 조건을 완화하며, 비밀리에 군사 협력 관계를 맺었다. 많은 독일인은, 자아성찰을 하노라면 자괴감과 희망을 다 느낄 수 있었다. 이전에 합스부르크 제국에 속했던, 독일어를 쓰는 약 1000만의 인구는 여전히 독일 국경 바깥에 있었다. 그 가운데 약 300만 명은 체코슬로바키아 서북부에 거주했는데, 그 지역은 바로 독일-체코 접경지였다. 체코슬로바키아에는 슬로바키아계보다 독일계 인구가 더 많았다. 체코슬로바키아와 독일 사이에 가로놓여 있던 오스트리아의 거의 모든 인구는 독일어를 썼다. 국민 대부분이 독일에 합병되는 것을 바랐지만 생제르맹 조약에 따라 오스트리아는 독립 국가로 남았다. 1920년에 수립된 국가사회주의독일노동자당NSDAP의 지도자 아돌프 히틀러는 오스트리아 출신이자 안슐루스, 즉 독일과 오스트리아의 통일 지지자였다. 그런 민족 통합의 목표는 극적으로 보이는 가운데 히틀러가 품은 야심의 실체를 숨기고 있었다.

나중에 히틀러는 독일 수상으로서 소련과 더불어 폴란드를 분할하는 조약을 맺게 된다. 이 단계를 밟으며, 그는 많은 독일인이 가졌던 극단적인 생각을 품고 있었다. 폴란드의 국경선은 부당하며, 그 국민은 국민 대우를 받을 이유가 없다! 히틀러가 여느 독일 민족주의자와 달랐던 점은 그다음에 품었던 그의 생각에 있었다. 모든 독일인을 하나로 모은 독일을 세우고, 폴란드를 정복한다! 유럽에서 유대인을 쓸어버리고, 소련을 무너뜨린다! 그 과정에서 히틀러는 폴란드와 소련 모두에 우호적 태도를 취했다. 그리고 여느 독일인보다 더 극단적인 자신의 생각을 끝까지 감추었다. 하지만 국가사회주의에는 처음부터 이 파멸적인 비전이 나타나 있었다.

1921년 동유럽에서 마침내 전쟁의 불꽃이 꺼졌을 때, 레닌과 그의 혁명 동지들은 조직을 다시 만들고 미래를 숙고해야 했다. 유럽전의 전과를 폴란드에 빼앗긴 볼셰비키는 혁명의 불길을 잠재우고 일종의 사회주의 국가를 건설하는 것 외에는 대안이 없었다. 레닌과 그 추종자들은 그들이 권력을 쥐어야 하는 것을 당연시했다. 사실 유럽 혁명의 실패는 그들의 정치적 통제권에의 비정상적인 열망을 정당화한 셈이었다. 흔들림 없이 혁명을 완성시키려면 권력이 집중화되어야 했고, 그리하여 자본주의 적들로부터 사회주의 조국을 지켜야 했다. 그들은 서둘러 다른 정당들을 불법화했고 정치적 라이벌들에게 테러를 가했으며, 그들을 '반동'으로 낙인찍었다. 그들은 자신들이 치른 유일한 경쟁 선거에서 패한 뒤 다시는 그런 선거를 치르지 않았다. 비록 폴란드에게 패했지만, 붉은 군대는 구제국의 땅에서 일어난 무장 도전 세력들을 진압하기에는 충분했다. '체카Cheka'로 알려진 볼셰비키의 비밀경찰은 신생 소비에트 국가의 기반을 다지는 과정에서 수천 명을 살해했다.

폭력으로 승리하는 일은 새 질서를 세우는 것보다 더 쉬웠다. 마르크스주의는 농민과 유목민이 섞여 있는 다문화적 국가에서는 프로그램상 한계를 지닐 수밖에 없었다. 마르크스는 혁명이 산업화된 곳에서 먼저 일어날 것이라고 여겼으며, 농민 문제와 민족 문제에는 관심을 띄엄띄엄 기울였을 뿐이다. 이제 러시아, 우크라이나, 벨라루스의 농민과 중앙아시아의 유목민들은 러시아어를 말하는 도시민들이 대부분인 노동계급을 위해 어떻게든 사회주의를 건설할 것을 요구받았다. 볼셰비키는 그들이 물려받은 전前 산업사회를 산업사회로 뒤바꿔놓는다는, 사상 유례없는 과업을 짊어졌다. 일단 산업사회가 되고 나서야 그들의 신조대로 노동계급을 옹호할 수 있을 테니까.

볼셰비키는 사회주의로의 변혁 작업을 시작하기 전에 먼저 자본주의 건설부터 했다. 국가가 산업을 창출하도록 하면서, 그들은 이런 식으로 소련의 다종다양한 문화 집단을 하나의 충성 집단으로 묶고, 그 어떤 민족적 차이도 초월하게 만들 수 있겠다고 여겼다. 농민과 민족을 모두 제압한다는 것은 분명 대단한 야심이었고, 볼셰비키는 그것을 은밀히 감추었다. 그리고 계급적으로나 민족적으로나, 그들은 자기 인민의 적이 되었다. 그들은 자신들이 지배하는 사회를 역사적으로 수명이 다한, 다음 페이지를 넘기기 전에 떼어내버려야 할 서표書標에 지나지 않는다고 여겼다.

전쟁이 끝났을 때, 자신들의 권력을 굳히고 곧 다가올 경제 혁명 과정에서 자신들을 충성스레 받들어줄 지지 세력을 만들기 위해, 볼셰비키는 몇 가지 타협을 하지 않으면 안 되었다. 그들이 지배하는 민족들은 물론 개별 국가로 발돋움할 수 없었으나, 민족성을 잊어버리라고 강요당하지는 않았다. 마르크스주의자들은 일반적으로 민족주의의 힘이 근대화와 함께 퇴조하리라 생각하고는 있었지만, 볼셰비키들은 각 민족, 적어도 그 지도급 인사들을 소련의 산업화 과정에 힘을 보태도록 끌어들이려 했다. 레닌은 비러시아계 인민의 민족 정체성을 공인해주었다. 소련은 일단 러시아와 그 이웃 민족들의 연방이었다. 교육과 고용에서의 특혜 부여는 비러시아계의 충성과 신뢰를 따냈다. 그리고 그들 스스로도 다른 다민족 국가의 신민이었다가 지배자가 된 경력의 볼셰비키들은 민족 문제에 대해 교묘한 명분을 마련하고 전술을 발휘할 줄 알았다. 혁명지도부 자체가 단지 러시아계라고 하기에는 한참 거리가 있었다. 레닌은 러시아계임을 자처했고 그렇게 기억되지만, 그 가계에는 스웨덴, 독일, 유대인, 칼미크의 혈통이 있었다. 트로츠키는 유대인이었고, 스탈린은 조지아 출신이었다.

소련의 민족들은 새로운 공산주의적 이미지로 재탄생해야 했다. 농민은 정복당할 때까지 살살 달래졌다. 볼셰비키는 지방의 농민들과 일시적으로 타협했지만 이는 자신감이 생길 때까지의 잠시 동안만이었다. 새 소련 체제는 농민들이 (지주들에게서 빼앗은) 토지를 보유하고 시장에 상품을 내다 파는 일을 허용했다. 전쟁과 혁명의 결과 초래된 파괴로 심각한 식량 부족 문제가 발생했다. 볼셰비키는 그들 자신과 그들에게 충성하는 사람들의 수요를 위해 곡물을 요구했다. 1921년에서 1922년까지 수백만 명이 굶주림이나 그와 관련된 질병으로 죽었다. 볼셰비키는 이 경험으로 식량이 무기가 될 수 있음을 깨달았다. 그러나 일단 이 갈등기가 끝나고, 볼셰비키가 승리했을 때, 그들은 안정적인 식량 공급을 필요로 했다. 그들은 인민에게 평화와 빵을 약속했으며, 적어도 일시적으로는 그 두 가지를 헐값으로 제공해야만 했다.

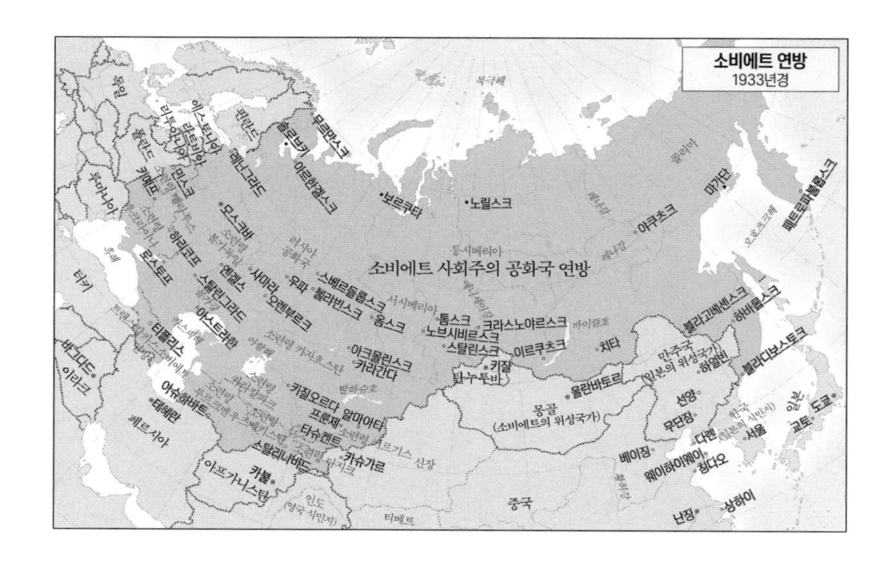

레닌의 국가는 아직 스스로 이르지 않고 있던 경제 혁명을 위한 정치적 수단을 제공했다. 그의 소비에트 정치는 마르크스주의가 민족을 부정함에도 불구하고 민족들을 인정했으며, 소비에트 경제는 공산주의가 집단 소유권을 약속했음에도 불구하고 시장을 용인했다. 1924년 1월에 레닌이 죽었을 때, 이 임시적인 타협을 언제 어떻게 끝내야 2차 혁명을 추동할 수 있을지에 대한 논란이 한창 진행되고 있었다. 그리고 소련인들의 운명을 결정할 논란도 분명히 새 질서 안에서 진행되고 있었다. 볼셰비키는 레닌에게서 "민주집중제"라는 유산을 물려받았다. 이는 마르크스주의 역사철학을 관료제적 실제로 번역한 실체라고 할 수 있다. '노동자는 역사의 진보적 흐름을 대표한다. 규율 잡힌 공산당은 노동자를 대표한다. 당 중앙위원회는 당을 대표한다. 소수 인사로 구성되는 정치국은 당 중앙위원회를 대표한다'는 게 그 이론 틀이다. 이로써 사회는 국가에 종속되고, 그 국가는 당의, 당은 실질적으로 소수의 손에 좌우된다. 이 소수 집단 구성원들 사이의 분란은 정치보다는 역사를 반영하며, 그 결과는 바로 역사의 판결이라 여겨졌다.

레닌의 유산에 대한 스탈린의 해석은 결정적이었다. 스탈린이 1924년 "일국사회주의"를 언급했을 때, 그는 소련이 노동자의 천국이 될 것이라고, 그러나 단결에 이르지 못하고 있는 만국의 노동자들의 도움은 별로 얻지 못할 것이라고 말한 셈이었다. 농업 우선 정책에 대해서는 일부 공산주의자의 반대가 있을 뿐이었지만, 소련의 지방에 곧 자멸이 예약돼 있다는 데는 모두 의견 일치를 보았다. 그러나 농업사회에서 산업사회로의 거친 이행을 시작하는 데 쓸 초기 자본은 어디서 얻을 것인가? 한 가지 방법은 농민에게서 "잉여 농산물"을 빼앗아, 외국에 팔아 벌어들인 외화로 기계류를 수입하는 한편 증가하고 있는 노동계급의 배를 채워주는 것이었다. 1927년, 국가의 투자가 결정적으로 공업 위주로 바뀌던 해, 이 문제는 결정적 시기에 들어갔다.

근대화에 대한 논쟁에서 가장 두드러진 것은 트로츠키와 스탈린 사이의 대결이었다. 트로츠키는 레닌의 동지 가운데 가장 뛰어난 위치에 있었다. 그러나 스탈린은 소련 공산당(볼셰비키) 서기장 자리에 앉음으로써 당 기구를 쥐고 있었다. 스탈린이 개인별로 가졌던 통제력에다 위원회 모임에서 그가 발휘한 지도 역량 덕분에, 그는 최고 권력자 자리에 올랐다. 그는 이론적 논쟁에는 그리 뛰어나지 않았지만, 효과적으로 자기편을 짜는 일에는 탁월했다. 그는 정치국 안에서 경제 이행을 천천히 가져가길 바라던 쪽들과 먼저 동맹을 맺고는 좀더 급진적 개혁을 주장하던 사람들을 내몰았다. 그다음에는 스스로 급진파가 되어, 얼마 전까지의 동맹자들을 숙청해버렸다. 1927년이 끝날 무렵, 급진파 가운데 그의 라이벌이었던 트로츠키, 지노비예프, 카메네프 등은 출당 조치를 당해 있었다. 1929년 말이면, 스탈린은 스스로가 숙청한 라이벌들의 입장에 서서는 옛 온건파 동지인 니콜라이 부하린을 내쫓았다. 지노비예프와 카메네프처럼, 부하린도 소련 국내에 남기는 했지만, 예전에 가졌던 권위는 일체 박탈당해야 했다. 스탈린은 정치국 내에 충성파들(라자르 카가노비치나 뱌체슬라프 몰로토프 같은)을 심었고, 트로츠키는 망명길에 올랐다.

소련의 정책을 주무르는 데 능수능란함을 보여준 스탈린이었으나, 이제 그는 앞서의 약속을 지켜야 했다. 1928년 '5개년 계획'의 일환으로 스탈린은 농지를 몰수하고, 농민들을 국가 통제하에서 일하게 하며, 곡물을 국가 재산으로 삼는다는 "집단화" 정책을 내놓았다. 토지, 장비, 사람은 모두 집단농장에 소속되고, 대단위 작업을 통해 더 효율적으로 농작물을 생산할 것이었다(그렇게 믿어졌다). 집단농장은 농기계센터를 중심으로 구성되며, 이 센터는 현대식 장비와 주택을 현장 정치국원들에게 배분한다. 집단화는 국가가 농산물을 통제할 수 있도록 했고, 그리하여 노동자들을 잘 대우하고 그들의 지지를 유지하는 한편 해외 수출을 해서 얻은 외화로 공업에 투자할 수 있도록 했다.

집단화를 불가피한 것처럼 보이게 하려고, 스탈린은 자유 시장을 약화시키고 대신 국가 계획경제 체제를 수립해야 했다. 그와 한편이던 카가노비치는 1928년 7월, 농민이 "곡물 출하 거부"에 나서고 있다며 곡물을 강제 수탈하는 것만이 해법이라고 선언했다. 농민들은 자신들의 소출이 국유화되는 걸 보자, 팔기보다는 감추려고 했다. 이에 따라 시장은 더 불안정해졌다. 실제로 비판받아야 할 쪽은 국가였지만 말이다. 스탈린은 이 틈을 타 '시장의 자율적 시스템은 근본적인 문제를 안고 있다'고 지적했으며, 따라서 국가가 식량 배급을 책임질 수밖에 없다고 주장했다.

대공황의 도래는 스탈린이 '시장의 불안정성'에 대해 한 말을 입증해주는 듯 보였다. 1929년 10월 7일의 '검은 목요일'에 미국의 주식시장은 붕괴되었다. 1929년 11월 7일, 이날은 볼셰비키 혁명 12주년 기념일이었는데, 스탈린은 스스로의 정책으로 소련을 빠르게 바꾸고 있는, '시장에 대한 사회주의 경제의 대안'을 강조했다. 그는 1930년이면 "위대한 전환이 이뤄지는 해"가 될 것이라고, 집단화가 안정과 번영을 가져올 것이라고 약속했다. 그때쯤이면 옛 농촌 지역은 자취를 감추게 되리라. 그리고 혁명은 여러 도시에서 완성되리라. 프롤레타리아는 순화된 농업노동자들이 생산한 식량을 기반으로 부쩍 성장해 있으리라. 그들 노동자는 사상 최초의 사회주의 사회를 창출할 것이며, 강력한 국가는 외부의 적들로부터 스스로를 지켜내리라. 스탈린은 근대화에 대한 스스로의 생각을 실천에 옮겼듯이, 스스로의 권력욕 역시 실현되게끔 했다.

스탈린이 일하는 동안, 히틀러는 몽상에 잠겨 있었다. 스탈린이 혁명을 제도화하고 그럼으로써 스스로를 일당 독재국가의 최고 지위에 올려놓는 동안, 히틀러는 자신을 둘러싼 정치 제도를 부정하는 것으로 정치 경력을 시작했다. 볼셰비키는 러시아 제국에서 불법 활동을 할 때부터 '선논쟁 후규율'이라는 전통을 이어왔다. 국가사회주의(나치)는 규율이나 음모 등에 대한 특별한 전통이 없었다. 볼셰비키처럼, 나치도 민주주의를 배척했다. 그러나 역사의 철칙을 이해하는 당의 이름으로서가 아니라, 인종의 의지를 가장 잘 나타내는 지도자의 이름으로 그리했다. 세계 질서는 볼셰비키가 생각하듯 자본주의 제국주의자들이 만든 게 아니라, 유대인의 음모의 산물이었다. 현대사회의 문제는 재산 축적이 한 계급의 지배로 이어지는 데 있는 게 아니었다. 문제란 금융자본주의와 공산주의를 한 손에 쥐고 있는 유대인들이었다. 바꿔 말하면 미국, 영국, 소련이었다. 공산주의란 불가능한 평등에 대한 유대식 동화에 지나지 않았으며, 그 목적은 순진한 유럽인들을 유대인의 노예로 만들려는 것이었다. 피도 눈물도 없는 유대 자본주의-공산주의에 대한 유일한 해답은 국가사회주의이며, 그것은 독일인에게 정의를 주는 일, 다른 모든 민족을 희생해서 그렇게 하는 일이었다.

1920년대의 민주주의 속에서, 나치는 다른 독일인들과 의견을 같이하는 부분을 특별히 강조하는 모습을 보였다. 히틀러의 국가사회주의당은 베르사유 조약에 대해 강한 불만을 표출하는 점에서 1920년대의 다른 대부분의 독일 정당과 같았다. 나치는 동방 지역에 대한 그들의 '명백한 운명'*에 크게 집착했다. 그 지역은 독일군이 제1차 세계대전에서 승리를 거두었던 곳이고, 폴란드, 벨라루스, 1918년 당시 우크라이나, 발트 연안 지역 등에서 넓은 땅을 지배하기도 했다. 프랑스나 영국 같은 라이벌들과 달리, 독일은 광대한 세계 제국을 경영해보지 못했다. 그나마 패전 후 얼마 안 되던 해외 식민지까지 몽땅 승전국에 바쳐야 했다. 따라서 동부 유럽 쪽의 국경은 다시 한번 유혹으로 다가왔다. 부당하고 강압적인 유대인 체제의 하나로 여겨졌던 소련은, 멸망하고 말 것이었다. 독일과 그 '동방의 운명' 사이에 끼어 있는 폴란드는, 어쨌든 정복될 것이었다. 그 나라가 독일 세력의 완충 역할을 하지는 못할 것이다. 장차 벌어질 동방에서의 전쟁에서, 허약한 동맹국이 되거나 패배한 적이 되거나일 것이다. 히틀러는 1923년 뮌헨에서 '독일 민족 혁명'을 일으켰다가 곧바로 실패했고, 이로써 짧은 감방생활을 했다. 비록 국가사회주의의 실체는 그의 창작물이었지만, 그가 벌인 쿠데타는 그가 높이 샀던 이탈리아 파시스트의 성공을 본받으려 한 것이었다. 1년 전 베니토 무솔리니는 "로마 진군"**으로 이탈리아의 정권을 잡았는데, 뮌헨에서 히틀러는 이를 흉내냈지만 실패했던 것이다. 히틀러와 그의 나치당처럼, 이탈리아 파시스트들은 지루한 정치적 타협 과정을 집어치울 영광된 힘을 '민족의 의지'에 부여했다. 무솔리니는, 나중에 히틀러도 그랬듯이, 소련의 존재를 국내 정치에 이용했다. 두 사람 다 레닌의 규율과 일당 국가 체제를 높이 평가하면서도, 공산혁명의 위협을 그들 스스로의 지배권을 정당화하는 데 활용했다. 이 두 사람은 여러 면에서 달랐지만, 모

* 제국주의 시대에 우등 민족이 열등 민족을 지배하는 일은 순리이며 사명이라고 하던 이데올로기 담론의 하나로, 영국이나 미국의 "백인의 사명"과 비슷하다. 독일의 경우에는 동유럽으로 진출해 열등한 슬라브족들을 지배하는 것이 독일 민족에게 주어진 사명이라는 말이 있었다. 독일의 팽창주의와 제1차 세계대전의 배경이 되기도 했다.

** 1922년 10월, 무솔리니가 이끄는 5000여 명의 '검은 셔츠단'이 로마에 진입해 위력을 과시한 결과 정부의 굴복을 받고 비토리오 에마누엘레 3세 황제에 의해 무솔리니가 수상에 취임, 무혈 쿠데타를 성공시킨 사건.

두 새로운 유형의 유럽 우파를 대변했으며, 공산주의야말로 최대의 적이라고 하면서 공산주의 정치의 많은 점을 본떴다. 무솔리니처럼, 히틀러는 뛰어난 웅변가였으며 자신이 벌이는 정치운동의 대체 불가능한 구심점이었다. 1924년 12월에 감옥에서 풀려난 히틀러는 어렵지 않게 나치당의 당권을 되찾았다.

스탈린은 1920년대 중반에 그가 지명했고 신임할 수 있었던 당 간부들의 지지에 크게 기대어 최고 지위에 올랐다. 히틀러는 개인적인 카리스마로 지지를 이끌어냈으며, 그의 동료와 지지자들에게 자신이 내뱉은 말과 상상에 걸맞은 정책 및 선언문을 만들어내라고 요청했다. 스탈린은 마르크스주의를 자신의 집권과 정책을 정당화하는 데 편의대로 해석했다. 하지만 적어도 1933년까지는 마르크스주의를 완전히 자기 뜻대로만 해석할 순 없었다. 반면 히틀러는 자신의 실행 중심적 생각들을 체계화하는 일을 남들에게 떠넘겼다. 옥중에서, 그는 자신의 자전적 선언서인 『나의 투쟁』을 썼다. 이 책과 그의 다른 저작들(특히 이른바 '제2서'로 불리는)은 그의 계획을 구체적으로 보여주지만, 나치 경전의 하나로 탐구될 만한 내용은 못 된다. 스탈린은 처음에 그의 동지들의 행동에 의해 제약을 받았고, 나중에는 그들의 말에 의해 구애를 받았다. 히틀러는 단 한 번도 겉보기로라도 주장의 일관성이나 체계성을 갖추려 한 적이 없었다.

히틀러는 출옥한 뒤 분명 독일 공화국과 일정한 타협을 봤다. 그는 국가사회당의 당수로서 의회 정치의 테두리 안에서 활동했다. 물론 그 활동이라 함은 선전 선동, 적을 적시하기, 권력 기관에 손대기 등등이었지만. 그는 다시 감옥에 갇히고 싶지 않았다. 비록 나치 돌격대원들이 좌익의 '적'들과 드잡이를 하는 일이 종종 일어났지만 말이다. 1928년, 독일 경제가 몇 년 동안 꾸준히 성장한 뒤의 시점에서, 나치당은 겨우 12석, 득표율 2.6퍼센트에 그쳤다. 그리고 대공황이 닥쳤는데, 이는 스탈린에게도 기회였지만 히틀러에게는 더 큰 기회가 되었다. 독일 경제의 파탄은 공산혁명의 가능성을 점치게 했으며, 이 역시 히틀러의 집권에 도움이 되었다. 국제 경제 위기는 과격한 변화를 정당화하는 듯 보였다. 규모가 컸던 독일 공산당이 혁명에 나설 가능성은 공포를 불러일으켰으며, 그 공포는 히틀러의 손에 의해 민족주의로 연결되었다. 1930년 9월 선거에서 나치는 득표율 18퍼센트와 107개 의석을 얻었다. 그리고 1932년 7월 선거에서는 압승을 거뒀다. 득표율은 37퍼센트 이상이었다.

나치에게 1932년 독일 총선은 권력으로 직접 오르는 사다리라기보다는 그들에게 쏟아지고 있는 대중적 지지의 본보기였다. 당시 독일 민주주의는 껍데기만 남아 있었다. 그에 앞선 2년 동안, 정부 수반(수상)은 대통령에게 법적 효력을 갖는 명령 발동권을 부여했다. 라이히슈타크(연방의회)는 1932년 겨우 13회만 열렸다. 히틀러는 1933년 1월에 수상에 취임했다. 그를 이용해서 독일 좌익을 억누르려 했던 보수파와 민족주의자들의 도움 덕분이었다. 히틀러는 조기 총선을 실시하도록 하고, 그의 새 지위를 이용해 자신의 당이 독일 사회 전체를 지배하도록 만들었다. 1933년 3월 5일의 총선 결과, 나치당은 사회민주당과 공산당을 압도적으로 눌렀다. 득표율 43.9퍼센트, 총 647석의 연방의회 의석 가운데 288석이었다.

1933년 봄, 히틀러는 독일 정치 시스템을 뜯어고쳤다. 스탈린이 자신의 권력을 소련에서 든든히 세운 것과 동시에 일어난 일이었다.

—

1933년, 소련과 나치 정부는 세계 경제 붕괴 상황에 대처하는 능력 면에서 비슷한 역량을 보여주었다. 자유민주주의가 국민을 궁핍에서 건지지 못하는 동안, 두 정부 다 경제적 역동성을 빛냈다. 1933년 이전의 독일 정부를 포함한 대부분의 유럽 정부는 경제 붕괴를 막을 도리가 없다고 여기고 있었다. 균형 예산 유지와 통화량 억제가 절실하다는 생각이 팽배했다. 이는 오늘날 잘 알려져 있다시피, 문제를 더 키우기만 했다. 대공황은 제1차 세계대전 종전에서 비롯된 정치적 변화들(자유 시장, 의회 정치, 민족국가)에 불신을 심어주는 듯했다. 시장은 재난을 불러왔고, 의회는 아무런 해답을 주지 못했으며, 민족국가는 국민을 재앙에서 지킬 힘이 없어 보였기 때문이다.

나치와 소련은 누가 이 대공황의 주범인가에 대한 설득력 있는 주장을 폈고(유대인 자본가들 또는 그냥 자본가들), 정치 경제에 대해 완전히 급진적인 해법도 있었다. 나치와 소련은 전후 질서를 법적, 정치적 형태로 거부했을 뿐 아니라 그 사회경제적 토대에도 의문을 품었다. 그들은 전후 유럽의 사회경제적 뿌리에 손을 뻗고, 토지를 일구는 남녀의 삶과 역할을 재고했다. 1930년대 유럽에서, 아직 대부분의 나라의 국민 다수는 농민이었으며, 농업이 가능한 토지는 귀중한 자연자원으로 여겨지고 있었다. 따라서 경제는 아직도 인력과 축력畜力에 크게 의존하는 셈이었다. 당시 사람들도 열량을 따지며 먹었지만, 지금과는 좀 다른 이유에서 그랬다. 경제 기획가들은 자국의 국민이 배곯지 않고 열심히 일할 수 있을 만큼 챙겨 먹는 것을 중시했다.

대부분의 유럽 국가는 사회 변혁의 비전이 없었으며, 따라서 나치나 소련과 경쟁하거나 맞설 만한 힘이 부족했다. 폴란드와 다른 신생 동유럽 국가들은 1920년대에 토지개혁을 시도했다. 하지만 그들의 노력은 불충분한 것으로 끝났다. 지주들은 로비를 통해 자신의 재산을 지켰고, 은행과 국가는 농민에 대한 대출(토지 구입을 위한)에 인색했다. 이 지역에서 (체코슬로바키아를 제외하고) 민주주의의 종말은 먼저 경제 문제에 대한 약간의 색다른 사고에서 비롯되었다. 폴란드, 헝가리, 루마니아의 권위주의 정권들은 반대자들을 감옥에 처넣고 애국에 대한 미사여구에 주저없이 도취되었다. 그러나 대공황 시기에 새로운 경제 정책을 검토해본 경우는 전혀 없었던 듯하다.

1933년, 민주주의에 대한 소련과 나치식 대안은 단순한 토지개혁 따위는 하지 않겠다(실패한 민주 국가들은 그마저 이뤄내지 못했지만)는 그들의 입장이 어떤 성과를 내놓느냐에 달려 있었다. 서로 그토록 다른 점이 많음에도 불구하고, 히틀러와 스탈린은 문제의 핵심 중 하나가 농업 부문에 있으며 그 해결책은 과감한 국가 개입에 있다는 데서 의견이 일치했다. 국가가 급진적인 경제 개혁을 해낼 수 있다면, 그것은 곧 새로운 유형의 정치 체제를 뒷받침하게 될 것이었다. 1928년 스탈린의 5개년 경제계획이 시작된 이래 공공연해진 스탈린식 접근법은 집단화였다. 소련 지도자들은 1920년대에 농민들이 번영하도록 놔두었으나, 1930년대 초부터 농민들에게서 토지를 빼앗아 농민이 국가를 위해 일해야 하는 집단농장을 만들어냈다.

농민 문제에 대한 히틀러의 해답 역시 그만큼 상상력이 넘쳤고, 또 그만큼 위장되어 있었다. 그가 집권한 1933년 이전, 그리고 그 몇 년 뒤까지도, 히틀러의 관심은 온통 독일 노동계급에 쏠려 있는 듯했고, 독일이 식량을 자급할 수 없는 문제는 수입으로 해결하려는 듯 보였다. 신속한 (그리고 조약 위반의) 재무장 정책으로 독일 남성들은 병영 아니면 무기 공장으로 배치되었고, 이로써 실업이 해소되었다. 히틀러가 집권하고 몇 달 안 지나서 공공 근로 프로그램이 시작되었다. 심지어 나치는 자신들의 공약에 비해서는 독일 농민에게 신경을 덜 쓰는 듯 보였다. 나치당의 프로그램이 쿨라크kulak(부농)에게서 토지를 빼앗아 빈농에게 주겠다고 되어 있었으나, 그러한 전통적 형태의 토지개혁안은 히틀러가 수상이 된 뒤 실행되지 않은 채 잠들어 있었다. 히틀러는 재분배 농업 정책 대신 국제 협약에 의존하는 쪽을 추구했다. 그는 이웃 동유럽 국가들과 특별 무역협정을 맺었고, 그에 따라 독일 공업 생산품을 식량과 바꾸는 효과를 냈다. 1930년대 히틀러의 농업 정책은 얼마간 레닌의 1920년대 농업 정책과 비슷했다. 둘 다 상상을 초월하는 급진적 경제 개혁을 위한 정치적 밑밥 깔기였다. 국가사회주의와 소련 사회주의 모두 토지개혁이라는 미끼로 농민을 낚고, 그들을 더 급진적인 계획으로 끌어들였다.

나치의 진짜 농업 정책은 동부를 정복하여 제국의 곡창지대로 만들려는 것이었다. 독일의 농업 문제는 내부적으로 해결될 수 없고, 밖으로 나가서 풀어야 했다. 폴란드와 소련 농민에게서 기름진 땅을 빼앗아야 한다. 원주 농민들은? 굶겨 죽이거나, 동화시키거나, 이주시키거나, 노예로 만들면 된다. 독일은 동부에서 곡물을 들여오는 대신,

농민을 동부로 들여보내게 되리라. 그들은 폴란드와 소련 서부를 식민지화하게 되리라. 히틀러는 더 넓은 '레벤스라움(생활 공간)'이 필요하다는 말을 곧잘 입에 올렸지만, 독일 농민들에게 그들을 대거 동쪽으로 이주시키려 한다는 말은 삼갔다. 볼셰비키가 소련 농민들에게 그들의 재산을 국가에 귀속시키려 한다는 말을 절대 삼갔던 것처럼. 1930년대 초 집단화 과정에서, 스탈린은 자국 농민들에 대해 곡물 "전쟁"을 벌이는 거라고 언급했다. 히틀러는 장래의 전쟁에서의 승리로 독일을 먹여 살릴 수 있다고 했다. 소련의 프로그램은 보편적 원칙의 이름으로 시행되었고, 나치의 계획은 우월한 인종의 이익을 위한 동유럽의 대규모 정복을 위한 것이었다.

히틀러와 스탈린은 베를린과 모스크바에서 권좌에 올랐으나, 그들의 혁신 비전은 그 둘 사이에 놓인 모든 땅에 걸쳐 있었다. 그들이 통제하려는 유토피아는 우크라이나에서 겹쳤다. 히틀러는 1918년에 독일이 잠시 지배했던 우크라이나 곡창지대의 식민지를 잊지 않고 있었다. 그 직후에 자신의 혁명을 우크라이나에서 실행한 스탈린은 그 땅을 히틀러와 거의 같은 시각에서 바라봤다. 그 농토와 농민은 현대 산업국가를 만들기 위해 최대한 쥐어짜야 할 대상이었다. 히틀러는 집단화가 형편없는 실패로 끝날 거라고 보며, 이는 또한 소련 공산주의의 실패의 증거라고 내세웠다. 그러나 스스로는 독일인을 위해 우크라이나를 젖과 꿀이 흐르는 땅으로 만들어야 함을 추호도 의심치 않았다.

히틀러와 스탈린 모두에게, 우크라이나는 곡창지대 그 이상의 의미였다. 그곳은 그들이 기존 경제학의 법칙을 깨뜨릴 수 있게 해주는 땅이자, 그들의 나라를 궁핍과 고립에서 벗어나게 해줄 땅, 그리고 그들의 이미지대로 유럽 대륙을 바꿔나가게 해줄 땅이었다. 그들의 프로그램과 그들 권력의 성패는 온통 우크라이나의 기름진 땅과 그곳의 수백만 명의 농업노동자에 기대고 있었다. 1933년, 우크라이나인들은 사상 최대의 인위적 기근 때문에 수백만 명씩 굶어 죽었다. 그것은 우크라이나의 특별했던 한 시대의 시작이었다. 그러나 끝은 아니었다. 1941년에는 히틀러가 우크라이나를 스탈린의 손에서 빼앗았다. 그리고 스스로의 식민지 건설을 위해, 먼저 유대인들을 총살하고 소련군 포로들을 굶겨 죽이기 시작했다. 스탈린 일파는 그들 스스로의 국가를 식민지화했으며, 나치는 점령한 소련의 우크라이나를 식민지화했다. 우크라이나인들에게는 고통의 연속이었다. 스탈린과 히틀러가 권좌에 있었던 세월 동안, 블러드랜드의 다른 어느 지역에서보다, 또한 다른 유럽 지역, 나아가 세계 다른 어느 곳에서보다 우크라이나에서 많은 사람이 죽어갔다.

1장

스탈린,
소련을 굶주림에
빠뜨리다

1933년은 서방 세계 전체가 굶주린 해였다. 미국과 유럽 도시의 길거리에는 직장을 잃은 남녀가 넘쳐났고, 그들은 배식을 받으러 줄을 서는 일에 익숙해졌다. 진취적인 웨일스 출신의 청년 저널리스트인 개러스 존스는 베를린에서 실직한 독일인들이 아돌프 히틀러의 연설을 들으러 모이는 모습을 목격했다. 뉴욕에서는 3년간의 대공황 시기에 미국 노동자들이 보인 무력함에 충격을 받았다. "수많은 빈민이 한 줄로 늘어선 모습을 봤다. 한때는 근사했을 옷을 입은 이들도 있었지만, 모두 샌드위치 두 개, 도넛 하나, 커피 한 잔, 담배 한 개피를 받으러 기다리는 중이었다." 3월에 존스가 방문한 모스크바에서 자본주의 국가의 굶주림은 축하할 일이었다. 대공황은 전 세계 사회주의 혁명의 전조처럼 보였다. 스탈린과 그의 동지들은 자신들이 소련에 구축한 체제의 필연적인 승리를 자랑했다.[1]

하지만 1933년은 소비에트 도시, 그중에서도 특히 소비에트 우크라이나가 굶주린 한 해였다. 우크라이나 도시인 하리코프, 키예프, 스탈리노, 드네프로페트롭스크에서는 수십만 명이 매일 빵 한 덩어리를 얻으려고 기다리곤 했다. 공화국의 수도인 하리코프에서도 존스는 또 다른 빈곤의 참상을 목격했다. 아침 7시에 문을 여는 가게 앞에 새벽 2시부터 사람들이 줄을 서기 시작한 것이다. 하루 평균 4만 명이 빵을 받으러 대기했다. 줄을 선 사람은 자리를 지키고 싶은 나머지 바로 앞에 있는 사람의 허리띠를 붙잡기도 했다. 어떤 이들은 굶주림 때문에 너무 약해져서 낯선 사람에게 기대지 않고는 서 있지도 못했다. 기다림은 온종일 계속되었고, 이틀이 걸릴 때도 있었다. 임신부와 상이용사들은 남들보다 먼저 물건을 살 권리를 빼앗긴 채 뭔가를 먹으려면 마찬가지로 줄을 서서 기다려야 했다. 간혹 대기열에 있던 한 여성이 흐느끼면 울음소리가 줄을 따라 울려 퍼져, 수천 명이, 원초적 공포를 느끼는 한 마리 짐승 같은 소리를 내곤 했다.[2]

소련령 우크라이나 도시의 시민들은 배급 대기열의 자리를 잃지나 않을까 하는 걱정, 굶어 죽지나 않을까 하는 걱정뿐이었다. 그들은 도시가 유일한 영양 공급원이라는 것을 알고 있었다. 우크라이나 도시는 지난 5년 동안 급성장했고, 도시에 진입한 농민은 노동자와 점원이 되었다. 우크라이나 농부의 자녀는 훨씬 더 오랫동안 도시에서 거주한 유대인, 폴란드인, 러시아인과 함께 가게에서 얻은 음식에 의존해야 했다. 시골에 있는 그들의 가족에게는 아무것도 없었다. 이것이 흔한 일은 아니었다. 일반적으로 굶주림의 시기에는 도시 거주자가 시골에 의존한다. 독일과 미국에서 농민은 대공황 시대에도 굶주리지 않았다. 도시의 노동자와 전문직 종사자는 사과를 팔거나 사과를 훔쳐야 했지만, 알테스란트*나 아이오와에는 언제나 과수원, 곡식 저장고, 식품 저장실이 있었다. 우크라이나 도시 거주자는 갈 곳이 없었고, 농장에 도움을 청할 수도 없었다. 대부분은 배급권을 제시해야 빵을 얻을 수 있었다. 종이에 적힌 글자가 그들의 생존 확률을 결정지었고, 도시 거주자들도 이를 알고 있었다.[3]

증거는 도처에 있었다. 굶주리는 농민들은 배급 대기열 주위에서 부스러기라도 달라고 애걸했다. 어느 마을에서는 15세 소녀가 대기열 맨 앞까지 가며 호소했지만 가게 주인에게 맞아 죽고 말았다. 대기열에 서 있던 도시 주부들은 농촌 주부들이 길바닥에서 굶어 죽는 모습을 지켜봐야 했다. 매일 등하교하는 여자아이는 아침에는 죽어가는 사람을, 저녁에는 이미 죽은 사람의 모습을 봤다. 한 젊은 공산주의자는 자신이 본 농민 아이를 '뼈만 남아 있었다'고 묘사했다. 산업도시인 스탈리노에 살던 한 당원은 뒷문에서 굶어 죽은 시체들을 발견하고는 몸서리를 쳤다. 공원을 산책하는 연인은 무덤을 파헤치지 말라는 경고문을 봐야 했다. 의사와 간호사는 병원에 도착한 굶주린 사람들을 치료해선 안 됐다(음식 제공도 금지였다). 시 경찰은 굶어 죽은 거리의 부랑자들을 눈에 띄지 않는 곳으로 옮겼다. 소련령 우크라이나 도시의 경찰은 하루에 아이 수백 명을 체포했다. 1933년 초반 하리코프 경찰이 매일 달성해야 하는 할당량은 2000명에 달했다. 하리코프의 수용소에서는 언제나 약 2만 명의 아이가 죽기를 기다리고

* 독일 엘베강 유역의 지역으로 곡창지대로 유명하다.

있었다. 아이들은 경찰에게 최소한 밖에서 굶어 죽게 해달라고 애원했다. "편히 죽게 해주세요. 죽음의 수용소에서 죽고 싶진 않아요."[4]

굶주림은 서방 세계의 어느 도시보다 소비에트 우크라이나 도시에서 훨씬 더 심각했다. 1933년 소련령 우크라이나에서는 도시 거주자 수만 명이 실제로 굶어 죽었다. 하지만 우크라이나에서 죽거나 죽어가던 사람은 태반이 농민, 즉 노동력을 써서 도시에 빵을 공급하던 이들이었다. 우크라이나 도시들은 살아 있었지만 교외 지역들은 죽어가고 있었다. 통념과 달리, 도시 거주자는 음식을 찾으러 농촌을 떠난 농민들의 궁핍한 모습을 지켜봐야 했다. 드네프로페트롭스크의 기차역에는 너무 허약해서 구걸조차 못 하는 농민이 넘쳐났다. 기차를 탄 개러스 존스는 빵을 조금 얻었지만 다시 경찰에게 압수당한 농민을 만났다. "그들이 제 빵을 빼앗아갔어요"라는 말만 되뇌던 농민은 굶주리는 가족에게 실망을 안겼음을 뼈아파했다. 스탈리노 기차역에서는 한 굶주리던 농민이 기차 앞으로 뛰어들어 자살하기도 했다. 우크라이나 동남부의 산업 중심지였던 이 도시는 제정 시대에 존 휴스가 세웠는데, 그는 웨일스 출신 기업가이자 개러스 존스 어머니의 상사이기도 했다. 도시 이름은 예전에는 휴스의 이름을 땄지만, 나중에는 스탈린의 이름을 땄다(1961년 이후 도네츠크라고 부른다).[5]

1932년에 완료된 스탈린의 5개년 계획은 대중의 빈곤을 대가로 산업 발전을 이루었다. 철도 옆에서 죽은 농민은 이렇게 대조적인 현상의 참담한 증인이었다. 소련령 우크라이나 전역에서 열차 탑승객은 자신도 모르는 사이에 끔찍한 사건의 목격자가 되었다. 배고픈 농민들은 도시에 가려고 철로를 따라 나섰지만, 쇠약해진 나머지 철로 위에서 기절하고 말았다. 하르트시즈스크에서는 기차역에서 쫓겨난 농민이 근처 나무에 스스로 목을 맸다. 소련 작가 바실리 그로스만은 고향인 베르디체프에서 가족을 만나고 돌아오는 길에, 객실 유리창 너머에서 빵을 구걸하는 여인을 만났다. 사회주의 건설을 돕고자 소련에 온 정치적 망명자 아서 케스틀러 역시 비슷한 경험을 했다. 오랜 시간이 지나 그가 한 회상에 따르면, 하리코프 기차역 밖에는 여자 농민들이 "머리는 심하게 흔들리고, 사지는 막대기 같고, 배는 부풀고 튀어나온 소름 끼치는 아기를 차창 쪽으로 들어올리고 있었다". 그는 우크라이나 아이들이 "술병에서 꺼낸 배아"처럼 보인다는 사실을 알게 되었다. 지금은 21세기의 도덕적 목격자로 인정받는 이 두 사람이 직접 목격한 내용을 글로 적기까지는 많은 시간이 걸렸다.[6]

도시 거주자들은 시장에서 물건을 늘어놓고 파는 농민의 모습에 익숙했다. 1933년, 농민들은 익숙한 도시 시장으로 향했지만, 이제는 물건을 파는 대신 구걸을 해야 했다. 상품도 손님도 없는 시장 광장에는 애오라지 죽음의 기운만이 가득했다. 아침 일찍 들리는 소리는 한때는 옷이었던 넝마 밑에서 웅크리고 있는, 죽어가는 이들의 희미한 숨소리뿐이었다. 어느 봄날 아침, 하리코프 시장의 농민 시체 무덤 사이에서 한 아기가 엄마의 젖을 빨고 있었는데, 엄마의 얼굴은 생기 없는 회색빛이 된 지 오래였다. 행인들은 저마다 이 광경을 지켜봤는데, 너부러진 시체나 죽은 엄마와 산 아기는 물론 현장의 모습, 즉 작은 입과 마지막 모유 몇 방울, 차가운 젖꼭지가 시선을 사로잡았기 때문이다. 우크라이나인들은 이를 가리키는 말을 만들어냈다. 그들은 현

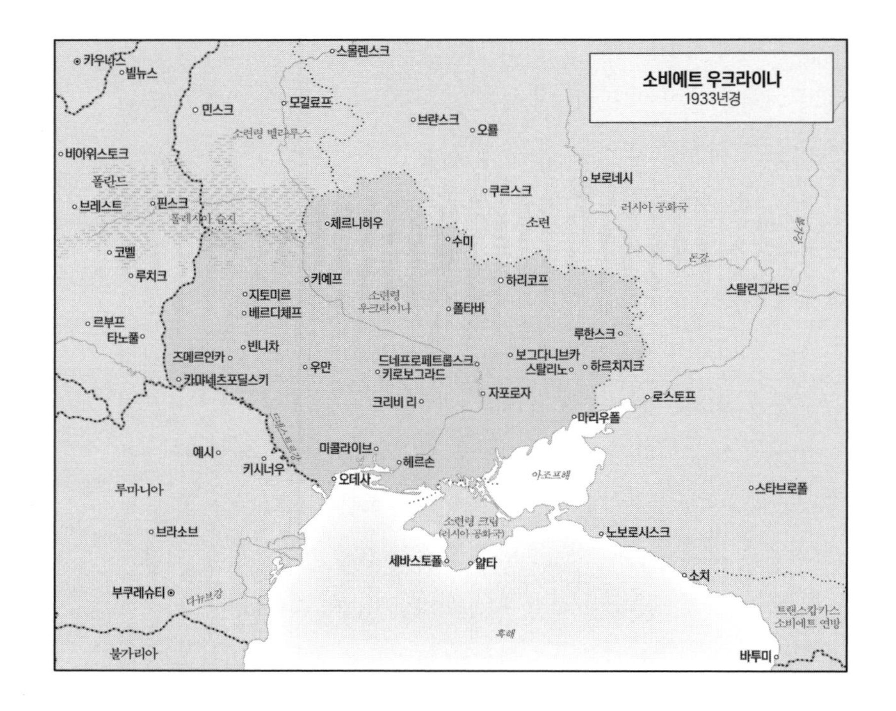

장을 지나치면서 조용히 중얼거렸다. “이게 사회주의의 봄이야. 그 꽃망울이야.”[7]

1933년의 대규모 기아는 1928~1932년 실시한 스탈린의 첫 번째 5개년 계획의 산물이었다. 이 기간에 스탈린은 공산당 최상부를 장악했고, 산업화와 집단화 정책을 강행했으며, 패배한 국민을 이끌 무서운 아버지로 부상했다. 그는 시장을 계획경제로, 농민을 노예로, 시베리

아와 카자흐스탄의 불모지를 강제수용소 단지로 바꿔버렸다. 그의 정책은 수만 명을 처형으로, 수십만 명을 탈진으로 죽게 했고, 수백만 명을 굶주림의 위험에 빠뜨렸다. 물론 공산당 내부의 반발을 우려하긴 했지만, 스탈린에게는 엄청난 정치적 재능과 총독들의 자발적인 지지, 그리고 무엇보다 미래를 예견하며 미래를 만든다고 주장하는 관료 체제가 있었다. 그 미래는 공산주의였다. 중공업이 필요하며, 따라서 집단농장이 필요하고, 결과적으로 소련 사회의 최대 집단인 농민을 통제해야 하는 공산주의 말이다.[8]

농민, 그중에서도 특히 우크라이나 농민이 이 거대한 역사의 기계화 속에서 자신을 하나의 도구로 여겼을 것 같지는 않다. 소련 정책의 최종 목적을 완전히 이해했다고 해도(그랬을 리 없겠지만), 그런 목적을 지지할 수는 없었으리라. 그들은 자신의 땅과 자유를 빼앗는 정책에 저항해야 했다. 집단화는 소련 사회의 최대 집단인 농민과 소비에트 국가 및 당시에는 합동국가정치보안부OGPU라 불렸던 국가 경찰 간의 심각한 대립을 의미할 수밖에 없었다. 이러한 갈등을 내다본 스탈린은 1929년 소련 역사상 가장 규모가 큰 공권력 집행을 명령했다. 스탈린의 말을 빌리면 사회주의 건설에 드는 노력은 "바다를 들어올리는" 것과 같았다. 같은 해 12월 그는 "부농"이 "하나의 계급으로서 청산될 것"임을 발표했다.[9]

볼셰비키는 역사를 빈민이 부유층을 상대로 혁명을 일으켜 전진하게 하는 계급투쟁으로 제시했다. 따라서 공식적으로는 부농 말살 계획이 떠오르는 폭군과 그의 충성스러운 수행단이 내린 단순한 결정은 아니었다. 그것은 역사적 필연성이며, 엄격하면서도 자애로운 클레오*가 준 선물이었다. 어떤 범죄도 저지르지 않은 국민 집단을 상대로 국가 기관이 저지른 노골적인 공격은 저급한 선전으로 더욱 강화되었다. "우리는 계급으로서의 부농을 파괴할 것이다!"라는 제목의 포스터에서 한 부농은 트랙터 바퀴에 깔려 있고, 두 번째 부농은 곡식을 꽉 움켜쥐고 있는 유인원으로 그려져 있으며, 세 번째 부농은 젖소의 젖꼭지에 입을 대고 우유를 빨고 있다. 이들은 모두 인간이 아닌 짐승이라는 게 메시지의 핵심이었다.[10]

현실에서는, 누가 부농이고 부농이 아닌지를 국가가 결정했다. 경찰은 집단화 때문에 잃을 것이 가장 많은 계층인 부유한 농민을 이주시키게 되어 있었다. 1930년 1월 정치국은 국가 경찰에게 소련 전체의 농민을 둘로 나눌 권한을 주었다. 이에 상응하는 OGPU의 2월 2일자 명령은 '계급으로서의 부농 청산'에 필요한 조치를 명시했다. 각 지역에서 '트로이카'라 불리는 3인 집단이 농민의 운명을 결정해야 했다. 국가 경찰, 지역 공산당 대표, 국가 징세관으로 구성된 트로이카는 항소권 없는 극형(사형, 추방)을 빠르게 내릴 권한이 있었다. 지역 당원들은 종종 인선 관련 추천안을 냈다. 어느 지역 공산당 대표는 이렇게 말했다. "마을 평의회 총회에서, 우리는 우리가 합당하다고 생각하는 부농을 만들어냈다." 소련에도 법률과 법원이 있었지만, 3인 집단의 단순한 결정이 우선했다. 소비에트 시민 약 3만 명이 트로이카의 판결 이후 처형당했다.[11]

1930년 첫 넉 달 동안, 11만3637명이 부농이라는 이유로 소련령

* 그리스 로마 신화의 여신으로, 아홉 명의 무사Musa 가운데 하나로서 역사를 관장한다.

우크라이나에서 강제이주해야 했다. 이는 농가 약 3만 채가 텅텅 비고, 놀란 주민들은 갑작스러운 사건에 대비할 시간이 거의 또는 전혀 없었다는 것을 의미했다. 겁에 질리고 병든 인간 화물을 실은, 차디찬 화차 수천 대가 북유럽 러시아, 우랄산맥, 시베리아나 카자흐스탄에 있는 목적지로 떠났다는 뜻이기도 했다. 농민들이 집에서 마지막으로 지낸 새벽, 총성과 비명을 들으며 깨어나야 했고, 기차에서는 동상과 치욕에 시달려야 했으며, 노예 노동자 신분이 되어 타이가 지대나 초원에 내린 후에는 고통과 체념을 운명처럼 받아들여야 했다는 의미이기도 했다.[12]

우크라이나 농민은 포로수용소로 추방되는 것의 의미를 알고 있었는데, 1920년대 중반부터 계속 그런 추방에 시달려왔기 때문이다. 이제는 이미 전통 민요처럼 된 비가가 그들의 입에서 흘러나왔다.

오 솔롭키, 솔롭키여!
너무나 멀고 먼 길이여,
내 심장은 더 이상 뛰지 않고
두려움이 영혼을 부수네.

솔롭키는 북극해의 섬 위에 세워진 포로수용소였다. 우크라이나 농민의 마음속에 솔롭키란 고향에서 추방당하면서 느끼는 모든 고립과 억압, 고통을 상징하는 이름이었다. 그러나 소련 공산당 지도부에게 솔롭키란 추방자의 노동력이 국가의 이익으로 바뀌는 최초의 성과를 나타내는 이름이었다. 1929년, 스탈린은 '솔롭키 모델'을 소련 전체에 적용하기로 했고, '특별 정착지'와 강제수용소 건설을 명령했다. 강제수용소는 노동 구역의 경계를 표시했는데, 대부분 울타리를 두르고 경비병이 순찰하는 식이었다. 특별 정착지는 텅 빈 초원이나 타이가 지대에 강제로 하차한 수감자들이 특수한 목적으로 직접 건설한 새로운 마을이었다. 종합하면, 170만 명의 부농 중에서 약 30만 명의 우크라이나인이 시베리아, 유럽 러시아와 카자흐스탄의 특별 정착지로 추방당했다.[13]

처벌을 위한 농민 대량 추방은 소비에트 경제의 강제노동 대량 이용과 맞아떨어졌다. 1931년 특별 정착지와 강제수용소는 '굴라크'라는 단일 시스템으로 통합되었다. 소련인들 스스로 '강제수용소 제도'라 부른 굴라크는 농업 집단화와 함께 시작되었고 집단화에 의존했다. 결과적으로 476개의 수용소 단지에 수용되게끔 1800만 명이 선고를 받았고, 150만 명에서 300만 명이 감금 도중에 사망했다. 자유 농민은 노예 노동자가 되어, 스탈린이 소련 근대화에 필요하다고 믿었던 거대 운하, 광산, 공장 건설에 투입되었다.[14]

강제노동수용소에서 우크라이나 농민이 가장 많이 투입된 작업은 백해白海와 발트해 사이에 있는 운하인 벨로모르를 파는 것이었는데, 스탈린은 이 운하에 특히 집착했다. 약 17만 명이 곡괭이와 삽으로, 때로는 도자기 조각이나 맨손으로 21개월 동안 얼어붙은 땅을 파야 했다. 탈진이나 질병으로 수천 명이 사망한 후 1933년 공사가 끝나 육지 운하의 바닥이 드러났지만, 수상 운송에는 거의 쓸모가 없다는 사실이 밝혀졌다. 특별 정착지에서도 사망률은 대단히 높았다. 소비에트 당국은 특별 정착지의 포로 중 5퍼센트가 사망하리라 예상했지만, 현실에서는 10~15퍼센트에 달했다. 백해의 주요 도시인 아르한겔스크에 살던 어떤 사람은 이런 일들이 말도 안 된다고 토로했다. "경제적인 차원에서 부농을 없애는 거랑, 신체적인 차원에서 그들의 자녀를 학살하는 건 다르죠. 그건 너무 야만스러워요." 아이들은 최북단 지역에서 죽어갔는데, 그 수가 너무 많아 "관도 없이 시체 서너 구를 한데 모아 묘지로 옮길 정도였다". 볼로그다의 한 노동자 집단은 "세계 혁명으로 가는 여정"이 반드시 "이 아이들의 시체를 지나야 합니까"라고 외쳤다.[15]

굴라크에서의 사망률은 꽤 높았지만, 곧 우크라이나 교외 지역의 일부가 될 지역의 사망률보다 높지는 않았다. 벨로모르의 노동자들은 배급받는 식량이 대단히 열악해서, 하루에 빵 600그램(약 1300칼로리)이 고작이었다. 하지만 같은 시기 소련령 우크라이나의 전반적인 영양 상태보다는 나았다. 벨로모르의 강제노동자들은 소련령 우크라이나에 남아 있던 농민들이 1932년과 1933년에 집단농장에서 받은 식량보다 2~3배, 혹은 6배나 많은 식량을 받았다. 이 시기 우크라이나 농민은 거의 아무것도 받지 못했기 때문이다.[16]

1930년 처음 몇 주 동안 집단화는 소련령 우크라이나와 소련 전역에서 눈에 띄지 않는 속도로 진행되었다. 모스크바는 집단화할 할당량을 지구별로 하달했고, 지역당 지도부는 할당량을 초과 달성하기로 서약했다. 우크라이나 지도부는 1년 안에 공화국 전체를 집단화하기로 공언했다. 그러자 지역 공산당 활동가들은 상부에 좋은 인상을 심고자, 더 빨리 움직여서 9~12주 이내에 집단화를 달성하기로 했다.

그들은 강제추방하겠다고 협박해 농민들이 토지 소유권을 양도하고 집단농장에 합류하도록 강제했다. 국가 경찰은 필요할 때는 무력을 동원해 개입했는데, 그 무력은 대부분 치명적인 수준이었다. 노동자 2만5000명이 경찰 숫자를 보강하기 위해, 또한 농민들을 압도하기 위해 교외 지역으로 파견되었다. 마을의 음식 부족이 농민 때문이라고 교육받은 노동자들은 "부농으로 수프를 끓여 먹자"며 결의를 다졌다.[17]

1930년 3월 중반이 되자 소련 내 경작지의 71퍼센트가 원칙적으로는 집단농장에 속하게 되었다. 농민 대부분이 자신의 농장을 양도하고 집단농장에 합류했다는 뜻이었다. 그들은 더 이상 토지를 마음대로 사용할 공식적인 권한이 없었다. 집단농장의 일원이 된 농민은 고용, 급여, 음식에 있어 농장 지도자에게 의지해야 했다. 그들은 가축을 모두 잃었거나 잃어가는 중이었고, 농기구는 신설 농기계 센터가 제공하는 기계로 대체해야 했지만 그런 기계란 없을 때가 많았다. 교외 지역의 정치를 통제하는 곳인 이 센터에는 언제나 당 관계자와 국가 경찰이 가득했다.[18]

전통적으로 공동 농업을 해온 소비에트 러시아 사람들에 비해, 소련령 우크라이나 농민들은 땅을 잃는 일이 훨씬 더 두려웠을 것이다. 그들의 역사는 지주와의 투쟁의 역사였고, 이 투쟁은 볼셰비키 혁명 과정에서 마침내 승리를 거둔 듯했다. 하지만 그 직후인 1918~1921년 볼셰비키 당원들은 내전을 진행하면서 식량을 농민에게서 징발했다. 그래서 농민들에게는 소비에트 국가를 경계해야 할 이유가 충분했다. 농민들의 의심을 사긴 했지만 1920년대 레닌의 타협 정책은 환영받았는데, 언젠가는 파기되리라는 예상이 있었음에도 불구하고 그랬다. 그들에게 있어 1930년의 집단화는 근대사에서 흔히 볼 수 있듯이, 이제는 부유한 지주 대신 공산당에 대한 새로운 구속의 시작을 알리는 '신농노 제도'처럼 보였다. 소련령 우크라이나의 농민들은 어렵게 얻은 독립을 잃을까봐 두려워했다. 하지만 동시에 굶주림을, 그리고 그들의 불멸의 영혼이 맞을 운명도 두려워해야 했다.[19]

소련령 우크라이나 농촌사회 대부분은 여전히 종교 공동체였다. 젊고 야심만만하며, 공인된 종교인 공산주의 무신론에 이끌린 많은 젊은이는 우크라이나 대도시나 모스크바 또는 레닌그라드로 떠났다. 무신론 공산주의 정권이 자신들의 동방 정교회를 탄압했지만, 농민들은 여전히 신자였고 상당수는 집단농장과의 계약을 악마와의 거래로 받아들였다. 사탄이 공산당원이라는 탈을 쓰고 이 땅에 나타났으며, 그의 집단농장이 고문과 저주를 불러올 명부를 기록한다고 믿는 사람도 있었다. 새로운 농기계센터는 게헨나*의 전초기지처럼 보였다. 로마 가톨릭교도인 우크라이나의 일부 폴란드 농민은 집단화를 종말론적 관점으로 봤다. 어느 폴란드인은 집단농장에 참가하지 않는 이유를 아들에게 이렇게 설명했다. "내 영혼을 악마에게 팔고 싶진 않단다." 이러한 독실함을 이해하는 당원들은 자신들이 스탈린의 제1계명이라 부른, 집단농장은 먼저 국가에 음식을 공급한 후 인민에게 공급해야 한다는 계명을 선전했다. 농민도 익히 알고 있던, 성경의

* 유대교에서 말하는 지옥.

제1계명의 패러디라고 할 수 있었다. "너는 나 외에 다른 신들을 네게 두지 말라."[20]

부농이 굴라크로 강제이주하면서 우크라이나 마을은 원래 있던 지도자를 잃어버렸다. 부농이 추방당해 없는 상태에서 농민들은 자기 자신과 공동체를 구하려 했다. 그들은 자신의 작은 땅을, 얼마 안 되는 자율성을 지키려 했다. 이제 집단농장과 농기계센터라는 모습으로 나타난 국가로부터 가족을 감추려 했다. 집단농장에 가축을 빼앗기느니 차라리 팔거나 도살하는 쪽을 택했다. 아버지와 남편은 공산당원 및 경찰과의 싸움을 위해 딸과 아내를 앞장세웠는데, 여자는 남자보다 추방당할 위험이 낮다고 생각했기 때문이다. 때로는 괭이나 삽을 지역 공산당 본부에 반입하고자 남자들이 여장을 하기도 했다.[21]

하지만 결정적으로 농민에게는 총이 (거의) 없었고, 조직도 형편없었다. 국가는 화력과 물류를 독점하다시피 했다. 농민 활동은 강력한 국가 경찰 기구가 기록하고 있었는데, 그들은 농민의 동기를 이해하지는 못했지만 전체적인 방향은 파악하고 있었다. OGPU는 1930년 우크라이나에서 거의 100만 회에 달하는 저항활동이 일어난 것에 주목했다. 같은 해 3월 소련에서 일어난 대규모 농민 반란 중에서 거의 절반이 소련령 우크라이나에서 발생했다. 일부 우크라이나 농민은 자발적으로 서쪽으로 행진을 시작해, 인접한 폴란드의 국경을 건너기도 했다. 그러자 마을 전체가 그들을 본받아 교회 깃발을 들거나 몸에 걸치고, 혹은 단순한 검은 깃발을 막대기에 묶고 국경을 향해 서쪽으로 행진했다. 수천 명이 폴란드에 도착했고, 소련의 기근 상황에

대한 정보가 확산되었다.[22]

농민들의 폴란드 도피는 국제적 망신거리였으며 스탈린과 정치국에는 심각한 골칫거리였을 것이다. 이는 수가 제법 되는 우크라이나 소수 민족과의 정치적 화해를 준비하던 폴란드 당국이 집단화 과정과 결과를 알게 되었음을 의미했다. 폴란드 국경 수비대는 참을성 있게 난민과 면담했고, 집단화 과정과 실패에 관한 지식을 얻었다. 폴란드가 우크라이나를 침공해, 자신들의 비극을 막아달라고 애원한 농민도 있었다. 난민 위기는 소련을 상대로 사용할 수 있는 주요한 선전 무기를 폴란드에 제공하는 계기이기도 했다. 유제프 피우수트스키가 이끄는 폴란드는 소련을 상대로 침략 전쟁을 계획하진 않았지만, 국경을 따라 나타날 소련의 붕괴에 대한 비상 대책을 준비했고, 이러한 사건의 진행 속도를 높이고자 고안한 몇 가지 조치를 취했다. 우크라이나인들이 소련령 우크라이나에서 탈출할 때도, 폴란드는 간첩을 반대 방향으로 보내 우크라이나인의 반란을 조장했다. 그들의 선전 포스터는 스탈린을, 국민이 굶주리는데도 곡물을 수출한 '배고픈 차르Hunger Tsar'라고 불렀다. 1930년 3월 정치국 위원들은 "폴란드 정부가 개입할 수도 있다"며 두려워했다.[23]

집단화는 전반적으로 시행된 정책이었고, 소련은 방대한 국가였으며, 불안정한 국경은 전쟁이라는 일반적인 시나리오에서 고려할 문제였다.

스탈린과 소련 지도부는 폴란드를 전 세계를 포위한 자본주의 체제의 서쪽 영역으로, 일본을 동쪽 영역으로 간주했다. 폴란드 및 일본과의 관계는 제법 괜찮았다. 그러나 1930년 봄, 스탈린의 가장 큰 근심거리는 폴란드와 일본의 공동 침공이라는 환영幻影인 듯했다. 단연 세계 최대 국가였던 소련은 유럽에서 태평양까지 영토를 확장했고, 스탈린은 유럽 열강은 물론 일본이라는 아시아 쪽의 야욕까지 신경 써야 했다.

일본은 러시아를 제물로 삼아 군사적 강국이라는 평판을 얻었다. 일본은 1904~1905년 러일전쟁에서 러시아 제국을 물리쳐, 태평양 항구를 확보하기 위해 러시아인이 건설한 철도를 장악함으로써 세계 열강으로 부상했다. 스탈린도 잘 알고 있었지만 폴란드와 일본은 모두 소련령 우크라이나에, 그리고 소련 내의 민족 문제에 관심이 있었다. 스탈린은 아시아에서 굴욕을 겪은 러시아의 역사를 통감한 듯했다. 그는 일본인에 대한 피의 복수를 맹세하는 노래인 '만주의 언덕에서On the Hills of Manchuria'를 좋아했다.[24]

소련 서부에서의 집단화가 불러온 혼란은 폴란드가 개입할지도 모른다는 두려움을 낳았고, 소련 동부에서의 무질서는 일본에 유리하게 작용하는 듯했다. 소비에트 중앙아시아, 특히 무슬림이 대부분인 소비에트 카자흐스탄에서 집단화는 소련령 우크라이나에서보다 훨씬 더 심각한 혼란을 불러왔다. 집단화는 비할 수 없을 정도로 극적인 사회 변혁을 요구했다. 카자흐스탄 국민은 농민이 아니라 유목민이었고, 소비에트 현대화의 첫 단계는 그들을 정착하게 하는 것이었다. 집단화가 시작되기 전에, 유목민들은 먼저 정착 농민부터 되어야 했다. '정착화' 정책은 목동이 가축을 갖지 못하게 했고, 따라서 생존수단을 앗아갔다. 사람들은 낙타나 말을 타고 국경을 넘어 중국의 무

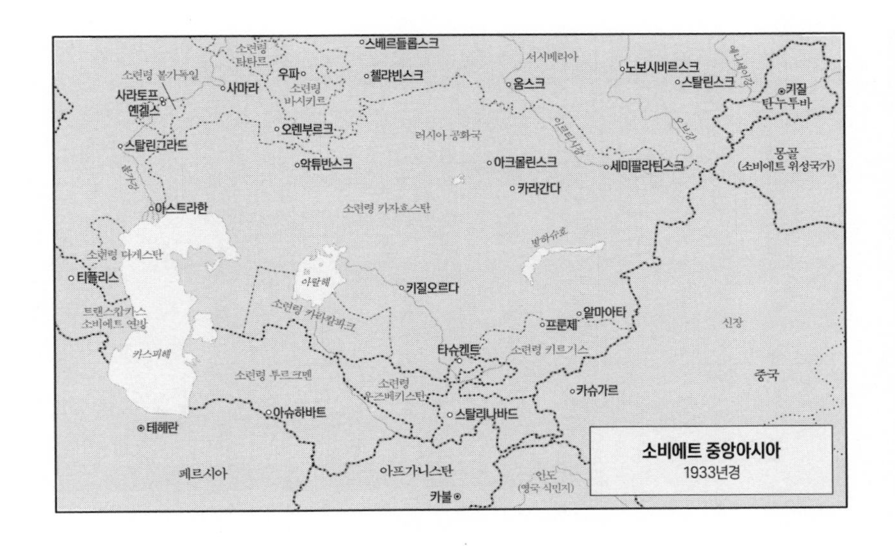

소비에트 중앙아시아
1933년경

슬림 지역인 신장(또는 투르키스탄)으로 이동했고, 그래서 스탈린은 그들이 중국의 내분에 관여하는 핵심 외세인 일본의 첩자일지도 모른다고 생각했다.[25]

모든 것이 계획대로 진행되진 않았다. 소비에트 질서를 공고히 해야 했던 집단화는 대신 국경 지대의 안정을 위협했다. 소비에트 유럽에서처럼 소비에트 아시아에서도 사회주의를 가져와야 했던 5개년 계획은 오히려 경제적 고통만 가져왔고, 정의를 대변할 것으로 기대되던 국가는 매우 전통적인 보안 조치로 답했다. 폴란드계 소련인은 서쪽 국경 지대에서 추방되었고, 모든 지역에서 국경 수비대가 강화되었다. 세계 혁명은 닫힌 국경 뒤에서 일어나야 했으며, 스탈린은 자신이 '일국사회주의'라 부른 사상을 보호하고자 조치를 취해야 했다.[26]

스탈린은 적들의 행동을 늦추고 국내 계획을 재고해야 했다. 그는 소련 외교관들에게 폴란드 및 일본과 불가침 조약에 대한 논의를 시작하도록 명령했다. 소련 서부에서의 전면전을 준비하도록 붉은 군대에게도 명령을 내렸다. 무엇보다, 스탈린은 집단화를 일시 중단했다. 1930년 3월 2일 "아찔할 만큼의 성공"이라는 멋진 제목의 글에서 스탈린은 집단화 관련 문제들은 단지 열정이 조금 과해서 생긴 것이라고 주장했다. 그는 이제 농민을 집단농장에 강제로 집어넣은 조치는 실수였다고 공언했다. 집단농장은 등장했을 때만큼이나 빠르게 사라지는 듯했다. 1930년, 우크라이나 농민은 마치 자기 땅을 일구듯 가을밀을 수확하고 가을 작물의 씨앗을 뿌렸다. 자기 땅이라 생각하는 것도 무리는 아니었다.[27]

그러나 스탈린은 단지 전술적 후퇴를 했을 뿐이었다.

생각할 시간을 가진 후, 스탈린과 정치국은 농민을 국가에 종속시킬 더 효과적인 방법을 찾아냈다. 이듬해 농촌 지역에서의 소련 정책은 훨씬 더 교묘해졌다. 1931년 집단화가 도입될 수 있었던 이유는 농민에게 다른 선택지가 없었기 때문이다. 소비에트 공산당 우크라이나 지부의 하위 직급들은 숙청되었는데, 마을에서 일하는 사람들이 그들의 임무에 충실할지, 그렇지 않은 경우 무슨 일을 당하게 될지 알려주기 위함이었다. 자영농민들은 집단농장이 유일한 피란처가 될 때까지 세금을 내야 했다. 집단농장이 서서히 재조직되면서, 인근 자영농민에 대한 간접적인 강제력을 갖게 되었다. 예를 들어 집단농장은 자영농민의 종곡種穀을 빼앗는 정책을 결정할 수 있었다. 다음 농작물 파종을 위해 따로 보관하는 종곡은 모든 농장의 필수품이다. 종곡의 선별과 보존은 농업의 기본이다. 인류 역사상 대부분의 기간에 종곡을 먹어치우는 일은 심각한 자포자기와도 같은 행위였다. 종곡에 대한 통제권을 집단농장에 빼앗긴 개인은 자신의 노동력만으로 살 수 없게 되었다.[28]

강제추방은 계속되었고, 집단화도 진행되었다. 1930년 후반과 1931년 초반에는 약 3만2127가구가 소련령 우크라이나에서 추가로 추방당했는데, 1년 전 첫 번째 추방 물결에서 쫓겨난 사람과 비슷한 숫자였다. 농민은 굴라크에서 탈진해 죽거나 집과 가까운 곳에서 굶어 죽게 된다고 생각했는데, 그나마 후자가 낫다고 여겼다. 추방당한 친구와 가족의 편지가 간혹 검열을 피해 도착하기도 했다. 그중 하나는 이런 조언을 담고 있었다. "무슨 일이 있든, 여기 오지 마. 우린 여기서 죽어가고 있어. 숨거나 차라리 거기서 죽어. 무슨 일이 있어도, 여긴 오지 마." 어느 공산당원의 생각처럼, 집단화에 굴복한 우크라이나 농민은 "알지도 못하는 곳에서 사라지느니 집에서 굶주리는 쪽을" 선택했다. 1931년 집단화가 마을 전체 차원이 아닌 가구별로 세세히 진행되면서, 저항은 더 어려워졌다. 필사적인 방어를 유발하는 기습도 없었다. 연말이 되자 새로운 접근법이 성공을 거두었다. 소련령 우크라이나 농지의 약 70퍼센트가 집단화되었다. 이로써 1930년 3월 수준에 다시 도달했으며, 이번에는 그 수준이 지속적으로 유지되었다.[29]

1930년 시작 단계에서 실패를 경험한 스탈린은 1931년에는 정치적 승리를 거뒀다. 하지만 정치에서의 승리가 경제적 승리로까지 이어지진 않았다. 곡물 소출에 뭔가 문제가 있었다. 1930년은 대풍년이었다. 1930년 초반에 추방된 농민들은 가을밀을 이미 파종한 상태였는데, 그 밀은 다른 사람들이 얼마든지 수확할 수 있었다. 1930년 서류상으로 국토 대부분이 집단화되었던 1월과 2월은 보통 휴농기였다. 집단농장이 일차로 와해된 1930년 3월 이후 농민은 자영농의 신분으로 봄 작물을 심을 수 있었다. 그해 여름은 날씨가 유난히 좋았다. 1930년 우크라이나의 수확량은 1931년에는 달성할 수 없는 기준을 세웠다. 집단 농업이 개인 농업만큼 효율적이라 하더라도 불가능한 수준이었는데, 현실은 그렇게 효율적이지도 않았다. 1930년의 대풍작은 공산당이 1931년의 징발량을 설정할 때의 기준선을 제공했다. 모스크바는 우크라이나가 제공할 수 있는 양보다 훨씬 더 많은 양을 기대했다.[30]

1931년 가을이 되자 첫 번째 집단 수확의 실패는 명확해졌다. 원인은 여러 가지였다. 날씨가 나빴고, 해충도 문제였다. 농민이 가축을 팔거나 도살해 동물 이용도 제한되었다. 트랙터를 이용한 생산도 예상에 훨씬 못 미쳤다. 우수한 농민들은 추방당했다. 파종과 수확도 집단화 때문에 지장을 받았다. 그리고 땅을 잃은 농민은 열심히 일할 이유가 없었다. 우크라이나 당수인 스타니스와프 코시오르는 낮은 수확량을 고려할 때 1931년 가을 징발 계획이 비현실적이라고 보고했다. 라자르 카가노비치는 그에게 진짜 문제는 절도와 은닉이라고 말했다. 코시오르는 무엇이 문제인지 더 잘 알고 있었지만, 부하들에게 이 노선을 강제했다.[31]

1931년 소련령 우크라이나는 (온전한) 수확량의 절반 이상을 빼앗겼다. 많은 집단농장에서 징발 목표량을 달성하는 유일한 방법은 종곡마저 넘기는 것이었다. 12월 5일, 스탈린은 아직 연간 요구량을 충족시키지 못한 집단농장에 종곡을 넘기도록 명령했다. 아마도 스탈린은 농민이 식량을 숨기고 있으며, 종곡을 빼앗겠다고 협박하면 숨긴 식량을 넘기리라 생각했을 것이다. 하지만 이 시기의 농민 대다수에게는 정말로 아무것도 없었다. 1931년 말이 되자 이미 수많은 농민이 굶주리기 시작했다. 가진 땅도 없고 징발에 저항할 능력도 거의 없는 그들은 무슨 수를 써도 가족에게 충분한 열량을 제공할 수 없었다. 그리고 1932년 초반이 되자 종곡조차 없는 그들은 가을 곡식을 심을 수조차 없었다. 우크라이나 공산당 지도부는 1932년 3월 종곡이 필요하다고 했지만 파종은 이미 지연되고 있었고, 따라서 그해 가을 수확도 흉작이 될 가능성이 높았다.[32]

1932년 초반, 인민은 도움을 호소했다. 우크라이나 공산당원들은 우크라이나 공산당 상급자들에게 스탈린이 적십자 구호를 요청하도록 해달라고 청원했다. 집단농장에 소속된 이들은 국가와 당 지도부에 편지를 썼다. 그중 한 편지는 형식적인 행정적 문구를 여러 단락 늘어놓은 후, 애처로운 문구로 끝을 맺고 있다. "우리에게 빵을 주십시오! 빵을 주십시오! 빵을 주십시오!" 우크라이나 당원들은 코시오르를 건너뛰고 스탈린에게 직접 성난 어조의 편지를 보내기도 했다. "모두가 굶어 죽어버리면 사회주의 경제를 어떻게 건설할 수 있겠습니까?"[33]

대규모 기아의 위협은 소련령 우크라이나 당국에는 너무나 확실하게 다가왔고, 스탈린에게도 마찬가지였다. 당원들과 비밀경찰은 아사자 보고서를 수도 없이 제출했다. 1932년 6월 하리코프 지역의 공산당 책임자는 코시오르에게 "제 담당 지역의 모든 구역에서 기아가 보고됩니다"라는 서한을 보냈다. 코시오르는 '공산당청년회' 회원이 1932년 6월 18일에 부친 편지를 받았는데, 당시에는 너무나 익숙했을 광경이 생생하게 묘사되어 있었다. "집단농장원은 밭으로 나간 후 실종됩니다. 며칠이 지나면 그들의 시체가 발견되고, 사람들은 늘 있는 일인 양 아무런 감정도 없이 시체를 묻습니다. 이튿날에는 어제 남의 무덤을 팠던 사람의 시체가 발견됩니다." 같은 날인 1932년 6월 18일, 스탈린 본인도 소련령 우크라이나에 '기근'이 존재한다는 것을 사견임을 전제로 인정했다. 그 전날 우크라이나 공산당은 식량 원조를 요청했다. 스탈린은 이를 승인하지 않았다. 그의 응답은 소련령 우크라이나의 모든 곡식을 계획대로 징수해야 한다는 것이었다. 스탈린과 카가노비치는 "무슨 일이 있어도 지금 당장의 곡물 수출에 차질을 빚어서는 안 된다"는 데 동의했다.[34]

개인적인 경험이 없지 않았던 스탈린은 그다음에 올 일을 정확히 알고 있었다. 그는 소비에트 통치하에도 기근이 일어날 수 있음을 알았다. 기근은 내전 기간과 내전 이후에 러시아와 우크라이나에서 맹위를 떨쳤다. 흉작과 강제 징발이 맞물리며 우크라이나 농민 수십만 명이 굶주렸는데, 특히 1921년에 가장 심했다. 식량 부족은 레닌이 애초에 농민과 타협했던 이유 중 하나였다. 스탈린은 이런 과정을 아주 잘 알았는데, 그 자신이 가담하기도 했다. 스탈린 고유의 집단화 정책이 대량 기아를 유발하리란 사실 또한 명백했다. 스탈린의 예측대로, 1932년 여름쯤에는 소련령 카자흐스탄에서 100만 명 이상이 굶어 죽었다. 스탈린은 그 지역 공산당 대표인 필리프 골로셰킨을 탓했지

만, 구조적 문제가 있음을 알고 있었던 게 틀림없다.[35]

누구 못지않게 정치를 사적으로 풀었던 스탈린은 우크라이나 기근 또한 사적인 차원에서 접근했다. 그가 먼저 보인 충동적 행동이면서 그 뒤로도 바꾸지 않았던 방침은 우크라이나 농민의 굶주림을 우크라이나 공산당 당원의 배신으로 간주하는 것이었다. 스탈린은 자신의 집단화 정책이 비난받을 가능성은 허용할 수가 없었다. 문제는 실행 과정에, 지역 지도자에게 있어야 했고 절대로 집단화라는 개념 자체에 있어서는 안 됐다. 1932년 상반기에 자신의 변혁을 밀어붙이면서, 스탈린이 골몰한 문제는 국민의 고통이 아니었다. 집단화 정책의 이미지가 손상될지도 모른다는 점이었다. 그는 굶주리는 우크라이나 농민이 조국인 공화국에서 이반하고 있으며 "징징거림으로써" 다른 소련 시민들의 사기를 떨어뜨리고 있다고 불만을 토로했다.[36]

얼마쯤 비논리에 빠진 채로, 1932년 봄여름 스탈린은 굶주림을 어떻게든 부정한다면 굶주림이 없어지리라 생각했던 것 같다. 아마도 그는 어찌됐든 우크라이나는 인구 과잉 상태였고, 수십만 명의 죽음도 장기적으로는 별문제가 되지 않는다고 생각했을 것이다. 그는 낮은 수확량이 예상되는 상황에서도 지역 우크라이나 관료들이 곡물 조달 목표량을 달성하길 바랐다. 지역 공산당 당료들은 스스로가 스탈린의 붉은 망치와 사신의 낫 사이에 있음을 알아차렸다. 그들이 목격한 문제는 현실이었으며, 이데올로기나 미사여구로 해결할 수 없는, 즉 종곡 부족과 늦은 파종, 악천후, 동물의 노동력을 대체하지 못하는 기계, 1931년 후반 집단화를 향한 마지막 압박이 낳은 혼란, 배가

고파 일하지 못하는 농민 등이었다.[37]

우크라이나 교외 지역에서 지역 정당 활동가들이 지켜봐야 했던 세계는, 모스크바의 무미건조한 명령서나 선전물이 아닌, 우크라이나 어린이들이 부르던 동요에서 훨씬 더 잘 드러나고 있다.

스탈린 아버지, 이걸 보세요
집단농장은 정말 정말 멋지다나요
오두막은 망가졌고, 헛간은 꼴랑 내려앉았죠
말은 몽땅 지쳐서 주저앉았죠
오두막에는 망치와 낫이
헛간에는 죽음과 굶주림이 있대요
소는 한 마리도 남지 않았고, 돼지도 몽땅 사라졌대요
꼴랑 벽에 걸린 스탈린 아버지 사진만 있대요
아빠 엄마는 집단농장에 계세요
불쌍한 아이는 혼자 울면서 걸어간대요
빵도 없어요, 기름기도 없어요
공산당이 모조리 쓸어갔어요
친절함도 부드러움도 쓸려갔어요
아버지가 자기 자식을 잡아먹어요
당원은 아버지를 때리고 밟고
우릴 시베리아 수용소로 보내버리죠[38]

지역 당원들 주변에는 죽음이, 그 위에는 부정이 있었다. 굶주림은 말과 판에 박힌 문구, 추방과 총살과는 무관한 외면할 수 없는 사실이었다. 일정 수준을 넘어서자 굶주리는 농민은 더는 생산적으로 일할 수 없었고, 이념적 올바름이나 개인의 헌신으로는 도저히 이 상황을 뒤바꿀 수 없었다. 하지만 그런 메시지는 기관을 통해 상부로 전달되면서 힘을 잃어버렸다. 하부에서 전달된 굶주림에 관한 진실한 보고서는 1932년 7월 6~9일 하리코프에서 열린 우크라이나 정당 중앙위원회 총회에서 지도부의 정치적 압박에 부딪혔다. 우크라이나 대표들은 곡물 징발 연간 목표량을 달성할 수 없다고 호소했다. 하지만 정치국원이자 모스크바에서 온 스탈린의 특사인 라자르 카가노비치와 뱌체슬라프 몰로토프는 그들의 입을 다물도록 했다. 스탈린은 그들에게 "우크라이나의 불온분자들"을 때려부수라고 지시한 터였다.[39]

몰로토프와 카가노비치는 스탈린의 충직하고 신뢰받는 협력자로, 스탈린과 함께 정치국을 휘어잡고는 그 힘으로 소련을 지배했다. 스탈린은 아직 경쟁자 없는 독재자가 아니었고, 정치국은 원칙적으로는 일종의 집단적 독재 정부하에 있었다. 하지만 정치국의 과거 일부 협력자와는 달리, 이 두 사람은 아무런 조건 없이 충성했다. 스탈린은 그들을 끊임없이 조종했지만, 사실 그럴 필요가 없었다. 그들은 스탈린을 도움으로써 혁명을 도왔고, 그와 혁명, 둘을 구태여 구분하지 않으려 했다. 카가노비치는 이미 스탈린을 "우리 아버지"라 부르고 있었다. 1932년 7월 하리코프에서, 그들은 우크라이나 동지들에게 굶주림을 입에 올리는 것은 일하기 싫은 농민과 그들을 징계해 곡물을 징발하기 싫어하는 당원들의 게으름에 대한 변명에 불과하다고 말했다.[40]

이 시기 스탈린은 휴가 중이었는데, 양질의 먹을거리를 가득 실은 기차를 타고 모스크바에서 남쪽으로 이동, 굶주리는 우크라이나를 가로질러 흑해의 소치에 있는 아름다운 휴양지에 도착했다. 스탈린과 카가노비치는 굶주림이 그들에 대한 개인적인 음모라는 생각이 일치함을 확인하는 편지를 서로에게 보냈다. 스탈린은 현실을 완전히 뒤집어서, 굶주림을 무기로 쓰는 쪽은 자신이 아닌 농민들이라고 상상했다. 카가노비치는 스탈린에게 우크라이나인들을 "무고한 희생자"라고 말하는 것은 우크라이나 공산당의 "추악한 은폐 공작"에 불과하다고 다시금 확인해주었다. 스탈린은 "우크라이나를 잃을지도 모른다"는 자신의 염려를 표현했다. 우크라이나는 "요새"가 되어야 했다. 두 사람은 징발 정책을 고수하고, 곡물을 최대한 빨리 수출하는 것만이 합리적인 대책이라며 뜻을 모았다. 이제 스탈린은 굶주림과 우크라이나 공산주의자들이 보이는 불성실함 사이의 관계도를 완성했고, 이에 최소한 자기 자신은 만족하는 듯했다. 굶주림은 파괴 행위의 결과였고, 지역 당원들은 파괴 공작원이었으며, 기만적인 당 고위 간부들은 폴란드의 간첩질을 하느라 부하 직원을 보호한다는 것이다.[41]

스탈린은 1931년이 되어서야 마침내 폴란드와 일본의 정책을 소련 포위 작전의 전조로 해석한 듯하다. 1930년은 소련에서의 폴란드의 첩보활동이 정점에 달한 해였다. 폴란드는 자체 영토 안에 우크라이나 군대를 비밀리에 창설했고, 소련에서의 특수 임무 수행을 위해 우크라이나인과 폴란드인 수십 명을 훈련시켰다. 일본은 점점 더 위협적인 존재가 되었다. 1931년, 소련은 모스크바의 일본 대사가 쓴 메모를 해석했는데, 시베리아 정복을 위한 공격전 준비를 지지하는 내용이었다. 같은 해, 일본은 소련령 시베리아와 긴 국경을 공유하는 중국 동북 지역인 만주를 침략했다.[42]

1931년 가을, 소련 첩보부 보고서는 '폴란드와 일본이 소련에 대한 연합 공격 관련 밀약을 체결했다'고 밝혔다. 이것은 사실이 아니었다. 그리고 폴란드와 일본 연합이 아직 시작 단계인 상황이라, 능수능란한 소련의 외교 정책 때문에 불가능한 일이기도 했다. 일본은 모스크바와의 불가침 조약 협상을 거부했지만, 폴란드는 동의했다. 소련은 경제 체제 전환을 평화롭게 추진하고자 폴란드와 더불어 조약을 맺고 싶어했다. 폴란드는 전쟁을 시작할 의도가 전혀 없었고, 경제 불황에 시달리는 처지였다. 개혁된 부분이 거의 없는 농업경제 체제로는 경제가 붕괴될 판에 점점 증가하는 군비를 감당할 수 없었다. 수년 동안 폴란드와 비슷한 수준이던 소련의 군사 예산은 이제 훨씬 더 커져 있었다. 소련-폴란드 불가침 협정은 1932년 1월에 체결되었다.[43]

1932년과 1933년에는 폴란드 자체를 위협적인 존재로 여길 만하지는 않았다. 폴란드 군대는 예산이 대폭 삭감되었다. 소비에트 경찰과 국경 수비대는 수많은 폴란드 스파이를 체포했다. 폴란드 스파이들은 1930년의 혼란 속에서 집단화를 방해할 수 없었고, 1932년의 굶주리는 사람들을 봉기하도록 선동하지도 못했다—시도는 했지만 실패했다. 침략 정책을 가장 열렬히 지지하던 폴란드인조차 1932년 여름은 자제해야 한다고 생각했다. 소련이 평화를 약속한다면, 도발적 행위는 하지 않는 것이 최선이리라. 폴란드 외교관과 스파이들은 대규모 기아를 목격했다. 그들은 "식인 행위가 일종의 관행이 되었고" "마을 사람 전체가 깡그리 죽어나간 경우가 많음을" 알고 있었다. 하지만 굶주림을 불러온 세력을 어떻게 할 수는 없었고, 피해자를 도울 방법도 없었다. 폴란드는 폴란드 외교관이 우크라이나 기근에 대해 아는 내용을 전 세계에 알리지 않았다. 예를 들어 1932년 2월, 폴란드가 우크라이나의 기근을 세상에 널리 알려달라고 탄원하는 익명의 편지가 하리코프의 폴란드 영사관에 도착했다. 하지만 당시 소련과의 불가침 조약이 체결된 상태였고, 바르샤바는 아무 조치도 취하지 않았다.[44]

이제 스탈린은 1930년에 비해 서부 국경 지대에서 마음대로 할 수 있는 여지가 훨씬 더 커졌다. 폴란드는 1932년 7월 불가침 조약에 서명함으로써 현상유지를 받아들였고, 따라서 우크라이나 농민의 운명도 스탈린이 좌우하게 되었다. 융통성 없는 열정으로 무장한 스탈린은 (아직 휴가가 끝나지 않은) 8월, 자신의 최측근들에게 집단화에 부족한 것은 올바른 법적 근거뿐이라는 이론을 제안했다. 그는 자본주의와 마찬가지로 사회주의에도 재산을 보호하는 법률이 필요하다고 주장했다. 농업 생산량 전부를 국유재산으로 선포하고, 식량 무단 수집은 모두 절도로 간주하며, 이러한 절도는 즉결 처형으로 처벌한다면 국가를 강화할 수 있으리라. 따라서 굶주리는 농민이 얼마 전까지 자기 땅이었던 곳의 밭고랑에서 감자 껍질을 주우면 총살당할 수도 있도록 해야 했다. 스탈린은 이 법률이 효과적이라고 생각했던 것 같다. 하지만 당연히 그 결과 기세등등한 국가가 저지르는 온갖 폭력으로부터 농민을 보호하는 법적 장치는 모두 사라졌다. 그저 식량을 소지하기만 해도 범죄의 추정 증거가 되었다. 이 법률은 1932년 8월

7일에 시행되었다.[45]

소련의 판사들은 대부분 법조문의 문구를 깊이 새겨보지 않았지만, 다른 당원들과 국가 기구는 그 문구에 깃든 법의 정신을 이해했다. 가장 열정적인 법 집행자는 신설 소련 학교에서 교육받은, 새로운 체제의 약속을 믿는 청년일 때가 많았다. 국가 공식 청년단원들은 그들의 "주 임무"가 "부농 파괴 작전뿐만 아니라, 곡물 절도 및 은닉에 대한 투쟁"이라고 배웠다. 도시의 청년 세대에게 공산주의는 사회 진출의 기회를 제공했고, 선동을 통해 악마로 매도된 옛 세상은 그들이 내버려야 하는 것이었다. 러시아계와 유대계 당원이 유달리 많았던 소련령 우크라이나 공산당에 이제는 '시골은 사회 변혁에 반하는 곳'이라 믿으며, 농민에 대한 공격에 참여할 열망 넘치는 우크라이나 젊은이들이 대거 가입했다.[46]

농민이 아무것도 가져가지 못하게 하고자 밭에 감시탑이 세워졌다. 오데사 지역에만 700개가 넘는 감시탑이 있었다. 수색단원들이 집집마다 샅샅이 수색했는데, 그중 5000명은 청년단원이었다. 찾아낸 것은 모조리 압수했다. 한 농민의 회상에 따르면 수색단은 "긴 쇠꼬챙이로 마구간, 돼지우리, 난로를 푹푹 찌르며 수색했다. 그들은 모든 곳을 수색하고는 마지막 곡식 한 톨까지 가져갔다". 그들은 "흑사병처럼" 마을을 휩쓸면서 "농군놈아, 곡물은 어디 있지? 실토해!"라고 외쳤다. 수색단원들은 농민들이 배를 채우려 스토브에서 데우던 저녁 식사를 포함한, 음식처럼 보이는 건 모조리 쓸어갔다.[47]

마치 침략해온 적군처럼, 공산당원들도 스스로 챙길 수 있는 건 모조리 챙겨 배를 채웠고, 그들의 일과 열정보다 고통과 죽음만 과시했다. 죄책감 때문에, 혹은 승리의 쾌감 때문에 그들은 어딜 가든 농민들을 능욕했다. 피클 통에 소변을 보거나, 그저 재미로 배고픈 농민들이 서로 싸우게 하거나, 개처럼 기고 짖게 하거나, 진창에 무릎을 꿇고 빌게 하는 식이었다. 집단농장에서 물건을 훔치다 잡힌 여성은 옷을 다 벗기고 구타당한 다음 나체로 온 마을에 끌려다녀야 했다. 어느 마을에서는 수색단원들이 농민의 오두막에서 술에 취한 채로 농민의 딸을 윤간하기도 했다. 곡물 압수가 핑곗거리가 되어 혼자 사는 여성은 야간에 일상적으로 강간을 당했다. 성폭행 당한 후에는 식량까지 빼앗겼다. 이것이 스탈린의 법과 스탈린의 국가가 거둔 승리였다.[48]

"불시 단속과 포고령이 없는 식량을 만들어내지는 못했다. 물론 농민은 식량을 숨기기 마련이고, 굶주린 사람들은 식량을 훔치기 마련이었다. 하지만 우크라이나 교외 지역의 문제는 폭력을 동원해 해결할 수 있는 절도와 기만에 관한 것이 아니었다. 근본 문제는 굶주림과 죽음이었다. 집단화가 실패했기에 곡물 목표량을 달성할 수 없었고, 1932년 가을 수확량은 형편없었으며, 징발 목표량은 너무 높았다. 스탈린은 몰로토프를 우크라이나로 보내 동지들이 "곡물을 위한 투쟁"에 참가하도록 촉구하게 했다. 하지만 스탈린의 부하들이 보인 열정으로도 이미 일어난 일을 바꿀 수는 없었다. 몰로토프조차 10월 30일 우크라이나에 대한 할당량을 어느 정도 줄여야 한다고 제언해야 했다. 스탈린은 제언을 받아들였지만, 얼마 지나지 않아 그 어느 때보다 더 강경하게 나왔다. 1932년 11월에는 연간 목표량의 3분의

1만 달성할 수 있었다.[49]

징발이 실패했다는 보고가 크렘린에 전달되자, 스탈린의 아내는 자살을 결심한다. 그녀는 10월 혁명 15주년 기념식 이튿날인 1932년 11월 8일 심장에 총을 쏘았다. 이 일이 스탈린에게 어떤 의미였는지 정확하게 알 순 없지만, 충격을 받은 것만은 확실하다. 그 역시 자살하겠다고 부르짖었기 때문이다. 스탈린이 이성을 완전히 잃어버렸음을 알아차린 카가노비치가 대신 추도사를 해야 했다.[50]

스탈린은 기근 문제에 더욱 악의적으로 접근했다. 그는 우크라이나 문제의 책임을 우크라이나 동지와 농민들에게 돌렸다. 1932년 11월 8일, 정치국은 이런 분위기를 반영하는 전보 두 통을 띄웠다. '징발 목표량 달성에 실패한 소련령 우크라이나의 개인과 집단농장 농민은 다른 경제 부문의 제품을 이용할 수 없다.' 우크라이나에서는 파괴 공작 연루 의심을 받는 당원과 농민을 더 빨리 판결하고 처형하고자 특별 트로이카를 만들었다. 같은 달 집단농장원 약 1623명이 체포되었다. 우크라이나 내에서의 추방도 계속되었다. 연말에는 3만400명이 추가로 사라졌다. 당원들은 농민들에게 이렇게 말했다. "문 열어! 안 열면 문을 부숴버리겠다. 우린 네 재산을 압수할 거고, 넌 수용소에서 죽게 될 거다!"[51]

1932년이 저물 무렵 집단화의 재앙을 해석하면서, 스탈린은 새로운 수준의 이념적 모험을 시도했다. 정도가 훨씬 덜했을 때 이미 그 존재를 인정받았던 우크라이나 기근은 이제 '지어낸 이야기', 즉 적이 퍼뜨린 중상모략이 되었다. 스탈린은 흥미로운 새 이론을 개발했다.

사회주의가 성공할수록 저항도 늘어나는데, 그 까닭은 최후의 패배를 예감한 적이 더욱 필사적으로 저항하기 때문이라는 것이다. 따라서 소련의 모든 문제는 적의 조작으로, 적의 조작은 사회주의 진보의 증거로 간주할 수 있었다.[52]

스탈린의 주장에 따르면, 소련령 우크라이나에서의 스탈린 정책에 대한 저항이란 예민한 사람이 아니면 보이지도 않는 별스러운 행위였다. 저항은 더 이상 사회주의의 적들에게 열려 있지 않았는데, 이제 그것은 '조용'하며 거의 '신성한' 일이 되었기 때문이다. 그는 "오늘날의 부농"은 "온화하고 친절하며, 거의 성인 같은 친구들"이라고 말했다. 그러나 아무 죄가 없어 보이는 사람도 죄인으로 봐야 했다. 배고픔으로 서서히 죽어가던 농민은 겉모습과는 달리, 자본주의 열강을 위해 소련 평판 저하 작전을 수행하는 파괴 공작원이어야 했다. 굶주림은 곧 저항이었고, 저항은 사회주의의 승리가 임박했음을 알리는 징조였다. 이것은 스탈린이 모스크바에서 한 공상에 그치지 않았다. 몰로토프와 카가노비치가 1932년 후반 사망자가 대거 발생한 지역을 여행하던 중 실행토록 한 이념적 노선이었다.[53]

스탈린은 자신이 해석한 굶주림을 직접 목격하지 못했지만, 소련령 우크라이나의 동지들은 그렇지 않았다. 그들은 스탈린의 이념적 노선을 직접 목격한 사례와 어떻게든 일치시켜야 했다. 굶주림 때문에 부풀어 오른 배를 정치적 저항으로 해석해야 했던 그들은 반체제 분자들이 사회주의를 몹시 싫어한 나머지 가족을 고의로 죽게 한다는 끔찍한 결론을 내렸다. 그들의 아들딸, 아버지와 어머니의 뒤틀린 시체는 사회주의 붕괴 음모를 감추는 허울인 것이었다. 그들은 심지어 스스로를 굶주리게 함으로써 사회주의를 해치려는 음모를 수행하기도 했다. 도시의 젊은 우크라이나 공산주의자들은 굶주리는 자들, 그들은 "목숨을 바쳐 우리의 낙관주의를 망치려드는" 인민의 적이라고 교육받았다.[54]

폴란드의 우크라이나계 사람들은 우크라이나에 식량을 기부하려고 모금했지만, 소련 정부가 어떤 지원도 거부한다는 사실만 깨달았다. 이에 앞선 1920년대 초 기아 사태 때는 소련 당국이 승인했던 외국의 식량 구호를 우크라이나 공산당이 다시 요청했으나, 이번에는 어떤 대답도 듣지 못했다. 정치적인 이유로, 스탈린은 외부 세계의 어떤 도움도 받으려 하지 않았다. 그는 당의 지도자 자리를 유지하려면, 자신의 첫 번째 주요 정책이 굶주림을 유발했다고 인정해선 안 된다고 여겼으리라. 하지만 스탈린은 소련에 대한 외부 세계의 관심을 끌지 않고도 수백만 명을 살릴 수 있었다. 식량 수출을 몇 달만 중단하고, (300만 톤에 달하는) 곡물 비축분을 풀거나, 하다못해 농민이 지역 곡물 저장고를 이용할 수 있게만 하면 됐다. 1932년 11월이 되어서야 실시한, 이런 단순한 조치만으로도 사망자 수를 몇백만 명에서 수십만 명 수준으로 줄일 수 있었을 것이다. 그러나 스탈린은 팔짱만 끼고 있었다.[55]

1932년의 마지막 몇 주 동안, 외부의 안보 위협도 없고 내부의 도전 세력도 없으며, 자신의 통치가 불가피함을 증명하는 것 외에는 어떤 것도 돌아보지 않아도 된 상태에서, 스탈린은 소련령 우크라이나 주민 수백만 명을 죽이기로 결정한다. 그는 우크라이나 농민이 가해자이며, 자신은 피해자라는 순전한 적대적 태도를 택했다. 굶주림은 카가노비치에 대한 계급투쟁이었고, 스탈린에 대한 민족주의 투쟁이었다. 오로지 굶주림만이 방어 수단이 되는 투쟁. 스탈린은 우크라이나 농민에 대한 지배를 과시하고 싶었고, 심지어 그런 태도가 요구하는 극심한 고통을 즐기는 것처럼 보였다. 아마르티아 센의 말처럼 굶주림이란 "부여되는 것이며, 식량의 결핍에서 비롯되는 것이 아니다". 소련령 우크라이나 주민 수백만 명을 죽인 것은 식량 부족이 아닌 식량 배급이었고, 누가 무엇을 받을 자격이 있는지는 스탈린이 결정했다.[56]

집단화는 소련 전역의 재앙이었지만, 수백만 명에 달하는 대량 살인이 사전에 계획되었음을 보여주는 가장 확실한 증거는 소련령 우크라이나에 있었다. 집단화는 소련 전역에서 수많은 사람이 처형되거나 추방되게 했으며, 수용소 노동력 대부분을 제공했던 농민과 유목민들은 다양한 소비에트 공화국 출신이었다. 1932년 기근은 소련령 러시아 영토에도 소련령 우크라이나만큼의 타격을 주었다. 하지만 우크라이나에 대한 정책 반응은 특별했고, 치명적이었다. 1932년 후반이나 1933년 초반에는 7대 중대 정책이 소련령 우크라이나에만, 또는 주로 소련령 우크라이나에 적용되었다. 각각의 정책은 온건한 행정적 조치처럼 보였고, 당시에는 그런 조치로 제시되었지만, 모든 조치는 살인을 필수로 했다.

1. 1932년 11월 18일, 우크라이나 농민들은 이전에는 곡물 징발 목표량을 달성하면 얻을 수 있었던 곡물 선지급분을 반납해야 했다. 이는 농민이 풍작을 거둘 수 있었던 극히 일부 지역에서도 얼마 안 되

는 잉여 곡물을 빼앗겨야 한다는 뜻이었다. 당과 경찰은 이런 지역에 출동해, 식량이라면 뭐든 빼앗는 과격한 사냥을 시작했다. 상납한 곡물에 대한 영수증을 받지 못했기에, 농민은 끝없는 수색과 학대에 시달려야 했다. 우크라이나 공산당 지도부는 종곡을 보호하려 했지만 성공하진 못했다.[57]

2. 이틀 뒤인 1932년 11월 20일에는 '고기 벌금'이 도입되었다. 곡물 할당량을 달성하지 못한 농민은 이제 특별 세금을 고기로 내야 했다. 아직 가축을 소유하고 있던 농민은 국가에 가축을 넘겨줘야 했다. 소와 돼지는 굶주림에 대항하기 위한 최후의 비축물이었다. 한 시골 처녀는 "소 한 마리라도 있는 사람은 굶지는 않았다"고 회상했다. 소는 우유를 제공하며, 정 안 되면 도살할 수도 있었다. 다른 시골 처녀는 가족의 마지막 돼지를 압류당하고, 나중에는 마지막 소까지 압류당했던 일을 잊지 못했다. 그녀는 끌려가는 소의 뿔을 붙잡고 매달렸다. 농장의 십대 소녀가 가축에게 느끼는 애착 때문이었으리라. 하지만 절망감 때문이기도 했다. 고기 벌금을 낸 후에도, 농민은 원래 주어진 곡물 할당량을 고스란히 달성해야 했다. 가축을 빼앗길지도 모른다는 압박에 시달리면서도 할당량을 달성할 수 없다면, 달리 방법이 없었다. 몽땅 내주고, 굶주릴 뿐이었다.[58]

3. 8일 후인 1932년 11월 28일, 소비에트 당국은 '블랙리스트'를 도입했다. 이 새로운 규정에 따르면, 곡물 목표량을 달성하지 못한 집단농장은 즉각 일반적인 한 달 할당량의 15배를 내야 했다. 이 역시 모든 것을 빼앗을 임무와 법적 권리가 있는 당원들과 경찰 떼가 몰려오도록 했다. 어떤 마을도 급증한 할당량을 달성할 수 없었고, 따라서

모든 지역사회가 식량을 모조리 잃게 되었다. 블랙리스트에 오른 지역사회는 다른 지역과 거래할 수 없었고 어떤 물건도 받지 못했다. 식량 공급이 중단되었고, 어떤 곳에서 보낸 어떤 보급품도 들어올 수 없었다. 모스크바라는 멀리 떨어진 곳에서 선정하기도 했던, 블랙리스트에 오른 소련령 우크라이나 내 지역사회는 죽음의 땅이 되었다.[59]

4. 1932년 12월 5일, 스탈린이 직접 임명한 우크라이나 안보 장관은 우크라이나 당 간부를 협박해 곡물을 징발해야 하는 이유를 제시했다. 프세볼로트 발리츠키는 11월 15일과 24일 모스크바에서 스탈린과 개인적으로 이야기를 나눴다. 발리츠키에 따르면 우크라이나의 굶주림은 우크라이나 민족주의자, 그중에서도 폴란드와 관계있는 망명자의 음모가 불러온 결과로 이해해야 마땅했다. 따라서 징발 책임을 다하지 못한 사람은 국가의 반역자인 셈이었다.[60]

그러나 이러한 정책 노선은 더 깊은 의미를 지니고 있었다. 우크라이나 민족주의와 우크라이나 기근 사이의 관계는 이전 중앙정부의 우크라이나 민족의 계발 지원 정책에 책임 있는 이들을 처벌할 명분을 주었다. 스탈린은 민족 문제가 본질적으로 농민 문제라 생각했고, 레닌이 결정한 농민과의 타협을 무효로 하는 동시에 레닌의 민족과의 타협도 무효화했다. 12월 14일, 모스크바는 현지 우크라이나 공산주의자의 강제수용소 이송을 승인했는데, 그들이 우크라이나 민족주의 확산을 위해 소비에트 정책을 악용했으며, 그에 따라 민족주의자들이 곡물 징수를 방해할 수 있었다는 논리에서였다. 이후 발리츠키는 폴란드 반군 단체와 함께 "우크라이나 군사 조직"의 존재도 드러났다고 주장했다. 1933년 1월 그는 1000개가 넘는 불법 조직을 발견했다고 보고했고, 2월에는 우크라이나에 대한 소비에트 통치를 전복하려는 폴란드와 우크라이나 민족주의자들의 계획을 보고했다.[61]

날조된 이유로 시행한 정책이었지만, 정책은 그만한 결과를 가져왔다. 폴란드는 첩보원들을 우크라이나에서 철수시켰고, 집단화라는 재앙을 이용하겠다는 어떤 희망도 포기해야 했다. 1932년 7월 체결한 소련-폴란드 불가침 조약을 지키고자 했던 폴란드 정부는 악화되고 있는 소비에트 기근에 전 세계의 관심이 쏠리길 원치 않았다. 그러나 허구에 의존했던 발리츠키의 정책은 지역사회가 모스크바의 정책에 순종하게 만들었다. 그가 지시한 대량 체포, 대량 추방은 분명한 메시지를 보냈다. 농민을 옹호하는 인간은 모두 국가의 적이라는 것! 소련령 우크라이나의 사망자 수가 수십만 명 수준으로 증가했던 때, 이렇게 결정적인 12월 후반에 우크라이나 공산당원과 관료들은 중앙당의 노선에 저항해서는 안 된다는 것을 뼈에 새겼다. 징발을 지시대로 실시하지 않았다면, 그들도 (잘해봐야) 굴라크로 끌려갔을 것이었다.[62]

5. 1932년 12월 21일, 스탈린은 (카가노비치를 통해) 소련령 우크라이나의 연간 곡물 징발 할당량을 1933년 1월까지 달성해야 한다고 단언했다. 11월 27일 소비에트 정치국은 우크라이나에 소련 전체 징수량의 3분의 1을 할당했다. 수십만 명이 굶주림으로 사망한 지금, 스탈린은 하리코프의 우크라이나 정당 지도부 장악을 위해 카가노비치를 보냈다. 12월 20일 저녁 카가노비치가 도착하자마자, 우크라이나 정치국은 강제로 소집되었다. 이튿날 새벽 4시까지 앉아 있어야 했던 정치국은 징발 목표량을 달성해야 한다고 의결했다. 이것은 약 300만 명에 대한 사형 선고와도 같았다. 이른 새벽까지 회의실에 앉

아 있었던 이들은 모두 알고 있었지만, 이미 굶주리고 있는 인구로부터 곡물을 징수하려면 최악의 결과를 감안해야 했다. 징발을 3개월 연기하기만 하면 소비에트 경제에는 아무런 악영향을 주지 않으면서, 300만 명의 목숨을 구할 수 있었을 것이다. 그러나 스탈린과 카가노비치는 정확히 그 반대의 길을 고집했다. 국가는 계획 달성을 위해, 카가노비치의 표현을 따르면, "맹렬하게" 싸워야 했다.[63]

하리코프에서 임무를 완수한 카가노비치는 소련령 우크라이나를 순회하면서, 계획의 "100퍼센트" 완수를 요구하며 지역 관료에게 징계를 내리고, 가족의 강제추방을 명령했다. 그는 1932년 12월 29일 하리코프로 돌아와 우크라이나 공산당 지도부에 '종곡도 징수해야' 함을 상기시켜주었다.[64]

6. 1933년 초반 몇 주 동안 우크라이나에서 굶주림이 맹위를 떨칠 때, 스탈린은 농민이 도망치지 못하도록 공화국의 국경을 봉쇄했고, 농민이 구걸하지 못하도록 도시를 폐쇄했다. 1933년 1월 14일 소비에트 시민은 도시에서 합법적으로 거주하려면 국내용 여권을 휴대해야 했다. 농민들은 그런 여권을 받지 못했다. 1933년 1월 22일 발리츠키는 모스크바에 우크라이나 농민들이 공화국을 탈출하고 있다고 경고했고, 스탈린과 몰로토프는 국가 경찰에게 농민의 탈출을 막으라고 지시했다. 이튿날 농민에 대한 장거리 기차표 판매가 금지되었다. 스탈린이 내세운 이유는 농민 난민이 실제로는 빵을 구걸하는 게 아니라, 집단농장에 대한 불신을 조장하려는 폴란드와 다른 자본주의 국가의 살아 있는 선전 기관 역할을 해 "반혁명 음모"에 가담한다는 것이었다. 1933년 2월 말이 되자 약 19만 명의 농민이 체포된 후 고향

마을로 이송되어 굶주려야 했다.[65]

스탈린은 우크라이나에 자신의 '요새'를 구축했지만, 그것은 감시탑, 폐쇄된 국경, 무의미하고 고통스러운 노동, 그리고 한없이 이어지는 듯하다가 마지막에는 반드시 죽음이 있는 거대한 기아 수용소를 닮은 요새였다.

7. 1932년의 연간 징발 목표량은 1933년 1월 후반에 달성했지만, 곡물 징수는 계속되었다. 당원들이 봄에 파종할 곡물을 찾으면서 징발은 2월과 3월까지 이어졌다. 1932년 12월 말, 스탈린은 봄에 사용할 종곡을 압수해 연간 목표량을 달성하자는 카가노비치의 건의를 승인했다. 그 결과 집단농장에는 다가오는 가을에 심을 곡식이 하나도 남지 않았다. 봄에 파종할 종곡은 수출 직전인 기차 화물에서 가져오거나, 소련이 비축물로 보관해온 300만 톤에서 빼내야 했다. 하지만 실제로는 소련령 우크라이나의 농민이 아직 가지고 있던 얼마 안 되는 종곡을 압수해서 얻었다. 대부분의 경우 이것은 농민이 봄 수확철까지 살아남는 데 필요한 최후의 식량이었다. 같은 달 약 3만 7392명이 소련령 우크라이나 마을에서 체포됐는데, 굶주림으로부터 가족을 구하려 했던 이들이 태반이었을 것이다.[66]

이 최후의 사람들은 살해당하고 마는데, 살인을 실행하는 이들은 자신들이 옳은 일을 한다고 생각하곤 했다. 한 활동가의 기억에 따르면, 그해 봄 그는 "굶어 죽어가는 사람들을 봤다. 여자와 아이들은 배가 부풀어 오르고, 얼굴이 창백하며, 숨은 쉬지만 눈빛은 공허하고 생기가 전혀 없었다". 하지만 그는 "이 모든 광경을 봤음에도 정신이 나가거나 자살하진 않았다". 그에게는 믿음이 있었다. "여전히 나는 믿고 싶기에 믿었을 뿐이다." 다른 활동가들은 믿음이 부족하거나 두려움이 많았던 게 분명했다. 그 전해에는 우크라이나 공산당의 모든 서열에서 숙청자가 나왔다. 1933년 1월, 스탈린은 당 지도부를 장악하고자 심복을 보냈다. 더 이상 당에 대한 믿음을 내보일 수 없던 공산주의자들은 안에 있는 모든 이를 파멸로 몰아넣는 '침묵의 벽'을 이루었다. 그들은 저항하는 자는 숙청당하며, 숙청당한다는 것은 곧 그들 자신이 처형하는 사람과 같은 운명에 처하게 된다는 것임을 알고 있었다.[67]

1933년 초반 소련령 우크라이나에서 곡물을 징수한 공산당 활동가들은 죽음과도 같은 침묵을 남겼다. 교외 지역에서는 도시보다는 더 가볍고 느린 소리가 들렸지만, 그곳에서 태어난 사람들도 미래를 예측하거나 안심할 수는 없었다. 우크라이나 전체가 침묵에 잠겼다.

농민은 소와 말을 도살했고(아니면 국가에 빼앗겼고), 닭을 도살했으며, 고양이와 개도 죽였다. 사냥 때문에 새들도 모두 떠나버렸다. 사람도 도망갔는데, 운이 좋을 때만 그랬다. 그보다는 죽거나 너무 약해져서 소리조차 내지 못하는 사람이 더 많았다. 언론과 외국 기자단의 활동을 국가가 통제했기 때문에 다른 나라의 관심을 받지 못했고, 굶주림을 파괴 공작과 동일시한 당 노선 때문에 공식적인 도움이나 동정을 받지 못했으며, 극심한 가난과 불공평한 계획 때문에 경제 활동에도 참가할 수 없었고, 규제와 경찰 저지선 때문에 다른 국민과 단절돼야 했던 사람들. 그들은 홀로 죽어갔다. 그들의 가족들도 홀로 죽었으며, 마을 전체가 고립된 채 죽어갔다. 20년 후, 정치철학자인 한나 아렌트는 이러한 우크라이나 기근이야말로 모든 것이 모든 것으로부터 소외되는, '원자화된' 현대사회 형성 과정의 중요한 포인트였다고 주장했다.[68]

굶주림은 반란 대신 도덕의 부재, 범죄, 무관심, 광기, 무기력, 그리고 종국에는 죽음을 불러왔다. 농민들은 수개월 동안 형언할 수 없는 고통을 겪었는데, 워낙 길고 악랄한 고통인 탓도 있었지만 사람들이 너무 약하고, 가난하며, 대체로 문맹이라 자신이 겪은 일을 기록하지 못한 탓도 있었다. 하지만 생존자들 가운데는 그 일을 기록한 사람들도 있다. 한 생존자는 농민이 무슨 일을 하든, "그들은 죽고, 죽고, 또 죽었다"고 회상했다. 죽음은 느리고, 굴욕적이며, 넘쳐흐르고, 흔해빠진 일이었다. 품위 있게 굶어 죽는다는 것은 극소수의 사람에게만 가능한 일이었다. 페트로 벨디는 죽음을 예감한 날 안간힘을 써서 고향 마을을 기어다녔다. 다른 마을 주민들이 어디 가냐고 물어봤는데, 그는 자신을 매장하러 묘지로 가는 길이라고 했다. 그는 낯선 이들이 자신의 몸을 구덩이까지 끌고 가길 원치 않았다. 그래서 자기 무덤을 미리 파두었지만, 묘지에 도착했을 때는 다른 시체가 이미 그곳에 있었다. 그는 다른 무덤을 팠고, 몸을 누인 다음, 죽기를 기다렸다.[69]

극소수의 외부인은 가장 끔찍했던 이 시기를 목격하고 기록할 수 있었다. 기자였던 개러스 존스는 자비로 모스크바까지 이동했고, 우크라이나 여행 금지령을 위반한 채 1933년 3월 7일 하리코프로 가는 기차를 탔다. 그리고 임의로 선택한 작은 역에서 내려 식량을 가득 채운 배낭을 메고 교외 지역을 도보로 여행했다. 그는 "엄청난 규모의 기근"을 목격했다. 가는 곳마다 두 가지 말, 즉 "모두가 밥을 못

먹어 배가 부풀어 올랐습니다"와 "우린 죽기만을 기다리고 있어요"라는 말을 들었다. 그는 굶주리는 아이들과 함께 먼지투성이 바닥에서 잠을 자면서, 진실을 알게 되었다. 음식을 나눠주자 한 소녀가 이렇게 소리질렀기 때문이다. "이렇게 좋은 걸 먹었으니, 이제 행복하게 죽을 수 있겠어요."[70]

마리아 와빈스카는 같은 해 봄 남편과 함께 소련령 우크라이나를 여행하면서 직접 만든 수공품을 팔려고 했다. 이전 여행에서 들렀던 마을은 이제 폐허가 되어 있었다. 그들은 끝나지 않는 침묵에 겁을 먹고 말았다. 수탉이 우는 소리라도 들리면 몹시 기뻐하는 자신의 반응 때문에 놀라곤 했다. 우크라이나 출신 음악가인 요시프 파나센코는 굶주리는 농민에게 문화를 제공하라는 중앙 당국의 명령을 받고 자신의 반두라 악단과 함께 현장으로 이동했다. 농민의 마지막 음식을 강탈하는 순간에도, 국가는 죽어가는 사람의 '정신을 고양하고 기운을 북돋워야 한다'는 기묘한 태도를 보였다. 악단은 아무도 살지 않는 마을을 숱하게 발견했다. 그리고 마지막에 만난 사람들, 여자아이 두 명은 죽은 채로 침대에 있었고, 한 남자의 두 다리가 스토브에서 튀어나와 있었으며, 노부인은 미친 듯이 손톱으로 땅을 파고 있었다. 공산당 당료였던 빅토르 크라프첸코는 어느 날 저녁 추수를 도우려고 마을에 들어갔다. 이튿날 그는 시장에서 시체 17구를 발견했다. 이것은 1933년 봄 하루에 1만 명 이상씩 사망했던 소련령 우크라이나에서는 어디서나 볼 수 있는 광경이었다.[71]

집단농장에 저항하지 않기로 한 우크라이나인은 최소한 강제추방은 모면했다고 생각했다. 하지만 이제 그들도 추방될 수 있었는데, 집단농장이 제대로 운영되지 않았기 때문이다. 1933년 1~4월 소련령 우크라이나에서 약 1만5000명의 농민이 추방당했다. 소련령 우크라이나 동쪽과 남쪽, 우크라이나인이 거주하는 소련 내 러시아 공화국 지역에서는 곡물 할당량 달성 실패에 대한 대가로 약 6만 명이 추방당했다. 1933년에는 소비에트 시민 약 14만2000명이 추가로 굴라크로 이송당했는데, 대부분은 굶주리거나 티푸스에 걸린 상태였고, 다수는 소련령 우크라이나 출신이었다.[72]

수용소에서 그들은 식량을 찾아 헤맸다. 굴라크에는 건강 상태가 나은 자에게는 음식을 주고 약자에게는 음식을 주지 않는다는 방침이 있었고, 추방자들은 이미 배고픔 때문에 약해진 상태였기 때문에 이 일은 정말로 쉽지 않았다. 굶주린 포로들이 야생 식물과 쓰레기를 먹어 스스로 중독 상태가 되자, 수용소 관료들은 태만죄를 걸어 그들을 처벌했다. 1933년 굶주림 및 관련 질병으로 수용소에서는 최소한 6만7297명이 죽었고 특별 정착지에서는 24만1355명이 사망했는데, 대다수는 소련령 우크라이나 태생이었다. 우크라이나에서 카자흐스탄이나 최북단으로 가는 오랜 여정에서 수천 명이 추가로 사망했다. 시체는 기차에서 꺼내 바로 매장했고, 이름과 숫자는 기록하지 않았다.[73]

고향을 떠날 때 이미 굶주리고 있었던 이들은 낯선 환경에서 살아남을 확률이 거의 없었다. 1933년 5월 한 국가 공무원은 이렇게 기록했다. "여행 중에 나는 빵 한 조각이나 쓰레기를 찾아 마치 그림자처럼 마을에 출몰하는, 추방 조치 대상자들을 자주 목격했다. 그들은 썩은 고기를 먹고, 개와 고양이를 죽였다. 마을 주민들은 집의 문을 잠갔다. 집 안으로 들어갈 수 있었던 이들은 주인 앞에 무릎 꿇고 눈물을 흘리며 빵 한 조각만 달라고 구걸했다. 마을과 마을을 연결하는 도로 위에, 목욕탕과 헛간 안에 수많은 시체가 있었다. 배고프고 고통에 시달리는 사람들이 길에서 기어다니는 모습을 내 눈으로 직접 목격했다. 경찰이 그들을 일으켜주었지만, 몇 시간 뒤 숨을 거두고 말았다. 4월 말, 나는 수사관과 함께 헛간을 지나다 시체 한 구를 발견했다. 시체 수거를 위해 경찰과 의사를 불렀는데, 그들은 헛간 안에서 다른 시체를 찾아냈다. 두 시체 모두 굶어 죽어 있었고, 폭력의 흔적은 없었다." 우크라이나 교외 지역은 식량을 다른 소련 지역으로 공출한 상태였으며, 이제는 그에 따른 결과, 즉 굶주림을 굴라크로 공출하고 있었다.[74]

1920년대 후반에서 1930년대 초반에 소련령 우크라이나에서 태어난 아이들은 무력한 부모와 적대적인 관청이 있는, 죽음이 가득한 세계에서 살아야 했다. 1933년에 태어난 남자아이는 기대수명이 7년에 불과했다. 하지만 더러는 어린아이들이 이러한 상황 속에서도 명랑할 수 있었다. 굶주림 때문에 아버지와 다섯 형제자매를 잃은 한나 소볼레프스카는 남동생 유제프가 주었던 가슴 아픈 희망을 기억한다. 음식을 먹지 못해 배가 부풀어 오른 상태에서도 유제프는 끊임없이 살아갈 방법을 찾았다. 어느 날 그는 곡식이 땅에서 솟아날 거라고 생각했다. 버섯을 찾았다고 생각한 날도 있었다. "이제 우린 살 거야!"라고 외쳤고, 매일 밤 잠자러 갈 때까지 이 말을 되뇌었다. 그러다 하루는 아침에 깨어나 이렇게 말했다. "모두 죽을 거야." 학생들은 처음에는 굶주림이 오해 때문이길 바라며, 관련 당국에 편지를 썼다. 예를 들어 어느 초등학교의 한 반 학생들은 당 지도부에 이런 편지를 모아 보냈다. "도와주세요. 배가 고파서 다들 쓰러지고 있어요. 공부를 해야 하는데 배가 고파서 걷지도 못해요."[75]

얼마 지나지 않아, 이런 편지든 뭐든 쓸 데는 아무 데도 없어졌다. 하리코프에 있던, 당시 여덟 살이던 유리 리센코의 학교에서는 한 여학생이 마치 잠자듯 쓰러졌다. 어른들이 달려왔지만 유리는 친구가 가망이 없으며, "이미 죽었고, 어른들이 어제와 그제, 그리고 매일같이 사람들을 묻었던 묘지에 친구를 묻으리란" 사실을 알고 있었다. 다른 학교의 남학생들은 연못에서 낚시를 하다 반 친구의 잘린 머리를 낚았다. 온 가족이 사망한 아이였다. 가족들이 아이를 잡아먹은 걸까? 아니면 부모님이 죽은 뒤 다른 사람들의 식인 행위에 희생된 걸까? 누가 알겠는가. 하지만 이런 의문은 1933년, 우크라이나 아이들에게는 흔해빠진 것이었다.[76]

부모의 의무를 다하기란 불가능했다. 결혼생활도 어려움을 겪었는데, 때로는 남편들이 미어지는 가슴으로 허락해줌에 따라, 아내들이 밀가루를 얻으려고 지역당 지도부에게 몸을 팔았기 때문이다. 살아 있고, 함께 지내며, 신앙에 따라 살아가는 부모도 아이들을 돌보기 어려웠다. 빈니차 지역에 살던 어느 아버지는 두 자식 중 한 명을 생매장하려고 길을 나섰는데, 돌아와 보니 다른 아이도 죽어 있다는 사실을 알게 되었다. 사랑 때문에 떠돌이들, 식인에 맛들인 무리로부터 보호하고자 자식들을 오두막에 가두고 자물쇠를 채운 부모도 있었다. 한편 다른 부모는 누군가가 구해주길 바라며 아이들을 멀리 보냈다. 또 다른 부모들은 먼 곳에 사는 친척이나 생판 낯선 사람에게 자식을 보내버리거나, 기차역에 내버려두고 왔다. 자기 아기를 열차 창문에 들어올려 갖다 대던 절망적인 농민들은 꼭 먹을거리를 얻으려고 그랬던 것은 아니다. 그들은 종종 열차 승객 누구에게든 자기 아이들을 맡기려고 했다. 그러면 그 낯선 승객은 자기 아이를 어딘가로, 굶어 죽지 않아도 되는 곳으로 데려가주리라. 도시로 자식들을 떠나보낸 부모는 복합적인 결과를 맞이하곤 했다. 어떤 아이들은 끝끝내 굶주림에서 헤어나지 못했다. 다른 아이들은 시 경찰에게 인계되고, 낯선 대도시에서 마지막 숨을 몰아쉰 뒤 다른 어린애들과 함께 집단 무덤의 구덩이에서 화장되었다. 심지어 갖은 고생 끝에 살아남은 아이들이 집으로 돌아왔을 때도, 그것이 꼭 좋은 소식일 수는 없었다. 페트로 사비라는 구걸을 하러 형제 한 명과 키예프로 갔는데, 그들이 터덜터덜 돌아와 보니 남은 형제 둘은 이미 죽은 지 오래였다.[77]

굶주림을 눈앞에 두고, 많은 가족이 산산조각 났다. 부모는 자식을 나몰라라 했고, 자식들은 서로 먹을거리를 놓고 싸웠다. 국가 경찰 기구인 OGPU의 기록에서 부정할 수 없도록 드러났다시피, 소련령 우크라이나에서는 "가족이 그 가장 약한 식구를 잡아먹었다. 보통 어린애들이었다". 어쨌든 자기 자식을 죽이고 먹은 부모는 셀 수 없을 정도였다. 어떤 어머니는 자신과 딸의 식사를 위해 자기 아들을 잡아서 요리했다. 친척들에 의해 목숨을 건진 여섯 살짜리 소녀는 자기를 죽이려고 칼을 갈고 있는 모습이 마지막으로 본 아빠의 모습이었다. 그 밖의 경우도 물론 얼마든지 가능했다. 어떤 가족은 며느리를 죽이고,

그녀의 머리통은 돼지밥으로 준 다음, 몸뚱이는 구워서 잔치를 벌였다.[78]

넓게 보면, 가족을 파탄 내고 신세대가 기성세대와 적대시하도록 한 것은 굶주림만큼이나 정치였다. 공산당청년회의 회원들은 수색단에 참여해 식량을 징발했다. 그리고 개척 농가에서 살던 더 어린 아이들은 "당이 가족 안에 심어놓은 당의 눈과 귀" 노릇을 했다. 더 건강한 농민의 자제들은 굶주림에 못 이긴 곡물 '도둑질'을 막기 위해 파수를 봤다. 50여 만 명의 미성년자 및 십대 청소년들이 감시탑에 서서 어른들을 감시하는 모습이 1933년 여름 소련령 우크라이나의 광경이었다. 모든 아이는 자기 부모에 대해 보고를 올려야 했다.[79]

살아남으려면 육체뿐 아니라 정신도 버텨내야 했다. 1933년 6월, 한 여의사가 친구에게 보낸 편지는 그녀가 아직 식인종이 되지는 않았다고, 하지만 "이 편지를 네가 볼 때쯤이면 어떨지 모르겠어"라고 밝히고 있었다. 착한 사람부터 먼저 죽어갔다. 남의 것을 훔치거나, 몸을 파는 일을 끝내 하지 않은 사람들 말이다. 시체 뜯어먹기를 못내 거부한 사람들도 죽어야 했다. 식인을 하지 않음으로써, 부모들은 자식들이 보는 가운데 죽어갔다. 1933년의 우크라이나에는 고아가 넘쳐났고, 때로는 사람들이 그들을 거두었다. 그러나 먹을거리가 없는 판에는 낯선 이들이 그런 아이들에게 해줄 게 별로 없었다. 사방에 거적때기나 담요를 덮어쓴 소년 소녀들이 널브러져 있었고, 그들은 자기 배설물을 먹으며 죽음을 가다리고 있었다.[80]

하리코프의 어느 마을에서는, 몇몇 여성이 자기 자식을 지키려고 안간힘을 썼다. 그녀들은 "일종의 고아원 같은 것을 만들었다"고 훗날 회상했다. 그녀들이 돌보는 아이들은 참담한 지경이었다. "애들 배가 불룩 튀어나와 있었어요. 몸은 상처투성이였죠. 부스럼 딱지로도 덮여 있었고요. 몸이 금방이라도 터져나갈 것 같았어요. 우리는 열이 끓는 애들을 바깥에 내놓고 담요를 덮어줬어요. 그 애들은 괴로워하며 끙끙거렸죠. 하루는 갑자기 그 애들이 조용해지는 거예요. 나가봤더니, 그중 제일 어린 아이를, 가엾은 페트루스를 잡아먹고 있었답니다.

그 아이의 살조각을 찢어내서 씹고들 있었답니다. 페트루스는? 그 애도 마찬가지였어요. 스스로의 몸에서 살 조각을 뜯어내 우물거리고 있었다는 겁니다. 숨이 넘어가기 직전까지 말이죠. 다른 아이들은 페트루스의 찢긴 몸에 입을 대고 피를 쭉쭉 빨아 마셨고요. 우리는 그 아이의 몸을 굶주린 입들에게서 떼어내고, 그리고 울음을 터뜨렸어요."[81]

식인은 생명과 맞먹는 무게의 터부다. 그래서 지역사회는 그런 처절한 생존 방식에 대한 기록을 없애서 자신들의 명예를 잃지 않으려 했다. 우크라이나는 그때나 지금이나 식인 이야기를 쉬쉬하려 안달이다. 그러나 1933년 우크라이나의 식인 행위는 우크라이나인들의 인성에 대해서는 아무것도 의미하지 않는다. 당시 소련 체제의 성격에 대해 커다란 의미를 지닐 따름이다. 굶주림은 식인 행위를 불러올 수밖에 없다. 목구멍으로 넘길 곡식 낟알이 거의 없거나 아예 없어지자, 우크라이나에도 식인 행위가 찾아왔다. 입에 댈 수 있는 게 사람의 살코기밖에 없었기 때문이다.

인육을 사고파는 블랙마켓이 열렸다. 인육은 심지어 공식 경제로도 편입되었다. 경찰은 인육 판매자를 사찰했고, 국가 기구는 사람을 죽여서 고기를 잘라 파는 장사치들을 밀착 감시하고 있었다. 하리코프의 어느 젊은 공산당원은 '육류 배급 할당치를 채울 수 있습니다. 그러나 인육으로만 가능합니다'라고 상부에 보고했다. 오두막 굴뚝에서 피어오르는 연기는 인육과 관련해서 뭔가가 벌어지고 있다는 의심을 사기에 충분한 근거였다. 대개 그것은 희생자를 굽고 있거나, 한 가족이 그 구성원 하나를 잡아서 뜯어 먹고 있는 경우였기에. 경찰은 연기를 보고 쳐들어가 체포했다. 1932년에서 1933년까지 우크라이나에서 최소한 2505명이 식인 행위 혐의로 처벌받았다. 실제 그 행위자 수는 훨씬 더 많았지만 말이다.[82]

우크라이나인들이 식인 행위를 '그럴 수도 있지'라고 한 적은 한 번도 없다. 기근이 절정에 달했을 때조차, 어쩌다 식인 행위가 벌어졌음을 알면 마을 사람들은 극도로 분노했고, 혐의자들을 마구 때리며, 불더미에 던져버리곤 했다. 식인의 유혹에 지지 않은 사람이 대부분이었고, 대체로 고아들이란 자기 자식들을 먹기를 거부하고 죽어간 부모들의 아이였다. 그리고 심지어 인육에 입을 댄 경우에도 그 동기는 여러 가지였다. 어떤 경우에는 최악의 범죄에 해당되었다. 예를 들어 바실리 그라니예비치는 식인 상습자들에게 자기 형제 콜랴를 잃었다. 민병대가 그 식인자들을 붙잡았을 때, 그들의 집에서는 열한 개의 머리 가운데 콜랴의 머리도 발견되었다. 그러나 때로 식인 행위는 '희생자 없는 범죄'였다. 부모가 자신들의 자식을 죽여 먹었다면, 분명 그 자식이 희생자라고 하리라. 그러나 다른 경우에는, 부모가 자식들에게 '우리가 죽으면 우리 몸을 먹거라'라고 말했다. 우크라이나의 아이들 가운데 이런 말을 자기 동생들에게 해야만 했던 아이는 한둘

이 아니다. "엄마가 그랬어. 돌아가시면 엄마를 먹어야만 한다고." 그것은 범죄가 아니었다. 사려 깊음, 그리고 사랑이었다.[83]

여기서 국가가 해줄 수 있었던 일 가운데 가장 마지막에 속하는 것 중 하나가 시체 처리였다. 1933년 1월 어느 우크라이나 학생이 쓴 글에 따르면, 그 일은 결코 쉽지 않았다. "죽은 사람을 매장하는 일은 쉽지 않았어요. 굶주린 사람들은 마을에서 마을로 방황하다가 들판에 쓰러져 죽었으니까요." 도시에서는 아침 일찍 짐수레들이 돌아다니며, 전날 밤 죽어 너부러진 농민의 시체들을 주워 담았다. 농촌에서는 비교적 건강한 농민들이 팀을 짜서 시체를 거두고 매장하는 일을 맡았다. 그들은 보통 무덤을 깊이 팔 만한 의지나 힘이 없었다. 그래서 땅 위로 손발이 나와 있는 때가 많았다. 매장 팀은 그들이 모은 시신의 숫자대로 대가를 받았으므로 비리가 더 생길 수밖에 없었다. 그들은 시신과 함께 쇠약해진 사람까지 거둬들여서는, 생사람을 매장했다. 그들은 그렇게 거둔 사람을 싣고 가며 그 사람과 이야기를 나누곤 했다. '당신은 어차피 곧 굶어 죽을 거잖아. 그러니 별 상관없지 않겠어?' 드물게는 그런 희생자가 얇게 덮인 흙을 헤치고 기어나왔다. 매장 팀원들조차 쇠약해지고 죽어버리자, 시체들은 그 자리에 그대로 내버려졌다. 어느 농학자의 회상에 따르면, 그 시체들은 "잡아먹힐 뻔했다가 달아나 야생이 되어버린 개들에게 뜯어 먹혔습니다."[84]

1933년 가을, 우크라이나 전역의 마을들은 붉은 군대의 병사, 공산당원들, 그들과 팀을 이룬 노동자와 학생들에게 추수한 곡식을 빼앗겼다. 죽는 한이 있어도 일하라고 강요받은 굶주린 농민들은 1933년에 씨를 뿌린 다음 추수 때까지 살아남지 못했다. 소련 러시아에서 온 재정착민들이 그들의 집과 마을을 차지했는데, 그들이 처음 해야 했던 일은 이전 주민들의 시체를 내다 버리는 것이었다. 대개는 이미 썩을 대로 썩어버린 시체들이 그들의 손안에서 흐물흐물 허물어져내렸다. 어떤 때에는 새로 입주하러 온 사람들이 아무리 박박 닦아내고 칠을 해봐도 집에 배어든 악취를 없앨 수가 없었다. 그래서 고향으로 돌아가는 사람도 있었지만, 눌러앉는 사람도 있었다. 어느 소련 공무원이 이탈리아 외교관에게 귀띔하기로는 "우크라이나의 인종적 구성은 그때 이후로 바뀌었"다고 한다. 일찍이 카자흐스탄에서 좀더 극적으로 이뤄졌던 인종 구성의 변화가 우크라이나에서도 일어났다. 어느 쪽이든 대러시아계 사람들에게 유리한 변화였다.[85]

1930년대 초, 소련과 그 우크라이나 공화국에서 얼마나 많은 사람이 굶주림으로 숨졌을까? 결코 정확하게는 알 수 없다. 믿을 만한 기록이 없기 때문이다. 남아 있는 기록은 그 규모가 얼마나 컸는지 보여준다. 예를 들어 키예프의 공공보건기구 기록에는 그 지역에서 1933년 4월에만 49만3644명이 굶어 죽었다고 적혀 있다. 한편 지역 행정 단위들은 기아 사망자 기록을 내기 두려워했고, 결국 아무것도 남기지 않았다. 국가에서 사망자를 파악하려 할 때 접촉할 수 있는 대상은 매장 팀원들일 뿐일 때가 많았으며, 그들도 자신들의 일을 일일이 기록해놓고 있진 않았다.[86]

1937년도 소련 인구조사는 예상치보다 800만 명이 밑도는 결과를 냈다. 인구 감소분의 대부분은 우크라이나, 카자흐스탄과 대러시아에서의 기근 사망으로 발생했고, 또한 그 때문에 신생아 수가 급감한 탓이었다. 스탈린은 이 결과를 공표하지 못하게 하고, 조사 책임자들을 처형했다. 1933년, 소련 관료들은 기근 사망자 수가 5500만은 되리라고 사적인 대화에서 추정했다. 이는 실제보다 조금 적을지 몰라도 어느 정도는 정확해 보이는데, 1930년대 초의 소련(우크라이나, 카자흐스탄, 대러시아)의 상황으로는 그렇게 볼 수 있다.[87]

한 인구 추계를 보면 우크라이나에서 약 250만 명이 굶어 죽었던 것으로 보인다. 이는 기록에 있는 240만이라는 숫자와 꽤나 가깝다. 수치가 약간 모자란 것은 기록되지 않은 죽음 때문일 것이다. 소련 해체 뒤 독립한 우크라이나에서 실시한 또 다른 인구 추계에 따르면 사망자 숫자는 390만까지 올라간다. 아마도 진실은 이 숫자들 사이 어디쯤일 것이며, 대부분의 믿을 만한 학자들의 추산도 이들 범위에 든다. 1932년 우크라이나에서 굶주림으로 숨져간 사람들의 숫자는 대체로 330만 명 정도였다고 보면 되지 않을까? 1933년에는 역시 300만 정도의 우크라이나인들이 굶어 죽어갔고, 나머지는 대러시아계, 폴란드계, 독일계, 유대계 등등이었다. 대러시아에서 죽은 150만 명쯤 가운데 적어도 20만가량은 우크라이나계로 보이는데, 우크라이나계가 살던 땅에 식량 부족이 특히 혹심했기 때문이다. 아마도 그 전의 카자흐스탄 기근에서 숨져간 130만 명 중에서도 우크라이나계 사람들이 10만 명 이상이었을 것이다. 어쨌거나 우크라이나에서 굶주림이나 그와 연관된 질병으로 최소 330만 명이 죽어갔으며, 소련 전 영역에서 그와 비슷한 숫자의 우크라이나계가 죽어갔음은 분명하다.[88]

나중에 '인종 청소genocide'라는 용어를 만들어낸 국제변호사 라파 렘킨은 우크라이나의 사례를 일러 "소련 인종 청소의 고전적 사례"라고 했다. 우크라이나의 농업사회 구조는 검사, 압박, 착취의 과정을 다 거쳤다. 우크라이나의 농민들은 소련 전역의 캠프들 사이에서 죽거나 능욕당하거나 흐트러뜨려졌다. 살아남은 이들은 죄의식과 무력감에, 때로는 변절과 식인 행위의 기억에 시달려야 했다. 수십만 명의 고아가 소련의 시민으로 자라났지만 그들은 우크라이나계라고 할 수 없었다. 적어도 그들을 탄생시킨 우크라이나계 가족과의 끈이나 우크라이나 농촌의 기억은 아무것도 남아나지 않았기 때문이다. 그 참극에서 살아남은 우크라이나 지식인들은 마음의 의지가지를 잃어버렸다. 우크라이나의 대표적인 작가와 정치운동가는 모두 자살했다. 한 사람은 1933년 5월에, 다른 사람은 같은 해 7월에. 소련 국가는 우크라이나 공화국에 얼마간이라도 자치권을 지켜주려는 시도를 분쇄했으며, 그런 주장을 편 사람들과 그들의 가족까지 말살해버렸다.[89]

당시 소련에 있으면서 그 기근 사태를 목격한 외국의 공산주의자들은 그것을 국가적 비극이 아니라 인도주의로 나아가기 위한 발걸음이라고 애써 생각했다. 작가 아서 케스틀러는 당시 이 기근 사태가 "일하기보다 조르기를 택한 민중의 적들 때문"에 일어났다고 믿어버렸다. 하리코프에서 그와 한방을 썼던 물리학자 알렉산더 바이스베르크는 수백만의 농민이 죽은 것을 알고 있었다. 그래도 그는 소련 체제에 대한 믿음을 잃지 않았다. 케스틀러는 순진하게도 소련 언론이 "우크라이나인들은 먹을 게 없고 파리떼처럼 죽어가고 있다"는 사실을 보도하지 않는다고 바이스베르크에게 불평했다. 그와 바이스베르크는 사실 알고 있었다. 그 땅을 직접 본 사람이면 누구라도 알 수 있었을 진실을. 그러나 그 기근에 대해 곧이곧대로 쓴다면, 그들의 신념은 산산조각 날 것이었다. 두 사람 다 소련 농촌의 붕괴가 더 큰 흐름에서 인류의 발전으로 이어질 거라고 믿었다. 우크라이나 농민들의 죽음은 더 높은 문명으로 나아가기 위한 희생이었다. 케스틀러는 1933년에 소련을 떠났다. 그때 바이스베르크는 기차역에서 그를 전송했으며, 그의 마지막 인사는 이랬다. "무슨 일이 일어나든, 소련의 깃발을 높이 드세나!"[90]

그러나 이 기근 사태의 결말은 사회주의가 아니었다. 적어도 스탈린이 정의한 대로의 사회주의는 출현하지 않았다. 우크라이나의 한 마을에서는 5개년 계획의 완료를 축하하는 개선문이 세워졌는데, 그 주변은 온통 농민들의 시체였다. 부농들을 처형한 소련 관료들은 그들에게 희생된 사람들보다 더 많은 돈을 갖고 있었고, 도시의 공산당원들은 훨씬 더 안락한 삶을 누리고 있었다. 농민들은 배급 카드조차 얻을 수 없었던 반면, 공산당 간부들은 특별 상점에서 먹을거리를 취향대로 고를 수 있었다. 그러나 그들이 심하게 살찌면, 특히 밤에는, "소시지 제조자"라 불리던 강도를 조심해야 했다. 보통 고위 관료의 부인이던 우크라이나의 유한 여성들은 농민들에게 자기네 배급표를 주고 장식품과 바꿨는데, 이는 그 농민들이 시골 교회에서 훔쳐낸 것들이었다. 이런 식으로도, 집단화는 우크라이나 농촌의 정체성을 앗아가버렸다. 먼저 우크라이나 농민의 혼을 빼앗고, 그다음에는 육체를 죽였던 것이다. 굶주림 때문에 우크라이나계 주민들과 다른 소수민족들은 서로를 벗겨 먹었고, 그들이 전에 예배를 드리던 장소는 시체를 던져두는 곳으로 바뀌었다.[91]

비록 스탈린, 카가노비치, 발리츠키가 우크라이나에서 자행한 탄압은 우크라이나 민족주의에 대한 대응이었다고 설명했지만, 당시 우크라이나는 다민족 공화국이었다. 굶주림은 러시아계, 폴란드계, 독일계 등등의 주민을 가리지 않고 괴롭혔다. 우크라이나의 유대인들은 대도시나 소도시에 주로 거주했지만, 농촌 거주자들은 다른 어떤 곳보다 위험한 지경이었다. 1933년의 어느 날, 공산당 기관지 『프라우다』(이 신문은 기근의 존재를 부인하고 있었다)의 논설위원 중 한 명이 그의 유대인 아버지가 보낸 편지를 받았다. 거기에는 이렇게 적혀 있었다. "네가 알아야 할 게 있다. 네 어머니는 죽었다. 몇 달 동안 굶주림으로 괴로워한 끝에 죽었어." 그녀의 유언은 자신을 위해 아들에게 카디시*를 읊어달라는 것이었다. 이 에피소드는 혁명 이전에 성장한 부모 세대와 그 뒤에 자라난 자식 세대의 세대차를 엿보게 해준다. 유대인들뿐 아니라, 우크라이나인이나 그 밖의 소련 지역 사람들 가운데 1920년대에 교육을 받은 세대는 러시아 제국 때 학창 시절을 보낸 세대보다 소련 체제를 받아들일 가능성이 훨씬 더 높았다.[92]

독일과 폴란드 외교관들은 우크라이나의 독일, 폴란드계 주민들이 겪고 있는 고통과 죽음에 대해 상급자들에게 보고했다. 하리코프의 독일 영사는 이렇게 썼다. "제가 용기를 내 거리로 나가볼 때마다, 거의 어김없이 굶주려 쓰러진 사람을 봤습니다." 폴란드 외교관들은 폴란드 입국 비자를 얻으려고 길게 늘어선 굶주린 사람들을 상대했다. 그들 가운데 한 명이 올린 보고서의 내용은 이렇다. "다 큰 어른들이 목 놓아 우는 걸 숱하게 봤습니다. 자기 처자들이 굶어 죽어가고 있

* 사망한 부모를 위해 올리는 기도.

다고, 또는 미쳐버렸다고 소리지르면서요." 이 외교관들이 익히 알았듯이, 우크라이나 농민(폴란드계나 독일계 주민만이 아니라) 다수는 외국의 침공이 그들에게는 해방이 되리라고 꿈꾸고 있었다. 1932년 중반까지, 그들은 제발 폴란드가 침공해주기를 손꼽아 기다렸다. 스탈린의 선전 선동 내용에는 앞으로 5년 안에 폴란드가 우크라이나를 빼앗고자 침략해올 것이라는 언급이 있었기 때문이다. 대기근이 시작되었을 때, 많은 우크라이나 농민은 그 선전 선동 내용이 제발 진실이기를 바랐다. 어느 폴란드계 주민의 말처럼, 그들은 "폴란드든 어디든, 제발 쳐들어와서 우리를 이 고통과 압제에서 해방시켜주기만을" 바라고 또 바랐다.[93]

폴란드와 소련이 1932년 7월에 불가침 조약을 맺음으로써, 그들의 희망은 산산조각 났다. 그 뒤로 농민들의 바람은 오직 독일의 침공이었다. 8년 뒤, 가혹한 굶주림에서 살아남은 사람들은 소련 체제와 독일 체제를 비교하는 입장에 놓인다.

대규모 기아와 사망에 대한 기본 사실들은 어쩌다가 유럽과 미국의 매스컴에서 다뤄지기는 했지만, 결코 적나라하게 보도된 적은 없었다. 스탈린이 우크라이나인들을 의도적으로 굶겨 죽였다고 보도한 경우는 거의 없다고 할 수 있었다. 심지어 아돌프 히틀러조차 스탈린보다는 마르크스주의 체제를 비난하는 편이었다. 도대체 기근 사태라는 게 있는지 여부도 논란거리였다. 개러스 존스는 소수의 신문에 기근 사태를 폭로했다. 자기 이름을 내걸고 영어로 그런 주장을 쓰는 사람은 오로지 그뿐이었던 듯하다. 빈의 추기경인 테오도어 이니처가

1933년 여름과 가을에 식량 원조를 호소했을 때, 소련 당국은 그에게 모욕적인 공박을 하며 '우리 소련 땅에는 추기경(카디널)도 식인종(카니벌)도 없다'고 내쏘았다. 그것은 절반만 진실이었다.[94]

비록 언론인들은 외교관에 비해 아는 게 적었지만, 수백만 명이 굶주려 죽어가고 있다는 사실은 대부분 알고 있었다. 『뉴욕타임스』의 영향력 있는 모스크바 통신원이던 월터 듀런티는 존스의 정확한 보도를 깎아내리려고 갖은 수를 다 썼다. 1932년에 퓰리처상을 받은 듀런티는 존스가 소련 기아 사태에 대해 전한 내용을 "어이없는 괴담"이라고 일축했다. 듀런티는 "실제로 기아 따위는 없고" 다만 "영양 부족 때문에 전염병이 번져서 사망자가 많이 나오는 것"이라면서 소련 쪽 주장과 비슷한 왜곡된 주장을 했다. 이런 왜곡 보도는 조지 오웰의 『1984년』을 연상케 한다. 실제로 조지 오웰 자신이 1933년, 우크라이나 기근을 두고 '검은 진실을 말잔치로 하얗게 칠해버리는 대표적인 예'라고 밝혔다. 듀런티도 알고 있었다. 수백만 명이 굶어 죽어가고 있음을. 그러나 그는 그 기아가 더 큰 목표를 위한 과정이라는 입장을 자신의 글에서 고집했다. "달걀을 깨지 않고 오믈렛을 만들 수는 없다"는 게 그의 생각이었다. 존스 말고 영어로 진실된 기사를 쓴 유일한 사람은 맬컴 머거리지였는데, 『맨체스터 가디언』 지에 익명으로 기사를 실었다. 그는 이 기근이 "역사상 가장 무시무시한 범죄 중 하나다. 그 잔혹함이란, 미래 세대가 설마 그런 일이 가능했을까 하고 차마 믿지 못할 정도다"라고 썼다.[95]

공정하게 말하자면, 심지어 우크라이나에서 벌어진 일에 대해 가장 관심이 있었을, 소련 영토 밖에 살던 우크라이나계 사람들조차 기근 사태의 심각성을 인지하는 데는 몇 달이 걸렸다. 폴란드에는 500만 명 정도의 우크라이나계가 살았으며, 그들의 정치 지도자들은 소련의 대규모 기근에 국제적 관심이 쏠리도록 갖은 애를 썼다. 그러나 그들이 사태의 전모를 대략 파악한 때는 1933년 5월, 대부분의 희생자가 이미 죽은 때였다. 그다음 여름과 가을 내내, 폴란드의 우크라이나계 신문들은 기근 소식으로 도배되었고, 우크라이나계 폴란드 정치인들은 시위 행진과 규탄 시위를 계획했다. 우크라이나 페미니즘 조직의 대표는 세계 여성들에게 호소하고자, 소련 상품에 대한 국제적 불매운동을 벌이려 했다. 당시 미국 대통령이던 프랭클린 루스벨트에게 몇 차례인가 청원이 올라갔다.[96]

그 어떤 시도도 아무런 소용이 없었다. 국제 시장을 규율하는 법규는 우크라이나에서 거둬들인 곡식으로 외국인들을 먹이는 일을 아무도 방해할 수 없도록 했다. 게다가 무엇보다 대공황 시기 미국 노동자들의 입지에 대해 골몰하고 있던 루스벨트는 소련과 원만한 외교관계를 맺고 싶어했다. 우크라이나 운동가들의 목소리가 그에게 닿았을 때는 1933년 가을이었는데, 바로 그가 계획한 미소 밀월관계가 막 결실을 맺던 때였다. 미합중국은 1933년 11월에 소련을 정식 승인했다.

그해 여름, 폴란드의 우크라이나계 주민들이 벌인 운동은 소련의 교묘한 역선전만 불러일으켰다. 1933년 8월 27일, 프랑스 정치인 에두아르 에리오는 키예프를 공식 방문했다. 급진당 영수였던 에리오는 세 차례나 프랑스 수상을 지낸 인물로, 최근 1932년에도 수상이었다. 그는 대식가인 데다 스스로의 몸을 '쌍둥이를 임신한 여인'에 빗댈 만큼 살이 많이 찐 사람이었다. 소련 쪽의 초대 연회에서, 에리오는 독일 및 폴란드 외교관들과는 거리를 두었다. 그들의 입에서 혹시 굶주림에 대한 불쾌한 언급이 나올까봐.[97]

에리오가 그 도시를 방문하기 전, 키예프는 외부와의 연결이 끊겼고, 그 주민들은 청소와 단장을 하라는 지시를 받았다. 1년 내내 텅 비어 있던 상점 매대는 곧 식품으로 가득 찼는데, 팔 물건이 아니라 보여주기용이었다. 오직 한 명의 외국인에게 보여주기 위한. 새 제복을 말쑥하게 갖춰 입은 경찰들은 식품을 보고 입이 벌어져 몰려든 군중을 해산시켜야 했다. 에리오가 방문할 예정이던 곳에 살거나 일하던 사람이면 누구나 특별히 마련한 옷을 입고 이러저러하게 행동하게끔 예행연습을 해야 했다. 누구는 어디쯤 서 있고, 누구는 뭘 입은 채로 있고 등등. 에리오는 키예프에서 가장 넓은 도로인 흐레샤티크가를 차에 탄 채 지났는데, 그는 그 도로가 자동차로 넘치는 모습을 볼 수 있었다. 사실 그 차들은 여러 도시에서 모아온 것이었고, 운전자들은 공산당원들이었다. 그렇게 그들은 바쁘고 번영하고 있다는 분위기를 연출했다. 거리에 있던 한 여성은 "이 부르주아가 여기서 뭔 일이 벌어지는지 세상에 알려주겠지" 하고 중얼거렸다. 그러나 그녀에게는 실망스럽게도, 에리오는 소련이 이토록 훌륭하게 "사회주의 정신"과 "우크라이나인의 정서" 모두를 드높일 수 있었던 것에 찬사를 보냈다.[98]

1933년 8월 30일, 에리오는 하리코프의 '펠릭스 제르진스키 코뮌'을 방문했다. 소련 비밀경찰 창시자의 이름을 붙인 학교였다. 당시 하리코프 지역의 어린이들은 굶어 죽어가고 있었다. 에리오가 본 이들은 여기저기서, 가장 건강하고 잘생긴 아이들만 모아온 터였다. 대부분 그날 아침 대여해준 옷을 입고 있었다. 물론 그것이 현실과 완전히 동떨어진 모습인 것만은 아니었다. 소련은 우크라이나 아동을 위한 학교를 짓고, 문맹 퇴치를 추진했다. 1933년 말에 살아남은 어린이들은 대부분 문해력을 갖춘 성인이 되었다. 이것이 에리오가 보도록 되어 있는 현실이었다. 그때 이 프랑스인이 질문을 던졌다. '학생들 점식 식사는 뭐죠?' 아이러니라고는 전혀 없는 질문이었다. 별 생각 없이 던진 것 같아도, 소련 체제의 평판이 갈릴 수 있는 질문이었다. 바실리 그로스만은 그의 위대한 소설*에서 이 장면을 여러 차례 반복한다. 그로스만의 회상에 따르면, 그런 질문에 대해 학생들은 답안을 이미 갖고 있었고, 그 답안에 따라 무난한 답변을 했다. 에리오는 자신이 보고 들은 것을 곧이곧대로 믿을 수밖에 없었다. 그는 모스크바로 돌아가 크렘린궁에서 캐비아가 포함된 식사를 했다.[99]

귀국한 에리오는 소련령 우크라이나가 잘 정돈된 정원과 같았다고 프랑스인들에게 밝혔다. 소련의 기관지 『프라우다』는 에리오의 발언을 자랑스럽게 실었다. 이 이야기는 이렇게 끝난다. 아니면, 이야기는 엉뚱한 곳에서 계속된다.

* 『삶과 운명』을 뜻한다.

2장

스탈린, 계급에 대해 테러를 벌이다

소련에서 일어난 스탈린의 두 '혁명', 집단화와 기근은 독일에서 히틀러의 집권 과정에 가려져 그다지 주목을 받지 못했다. 독일의 나치화를 보고 실망한 많은 유럽인은 모스크바에서 동맹자를 찾았다. 개러스 존스는 히틀러와 스탈린이 권력을 강화하던 1933년 초반, 두 체제를 모두 목격한 흔치 않은 인물이었다. 1933년 2월 25일, 그는 아돌프 히틀러와 함께 베를린에서 프랑크푸르트까지 날아감으로써 신임 독일 수상과 함께 비행기를 탄 최초의 언론인이 되었다. 그는 이렇게 썼다. "이 비행기가 추락한다면, 유럽의 역사가 완전히 달라질 것이다." 존스는 『나의 투쟁』을 읽었고, 독일 정복, 동유럽 식민화, 유대인 말살이라는 히틀러의 야망에 대해 감을 잡고 있었다. 이미 수상이었던 히틀러는 제국 의회Reichstag의 해산을 만족스럽게 바라보며, 다음 의회를 구성하기 위한 선거운동이 한창이던 당시 자신의 재임 기간을 늘리고 독일 의회에서 나치당이 차지하는 자리도 더 넓히려 했다. 존스는 신임 수상에 대한 독일인들의 반응을 처음에는 베를린에서, 나중에는 프랑크푸르트 집회에서 확인할 수 있었다. 그가 느낀 것은 "순수한 원시적 숭배"였다.[1]

그 뒤 모스크바로 떠남으로써, 존스는 그 자신의 표현대로라면 "독재 정권이 막 시작된 땅"에서 "노동 계급이 독재하는 곳"으로 이동했다. 존스는 두 체제 간의 중요한 차이점을 알고 있었다. 히틀러가 집권한 독일에서는 새로운 체제가 막 시작되었을 뿐이었다. 반면 스탈린은 조직적인 거대한 폭력을 구사하는 강력한 경찰 기구를 바탕으로, 일당 독재국가에서 자신의 입지를 다지고 있었다. 존스가 목격하고 보고했듯이, 스탈린의 집단화 정책은 시민 수만 명을 총살하고, 수십만 명을 추방하며, 수백만 명을 아사 직전으로 몰아넣는 결과를 낳았다. 1930년대 후반이 되면, 스탈린은 사회 계급과 민족을 기준으로 소련 시민 수만 명을 추가로 사살할 것이었다. 이 모든 일은 1930년대 히틀러의 역량을 훨씬 넘어서 있었고, 어쩌면 당시의 히틀러로서는 그렇게 할 생각조차 없었을 것이다.[2]

히틀러와 그의 진취적인 모습을 선호한 일부 독일인과 유럽인에게, 소련 정책의 잔인함은 국가사회주의를 지지할 근거로 보였다. 선동적인 선거 연설에서, 히틀러는 공산주의자와 소련 국가를 독일과 유럽의 중대한 적으로 묘사했다. 이 젊은 수상은 처음 맞은 위기에서 공산주의에 대한 공포를 활용해 자신과 정권의 권력을 강화했다. 히틀러와 존스가 프랑크푸르트에 도착한 지 이틀이 지난 1933년 2월 27일, 한 네덜란드인이 독일 국회의사당에 불을 질렀다. 방화범은 현장에서 체포된 후 동기를 자백했지만, 히틀러는 이 기회를 놓치지 않고 자신의 새 정부에 대한 저항 세력을 악마로 몰아갔다. 분노의 화신이 된 그는 "우리를 막는 자는 누구든 박살 낼 것이다"라고 소리쳤다. 히틀러는 제국 의회 화재의 책임을 독일 공산주의자들에게 돌리며, 그들은 추가 테러를 계획 중이라고 주장했다.[3]

히틀러에게 제국 의회 화재는 정말로 시의적절한 사건이었다. 정부의 수장으로서는 정적을 견제하고, 선거 후보자로서는 공포를 이용할 수 있었기 때문이다. 1933년 2월 28일, 모든 독일 시민의 권리를 제한하고 '예방적 구금'을 허용하는 법령이 발포된다. 불안한 사회 분위기 속에서 치러진 5월 5일 선거에서, 나치당은 득표율 43.9퍼센트와 제국 의회 288석 차지라는 압승을 거둔다. 이후 몇 달 만에, 히틀러는 독일 경찰과 나치 준군사 조직을 이용해 자신이 "마르크스주의자 집단"이라 싸잡아 부른 두 정당인 공산당과 사회민주당을 무너뜨렸다. 히틀러의 측근인 하인리히 힘러는 3월 20일 다하우에 최초의 나치 수용소를 세웠다. 히틀러의 경호부대로 출발한 준군사 조직, 힘러의 나치 친위대가 일할 사람을 제공했다. 수용소는 예전에도 있던 시설이지만, 힘러의 나치 친위대는 이곳을 위협과 공포의 도구로 쓰려 했다. 한 친위대 장교는 다하우 경비병에게 이렇게 말했다. "피를 보지 못하는 친구는 떠나야 해. 이 개자식들이 쓰러질수록 먹여야 할 입이 줄어든단 말이야."[4]

선거 승리 후, '히틀러 수상'은 빠르게 '독재자 히틀러'가 되었다. 1933년 3월 23일 이미 다하우에 첫 번째 포로들이 투옥된 상태에서, 새 의회는 히틀러가 대통령이나 의회의 자문을 구하지 않고도 독일을 통치하게 하는 '수권법'을 통과시켰다. 이 법률은 히틀러가 살아 있는 한 계속 갱신되어 효력을 발휘한다. 개러스 존스는 독일을 떠나 소련으로 간 지 한 달 만인 1933년 3월 29일 베를린으로 돌아와, 소비에트 우크라이나의 기아에 대한 기자회견을 열었다. 하지만 역사상 최악의 정치적 기근도 독일 수도에서의 새로운 독재 정권 수립에 비하면 사소한 소식처럼 보였다. 사실 존스가 없는 동안 소련 주민들의 고통은 이미 히틀러가 권력을 잡는 도구로 활용되고 있었다.[5]

히틀러는 우크라이나 기근을 자신의 선거운동에 활용해, 이 사건이 역사적 사실이 되기에 앞서 분노를 유발하는 이데올로기 정치 문제가 되게끔 만들었다. 그는 '마르크스주의자'를 상대로 분노를 터뜨리며, 우크라이나 기근을 마르크스주의의 폐단을 증명하는 증거로 사용했다. 1933년 3월 2일 베를린 슈포르트팔라스트 집회에서 히틀러는 "전 세계의 곡창 지대가 될 수 있는 나라에서 수백만 명이 굶주리고 있다"고 외쳤다. 단 한 단어, 마르크스주의자라는 단어만으로 히틀러는 소련에서의 떼죽음을 바이마르 공화국의 수호자인 독일 사회민주주의자들과 결부시켜버렸다. 히틀러의 평가를 전적으로 거부 또는 수용하는 일은 쉽지 않았는데, 그의 말이 거짓과 진실의 묘한 복합체였기 때문이다. 소련 정치를 잘 모르는 사람들, 즉 대부분의 사람은 기근에 대한 히틀러의 평가를 받아들이면서 민주주의에 대한 거부와 뒤섞여 있던, 좌파 정치에 대한 그의 비난까지 받아들이게 되었다.[6]

스탈린의 정책은 분명 히틀러에게 득이 되었다. 정치적으로 비슷한 진영 논리를 펼 수 있게 해주었기 때문이다. 집단화와 인위적 기근을 밀어붙이던 스탈린은 자기도 모르게 히틀러의 권력 강화에 여러모로 큰 도움을 주었다. 스탈린이 소련에서 집단농장을 시작하자, 공산주의 인터내셔널은 회원국 공산당들에게 '계급에 대한 계급투쟁class against class' 노선을 따르도록 했다. 그에 따라 공산주의자들은 이데올로기적 순수성을 유지하고, 사회민주주의자들과의 연합을 피해야 했다. 오직 공산주의자만 인류 진보를 이끌 자격이 있으며, 억압받는 이들을 대변한다고 주장하는 다른 이들은 모두 사기꾼이자 '사회주의 파시스트'였다. 그들은 나치를 포함해 자신보다 오른쪽에 있는 모든 당과 연합할 것으로 여겨졌다. 독일에서 공산주의자들의 주적은 나치가 아니라 사회민주당이었다.

1932년 하반기와 1933년 초반, 자신이 일으킨 대재앙이 지속되는 와중에 스탈린이 '계급에 대한 계급투쟁'이라는 국제 노선을 포기하기란 쉽지 않았을 것이다. 어찌됐든 소련 인민의 끔찍한 고통과 떼죽음에 대한 공식적인 설명은 '부농에 대한 계급투쟁'이었다. 독일 국내 정치에서 이 노선은 독일인들이 히틀러를 더 열심히 지지토록 하는 역할을 했다. 그러나 소련 기근의 중대한 몇 달은 독일의 미래를 결정하는 중대한 시기이기도 했다. 즉각적인 계급 혁명을 주장하던 독일 공산주의자들 덕분에 나치는 중산층의 표를 얻을 수 있었다. 사무직과 자영업자도 사회민주당보다는 나치에 표를 던졌다. 그래도 공산당과 사회민주당의 지지율을 합산하면 나치당의 지지율보다 더 컸다. 그러나 두 정당은 스탈린의 노선 때문에 서로 협력할 수가 없었다. 이로써 소련의 집단화와 기근 당시 스탈린의 대외 정책과 관련한 비타

협적인 자세는 히틀러가 1932년 7월과 1933년 3월 선거에서 모두 승리하는 데 도움을 주었다.[7]

―

스탈린 경제 정책의 진정한 결과를 당시 해외의 보도인들로서는 짐작할 수 없었지만, 히틀러는 독재자로서 시행한 최초의 정책 중에서 재분배에 관심이 쏠리도록 치밀하게 의도했다. 소련의 기아가 절정으로 치닫던 순간, 독일은 유대계 시민의 재산을 빼앗기 시작했다. 1933년 3월 5일 선거에서 승리한 후, 나치는 독일 전역에서 유대계 기업에 대한 불매운동을 전개했다. 집단화와 마찬가지로, 불매운동은 다가오는 사회경제적 변화에서 가장 손해를 보게 될 사회 계층이 어디인지 보여주고 있었다. 소련에서는 농민이었지만, 독일에서는 유대인이었던 것이다. 실제로는 나치 지도자와 나치 준군사 조직들의 엄격한 관리의 산물이었으나, 불매운동은 유대인 착취에 대한 사람들의 '자발적 분노'에 따른 산물인 양 묘사되었다.[8]

이 점에서 히틀러의 정책은 스탈린의 정책과 비슷했다. 소련 지도자는 소련 변방에서의 혼란이, 그리고 부농의 제거가 진정한 계급 전쟁의 결과라고 설명했다. 베를린과 모스크바 모두 같은 정치적 결론을 내렸다. 필요한 재분배가 상대적으로 평화롭게 진행되려면 국가가 개입해야 한다는 것이었다. 다만 스탈린은 1933년까지 지휘권을 확보하고 강제력을 동원해 집단화를 대규모로 강행하는 데 성공했던 반면, 히틀러는 훨씬 더 느리게 진행해야 했다. 불매운동의 효과는 제한

적이었다. 성과라고 할 만한 것은 1933년, 독일 유대인 약 3만7000명의 이주에서부터 나타났다. 나치가 '아리안화Aryanization'라고 부르는, 유대인의 재산을 본격적으로 비유대 독일인들에게 넘기는 사건이 일어나려면 5년이 더 필요했다.[9]

소련은 국제적 고립 국가라는 입장에서 시작했지만, 수많은 외국 동조자의 도움을 바탕으로 이미지를 일신하는 데 성공했다. 스탈린의 정책은 강제추방에서 인위적 기아로 바뀌었지만, 많은 이가 스탈린의 행동을 선의로 해석했다. 반면 히틀러는 비판과 분노의 목소리를 포함한 전 세계의 입장에 대처해야 했다. 1933년 독일에는 세계 각지에서 온 언론인과 여행자들이 가득했고, 히틀러는 향후 몇 년 동안 평화와 자유무역을 유지해야 했다. 그에 따라서 불매운동의 중단까지 선언해야 했지만, 히틀러는 외신에 대해 비판적인 여론이 있음을 이용해 더 급진적인 정책을 추진할 근거를 마련했다. 나치는 유대인들이 유럽과 미국 신문을 장악하고 있다며, '해외의 비판은 모두 독일인에 대한 전 세계 유대인들의 음모'라고 주장했다.[10]

따라서 1933년 봄의 불매운동은 돈보다는 말에서 의미가 있었다. 히틀러는 훨씬 나중인, 자신의 군대가 유럽의 태반을 정복하고 자신의 기관이 유대인 수백만 명을 사살할 때까지 써먹고 또 써먹을 논리를 마련했다. '독일이나 독일인이 하는 모든 일은 국제 유대인 세력의 침탈로부터의 자구책이다!' 유대인이 언제나 침략자이고, 독일인은 언제나 피해자다!

처음에 히틀러는 국내 정치에서 반유대주의보다 반공주의를 더 중시했다. 독일 국가를 장악하기 위해 그는 공산당과 사회민주당을 분쇄해야 했다. 1933년에는 독일인 약 20만 명이 구금되었는데, 대부분은 정권에 대항하는 좌익으로 간주되었다. 1933년 히틀러가 자행한 테러의 목적은 제거가 아닌 위협이었다. 구금된 이들 중 태반은 나치가 '보호 감호'라고 완곡하게 표현한 짧은 기간을 거친 후 석방되었다. 공산당은 선거에서 차지해왔던 81석을 획득할 수가 없었다. 얼마 지나지 않아 공산당의 모든 자산은 국가에 압수되었다. 1933년 7월이 되자 독일에서 나치 이외의 다른 정당 가입은 불법이 되었다. 11월, 나치는 나치 후보자만 출마해 승리할 수 있는 의회 선거를 개최했다. 히틀러는 독일을 아주 빠르게 일당 독재국가로 만들었는데, 스탈린이 구상한 것과는 전혀 다른 형태였다. 다년간 소련을 제외한 곳에서는 가장 강력한 공산당이었던 독일 공산당이 몇 개월 만에 붕괴되었다. 이곳의 패배는 국제 공산주의 운동에 먹칠을 했다.[11]

스탈린은 히틀러의 집권에도 불구하고 한동안 소련과 독일의 특별한 관계가 유지되길 바란 듯하다. 1922년 이후로 두 국가는 폴란드를 희생해 동유럽을 재건한다는 암묵적 합의를 바탕으로 군사적, 경제적 협력을 진행해왔다. 1922년의 라팔로 조약*은 1926년 체결한 베를린 조약의 중립화 조항으로 확인되었고, 1931년까지 5년간 더 연장되었다. 당시 두 나라가 우호적 관계와 공동의 목적을 가졌음을 보여주는 가장 분명한 증거는 소련 영토에서 진행된 독일의 군사활동이었다. 이러한 군사활동은 1933년 9월에 끝난다. 1934년 1월, 나치 독일은 폴란드와 불가침 선언을 체결한다. 이 뜻밖의 조치는 독일의 대외

* 1922년 소련과 독일(바이마르 공화국) 사이에 체결된 조약. 두 나라는 베르사유 체제에서 소외되어 있었으므로 우호조약을 맺었으며, 따라서 영국, 프랑스, 미국 등에 충격을 주었다.

정책에 기본적인 방향 전환이 필요함을 알리는 신호였다. 모스크바를 대신해 바르샤바가 베를린이 선호하는 동유럽의 파트너가 된 듯했다. 독일과 폴란드가 이제 소련을 상대로 함께 싸우게 된 것일까?[12]

스탈린에게는 독일과 폴란드의 새로운 관계가 독일의 공산주의자 탄압보다 더 관심거리였을 법하다. 스탈린은 언제나 외교와 이데올로기라는 두 가지 수준에서 대외 정책을 수행했다. 외교는 다른 국가들이 대상이었고, 이데올로기는 스탈린 자신의 시민사회를 포함한 여러 시민사회가 대상이었다. 전자에는 외교 담당 정치국원인 막심 리트비노프를 동원했고, 후자에는 인터내셔널을 내세웠다. 스탈린은 히틀러의 접근법이 자신의 것과 비슷하며, 따라서 히틀러가 겉으로 반공주의를 내세운다고 해서 베를린과 모스크바의 우호적 관계에 실질적인 지장이 되진 않는다고 생각했다. 그러나 폴란드에 대한 히틀러의 접근법은 반공 이데올로기만이 아니라 반소련 대외 정책으로도 보였다. 스탈린의 의심은 정확해서, 히틀러는 소련에 대항하는 십자군에 폴란드를 2군으로 추가하려 했다. 1933년 후반 독일과 폴란드 간의 협상이 진행 중일 때, 소련 지도부는 독일이 훗날 소련령 우크라이나 영토를 대신 넘겨준다는 약속을 담보로 폴란드 서쪽 영토를 얻으려 하지 않을까 하는, 타당한 걱정을 했다. 하지만 폴란드는 그런 식의 독일의 추가 제안에 대해서는 어떠한 관심도 보이지 않았다. 소련 정보부 및 선전물의 주장과는 달리, 결국 나온 독일과 폴란드의 선언에는 소련에 대한 군사동맹을 규정한 비밀 협약이 빠져 있었다. 하지만 히틀러는 이 독일-폴란드 선언을 소련에 대한 군사동맹으로 이어질, 바르샤바와의 관계 개선의 출발점으로 삼고 싶어했다. 1934년 봄, 그는

어떻게 폴란드를 구워삶을 수 있을지를 공개적으로 따지곤 했다.[13]

—

1934년 1월, 소련의 처지는 끔찍해 보였다. 국내 정책은 수백만 명의 국민을 굶어 죽게 했고, 대외 정책은 독일과 소련의 공공의 적이던 폴란드와 위협적인 반공 독재자인 히틀러가 화해하는 데 얼마쯤 도움을 주었다.

스탈린은 말잔치와 이념 놀음으로 이 위기를 모면하려 했다. "승리자들의 대회"라고 불린 1934년 1~2월의 소련 공산당 대의원회의에서, 스탈린은 소련이 제2차 혁명을 완수했다고 선언했다. 소련 국민의 가장 잊지 못할 경험인 기근은 언급하지 않았다. 기근은 스탈린과 그의 충신들이 적의 저항을 극복하고 5개년 계획을 추진했다는 이야기에 묻혀버렸다. 라자르 카가노비치는 자신의 지도자인 스탈린을 "인류 역사상 가장 큰 혁명"의 주도자로 추어올렸다. 겉보기와는 달리 히틀러의 등장은 소비에트 체제가 전 세계에서 승리를 거두리란 사실을 알리는 징조라고 해석되었다. 나치의 잔인함은 자본주의가 그 자체의 모순 때문에 곧 몰락할 것이며, 유럽 혁명이 눈앞에 다가왔음을 증명한다면서.[14]

이러한 해석은 신념 있는 혁명가들에게만 통했다. 일반 공산주의자들은 이미 어떤 해석이든 의문의 여지가 없도록 개인 숭배와 공포로 지도자에게 묶여 있었다. '나빠 보이는 일이 일어날수록 실제로는 좋은 것이다'라고 진심으로 믿으려면 아주 특별한 사고 회로가 필요

양차 대전 사이의 유럽
1933년경

하리라. 이러한 사고 과정은 '변증법'이라는 이름으로 이뤄졌지만, 이 때의 변증법은(고대 그리스에서 기원해 헤겔과 마르크스까지 이어지는 유구한 전통에도 불구하고) '스탈린의 의지'를 달리 표현한 말에 자신의 인식을 끼워맞추는 것일 뿐이었다.[15]

스탈린은 말만으로는 충분치 않음을 알고 있었다. '히틀러의 혁명은 사회주의의 승리가 임박했음을 알리는 징후'라 선전하긴 했지만, 그는 서둘러 국내 정책을 변경했다. 일단 우크라이나 농민들을 끝없이 몰아붙이지는 않기로 했다. 농민은 여전히 위협과 협박 속에서 살아야 했지만, 소련 국가에 필요한 식량을 생산하는 당사자 자격을 인정받았다. 모든 농민이 개인별로 할당된 작은 땅을 마음껏 경작할 수 있도록 정책이 변경되었다. 무조건적인 징발량 할당과 수출 목표의 터무니없는 설정도 중단되었다. 이로써 소련의 기아 사태는 1934년에 종식될 수 있었다.[16]

히틀러가 떠오르면서 소련은 스스로를 유럽 문명의 수호자로 내세울 기회를 잡을 수 있었다. 1934년 6월, 1년이 넘는 시간이 지난 뒤에야 스탈린은 마침내 이를 받아들였다. 이후 선포된 인터내셔널의 새 노선에 따르면 이제 정치는 더 이상 '계급에 대한 계급투쟁' 문제가 아니었다. 대신 소련과 세계 공산당은 '반파시스트' 캠프에서 널리 좌파 세력을 결집하기로 했다. 계급투쟁을 엄격히 수행하는 대신, 공산주의자들은 부상하는 파시즘으로부터 문명을 구해야 했다. 이탈리아의 무솔리니 때문에 유명해진 단어인 파시즘을 소련은 후기 자본주의의 전형적인 부패의 결과물로 제시했다. 파시즘의 확산은 기존 자본주의 질서의 종식을 의미했던 한편, 소련에 대한 파시즘의 극심한 증오(논란의 여지가 있었지만)는 소련과 여타 지역의 공산주의자들이 (소련 수호를 위해) 다른 자본주의 세력과 타협하는 것을 정당화해주었다. 유럽 공산주의자들은 스스로를 '반파시스트'로 재정의하고, 사회민주주의자 및 다른 좌파 정당과 협력해야 했다. 유럽 내 공산주의자들은 선거 연합인 '인민 전선'에 가입해 사회민주주의자 및 다른 좌파 정당과 연대해 선거에서 승리할 것을 요구받았다. 이로써 한동안 공산주의자들은 민주주의 타도가 아닌 민주주의와의 타협에 힘써야 했다.[17]

물론 이 노선은 독일 공산주의자와 사회민주주의자들에게는 이미 소 잃은 외양간이었다. 하지만 히틀러와 파시즘의 팽창을 억제하려던, 서유럽과 남유럽 일대의 사람들은 소련의 이 새로운 접근법을 환영했다. 소련을 '반파시즘'의 본향으로 제시함으로써, 스탈린은 '선의 독점'을 추구했다. 이성이 있는 사람이라면 당연히 파시스트보다 반파시스트 편에 서지 않겠는가? 소련과 소련의 제안에 반대하는 사람은? 파시스트이거나 최소한 동조자일 것이다! 인민 전선이 유지되던 1934년 6월에서 1939년 8월까지, 소련 국민 약 75만 명이 스탈린의 명령에 따라 총살되었고 그 이상의 사람들이 강제수용소로 이송되었다. 이들 대부분은 소련의 사회 체제가 섬겨야 마땅했던 농민과 노동자였으며, 나머지는 소수 민족이었다. 히틀러의 부상이 1933년의 소련 기근 사태에 대한 주의를 흐렸듯이, 스탈린의 행보는 그가 저지르고 있던 무참한 숙청에 대한 관심을 빼돌렸다.[18]

인민 전선은 소련에서 가장 멀리 떨어진 서유럽 민주주의 국가인 프랑스와 스페인에서 가장 큰 성공을 누렸다. 최고의 승리는 파리에서 거뒀는데, 이곳에서 인민 전선 정부는 1936년 5월 실제로 집권에 성공한다. (에리오의 급진당을 포함한) 좌익 연합이 선거에서 승리했고, 사회주의자 레옹 블룸이 총리가 되었다. 승리를 거둔 선거 연합의 일원인 프랑스 공산당은 공식적으로는 정부에 참여하지 않았지만, 의회 다수당이 되었고 정책에도 영향을 주었다. 따라서 투표 결과는 개혁에 힘을 실어주었지만, 공산주의자들의 주요 관심사는 프랑스 외교 정책을 소련에 우호적으로 만드는 것이었다. 파리에서 인민 전선은 오래전부터 내려온 좌파가 거둔 승리로 간주되었다. 하지만 나치 독일의 정치적 난민을 포함한 많은 이는 이를 소련의 승리이자, 소련이 민주주의와 자유를 지지한다는 증거로 봤다. 프랑스에서 인민 전선은 가장 뛰어난 유럽의 지식인조차 소련을 비판하기 어렵게 만들었다.[19]

스페인에서는 정당 연합이 인민 전선을 형성했고, 1936년 2월 선거에서 승리했다. 그러나 이곳에서는 사건이 완전히 다르게 진행되었다. 7월에는 극우 집단의 지지를 받는 군 장교들이 쿠데타를 일으켜 새로 선출된 정부를 전복하려 했다. 정부는 저항했고, 그 결과 스페인 내전이 시작되었다. 스페인인에게는 본질적으로 국내 문제였지만, 인민 전선에 대한 이념적 적들이 참전했다. 소련은 1936년 10월 궁지에 몰린 스페인 공화국에 무기를 공급하기 시작했고, 나치 독일과 파시스트 이탈리아는 프란시스코 프랑코 장군이 이끄는 우익 세력을 지원했다. 스페인 내전은 베를린과 로마의 관계가 개선되는 계기가 되었고, 스페인은 유럽 내 소련 정책의 관심이 집중되는 격전지가 되었다. 스페인은 몇 달 동안 주요 소련 신문의 1면을 차지했다.[20]

'스페인을 돕자!'는 위험에 빠진 공화국 편에서 싸운 유럽 사회주의자들의 구호가 되었고, 이들 중 상당수는 소련이 민주주의 편에 선 것을 당연하게 여겼다. 통찰력이 뛰어난 유럽 사회주의자의 한 명이었던 영국 작가 조지 오웰은 스페인 좌파를 제압하려는 스페인 내 스탈린주의자들의 행동에 경악했다. 그의 통찰처럼, 소련은 무기와 함께 정치 행위까지 수출했다. 스탈린의 스페인 공화국 지원에는 대가가 따랐다. 스페인 영토에서 파벌 싸움을 벌일 권리를 준 것이다. 스탈린의 숙적인 트로츠키는 여전히 살아 있었고(멀리 떨어진 멕시코로 추방당하긴 했지만), 공화국을 지키던 수많은 스페인 사람은 스탈린의 소련보다는 트로츠키라는 개인에게 더 끌렸다. 얼마 지나지 않아 공산주의 선전물은 스페인의 트로츠키파를 파시스트로 낙인찍었고, 그들을 '반역죄'로 사살하고자 소련 내무인민위원회 장교들이 스페인으로 파견되었다.[21]

—

인민 전선의 적들은 이를 공산주의 인터내셔널이 세계를 지배하기 위한 음모라고 주장했다. 인민 전선은 일본과 독일이 관계를 굳히기에 편리한 구실을 마련해주었다. 1936년 11월 25일, 독일과 일본은 한쪽이 공격당할 경우 두 국가가 상의하도록 규정하는 방공협정Anti-Comintern Pact을 체결한다. 1937년 5월 11일에는 일본과 독일의 정보기관이 소련 관련 정보를 교환하는 협약을 체결했고, 두 나라 모두 소련 국경 지역의 민족 운동을 이용해 소련에 대항하는 방안도 구상했다.[22]

소련이 보기엔 독일보다 일본이 더 근접한 위협이었다. 1937년 상반기에 독일은 그 자체로 위협적이라기보다는 일본의 부속물처럼 보였다. 당시 일본 정치는 제국 운영에 대해 남부로 진출하자는 쪽과 북부를 공략하자는 쪽 사이에서 좌우되고 있었다. 일본 군대 내 주요 파벌 중 하나는 시베리아의 자원이 일본의 향후 경제 발전에 결정적인 역할을 하리라 생각했다. 일본의 위성 국가인 만주국은 소련의 시베리아와 긴 국경을 맞대고 있어, 침략을 시작하기에 아주 적합해 보였다. 일본인들은 강제추방자나 정착민으로 살고 있는 우크라이나인

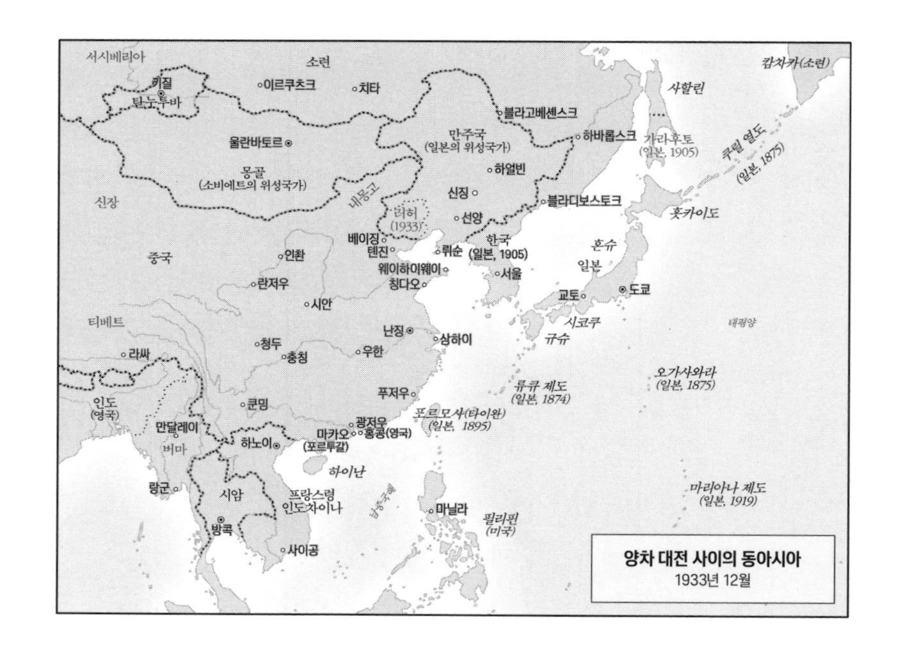

양차 대전 사이의 동아시아
1933년 12월

100만 명을 이용해, 동부 시베리아 내 소련 영토에 우크라이나 괴뢰 국가를 만들 생각을 하고 있었다. 도쿄의 생각처럼, 외국의 원조만 받을 수 있다면 수용소로 추방당한 우크라이나인들은 당연히 소련 권력에 대항할 것이었다. 이 계획을 파악한 폴란드 간첩들은 이를 '제2의 만주국 계획'이라 불렀다.[23]

일본인들은 분명 시베리아에 장기적인 관심을 보였다. 만주국 하얼빈에 있는 일본 특수학교에서는 이미 스기하라 지우네 같은, 러시아어를 할 줄 아는 1세대 제국주의자를 양성하고 있었다. 그는 1935년 소련이 만주국 내 철도 관련 권한을 일본에 매각한 조약에서 협상가로 활동했다. 스기하라는 만주국 외무성을 맡기도 했다. 러시아 정교회로 개종하고 러시아인 아내와 결혼하면서, 그는 자신을 세르게이라고 불렀으며 대부분의 시간을 하얼빈 러시아 지구에서 보냈다. 그리고 러시아 추방자들과 친구가 되어 그들에게 소련 내에서의 첩보 임무를 맡겼다. 동아시아에서 벌어진 소련과 일본의 대결은 같은 해 만주를 여행하던 개러스 존스의 관심을 끌었다. 중요한 사건을 파악하는 데 비범한 본능을 타고난 이 웨일스인은 이 지역이 '파시즘'과 '반파시즘' 간의 세계적 대결의 장이 되리란 사실을 알아차렸다. 구체적인 정황은 알 수 없지만, 그는 노상강도 무리에게 납치되어 살해당하고 만다.[24]

스탈린은 소련 시베리아에 대한 일본의 직접적인 공격뿐만 아니라, 동아시아에서 일본 제국의 힘이 점점 강대해지는 점도 신경 써야 했다. 만주국은 역사적으로 중국 영토였던 곳을 빼앗아 만든 일본 식민지였다. 이러한 식민지는 더 늘어날 기세였다. 중국은 소련과의 국경이 가장 긴 나라이자 정치가 불안한 국가였다. 중국의 국민당 정부는 중국 공산당과 진행 중인 내전에서 우위를 점하고 있었다. '대장정'* 에서 마오쩌둥이 이끄는 중국 공산당 부대는 중국 서북부로 철수해야 했다. 그러나 어느 쪽도 중국의 무력을 독점하는 수준에 이르지는 못했다. 민족주의자들이 우위를 점하던 지역에서조차, 그들은 지역 군벌에 의존해야 했다. 스탈린에게 있어 가장 중요한 점은 민족주의자와 공산주의자들이 협력해 일본의 진격에 맞서지 못한다는 사실이

* 1934년에서 1935년까지, 국민당에 쫓긴 중국 공산당이 본거지였던 중국 동남부의 장시성을 떠나 서북부 산시성까지 1만5000킬로미터를 이동한 사건. 수많은 희생을 치렀지만 거의 기적과 같은 일이었기에 마오쩌둥과 중국 공산당의 위명을 더욱 높여주었다.

었을 것이다.

소련의 대외 정책은 비교적 중요성이 떨어지는 동료 공산당에 대한 지원과 더욱 중요한 문제인 소련 안보에 대한 고려 사이의 균형을 유지해야 했다. 원칙에 따라 인터내셔널은 중국 공산주의자들을 지원했지만, 스탈린은 국경 지대의 안정을 위해 국민당 정부에 무기와 자금을 제공했다. 소련의 카자흐스탄과 긴 국경을 맞대고 있는, 중국 회교도 인구 대부분이 거주하는 신장에서도 스탈린은 '탈이념적 접근법'을 선택했다. 그는 그 지역 군벌인 성스차이盛世才를 돕기로 하고, 천연자원 개발을 위해 공병과 광부들을 보내고는 보안 유지를 위해 내무인민위원회 요원도 파견했다.[25]

세계적으로는 독일과 일본의 관계 회복으로 일본, 독일, 폴란드의 소련 본토 포위가 완성되는 듯했다. 이 3개국은 소련의 가장 중요한 이웃 국가이자, 스탈린이 생전에 벌인 전쟁에서 소련(또는 러시아 제국)을 물리친 국가들이기도 했다. 독일은 제1차 세계대전에서 패배했지만, 독일군은 1917년 동부 전선에서 러시아 육군을 물리쳤다. 일본은 1904년에서 1905년까지 진행된 러일전쟁에서 러시아 육군과 해군을 압도했다. 폴란드는 시간이 한참 지난 1920년에도 붉은 군대와 싸워 이겼다. 독일-폴란드와 독일-일본 협약이 체결된 후, 이 열강들은 소련을 상대로 집결한 듯했다. 방공 협정과 독일-폴란드 불가침 선언에 정말로 소련에 대한 공격전을 다룬 비밀 협약이 포함돼 있었다면, 포위에 대한 스탈린의 생각은 옳았을 것이다. 하지만 사실은 그렇지 않았다. 그리고 도쿄, 바르샤바, 베를린 사이의 소련 침공 동맹 결성은 불가능하진 않지만 가능성이 대단히 낮았다. 폴란드는 일본과 관계를 좋게 유지했지만, 바르샤바는 소련에 적대적인 행위로 해석될 만한 일은 하려 들지 않았다. 폴란드는 방공 협정에 가입하라는 독일의 제안을 거절했다.[26]

스탈린의 정치적 재능 중 하나는 외세의 위협을 국내 정책 실패의 전적인 원인인 것처럼 제시하고, 자기 자신은 어느 것에도 책임이 없는 듯 행동하는 것이었다. 덕분에 그는 정책 실패에 따른 비난을 받지 않았고, 자신이 선택한 내부의 적을 외세의 앞잡이로 규정할 수 있었다. 1930년에 집단화에 따른 문제가 드러나기 시작했을 때, 그는 이미 트로츠키 지지자와 여러 외세 사이에 국제적 음모가 있다고 주장했다. 스탈린은 "자본주의자들의 포위가 사라지지 않는 한 우리 안에 있는 협잡꾼, 간첩, 파괴 공작원과 살인자도 사라지지 않을 것이다"라고 주장했다. 소련의 정책과 관련된 모든 문제는 역사의 정당한 흐름을 느리게 하려는 반동 국가들의 책임이었다. 5개년 계획의 결함처럼 보이는 일은 외세 간섭의 결과였다. 따라서 가장 심한 죄업은 반역자들의 몫이었고, 비난의 대상은 언제나 바르샤바, 도쿄, 베를린, 런던 또는 파리였다.[27]

이 시기에 스탈린주의는 일종의 이중 속임수를 썼다. 인민 전선의 성공은 사회주의의 발전으로 여겨졌고, 그것은 곧 선전 차원에서 접근할 문제였다. 반면 자국의 기근과 참상은 외세의 체제 전복 행위(결국 소용없었던)라는 설명에 의존해야 했다. 소련 당 기관과 인터내셔널을 장악한 스탈린은 이 두 가지 속임수를 동시에 써먹었고, 이를 어떻게 불러야 하는지도 알고 있었다. 스탈린 본인의 정책 때문에 고통받는 소련인들을 군에 징집해야 할 정도로 '교활한 외세의 군사 개입'

이라 부른 것이다. 어쨌든 외국과의 전쟁과 자국 내 저항을 결부시키는 일은 소련 탄생 시점부터 그 효력을 과시했다. 레닌은 그 자신이 제1차 세계대전에서 독일의 비밀 무기였다. 볼셰비키 혁명은 1917년 독일 대외 정책의 부수적 결과였다. 20년이 흐른 지금, 스탈린은 소련 내부에 있는 적들이 임박한 전쟁을 이용해 자신을 전복시키지나 않을까 염려해야 했다. 트로츠키는 1917년의 레닌처럼 망명 중이었다. 전쟁이 시작되면 트로츠키는 20년 전의 레닌처럼 귀국해 자신의 지지자를 결집시키지 않겠는가?[28]

1937년이 되자 스탈린은 소련 공산당 내에서는 어떤 유의미한 정치적 저항도 받지 않았지만, 그는 자신의 적이 정치적으로 눈에 띄지 않는 법을 배웠다고 확신한 듯했다. 기근이 극에 달했을 때와 다르지 않게, 그는 1937년에도 국가의 가장 위험한 적은 무해하고 충성스럽게 보이기 마련이라고 주장했다. 모든 적, 심지어는 보이지 않는 적도 반드시 찾아내 박멸해야 했다. 볼셰비키 혁명 20주년인(그리고 아내의 자살 5주기 하루 전인) 1937년 11월 7일, 스탈린은 이렇게 말하며 축배를 들었다. "우리는 행동이나 생각으로, 그렇소, 생각으로라도! 사회주의자 국가의 통합을 위협하는 자들을 무자비하게 사살해야 합니다. 우리의 적들을 그들의 친족들까지 모조리 제거할 때까지!"[29]

히틀러와는 달리, 스탈린은 이러한 정책 효과를 내는 도구를 마음대로 쓸 수 있었다. 바로 '비상위원회Cheka'와 '합동국가정치보안부OGPU'를 거쳐 '내무인민위원회'라는 이름이 된 국가 비밀경찰이었다. 소련 국가 비밀경찰은 볼셰비키 혁명 시기에 비상위원회라는 이름으로 창설되었다. 초기 임무는 법적이라기보다는 정치적 임무에 가까운, 혁명 저항 세력 제거였다. 소련이 건국되자 비상위원회(합동국가정치보안부, 내무인민위원회)는 소련의 법률 집행권을 가진 거대한 국가 비밀경찰 조직이 되었다. 1930년의 집단화 같은 예외적인 상황에서는 일반적인 법적 절차가 중단되었고, (3인조로 활동하는) 합동국가정치보안부 담당관들이 사실상의 판사, 배심원, 집행인 역할을 했다. 이는 비상위원회의 혁명 전통으로 돌아가는 일이었는데, 지금도 혁명적인 상황이다, 즉 사회주의를 향한 도약이 절실하거나 사회주의에 대한 위협이 엄존하는 상황이라는 이유로 정당화되었다. 1930년대 하반기에 자신이 선택한 적을 척결하고자, 스탈린은 내무인민위원회에 그러한 식의 특별 조치를 필요로 하는 위기가 진행 중이라고 알렸다.[30]

아주 극적인 살인 사건 덕분에, 스탈린은 내무인민위원회에 대한 통제력을 확보할 수 있었다. 1934년 12월, 스탈린의 가장 가까운 동료였던 세르게이 키로프가 레닌그라드에서 암살당한다. 전년도에 제국 의회의 화재를 이용했던 히틀러처럼, 스탈린도 키로프 암살을 이용했다. 그는 살인의 책임을 국내의 정적들에게 돌렸고, 그들이 소련 지도부에 대한 추가 테러를 계획했다고 주장했다. 암살범인 레오니트 니콜라예프가 범죄 당일 체포되었지만, 스탈린은 단순한 치안활동에 만족하지 못했다. 그는 '테러리스트'의 빠른 처형을 허용하는 특별법을 통과시켰다. 그리고 테러의 위협을 강조하면서, 좌파인 전 정치국 소속 정적들이 소련 지도층 암살과 소련 전복을 획책했다고 선포했다.[31]

레닌그라드 암살에 대해, 스탈린은 '소련 국가 비밀경찰에 대한 정면 도전'이라는 해석을 내놓았다. 그런 해석은 내무인민위원회가 수용할 만한 이론이 아니었는데, 아무런 증거가 없었기 때문이다. 내무인민위원회 위원장 겐리흐 야고다가 용감하게 스탈린에게 의문을 제기했을 때, 그는 "험한 꼴 당하기 싫으면" 조심하라는 말을 들어야 했다. 스탈린은 공모자를 찾아냈는데, 이 사건에 대한 스탈린의 입장을 기꺼이 퍼뜨리려 한, 니콜라이 예조프라는 사람이었다. 폴란드와 리투아니아 국경 지대 출신의 왜소한 남자였던 예조프는 '스탈린에 대한 반대가 테러 행위와 동시에 발생했다'는 주장 때문에 이미 유명했다. 1935년 2월, 그는 정치국을 위해 중앙 위원회 위원에 관한 민감한 정보를 수집하는 '감독위원단' 책임자가 되었다. 스탈린과 예조프는 '끊임없는 음모'에 대한 집착을 서로 굳혀주는 모양새였다. 스탈린은 예조프에 의존하게 되었다. 예조프가 아팠을 때, 좀처럼 드러내지 않는 친밀감을 표현해가며 그의 건강을 걱정할 정도로. 예조프는 처음에는 야고다의 대리였지만, 이후 그의 후임자가 된다. 1936년 9월 예조프는 내무인민위원회를 책임지는 인민내부위원장 자리에 오른다. 야고다는 다른 직위에 임명되었다가, 2년 후 처형된다.[32]

1936년 8월부터 예조프는 정치재판에서 스탈린의 이전 정적들에게 기상천외한 혐의를 씌우기 시작했다. 유명인들의 자백은 전 세계의 관심을 끌었다. 트로츠키의 동료이자 스탈린의 적이었던 레프 카메네프와 그리고리 지노비예프는 8월 19일에서 24일까지 재판을 받았다. 그들은 스탈린을 살해하려는 테러 계획에 가담했다고 자백했고, 결국 다른 14명과 함께 사형 판결을 받고 처형당했다. 이 늙은 과격파들은 협박과 구타에 시달렸고, 대본에 적힌 글을 따라 읽어야 했다. 하지만 많은 사람이 믿었던 그들의 자백은 일종의 '대체 소련 역사'를 이뤘는데, 그 역사에서 스탈린은 언제나 옳았다. 심지어 이후에 열린 재판에서 스탈린은 1920년대 후반의 흐름을 그대로 따랐다. 좌파 쪽 적이었던 카메네프와 지노비예프를 상대하다, 우파 쪽 적인 니콜라이 부하린을 상대하기로 한 것이다. 아직 논쟁이라는 것이 가능하던 시기인 1928년, 부하린은 스탈린을 기근 사태의 원인 제공자로 밝히겠다고 위협했다. 그는 그러한 위협을 실행하지 못한 채 사망하고 만다. 그러자 외국에 있었기에 재판을 받을 수 없었던 트로츠키가 주모자로 몰렸다. 당 기관지[프라우다]는 1936년 8월 22일자에서 "트로츠키-지노비예프-카메네프-게슈타포"라는 1면 제목을 통해 이들의 연결관계를 명확히 제시했다. 소련을 건국했던 과격파 인사 3명이 정말로 자본주의 열강의 돈을 먹은 간첩이었을까? 유대계 공산주의자 3명이 나치 독일의 국가 비밀경찰이었을까? 그렇지 않았다. 하지만 그들의 혐의는 소련 밖에서조차 진지하게 받아들여졌다.[33]

많은 유럽인과 미국인은 이 정치재판을 보통의 재판이라 생각했고, 자백은 범죄의 증거라고 믿었다. 소련에 동조하던 일부 관찰자는 이를 긍정적인 발전으로 생각했다. 예를 들어 영국의 사회주의자 비어트리스 웨브는 스탈린이 "죽은 가지를 쳐냈다"며 기꺼움을 드러냈다. 다른 소련 지지자들은 소련이 나치 독일의 적이며, 따라서 문명의 희망이라는 논리 때문에 의심을 억눌러야 했다. 1936년이 되자 유럽의 여론은 극단적으로 양분되어 소련 정권을 비판하는 사람은 파시즘과 히틀러를 옹호하는 사람 취급을 받았다. 물론 이것은 국가사회주의와 인민 전선이 공유하는 흑백 논리였다. 히틀러는 자신의 적을

"마르크스주의자"라고 했고, 스탈린은 자신의 적을 "파시스트"라고 했다.[34] 그들은 모두 중간 지대란 없다는 점에서 한목소리였다.

스탈린은 스페인에 개입하기로 결정한 즉시 예조프를 내무인민위원회 위원장으로 임명했다. 그가 보기에 정치재판과 인민 전선은 같은 궤를 타고 있었다. 인민 전선은 모스크바의 전선이 바뀔 때마다 친구와 적을 다르게 정의했다. 비공산주의 정치 세력에 제공되는 모든 기회가 그렇듯이, 이것은 본국과 외국 모두에서 상당한 경계를 요구하는 일이었다. 스탈린에게 있어 스페인 내전은 스페인의 무장 파시즘 세력과 이들을 지지하는 외세에 대한 전쟁이면서, 동시에 좌파 및 내부의 적을 상대하는 투쟁이었다. 그는 간첩과 배신자를 충분히 색출해 사살하지 못했다는 점에서 스페인 정부를 '나약하다'고 생각했다. 소련은 국가인 동시에 미래상이고, 한 나라의 정치 체제이자 국제주의자의 이데올로기였다. 소련의 대외 정책은 언제나 국내 정책이었고, 소련의 국내 정책은 언제나 대외 정책이었다. 이는 소련의 강점인 동시에 약점이었다.[35]

오웰의 생각처럼, 소련과 유럽 파시즘의 공개적인 충돌은 본국에서 과거의 반대자와 잠재적 반대자를 피로 숙청하는 일과 함께 일어났다. 소련의 이 작전은 국내의 숙청 재판 시작과 동시에 바르셀로나와 마드리드에서도 개시되었다. 스페인 파시즘과의 부딪침은 소련에서의 경계 강화를 정당화했고, 소련에서의 숙청은 스페인에서의 경계 강화를 정당화했다. 스페인 내전은 인민 전선이 아무리 '우리는 다수의 연대 세력이다'라고 선전함에도 불구하고, 자신들이 사회주의 반대 세력이라고 믿는 이들을 스탈린이 막무가내로 숙청하기로 마음먹었음을 드러냈다. 오웰은 공산주의자들이 1937년 5월 바르셀로나에서 충돌하는 모습을, 그리고 모스크바에 신세를 진 스페인 정부가 트로츠키파 정당을 금지하는 모습을 봤다. 오웰은 바르셀로나에서의 충돌에 대해 이렇게 썼다. "머나먼 도시에서 벌어진 이 추잡한 싸움은, 겉보기보다 훨씬 더 중요한 일이었다." 그의 생각은 옳았다. 스탈린은 바르셀로나가 제5열 파시스트를 드러냈다고 생각했다. 이 사건은 지리적 특성과 지역 정치 현실에 아랑곳없는, 스탈린주의자의 융통성 없는 논리를 보여주었다. 그것은 또한 일부 서구 좌파와 민주주의자에게 파시즘 외에도 적이 있음을 가르쳐준, 오웰의 전쟁 회고록 『카탈로니아 찬가』에 등장하는 감동적인 장의 제목이 되기도 했다.[36]

소련 국내에서, 정치재판에서의 자백은 예조프가 "센터"라고 불렀던 조직적 음모, 외국 첩보 기관들이 개입된 음모의 증거를 제시하는 듯했다. 1937년 6월 말 모스크바에서, 예조프는 당 중앙위원회에 자신이 내린 결론을 통보했다. 그가 정당 수뇌부에 밝힌 바에 따르면, 모든 정적과 무장 세력 및 내무인민위원회까지 포섭한 "센터 중의 센터"가 있었다. 음모의 목적은 다름 아닌 소련의 붕괴와 소련 영토 내에서의 자본주의의 부활이었다. 예조프가 특별히 언급한 방해 공작인, '우두머리 목 따기'를 포함한 어떤 방법으로도 이 "센터 중의 센터" 요원들을 뿌리 뽑을 수는 없어 보였다. 이 모든 일은 당과 군대, 내무인민위원회 내부의 숙청을 정당화했다. 같은 달, 군 고위 지휘관 8명이 정치재판을 받았다. 그 후 몇 달 동안, 붉은 군대의 장성 절반이 처형을 당했다. 1934년 당대회(승리자들의 대회)에 참가한 중앙위원회 회원 139명 중 98명이 총살을 당했다. 종합해보면, 군과 국가

기구, 공산당의 숙청 결과 약 5만 명이 처형장의 이슬로 사라졌다.[37]

비슷한 시기인 1934~1937년, 히틀러 역시 폭력을 이용해 당, 경찰과 군대라는 권력 기관에 대한 통제를 확고히 했다. 그도 스탈린처럼 권력 재창출 수단을 확보했고, 자신을 돕던 사람들을 죽였다. 죽인 사람 수는 훨씬 적었지만, 히틀러의 숙청은 독일 법률이 지도자의 기분에 따라 달라진다는 사실을 확인해주었다. 내무인민위원회를 자신의 발아래 둔 스탈린과는 달리, 히틀러는 자신이 선호하는 준군사 조직인 친위대의 발전을 위해 테러를 명령하고, 다양한 독일 경찰 병력에 대한 지배력을 확고히 했다. 스탈린은 숙청을 이용해 소련 군대를 위협했지만, 히틀러는 군 고위 지휘관들이 위협적인 존재로 간주한 나치 당원들을 사살함으로써 독일 장군들을 자기편으로 만들었다.

히틀러 숙청의 가장 중요한 표적은 나치 준군사 조직인 돌격대의 지도자 에른스트 룀이었다. 돌격대는 히틀러가 개인적인 권위를 내세워 적을 (그리고 유권자를) 위협하고 결국 1933년에 집권하는 데 큰 공을 세웠다. 그러나 돌격대가 즐겨 벌이던 시가전은 총통이 된 히틀러에게는 정치인 시절만큼 쓸모 있지 않았다. 룀은 히틀러가 받아들이지 않았던 '두 번째 혁명'의 필요성을 1933년과 1934년에 언급했다. 또 독일 군대 재건이라는 히틀러의 계획에는 잘 맞지 않는 개인적 야심을 키우기도 했다. 룀은 자신의 돌격대가 독일 군대보다 나치 정신을 더 잘 보여준다고 말했고, 독일 군대를 직접 지휘하고 싶어했다. 300만 명에 달하는 그의 돌격대는 베르사유 조약에 따라 10만 명밖에 허용되지 않던 독일 군대를 수적으로 압도했다. 히틀러는 이러한 조약의 의무를 깨려 하면서, 군을 준군사 조직으로 대체하거나 병합

하는 대신 독일 군대를 재건하는 방법을 선택했다.[38]

1934년 6월 말, 히틀러는 친위대에게 룀과 그의 동료 수십 명을, 그리고 나치 운동 내의 다른 경쟁자와 몇몇 정치인을 살해하라고 지시했다. 친위대는 인종적 순수성, 이데올로기 교육과 히틀러에 대한 개인적 충성을 강조한 하인리히 힘러가 이끌고 있었다. '긴 칼의 밤'이라 불린 이 사건에서, 히틀러는 친위대를 이용해 다른 준군사 조직인 돌격대를 제압했다. 그는 힘러의 활동을 지지했고, 룀과 다른 수십 명의 생명을 빼앗았다. 히틀러는 1934년 7월 14일 의회에서 74명이 사망했다고 말했다. 실제로 사망한 사람은 85명으로, 그중 다수는 (나치당) 국회의원이었다. 당연히, 히틀러는 룀과 다른 일당들이 자신의 합법 정부에 대한 쿠데타를 계획했고, 이를 사전에 저지해야 했노라고 주장했다. 히틀러의 피의 숙청은 돌격대 지도자뿐만 아니라 보수파와 이전 정부 수장들도 겨누었다. 히틀러 이전의 수상 3명 중 한 명은 살해당하고, 한 명은 체포됐으며, 한 명은 도주했다.[39]

살육전의 도구로 친위대가 선택된 덕분에, 힘러는 권력의 핵심에 더 가까이 접근했다. 돌격대와 제도적으로 분리된 친위대는 국가사회당 내에서 가장 강력한 기관이 되었다. 긴 칼의 밤 이후, 친위대는 여러 독일 경찰 기구가 나치 이데올로기를 따르게 하는 역할을 맡았다. 힘러는 인력 교체와 기관의 중앙 집중화를 직접 지휘함으로써 친위대를 독일의 기존 경찰 병력과 병합하려 했다. 1936년, 히틀러는 힘러를 독일 경찰청장으로 임명한다. 덕분에 힘러는 질서 경찰청의 경찰대, 사법 경찰의 형사대와 국가 비밀경찰(게슈타포) 요원들을 지휘하게 되었다. 경찰청은 국가 기관이었고(또는 수많은 국가 기관의 결합체였고)

친위대는 나치당 기관이었다. 힘러는 두 기관을 합치려 했다. 1937년, 힘러는 이론적으로는 친위대와 경찰을 모두 지휘하는 지역장인, 친위대 고위 장교 겸 경찰 지휘관단을 수립하고 지휘 체계를 통합했다.[40]

히틀러와 고위 장성들의 관계 개선은 친위대의 돌격대 제압만큼이나 중요한 일이었다. 히틀러는 군 고위 지휘부에 룀을 없애준 일로 머리를 숙여야 했다. 1934년까지 히틀러가 완전히 지배하지 못한 주요 국가 기관은 군대뿐이었다. 하지만 히틀러가 돌격대를 확대하는 대신 군을 재건할 계획임을 밝히자, 상황은 급변했다. 몇 주 후 독일 대통령이 사망한 뒤, 군부는 히틀러의 국가 원수 취임을 지지했다. 히틀러는 한 번도 '대통령'이라는 말을 쓰지 않았다. 그는 '지도자(퓌러)'라는 직함을 선호했다. 1934년 8월부터 독일 병사들은 히틀러에 대한 무조건적 충성을 약속하는 선서를 했고, 선서 이후에는 그를 '나의 지도자'라고 불렀다. 같은 달 후반 국민 투표를 통해 히틀러의 직함은 '지도자 겸 제국 총통'으로 확정되었다. 1935년 3월 히틀러는 베르사유 조약에 따른 독일의 의무를 공개적으로 거부하고, 징병제를 다시 도입했으며, 독일 군대 재건에 들어갔다.[41]

스탈린처럼 히틀러도 자신을 모든 권력 기구의 최고 사령탑으로 제시했고, 스스로를 음모의 희생자로 내세워 현실이나 상상 속의 경쟁자를 직접 제거했다. 그러나 히틀러는 한편으로 스탈린이 레닌과 볼셰비키 혁명에서 물려받아 쓴 탄압의 도구를 직접 만들었다. 나치 친위대와 독일 경찰은 소련에서 내무인민위원회가 했던 규모의 테러를 독일에서 조직할 수 없었다. 수십 명의 희생자가 발생한 긴 칼의 밤 사건은 수만 명이 처형된 소련의 정당, 군대, 내무인민위원회 숙청에 비할 바가 아니었다. 그 숫자는 나치 정권이 제2차 세계대전 이전에 죽인 사람보다 훨씬 더 많은 수준이었다. 나치 친위대가 내무인민위원회의 경쟁 상대가 되려면 시간과 연습이 필요했다. 힘러는 자신이 '이데올로기 전사들'을 이끈다고 생각했지만, 그들은 1939년 이후 폴란드의, 또는 1941년 이후 소련의 전선에서 진짜 전사들이 활약한 후에야 인종 정복과 지배라는 임무를 완수할 수 있었다.[42]

'내부 테러'의 논리는 나중에 침략적 전쟁의 논리로 이어진다. 히틀러에게 더욱 충성하게 된 독일 국방군이 수행하는 전쟁, 친위대와 경찰이 부추긴 전쟁으로. 이런 점에서 전쟁에 대한 스탈린의 공포는 완전히 정당화되었다. 하지만 독일은 그 침략전에서 소련 민간인들의 지원을 기대하지 않았다. 그에 따라 스탈린의 공포 시나리오, 즉 '외국의 적과 자국의 반체제 세력의 연합'은 완전히 잘못된 것으로 드러났다. 따라서 스탈린이 1937년과 1938년에 자국민을 상대로 감행한 더 큰 규모의 테러는 완전히 무의미했고, 끔찍한 역효과만 낳았다.

—

군대, 정당, 내무인민위원회에 대한 소련의 숙청은 1937~1938년에 계급과 국적을 이유로 수십만 명을 살육한, 스탈린의 대공포 시대를 알리는 전주곡이었다. 숙청 과정에서 수만 명을 심문하면서 수많은 '조직' '음모' '단체'가 등장했고, 시간이 갈수록 이에 연루된 소련인의 숫자는 늘어만 갔다. 공산당원들까지 마구 처형되는 상황은 당연히 공산당을 공포에 떨게 했다. 하지만 당원들이 1937년 여름의 스탈린 노선을 따르고 '소련 주류 사회의 진정한 적들'을 상대하기로 하는 이상, 당원들은 살아남을 수 있었다. 숙청은 내무인민위원회의 충성심을 시험하는 일이기도 했다. 스탈린의 기분에 따라 지도자가 바뀌고, 위원들은 동료가 숙청당하는 모습을 지켜봐야 했기 때문이다. 하지만 1937년 여름, 완전히 장악당한 내무인민위원회는 위원들이 기꺼이 적으로 규정한 사회 집단에 등을 돌렸다. 소련 최고 지도층은 자신들이 두려워했을지도 모르는 존재인, 부농에 대한 공격을 몇 달 동안 계획하고 있었다.[43]

부농이란 스탈린 혁명에서, 집단화와 기근에서, 그리고 아주 드물지만 굴라크에서 끈질기게 살아남은 농민들이었다. 사회 계층으로서의 부농은 존재한 적이 없다. 이 용어는 그 자체에 정치적 함의가 담긴 분류의 산물이었다. 1차 5개년 계획에서 '부농을 청산'하려는 시도는 대량학살로 이어졌지만, 계급이 파괴되기는커녕 오명과 억압을 극복하고 살아남은 사람들이 새로운 계급을 이루었다. 집단화 기간에 추방당하거나 도망친 수백만 명은 부농으로 간주된 후 영원히 돌아오지 못했고, 이러한 계급 분류를 받아들이기도 했다. 소련 지도부는 혁명 그 자체가 새로운 적을 만든다는 가능성을 고려해야 했다. 1937년 2월과 3월 공산당 중앙 위원회 총회에서는 다수의 연사가 다음과 같은 논리적 결론을 도출했다. "외국 분자"들이 도시의 순수한 프롤레타리아를 더럽히고 있다. 부농은 소련 체제의 "중대한 적"이다.[44]

부농으로 여겨지면 박해에 시달리는 것은 물론, 대단히 먼 거리를 이동하는 과정에서 살아남아야 했다. 집단화는 부농 수백만 명을 수용소나 도시로 내쫓았다. 이는 수백, 수천 마을을 이동해야 한다는 뜻이었다. 1차 5개년 계획에서 300만 명이 넘는 농민이 임금 노동자가 되었다. 이것은 결과적으로 소련을 농업 국가에서 산업 국가로 전환하는 5개년 계획에 부합하는 일이었다. 부농으로 낙인찍힌 약 20만 명은 처형이나 추방을 당하기 전에 도시로 이동해야 했다. 부농 약 40만 명은 간신히 특별 정착지에서 도망쳐 일부는 도시로, 일부는 시골로 향했다. 다른 수만 명은 복역 후 강제수용소와 특별 정착지에서 나올 수 있었다. 1930년, 1931년, 1932년에 수용소 5년형을 선고한 결과, 1935년, 1936년, 1937년에 다수의 수용소 생존자들이 석방되어 다시 사회로 나왔다.[45]

이주와 처벌을 견디면 부농이 사회의 암적 존재에서 벗어나 소련 시민으로 거듭나리라는 낙관적 추정도 있었다. 1930년대 후반이 되자 스탈린주의는 그런 희망을 모조리 무너뜨렸다. 스탈린 산업화 정책의 본질인 높은 사회적 유동성조차 흔들리고 있었다. 부농들은 집단농장에 다시 들어갔다. 그들은 1930년의 다른 농민처럼 반란을 이끌 수도 있지 않을까? 그들은 많은 면에서 옛날 방식으로 사회 체제에 복귀했다. 스탈린은 공개하지 않도록 지시한 1937년 인구 조사 결과에서, 성인 대다수가 소련이 국가적으로 정립한 무신론을 여전히 부정하고 신을 믿는다는 사실을 알았다. 볼셰비키 혁명 후 20년이 지났는데도 신앙이 죽지 않은 것은 당황스러웠고, 불안 요소였다. 부농들이 한때 존재했던 사회를 재건할 수도 있지 않을까?[46]

수용소행을 선고받거나 오래 복역해야 했던 부농들은 시베리아나 카자흐스탄, 소련 동부나 중앙아시아로 추방당한 상태였다. 이들이 일본의 침략을 지지하지 않을까? 1937년 6월 내무인민위원회는 시베리아로 추방당한 부농들이 "반란 세력 건설을 위한 방대한 기반"을 마련했다고 보고했다. 외세의 지원과 전쟁을 가정하면, 부농들은 당연히 소련에 맞서 싸우리라 여겨졌다. 그들은 내부의 적이 될 터였다. 억압적인 정책 하나가 다른 억압의 토대를 마련한 셈이다. 추방당한 부농들은 소련 체제를 사랑하지 않았다. 그리고 그들이 추방당한 곳은 고향에서는 너무나 멀고 위협적인 외세, 즉 팽창 중인 일본 제국과는 가까운 곳이었다.[47]

극동 지역 내무인민위원회는 보고서에서 내부의 적과 외세의 연합 시나리오를 내놓았다. 1937년 4월, 중국 신장 지역 내의 소련 세력에 대한 폭동이 발발했다. 일본의 괴뢰 국가인 만주국에서 일본은 러시아 이민자를 모집했는데, 이들은 시베리아 전역으로 추방당한 부농들과 교류하고 있었다. 내무인민위원회에 따르면 일본이 후원하는 "러시아 일반 군사 연합"은 일본 침략 시 부농 추방자들을 선동할 계획을 세웠다. 1937년 6월 지역 내무인민위원회는 "러시아 일반 군사 연합"과의 공모 혐의가 있는 사람을 일제히 검거, 처벌할 권한을 받았다. 작전 대상은 추방당한 부농과 이들을 지휘할 전 러시아 제국 장교였다. 당연히 부농이 장교들보다 수가 훨씬 더 많았다. 이렇게 시베리아 추방지에서의 부농 학살이 시작되었다.[48]

소련 지도부는 언제나 일본의 위협을 폴란드와 나치 독일을 포함해 전 세계를 장악한 자본주의 체제가 동쪽에서 갖는 위협으로 봤다. 아시아에 속한 일본과의 전쟁 준비는 유럽에서의 전쟁을 준비하는 일이기도 했다. 많은 부농이 이 시기 소련령 아시아에서 소련령 유럽으로 돌아갔기에, 소련의 한쪽 끝에서 다른 쪽 끝까지 적이 연결망을 구축했다는 상상이 가능했다. 농민 학살은 시베리아에서 시작됐지만, 스탈린은 동부 추방지뿐만 아니라 소련 전역에서 부농들을 말살하기로 굳게 결심했다.

"반소련 분자에 대하여"라는 제목의 전보를 통해, 스탈린과 정치국은 1937년 7월 2일 소련 전 지역에서 일제히 탄압을 개시할 일반 지침을 전달했다. 소련 지도부는 최근 발생한 일련의 방해 행위와 범죄, 즉 사실상 소련 내 모든 문제가 부농 때문이라고 했다. 정치국은 내무인민위원회 지방 사무소에 해당 지역에 거주하는 부농들에게 모두 등록하도록 명령했고, 처형과 추방 할당량을 정해주었다. 대부분의 지방 내무인민위원회 장교는 다양한 '반소련 분자'를 목록에 추가하게 해달라고 요청했다. 7월 11일 정치국은 1차 탄압 대상 목록을 완성했다. 스탈린의 주도하에 최초 대상자 수는 반올림되어 '추가 1000명'이 더해졌다. 따라서 작전의 중요성은 더 커졌고, 이미 서류에 올린 사람을 모두 처리하는 것만으론 부족하다는 메시지를 국가 경찰에 보낼 수 있었다. 위협과 숙청이 날뛰는 속에서 자신의 성실함을 증명하려면, 내무인민위원회 장교들은 다른 희생자를 찾아내야 했다.[49]

스탈린과 예조프는 "반혁명 세력 전체의 직접적인 물리적 청산", 즉 적의 "영원한" 근절을 원했다. 수정된 할당량은 1937년 7월 30일부로 "부농 출신자, 범죄자 및 기타 반소련 분자에 대한 작전"에 적용된 명령 00447호의 일환으로 각 지역에 전송되었다. 스탈린과 예조프의 예상은 소련 시민 7만9950명을 총살하고 다른 19만3000명을 수용소 8~10년형에 처하는 것이었다. 이와 달리 모스크바의 정치국이나 내무인민위원회 중앙 사무소는 27만2950명을 탄압 대상으로 특정하고 있었다. 정확히 어떤 소련 시민이 할당량을 채우게 될지는 아직 정해지지 않았다. 그것은 지방 내무인민위원회 지사가 결정할 사항이었다.[50]

학살과 투옥 할당량은 정식으로는 '…이하'라고 불렸다. 하지만 관련된 사람은 모두 이하가 이하가 아닐 것임을 알고 있었다. 지방 내무인민위원회 장교들은 '이하' 수준에 미치지 못한 이유를 설명해야 했고, 이하를 넘어서라고 채근당했다. 예조프가 "부족함보다는 지나침이 낫다"고 말하기까지 했으니, 어떤 내무인민위원회 장교도 '반혁명 세력'에 맞서는 열의가 부족한 듯 보이길 원치 않았다. 부농 박멸 작전에서는 7만9950명이 아닌 그 다섯 배에 달하는 사람이 총살당했다. 1938년 말쯤, 내무인민위원회는 명령 00447호 달성을 위해 소련 시민 38만6798명을 처형했다.[51]

'명령 00447호'는 1930년대 초반 소련 교외 지역을 쑥밭으로 만든 3인 위원회, '트로이카'가 실행했다. 지방 내무인민위원회 대표, 지역 공산당 대표와 지방 검사로 이뤄진 트로이카는 할당량을 실제 처형으로, 숫자를 실제 시체로 바꾸는 역할을 맡았다. 소련 전역에 대한 할당량은 64개 지역으로 분할되어, 해당 지역마다 트로이카가 배정되었다. 트로이카는 사실상 내무인민위원회 대표가 장악했고, 대부분 이들이 회의를 주관했다. 검사는 법적 절차를 무시하라는 명령을 받았다. 공산당 대표는 다른 책임을 맡았는데, 이들은 안보 문제 전문가가 아니었고 자신이 청산 대상이 될지도 모른다는 두려움에 시달렸다. 내무인민위원회 대표는 어떤 견제도 받지 않았다.[52]

명령 00447호 실행은 문서 보관함을 비우는 일부터 시작했다. 내무인민위원회는 '부농'에 관한 자료를 가지고 있었는데, 부농은 국가가 만든 분류 기준이었기 때문이다. 명령에서 언급한 두 번째 집단인 '범죄자'는 사소하게라도 전과가 있는 사람으로 정의되었다. 실질적으로, 명령에 언급된 다른 '반소련 분자'는 지역 내무인민위원회만 자료를 갖고 있었다. 경찰의 지원을 받은 지역 내무인민위원회 장교들은 각 64개 지역 내 '작전지구'에 대한 조사를 시행했다. '작전 실행단'은 조사 대상인 인원 명단을 작성했다. 명단에 오른 사람은 체포되고, 자백을 강요당하며, 다른 사람들을 조사에 끌어들이라는 회유를 받았다.[53]

자백에는 고문이 동원되었다. 내무인민위원회와 다른 경찰 기관은 '컨베이어 기법', 즉 밤낮 가리지 않고 계속 질문하는 방법을 썼다. 용의자들을 벽 근처에 일렬로 세운 다음 벽에 몸이 닿거나 잠이 들면 구타하는 '세워두기 기법'을 거기에 덧붙였다. 할당량 달성에 대한 시간 압박에 시달린 장교들은 더 단순하게, 자백할 때까지 두들겨 패는 방법을 선택하기도 했다. 스탈린은 1937년 7월 21일에 이를 승인했다. 소비에트 벨라루스에서 심문 담당관은 용의자들의 머리를 변소에 처박고 고개를 들려고 하면 마구 때렸다. 일부 심문관은 자백서 초안을 미리 만들어둔 다음 용의자의 개인 정보를 적고 특정 항목을 수기로 수정하기도 했다. 죄수들이 백지에 서명하게 한 다음 직접 내용을 작성한 심문관도 있었다. 이런 식으로 소비에트 기관들은 '적들'

의 '정체를 밝혀냈고', 그들의 '사상'을 파일에 기록했다.[54]

할당량을 정해주는 일은 중앙의 몫이었지만, 그 숫자를 시체로 옮기는 일은 각 지역의 몫이었다. 명령 00447호를 완수한 트로이카는 모스크바의 별도 승인 없이 죄수에게 판결을 내릴 권한도 가졌는데, 그 판결에 대해서는 항소도 불가능했다. 트로이카를 이루는 3명은 밤에는 심문관과 함께 한자리에 모였다. 모든 사건에서 그들은 대단히 짧은 보고와 함께 사형이나 수용소행을 내리라는 권고를 받았다. (극소수의 죄수만이 그런 선고를 면했다.) 트로이카는 거의 언제나 이러한 권고를 그대로 받아들였다. 그들은 한 번 모임에 사건 수백 건을, 한 시간에 60건 이상을 처리했다. 한 사람의 목숨을 1분 이내에 결정한 것이다. 예를 들어 레닌그라드 트로이카는 솔롭키의 강제수용소에서 하룻밤 동안 죄수 658명의 사형을 선고했다.[55]

테러 행위가 판을 치기로는 수용소도 예외가 아니었다. 강제수용소 수용자들이 어떻게 소비에트 국가를 위협했는지는 확인하기 어렵다. 하지만 다른 소련 땅에서와 차이 없이, 수용소에도 달성 또는 초과해야 하는 사망자 할당량이 지정되었다. 부농으로 정의된 사람이 위험한 만큼, 부농으로 간주되어 수용된 사람도 위험하다는 논리가 적용되었다. 수용소의 최초 할당량은 1만 명 처형이었지만, 최종적으로는 죄수 3만178명이 총살당했다. 집단화 과정에서 강제추방당한 특수 정착민이 대거 거주하던, 시베리아 동남쪽에 있는 도시 옴스크는 가장 잔혹한 작전이 벌어진 곳이었다. 옴스크의 내무인민위원회 대표는 명령 00447호가 실행되기 전인 1937년 8월 1일에 이미 8000명 처형이라는 추가 할당량을 요청했다. 그의 부하들은 하룻밤

에 1301명을 선고하기도 했다.[56]

'부농 박멸 작전'은 베일에 가려진 채 진행되었다. 사형수를 포함한 누구도 판결문을 듣지 못했다. 선고받은 이들은 우선 일종의 감옥으로 옮겨졌다가, 화물차나 처형장으로 가야 했다. 처형 시설은 매우 조심스럽게 건설되거나 선택되었다. 살육은 언제나 야간에, 은밀하게 이뤄졌다. 소음으로 총성을 가릴 수 있는 차고 같은 대형 건물 지하의 방음 처리된 방이나, 거주지와 멀리 떨어진 숲속 깊은 곳이 무대가 되었다. 처형자들은 언제나 내무인민위원회 장교였고, 대부분 나간권총을 이용했다. 두 명이 죄수의 양팔을 잡으면, 처형관은 뒤에서 죄수의 두개골 아랫부분에 한 발을 쏘았고, 종종 관자놀이에 '컨트롤 숏control shot'을 날리기도 했다. 어느 지침서에는 "처형이 끝난 후에는 시체를 미리 파놓은 구덩이에 넣고, 주의 깊게 파묻은 다음 구덩이를 위장해야 한다"고 적혀 있었다. 1937년 겨울이 되자 땅이 얼어붙어서, 폭발물을 이용해 구덩이를 만들어야 했다. 이러한 작전에 참가한 사람은 모두 비밀 엄수를 해야 했다. 직접적으로 연관된 사람은 극소수로 제한되었다. 1937년과 1938년 모스크바 외곽의 부토보에서는 모스크바 내무인민위원회 위원 단 12명이 2만761명을 사살했다.[57]

부농 박멸 작전에는 처음부터 끝까지 총살이 활용되었다. 예조프는 스탈린에게 대단히 자랑스럽게, 1937년 9월 7일까지 3만5454명을 사살했다고 보고했다. 하지만 1937년까지만 해도 사형 선고를 받은 사람보다 수용소행 선고를 받은 사람이 더 많았다. 시간이 지날수록 추방보다 처형 관련 할당량이 늘어났다. 급기야 부농 작전에서 사망한 사람과 수용소로 끌려간 사람이 비슷해지는 수준에 이르렀다(각각 37만8326명 대 38만9070명). 추방에서 처형으로의 전환은 현실적인 이유에서 이뤄졌다. 내쫓기보다는 없애기가 더 편리했고, 얼마 지나지 않아 수용소가 만원이 되어 수많은 강제추방자를 수용할 수 없었기 때문이다. 레닌그라드에서는 한 번의 조사 후 청각 및 언어 장애인 35명을 (추방하는 대신) 사살했다. 소련령 우크라이나에서, 내무인민위원회 대표 이즈라일 레플렙스키는 장교들에게 노인들을 추방하지 말고 사살하라고 명령했다. 이상의 사례에서 소련인은 단지 재수 없이 그곳에 있었기 때문에 사살당하고 말았다.[58]

집단화 과정에서 '부농의 저항'이 많았던 우크라이나는 살육의 중심지가 되었다. 레플렙스키는 명령 00447호를 확대해, 기근 이후 소련의 영토 보전에 위협적인 존재로 비치던 소위 우크라이나 민족주의자들도 대상에 포함시켰다. 우크라이나에서 약 4만530명이 민족주의자라는 명목으로 체포되었다. 1933년 독일에 식량 원조를 요청했던 우크라이나인들도 체포되었다. 1937년 12월, (이미 두 배로 늘어나 있던) 우크라이나에 대한 할당량이 달성되자, 레플렙스키는 '더 많은 할당량을 바랍니다'라고 보고했다. 1938년 2월, 예조프는 이 공화국의 총살 할당량에 2만3650명을 추가했다. 종합해보면, 1937년과 1938년 내무인민위원회 위원들은 부농 박멸 작전에서 소련령 우크라이나 주민 7만868명을 총살했다. 수용소행 대비 총살의 비율은 1938년 우크라이나에서 특히 높았다. 1~8월까지 약 3만5563명이 사살되었고, 단 830명만이 수용소로 갔다. 스탈리노 지구의 트로이카는 1938년 7~9월에 할당량의 7배를 달성했고, 고발당한 1102명 전원에게 사형을 선고했다. 마찬가지로, 보로실로브그라드의 트로이카는 1938년 9월에 담당한 1226명 전원에게 사형을 선고했다.[59]

이렇게 엄청난 숫자는 수많은 초대형 시체 구덩이가 파였고, 일반적인 처형과 대규모 처형이 집행되었음을 말한다. 우크라이나 산업도시에서, 정말로 부농이었거나 부농으로 간주된 노동자들은 일종의 방해 공작을 저질렀다는 이유로 사형을 선고받았고, 대부분 같은 날 처형되었다. 빈니차에서 사형 선고를 받은 사람들은 손이 묶이고 입에는 재갈이 물린 다음 세차장으로 끌려갔다. 그곳에는 엔진을 공회전시키는 트럭이 있었다. 그 엔진 소리가 총성을 덮어주었다. 그런 뒤에는 시체를 트럭에 싣고 도시 내 과수원, 공원이나 공동묘지 같은 곳으로 이동했다. 작업을 완료할 때까지, 내무인민위원회 위원들은 빈니차 시내와 주변 교외에 87개가 넘는 구덩이를 파야 했다.[60]

일찍이 진행된 정치재판처럼, 부농 박멸 작전도 스탈린이 정말 정치적으로 취약했던 시기인 1920년대 후반과 1930년대 전반을 재현하는 계기가 되었다. 다만 이번에는 결과를 예측할 수 있었다. 집단화에 대해 정치적 논쟁이라는 게 실제로 있었던 때, 그때를 상징하는 정적들은 물리적으로 제거되었다. 대중이 집단화에 저항하던 때를 상징하는 존재인 부농도 마찬가지였다. 정당 수뇌부 숙청이 스탈린이 레닌의 계승자임을 확인해주었듯이, 부농 학살은 레닌의 정책에 대한 스탈린의 해석을 확인해주었다. 집단화가 대량 기근을 낳았다고? 그것은 굶주린 당사자들의 책임, 그리고 그 모든 일의 배후에 있던 외국 정보기관의 책임이었다. 집단화가 대중의 불만을 낳았다고? 그 역시 고통받는 당사자의 잘못이자, 그들의 해외 배후 조종자들(상상 속에서만 있었던)의 잘못이었다. 스탈린의 정책은 애초에 너무나 살벌했기에, 정책을 집행하는 데 이토록 왜곡된 논리와 대량학살이 필요했을 것이다. 그야말로 일단 실행된 뒤에는 역사의 법정에서 처분되어야 하는 정책이었다.[61]

스탈린은 자신의 정책을 대안이 없는 유일한 해답인 듯 내비쳤지만, 그는 지도자들이 향후 계획을 논의하며 미래를 내다보는 체할 수 있게 했던 마르크스주의를 포기하고 있었다(그리고 다른 어떤 대체 이념도 인정하지 않았다). 마르크스주의는 역사에 관한 과학인 만큼, 마르크스주의의 자연은 경제였고 연구 대상은 사회 계급이었다. 마르크스주의에 대한 가장 레닌주의적인 해석에서조차, 인간은 자신의 계급 배경 때문에 혁명에 저항한다. 하지만 스탈린주의에서는 뭔가가 달라지고 있었다. 평범한 국가 안보 문제가 마르크스주의자의 언어와 융합해서, 영영 다른 언어로 바뀌어버렸다. 정치재판에서 고발당한 사람들은 외세 때문에 소련을 배신한 것으로 간주되었다. 아무리 간접적이고 약하게 표현해도, 고발문에 따르면 그들의 죄목에는 계급투쟁이 있었다. 그들은 사회주의의 본국을 에워싼 대표적인 제국주의 국가들을 돕는 자들로 간주되었다.

부농 박멸 활동은 언뜻 보기에는 계급 테러였지만, 우크라이나에서처럼 종종 '민족주의자'들이 희생되었다. 여기서도 스탈린주의는 새로운 요소를 도입했다. 레닌이 수정한 마르크스주의에서, 민족주의는 소비에트화 계획과 부합한다고 여겨졌다. 민족주의자들의 입지가 높아진 일이 소비에트 국가의 건설과 우연히 함께 이뤄졌기 때문이다. 따라서 농민 문제는 처음에는 긍정적인 방식으로 국가적 문제와 연결돼 있었다. 농민에서 노동자, 성직자나 전문직 계급으로 상승한 사람들은 충성스러운 소련 국민으로서의 민족의식에 눈을 뜨게 되었다. 하지만 이제 스탈린 치하에서, 농민 문제는 부정적인 방식으로 국가적 문제와 연결되었다. 우크라이나 농민들이 얻게 된 우크라이나 민족의식은 위험한 요소였다. 규모가 작은 다른 소수 민족들도 여전히 더욱 위협적인 존재였다. 소련령 우크라이나에서 명령 00447호 때문에 희생당한 사람은 대부분 우크라이나인이었다. 하지만 폴란드인도 이상할 정도로 많았다. 이 지점에서 계급과 국적 간의 관계가 가장 극명하게 드러난다. 어느 작전 속기록에서 한 내무인민위원회 장교는 이렇게 말했다. "폴란드 출신이라면, 당연히 부농이다."[62]

1936~1938년의 나치 테러는 어느 정도 이와 비슷하게 진행되었는데, 개인을 '했을지도 모르는 일' 때문에 처벌하는 대신 정치적으로 규정된 사회 집단을 '그 존재 자체' 때문에 처벌하는 식이었다. 나치에게 있어 가장 중요한 문제 집단은 '반사회적 집단'이었다. 그 뜻은 나치의 세계관에 저항하는 것으로 추정되는 (때로는 정말로 저항하는) 사람들이었다. 그들의 실체는? 동성애자, 부랑자, 알코올 중독자나 마약 중독자로 의심되는 사람, 또는 일할 의지가 없는 이들이었다. 다른 대부분의 독일 기독교인보다 훨씬 더 분명하게 나치 세계관의 기본 전

제들을 거부한 여호와의 증인 신도도 여기에 속했다. 나치 지도부는 이들이 인종적으로는 독일인이지만 타락했고, 따라서 구속과 처벌을 통해 '개량'되어야 한다고 생각했다. 소련 내무인민위원회처럼, 독일 경찰도 특정 인구에 대한 할당량을 달성할 목적으로 1937년과 1938년 여러 지구를 조직적으로 급습했다. 충성심을 증명하고 상관에게 깊은 인상을 주고자 할당량을 초과 달성하는 일도 빈번했다. 그러나 체포 후의 결과는 달랐는데, 거의 언제나 구속이었고 처형되는 사람은 극히 일부였다.[63]

이렇게 꼴 보기 싫은 사회 집단을 억압하려고 나치는 독일 강제수용소 연결망을 만들어야 했다. 1933년에 세운 다하우와 리히텐베르크 수용소에 이어 작센하우젠(1936), 부헨발트(1937), 플로센뷔르크(1938)가 잇달아 열렸다. 소련 수용소에 비하면, 이 다섯 수용소는 무난한 편이었다. 1938년 후반에는 소련인 100만 명 이상이 강제수용소와 특별 정착지에서 노역에 시달렸지만, 독일 강제수용소에 수용된 독일인은 약 2만 명이었다. 인구 규모의 차이를 고려하면, 당시 소비에트 체제의 강제수용소는 독일의 강제수용소보다 약 25배라고 할 수 있었다.[64]

이 시기 소련의 테러는 규모만 큰 것이 아니라 비할 데 없이 치명적이었다. 히틀러 치하의 독일에서는 소련에서 명령 00447호 때문에 발생한, 18개월 동안 약 40만 명이 처형당하는 일에 비할 만한 사건은 없었다. 1937년과 1938년, 나치 독일에서는 267명이 처형되었지만, 소련에서는 부농 박멸 작전에서만 37만8326명이 처형당했다. 마찬가지로, 인구 규모 차이를 고려하면, 소련 국민이 부농 박멸 작전에

서 처형당할 확률은 나치 독일에서 독일 국민이 범죄자로 몰려 사형 당할 확률의 700배에 달했다.[65]

지도부 숙청과 주요 기관 장악이 끝나자, 스탈린과 히틀러는 모두 1937년과 1938년에 사회 전체를 대상으로 숙청을 실시했다. 그러나 부농 박멸 작전은 대공포 시대의 전부가 아니었다. 이것은 계급 전쟁으로 간주되거나 묘사되기도 한다. 하지만 소련은 계급으로서의 적을 죽이면서, 동시에 민족으로서의 적도 죽이고 있었다.

1930년대 후반이 되자, 히틀러의 국가사회주의 체제는 인종차별과 반유대주의로 악명을 떨치게 되었다. 하지만 국가 내부의 적에 대한 사살 작전을 시작한 곳은 스탈린의 소련이었다.

3 장

스탈린, 민족에 대해 테러를 벌이다

소수 민족이라면 "무릎을 꿇리고 미친개처럼 쏴 죽여야 한다". 이것은 나치 친위대 장교가 아닌, 스탈린의 대공포 시대에 '민족 박멸 작전'을 실행하던 공산당 지도자의 말이었다. 1937년과 1938년에는 소련인 25만 명이 민족 때문에 총살당했다. 5개년 계획은 소련이 사회주의하에서 민족 문화를 꽃피우게 해야 했다. 그러나 실제로 1930년대 후반 소련은 그 어느 곳보다 민족적 박해가 심한 곳이었다. 인민전선조차 소련을 관용의 고향으로 묘사했지만, 스탈린은 소련을 구성하는 민족 가운데 다수를 대량 살육하라고 지시했다. 1930년대 후반기에 가장 박해받은 유럽의 소수 민족은 (주로 이민 때문에 수가 줄어든) 약 400만 명의 독일계 유대인이 아니라, (주로 처형 때문에 수가 줄어든) 600만 명에 달하는 폴란드계 소련인이었다.[1]

스탈린은 민족 대학살의 선구자였고, 폴란드계는 소련의 소수 민족 중에서도 가장 처참한 피해자였다. 부농처럼, 폴란드계 소수 민족도 집단화 실패에 대한 책임을 떠맡아야 했다. 그에 대한 근거는 1933년 기근 기간에 창안되어, 1937년과 1938년 대공포 시대에 적용되었다. 1933년, 우크라이나 내무인민위원회 대표인 프세볼로트 발리츠키는 대규모 기아가 그가 "폴란드 군사 조직"이라 부른 간첩 도당의 도발이라고 설명했다. 발리츠키에 의하면 이 '폴란드 군사 조직'은 우크라이나 공산당에 침투한 다음 우크라이나와 폴란드 민족주의자들이 수확 과정을 훼방놓도록 후원했고, 굶어 죽은 우크라이나 농민의 시체를 반소련 선전용으로 사용했다. 우크라이나계 민족주의자를 말하는 '우크라이나 군사 조직' 역시 똑같이 악랄한 행위를 한, 기근에 대한 책임을 함께 걸머질 도플갱어가 되었다.[2]

이것은 역사에서 영감을 얻은 발명품이었다. 1930년대에는 소련령 우크라이나를 포함한 그 어디에도 폴란드 군사 조직이란 없었다. 폴란드 군사 조직은 1919~1920년 폴란드-볼셰비키 전쟁에서 폴란드군의 정찰단 형태로 존재했다. 이 조직은 체카에 장악당해 1921년 해체되었다. 발리츠키는 이러한 역사를 알고 있었는데, 당시 폴란드 군사 조직에 대한 음모 조작과 조직 붕괴에 스스로 참여했기 때문이다. 1930년대에 폴란드 간첩들은 소련령 우크라이나에서 어떠한 정치적 역할도 하지 않았다. 그들은 소련이 가장 약한 시기인 1930년과 1931년에도 그럴 능력이 없었고, 국경 너머로 간첩들을 보내기만 했다. 그들은 1932년 1월 소련-폴란드 불가침 조약이 체결된 후에는 개입할 의사도 별로 없었다. 기근 후에는 소비에트 체제 변혁은 고사하고, 소비에트 체제를 이해할 수 있다는 자신감조차 잃어버렸다. 폴란드 간첩들은 대규모 기근이 닥치자 큰 충격을 받았고, 어떻게 반응해야 할지 몰랐다. 1933년에는 폴란드의 위협이 전혀 없었는데, 바로 그 덕분에 발리츠키는 폴란드 간첩활동이라고 하는 상상을 원하는 대로 조작할 수 있었다. 전형적인 스탈린주의였다. 존재하지 않는 '조직'의 꾸며낸 행위를 이용하는 것은 그 대표적인 꼼수였다.[3]

1933년 여름, 발리츠키는 '폴란드 군사 조직'이 소련에 무수한 간첩을 보냈고, 이들이 조국 폴란드에서의 박해를 피해 도망친 공산주의자 흉내를 내고 있다고 주장했다. 사실 폴란드에서 공산주의는 불법이었고, 폴란드 공산주의자들은 소련을 당연한 피란처라 생각했다. 폴란드 군사 정보부가 폴란드 공산주의자들을 활용하려 한 것은 사실이지만, 소련으로 넘어갔던 대부분의 폴란드 좌파는 정치적 망명자일 뿐이었다. 소련 내 폴란드 정치 망명자 체포는 1933년 7월부터 시작되었다. 폴란드 공산주의자 극작가인 비톨트 반두르스키는 1933년 8월에 투옥당했고, 폴란드 군사 조직에 가담했다는 자백을 강요당했다. 폴란드 공산주의와 폴란드 간첩 간의 이러한 연결 고리가 심문 절차에서 문서화되면서, 더 많은 소련 내 폴란드 공산주의자가 체포되었다. 폴란드 공산주의자 예지 소하츠키는 1933년 모스크바 감옥에서 투신 자살하기 전에 자신의 피로 이런 글을 남겼다. "나는 마지막까지 당에 충성한다."[4]

'폴란드 군사 조직'은 소비에트 정책 실패에 대한 책임을 폴란드인에게 전가할 근거를 마련해주었다. 1934년 1월 독일-폴란드 불가침 선언을 맺은 후에는, 폴란드계가 기아뿐만 아니라 소비에트의 국제적 지위 악화에 대한 책임까지 져야 했다. 같은 달 발리츠키는 우크라이나 민족주의가 지속되는 것도 '폴란드 군사 조직' 때문이라고 비난했다. 1934년 3월, 우크라이나에서는 폴란드 또는 독일 출신의 소련인 약 1만800명이 체포당했다. 1935년에는 소련에서의 내무인민위원회 활동이 전반적으로 감소했지만, 우크라이나에서는 계속 증가했고 특히 폴란드계 소련인에 관심이 집중되었다. 1935년 2월과 3월에는 약 4만1650명의 폴란드계, 독일계와 부농이 우크라이나 서부를 떠나 동부에 재정착해야 했다. 1936년 6~9월에는 약 6만9283명이 우크라이나에서 카자흐스탄으로 강제추방 당했는데, 대부분 폴란드계였다. 폴란드 외교관들은 이러한 전개에 당혹감을 느꼈다. 폴란드는 소련과 나치 독일에 대해 등거리 정책을 추구하고 있었다. 두 나라 모두와 불가침 조약을 맺되, 동맹은 맺지 않는 식으로.[5]

1933년 기아 시기에 고안된 '폴란드 군사 조직'은 우크라이나에 존재하는 환상의 조직으로 계속 존재했고, 이후에는 소련 전역에서 진행된 폴란드에 대한 민족 테러를 정당화하는 수단으로 변모했다. 스탈린은 1934년 12월 이에 대한 첫 번째 신호를 보냈는데, 폴란드인인 예지 소스노프스키를 내무인민위원회에서 제거하라고 한 것이다. 오래전 폴란드 군사 조직의 일원이었던 소스노프스키는 체카의 활동 때문에 전향한 다음, 10년 넘게 소련을 위해 헌신적으로 일해온 사람이었다. 폴란드 출신 공산주의자인 펠릭스 제르진스키가 소련 국가 경찰의 창설자였기에, 경찰 고위직 대다수는 폴란드계였고 대부분 초창기에 채용된 이들이었다. 내무인민위원회 대표인 예조프는 이러한 경찰계의 구도에 위협을 느꼈을지 모른다. 그는 분명 폴란드계에 집착하고 있었다. 외국 정보기관이 복잡한 계획을 꾸미고 있다고 믿은 그는 폴란드가 가장 심각하다고 생각했는데, 자신이 보기에 폴란드인은 "모든 것을 알고 있기" 때문이었다. 1936년 12월 소스노와스키를 체포하고 이뤄진 수사는 예조프가 '폴란드 군사 조직'이라는 케케묵은 환상에 관심을 두는 계기가 되었을 것이다.[6]

예조프는 우크라이나에서 발리츠키가 실행한 반폴란드계 운동을 따라 했고, 나중에는 이 운동을 재정립했다. 1936년 모스크바에서 정치재판이 시작되자, 예조프는 자신의 부하인 발리츠키를 함정에 빠뜨렸다. 유력한 공산주의자들이 모스크바에서 자백하고 있을 때, 발리츠키는 키예프로부터 '폴란드 군사 조직'이 우크라이나에서 재조직되고 있다는 보고를 받았다고 밝혔다. 그는 안보 관련 공포가 만연한 상황을 틈타 자신과 자신의 지역 조직에 대한 관심과 자원을 얻고 싶었을 뿐이리라. 하지만 발리츠키 스스로도 놀랐을 게 분명한 상황을 겪으면서, 예조프는 '폴란드 군사 조직'은 발리츠키의 주장보다 훨씬 더 위험하다고 단언했다. 그것은 키예프의 지역 내무인민위원회뿐만 아니라 모스크바의 중앙 내무인민위원회에도 중요한 문제였다. '폴란드 군사 조직' 음모의 원저자인 발리츠키는 이제 이야기를 통제할 수 없게 되었다. 얼마 지나지 않아 소련 전역에서 '폴란드 군사 조직'을 이끌어왔다는 혐의가 뒤집어씌워진 폴란드 공산주의자 토마시 동발의 자백이 나왔다.[7]

예조프의 계획 덕분에 '폴란드 군사 조직'은 역사적, 지역적 기원을 모두 잃어버린 채 단순히 소련에 위협적인 존재로 변모했다. 1937년 1월 16일, 예조프는 폴란드의 거대 음모에 대한 자신의 이론을 스탈린에게 제출했고, 이 음모론은 스탈린의 승인 덕분에 중앙 위원회 총회에까지 회부되었다. 3월 예조프는 내무인민위원회에서 폴란드계를 숙청했다. 발리츠키의 출신은 폴란드가 아닌 우크라이나였지만, 그는 이제 대단히 난처한 처지에 놓였다. 예조프는 이렇게 질문했다. '폴란드 군사 조직'이 그렇게 중요하다면, 어째서 발리츠키는 이제껏 좀 더 주의를 기울이지 않은 것인가? 그래서 '폴란드 군사 조직'이라는 유령을 처음 만든 발리츠키는 자신이 만든 유령에게 잡아먹히고 만다. 5월이 되자 발리츠키는 우크라이나 담당으로서의 자신의 직위를 전임 부대표인 이즈라일 레플렙스키에게 위임했는데, 그는 우크라이나에서 부농 박멸 작전을 대단히 적극적으로 실행한 내무인민위원회 장교였다. 7월 7일 발리츠키는 폴란드 간첩이라는 혐의로 체포되었다. 일주일 후에는 '디나모 키예프' 팀이 축구 경기를 하던 경기장에서 발리츠키의 이름이 예조프로 교체되었다. 발리츠키는 그해 11월 처형당한다.[8]

1937년 6월, 예조프는 부농 작전과 계속되는 정치재판을 설명하고자 '센터 중의 센터'라는 가상의 존재를 소개하면서, 마찬가지로 가상의 존재인 '폴란드 군사 조직'의 위협을 알렸다. 이 두 가지는 서로 이어져 있다고 추정되었다. 부농 박멸 작전의 정당화처럼, 폴란드계 박멸 작전의 정당화 역시 소련 역사 전체를 다시 쓰는 계기가 되었다. 따라서 모든 정책 문제의 책임을 적에게 돌릴 수 있었고, 그러한 적은 명확하게 정의되었다. 예조프의 설명에 따르면 '폴란드 군사 조직'은 처음부터 소련에서 활동하고 있었고, 공산당뿐만 아니라 붉은 군대와 내무인민위원회에도 침투한 상태였다. (예조프의 주장에 따르면) 이 조직이 눈에 띄지 않았던 사실이 그 심각성을 입증했다. 폴란드 군사

조직에는 고위층 요원이 많았고, 이들은 자신의 존재와 활동을 은폐할 수 있었다.[9]

1937년 8월 11일, 예조프는 내무인민위원회가 "폴란드 군사 조직의 간첩 연결망 완전 청산"을 수행하도록 하는 '명령 00485호'를 공표했다. 명령 00485호는 부농 박멸 작전 개시 직후에 공표되었지만, 훨씬 더 과격했다. 최소한 이론적으로는 계급으로 정의할 수 있는 적을 노린 명령 00447호와는 달리, 00485호는 특정 민족 집단을 국가의 적으로 간주하는 것으로 보였기 때문이다. 확실한 작전 효과를 위해 부농 박멸 명령 또한 범죄자까지 타깃으로 지정했고, 다양한 유형의 민족주의자와 정적들까지 포함되었다. 하지만 새로운 명령의 계급 분석은 불분명했다. 집단으로서의 부농은 최소한 마르크스주의자의 용어로 설명할 수 있었다. 소비에트화 계획에 대한 소련 국가들의 적대감은 다른 문제였다. 이것은 인민에 대한 동지애라는 사회주의의 기본 전제를 폐기하는 행위처럼 보였다.[10]

인민 전선 시대에, 소련의 대외적 영향력은 관용적인 이미지가 핵심이었다. 파시즘과 국가사회주의가 부상하던 유럽과 흑인에 대한 인종차별과 린치가 성행하던 남부인들이 있던 미국에게, 모스크바가 도덕적 우월성을 주장할 수 있었던 주된 근거는 '일체의 차별을 철폐한 다문화 국가'라는 이미지였다. 예를 들어 1936년 제작되어 인기를 끈 소련 영화 「서커스」의 여주인공은 미국에서 흑인으로 태어나 소련에서 인종차별을 피할 피란처를 찾은 곡예단원이었다.[11]

국제주의는 다만 위선적으로 내건 구호가 아니었으며, 민족 말살은 소비에트 체제에 큰 충격을 주었다. 내무인민위원회는 수많은 민족으로 구성되어, 일종의 국제주의를 대변하고 있었다. 1936년에 정치 재판이 시작되었을 때 내무인민위원회 수뇌부에는 소비에트 소수 민족 출신들, 그중에서도 특히 유대인 출신 남성들이 포진하고 있었다. 내무인민위원회 고위직 약 40퍼센트는 신분증명서에 유대계라고 기록했고, 내무인민위원회 소속 장성 절반 이상도 마찬가지였다. 분위기가 달라졌을 때, 유대계는 다른 어떤 민족 출신들보다 민족 말살 정책에 저항할 이유가 충분했을 것이다. 아마도 휘하 장교들의 국제주의자적 (또는 자기 보호적) 본능에 대항할 목적으로, 예조프는 그들의 임무가 민족이 아닌 간첩을 벌하는 것임을 알리는 특별 회람을 배포했다. "파시스트 저항 분자, 파괴 공작, 패배주의자와 소련 내 폴란드 정보기관의 테러활동"을 처벌한다는 것이다. 30쪽에 달하는 회람은 예조프가 이미 중앙 위원회와 스탈린에게 알린 음모론, 즉 폴란드 군사 조직이 다른 간첩 '센터'와 결탁해 모든 주요 소비에트 기관에 침투했다는 음모론을 자세히 설명했다.[12]

예조프와 스탈린이 폴란드계가 소련 국가 기관에 깊숙이 침투했다는 생각을 받아들였다 하더라도, 그것이 곧 각각의 검거 행위의 근거가 될 수는 없었다. '소련 내에서, 폴란드계가, 수없이 많은 음모를 꾸미고 있다'는 이야기는 다른 어느 곳에서도 찾을 수 없는 발상이었다. 내무인민위원회 장교들은 검거의 근거를 손에 쥐고 있지 않았다. 아무리 창의력 넘치는 사람이라 해도, 폴란드와 소련에서 벌어지는 일 사이의 연관관계를 문서로 구현하기란 무리였다. 폴란드계가 가장 두드러지게 많은 집단인 외교관과 공산당을 무차별 대량 살육할 수는 없었다. 소련 내 폴란드 간첩활동이 실제로 활발했던 때는 오래전에 지나갔고, 내무인민위원회는 1920년대 후반과 1930년대 초반 폴란드인들이 무엇을 했는지 잘 알고 있었다. 물론 폴란드 외교관들은 여전히 정보를 수집하려 했다. 하지만 그들은 외교관 면책 특권으로 보호를 받았고, 숫자도 많지 않았으며, 이미 지속적으로 감시받고 있었다. 그들 중 대부분은 1937년이 되자 소련인들과 접촉해 목숨을 위태롭게 할 필요가 없음을 알아차렸는데, 이때 그들은 체포 시 행동 지침을 전달받은 상태였다. 예조프는 스탈린에게 폴란드 정치 망명자들이 "소련에 간첩과 공작원을 보내는 주요 공급자"라고 말했다. 주요 폴란드 공산주의자들은 이미 소련 내에 존재했고, 사망한 사람도 있었다. 폴란드당 중앙 위원회 위원 6900명이 소련에서 처형당했다. 다른 위원들은 폴란드에서 투옥되었기 때문에 처형할 수가 없었다. 그리고 어찌됐든, 이들은 상상된 음모의 규모에 비하면 숫자가 너무나 적었다.[13]

폴란드의 음모 따위는 실체가 없었기에, 내무인민위원회 장교들은 폴란드계 및 폴란드와 관련된 다른 소련인들, 폴란드 문화나 로마 가톨릭교를 박해해야 했다. 폴란드라는 민족적 특성을 억압하는 작전은 빠르게 확대되었는데, 아마도 처음부터 그럴 목적이었기 때문일 것이다. 예조프의 편지는 민족주의 분자와 아직 정체가 확실하지 않은 '폴란드 군사 조직' 회원의 체포를 승인해주었다. 이러한 범주는 너무나 모호해서, 내무인민위원회 장교들은 폴란드계라면 누구에게나 이를 적용하거나 폴란드와 유착했다고 말할 수 있었다. 작전 수행에 대한 열의를 보여주고 싶은 내무인민위원회 장교들은 수사 대상인 개인들에게 상당히 모호한 혐의를 적용해야 했다. 폴란드계를 상대로 한 발리츠키의 이전 작전이 만들어낸 용의자 집단 명부로 몇 차례 숙청할 순 있었지만, 그 정도로는 부족했다. 지역 내무인민위원회 장교들은 부농 작전에서처럼 기존의 목록을 뒤지는 대신, 새로운 목록을 만드는 일에 앞장서야 했다. 한 모스크바 내무인민위원회 대표는 명령의 요지를 잘 이해했고, 그의 조직은 "모든 폴란드인을 섬멸"하라는 지시를 받았다. 그 장교들은 시청의 옛 기록에서 폴란드식 이름의 흔적을 찾고, 그것을 박해의 근거로 삼았다.[14]

선량한 소련 국민이 자신은 폴란드 간첩이라고 '정체를 밝혀야' 했다. 폴란드의 음모로 내세워진 일의 수행 집단과 수행 시나리오는 모조리 공상의 산물이었기에, 심문에서는 고문이 중요할 수밖에 없었다. 전통적인 컨베이어 기법과 세우기 기법 외에도, 폴란드계 소련인들은 '자백 기법'이라는 일종의 집단 고문을 받아야 했다. 경찰은 우크라이나 또는 벨라루스의 소도시나 마을에 있는, 공공건물 지하 같은 장소에 수많은 폴란드계 용의자를 몰아넣었다. 그리고 다른 용의자들이 보는 앞에서 한 명을 고문했다. 그 용의자가 자백하면 다른 용의자들은 자신도 자백해 고통을 피하고 싶은 충동을 느낄 수밖에 없었다. 고통과 부상이 두렵다면, 자신뿐만 아니라 다른 이들도 연루돼 있다고 말해야 했다. 이런 상황에서는 모든 사람이 최대한 빨리 자백하고 싶어지게 되어 있었다. 모든 용의자가 결국에는 어떻게든 음모에 연루되기 마련이며, 그렇다면 차라리 빨리 자백해 고통에 덜 처하는 게 낫지 않겠는가? 심문자들은 이 방법을 써서, 집단 전체가 연루되었다는 증언을 대단히 빠르게 얻어낼 수 있었다.[15]

법적 절차는 부농 작전의 그것과는 달랐지만, 부족하지는 않았다. 폴란드 박멸 작전에서 수사관은 죄수 개인에 대한 간단한 보고서를 작성했는데, 대부분 파괴 공작, 테러 행위 또는 간첩 행위 따위의 추정 범죄를 설명하고 두 가지, 즉 사형이나 수용소행 중 하나를 추천했다. 수사관은 10일 단위로 모든 보고서를 지역 내무인민위원회 대표와 검사에게 보내야 했다. 부농 박멸 작전의 트로이카와는 달리, 이 2인 위원회('드보이카')는 죄수를 직접 판결하지는 못하고 상급 기관의 허가를 구해야 했다. 드보이카는 보고서 앨범을 만들고 각 사건에 적합한 선고를 기록한 다음 모스크바로 보냈다. 원칙상으로는 중앙 드보이카, 즉 국가 안전 위원인 예조프와 주 검사인 안드레이 비신스키가 앨범을 검토했다. 하지만 실제로는 부하들이 대충 훑어본 앨범에 예조프와 비신스키가 서명만 하는 식이었다. 하루에 2만 명 이상의 사형을 확정하기도 했다. '앨범 심사법'은 소비에트 최고 기관이 공식적으로 사안을 심사하여 결정한다는 모양새를 취했다. 하지만 현실에서 모든 피해자의 운명은 수사관이 결정했고, 거의 자동으로 승인되었다.[16]

어떻게 태어나 이제껏 살았느냐가 처형 사유였는데, 폴란드 문화나 가톨릭교에 대한 호의는 국가 간 첩보활동에 동참했다는 증거로 여겨졌기 때문이다. 사람들은 누가 봐도 기껏 경범죄 정도의 잘못 때문에 중형을 받아야 했다. 묵주를 가지고 있다는 이유로 수용소 10년형을 받거나, 설탕을 충분히 생산하지 않는다는 이유로 사형당하거나! 일상적인 일을 근거로도 보고서를 작성하고, 앨범에 기록하고, 서명하고, 선고하고, 총살해 시체로 만들어버릴 수 있었다. 20일, 즉 앨범 검토 기간을 두 차례 거친 후 예조프는 '폴란드 박멸 작전으로 이미 2만3216명을 체포했다'고 스탈린에게 보고했다. 스탈린은 이렇게 외치며 기뻐했다. "아주 잘했어! 더 캐내게. 이 더러운 폴란드 쓰레기들을 싹쓸이해버리는 거야. 우리 소련을 위해서는 그놈들의 씨를 말려버려야 하거든."[17]

폴란드 박멸 작전 초기 단계에서는 레닌그라드에서 많은 검거가 이뤄졌는데, 이곳에는 내무인민위원회의 대형 사무실이 있었던 데다 폴란드인 수천 명이 근거리에 살고 있었기 때문이다. 이 도시는 러시아 제국 시절부터 폴란드인이 많이 살던 곳이었다.

당시 레닌그라드에 살던 젊은 폴란드 여성인 야니나 유리에비치는 이러한 초기 작전으로 인생이 완전히 달라졌다. 3녀 중 막내였던 그녀는 큰언니인 마리아를 특히 좋아했다. 마리아는 스타니스와프 비가노프스키라는 청년과 사랑에 빠졌고, 야니나가 동행해 세 사람은 종종 함께 산책했다. 마리아와 스타니스와프는 1936년에 결혼해 행복한 부부가 되었다. 1937년 8월 마리아가 체포되자, 그녀의 남편은 의미심장하게 말했다. "나는 그녀를 꼭 만날 거야. 지하에서라도." 그는 왜 그녀가 체포되었는지 따지러 정부 당국을 찾아갔고, 체포당했다. 9월 내무인민위원회는 유리에비치 가족이 사는 집을 찾아가 폴란드 서적을 모조리 압수했고, 야니나의 다른 자매인 엘주비에타도 체포했다. 그녀와 마리아, 스타니스와프는 모두 목 뒤에 총을 맞고 공동묘지에 익명으로 묻혔다. 야니나의 어머니가 그들에 대해 묻자, 경찰은 전형적인 거짓말을 했다. 딸과 사위가 '수용소 10년형 및 서신 금지' 판결을 받았다는 것이다. 실제로 가능한 판결이었기에 사람들은 이를 믿었고 희망을 품었다. 많은 이가 수십 년 동안 헛된 희망을 버리지 못했다.[18]

폴란드 간첩 행위와 아무 상관도 없는 유리에비치 같은 사람들도 스탈린에게는 '쓰레기'였다. 젊은 레닌그라드 학생이었던 예지 마코프스키의 가족도 비슷한 운명을 겪었다. 예지와 그 형제들은 모두 야심만만한 청년들로, 고인이 되신 아버지의 소원대로 소련에서 경력을 쌓아 무역 전문가가 되길 바랐다. 형제 중 막내인 예지는 조선기사가 되고 싶었다. 그는 형과 함께 매일 공부에 전념했다. 어느 날 아침 두 사람은 형을 체포하러 온 내무인민위원회 위원 3명 때문에 깨어났다. 형은 동생을 안심시키려 했지만, 너무 긴장한 나머지 신발 끈조차 매지 못했다. 그것은 예지가 마지막으로 목격한 형의 모습이었다. 이틀 후 차남인 브와디스와프도 체포당했다. 두 형은 처형되어, 폴란드 박멸 작전으로 레닌그라드 지역에서 총살당한 소련인 6597명의 일부가 되었다. 그들의 어머니도 전형적인 거짓말을 들어야 했다. 두 아들은 수용소로 갔으며 서신을 보낼 수 없다는 것이었다. 가수가 꿈이었던 삼남 에우게니우시는 가족 부양을 위해 공장에 취직했다. 그는 폐결핵을 앓다 사망했다.[19]

레닌그라드에 살던 러시아 시인 안나 아흐마토바는 대공포 시대에 아들을 수용소로 보내야 했다. 그녀는 "사형 집행인의 피 묻은 군홧발 아래서, 죄수 호송차 바퀴 아래서" 고통받은 "죄 없는 러시아"를 떠올렸다. 죄 없는 러시아는 다민족 국가였고, 레닌그라드는 국제 도시였으며, 그곳의 소수 민족은 가장 큰 위험에 처한 사람들이었다.

1937년과 1938년의 레닌그라드에서 폴란드계 소련인은 다른 소련인보다 체포될 확률이 34배나 높았다. 일단 체포되면, 레닌그라드의 폴란드계는 상당히 높은 확률로 처형당했다. 이 도시에서 폴란드 박멸 작전으로 붙잡혀 처벌을 받은 사람의 89퍼센트가 처형당했는데, 처형은 대부분 체포 후 10일도 안 되어 실시되었다. 다른 지역에 있는 폴란드인의 처지도 그리 좋지 않았다. 소련 전역에서 폴란드 박멸 작전으로 체포된 사람의 평균 78퍼센트가 처형당했다. 물론 살아남은 사람도 석방되진 못했다. 대부분은 수용소에서 8~10년을 복역해야 했다.[20]

레닌그라드 주민과 폴란드계는 당시 이렇게 많은 이가 처형되고 있다는 사실을 까맣게 몰랐다. 그저 이른 아침 누군가 문을 두드리고, 죄수 호송차, '영혼 파괴자'나 '검은 까마귀'라 불리던 감옥 트럭을 (생애 마지막으로) 보게 될까 두려워할 뿐이었다. 어느 폴란드계의 기억에 따르면, 사람들은 매일 밤 잠자리에 들면서 내일 아침 검은 까마귀에게 물려갈지도 모른다며 불안해했다. 산업화와 집단화 때문에 폴란드계는 방대한 나라의 곳곳으로 흩어져야 했다. 이제 그들은 공장, 막사나 자신의 집에서 자취를 감추어야 했다. 수많은 사례 중 하나를 들어보자면, 모스크바 서쪽 근교에 있는 쿤체보의 소박한 목조 주택에서 숙련공 여럿이 살고 있었는데, 그중에는 폴란드계 기계공과 금속공학자도 있었다. 두 사람은 1938년 1월 18일과 1938년 2월 2일에 각각 체포되어 총살당했다. 쿤체보의 세 번째 희생자인 예브게니야 바부시키나는 폴란드계도 아니었다. 그녀는 충성심 강하고 전도유망한 유기 화학자였다. 하지만 어머니가 폴란드 외교관의 세탁부였다는

이유로 함께 처형당했다.[21]

폴란드계 소련인 대부분은 레닌그라드나 쿤체보 같은 대러시아 도시가 아닌, 폴란드계가 수백 년 동안 거주해왔던 좀더 서쪽의 벨라루스와 우크라이나에 살았다. 이 지역은 17~18세기에는 구폴란드-리투아니아 연방에 속해 있었다. 19세기를 거치면서 이곳이 러시아 제국의 서쪽 영토가 되자 폴란드계의 입지는 크게 줄어들었고, 많은 이가 주변의 우크라이나와 벨라루스계에 동화되기 시작했다. 하지만 때로는 동화 작업이 반대로 일어나기도 했는데, 폴란드어를 뛰어난 문명 언어라 생각한 벨라루스어나 우크라이나어 사용자들이 자신을 폴란드계라 했기 때문이다. 본래는, 1920년대에는 소련의 민족 정책이 폴란드계를 폴란드인답게 만들려 했고, 그래서 폴란드어를 쓰는 학교에서 폴란드 문학을 가르쳤다. 대공포 시대에 와서는 역시 이들을 구분하는 민족 정책이 취해졌지만, 이번에는 부정적인 방향이었다. 그들에게 사형이나 수용소행을 선고하는 것으로! 같은 시기에 나치 독일에서 진행된 유대인 박해처럼, 민족적 배경을 바탕으로 개인을 처벌하는 일은 그 사람이 문제가 되는 민족에 속해 있음을 확실히 검증하지 않고도 얼마든지 가능했다.[22]

벨라루스에서 대공포 시대는 민스크에서 내무인민위원회 지도자 보리스 베르만이 자행한 당 지도부 대량 숙청 사건과 동시에 찾아왔다. 베르만은 소련의 소수 민족 우대 정책을 남용하고 벨라루스 민족주의를 조장했다는 혐의로 현지 벨라루스 공산주의자들을 탄핵했다. 우크라이나에서보다 조금 늦었지만 거의 동일한 논리가 등장했다. 내무인민위원회가 벨라루스계가 국가에 충성하지 않게 공작하는 배후 세력으로 폴란드 군사 조직을 지목한 것이다. 벨라루스에 사는 소비에트 시민은 '벨라루스 민족 파시스트'이거나 '폴란드 간첩'이라는 이유로, 혹은 둘 다라는 이유로 고발당했다. 우크라이나처럼 벨라루스도 소련과 폴란드 사이에 걸쳐 있어, 이러한 주장을 쉽게 할 수 있었다. 벨라루스나 우크라이나 문화에 대한 우려도 국경 이쪽에서 진행되는 일과 엮였다. 소비에트 벨라루스에서의 대량살상에는 벨라루스 민족 문화를 대표하는 지식인들에 대한 의도적 말살도 뒤따랐다. 훗날 베르만의 동료는 그가 "벨라루스 지식 계급의 꽃을 잘라냈다"고 적었다. 나라를 대표하는 작가가 적어도 218명 살해당했다. 베르만은 부하 직원들에게 '너희의 출세는 명령 00485호를 얼마나 빠르게 달성하는가에 따라 결정될 것이다'라고 말했다. "지도자 개인을 평가할 때 가장 중요한 고려 사항은 폴란드 간첩을 얼마나 빠르게 잘 색출하고 체포하는가다."[23]

베르만과 그의 부하들은 '규모의 경제'를 적용해, 소련 최대의 살인 현장을 만들어 썼다. 민스크에서 북쪽으로 12킬로미터 떨어진 쿠라파트 숲에서 사람들을 처형한 것이다. 이 숲은 흰색 꽃으로 유명했는데, 벨라루스어로 '쿠라파트'는 흰색 꽃을 뜻하는 '쿠라슬리예피'의 사투리다. 밤낮을 가리지 않고 '검은 까마귀'들이 흰색 꽃 사이를 오갔는데, 수가 너무 많아 좁은 자갈길이 만들어질 정도였다. 지역 주민들은 이를 '죽음의 길'이라 불렀다. 숲속에서는 15헥타르 면적의 소나무를 벌목하고, 구덩이 수백 개를 파는 작업이 진행되었다. 사형 선고를 받은 소련인이 문을 통해 들어오면, 두 사람이 붙어 구덩이까지 데리고 갔다. 그러고는 등 뒤에서 총을 쏘고, 시체를 구덩이에 던져넣었다.

총알이 부족해지자, 내무인민위원회 위원은 피해자들을 나란히 앉게 한 다음 머리를 일렬로 맞추어 한 발로 여러 명을 사살하는 방법을 썼다. 그런 다음에는 시체를 겹겹이 쌓아올리고 모래로 덮었다.[24]

벨라루스 공화국에서는 폴란드 박멸 작전으로 1만9931명이 체포되었고 1만7772명이 사형 선고를 받았다. 그중에는 벨라루스계도 있고, 유대계도 있었다. 하지만 대부분은 폴란드계로, 그들은 부농 박멸 작전과 다른 여러 숙청 작업 때문에 벨라루스에서 이미 체포 대상이었다. 전체적으로 볼 때, 이 대규모 처형 때문에 대공포 시대 소련령 벨라루스의 폴란드계 숫자는 6000명 이상 감소했다.[25]

폴란드 박멸 작전은 우크라이나에서 가장 대규모로 일어났다. 그곳에는 폴란드계 소련인 60만 명 중 약 70퍼센트가 살고 있었다. 우크라이나에서는 폴란드 박멸 작전으로 5만5928명이 체포되고, 그중 4만7327명이 사살되었다. 1937년과 1938년, 우크라이나에서 다른 민족 대비 폴란드계의 체포 확률은 12배에 달했다. 우크라이나를 휩쓸었던 기근이 '폴란드 군사 조직 음모론'을 뒷받침하는 역할을 했다. 이곳에서 발리츠키는 수년 동안 폴란드인을 박해했고, 그의 옛 부관이자 후임자인 이즈라일 레플렙스키는 발리츠키가 제거된 뒤부터 늘 빠릿빠릿하게 움직여야 했다. 하지만 그의 노력은 소용없었다. 그 역시 1938년 4월 체포되어 우크라이나에서의 폴란드 박멸 작전이 끝나기도 전에 처형당하고 말았으니까. (후임자인 A. I. 우스펜스키는 1938년 9월 스스로 실종되는 기지를 발휘했지만, 결국 발각당해 처형되었다.)[26]

레플렙스키의 부관 중 한 명이던 레프 라이흐만은 우크라이나 폴란드계 인구 대부분에게 적용되는 체포 범주를 내놓았다. 흥미롭게도, 용의자 집단 중 하나는 폴란드계 소련인을 드잡이해온 소련 경찰이었다. 이는 발리츠키, 레플렙스키와 대부분의 내무인민위원회 장교들이 직면했던 '경계의 딜레마'를 재현했다. '폴란드 군사 조직'이 우크라이나 도처에서 활동했고 소련 전역에서 강력한 영향을 발휘했다고 '밝혀지자', 내무인민위원회는 경찰과 정보원들이 초기 단계에서 충분히 경계하지 않았다고 거듭 주장할 수 있었다. 물론 폴란드계 경찰도 많았지만, 우크라이나계와 유대계, 심지어는 러시아계 경찰도 혐의를 받았다.[27]

야드비가 모신스카는 이 함정에 걸려들었다. 폴란드어 신문의 저널리스트로 일한 그녀는 동료 직원을 경찰에 신고했다. 동료 직원이 체포되어 폴란드 간첩 혐의를 받자, 그녀는 대단히 곤란한 상황에 처하게 되었다. '왜 폴란드인 사회 전체가 외국 간첩의 소굴이라고 당국에 말하지 않았냐'는 것이다. 폴란드계 유대인 출신 내무인민위원회 장교로, 폴란드어 교사들을 신고해온 체스와바 안기엘치크 역시 비슷한 운명을 맞이했다. 폴란드 박멸 작전이 최고조에 달하고 교사들의 체포가 일상화되자, 그녀 역시 맡은 일에 충실하지 못했다는 혐의를 받았다. 두 여성 모두 키예프 동북쪽에 있는 비키브냐에서 처형되고 매장당했는데, 이곳은 수많은 공동묘지의 거대 집합체 같은 곳이었다. 대공포 시대에 이곳에서는 소련인 1만 명 이상이 처형당했다.[28]

우크라이나 교외 지역에서의 폴란드 박멸 작전은 키예프와 다른 도시에서의 작전보다 오히려 훨씬 더 즉흥적이고 격렬했다. 폴란드계 생존자들의 기억에 따르면, '검은 까마귀'가 동네에서 동네로, 마을에

서 마을로 날아다니며 폴란드인의 슬픔을 일으켰다. 내무인민위원회는 몇 주, 심지어는 며칠 만에 폴란드인 체포와 처형 작업을 완료하고자 직원들을 도시로 보냈다. 내무인민위원회는 주요 환승역인 즈메린카에서 1938년 3월에 나타나, 폴란드인 수백 명을 체포하고 고문해 자백을 유도했다. 폴론네에서는 내무인민위원회 대표와 검사 드보이카가 훼손된 로마 가톨릭 교회 건물을 징발했다. 폴론네와 인근 마을에 살던 폴란드인은 체포되어 교회 지하실에 감금되었다. 폴론네 교회에서는 168명이 살해당한 것으로 추정된다.[29]

가장 작은 규모의 정착지에서는 법적 절차가 전무하다는 사실조차 알아차리기 어려웠다. 내무인민위원회 전담반은 갑자기 나타나 지정된 숫자의 사람을 마구 잡아들이고는, 처형하려 했다. 그들은 먼저 마을, 공장 또는 집단농장 전체가 유죄라고 가정했고, 야간에 현장을 포위한 다음, 원하는 결과를 얻을 때까지 사람을 고문했다. 그리고 처형을 집행했다. 같은 과정이 반복되었다. 희생자 대부분은 사건 파일을 취합해 모스크바에서 검토하기 한참 전에 이미 처형되었다. 교외 지역에서 내무인민위원회 전담반은 곧 암살단이었다. 체르니프카에서 내무인민위원회는 1937년 12월 25일(로마 가톨릭 폴란드계에게는 성탄절이지만, 정통 우크라이나인에게는 그렇지 않은)까지 기다렸다가 교회에 나오는 사람을 모조리 체포했다. 한 여성의 회고에 따르면, 체포된 사람들은 "물에 던진 돌멩이처럼" 흔적도 없이 사라졌다.[30]

체포된 사람은 거의 언제나 남자였고, 그들의 가족은 절망에 빠졌다. 제페리나 코셰비치가 목격한 아버지의 마지막은 공장에서 체포된 후 심문을 위해 폴론네로 이송되는 모습이었다. 아버지가 그녀에게 남긴 마지막 말은 "엄마 말씀 잘 들어라!"였다. 하지만 대부분의 어머니는 무력감에 시달리고 있었다. 소련 전역에서처럼, 우크라이나 시골 마을에서도 아내들은 음식과 깨끗한 속옷을 들고 매일 의례적으로

면회를 갔다. 간수들은 더럽혀진 속옷을 건네주었다. 더럽혀진 속옷은 남편이 살아 있다는 유일한 증거였기에, 아내들은 기쁜 마음으로 속옷을 받았다. 간혹 남편들이 몰래 메시지를 전달하기도 했다. 한 남편은 아내에게 보내는 속옷에 이렇게 적었다. "감옥생활이 너무 힘들어. 난 죄가 없는데." 어떤 날은 속옷에 피가 묻어 있었다. 그 이튿날에는 속옷이 나오지 않았는데, 이는 남편이 더 이상 살아 있지 않음을 의미했다.[31]

수용소와 특별 정착지가 가득 차지도 않은 1937년 10월과 11월, 남편들이 총살된 아내들은 카자흐스탄으로 추방당했다. 같은 기간 내무인민위원회는 열 살이 넘은 폴란드 아이들을 납치해 고아원에 보내곤 했다. 아이들을 폴란드계로 키우지 않기 위해서였다. 수용소에 빈자리가 거의 없어진 1937년 12월부터는 여성을 추방하는 대신, 아이들과 함께 방치했다. 예를 들어 루드비크 피빈스키가 체포당할 때 그의 아내는 아들을 출산하고 있었다. 그는 다시는 그녀를 볼 수 없었고, 따라서 판결 내용을 아내에게 말하지도 못했다. 기차에 오른 후에야 시베리아에서 10년 동안 나무를 베어야 한다는 사실을 알게 되었다. 그는 운이 좋은 편으로, 체포당했지만 살아남은 얼마 안 되는 폴란드계에 속했다. 엘레아노라 파슈키에비치는 1937년 12월 19일 아버지가 체포되는 모습을 지켜봤고, 12월 25일에는 어머니가 출산하는 모습을 봤다.[32]

폴란드 박멸 작전이 가장 격렬하게 진행된 우크라이나는 인위적인 기근 때문에 지난 수년 동안 수백만 명이 사망한 지역이기도 했다. 우크라이나에서 대공포 시대에 남자 가족을 잃은 폴란드계 가정 중 일부는 이미 기근의 상처가 깊은 상태였다. 예를 들어 한나 소볼레프스카는 1933년 다섯 형제자매와 아버지가 굶어 죽는 모습을 지켜봐야 했다. 남동생인 유제프는 굶어 죽기 전에 이런 말을 되뇌이던 아이였다. "우리, 이젠 살 수 있어, 살 수 있어!" 1938년 검은 까마귀가 그때까지 살아 있던 그녀의 다른 형제와 남편을 데려갔다. 그녀의 기억에 따르면, 대공포 시대의 우크라이나 내 폴란드 마을에서 "아이들은 울고, 여자들은 남겨질 뿐이었다".[33]

1938년 9월, 폴란드 박멸 작전은 절차상 부농 박멸 작전과 비슷해졌다. 내무인민위원회가 공식적인 감독 없이도 선고, 사살, 추방을 할 수 있게 되었기 때문이다. 앨범 기법조차 너무 번거로운 일이 되었다. 모스크바에서 대략 형식적인 검토를 거치는 것이 유일한 절차였지만, 그럼에도 앨범은 처리되는 속도보다 도착하는 속도가 더 빨랐다. 1938년 9월이 되자 10만 건이 넘는 사건이 대기 상태에 있었다. 그 결과 해당 지역에서 서류를 검토하는 '특별 트로이카'가 창설되었다. 이 트로이카는 지역 공산당 대표, 지역 내무인민위원회 대표와 지역 검사로 구성되었는데, 대부분 부농 박멸 작전 수행자와 일치했다. 이제 그들의 임무는 자신의 지역에 쌓인 앨범을 검토하고, 사건의 판결을 내리는 것이었다. 새로운 트로이카는 대부분 기존 드보이카에 공산당원 한 명을 추가한 식이었기에, 이전 권고 사항을 그대로 승인하기만 할 뿐이었다.[34]

하루에 사건 수백 건씩 검토해 밀린 일을 6주 안에 모두 처리한, 이 특별 트로이카는 약 7만2000명에게 사형을 선고했다. 우크라이나 시골 지역에서는 트로이카가 부농 박멸 작전에서처럼 활동하면서, 무수한 사람을 순식간에 판결하고 사살했다. 우크라이나 서쪽 끝에 있는, 폴란드와 인접한 지토미르 지역의 트로이카는 1938년 9월 22일 100명에게 사형을 선고했고, 이튿날에는 138명에게, 9월 28일에는 408명에게 사형을 선고했다.[35]

폴란드 박멸 작전은 어떤 점에서는 소련 대공포 시대의 가장 잔혹한 사건이었다. 부농 박멸 작전에 이어 두 번째로 큰 작전이었던 데다, 체포된 사람 중에서 처형된 사람이 차지하는 비율이 가장 높지는 않았어도 거의 1위에 가까운 작전이었는데, 비슷한 급의 다른 숙청 작전들은 이보다 규모가 훨씬 더 작았다.

폴란드 간첩이라는 혐의로 체포된 14만3810명 가운데 11만1091명이 처형당했다. 아닌 사람도 있었지만, 대부분은 폴란드계였다. 폴란드계는 특히 우크라이나에서의 부농 박멸 작전에서도 많이 희생되었다. 사망자 숫자, 체포 대 사형 선고 비율과 체포율을 살펴보면, 폴란드 민족은 대공포 시대 소련에서 다른 어떤 소수 민족보다 더 많은 고통을 겪었다. 보수적인 추정에 따르면 1937년과 1938년 폴란드계 약 8만5000명이 처형당했는데, 이는 대공포 시대에 처형된 68만1692명 중 8분의 1이 폴란드계라는 뜻이다. 당시 소련에서 폴란드계는 소수 민족 중에서도 소수 민족으로 전체 인구의 0.4퍼센트 미만이었음을 고려하면 믿기 어려울 정도로 높은 비율이 아닐 수 없다. 대공포 시대에 폴란드계 소련인은 다른 소련인보다 사망할 확률이 40배나 높았다.[36]

폴란드 박멸 작전은 연이어 벌어진 다른 소수 민족 박해 작전의 모델이 되었다. 이러한 작전들의 대상은 스탈린주의가 만든 신조어로는

'적국'인, 고국을 떠난 민족으로 그 고국과 실제 또는 허구의 관계를 맺고 있는 집단이었다. '라트비아 박멸 작전'에서는 1만6573명이 라트비아 간첩으로 몰려 총살당했다. 다른 소련인 7998명은 에스토니아 간첩으로, 9078명은 핀란드 간첩으로 몰려 처형당했다. 종합하면, 폴란드 박멸 작전을 비롯한 소수 민족 박해 작전에서 총 24만7157명이 살해당했다. 이는 다 합해도 소련 전체 인구의 1.6퍼센트밖에 되지 않는 소수 민족 집단을 대상으로 했는데, 결과적인 사망자 수는 대공포 시대 전체 사망자의 36퍼센트에 이르렀다. 따라서 대공포 시대에 작전 대상이 된 소수 민족은 일반 소련인보다 사망할 확률이 20배가 넘었다. 소수 민족 박해 작전에서 체포되면 죽을 확률도 훨씬 더 높았다. 폴란드 박멸 작전에서 처형 확률은 78퍼센트였고, 모든 소수 민족 박해 작전을 합하면 74퍼센트였다. 부농 박멸 작전에서 체포된 소련인은 50퍼센트가 수용소행을 선고받았지만, 민족 박멸 작전에서 체포된 소련인은 4명 중 3명이 총살당했다. 이것은 의도가 더 악랄해서라기보다는 타이밍의 문제였을 것이다. 부농 박멸 작전이 먼저 실시되면서 민족 박멸 작전에서 사람들이 체포되기에 앞서 수용소가 채워졌다. 일반적으로 대공포 시대 후반에 체포된 시민일수록 처형될 확률이 높았는데, 단순히 수용소에 공간이 부족하다는 이유에서였다.[37]

스탈린, 예조프, 발리츠키, 레플렙스키, 베르만을 비롯한 여러 사람이 폴란드 민족과 소련 안보를 연결지었지만, 폴란드계 소련 국민을 아무리 죽여도 소련의 국제적 지위는 전혀 개선되지 않았다. 대공포 시대에는 독일과 일본 간첩으로 체포된 사람보다 폴란드 간첩으로 체포된 사람이 더 많았지만, 이들 중 실제 폴란드 간첩은 극소수에 불과했다(한 명도 없었을 가능성이 높다). 1937년과 1938년, 바르샤바는 나치 독일과 소련 모두와 거리를 유지하는 정책을 신중하게 추진했다. 폴란드는 소련과 전쟁을 벌일 계획이 전혀 없었다.[38]

하지만 스탈린은 폴란드계를 아무리 죽인다 한들 손해 볼 일은 없다고 생각한 듯하다. 독일과의 전쟁에서 폴란드가 소련의 동맹국이 되지 않으리라는 그의 생각은 옳았다. 나치 독일과 소련 사이에 있었던 폴란드는 동유럽에서 벌어지게 되는 전쟁에서는 중립을 지킬 수 없었다. 독일에 대항하여 패배하거나, 독일과 동맹을 맺어 소련을 침략하거나뿐이었다. 어느 쪽이든, 폴란드계 대학살이 소련의 이익을 해치진 않을 것이 아니겠는가? 자국민의 생명과 행복은 알 바 아닌 이상 말이다. 하지만 이렇게 냉혹한 추론조차 현실적이지 못했다. 난처한 상황에서 외교관과 간첩들이 알아차렸듯이, 대공포 시대는 많은 에너지를 쓸데없는 곳에 써버렸다. 스탈린은 소련의 안보 상황을 오해했고, 1930년대 후반에는 첩보 문제에 대해 좀더 전통적으로 접근하는 편이 나았을 것이다.

1937년 당시 일본은 당면한 위협 대상이었다. 동아시아에서 일본이 벌인 일은 부농 박멸 작전을 정당화하는 근거가 되었다. 일본의 위협은 소련 내 중국계 소수 민족을, 그리고 만주에서 돌아온 소련 철도 노동자를 탄압하는 구실도 되었다. 일본의 간첩 행위 역시 약 17만 명에 달하는 한국계 소련인 전체를 극동 지역에서 카자흐스탄으로 강제이주시키는 일을 정당화했다. 이후 한국은 일본에 점령당했고, 따라서 한국계 소련인은 일본과 관련된 일종의 집단 이주 민족이 되었다. 중국 서부 지역인 신장에서, 스탈린의 명령을 받든 성스차이는 직접 테러를 감행해 수천 명이 죽게 만들었다. 중국 북쪽의 몽골인민공화국은 1924년 창설되었을 때부터 계속 소비에트의 위성 국가였다. 소련 군대는 1937년 동맹인 몽골에 진입했고, 몽골 당국은 1937~1938년에 직접 테러를 저질러 2만474명의 목숨을 빼앗았다. 이 모든 일은 일본을 겨냥한 행위였다.[39]

이러한 살육 가운데 어떤 것도 전략적 목적을 제대로 달성하지 못했다. 일본 지도부는 남부 진공 전략을 채택, 중국을 거쳐 태평양까지 진출하기로 했다. 일본은 대공포 시대가 시작된 1937년 7월 중국을 침략했고, 이후에는 계속 남쪽으로 이동했다. 따라서 부농 박멸 작전과 이러한 동아시아 민족 박해 작전의 근거는 모두 잘못된 셈이었다. 스탈린은 일본을 두려워했던 것 같고, 그럴 만한 충분한 이유가 있었다. 1930년대 일본의 국가 목표는 대단히 공격적이었으며, 문제가 되는 것은 남쪽과 북쪽 중 어디로 밀고 들어갈 것인가뿐이었다. 일본 정부는 불안정한 데다 정책을 너무 빨리 바꾸곤 했다. 결국 이러한 일련의 대량학살은 아직 시작되지 않고 있던 공격에서 소련을 전혀 보호하지 못했다.

스탈린은 폴란드계 자국민 대량학살에 아무런 비용도 발생하지 않는다고 생각한 듯하다. 만약 일본이 소련을 공격하려 한다면, 이로써 소련 내부의 내응을 받기 어려워질 것이다. 공격 의도가 없어도, 대량 살인과 추방이 소련에 해될 일은 없다. 이러한 추론에도 역시 소련 국가는 자국민의 생명과 행복이 알 바 아니라는 전제가 필요하겠지만 말이다. 또한 내무인민위원회를 이용해 내부의 적을 (그리고 내무인

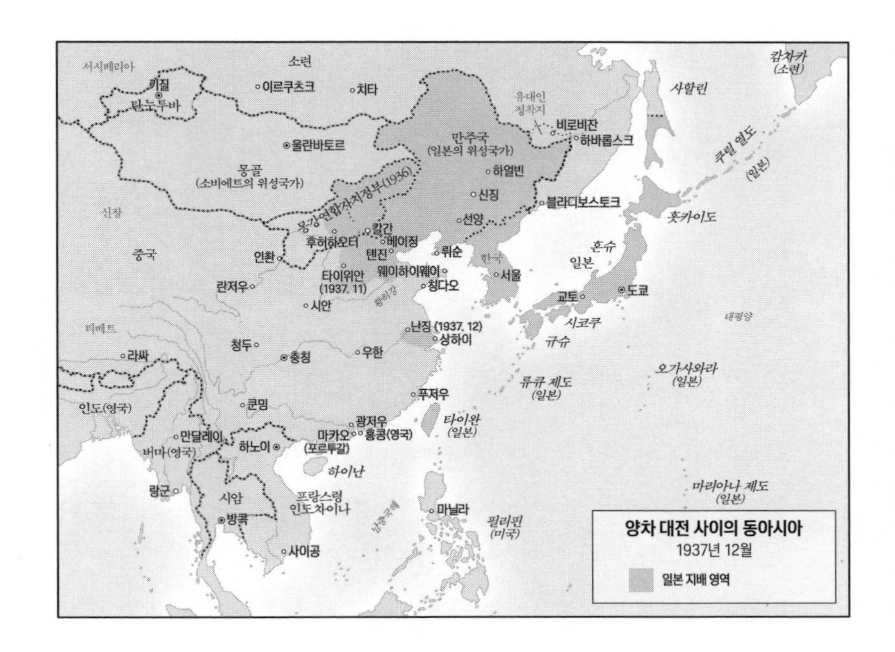

민위원회 자체를) 처리한 덕분에, 소련은 이번에도 자신에게 닥친 실제 위협을 제대로 바라보지 못했다. 독일은 일본이나 폴란드의 지원 없이, 그리고 소비에트 압제에 저항하는 내부 세력의 도움을 받지 않고 공격을 감행했다.

일본이나 폴란드와는 달리, 독일은 소비에트에 대한 침략전을 정말로 고려하고 있었다. 1936년 9월, 히틀러는 자신의 외교 정책 핵심 목표가 소련 궤멸임을 내각에 알렸다. 그는 "볼셰비즘의 정수이자 목표는 이제까지 사회를 이끌어오다가 국제주의 유대인에게 자리를 내준 모든 인간을 멸하는 것이다"라고 말했다. 히틀러에 따르면 독일은 4년 안에 전쟁 준비를 끝내야 했다. 그래서 헤르만 괴링이 1936년에

'4개년 계획국'을 맡게 되었는데, 이곳은 공공 부문과 민간 부문 모두의 침략전 준비를 관리하는 역할을 했다. 히틀러는 소련의 진정한 위협 요소였지만, 스탈린은 소련과 독일의 우호관계에 대한 희망을 놓지 않은 듯했다. 아마도 이런 이유로, 독일계 소련인은 폴란드계만큼 탄압받진 않았다. 독일 민족 박멸 작전에서는 4만1989명이 사살되었는데, 피해자 대부분은 사실 독일계가 아니었다.[40]

하지만 인민 전선의 시대에, 소련에서 자행된 살육과 강제추방은 서유럽에서 아무런 주목도 받지 못했다. 대공포 자체가 주목받지 못했고, 이 모든 일은 단순한 정치재판과 정당 및 군부의 숙청일 뿐이라고 여겨졌다. 그러나 당시 전문가와 언론인들의 관심을 끈 그러한 사건들이 대공포의 핵심은 아니었다. 대공포의 핵심은 부농 박멸 작전과 민족 박멸 작전이었다. 1937년과 1938년에는 정치범 68만1692명이 처형당했는데, 이 중 두 작전의 피해자가 62만5483명이었다. 사형의 90퍼센트 이상, 수용소형의 75퍼센트 이상이 그 작전들의 결과였다.[41]

따라서 대공포의 핵심은 특히 소련령 우크라이나에 가장 큰 타격을 준 부농 박멸 작전과, 주로 폴란드계를 대상으로 한 일련의 민족 박멸 작전이었는데, 이러한 민족 박멸 작전에서도 우크라이나의 피해가 가장 컸다. 대공포 시대에 기록된 사형 68만1692건 중에서 12만3421건이 우크라이나에서 집행되었는데, 수용소에서 사살된 우크라이나인은 그 기록에 포함되지 않는다. 우크라이나 소비에트 공화국 사람들은 소련 희생자들 가운데에서 과대 대표되었고, 폴란드계는

우크라이나의 희생자들 사이에서 과대 대표되었다.[42]

대공포는 곧 3차 소비에트 혁명이었다. 볼셰비키 혁명이 1917년을 기점으로 정치 체제에 변화를 불러왔고, 집단화가 1930년을 기점으로 새로운 경제 체제를 만들었다면, 1937~1938년의 대공포 시대는 사고방식의 혁명을 일으켰다. 스탈린은 심문을 통해서만 적의 정체를 밝힐 수 있다는 자신의 이론을 현실로 만들었다. 외국 간첩과 국내 음모에 관한 그의 판타지는 고문실마다 들렸고, 심문 조서마다 적혔다. 소련 국민으로서 1930년대 후반의 상위 정치에 참여하고 있다고 말하려면, 그의 판타지의 등장인물이 되어야 했다. 스탈린의 더 큰 '이야기'를 위해, 소련 국민 개인의 '이야기(삶)'는 종종 끝장나야 했다.

그러나 농민과 노동자 집단을 단순한 숫자로 바꿔버리는 일은 스탈린의 기분을 돋워주었고, 대공포 시대에 일어난 일련의 사건은 스탈린의 권력을 굳건히 했다(당연하게도). 1938년 11월, 대규모 작전의 중단을 명령하면서, 스탈린은 내무인민위원회 대표를 또다시 교체했다. 라브렌티 베리야가 예조프의 후임자였는데, 예조프는 그 뒤 처형당하고 만다. 수많은 내무인민위원회 최고 간부들도 월권행위를 저질렀다는 이유로 같은 운명에 처했는데, 사실 이러한 숙청은 스탈린 정책의 핵심이었다. 야고다를 예조프로, 예조프를 베리야로 교체함으로써, 스탈린은 자신이 안보 기관의 정점에 있음을 보여주었다. 내무인민위원회로 당을 견제하고 당으로 내무인민위원회를 견제함으로써, 그는 자신이 거스를 수 없는 소련의 지도자임을 보여주었다. 소비에트 사회주의는 폭군이 자신의 궁궐에서 정치를 쥐고 흔드는 것으로 권력을 증명하는 폭군정치가 되었다.[43]

소련은 다민족으로 구성된 억압 기구를 이용해 민족 살육 작전을 수행한 다민족 국가였다. 내무인민위원회가 소수 민족을 죽이고 있던 당시, 내무인민위원회 핵심 장교 대부분은 소수 민족이었다. 1937년과 1938년 상당수가 유대계, 라트비아계, 폴란드계이거나 독일계였던 내무인민위원회 간부들은 히틀러와 나치 친위대가 (당시까지) 시도한 모든 행위를 뛰어넘는 민족 말살 정책을 시행하고 있었다. 이러한 민족 학살을 수행하는 과정에서, 지위와 목숨을 지키려면 당연한 일이었는지 모르지만, 이들은 국제주의(초민족주의)라는 윤리를 만들었고 이는 일부 간부에게는 대단히 중요한 문제였다. 하지만 대공포 시대가 계속되면서 그들도 속속 처형당했고, 대부분 러시아계로 교체되었다.

이즈라일 레플렙스키, 레프 라이흐만과 보리스 베르만처럼 우크라이나와 벨라루스에서 폴란드 박멸 작전을 실행한 유대인 장교도 체포 후 처형당했다. 이것은 큰 흐름의 일부일 뿐이었다. 대공포 시대의 대량 살인이 시작되었을 때, 고위 내무인민위원회 장교 약 3분의 1은 유대계였다. 1938년 11월 17일 스탈린이 대공포 시대를 끝냈을 때는 고위 장교 약 20퍼센트가 유대계였다. 1년 후에는 4퍼센트 미만으로 떨어졌다. 대공포 시대는 유대인의 책임이 될 것이고, 많은 이가 유대인 탓을 할 것이다. 이런 식의 생각이 스탈린주의의 함정이었다. 스탈린은 유대인 내무인민위원회 장교가 민족 살인 작전의 편리한 희생양이 되리란 사실을, 특히 유대인 비밀경찰과 여러 소수 민족 엘리트들이 제거된 뒤에는 더욱 그러하리란 사실을 알고 있었다. 어찌됐든, 대공포의 제도적 수혜자는 유대인이나 다른 소수 민족이 아닌 지위가 상승한 러시아계였다. 1939년까지 고위 간부의 3분의 2를 차지한 러시아계는 내무인민위원회 고위층에 있던 유대계를 대체했고, 이러한 현상은 지속되었다. 러시아계는 본래 다수 민족이었지만 이제는 과다 대표까지 되었다. 내무인민위원회 고위층에서 그들이 차지하는 비율은 소련 전체 인구에서 차지하는 비율보다 더 높았다. 대공포 시대가 끝날 무렵, 내무인민위원회에서 과다 비율을 차지한 소수 민족은 스탈린이 그 가운데 하나인 조지아계뿐이었다.[44]

이 3차 혁명은 사실상 반혁명이었으며, 마르크스레닌주의의 실패를 내포하고 있었다. 15년 남짓 동안 소련은 살아남은 시민들에게 많은 일을 해냈다. 예를 들어 대공포 시대가 정점에 달했을 때 국가 연금이 도입되었다. 하지만 혁명 원칙의 근간을 이루던 일부 본질적 가정은 폐기되었다. 실존이 본질에 앞선다는 마르크스주의자의 주장은 이제 통하지 않았다. 사람들은 사회경제적 계급이 아닌 명목상의 개인적 정체성이나 문화적 연관성 때문에 유죄가 되었다. 정치는 더 이상 계급투쟁으로 설명할 수 있는 문제가 아니었다. 실제 재판에서 내려진 혐의처럼 소련으로 이주한 민족이 소련의 배신자가 되었다면, 그 이유는 그들이 과거의 경제 체제에 집착하고 있기 때문이 아니라 출신 민족에 따라 외국과 결탁했기 때문이다.[45]

—

1938년 유럽에서는 국가에 대한 충성과 출신 민족의 관계가 당연시되었다. 당시 히틀러는 이를 근거로 300만 명에 이르는 독일계 체코슬로바키아 국민과 그들이 거주하는 지역이 독일의 일부가 되어야 한다고 주장했다. 1938년 9월 뮌헨에서 열린 회담에서 영국, 프랑스와 이탈리아는 독일이 독일계 체코슬로바키아인 대다수가 거주하는 체코슬로바키아 서쪽 끝 지역을 병합하는 데 동의했다. 영국 총리 네빌 체임벌린은 이 협약이 "우리 시대의 평화"를 보장한다고 선언했다. 프랑스 총리 에두아르 달라디에는 전혀 그렇게 생각하지 않았지만, 프랑스 국민이 이 허무맹랑한 계획에 동참하도록 했다. 체코슬로바키아인들은 회담에 참여하지도 못했으며, 회담 결과를 받아들이도록 강요되었다. 뮌헨 협약은 천혜의 방어막 역할을 하는 산맥과 그곳의 방어시설을 빼앗음으로써, 체코슬로바키아가 이후의 독일 공격에 대단히 취약하게 만들었다. 스탈린은 이 합의를, 독일의 관심을 동쪽으로 옮기고자 서구 열강들이 히틀러에게 양보한 것으로 해석했다.[46]

1938년, 소련 지도층은 자신들의 민족 말살 정책을 나치 독일의 인종차별과는 완전히 다른 무언가로 제시하고 싶어했다. 이러한 목적을 위해 같은 해 시행한 캠페인에는 동화책 발행도 포함되었는데, 그중 하나가 『숫자 이야기A Tale of Numbers』였다. 소련 어린이들은 나치가 독일인의 민족성을 확립하고자 "갖가지 낡은 문서를 샅샅이 뒤졌다"고 배웠다. 물론 이는 사실이었다. 1935년 시행한 독일의 '뉘른베르크 법'은 유대인의 독일 정치 참여를 금지했고, 혈통을 근거로 '유대인'을 정의했다. 실제로 독일 관료들은 시너고그의 기록을 이용해 조부모 가운데 한쪽이라도 유대인인 사람을 찾아내 유대인으로 낙인찍었다. 하지만 소련에서도 상황은 크게 다르지 않았다. 소련 내에서 사용되던 통행권에는 민족 항목이 있었다. 모든 유대계와 폴란드계, 심지어는 러시아계 소련인의 민족 정체성까지 명시되었다. 원칙상 소련인은 출신 민족을 선택할 수 있었지만, 현실에서 원칙이 항상 적용되지는 못했다. 1938년 4월, 내무인민위원회는 부모의 출신 민족 정보 기재를 '경우에 따라' 의무화했다. 이에 따라 폴란드계를 비롯한 여러 디아스포라 민족은 출신 민족 변경이 금지되었다. 내무인민위원회는 "낡은 문서를 샅샅이 뒤질" 필요가 없었다. 이미 자체적으로 충분한 정보를 보유하고 있었기 때문이다.[47]

1938년, 독일의 유대인 탄압은 규모가 훨씬 작더라도 소련의 그 어떤 민족 박멸 작전보다 더 눈에 띄었다. 나치 정권은 유대인의 재산을 박탈하려는 프로그램인 '아리아인화Aryanization'에 돌입했다. 그러나 이 프로그램 관련 뉴스는 같은 달 독일의 오스트리아 병합 이후에 벌어진, 한층 더 공개적이고 즉흥적인 절도와 폭력 행위에 묻히고 말았다. 2월, 히틀러는 오스트리아 총리 쿠르트 폰 슈슈니크에게 오스트리아를 독일의 위성 국가로 만들 것을 요구하는 최후통첩을 보냈다. 슈슈니크는 처음에는 조건을 받아들였지만, 이후 오스트리아로 돌아가 독립에 대한 국민 투표를 실시함으로써 히틀러에게 반기를 들었다. 3월 12일, 독일군이 오스트리아에 진입했다. 이튿날, 오스트리아는 사라졌다. 그해 여름과 가을, 유대계 오스트리아인 약 1만 명이 빈으로 추방당했다. 아돌프 아이히만의 열정적인 노력 덕분에, 그들은 다음 몇 달 동안 고국을 등지게 되는 수많은 오스트리아 유대인에 포함되었다.[48]

1938년 10월, 독일은 폴란드 시민권이 있는 유대인 1만7000명을 독일 제국에서 폴란드로 추방했다. 이들은 야간에 체포당해 객차에 갇혔고, 폴란드와의 국경 지대에서 짐짝처럼 집어던져졌다. 조부모가 추방당한 프랑스의 어느 폴란드계 유대인은 복수하기로 다짐했다. 그는 독일 외교관을 암살했는데, 이 사건은 그 자체로도 불운했지만 타이밍 역시 좋지 못했다. 총격은 볼셰비키 혁명 기념일인 11월 7일에 발생했고, 피해자는 이튿날 사망했는데 그날은 히틀러의 1923년 맥주 홀 폭동 기념일이었다. 이 살인 사건은 독일 당국이 나치 독일 최초의 대규모 공개 집단학살인 '제국 수정의 밤'을 일으킬 구실이 되었다. 독일 제국 내의 압박은 점점 고조되었는데, 몇 주 동안 유대인 소유 자산이 매일 최소한 한 번씩은 공격당한 빈에서는 특히 더 그랬다. 1938년 11월 9~11일에는 유대인 수백 명이 살해되었고(공식 통계는 91명이었다), 상점 수천 곳과 시너고그 수백 곳이 파괴되었다. 나치 지지자를 제외한 유럽인 대부분은 이를 야만적인 시대의 징후라고 생각했다.[49]

나치 독일의 공개적 폭력 행위는 소련에 도움이 되었다. 이런 분위기 때문에, 인민 전선 지지자들은 유럽이 민족 간 폭력 행위에 빠지지 않도록 소련이 보호해주리라 믿었던 것이다. 하지만 소련은 훨씬 규모가 큰 민족 학살 작전에 돌입한 상태였다. 소련 이외의 나라는 이런 것을 발상조차 하지 못했다고 해야 할 것이다. 제국 수정의 밤으로부터 일주일 뒤, 민족 박멸 작전에서 소련 국민 약 24만7157명이 사망한 후에야 대공포 시대는 막을 내렸다. 1938년 말까지 소련이 출신 민족을 이유로 처형한 사람은 나치 독일이 처형한 사람의 1000배가 넘었다. 이 과정에서 소련인들은 나치가 죽인 유대인보다 훨씬 더 많은 유대인을 죽였다. 정작 유대인은 민족 박멸 작전의 대상이 아니었지만, 대공포 시대와 소비에트 우크라이나 기근 사태 때 수천 명이 사망했다. 그들은 유대인이라서가 아니라, 당시 가장 잔학했던 정권의 시민이었던 까닭에 목숨을 잃고 말았다.

대공포 시대에 소련 지도부는 독일에 살던 유대인의 2배에 달하는 소련 국민을 처형했다. 하지만 소련 지도부를 제외하면, 히틀러를 포함한 그 누구도 이러한 대량 처형이 가능하다는 사실을 이해하지 못한 듯하다. 전쟁 이전의 독일에서는 누구도 이런 일을 실행에 옮기지 않았다. 제국 수정의 밤 이후에야, 유대인은 비로소 대규모로 독일의 강제수용소로 끌려갔다. 그나마도 학살이 목적은 아니었고, 당시 히틀러는 유대계 독일인들을 위협해 나라 밖으로 내쫓으려 했다. 이 시기 강제수용소에 들어간 유대인 2만6000명은 대부분 얼마 지나지 않아 석방되었다. 1938년 후반에서 1939년까지 10만 명 이상의 독일인이 독일을 떠났다.[50]

폭력과 추방은 유럽 내 유대인 전반의 운명에 대한 나치의 상상을 자극했다. 제국 수정의 밤으로부터 며칠이 지난 1938년 11월 12일, 히틀러는 측근인 헤르만 괴링에게 유럽의 유대인을 제거할 계획을 제출하도록 했다. 유대인들은 배를 타고 인도양 남쪽, 아프리카 동남부 연안에 있는 마다가스카르섬으로 가야 했다. 히틀러와 괴링은 독일 유대인들이 섬에 있는 일종의 나치 친위대 운영 수용소에서 일하다 죽는 모습을 보고 싶어했지만, 이토록 거창한 상상 속 계획은 독일이 전 세계 유대인 대부분을 통제하는 미래에나 가능한 일이었다. 마다가스카르 계획은 독일이 유대인 인구 상당수를 장악한 다음에나 적용되는 이야기였다. 당시 유대인은 독일 인구의 0.5퍼센트에 불과했고, 이조차 이민 때문에 줄어들고 있었다. 독일에 유대인이 많았던 적은 한 번도 없었다. 하지만 그들이 '문제'로 간주되는 한, '해답'은 이미 나와 있었다. 바로 재산 몰수, 위협, 이민이었다. (독일 유대인은 영국이 그들의 팔레스타인행을 허용했거나, 미국이 이민 할당량을 높이거나 최소한 기준을 달성해야 한다고 생각했다면 훨씬 더 빨리 탈출했을 것이다. 1938년 7월에 개최된 에비앙 회의에서는 도미니카 공화국만이 독일에서 탈출한 유대인 난민 추가 수용에 동의했다.)[51]

다시 말해, 마다가스카르는 채 떠오르지도 않은 유대인 '문제'의 '해결책'이었다. 대규모 이주 계획은 1938년에야 나름 일리 있게 되었는데, 이때도 나치 지도부는 폴란드가 독일의 위성 국가가 되어 소련 침공에 동참할 수 있으리라는 망상에 빠져 있었다. 폴란드에는 300만 명이 넘는 유대인이 살았고, 폴란드 당국도 이들이 재정착할 곳으로 마다가스카르를 검토하는 중이었다. 폴란드 지도부는 소비에트의 현실이나 나치의 계획과 비슷한 수준의 폴란드 주요 소수 민족(우크라이나인 500만 명, 유대인 300만 명, 벨라루스인 100만 명) 배제 정책을 추진하진 않았지만, 대신 자발적 이민을 통해 유대인 인구를 줄이려 했다. 1935년 폴란드 독재자 유제프 피우수트스키가 사망하자, 후계자들은 이 문제에 대해 폴란드 민족주의적인 태도를 보였고 폴란드 민족만 가입할 수 있는 여당을 만들었다. 1930년대 후반 폴란드는 폴란드 내 우익이나, 필요하다면 폭력을 동원해서라도 팔레스타인 지구에 초대형 이스라엘 국가를 만들고자 한 혁명주의 시오니스트들의 목표를 지지했다.[52]

바르샤바와 베를린이 유대인은 '문제'라는 생각 그리고 이를 먼 외국 영토로의 이주로 해결한다는 생각을 버리지 않으며, 독일이 폴란

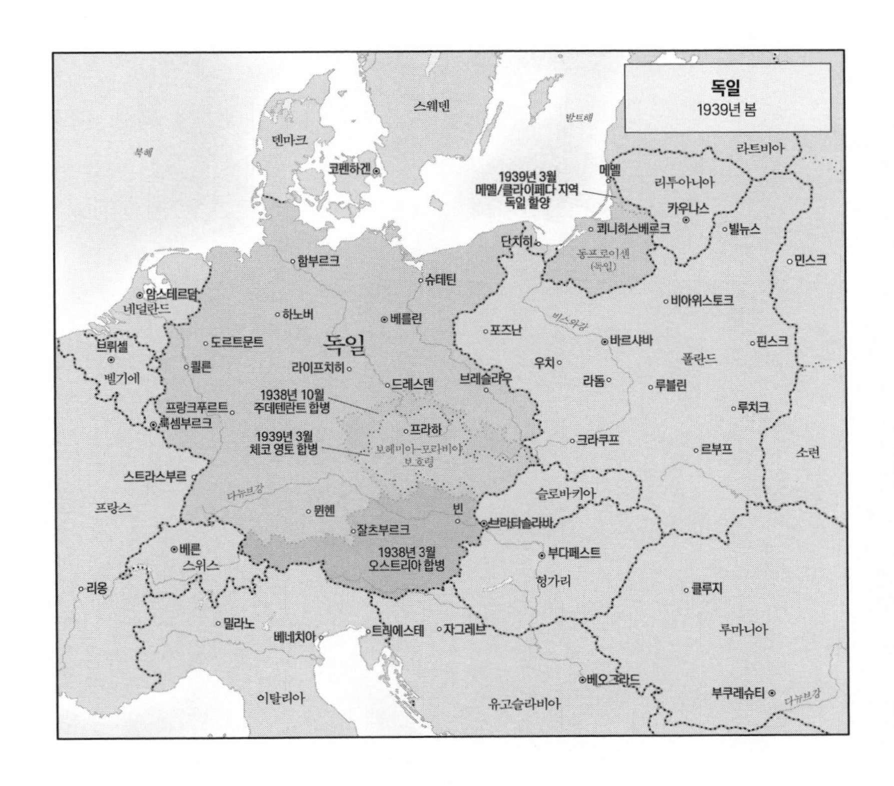

드인의 동부 연합 가입을 계속 권유하는 상황에서, 독일인들은 폴란드의 지원과 인프라를 이용해 동유럽 유대인을 이송한다는 합의를 상상할 수 있었다. 하지만 폴란드와의 동맹도 없었고, 유대인에 대한 독일과 폴란드의 공통 계획도 성사되지 않았다. 이 점에 있어 피우수트스키의 후계자들은 피우수트스키의 노선을 따랐다. 나치 독일 및 소련 모두와 불가침 조약을 맺되 동맹은 맺지 않음으로써 베를린과 모스크바에 동일한 거리를 유지하는 것이다. 1939년 1월 26일, 바르샤바에서 폴란드인들은 독일 외무 장관인 요아힘 폰 리벤트로프의 제안을 마지막으로 거부했다. 5년 동안 시도했지만, 독일인들은 독일에 영토를 제공하고 독일의 위성 국가가 되어 소련 영토에 대한 침략 전쟁을 벌이는 것이 폴란드에도 이익이 된다고 끝내 설득하지 못했다. 이것은 독일이 폴란드와 함께 전쟁을 벌이는 대신 폴란드를 상대로, 그리고 폴란드의 유대인을 상대로 전쟁을 해야 함을 의미했다.[53]

마다가스카르 계획을 폐기하진 않았지만, 이제 히틀러는 정복한 폴란드에 유대인 보호구역을 만든다는 상상을 하는 듯했다. 폴란드가 전쟁과 강제추방에 협력하지 않는다면, 폴란드 자체를 다른 유럽 내 유대인을 최종 제거 작업 전에 모아두는 집단 거주지로 삼는 것이다. 리벤트로프가 바르샤바에서 돌아오자, 히틀러는 자신의 첫 번째 전쟁 상대는 폴란드가 될 것이며 자신이 유대인 문제에 관한 중요한 발언을 했음을 깨달았다. 1939년 1월 30일, 히틀러는 유대인 때문에 독일이 또 다른 세계대전에 연루된다면 자신이 그들을 모두 죽이겠다고 독일 의회에 약속했다. "나는 오늘 다시 한번 예언자가 되겠다. 유럽과 그 외 지역의 국제 금융계 유대인들이 또다시 전 세계인을 전쟁으로 몰아넣는다면, 그 결과는 전 지구의 볼셰비키화와 그에 따른 유대인의 승리가 아니라 유럽 내 유대 인종의 말살일 것이다." 히틀러가 이렇게 연설하던 당시, 유럽 내 유대인의 약 98퍼센트는 독일에 살지 않았고 대부분 폴란드와 소련 서부 지역에 있었다. 유대인을 어떻게 말살할지는 몰라도, 그 첫 단계는 분명히 전쟁이어야만 했다.[54]

1939년 초반, 히틀러는 전환점에 도달했다. 독일 민족을 하나의 국경 안에 모은다는 그의 대외 정책은 체코슬로바키아와 오스트리아에서 성공을 거두었고, 동방 침략에 폴란드를 참여하게 하려는 시도는 실패로 끝났다. 또한 히틀러는 독일을 재무장하는 한편 전쟁 없이 최대한 영토를 확장하는 데 성공했다. 오스트리아 병합은 시민 600만 명과 막대한 경화를 제공했다. 뮌헨 회담은 히틀러에게 시민 300만 명뿐만 아니라, 당시 세계 최고 수준이었을 체코슬로바키아의 군수 산업 대부분을 선사했다. 1939년 3월 히틀러는 국가로서의 체코슬로바키아를 없애버렸고, 그에 따라 히틀러의 목적이 독일 민족에만 국한된다는 환상은 모조리 사라졌다. 체코 영토는 '보호국'으로 독일 제국에 추가되었고, 슬로바키아는 나치의 감독을 받는 허울뿐인 독립국이 되었다. 3월 21일 독일인들은 폴란드인에게 합의를 강요했지만 이번에도 거부당했다. 3월 25일 히틀러는 독일 국방군에게 폴란드 침공 준비를 명했다.[55]

히틀러의 영향력이 강해지는 한편, 스탈린의 외교 지형도 달라졌다. 인민 전선이 파시즘의 상대가 되지 않는다는 사실은 극명히 드러났다. 뮌헨 회담은 소련에 우호적인 체코슬로바키아 국가의 종말을 재촉했고, 1939년 3월이 되자 체코슬로바키아 자체가 소멸되었다. 1939년 4월에는 프란시스코 프랑코의 반동 세력이 스페인 내전에서 승리했다. 프랑스의 인민 전선 정부는 이미 몰락한 상태였다. 모스크바와 유럽 열강 간의 관계는 군사적, 외교적 관계에 치중해야 했는데, 스탈린에게는 내부에서 그들의 행동에 영향을 줄 정치적 수단이 부족했기 때문이다.

1939년 봄, 스탈린은 가장 위협적인 이념적 경쟁자인 히틀러를 상대로 파격적인 모습을 보였다. 히틀러는 유대인 공산주의자와는 화해하지 않겠다고 맹세했다. 나치 선전물은 소련 외상인 막심 리트비노프를 핀켈슈타인이라고 불렀다. 리트비노프는 실제로 유대인이었고, 그의 형제는 랍비였다. 스탈린은 1939년 5월 3일 리트비노프를 해임해 히틀러에게 힘을 실어주었다. 리트비노프는 스탈린의 최측근이자 러시아계인 몰로토프로 교체되었다. 히틀러의 돌출 행동에는 나름 이유가 있었다. 스탈린주의 이데올로기는 그에 대한 모든 질문에 답해주었다. 1934년 6월 인민 전선은 하루 만에 사회민주주의자들을 '사회주의 파시스트'에서 동맹자로 바꿨다. '사회주의 파시스트'가 소련의 친구가 될 수 있다면, 그냥 파시스트라고 왜 안 되겠는가? 결국 파시즘은 (소련의 분석에 따르면) 자본주의의 변형에 불과했고, 소련은 1922~1933년 자본주의 독일과 좋은 관계를 유지할 수 있었다.[56]

정치적인 관점으로 보면, 독일과의 합작은 충분히 그럴듯했다. 독일을 외면하고 영국 및 프랑스와 동맹을 맺는다는 건 도무지 답일 수 없었다. 1939년 3월 런던과 파리는 독일의 공격을 저지할 목적으로 폴란드에 안전 보장을 약속했고, 이를 통해 소련을 일종의 방위 동맹에 끌어넣으려 했다. 하지만 스탈린은 독일이 폴란드나 소련을 공격하더라도 런던과 파리가 동유럽에 개입하진 않으리란 사실을 잘 알고 있었다. 그는 독일과 합작한 후 자본주의 열강들이 서유럽에서 싸우는 모습을 지켜보는 것이 가장 현명하다고 생각했다. 스탈린의 계획은 "적들이 자멸하게 하는 것"과 "전쟁이 끝날 때까지 힘을 유지하는 것"이었다.[57]

나중에 직접 표현했다시피, 스탈린은 자신과 히틀러가 "오랜 평형 상태를 제거한다는 공통의 열망"을 지녔음을 알아차렸다. 1939년 8월, 히틀러는 스탈린이 제공한 기회에 응답했다. 히틀러는 그해 전쟁을 벌이고 싶어했다. 그는 전쟁 발발 시점에는 신중했지만, 동맹 대상에 대해서는 훨씬 더 유연한 모습을 보였다. 폴란드가 소련과의 전쟁에 참여하지 않는다고? 그러면 소련이 폴란드와의 전쟁에 참여하면 되잖아! 히틀러는 모스크바와 합의한 이상 폴란드 침공 후 영국과 프랑스가 선전포고하더라도 독일이 완전히 포위되진 않으리라 생각했다. 1939년 8월 20일, 히틀러는 스탈린에게 친서를 보내 23일까지 '리벤트로프 협정'을 승인하라고 요구했다. 리벤트로프 협정은 모스크바를 위해 체결되었는데, 오웰과 케스틀러가 모두 지적했듯 이로써 당시 나치의 스와스티카는 사회주의 발상지 수도의 공항에 휘날릴 수 있었다. 케스틀러가 공산주의와 결별하는 계기가 된 이 최후의 이념적 충격은 소련이 더 이상 이데올로기 국가가 아님을 보여주는 표시였다.[58]

거의 곧바로, 두 체제는 폴란드 파괴에 대한 열망이라는 공통점을 찾아냈다. 히틀러가 폴란드를 끌어들여 소련과 싸우겠다는 희망을 포기하자, 폴란드에 대한 나치와 소련의 말은 구분하기 어려워졌다. 히틀러는 폴란드란 베르사유 조약이 낳은 '비현실적인 창조물'이라 했고, 몰로토프도 그 조약의 '추악한 후손'이라고 규정했다. 공식적으로는, 1939년 8월 23일 모스크바에서 체결된 협약은 단순한 불가침 조약일 뿐이었다. 그러나 사실 리벤트로프와 몰로토프는 동유럽 내 나치 독일과 소련의 영향권을 정하는 비밀 의정서에도 합의했는데, 이 영향권에는 아직 독립국이었던 핀란드, 에스토니아, 라트비아,

리투아니아, 폴란드와 루마니아가 들어가 있었다. 역설적인 사실은 폴란드가 불가침 조약이라는 명목 아래 독일과 비밀 계약을 맺었다는 거짓 주장을 바탕으로, 소련 시민 10만 명 이상을 죽인 사건을 스탈린이 바로 얼마 전에 정당화했다는 점이다. 폴란드 박멸 작전은 독일-폴란드 공격의 대응책으로 설명되었다. 그러고는 이제 소련은 독일과 함께 폴란드를 공격한다는 데 합의한 것이었다.[59]

1939년 9월 1일, 독일 국방군은 합병한 오스트리아와 체코슬로바키아에서 얻은 병력 및 무기를 이용해 폴란드 북쪽, 서쪽과 남쪽에서 동시 공격을 감행했다. 히틀러가 마침내 자신의 전쟁을 시작한 것이다.

1939년 8월과 9월, 스탈린은 동유럽뿐만 아니라 동아시아의 지도까지 보고 있었다. 그는 극동 지역에서 소련의 입지를 개선할 기회를 찾아냈다. 이제 스탈린은 서쪽에서는 독일이 폴란드와 함께 자국을 침공하지 않으리라 확신할 수 있었다. 그렇다면 소련이 동아시아에서 일본에 대항하는 경우, 제2전선을 염려할 필요도 없을 것이다. 소련은 (동맹국 몽골과 함께) 1939년 8월 20일 (몽골과 만주국 사이에 있는) 분쟁 국경 지대 내의 (괴뢰 만주국 병력을 포함한) 일본군을 공격했다. 1939년 8월 23일, 베를린과의 관계를 회복한 스탈린의 정책은 도쿄를 노린 정책이기도 했다. 소련의 공격이 있고 사흘 뒤에 체결된 독일과 소련 간의 몰로토프-리벤트로프 조약은 독일과 일본 간의 방공협정을 무효로 만들었다. 전장에서의 패배 이상으로, 나치-소비에트 동맹은 도쿄에 정치적 격변을 일으켰다. 당시의 일본 정권은 붕괴했고, 다음 몇 달 동안 다른 여러 정부도 같은 길을 걸었다.[60]

독일이 일본 대신 소련을 동맹으로 선택하려는 움직임을 보이자, 일본 정부는 예상치 못한 혼란스러운 상황이 발생했음을 알게 되었다. 일본 지도부는 이미 북쪽 대신 남쪽으로, 소비에트 시베리아 대신 중국과 태평양 쪽으로 확장한다는 데 동의한 상태였다. 하지만 모스크바와 베를린 간의 연합이 결성되면, 붉은 군대는 병력을 유럽이 아닌 아시아에 집중하게 될 것이다. 그러면 일본은 최정예 부대를 단순한 자체 방어를 위해 북쪽 만주국에 배치해야 하고, 남쪽으로의 진격은 훨씬 더 어려워진다. 히틀러는 스탈린에게 동아시아에 대한 재량권을 주었고, 일본은 히틀러가 새 친구를 빨리 배신하기만 바라게 되었다. 일본은 독일과 소련의 전쟁 준비 상황을 감시할 목적으로 리투아니아에 영사관을 설치했다. 영사에는 러시아어에 능통한 첩자, 스기하라 지우네가 임명되었다.[61]

1939년 9월 15일에 붉은 군대가 일본 군대를 물리쳤을 때, 스탈린은 자신이 바라던 결과를 온전히 달성할 수 있었다. 대공포 시대의 민족 박멸 작전은 일본, 폴란드, 독일 순으로 진행되었는데, 그 목적은 이들이 연합해 소련을 포위하는 일을 막는 것이었다. 대공포 시대에 살해된 68만1692명은 이러한 포위 작전의 가능성을 줄이진 못했지만, 외교와 군대는 그 가능성에 영향을 주었다. 9월 15일이 되자 독일은 폴란드군의 전투 능력을 사실상 제거하는 데 성공했다. 독일-폴란드 연합의 소련 공격은 불가능한 일이 되었고, 독일-일본 연합의 소련 공격도 가능성이 희박해졌다. 스탈린은 독일-폴란드-일본의 소련 포위라는 공상을 독일-소련 연합의 폴란드 포위와 그에 따른 일본 고립이라는 현실로 바꿔버렸다. 소련 군대가 일본에 승리한 후 이틀이 지난 1939년 9월 17일, 붉은 군대는 동쪽에서 폴란드를 습격했다. 붉은 군대와 독일 국방군은 폴란드 중간 지대에서 조우해 공동 승리 퍼레이드를 준비했다. 9월 28일, 베를린과 모스크바는 폴란드에 관한 두 번째 협약을 맺었는데, 이번에는 국경과 친선 관계를 다룬 조약이었다.

이렇게 블러드랜드의 역사는 새로운 단계에 접어들었다. 폴란드의 절반을 소련에 내줌으로써, 히틀러는 폴란드 박멸 작전에서 몹시 잔혹하게 자행된 스탈린의 테러가 폴란드 본토에서 재현되게 했다. 스탈린 덕분에 히틀러는 나치 점령하의 폴란드에서 자신의 첫 번째 대량 살상 정책을 실행할 수 있었다. 독일과 소련의 폴란드 공동 침공 이후 21개월 동안, 독일인과 소련인들은 각각 폴란드의 절반을 지배하면서 비슷한 이유로 비슷한 숫자의 폴란드 민간인들을 죽였다.

두 국가의 살육 담당 기관은 제3의 영토에 집중했다. 스탈린처럼, 히틀러도 자신의 첫 번째 주요 민족 사살 작전의 대상으로 폴란드인을 선택했다.

4장

독소 불가침 조약과 유럽

독일의 공포는 하늘에서 내려왔다. 1939년 9월 1일 새벽 4시 20분, 폴란드 비엘룬시 한복판에 돌연 폭탄이 쏟아져 내리기 시작했다. 그 어떤 사전 경고도 없이 이뤄진 공습이었다. 독일인들은 아무런 군사 전략적 의미도 갖고 있지 않았던 그곳을 끔찍한 실험의 장소로 택했다. 현대식 공군력이 정밀 폭격으로 민간인 대부분을 공포에 몸서리치도록 만드는 것, 그게 정말 가능한 일이었을까? 물론 가능했다. 교회, 시너고그, 병원, 이 모든 것이 불 속으로 사라졌다. 셀 수 없을 만큼 많은 탄약과 총 70톤가량의 폭탄이 거의 모든 건물을 파괴했고, 수백 명의 목숨을 앗아갔다. 숨진 이들 대다수는 여성과 아이들이었다. 살아남은 주민들은 삶의 터전을 버린 채 피란길에 올랐고, 도시를 관리할 독일 행정관이 도착했을 때 그곳에는 산 자보다 죽은 자들의 시체가 더 많았다. 서부 폴란드의 수많은 마을과 도시도 같은 운명을

맞았다. 무려 158개나 되는 삶의 근거지가 폭격에 희생되었다.[1]

폴란드의 수도 바르샤바에 있던 사람들은 푸른 하늘을 가로지르는 전투기들을 보며 "에이, 설마 우리 편 비행기겠지"라는 말로 스스로를 안심시켰다. 하지만 그들은 틀렸다. 1939년 9월 10일은 유럽의 주요 도시 중 하나가 처음으로 적국 공군에게 아주 체계적이고 정밀한 폭격을 당한 날로 기록되었다. 이날 바르샤바 습격에 참가한 사람들 가운데는 17세밖에 안 된 독일 소년도 있었다. 그달 중순까지 폴란드 정규군은 대부분 무릎을 꿇었고, 수도만 겨우 버티고 있을 따름이었다. 9월 25일, 히틀러는 바르샤바가 항복하기를 바란다고 선언했다. 그날 약 560톤의 폭탄과 72톤의 소이탄이 퍼부어졌다. 정식 전쟁으로 인정받을 수 없던 이 전쟁의 초반, 주요 인구 밀집 지역이자 유럽의 역사적 수도 하나가 폭격에 무너져 내렸고 도합 2만5000명의 시민(그리고 6000명의 군인)이 목숨을 잃었다. 9월 내내 독일 국방군을 피해 달아나던 피란민들의 긴 행렬은 동쪽을 향하고 있었다. 독일 전투기 조종사들은 이들 위로 유유히 저공비행을 하면서 기관총을 쏴대는 일에 재미가 들려 있었다.[2]

폴란드는 외로운 싸움을 벌이는 중이었다. 프랑스와 영국은 약속대로 독일에 대한 전쟁을 선포했지만, 실질적인 군사 행동은 전혀 취하지 않았다. (프랑스군은 자르 지역으로 고작 몇 마일만 진격한 뒤 이내 다시 퇴각해버렸다.) 폴란드군은 방어 태세에 돌입했다. 그들은 동쪽으로부터 붉은 군대가 공격해오는 경우 또는 서쪽에서 독일 국방군이 치고 들어오는 경우에 맞춰 훈련되어 있었다. 1920년대 그리고 1930년대의 전쟁 계획과 시뮬레이션에서 두 가지 변수는 모두 고려 대상이었다. 이제 투입될 수 있는 전체 병력인 약 39개 사단(대략 90만 명)이 독일군 50개 사단(150만 병력)에 맞섰다. 그렇지만 폴란드 병력은 수적으로 밀리고, 화력 면에서도 열세인 데다, 북쪽·서쪽·남쪽에서 몰아쳐오는 기갑 부대의 공격에 이미 허를 찔린 터였다. 물론 저항이 꽤 거센 곳도 없진 않았다.

폴란드 침략 전까지 독일 국방군은 오스트리아나 체코슬로바키아처럼 애초에 백기가 꽂혀 있는 땅을 어슬렁거리며 돌아다니는 데 익숙해져 있던 터였다. 그러나 사정이 바뀌었다. 이제 독일군은 자신들에게 진짜로 총구를 겨눈 적들과 마주하게 되었던 것이다. 그랬다. 모두가 도망만 친 것은 아니었다. 발트해 연안에 있는 자유시이자 히틀러가 그토록 독일에 반환할 것을 요구했던 단치히*로 돌아가보자. 이곳에 있던 폴란드인 일부는 자신들의 우체국을 지키고자 애를 쓰고 있었다. 독일군 기관병은 지하에서 저항하던 이들 위로 가솔린을 들이붓고는 그곳을 불바다로 만들어버렸다. 우체국을 책임지던 국장이 흰 손수건을 흔들며 건물 밖으로 나왔지만 그를 기다린 것은 총알 세례뿐이었다. 화상으로 11명이 숨졌다. 독일인들이 그들을 치료하지 않고 내버려두었던 탓이다. 38명에게 건물 불법 방어라는 죄목으로 사형이 선고되고, 곧바로 총살형이 집행되었다. 그들 가운데는 훗날 서독의 대문호가 되는, 당시에는 소년이던 귄터 그라스의 삼촌인 프

* 지금은 그단스크로 불리며 폴란드 영토인 발트해 연안 도시. 중세 이래 독일 도시였으나 동프로이센과 독일 북부를 잇는 전략적 요충지이며 주요 항구도시였기에 제1차 세계대전 이후 폴란드에게 주어졌다. 이는 바이마르 공화국 시절부터 독일과 폴란드의 분쟁을 낳았다.

란치셰크 크라우세도 있었다. 그라스의 소설 『양철북』으로 이곳에서 벌어진 전쟁 범죄는 널리 알려지게 되었다. 하지만 그 이야기는 빙산의 일각일 뿐이었다.[3]

독일군들에게 내려진 지시에 따르면, 폴란드는 실제로 존재하는 나라가 아니었다. 마찬가지로 폴란드군 역시 존재하지 않는 군대였다. 따라서 침공에 저항하는 이들은 군인으로 대접받을 수 없었다. 독일군 장교들은 병사들에게 전투에서 독일인이 죽은 것은 "살해당한 것"이라고 이야기했다. 우월한 독일 인종에 저항하는 것은 히틀러의 표현처럼 "오만불손한 짓"이기에 폴란드 군인들은 전쟁포로로서 누리는 그 어떤 권리도 가질 수 없었다. 우리치의 어떤 마을에서는 독일군이 폴란드 포로들을 한데 모아 외양간에 집어넣었다. 포로들은 서로에게 이제 오늘 밤은 이곳에서 지새우게 됐나보다라고 말을 건넸다. 그러나 그곳은 곧 화염에 휩싸였다. 독일인들이 그들을 그곳으로 몰아넣고 불을 질렀던 것이다. 근처, 실라두프의 한 마을로 가보자. 이곳의 독일인들은 전쟁포로들을 남아 있던 폴란드 기갑 부대와의 전투에서 쓸 인간 방패로 삼았다. 같은 폴란드인들에게 차마 총구를 겨누지 못하던 장갑차 기수를 죽인 독일인들은 포로들에게 자신의 손으로 직접 죽은 전우의 시신을 묻으라고 명령했다. 그러고는 비스와 강둑에 그들을 돌려세운 뒤 방아쇠를 당겼다. 당시 살아남은 이의 증언에 따르면, 살아남으려고 오리처럼 너나없이 강물에 뛰어든 이들에게는 인정사정없는 총격이 가해졌다. 이날 약 300명이 목숨을 잃었다.[4]

히틀러는 이미 1939년 8월 22일 지휘관들에게 "자비 따윈 개나 줘라"라고 지시해둔 터였고, 독일인들은 포로 학살에 망설임이 없었다.

격렬한 전투가 벌어졌던 치에피엘루프에서는 300여 명이 포로로 붙잡혔다. 그들이 군인이라는 그리고 전쟁포로라는 사실은 누가 봐도 명백했지만 독일인 지휘관은 이들을 빨치산, 즉 전시 국제법의 보호를 전혀 받을 수 없는 비정규 집단으로 규정했다. 멀쩡하게 군복을 걸치고 있던 군인과 장교들은 어안이 벙벙할 따름이었다. 독일인들이 그런 그들을 발가벗긴 뒤에야 그나마 빨치산이라고 불러줄 만하게 보였다. 그리고 이 '빨치산'들은 하나도 남김없이 총살당했으며, 시체는 배수로에 던져졌다. 폴란드에서 벌어진 짧은 군사 작전 기간에 이 같은 학살은 적어도 63차례나 자행되었다. 최소한 3000여 명의 전쟁포로가 문자 그대로 학살당했으며 부상자들 역시 같은 운명을 피해 갈 수 없었다. 한 가지 사례를 자세히 보면, 적십자 깃발이 펄럭이는 건물에 포신을 들이댄 독일 탱크들이 등장한다. 만약 그곳에 그 깃발이 없었다면, 그들은 그 건물을 무시하고 그냥 지나쳤을 것이다. 그러나 애석하게도 십자가가 탱크 지휘관들의 눈에 들어와버렸고, 이내 포격과 함께 불길이 솟구쳤다. 도망쳐 나온 이들을 위해서는 기관총 세례가 기다리고 있었다. 그 뒤에는 무슨 일이 벌어졌을까? 탱크들은 건물의 남아 있던 부분들을 그대로 짓뭉개버렸다. 아직 살아 있는 사람들마저 말이다.[5]

독일군 장교와 병사들은 폴란드인들에게 닥친 끔찍한 사태를 '자업자득'이라 여겼다. 어느 독일군 장성의 말처럼, "독일인은 주인이고 폴란드인은 노예"이기 때문이다. 군 수뇌부는 히틀러가 이 군사 작전에 건 목표는 지극히 단순하다는 것을 알고 있었다. "위대한 총통의 뜻은, 폴란드인들을 모조리 죽여 그 씨를 말려버리는 것이다." 한 참모총장의 정리였다. 이미 독일군의 눈에 폴란드인들은 인간 이하의 괴물이었다. 폴란드인에 대한 적개심이 몹시 투철했던 어떤 군인은 고통으로 숨진 한 폴란드인의 일그러진 표정을 '독일인에 대한 무분별한 증오가 드러난 것'이라고 해석하기도 했다. 그뿐만이 아니었다. 독일군을 우연히 마주치기만 해도 곧 그 폴란드인은 독일군들의 분풀이 대상이 되었다. 대체로 그들은 새 영토를 얻고 나면 습관처럼 민간인 학살을 자행했고, 이는 심지어 반대의 경우에도 마찬가지였다. 만약 어떤 식으로든 아군 사상자가 발생한다면, 그들은 닥치는 대로 그 책임을 물었다. 먼저 남자들에게, 그 다음은 여자, 그리고 아이들에게까지도.[6]

시간을 거슬러, 비주프 지역의 어느 마을을 한번 살펴보자. 독일군들이 마을 사람들을 불러 모았다. 불려 나온 이들의 얼굴에는 두려운 기색이 별로 없었는데, 아무리 생각해도 잘못한 게 아무것도 없었기 때문이다. 하지만 아이를 밴 한 여인의 머릿속에 뭔가 불길한 생각이 스쳐 지나갔고, 그것은 곧 사실로 드러났다. 독일인들이 그녀의 남편을 비롯한 마을의 남자를 모조리 울타리에 돌려세운 뒤 사살해버렸던 것이다. 론기누프카에서는 40여 명의 민간인이 갇힌 건물에 불이 붙었다. 건물 밖으로 뛰쳐나온 이들이 곧바로 독일군 총구의 표적이 되었음은 물론이다. 도저히 상상하기 어려운 인과관계를 내세운 앙갚음도 있었다. 100여 명의 민간인이 총살당했는데, 이들 중 누군가가 총을 쏘게끔 했다는 이유에서였다. 총을 쏜 장본인은 다름 아닌 독일군이었는데도 말이다.[7]

폴란드는 절대 호락호락 무릎을 꿇지 않았지만, 전투는 1939년

10월 6일에 끝났다. 하지만 독일 국방군은 그해 가을, 점령 작업이 확실히 마무리된 뒤에도 학살을 멈추지 않았고, 수많은 폴란드인은 이른바 밑도 끝도 없는 앙갚음에 희생되었다. 그 사례를 보자. 12월, 독일군 2명이 폴란드인의 손에 살해당했다. 분명 범인이 누구인지 알고 있었음에도 독일군은 사건과 아무 관련 없는 폴란드인 114명에게 기관총 세례를 퍼부었다. 1월에는, 그의 성씨를 보아 유대인일지도 모른다고 의심되는 독일인을 넘기지 않았다는 이유로 바르샤바의 유대인 255명이 총에 맞아 숨졌다. 물론 문제가 된 독일인은 이들 유대인 공동체와 눈곱만큼의 관계도 없던 인물이었다.[8]

독일 군인들은 그동안 유대인들에 대해 그저 동쪽에 사는 야만인이라고만 교육받아왔고, 그들이 폴란드에서 마주한 유대인들의 거대한 종교 공동체들은 만약 독일이었다면 절대로 존재하지 못했을 것이었다. 히틀러가 유대인들이 독일 사회에 미치는 파괴적 역할에 대해 입에 거품을 물었을지라도, 사실 그들이 독일 인구에서 차지하는 비중은 미미할 뿐이었다. 또한 뉘른베르크 법에 따라 유대인으로 분류된 독일 사람 대다수는 종교와는 별 관계가 없었으며,* 오히려 많은 사람이 유대 공동체와 자신을 동일시하지 않는 편이었다. 즉 독일 내 유대인들은 독일 사회에 거의 동화된 상태였고 실제로 비유대인과의 결혼 역시 매우 흔한 일이었다. 그러나 폴란드에서는 사정이 전혀 달

* 유대인은 고대에 세계 각지로 흩어진 뒤 현지 주민과 통혼을 반복하며 인종적 동일성은 거의 없어졌고, 유대교의 계율과 관습을 따르느냐가 정체성의 기준이 되었다. 그러나 나치 독일은 부계와 모계 어느 한쪽에서라도 유대인 혈통이 발견되면 유대인이라 정의했고, 이에 따라 자신을 한 번도 유대인이라 생각하지 않은 독일 국민 다수가 박해를 당했다.

랐다. 여기에는 몇 가지 역사적 이유가 있었다. 유대인들은 중세 말, 대부분의 중부 및 서유럽에서 그러했듯 독일에서도 쫓겨나기에 이른다. 그런 그들에게 폴란드는 마치 천국과도 같은 곳이었고, 이에 따라 폴란드는 이후 유럽 유대인 정착의 중심지가 되었다. 1939년 폴란드 전체 인구의 약 10퍼센트가 유대인이었으며, 대다수는 유대교 전통 복장과 관습을 지켜오고 있었다. 아울러 그들은 대체로 독일인들의 귀에 뭔가 이상한 독일 말로 들리는 이디시어*를 사용하고 있었다. 폴란드에서 가장 중요한 유대인 도시라고 할 수 있는 바르샤바와 우치에서는 총인구의 약 3분의 1이 유대인일 정도였다.

독일군들이 주고받은 편지를 보면, 장교 사병 할 것 없이 폴란드 유대인에 대한 어떤 고정관념이 있었음을 알 수 있다. 그들은 인간 이하의 존재였으며, 미개한 폴란드 땅을 더욱 오염시키는 병균이나 해충이었다. 그들이 부인 또는 여자친구에게 보낸 편지는 이 더러운 쓰레기들에 대한 무자비한 아상블라주로 가득하다. 그들 머릿속에 폴란드의 아름다움은 모두 앞선 독일인 정착자들의 작품인 반면, 폴란드의 추악함은 한결같이 유대인들의 타락과 폴란드인의 게으름이 빚어낸 것이었다. 그들은 유대인을 완전히 뿌리 뽑으려는 어떤 걷잡을 수 없는 충동을 느낀 듯 보였다. 한 무리의 독일 군인들이 유대인 남성 주위를 에워싸고 그의 긴 수염과 머리칼을 밀어버리는 모습, 이를 두고 낄낄대며 기념사진을 찍는 모습은 곳곳에서 볼 수 있었다. 처벌받을 범죄는커녕, 무슨 장난이라도 치듯 유대인 여성을 강간하는 모습

* 중부 및 동부 유럽 유대인들이 사용하는 변형된 히브리어. 사용 인구만 보면 오히려 정통 히브리어보다 규모가 더 크다.

또한 자주 보였다. 그랬다. 강간을 일삼던 병사들이 붙잡히더라도, 인종 혼합을 금지하는 독일 법에 저촉될 수 있다는 말을 다시 들려주고는 '그만 가보게' 하는 것이 전부였으니까![9]

솔레츠 지방의 어느 마을에는 인질로 붙잡혀 지하 창고에 감금된 유대인들이 있었다. 그들 중 누군가가 탈출을 시도하자 독일군은 그들이 있던 곳에 수류탄을 던졌고, 폭발과 함께 그곳의 모든 사람이 목숨을 잃었다. 라바 마조비에츠카에서는 한 독일군이 유대인 소년에게 물을 좀 달라 말하자 겁에 질린 소년이 이내 줄행랑을 쳤다. 그 독일군은 즉시 조준 사격을 했으나, 불행히도 도망친 소년이 아닌 동료 독일군 병사에게 맞았다. 이 때문에 수백 명의 사람이 광장으로 끌려나와 모조리 살해당했다. 9월 중순, 디누프에서는 하룻밤 사이에 200명의 유대인이 기관총에 맞아 숨졌다. 1939년 말까지 폴란드에 있던 약 4만5000명의 유대인 중 7000여 명이 독일군의 손에 목숨을 잃었는데, 이는 폴란드 전체 인구에서 유대인이 차지하는 비중을 넘어서는 수치였다.[10]

독일군 장교와 사병들에게 주입된 나치 세계관에서 유대인 출신 군인들은 그렇지 않은 폴란드 군인보다 더 골치 아픈 존재였다. 독일군의 경우 이미 1935년부터 군대 내 유대인들을 쫓아내버린 터였다. 그러나 폴란드의 유대인들은 다른 폴란드 남성들과 마찬가지로 폴란드군에 소속되어 있었으며, 특히 유대인 의사들은 폴란드 의무장교의 상당 비중을 차지하고 있었다. 독일군은 폴란드군의 유대인을 따로 추려내, 가혹한 노동이 기다리고 있는 특별 수용소로 보냈다.

독일은 소련이 개입하기 시작한 9월 17일까지 거의 완벽한 승리를 일궈내고 있었다. 소련의 붉은 군대가 들어오던 그날까지도 독일 공군은 폴란드 서남부에 위치한 주요 도시 중 하나인 르부프(오늘날의 리비프)에 폭격을 쏟아붓고 있었다. 폴란드로 약 50만에 달하는 소련군이 밀려들어오는 것은 두려움과 동시에 희망을 불러일으켰다. 폴란드인들은 그들이 독일군과 싸워주러 왔다고 믿고 싶었다. 독일군의 공격에 동쪽으로 쫓기던 몇몇 폴란드 군인은 아주 잠깐 동안, '이제 동맹군을 찾았다'는 착각에 빠지기도 했다. 그만큼 폴란드군은 지원에 목말라 있었다.[11]

소련은 폴란드인들의 나라가 이미 사라져버렸기에 자신들의 개입은 불가피하다고 주장했다. 이들의 선전 내용은 이랬다. '폴란드는 더 이상 자국민을 보호할 수 없기에 붉은 군대가 평화의 수호자로서 들어온 것이다.' 특히 폴란드에 있는 우크라이나계, 벨라루스계 소수 민족들에게는 이 같은 구조 작전이 꼭 필요하다는 주장이었다. 하지만 이런 입바른 말과 달리 소련 장교와 사병들은 애초에 전쟁을 치를 준비가 되어 있었고, 실제 전투 역시 마다하지 않았다. 붉은 군대는 폴란드군을 무장해제시켰고, 필요하다면 어디서든 이들과 교전을 벌였다. 50만의 소련군은 거의 무너지기 직전에 있던 군대와 싸우기 위해, 이미 제대로 된 방어조차 이뤄질 수 없었던 폴란드 국경을 넘은 것이다. 소련군은 독일군과 만나 서로의 경계를 정했고, 심지어 서로의 승리를 축하하는 파티를 벌이기도 했다. 스탈린은 독일과의 동맹에 대

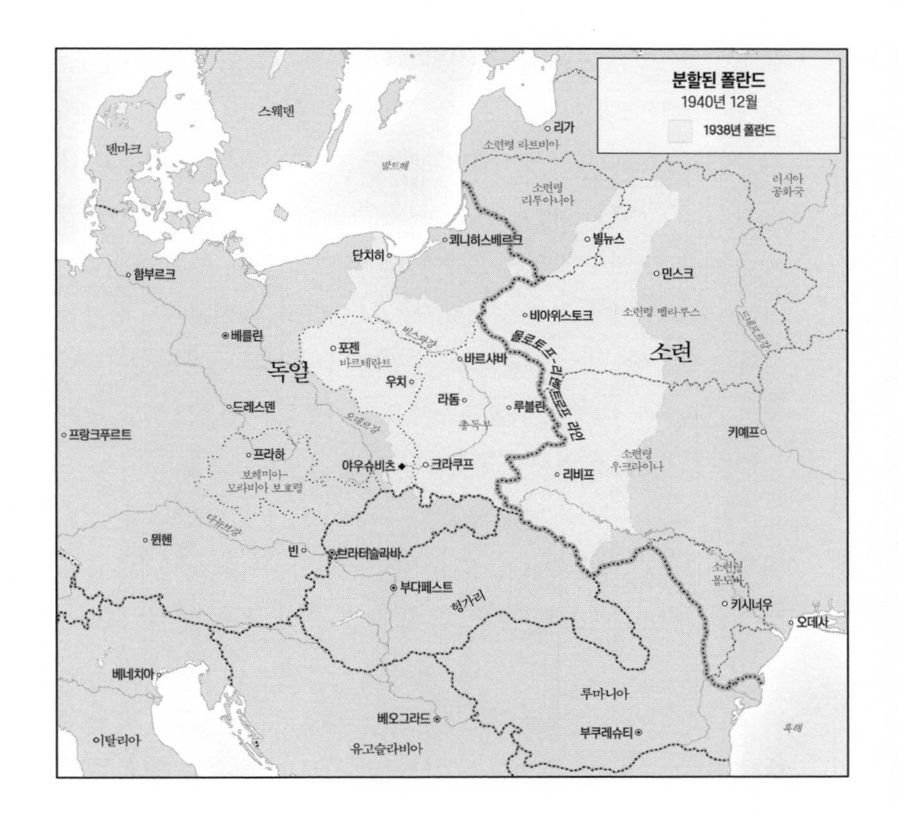

해 "피로 맺어진 혈맹"이라고 말했다. 물론 그 피란 바로 이들과의 전투에서 목숨을 잃은 6만이 넘는 폴란드 군인이 흘린 피였다.[12]

독일 국방군과 붉은 군대 모두가 가까이에 포진하고 있던 르부프 같은 곳의 폴란드군에게는 둘 중 어느 쪽에 항복해야 하는가라는 난제가 주어졌다. 소련군은 간단한 인터뷰만 끝낸 뒤 안전하게 집으로 돌려보내줄 것을 약속했고, 그들을 이끌고 온 니키타 흐루쇼프 역시 이를 거듭 확인해주었다. 화가 겸 작가이자 폴란드 예비군 장교였던 유제프 찹스키는 그런 약속을 믿었다가 뒤통수를 얻어맞은 이들 중 한 명이었다. 그가 이끌던 부대는 독일군의 공격으로 무너진 상태에서 소련군에 둘러싸이게 되었다. 소련군은 분명 이들을 르부프로 데려간 뒤 그곳에서 풀어주겠다고 약속했다. 하지만 거짓말이었다. 그들은 시장 앞 광장에 있는 트럭에 올라타야만 했다. 눈물을 머금은 여인들이 그들에게 담배를 던져주었고, 한 유대인 젊은이가 사과를 사와 트럭에 넣어주는 모습도 볼 수 있었다. 우체국 근처에서는 군인들이 가족에게 쓴 편지가 적힌 노트를 받아주는 여인들도 있었다. 포로들은 기차역으로 끌려가 동쪽으로 가는 기차에 태워졌다.[13]

그들은 소련 국경을 넘으며, 찹스키의 회상에서처럼 마치 "딴 세상"에 들어가는 듯한 느낌을 받았다. 찹스키는 자신과 같은 예비군 장교이자 우크라이나의 어마어마한 초원지대에 혀를 내두르던 한 식물학자 친구와 나란히 앉아 있었다. 또 다른 기차에는 마구 갈라진 소련의 집단농장 바닥을 훑어보던 농부들도 있었다. 그들은 그 엉망인 상태에 한숨을 내쉬며 고개를 젓고는, 자신들이 본 광경을 애써 못 본 체했다. 소련 치하 우크라이나의 수도인 키예프에서는 생각지도 못한 응대를 받기도 했다. 우크라이나인들은 슬픔에 잠긴 표정으로 소련군에 둘러싸인 폴란드 장교들을 바라봤는데, 그들 중 몇몇은 여전히 폴란드군이 우크라이나를 스탈린의 손아귀에서 구해주리라는 믿음을 갖고 있는 듯 보였다. 하지만 현실은 달랐다. 약 1만5000명의 폴란드 장교는 소련 내무인민위원회가 관리하는 소비에트 우크라이나 동부의 스타로빌스크, 소비에트 러시아의 코젤스크와 오스타시코프의 포로수용소로 끌려갔다.[14]

폴란드에서 이 사람들—그리고 이들 대다수는 남성이었다—을 빼내는 것은 폴란드 사회에 대한 일종의 사형 선고와도 같았다. 소련은 10만 명이 넘는 전쟁포로 상당수를 풀어줬지만 장교들만은 예외였고, 이들 중 3분의 2는 예비역이었다. 찹스키와 그의 식물학자 친구처럼 이 예비역 장교들은 군인이라기보다는 잘 교육받은 이른바 지식인 계층에 속하는 사람들이었다. 따라서 이는 결국 수천 명의 의사, 변호사, 과학자, 교수, 정치인이 폴란드에서 사라지는 것을 뜻했다.[15]

그러는 사이 폴란드 동부에 있던 소련 점령군들은 상류층이 종적을 감춘 폴란드 사회의 하위 질서를 자신들의 구미에 맞게 재배치하고 있었다. 정치범들은 교도소에서 풀려났고, 대개 공산주의자였던 이들이 지방 정부의 책임자로 들어섰다. 소련의 선동가들은 소작농들이 탐욕스러운 지주들에게 복수할 때가 왔다고 떠들어댔다. 대부분의 사람이 잔혹한 범죄를 저지르라는 이들의 외침에 따르지 않았지만, 수천 명은 결국 따랐다. 그만큼 혼란과 공포 역시 맹위를 떨치고 있었다. 도끼질이 난무하는 대량학살이 불현듯 흔한 광경이 되어버렸다. 가령 기둥에 묶인 한 남자와 억지로 끌려 나온 그의 가족들이 있었다. 곧 그는 가족들이 지켜보는 앞에서 살점이 도려내지고, 상처에는 소금이 뿌려졌다. 물론 이런 과정에서 소련군은 대체로 점잖은 편이었다. 비록 군인 2명이 한 공무원을 죽이고 그의 금이빨을 뺏어간 경우에서처럼, 때때로 행패를 부리기도 했지만 말이다.[16]

눈에 보이지 않는 곳에서는 내무인민위원회가 맹활약하고 있었다. 21개월 동안 그들이 점령지인 동부 폴란드에서 체포한 이들의 숫자는 소련 전체에서 체포한 수보다 더 많았다. 대략 10만9400명의 폴란드인이 체포되었다. 그들에게 떨어진 매우 전형적인 처벌은 강제수용소에서 8년 동안 강제노동을 하는 것이었고, 8513명에게는 사형이 선고되었다.[17]

—

독일이 점령한 몰로토프-리벤트로프 라인의 서쪽에서는 소련보다 더 막 나가고 있었다. 독일 국방군이 폴란드군을 완전히 제압하자, 나치 친위대는 이제 폴란드인들에게 자신들의 방식을 마음 놓고 써볼 수 있었다. 학살의 최선봉에 선 '아인자츠그루펜(특수부대)'은 하인리히 힘러의 오른팔인 라인하르트 하이드리히의 작품이었다. 이들은 주로 보안경찰들이 이끄는 특별학살부대로, 그 표면상의 임무는 군사 작전이 끝난 후방 지역을 수습하고 안정을 되찾아주는 것이었다. 1939년에 창설된 이들은 보안경찰(국가 기관)과 SS 보안방첩부(나치당의 기관으로 나치 친위대의 정보기관)를 통합한 하이드리히의 제국보안본부 소속이었다. 사실 아인자츠그루펜은 앞서 오스트리아와 체코슬로바키아에도 투입된 전적이 있으나, 이들 국가에서는 별다른 저항이 없었던 탓에, 특정 집단을 학살하라는 이른바 특별 임무를 부여받은 것은 폴란드가 처음이었다. "이데올로기로 무장한 군인"으로서 손에 떨어진 적국의 교육받은 계층을 말 그대로 지우는 임무는 드디어 실행에 옮겨졌다. (흥미로운 사실은 그들이 어떤 면에서는 자신들과 같은 계층을 학살했다는 점이다. 아인자츠그루펜과 기동대 지휘관 구성원들의 25분의 14는 박사학위를 보유하고 있었다.) 타넨베르크 작전 당시 하이드리히는 "적국 사회의 상층부"가 독일에 아무런 위협이 되지 못하게 만들길 원했고, 이에 6만1000여 명의 폴란드인이 아인자츠그루펜의 손에 목숨을 잃었다. 이는 히틀러의 말을 행동으로 옮기는 조치였다. "그 사회의 상층부가 사라진 국가만이 비로소 진짜 노예가 될 수 있다." 이러한 숨통 끊기 프로젝트의 궁극적인 목표는 한 사회로서 제 기능을 하지 못하도록 "폴란드를 완벽하게 파괴하는 것"이었다. 아인자츠그루펜은 능력 있는 대다수의 폴란드인을 없앰으로써, 폴란드를 독일 인종주의의 환상에 알맞은, 그리고 독일의 지배에 저항할 수 없는 기형으로 만들고 있었다.[18]

아인자츠그루펜은 그야말로 죽일 듯한 기세로 임무를 수행했으나 경험이 부족하다보니, 소련의 내무인민위원회가 보여준 그럴싸한 잔머리조차 없었다. 확실히 이들이 대 빨치산 작전의 이름을 팔아 폴란드인을 살해하는 것은 아주 흔한 일이었다. 비드고슈치에서 약 900명이, 카토비체에서는 그 대다수가 여성과 소녀였던 750명이 목숨을 잃었다. 대체로 전투와 아무 관련 없이 아인자츠그루펜의 손에 살해당한 폴란드인은 약 5만에 달하는 것으로 보인다. 물론 이 5만은 그들이 작성한 6만1000명의 살해 명단에는 없는 숫자로, 이들은 얼떨결에 마구잡이로 선택되어 목숨을 빼앗긴 사람들이었다. 아인자츠그루펜은 소련의 내무인민위원회와 달리 자신들 내부 규약을 잘 지키지 않았고, 폴란드에서 자신들이 몇 사람을 죽였는지 역시 제대로 기록해두지 않았다.[19]

아인자츠그루펜은 별다른 구별을 하지 않아도 무방했던 대상, 즉 유대인을 대상으로 한 임무 수행에서 좀더 뛰어난 모습을 보였다. 한 대원을 살펴보자. 그에게 떨어진 임무는 유대인들에게 공포를 심어 그들이 독일 점령 지역에서 소련의 관리 지역인 동쪽으로 도망가게끔 만드는 것이었고, 이 임무는 가능한 한 군사 작전이 여전히 한창이던 1939년 9월에 이뤄져야 했다. 벵진에 있던 이 대원은 화염방사기를 가져와 시너고그를 잿더미로 만들고는, 이틀이라는 짧은 시간 동안 무려 500명의 유대인을 살해했다. 기동대(아인자츠그루펜 소속 하위 부대) 또한 비슷한 임무를 처리했다. 헤움에서는 이들 중 한 명이 부유한 유대인의 금품을 빼앗는 일을 수행하고 있었다. 독일인들은 길 한복판에서 유대인으로 보이는 여인들의 옷을 벗기고는 몸수색을 벌였고, 태연히 이들의 항문이나 성기에까지 손을 집어넣기도 했으며, 결혼반지를 빼으려고 손가락을 부러뜨리는 일까지 있었다. 9월 16일부터 19일까지 나흘 동안, 프셰미실에서는 기동대원들의 손에 적어도 500명이 넘는 유대인이 목숨을 잃었다. 이러한 활동 '덕분에' 수십만 명의 유대인은 소련의 점령지로 도망치는 길을 택했다. 루블린 인근만 보더라도 무려 2만 명이 넘는 유대인이 그야말로 삶의 터전을 뒤로하고 달아났다.[20]

폴란드 정복이 마무리되자, 독일과 소련은 서로의 관계를 재확인하려고 또 다른 만남을 가졌다. 바르샤바가 독일의 손에 떨어진 1939년 9월 28일, 두 동맹국은 양쪽의 국경 확정과 우정 확인을 골자로 한 새로운 조약에 서명했다. 서로의 영향권에 약간씩 변화를 준 그 내용을 살펴보면, 바르샤바는 독일에, 리투아니아는 소련에 속한 땅이 되었다(이것이 바로 "몰로토프-리벤트로프 라인"이라는, 지도에 그어진 경계다). 더불어 독일과 소련 모두, 저항하는 폴란드 세력이 있다면 공동

대응하고 협력할 것에 대한 내용 역시 조약에 명시되었다. 10월 4일, 나치 독일과 소비에트 연방은 새로운 공동 국경 지대를 정한 추가 협약에 합의했다. 폴란드라는 나라는 더 이상 존재하지 않았다.

며칠 후 독일은 남은 폴란드 지역을 무력으로 합병하고, 나머지 지역은 동방 총독부를 세워 자신들의 식민지로 삼았다. 이곳은 폴란드인과 유대인이라는 불청객들을 집어넣는 일종의 쓰레기 처리장이 될 것이었다. 유대인들은 동부 어딘가에 있는 "자연보호구역" 같은 곳에 따로 수용해야 한다는 것이 히틀러의 생각이었다. 총독부의 수장이 된 히틀러의 전 변호사 한스 프랑크가 분명하게 밝혔듯 식민지 주민들은 1939년 10월 말에 공표된 두 가지 질서에 따라야 했는데, 하나는 앞으로 모든 치안은 독일 경찰이 책임진다는 것이었고, 다른 하나는 어떤 행동이든 독일과 독일인의 이해에 반하는 행동을 한 폴란드인은 독일 경찰이 그를 즉결처분할 권리를 가진다는 것이었다. 프랑크는 폴란드인들이 이내 "폴란드에 미래 따윈 없음"을 깨닫고 독일인들의 지도를 받아들일 것이라고 믿었다.[21]

—

다시 몰로토프-리벤트로프 라인의 동쪽으로 가보자. 소련은 자신만의 체계를 넓혀나가고 있었다. 모스크바의 소련 수뇌부들은 기존의 우크라이나와 벨라루스 공화국을 서부로 확장하는 작업과 더불어 폴란드 동부에 살고 있던 사람들을 새로 얻은 인구로 편입시켜 이른바 혁명 조국 소련의 확대 사업에 강제로 참여시켰다. 붉은 군대가 폴란드에 들어왔을 때, 그들은 소련을 폴란드의 지배로부터 소수 민족들을 해방시키기 위해 찾아온 위대한 해방자이자 지주들의 착취에 저항하는 소작인들의 숭고한 후원자라고 소개했다. 폴란드 동부의 인구 비율은 43퍼센트가 폴란드계, 33퍼센트가 우크라이나계, 유대계와 벨라루스계가 각각 8퍼센트였으며, 소수의 체코, 독일, 러시아, 집시, 타타르족 등이 그 나머지를 차지하고 있었다. 그러나 이제 모든 사람은 민족과 계급을 초월하여 새로운 질서를 의식적으로 지지해야만 했다. 1939년 10월 22일 소련이 "벨라루스 서부"와 "우크라이나 서부"라고 부른 과거 폴란드 동부 지역의 모든 성인은 벨라루스와 우크라이나 양쪽 의회에 자신들의 표를 던져야 했다. 이들 의회가 가진 잠정적 역할은 곧 이들이 벌인 단 하나의 의결로 밝혀졌는데 바로 폴란드 동부를 소비에트 연방의 새 영토로 병합시켜달라는 요청이었다. 공식적인 합병 절차는 11월 15일에 마무리되었다.[22]

소련은 동부 폴란드에 자신들의 제도와 방식을 도입했다. 모든 사람은 이제 내국통행여권을 등록해야 했는데, 이는 곧 소련이 이들 새로운 시민 모두를 기록하고 관리함을 뜻했다. 등록과 함께 이들에 대한 징집도 이뤄졌다. 약 15만 명의 젊은이(폴란드계, 우크라이나계, 벨라루스계, 유대계)는 이내 자신이 어느새 붉은 군대에 편성되어 있다는 사실을 알게 되었다. 등록 작업은 소련의 주요 사회 정책 또한 순조롭게 추진될 수 있도록 해주었는데, 그것은 바로 강제이주 정책이었다.[23]

소련 공산당 정치국은 1939년 12월 4일 내무인민위원회에게 폴란드군 참전용사, 산림 전문가, 공무원, 경찰 등 이른바 새로운 질서에 위협이 될 만한 특정 폴란드인 집단들을 그 가족까지 포함해 추방시키라고 지시했다. 이에 따라 내무인민위원회는 섭씨 영하 40도의 추위가 살을 파고들던 1940년 2월의 어느 날 밤 대상자들을 불러 모았다. 13만9794명이 한밤중에 총으로 위협하는 사람들에게 끌려와, 저 먼 카자흐스탄 혹은 시베리아의 특별 정착지로 향하는 화물 열차에 태워졌다. 자신들에게 무슨 일이 닥칠지 미처 알아차리기도 전에 삶이 완전히 바뀐 것이다. 집단수용소에서 관리하던 특별 정착지는 10년 전 러시아의 부농들이 끌려가 강제노동을 했던 지역이었다.[24]

내무인민위원회가 가족의 범위를 너무나 넓게 잡았던 까닭에, 열차 안은 백발이 성성한 노부부들뿐만 아니라 '장차 위험해질 것으로 보이는' 어린아이들로 발 디딜 틈이 없었다. 동쪽으로의 긴 여정에 오른 이 열차가 멈춰설 때마다 경비를 맡은 병사들의 임무는 각 칸을 돌아다니며 혹시 더 죽어나간 아이들이 없는지를 살피는 것이었다. 당시 열한 살의 어린아이였던 비에스와프 아담치크는 곁에 있던 어머니에게 '소련군이 우리를 지옥으로 끌고 가는 건 아니에요?'라고 물었다. 물과 음식이 주어지긴 했지만 언제 나올지는 아무도 몰랐고, 소나 돼지에게나 어울릴 법한 기차 칸에는 아무런 편의 시설도 없었으며, 매서운 추위가 뼛속까지 파고들었다. 시간이 흐르면서 아이들은 철제 못에 붙은 고드름을 어떻게 핥아먹어야 하는지를 알게 되었고, 나이 든 사람들은 그런 그들의 눈앞에서 얼어 죽기 시작했다. 추위에 목숨을 잃은 이들의 시체가 열차 밖으로 내던져져 급히 파낸 공동묘지에 그대로 버려지는 모습은 어느덧 흔해빠진 광경이 되었다. 이를 지켜본, 그리고 그들을 잊지 않고자 했던 또 다른 소년은 죽은 사람들이 사라지는 그 순간에도 "우리 가슴속에는 여전히 그들이 품었던

꿈과 희망이 남아 있었다"고 회고했다.[25]

500여 명이 이 쓸쓸한 여정에서 목숨을 잃었고, 돌아오는 여름까지 무려 1만1000명이 넘는 사람이 또다시 비참한 죽음을 맞이했다. 시베리아로 쫓겨갔던 한 폴란드 소녀는 자기 가족에게 닥친 일을 다음과 같이 적었다. "배고파하던 오빠는 병에 걸려 일주일 만에 굶어 죽었어요. 우리 가족은 시베리아 초원 언덕에 오빠를 묻고 왔답니다. 우리를 걱정하던 엄마도 결국 배고픔을 이기지 못해 병들었고, 퉁퉁 부은 엄마는 결국 두 달 동안 다 쓰러져가는 판잣집 바닥에서 일어나지도 못했어요. 그 사람들은 그런 엄마를 끝까지 병원에 데려가려 하지 않더니 겨우 2주 정도만 병원에 눕혀두었고, 그게 엄마의 마지막이었어요. 우리에게 남은 것은 절망뿐이었죠. 엄마를 묻기 위해 다시 25킬로미터나 떨어진 그 언덕으로 갔어요. 지금도 그곳에 가면 우리 가족 두 사람이 묻혀 있는 시베리아 숲의 바람 소리를 들을 수 있을 거예요."[26]

중앙아시아와 러시아 북부로 끌려간 폴란드인들은 그들보다 앞서 이들 지역을 거쳐갔던 러시아 부농들보다 더 의지할 곳 없는, 그야말로 외톨이가 될 수밖에 없었다. 그들 대부분은 카자흐 말은 물론이고 러시아어도 모르는 사람들이었다. 현지인들, 특히 중앙아시아인들은 이 폴란드인들을 중앙 정부에서 내려보낸 무거운 짐으로밖에 보지 않았다. 당시 카자흐스탄 지역으로 끌려온 한 폴란드인의 회상에서처럼, "이곳의 토착민들은 러시아 말을 약간 쓸 줄 알았고, 처음 몇 달간 우리를 먹여 살리는 일을 비롯한 모든 과정에 매우 화가 나 있었습니다. 곧 그들은 우리에게 아무것도 팔지 않았고, 그 어떤 도움도 주지 않았지요." 폴란드인들은 불과 10년 전 이미 카자흐스탄 전체 인구의 약 3분의 1이 굶어 죽었다는 사실을 알지 못했다. 4명의 아이를 둔 어느 폴란드인 아버지는 집단농장 안에서 단지 신발을 고쳐 신다가 목숨을 잃었다. 또 다른 아버지는 시베리아 벌판에서 굶어 죽었고, 이를 지켜본 그의 아들의 기억하듯 "아버지는 통통 부어올랐다. 그들은 아버지의 시체를 천으로 둘둘 말더니 땅바닥에 그냥 던져두었다". 그리고 또 다른 아버지는 죽음의 도시로 악명 높은 러시아 북부 볼로그다에서 티푸스에 걸려 목숨을 잃었다. 당시 열두 살이던 그의 아들은 "사람은 누구나 한 번 태어나고, 한 번 죽지. 그게 눈앞의 현실이야"라는 말을 남겼다. 그 나이에 이미 삶을 달관한 듯했다.[27]

이들 지역으로 추방당한 폴란드인들은 '쿨라크(부농)'라는 러시아 말을 단 한 번도 들어본 적 없었지만, 이내 그들이 누구였는지 또 어떻게 살았는지를 금방 알 수밖에 없었다. 시베리아의 한 정착지에서 그들 눈에 들어온 것은 1930년대에 추방되었던 부농들의 뼛조각이었다. 자신이 있던 노동수용소의 현장 감독이 바로 과거 부농이었다는 것을 알게 된 열여섯 살의 폴란드 소년은 "그 사람은 나에게 숨김없이 자신이 가진 믿음을 털어놓았다"고 기억했다. 바로 하느님에 대한 믿음이었다. 폴란드인들은 천주교도라 여겨졌기에 곧 기독교도였고, 이들의 존재는 우크라이나인과 러시아인들의 그 같은 신앙 고백을 이끌어내기도 했던 것이다. 하지만 이런 따뜻한 광경은 아주 예외적인 것이었다. 멀리 떨어진 동쪽에서조차 소련 당국은 폴란드인들에게 가혹한 처사를 일삼았다. 어느 소련 경찰이 모자를 눌러 쓴 폴란드인 소년의 머리를 때리는 장면으로 가보자. 그 소년은 그저 먹을 것이 아쉬워 자신의 옷을 팔고 있었을 뿐이다. 문제는 폴란드를 상징하는 흰 독수리가 그려진 모자였다. 경찰은 땅에 떨어진 모자를 주우려는 소년을 막아섰다. 소련의 저널리스트들이 주야장천 써댔듯이, 또 소련 교사들이 끝도 없이 말했듯이, '폴란드는 죽었고 앞으로 다시는 일어서지 못할 것'이었다. 그래야만 했다.[28]

—

소련은 치밀한 계산, 분류, 손에 익은 폭력을 통해 폴란드인들을 자신들이 이미 만들어놓은 체계 안으로 편입시켰다. 몇 주 동안의 혼란 뒤, 소련은 자신의 영토를 서쪽으로 넓히는 동시에 가장 위험해 보이는 요소들을 없애나갔다. 몰로토프-리벤트로프 라인의 서쪽, 즉 독일의 손에 떨어진 폴란드 서부에서는 이러한 움직임을 찾아볼 수 없었다. 히틀러는 바로 직전까지 자신의 제국을 오스트리아와 체코슬로바키아까지 확장하긴 했다. 하지만 비독일인이 이처럼 많이 살고 있는 지역은 처음이었다. 소련과 달리 나치는 심지어 억압받는 인민이나 계급들에게 정의와 평등을 가져다준다는 흔한 수사조차 쓰지 않았다. 모든 사람이 나치 독일은 오직 독일인만을 앞에 둔다는 사실을 알고 있었고, 독일인들은 가식 따윈 떨지 않았다.

나치의 국가사회주의가 내세운 전제는 독일인의 인종적 우월성이었는데, 나치는 폴란드인들이 일궈놓은 폴란드 문명사회 앞에서도 이를 적어도 스스로에게만큼은 입증해 보여야 했다. 따라서 오랜 역사를 보유한 폴란드 크라쿠프에서는 이름난 대학의 교수들이 한 명도 빠짐없이 강제수용소로 보내졌다. 조만간 아돌프 히틀러 광장이라는 새로운 이름을 받을 크라쿠프 시장 앞 광장에서는 위대한 낭만주의 시인 아담 미츠키에비치의 동상이 허물어지고 있었다. 상징적인 동시에 실용적인 방법이었다. 크라쿠프대학은 독일의 어떤 대학보다 깊은 역사를 보유한 대학이었고, 미츠키에비치는 살아생전 괴테만큼이나 유럽인들의 존경을 한 몸에 받던 인물이었기 때문이다. 이 같은 기관 그리고 역사의 존재는 이른바 지성을 갖춘 폴란드인 계급이 있음을 보여주는 것으로서 독일의 계획에 걸리적거릴 뿐 아니라 나치 이데올로기의 관점에서도 골칫덩어리였다.[29]

폴란드의 모든 것은 그 땅에서 사라지고, "게르만족의 지배"로 대체되어야 했다. 히틀러가 쓴 대로, 독일은 "반드시 이 용납할 수 없는 인종적 성분들을 봉쇄해 다시는 그들의 피가 더러워지지 않도록 하거나, 아니면 지체 없이 이를 없애 깨끗한 땅을 그 동지들에게 넘겨줘야 한다". 1938년 10월 초 히틀러는 하인리히 힘러에게 새로운 책무를 맡겼다. 이미 나치 친위대와 독일 경찰의 수장이었던 힘러는 이제 "게르만족의 지배를 확고히 할 제국 정치위원"으로서 인종 문제를 총괄하는 자리에 앉게 되었고, 그가 맡은 임무는 바로 독일에 병합된 폴란드 지역의 토착민들을 쓸어버린 뒤 그 자리를 독일인으로 채워 넣는 것이었다.[30]

힘러는 이 기획을 열렬히 받아들였다. 하지만 그것은 분명 만만치 않은 일이었다. 이들 지역은 폴란드인의 땅이었고, 폴란드에는 소수민족이라고 부를 만큼의 독일인도 없었다. 소련이 폴란드 동부를 치고 들어오면서 '우리는 우크라이나와 벨라루스인들을 지키러 왔다'고 선전했을 때에는 적어도 인구통계학적 설득력이라도 있었다. 폴란드 땅에서 그들의 숫자는 그래도 약 600만 명은 되었기 때문이다. 이와 달리 독일계 숫자는 심지어 100만에도 못 미쳤다. 새롭게 독일의 영토가 된 이들 지역의 인구는 폴란드인 15명당 독일인 한 명꼴로, 폴란드인이 압도적인 수적 우세를 보이고 있었다.[31]

이때는 히틀러의 선전장관인 요제프 괴벨스가 이미 독일 언론을 마음대로 주무르던 때였고, 따라서 독일인들(그리고 이 선전을 믿은 사람들)은 폴란드 서부에 엄청난 수의 독일인이 살고 있으며 또 그들이 그때까지 무시무시한 탄압 속에 살아왔다는 환상을 갖고 있었다. 당연히 전혀 사실이 아니었다. 더 나아가 새로 제국의 땅이 된 지역에서 단지 약 900만 정도의 폴란드인들만이 독일인보다 수적으로 우세했던 것도 아니다. 히틀러의 제국을 살펴보자. 그는 막 자신의 제국에 많은 수의 유대인(적어도 60만)을 편입시켰는데, 이는 그가 새롭게 제국에 편입시킨 독일인의 수보다 훨씬 더 많은 수치였다. 또한 이로 인해 독일 내 유대인 인구는 거의 3배로 증가했다(이전의 약 33만에서 거의 100만에 이르는 숫자로). 여기에 동방 총독부(이곳에 있는 156만 명의 유대인까지)가 더해진다면, 히틀러는 200만을 훨씬 웃도는 유대인을 베를린의 지배 아래 둔 것이었다. 새로 합병된 우치시만 놓고 보더라도 그곳의 유대인 인구(23만3000)는 베를린(8만2788)과 빈(9만1480) 두 도시의 유대인 인구를 합친 것보다 더 많았고, 이제 동방 총독부의 관할 구역이 된 바르샤바에는 심지어 과거 독일 전체 유대인 인구의 총합보다 더 많은 유대인이 살고 있었다. 히틀러는 이번 폴란드 점령을 통해 앞선 오스트리아와 체코슬로바키아 접경지역 합병을 포함한 그 이전까지의 모든 합병 과정에서 얻은 독일인보다 더 많은 수의 폴란드인을 제국에 편입시키게 되었다. 동방 총독부 그리고 체코슬로바키아에서 합병시킨 보헤미아-모라비아의 제국보호령을 감안하면 그의 제국이 새로 얻은 인구는 폴란드인 약 2000만, 체코인 약 600만, 유대인 약 200만에 이르렀다. 여기에 더해 이제 독일은 소련을 제외한 유럽의 어느 나라보다 많은 수의 슬라브족이 살고 있는 국가가 되었다. 이른바 인종적 순수성을 내세운 십자군 전쟁을 통해 독일은 1939년 말을 기준으로 유럽을 통틀어 두 번째로 큰 다민족 국가가 되어 있었다. 물론 가장 큰 다민족 국가는 역시 소련이었지만.[32]

새로 편입된 영토 중 가장 큰 지역인 바르테란트 제국대관구를 총괄하게 된 아르투어 그라이저는 "게르만족의 지배를 확고히 한다"는 이념에 매우 충실한 인물이었다. 그가 맡은 구역은 폴란드의 주요 도시인 우치에서 포즈난까지 동서로 아우르는 넓은 영역이었으며, 약 400만의 폴란드인, 유대인 36만6000, 독일인 32만7000명이 살고 있었다. 힘러는 1940년 2월까지 이곳의 모든 유대인을 비롯해 수십만 명의 폴란드인까지 약 100만 명에 이르는 사람들을 강제로 이주시킬 것을 제안했다. 이에 일단 세 곳의 정신병원을 깨끗이 비우고 환자들은 총살에 처하는 그라이저의 "게르만족 지배 공고화" 기획이 추진되었다. 오빈스카에 있던 네 번째 정신병원의 환자들은 이와는 다른 운명을 맞이했는데, 1939년 10월 지역 게슈타포 본부에 붙잡혀온 이들은 바로 다음 달 가스실로 보내졌고 그곳에서 일산화탄소 중독으로 목숨을 잃었다. 가스를 사용한 대량학살의 시작을 알리는 순간이었다. 정신 질환 관련 시설에서 찾은 7700여 명의 폴란드인이 살해당했는데, 이것은 곧이어 독일 전역에서 이뤄질 "안락사" 정책의 시작이었다. 이후 2년 동안 7만 명이 넘는 독일 인구가 "살 가치가 없는 존재"라며 독가스 속에서 죽음을 맞이했다. 이른바 게르만족의 지배 공고화는 내부와 외부 양쪽으로 진행된 측면이 있는데, 즉 그것은 새로 편입된 독일 인구에 대한 내부의 살상을 감안한 외부로의 침략전쟁이었던 것이다. 그렇게 이것은 시작되었고, 또 계속될 것이었다.[33]

독일에서 유대인을 뿌리 뽑는다는 목표는 소련 쪽에서 넘어오는 독일인들의 재이주라는 또 다른 이데올로기적 우선 사항과 부딪쳤다. 소련이 폴란드 동부를 점령해 자신들의 영역을 서쪽으로 넓히자 히틀러는 소련의 손아귀에 떨어진 독일인들(그 전까지 폴란드인이었던 사람들)을 생각하지 않을 수 없었고, 이들을 독일로 들여올 계획을 짜기 시작했다. 이에 따르면, 그들은 옛 폴란드인들을 추방시키고 비워둔 바르테란트의 주택들에 입주해 살아갈 것이었다. 하지만 이 말은 곧 새로 들어오는 독일인들이 살 곳을 마련하기 위해 유대인보다 폴란드인 농부를 먼저 내쫓아야 한다는 뜻이었다. 물론 유대인들의 경우는 설령 운이 좋아 당분간은 자신들이 살던 집에서 살아도 좋다는 허락을 받더라도, 곧 엄청난 고통과 굴욕에 휩싸이게 되었다. 코지에니체에 살던 한 정통 유대교인은 불타는 책더미 바로 옆에서 춤을 추며 "전쟁은 우리가 못난 탓"이라는 노래를 흥얼거려야 했다. 워비치로 눈을 돌려보면, 이곳에 살던 유대인 남성 모두가 자신들의 의지와 상관없이 줄지어 교도소로 걸어가고 있었고, 유대인 공동체가 그들의 몸값을 치르고 난 뒤에야 비로소 자유로워질 수 있었다.[34]

1939년 12월 1일에서 17일까지 이뤄진 첫 강제추방을 통해 총

8만7833명이 바르테란트에서 동방 총독부 지역으로 쫓겨났는데, 그들 대다수는 폴란드인들이었다. 독일 경찰들은 이른바 "독일에 즉각적 위협이 될 수 있는" 폴란드인들을 먼저 골라냈던 것이다. 4만128명을 대상으로 한 두 번째 강제추방은 이듬해 2월 10일에서 3월 15일까지 이뤄졌고 역시 폴란드인이 그 대부분을 차지하고 있었다. 쫓겨가는 여정은 그리 길지 않았다. 분명 바르테란트 제국대관구의 수도 포즈난에서 동방 총독부의 바르샤바까지는 평소 몇 시간이면 충분히 닿을 거리였다. 그러나 이들을 태운 기차는 차가운 선로 위에서 며칠 동안 움직이지 않기 일쑤였고 결국 수천 명의 사람이 이 짧은 거리를 오가는 기차 안에서 얼어 죽었다. 힘러는 "그곳 날씨가 원래 좀 춥다"고 변명했다. 폴란드의 날씨는 말할 것도 없이 독일의 그것과 완벽하게 같았는데 말이다.[35]

1939년과 1940년 폴란드와 독일의 겨울은 유달리 추웠다. 우크라이나, 러시아, 카자흐스탄 북부는 그보다 더 혹독했다. 해가 짧아짐에 따라 소련의 특별 정착지에서는 수천 명의 폴란드인이 병들고 또 죽어갔다. 소련이 폴란드인 전쟁포로들을 잡아두었던 세 곳의 수용소가 자리한 러시아와 우크라이나로 가보자. 이곳으로 끌려온 폴란드인들은 여전히 과거 자신들에게 익숙한 정치적 그리고 종교적 달력에 맞춰 삶을 이어가고 있었다. 비록 몸은 코젤스크, 오스타시코프, 스타로빌스크에 있었지만 폴란드의 독립 기념일인 11월 11일을 기리고자

하는 마음만은 여전했다. 크리스마스에는 세 곳 모두에서 예수의 탄생을 축하하기도 했다. 수용된 사람들은 상당수의 유대인을 포함해 주로 천주교, 개신교, 동방정교회 및 그리스 정교회를 믿었고, 이들은 훼손된 정교회 수도원 단지에 모여 조용히 기도를 올리거나 다 무너져가는 성당의 한쪽 구석에서 성찬식을 올리고 있었다.[36]

수감자들은 파다 만 무덤들에 널려 있는 해골, 벽을 바라본 채 총에 맞은 시체들의 흔적을 통해 이곳에서 과거 볼셰비키 혁명 당시 정교회의 수도사와 수녀들에게 어떤 일이 닥쳤었는지를 알 수 있었다. 스타로빌스크에 있던 한 수감자는 마치 검은 구름처럼 수도원을 감싼 채 떠날 기미조차 안 보이는 까마귀 떼에 신경을 곤두세웠다. 하지만 기도는 희망을 가져다주는 듯 보였고, 서로의 믿음은 달랐지만 모두 함께 예배를 올렸다—예배는 1939년 12월 24일이 마지막이었다. 이날 신부, 목사, 랍비들은 모두 어딘가로 끌려갔고, 이후 수용소 세 곳 어디에서도 그들을 다시 볼 수 없었다.[37]

세 곳의 수용소는 교육받은 계층의 폴란드인들이 어떻게 행동하는가를 관찰하는 일종의 실험장과도 같은 곳이었다. 코젤스크, 오스타시코프, 스타로빌스크는 겉보기에는 폴란드와 다를 게 없는 곳이 되어 있었다. 수감자들 모두 폴란드 군복과 폴란드를 상징하는 흰색 독수리가 그려진 모자 외엔 아무것도 걸치고 있지 않았다. 당연한 말이겠지만 그들 중 누구도 전쟁 전 자신들의 고향인 동부 폴란드에서는 평소 그런 복장을 하고 있지 않았었다. 그러나 이제 그곳에는 소련을 상징하는 망치, 낫, 붉은 별이 휘날리고 있을 뿐이었다. 그럼 그들이 폴란드를 잊었을까? 아니다. 수용소에 있던 사람들은 이제 독일의 손에 떨어진 서부 지역 대학들이 문을 닫고, 소련 관할이 된 동부 지역 대학들이 우크라이나와 러시아 대학으로 바뀌던 바로 그 순간에도 과거 이름난 인문학자 그리고 과학자였던 예비군 장교들을 주축으로 폴란드 대학에서 이뤄지던 강의를 이어나가고 있었다. 장교들은 작은 신용조합을 만들어 가난한 이가 부유한 이에게 돈을 빌릴 수 있도록 했다. 오래전 배운 시를 암송하기도 했으며, 엄청난 누군가는 폴란드의 사실주의 장편소설을 통째로 이야기해주기도 했다. 물론 이들은 서로 의견 충돌을 빚기도, 싸우기도, 누군가의 물건을 훔치기도 했다. 또한 소수는(이후 밝혀졌듯이 극소수) 소련에 협력하는 길을 택하기도 했다. 장교들은 앞으로 어떻게 처신해야 하는가를 두고 밤새 의견 충돌을 빚었다. 하지만 폴란드인이라는 정체성만큼은 한결같았고, 이는 소련인들의 눈에도 확연했을 것이다.[38]

그렇지만 이들이 외로웠던 것 또한 사실이다. 수감자들은 분명 가족에게 편지를 쓸 수 있었지만 자신들의 처지에 대해서는 단 한 마디도 적을 수 없었다. 소련의 내무인민위원회가 모든 편지를 검열하고 있다는 사실을 알았기에, 편지에 담을 내용은 아주 신중하게 골라야 했다. 코젤스크에 있었던 도비에스와프 야쿠보비치는 아내에게 쓰고픈 편지, 즉 그녀가 입은 드레스를 보는 꿈, 딸과 놀아주는 꿈을 담은 편지를 일기장에 대신 적었다. 게다가 수감자들은 자신들의 주소를 요양원으로 적을 수밖에 없었는데, 이는 또 다른 가슴 아픈 혼란을 불러일으키는 일이었다.[39]

수감자들은 보초병 역할을 맡은 혹은 가까운 마을에서 온 개들의 친구가 되어주었다. 개들은 수용소 입구의 경비병 곁을 지나 들어오거나 사람은 드나들 수 없는 좁은 철조망 사이를 거쳐 수용소로 들어왔다. 스타로빌스크에 갇힌 예비군 장교들 중에는 막시밀리안 와벵치가 있었다. 이 나이든 신사는 과거 바르샤바에서 가장 이름 높은 수의사였고, 간신히 살아남아 그곳까지 온 사람이었다. 개들을 보살펴주던 그는 심지어 가끔씩 수술을 집도하기도 했다. 그의 애완동물은 폴란드인 장교들이 리네크Linek라 부른 개였는데, 리네크라는 말은 "꼬마 스탈린"이라는 뜻을 지닌 폴란드어 스탈리네크Stalinek의 줄임말이었다. 수용소를 드나드는 개들 중 가장 환영받던 개는 1918년 당시 독일을 무찌른 동맹국 프랑스의 원수이자 연합군 최고 사령관이었던 인물의 이름을 딴 포슈였다. 이 시점은 1939년 말에서 1940년 초로, 파리에 폴란드 망명 정부가 들어서던 시기였으며, 따라서 폴란드인 대부분은 프랑스가 독일을 물리치고 폴란드를 구해주리라는 희망을 품고 있었다. 수감자들은 근처에 집이 있을 법한 포슈의 목에 쪽지를 달아 보내곤 했는데 여기엔 바깥의 누군가와 연락이 닿고자 했던 그들의 소망이 담겨 있었다. 뭔가 답장이 올 것이라는 그들의 바람은 1940년 3월에 작게나마 이뤄졌다. 밖에서 온 쪽지에는 "사람들 말로는 여러분이 곧 스타로빌스크에서 풀려나 집으로 돌아갈 것이라고 합니다. 그 말이 사실인지는 잘 모르겠지만요"라고 적혀 있었다.[40]

물론 사실이 아니었다. 바로 그달 모스크바에서는 스탈린의 비밀경찰을 책임지던 라브렌티 베리야가 어떤 결론에 이르고 있었다. 아마 상관 스탈린에게서 영감을 받았던 듯하다. 여러 기록을 통해 보건대 그가 폴란드인 수감자들을 말살하고자 했음에는 의심의 여지가 없다. 베리야가 1940년 3월 5일에 적은 내용을 보자. 소련 공산당 정치국에, 따라서 스탈린에게 올린 제안서에서 그는 폴란드인 수감자들에 대해 "그들 각자는 우리 소비에트에 맞선 전투에 다시금 뛰어들고자 하루빨리 풀려나길 기다리고 있을 뿐입니다"라고 단언했다. 더불어 새로 소련의 관할이 된 지역에서 활동하는 반혁명 조직들은 모두 과거 폴란드군 장교였던 이들이 이끌고 있다는 주장 또한 펼쳤다. 그가 2년 전 내세운 "폴란드 비밀 군사 조직"에 관한 이야기와 달리, 이것이 완전한 망상인 것은 아니었다. 실제로 소련이 폴란드의 절반을 점령하고 관리를 시작하자 몇몇 폴란드인은 이에 저항하는 길을 선택하기도 했고, 1940년을 기준으로 대략 2만5000명이 이러저러한 저항 조직에 몸담고 있었다. 물론 이 조직들은 사실 내무인민위원회에 의해 순식간에 발각당했으며, 조직원들 역시 대부분 체포되었다. 그러나 어찌됐든 저항이 있었던 것 자체는 틀림없는 사실이었다. 베리야는 이를 자신의 제안을 정당화하는 데 써먹었다—"이들은 가장 엄중한 형벌로, 총살로 다스려야 합니다."[41]

스탈린은 베리야의 제안을 승인했고 이에 따라 과거 대숙청 때 사용된 방법들이 다시 그 모습을 드러내기 시작했다. 그때와 마찬가지로 먼저 폴란드 전쟁포로 전체에 관한 서류를 신속하게 처리할 특별 트로이카가 만들어졌다. 이들에게는 기존 포로 심문관들이 내놓은 의견을 묵살할 권한과 함께 수감자와 아무런 접촉 없이도 평결을 내릴 권한이 주어졌다. 베리야는 앞서 1937년과 1938년에 이뤄졌던 학살과 마찬가지로 일종의 살인 할당량을 배정했던 것으로 보인다. 세 곳의 수용소에 있던 수감자 전체, 여기에 벨라루스 서부와 우크라이나 서부 교도소에 있던 6000명(각각 3000명씩), 마지막으로 수감자가 되지 않은 부사관들 중 특별히 위험하다고 여겨지는 사람들이 그에 해당됐다. 순식간에 이뤄진 서류 검토 뒤 수용소 세 곳에 있던 폴란드인들 중 97퍼센트에 해당되는 약 1만4587명에게 사형이 떨어졌다. 오직 소수의 소련 요원, 독일 혹은 라트비아의 민족적 배경을 가진 사람, 외국의 보호를 받고 있던 사람들만이 이 결정을 피해갈 수 있었다. 벨라루스와 우크라이나 교도소의 6000명 역시 4월에 새로 붙잡혀온 1305명과 함께 사형을 언도받았다.[42]

수용소에 있던 사람들은 집으로 돌아갈 수 있게 되길 바라고 있었다. 1940년 4월 첫 번째 집단이 코젤스크 수용소를 빠져나갈 당시 동료들은 이들에게 송별회를 열어주었다. 장교들은 비록 무기는 없었지만 최대한 멋진 의장대를 만들어 이들이 버스에 오르는 순간까지 배웅해주었다. 수감자들은 한 번에 수백 명씩 기차를 타고 스몰렌스크에서 그니아즈도보의 작은 역으로 이동했다. 그곳에서 그들은 기차에서 내려 총칼로 무장한 내무인민위원회 소속 군인들이 지키고 있는 정체불명의 저지선 안쪽으로 들어가야 하는 상황에 맞닥뜨렸다. 여기서 다시 30명씩 버스에 올랐고, 버스는 그들을 카틴 숲의 가장자리에 위치한 고트 힐이라는 언덕까지 실어 날랐다. 내무인민위원회의 마지막 몸수색이 그들을 기다리고 있었고, 값나가는 물건은 남김없이 빼앗겼다. 아담 솔스키는 마지막 순간까지 일기장에 당시 상황을 담고 있다가 끌려나갔다. "그들은 내 결혼반지를 찾고 있다. 나는……" 수감자들은 건물로 끌려들어가 총살당했다. 그리고 그들의 시신은 아마 30구씩 묶인 채 트럭에 실려 숲에 파놓은 거대한 구덩

이로 날라졌을 것이다. 이 과정은 코젤스크에서 온 4410명 모두가 총에 맞아 죽을 때까지 되풀이되었다.[43]

오스타시코프로 가보자. 이곳에서는 수용소를 떠나는 사람들의 사기를 북돋워주기 위한 밴드 공연이 펼쳐지고 있었다. 한 번에

250~500여 명씩 기차에 실려 칼리닌(오늘날의 트베르)에 자리한 내무인민위원회 관할 교도소로 옮겨 보내졌다. 자료가 검토되는 동안 잠시 모두 모여 기다리고 있었는데, 앞으로 자신들에게 무슨 일이 닥칠지 눈치챈 이는 아무도 없었다. 아마 마지막 순간까지도 의심하지 못했으리라. 내무인민위원회의 한 장교가 방으로 이끌려 들어온 한 수감자에게 몇 살이냐는 질문을 던졌다. "열여덟 살이요." 소년은 웃으며 대답했다. 어떤 일을 했지? 미소는 여전히 가시지 않았다. "전화 교환원이요." 얼마나 일했지? 소년은 손가락을 세며 "6개월 정도요"라고 대답했다. 이 소년은 그 방을 거쳐갔던 6314명과 마찬가지로 수갑을 찬 채 방음시설로 보내졌다. 곧 두 사람이 그의 팔을 붙잡았고 다른 한 사람이 머리 아래쪽에 총격을 가했다.[44]

수감자들이 절대 그 얼굴을 볼 수 없었던 칼리닌 처형의 주인공은 바로 바실리 블로힌이라는 인물이었다. 그는 앞선 대숙청 기간에 모스크바의 처형 집단을 이끌며 대량학살을 자행한 주요 살인마 중 한 명이었다. 블로힌은 그동안 벌어진 여론 조작용 공개 재판에서 순순히 굴복하지 않던 피고들의 처형을 맡았을 뿐만 아니라 쥐도 새도 모르게 살해당한 수천 명의 노동자, 농민을 쏴 죽인 장본인이었다. 칼리닌에서 그는 자신의 몸과 제복에 피가 튀는 것을 막기 위해 가죽으로 된 모자, 앞치마, 긴 장갑 등으로 무장한 채 독일제 권총으로 매일 밤 250명을 차례차례 사살했다. 이 자리에서 살해된 사람들의 시신은 트럭에 실려 근처 내무인민위원회의 여름 별장이 있는 메드노에로 보내졌는데, 그곳에는 이들을 던져넣기 위해 이미 굴착기를 동원해 파둔 거대한 구덩이가 기다리고 있었다.[45]

스타로빌스크의 수감자들은 한 번에 100명에서 200명씩 기차에 실려 내무인민위원회의 교도소가 자리한 하리코프로 옮겨졌다. 비록 그들은 이 사실을 몰랐지만, 수감자들은 소련의 폴란드인 주요 학살지 중 한 곳으로 끌려온 것이었다. 이제 바로 그들 차례였고, 수감자들은 과거에 그곳에서 무슨 일이 있었는지, 다른 수용소에 있는 동료들은 어떻게 되었는지, 곧 자신들에게 무슨 일이 닥칠지 아무것도 모른 채 그곳에서 죽음을 맞이했다. 그 과정을 살펴보자. 교도소에 도착한 수감자들은 하루쯤 뒤 자신과 관련된 세부 사항이 적힌 서류가 검토되는 어떤 방으로 끌려가고는 이내 어두침침하고 창문 하나 없는 또 다른 방으로 이끌려간다. 경비를 서던 병사 하나가 "자, 이쪽으로"라며 앞장선다. 어느 내무인민위원회 소속 병사가 회상하듯이, "총을 딸깍거리는 소리가 들렸고, 그것이 곧 그들의 마지막이었다". 시체는 트럭을 가득 채웠다. 트럭 바닥이 피에 물들지 않도록 죽은 이들의 겉옷을 끌어올려 머리를 감싸둔 채였다. 첫 번째 시신은 머리부터, 다음 시신은 다리부터 실렸는데 마치 잘 쌓아둔 건초 더미 같았다.[46]

이런 식으로 스타로빌스크의 폴란드인 수감자 3739명이 살해당했다. 유제프 찹스키의 지인과 친구들 모두 여기에 포함되어 있었다. 찹스키의 기억에 남아 있는 그들을 다시 떠올려보자. 거기에는 놀랍도록 침착한 모습을 보였던 식물학자, 임신한 아내에게 자신의 두려운 기색을 숨기려 애쓰던 경제학자, 자신이 드나드는 카페의 예술가들을 후원했던 일로 이름난 바르샤바의 어떤 의사, 희곡과 소설을 외워 사람들에게 암송해주던 한 중위, 유럽연합의 가능성에 눈을 반짝이며 열변을 토하던 변호사, 이외에도 모든 기술자, 교사, 시인, 사회복지사, 기자, 의사, 군인들이 있었다. 전부 이곳에서 목숨을 빼앗겼다. 오직 찹스키만이 화를 면할 수 있었는데, 그는 다른 수용소에 있던 몇몇 사람과 함께 또 다른 수용소로 보내졌다가 마침내 살아남았다.[47]

표도르 도스토옙스키의 『카라마조프가의 형제들』에는 1939년에서 1940년에 소련이 폴란드인 수용소를 설치하는 코젤스크의 옵틴 수도원을 무대로 하는 장면이 있다. 그의 작품에서 가장 유명한 대목으로 꼽히는 이 결정적 장면은 젊은 성자와 수도원의 대심문관이 '신이라는 존재 없이 도덕이라는 것이 가능한가?'를 두고 나눈 이야기다. 만약 신이 사라진다면, 모든 것이 허용되는가? 1940년, 소설 속의 이 대화가 실제로, 바로 그 장소에서 이뤄졌다. 수도원을 책임지던 수도승 몇몇은 내무인민위원회 소속 심문관들에게 거처를 마련해주었고, 이들은 바로 저 질문에 대한 소련의 대답을 몸소 보여주는 자들이었다. 소련의 대답은 간단했다. '신이 사라진 이곳에서만이 인간의 진짜 본성이 드러날 수 있다.' 반대로 여러 폴란드 장교는 비록 의식하진 않았지만 이와 다른 대답을 내놓고 있었다. '어떤 짓도 허용되는 이곳에서는 신이야말로 우리가 기댈 수 있는 안식처다.' 그들은 수용소를 예배당으로 여겼으며, 또 그곳에서 기도를 올렸다. 실제로 수감자 대부분은 죽음을 맞이하기에 앞서 부활절 예배에 참석했다.[48]

수용소로 끌려온 수감자들은, 적어도 그들 가운데 상당수는 자신들이 소련에서 무엇인가 하게 될 일이 있기에 따로 추려져 이곳으로 오게 된 것이라 짐작하고 있었다. 그러나 앞서 서류 심사를 통과하지 못한 그 순간부터 그들을 기다리는 것은 죽음뿐이라는 점에 대해서는 거의, 혹은 전혀 알지 못했다. 게다가 이미 2년 전 대숙청 시기, 소련이 이른바 대 폴란드인 작전을 통해 소련에 살고 있던 수만 명의 폴란드인을 학살했다는 사실 역시 꿈에도 모르고 있었다. 비록 그들은 이제 자신들이 어떻게 처신하는 것이 좋은지를 잘 알고 있었지만, 그렇다고 이들 대부분이 소련에 어떤 식으로든 그럴싸한 충성심 같은 것을 내비치는 모습은 상상하기 힘들다. 분명 수용소에서는 소련의 신문과 선전 영화를 봐야 했고, 확성기를 통해 흘러나오는 소련의 뉴스를 귀가 따갑도록 들어야만 했다. 하지만 폴란드인들의 눈과 귀에 그것은 하나같이 터무니없고 모욕적일 뿐이었다. 심지어 동료들을 소련에 밀고했던 이들조차 소련의 체계가 엉터리라고 느끼고 있었다.[49]

서로 다른 두 문화는 어떤 명확한 이해관계가 있지 않는 한 서로 뜻이 통하기 어려웠다. 스탈린과 히틀러가 동맹이던 이 시기에 소련과 폴란드 사이에서 그러한 공통의 이해관계를 그려내기란 불가능에 가까운 일이었다. 반면 오해가 빚어질 가능성은 매우 높았다. 소련을 근대화시켜온 집단화와 공업화는 민생에는, 심지어 소비재에는 별 관심을 기울이지 않았는데, 이는 자본주의에 익숙한 서유럽 문화권에는 상당히 낯선 것이었다. 동부 폴란드에 들어온 소련 사람들은 자전거를 타다 넘어지기 일쑤였고, 치약을 먹고 있었으며, 화장실을 개수대로 쓴다거나, 시계 여러 개 한꺼번에 차기, 브래지어를 귀마개로 쓰기, 속옷을 야회복으로 입기 등의 모습을 보이고 있었다. 폴란드인들 또한 소련 사람들에게는 익숙했던 아주 중요한 사실을 전혀 모르고 있었는데, 그들은 자신들이 아무런 법적 근거 없이 처형당한다거나 살육당할 수 있다고는 생각지도 않고 있었다. 같은 러시아 제국의 땅에서 태어난 이들이 서로를 거의 이해하지 못하는 이 같은 모습이야말로 앞으로 있을 스탈린주의의 엄청난 문명적 탈바꿈의 징조였다.

도스토옙스키의 소설 속 수도원 대심문관의 자리를 현실에서 이어받은 코젤스크 심문관들의 우두머리는 이를 아주 섬세하게 포착했는데, 그의 표현처럼 그것은 "서로 다른 두 철학"의 문제였다. 결국 소련은 자신들의 것을 밀어붙여 관철시켰다. 동부 폴란드에 소련이 쏟아부은 비용과 자행한 행동들에 대한 비난 역시 아주 간단한 대꾸로 무마시킬 수 있었다. '지금 그 지역이 어느 나라 땅이지?' 수용소에 있던 폴란드인들은 소련 문명에 맞게 변화시킬 수 있는 존재가 아니었다. 수십 년 뒤 당시 그들의 말쑥하고 깔끔한 모습과 자부심을 떠올렸던 러시아 그리고 우크라이나 농부들의 기억에서처럼, 그들은 여느 소련인들처럼 살지 않았다. 폴란드인들은 적어도 이토록 갑작스레 또 너무나 다른 환경에서 소련인들처럼 살아갈 수 없었다. 그들이 다른 소련인들과 마찬가지일 수 있었던 것은 오직 하나, 죽음뿐이었다. 여러 폴란드 장교는 내무인민위원회 소속 군인들보다 더 강하고 잘 교육받은 사람들이었지만 이미 무기를 빼앗긴 터였으며, 보통 두 사람에게 붙잡힌 상태에서 다른 한 사람에게 사살당해 누구도 그 시신을 찾을 수 없을 법한 장소에 묻혀 있었다. 이로써 그들은 비로소 소련 역사 속에서 죽어간 수많은 소련인과 함께할 수 있는 듯 보였다. 영원한 침묵으로 말이다.[50]

마치 과거 폴란드 박멸 작전의 축소판과도 같았던 이 테러에서, 총 2만1892명의 폴란드인이 목숨을 잃었다. 비록 전부는 아니지만 희생자 대부분은 폴란드 국적을 보유한 사람들이었다. 더불어 폴란드가 다민족 국가였던 관계로 포로가 된 장교들 역시 다양한 민족적 구성을 이루고 있었고, 결국 수많은 유대인, 우크라이나인, 벨라루스인 역시 함께 살육당했다. 희생자의 약 8퍼센트가 유대인이었는데, 이는 동부 폴란드에서 유대인이 차지하고 있던 비중과 일치했다.[51]

대숙청 때와 마찬가지로 희생자의 가족 역시 처벌 대상이 되었다. 수용소에 수감된 포로들을 모두 쏴 죽여야 한다는 제안을 올리기 사흘 전, 베리야는 그들의 가족들을 모두 추방하라고 명령했다. 소련은 이들이 누구인지 그리고 어디에 사는지 이미 속속들이 꿰고 있었다. 이것이 바로 소련이 포로들에게 가족들과 편지를 주고받도록 해준 이유였다. 준비를 마치고 벨라루스 서부와 우크라이나 서부에서 대기하고 있던 3인 위원회는 카자흐스탄 특별 정착지로 보낼 6만667명의 이름이 적힌 서류를 준비했다. 당연한 말이겠지만 이들 대다수는 어느 명령서에 적힌 것처럼 "앞서 있던 자들"의 가족이었으며, 따라서 대개 남편이나 아버지를 잃은 사람들이었다. 사실 포로의 가족들은 포로들이 카틴, 칼리닌, 하리코프, 비키브냐, 쿠라파티에서 죽어가던 바로 그 순간에 시베리아 타이가 지대(당시 열세 살이었던 한 폴란드 소년의 기억에서처럼 "끝도 없는 진흙과 눈밭")로 들어서고 있었다. 몇몇 폴란드 어린이는 1940년 5월 20일 스탈린에게 자신들은 앞으로 말 잘 듣는 소련 시민이 될 텐데, 다만 "아빠 없이 살기는 힘들어요"라는 아쉬움이 담긴 편지를 적었다. 이튿날 내무인민위원회 소속 군인들에게는 단 한 명의 탈주자 없이 세 곳 수용소를 깨끗하게 정리한 것을 치하하는 포상금이 내려왔다.[52]

성인 남성이라곤 찾아볼 수 없었기에, 가족들의 추방은 앞서 2월에 있었던 장교들의 추방길보다 훨씬 더 비참했다. 카자흐스탄 정착지의 여인들은 주로 아이들 그리고 종종 나이든 시부모와 함께 이곳으로 들어왔다. 4월에 갑작스레 추방된 터라 대부분은 제대로 된 옷가지조차 갖춰 입지 못한 상태였고, 그마저도 대개 먹을거리를 얻기 위해 팔아치울 수밖에 없었다. 여인들은 동물들의 배설물을 모으는 법, 그것들을 태워 온기를 만드는 법을 배우며 그해 겨울을 버텨냈다. 하지만 혹독한 겨울 동안 수천 명의 여인이 죽어갔다. 아이들만이라도 살려야 했다. 많은 여인은 자기 아이들이 폴란드인으로 자라길 바랐지만, 소련 기관들이 아이들을 먹여줄 수 있다면 차라리 그곳에 맡겨 목숨만이라도 건지도록 해야 한다는 것을 깨달았다. 한 여인은 자신의 여섯 아이 중 다섯을 내무인민위원회 사무실에 남겨두고는 갓난아이인 막내만을 가슴에 안고 사라졌다. 이후 다시는 그녀의 모습을 볼 수 없었다. 앞에서 스타로빌스크로 끌려와 임신한 아내를 걱정하다 하리코프에서 살해된 경제학자를 기억해보자. 그의 아내는 추방되던 와중에 아이를 낳았다. 그리고 그 젖먹이는 이내 죽고 말았다.[53]

한편 1940년 4월, 내무인민위원회를 이끌던 베리야는 소련 여권을 받는 것을 거부해온 사람들에 대한 추방을 지시한다. 소련 여권 거부는 사실상 소련 체계에 대한 거부를 뜻했으며 소련 관료들의 눈앞에 닥친 현실적인 문제이기도 했다. 자신의 정체성을 소련의 기록하에 두길 받아들이지 않은 폴란드인들은 손쉽게 감시하거나 처벌하기 어려웠고 이는 소련 관리들의 골칫거리였다. 공교롭게도 소련 여권을 거부한 이들의 대다수는 폴란드 서부에서 도망쳐온 유대인들이었다. 이들은 독일인을 피해 이곳으로 왔지만 소련 시민이 될 생각은 전혀 없었다. 그들은 만약 지금 소련의 여권을 받아들인다면 나중에 폴란드가 수복되었을 때 고향으로 돌아가지 못하지 않을까 걱정하고 있었다. 이런 식으로 유대인들은 한결같은 폴란드인으로서의 정체성을 내비쳤고, 결국 자신들의 고향을 짓밟은 독일과 소련 양쪽 모두에서 희생양이 되었다. 나치 친위대의 약탈을 피해 도망쳐 나온 그들은 이제 내무인민위원회의 손에 카자흐스탄과 시베리아로 내몰렸다. 1940년 6월 피란민들을 상대로 벌어진 추방을 통해 약 7만8339명이 쫓겨났는데 이들 중 84퍼센트 정도가 유대인이었다.[54]

추방된 지역과 같은 곳에서의 경험이 전혀 없던 폴란드 유대인 대부분은 자신들보다 앞서 그 지역에 왔던 폴란드인들만큼이나 무력했다. 과거 구두수선공이나 장인이었던 사람들은 이제 나무를 베기 위해 러시아 북부의 먼 곳으로 보내졌다. 요제프란 이름을 가진 유대인 소년의 이야기를 들어보자. 그의 고향에 살던 유대인들은 자신들 손으로 직접 시너고그를 불태워야 했는데 독일인들은 이 모습을 보며 낄낄대고 있었다. 요제프의 가족은 소련 점령 지역으로 도망쳤지만 소련 여권을 받기를 거부했다. 결국 그의 형, 아버지, 어머니 모두 추방길에 목숨을 잃었다.[55]

—

서유럽에서 이 기간은 명목상의 전시, 이른바 "가짜 전쟁"으로 일컬어졌다. 이렇다 할 군사적 움직임은 찾아볼 수 없었다. 분명 프랑스와 영국은 1939년 9월부터 독일과 전쟁 중이었지만 그해 가을과 겨울은 물론이고 이듬해 봄 폴란드가 무릎을 꿇고, 파괴당하고, 독일과 소련이 그 땅을 나누어 가질 때까지 그리고 폴란드인 수만 명이 목숨을 잃고 수십만 명이 살던 곳에서 강제로 쫓겨날 때까지도 서부 전선에서는 개미 새끼 한 마리 찾아볼 수 없었다. 독일과 그의 동맹 소련은 얼마든지 자신들의 뜻대로 움직일 수 있었다.

독일은 스칸디나비아 지역의 광물 자원을 확보하는 동시에 북유럽에 대한 영국의 개입을 차단하기 위해 1940년 4월 덴마크와 노르웨이까지 침공했지만 이 가짜 전쟁이 진짜 전쟁으로 바뀐 것은 독일이 베네룩스 3국과 프랑스를 공격하기 시작한 5월 10일에 이르러서였다. 6월 14일까지 무려 10만 명에 이르는 프랑스군과 약 6만 명의 영국군이 전사했고 독일군은 파리를 접수했다. 프랑스마저 삽시간에 무너졌다. 그 누구도 예상치 못했던 속도였다. 같은 달, 소련 역시 독립국이던 발트 삼국, 즉 에스토니아, 라트비아, 리투아니아를 합병하며 서쪽으로 영토를 넓히고 있었다.

당시 발트 삼국 중 가장 넓은 땅과 인구를 가지고 있었던 리투아니아는 마찬가지로 가장 복잡한 민족 문제와 더불어 얽히고설킨 국제 관계망의 한복판에 자리하고 있었다. 양차 대전 사이에 리투아니아는 제1차 세계대전 후 폴란드에 병합된 상태이던 폴란드 북부의 빌뉴스와 그 주변 지역을 줄기차게 요구해왔었다. 비록 이 지역에 살던 대부분의 사람은 폴란드인, 유대인, 벨라루스인들이었지만 리투아니아인들은 과거 중세부터 근대 초까지 리투아니아 대공국의 수도였던 이곳을 자신들의 진정하고도 합법적인 수도라 여기고 있었다. 리투아니아 지도자들은 1920년대와 1930년대 카우나스를 리투아니아 행정의 중심지로 삼았으나 빌뉴스를 수도로 보는 것은 여전했다. 스탈

린은 바로 이 점을 파고들었다. 빌뉴스를 소련에 병합시키지 않고 명목상 아직은 독립 국가인 리투아니아에 넘겨준 것이었다. 물론 그 대가는 리투아니아 땅에 소련의 군사 기지를 설치하는 것이었다. 다음에 벌어질 일은 간단했다. 1940년 여름 폴란드 동부에서 그랬던 것보다 더 성급하고 부자연스러운 정치 혁명을 일으킬 준비가 된 소련 세력들이 리투아니아에 배치되었고, 리투아니아의 정치 엘리트 대다수는 이들을 피해 나치 독일로 도망쳤다.[56]

당시 리투아니아 영사였던 일본인 스기하라 지우네는 이 모든 과정을 지켜보고 있었다. 그는 독일과 소련의 군사적 움직임을 감시하라는 임무를 수행하고자 카우나스에 머물고 있었다. 1940년 여름 일본 지도부의 결단은 명확했다. 바로 소련과 모종의 중립 조약을 체결하는 것이었다. 이를 통해 북쪽에 신경을 빼앗기지 않아도 되면 이듬해에 있을 남쪽 진출에 전념할 수 있으리라는 계산이었던 것이다. 스기하라는 프랑스가 무너진 후 독일과 소련의 관계가 어떻게 진행되는지를 지켜볼 수 있었던 몇 안 되는 일본인 관리 중 한 명이었다. 소련군과 독일군의 체포를 피해 도망쳐온 폴란드군 장교들을 자신의 정보원이나 보조원으로 삼았던 스기하라는 이들에게 보답으로 일본 여권과 외교관직을 선물했고, 아울러 동료 장교들과 함께 탈출할 길을 찾는 데도 힘을 보태주었다. 폴란드인들은 이내 특정 일본 출국 비자를 통해 소련을 가로질러 일본으로 갈 수 있다는 사실을 깨달았다. 물론 이 길을 통해 결국 탈출에 성공한 폴란드 장교는 극소수에 지나지 않았지만, 이들 중 누군가는 일본에 당도해 자신이 소련 땅을 지나며 본 것들을 일본의 정보 보고서에 적어냈다.[57]

당시 유대인 피란민들 역시 스기하라를 찾아오기 시작했다. 이들은 원래 1939년 9월에 이뤄진 독일의 침공을 피해 소련으로 도망쳐온 폴란드인들로 이제는 독일만큼이나 소련을 두려워하고 있었다. 그들은 이미 1940년 6월에 있었던 강제이주에 대해 알고 있었고 자신들 역시 그와 같은 운명을 맞지 않을까 하는 공포에 떨고 있었다. 그들의 우려는 정확했다. 불과 1년 뒤 소련은 리투아니아에서 약 1만7500명, 라트비아에서 1만7000여 명, 에스토니아에서 약 6000명을 강제로 추방하기에 이른다. 스기하라는 폴란드 장교들의 도움에 힘입어 리투아니아에 있던 수천 명의 유대인이 무사히 탈출길에 오를 수 있도록 해주었다. 그들은 먼저 기차를 타고 드넓은 소련 땅을 오랜 기간 가로지른 뒤 배를 통해 일본으로 들어갔고, 거기서 다시 팔레스타인이나 미국으로 가는 길에 올랐다. 이 일련의 과정은 바로 수십 년 동안 조용히, 하지만 굳건하게 이뤄진 폴란드-일본 정보 협력의 결과물이었다.[58]

—

1940년 나치 지도부들 사이에는 자신들이 점령한 폴란드 절반 지역에 있던 약 200만 명의 유대인을 어떻게든 없애버려야 한다는 데에는 모종의 공감대가 있었지만, 이를 위해 어떤 방법을 써야 하는가에 대해서는 여전히 의견을 모으지 못하고 있었다. 원래의 전쟁 기획안에는 유대인들을 동방 총독부 루블린 지구에 있는 일종의 유대인 보호구역에서 살게 하는 계획이 있었다. 그러나 이 계획은 독일이 점령한 폴란드 지역이 상대적으로 작았고, 루블린과 베를린 사이의 거리(700킬로미터)는 유대인들이 강제추방될 두 거대 도시인 바르샤바와 우치에서 루블린까지의 거리(바르샤바까지 600킬로미터, 루블린까지 500킬로미터)에 비해 그렇게까지 떨어지지 않은 관계로 애초부터 만족스러운 대안이 될 수 없었다. 동방 총독부 총독 한스 프랑크는 자신이 관리하는 지역으로 더 이상의 유대인들이 들어오는 것을 반대했다. 1939년 말부터 1940년까지 힘러와 그라이저는 바르테란트에 있던 폴란드인들을 동방 총독부로 내보내는 일을 멈추지 않아 그 수는 모두 합쳐 40만8525명에 이르렀는데, 이는 소련이 강제추방 및 이주시킨 폴란드인들의 숫자와 맞먹는 것이었다. 이는 분명 그 대상이 된 사람들에게는 이루 말할 수 없는 고통을 안겼지만 정작 그것을 추진한 독일에게는 별다른 부담을 주는 일이 아니었다. 그러나 어찌됐든 점령한 폴란드 지역에는 폴란드인들이 그야말로 너무 많았고, 이들을 한 지역에서 다른 지역으로 이동시키는 것은 엄청난 혼란을 불러일으키는 일에 다름 아니었다. 동쪽의 유대인 보호구역이라는 히틀러의 꿈은 거의 이뤄질 수 없는 것이었다.[59]

강제이주를 지휘한 아돌프 아이히만은 1939년 가을 이 작전을 좀 더 효율적으로 추진하기 위해 뽑힌 인물이었다. 그는 일찍이 빈의 오스트리아 유대인들을 빠르게 이주시키는 과정에서 아주 탁월한 능력을 선보인 전적이 있었다. 하지만 동방 총독부로의 유대인 추방이 가진 문제점은, 아이히만이 발견했듯, 비효율이 아닌 그 무의미함에 있었다. 아이히만이 보기에, 동방 총독부 총독 한스 프랑크는 자신의 관할 구역에 전보다 더 많은 유대인이 들어오는 것을 용인할 마음이 눈곱만큼도 없었다. 아이히만은 1939년 10월 약 4000명의 오스트리아 및 체코 유대인을 동방 총독부로 보내는 일을 이후 그 정책이 중단될 때까지 지휘했고 이내 한 가지 명백한 결론에 이르렀는데, 그것은 바로 독일의 영향권하에 있는 약 200만 명의 유대인을 동쪽으로, 즉 동맹국 소련의 광대한 영토로 보내버려야 한다는 것이었다. 어찌됐든 스탈린은 이미 소련 안쪽 아시아 지역 가까이에 위치한 비로비잔에 유대인 정착지를 만들어둔 상태였다. 독일이 기록했듯(그리고 앞으로 재차 적게 되듯), 소련은 자신들과 달리 대규모의 강제이주를 감당할 국가 역량과 드넓은 땅덩이를 가지고 있었다. 따라서 1940년 1월 독일은 소련에 유럽의 유대인들을 이주시키자고 제안하기에 이른다. 하지만 스탈린은 여기에 별 관심이 없었다.[60]

나치가 인종 문제로 여긴 사안, 즉 유대인 이주 문제를 해결하기에 동방 총독부가 너무 가깝고 또 너무 작았다면, 그리고 소련 역시 유대인들을 떠맡는 데 별 관심이 없었다면, 그 많은 토착민을 만든 이 인종적 적들을 어떻게 처리해야 했을까? 그들은 이른바 '마지막 해결책'(겉보기로는 여전히 강제이주인)이 시행되기 전까지 독일의 통제 아래 착취당할 것이다. 이 모델은 1940년 2월 8일 우치에 있던 유대인 23만3000명을 수용할 게토를 만들라고 지시한 그라이저의 머릿속에서 나온 것이었다. 같은 달 바르샤바 구역을 책임지고 있던 루트비히 피셔 또한 변호사 발데마르 쇤에게 게토 설계를 맡겼다. 그해 10월과 11월 사이 10만 명이 넘는 비유대 폴란드인들이 앞으로 게토가 될 것이라 공표된 바르샤바 서북부 지역을 빠져나왔고, 마찬가지로 바르샤바 곳곳에 있던 10만 명 이상의 유대인이 그곳으로 내몰려 왔다. 유대인들은 유대인임을 알아볼 수 있도록 강제로 팔에 완장을 차야 했고, 그 외에도 굴욕적인 규정들을 지켜야만 했다. 그들이 가진 게토 밖 재산은 맨 먼저 독일인들에게 그리고 경우에 따라 폴란드인들(독일의 폭격으로 집 등을 잃은)에게 돌아갔다. 허가 없이 게토를 벗어났다가 붙잡힌 이들은 사형에 처해졌다. 동방 총독부에 있던 나머지 유대인들 역시 같은 운명을 피해갈 수 없었다.[61]

1940년과 1941년, 바르샤바 게토를 비롯한 여러 게토는 이내 급조된 형태의 노동수용소이자 유대인들을 가둬두는 장소가 되었다. 독일은 이곳에 흔히 전쟁 전 지역 유대인 공동체 지도자들 중 일부로 구성된 유대인 위원회 혹은 평의회를 구성했다. 바르샤바 유대인 평의회 의장은 과거 폴란드 상원의원이자 저널리스트였던 아담 체르니아쿠프가 맡게 되었다. 이들의 주된 업무는 독일인과 게토 유대인들 사이에서 가교 역할을 하는 것이었다. 독일은 비무장 유대인 경찰도 만들었는데, 이들에게 주어진 임무는 게토의 질서 유지, 유대인들의 탈출 방지, 독일의 탄압 정책 수행 등이었으며, 바르샤바 유대인 경찰의 수장은 유제프 셰린스키가 맡았다. 비록 유대인들은 머지않아 게토 안에서의 삶이 무한정 이어질 수는 없다는 사실을 알아차리게 되지만 앞으로 자신들의 삶이 어떻게 될지는 전혀 알 수 없었다. 그러는 사이 바르샤바 게토는 독일인 방문객들을 끌어모으는 관광명소가 되어 있었다. 게토를 연구한 역사학자 에마누엘 린겔블룸이 썼듯이, "매장을 기다리는 수많은 시체가 눕혀져 있던 창고는 특히 인기 있는 장소였다". 실제로 동방 총독부에 관한 베데커 여행 안내서*가 2년 뒤인 1943년에 발간되었다.[62]

프랑스가 무너진 뒤인 1940년 여름, 독일인들 스스로는 '마지막 해결책'과 조금 다른 해법으로 되돌아가고 있었다. 소련은 이미 유대인들을 자기네 땅으로 이주시키는 것을 거부했고, 한스 프랑크 역시 자신의 동방 총독부에 대규모 유대인 재정착이 이뤄지는 것을 막고 있는 판이었다. 마다가스카르는 프랑스의 식민지였고, 프랑스가 이미

* 19세기 중반부터 독일의 카를 베데커가 제작해 펴낸 여행안내서. 그 정확성과 상세함 때문에 곧 여행안내서의 대명사가 되었다.

무릎을 꿇은 상황에서 이곳의 재식민화 작업에 방해가 되는 것은 영국 해군뿐이었다.* 힘러는 생각에 잠기며 "유대인들의 아프리카 혹은 다른 식민지로의 위대한 여정으로 말미암아 내 머릿속에서 유대인이라는 말 자체가 완전히 사라지는 날이 올 것이라고, 나는 믿는다"고 중얼거렸다. 당연한 말이겠지만 이것이 그가 품은 야망의 끝은 전혀 아니었다. 힘러의 나머지 말들을 들어보자. "어느 정도 시간이 흐른 뒤에는 우리 땅에서 우크라이나인, 고랄인, 렘코인 따위의 국가 민족 개념 역시 사라질 날이 오고야 말 거야. 그리고 이것은 적당히 더 큰 규모의 집단들에게도, 아울러 폴란드인들에게도 그대로 적용될 거야."[63]

유대인 사망자가 매일 속출하고 있었는데, 특히 40만이 훌쩍 넘는 유대인이 갇힌 바르샤바 게토의 사망률은 매우 높았다. 이곳의 면적은 겨우 2제곱마일에 지나지 않았고, 따라서 인구밀도는 1제곱마일당 20만 명 수준이었다. 하지만 바르샤바 게토에서 죽은 유대인 대다수는 과거 바르샤바에서 살던 유대인들이 아니었다. 동방 총독부의 다른 지역들과 마찬가지로, 바르샤바 지구의 유대인 상당수는 독일인들의 손에 의해 자신들의 작은 정착지에서 거대한 게토로 끌려온 사람들이었다. 따라서 새로 바르샤바 게토로 들어온 유대인들은 대개 기존 바르샤바 유대인들에 비해 가난했으며, 이미 강제이주 과정에서 재산을 잃어버린 상태였다. 준비할 틈도 없이 바르샤바로 내몰

* 제2차 세계대전 발발 후 마다가스카르는 독일이 프랑스 점령 후 세운 친독일 성향의 괴뢰 정부인 비시 프랑스에 속하게 되었는데, 독일 세력이 아프리카로 진출할 것을 우려한 영국은 비시 프랑스군을 공격하여 이곳을 점령하기에 이른다. 이후 1943년 영국은 마다가스카르를 독일에 맞선 망명 정부인 자유 프랑스 정부에 넘겨주었다.

린 데다 많은 경우 아무것도 가지고 올 수 없었다. 이들은 자연스레 굶주림과 질병에 취약할 수밖에 없는 게토 내 최하층 계급이 되었다. 1940년과 1941년 사이 바르샤바 게토에서 죽은 6만 명의 유대인 중 압도적 다수는 바로 이들 재정착민 혹은 피란민이었다. 이들은 또한 1940년 12월 내내 이어진 식량 공급 중단과 같은 독일의 가혹한 정책에 있어 가장 고통받은 부류이기도 했는데, 보통 오랜 기간 온갖 모욕과 괴로움에 시달리던 그들은 결국 굶주림으로 목숨을 잃었다.[64]

대개 부모들이 먼저 세상을 떠났고, 아이들은 낯선 도시에 홀로 남겨졌다. 기틀라 슐츠만의 기억을 따라가보자. 그녀의 어머니가 죽은 뒤 그녀의 아버지와 그녀는 "게토 안을 정처 없이 돌아다니다 배고픔에 온몸이 퉁퉁 부어올랐다". 함께 잠자리에 든 어머니가 죽고 이내 자신의 친자매마저 굶주림에 온몸이 부풀다 세상을 떠났던 사라 스보로프는 "나는 모든 것을 알고 있었지만, 그것을 입 밖으로 꺼낼 수 없었다"고 적었다. 매우 명석한 10대였던 이즈라엘 레데르만은 다음과 같은 사실을 깨달았다. 바로 그곳에는 "두 가지 전쟁이, 총탄과의 전쟁과 배고픔과의 전쟁이 벌어지고 있다. 배고픔과의 전쟁이 더 힘에 부친다. 바로 죽을 수 있는 총탄과의 전쟁과 달리 계속 고통에 몸부림칠 수밖에 없으니까". 한 의사의 기억에서처럼, "고작 열 살밖에 안 된 아이들이 먹기 위해 몸을 팔고 있었다".[65]

바르샤바 게토의 유대인 공동체 조직들은 고아들을 위한 보호소를 설치해 운영했다. 어떤 아이들은 절망에 빠진 나머지 고아가 되면 받을 수 있는 식량 배급을 받고자 자신들의 부모가 죽기를 바라기도 했다. 몇몇 보호소에서는 끔찍한 광경이 벌어지기도 했는데, 한 사회복지사의 회상에서처럼, 아이들은 "조그만 죽그릇 하나를 앞에 두고 서로 욕하고, 물어뜯고, 밀치고 있었습니다. 심하게 병든 아이들은 바닥에 널브러져 있었고, 대다수는 오랜 굶주림에 퉁퉁 부은 상태였으며, 치우지 못한 시체들이 며칠 동안 그곳에 방치되어 있었지요." 그녀는 보호소 내의 질서를 유지하기 위해 안간힘을 썼지만, 아이들 사이에 티푸스가 퍼지는 것을 그저 바라보고 있을 수밖에 없었다. 결국 그녀는 돌보던 아이들과 함께 격리 수용되었다. 아주 묘한 선견지명이 담긴 그녀의 일기장이 말하듯 보호소는 "이제 가스실 역할을 하고 있었다".[66]

폴란드 유대인 엘리트 일부가 유대인 평의회 위원이 되어 독일의 게토 정책을 집행한 데서 알 수 있듯 독일인들은 폴란드 유대인 엘리트들의 목숨만은 부지해주었다. 반면 폴란드 비유대인 엘리트들의 상황은 조금 달랐는데, 독일은 이들을 대개 일종의 정치적 위협으로 여겼다. 1940년 초 히틀러는 다음과 같은 결론, 즉 동방 총독부 내에 존재하는 좀더 위험한 폴란드인들을 그야말로 죽여 없애야 한다는 결론에 이르렀다. 그는 프랑크에게 폴란드의 "리더십 요소들"은 "확실하게 제거해야 한다"고 말했다. 이에 프랑크는 없애버릴 집단들의 목록을 작성했는데, 주로 교육받은 사람과 성직자 그리고 정치적으로 활발한 활동을 벌인 사람들의 이름으로 채워진 명단은 과거 탄넨베르크 작전 때와 똑 닮아 있었다. 실로 흥미로운 우연의 일치는, 프랑크가 이들 폴란드의 "정신적 지도자들"을 "쓸어버릴" 계획을 자기 수하들에게 이야기한 1940년 3월 2일은 바로 베리야가 소련 내 폴란드인 전쟁포로들에 대한 테러 행위를 지시하기 사흘 전이었다는 점이다.

프랑크의 도안은 베리야의 그것과 기본적으로는 같은 선상에 있었다. 즉 이미 체포한 사람들은 죽이고, 위험하다고 판단되는 인물들을 추가로 체포해 죽인다는 것이었다. 그러나 베리야와 달랐던 점은, 프랑크의 경우 짐작건대 교도소 내 수용 공간 마련을 위해 일반 범죄자들까지도 그대로 사형에 처해버렸다는 데 있었다. 1940년 여름의 끝 무렵까지 정치적으로 위험하다고 여겨지는 폴란드인 약 3000명, 그리고 마찬가지 숫자의 일반 범죄자들이 독일인의 손에 목숨을 잃었다.[67]

독일의 방식은 소련의 그것에 비해 그리 체계적이지 못했다. 동방총독부 여러 지역에서 이뤄진 AB 악치온(독일명 Ausserordentliche Befriedungsaktion의 줄임말, '특별 평정 조치')은 살해 흔적들에서 볼 수 있듯 범위나 방식에 있어 제각각이었다. 크라쿠프에 있던 수감자들은 자신들에 대한 간단한 평결문을 읽었다. 물론 거기에 이들을 무슨 형벌에 처한다 따위의 내용은 적혀 있지 않았다. 하지만 평결문에 적힌 죄목은 반역죄 곧 사형에 해당되는 것이었다. 그렇다면 이들에 대한 기록은 어떻게 남았을까? 모순적이게도 전원이 도망치다 사살된 것으로 기록되었다. 이제 진실을 이야기해보자. 사실 수감자들은 크라쿠프에 위치한 몬텔루피 교도소에서 근처 크셰사비체로 끌려가 자신들이 묻힐 구덩이를 직접 팠다. 그러고는 하루 뒤 한 번에 30명에서 50명씩 총에 맞아 숨졌다. 루블린에서는 독일인들이 마을 주민들을 성으로 불러 모아 정체불명의 트럭들이 대기하고 있는 도시 남쪽 구덩이로 데려가고 있었다. 그들이 구덩이 앞에 이르렀을 즈음 트럭 전조등의 조명이 켜짐과 동시에 기관총에서 불이 뿜어져 나왔다. 이렇게 450명의 루블린 주민들이 1940년 8월 15일 밤 살육당했다.[68]

바르샤바에서는 수감자들이 먼저 피비아크 교도소로 끌려왔다가 다시 팔미리 숲으로 보내졌다. 그곳에서 독일인들은 이들로 하여금 폭 3미터, 길이 30미터 정도 되는 도랑을 몇 개 파도록 했다. 새벽에 느닷없이 깬 수감자들은 가지고 있던 소지품을 챙기라는 말을 들은 터였고, 따라서 적어도 처음에는 자신들이 다른 수용소로 옮겨가는 것이 아닌가 생각했다. 그것은 물론 착각이었다. 정체 모를 트럭 소리가 숲을 가득 채운 순간, 그들은 자신들의 운명을 깨달았다. 피비린내가 진동했던 1940년 6월 20일에서 21일 사이 밤에 358명의 수감자가 독일인들의 총에 목숨을 잃었다.[69]

라돔에서 자행된 조치는 특히 체계적이고 잔혹했다. 죄수들은 일단 결박당한 뒤 자신들에 대한 평결문을 읽어내려갔는데, 이들의 죄는 "독일의 안보에 위협을 가한 것"이었다. 다른 도시에서와 마찬가지로, 폴란드인 대부분은 이 같은 과정이 일종의 사법적 절차가 되었다는 사실을 알지 못했다. 그들은 정오 무렵 대규모로 끌려와 "오후 3시 30분 결박, 3시 45분 평결문 낭독, 4시 이송"으로 짜인 일정에 따라 움직였다. 첫 번째 집단은 쳉스토호바에서 북쪽으로 12킬로미터 정도 떨어진 모래 지대로 이동한 뒤, 눈가리개를 쓴 채 사살되었다. 어느 수감자의 아내였던 야드비가 플라크는 훗날 이 학살 장소를 찾아갈 수 있었는데, 그녀의 눈에 들어온 것은 과거 이곳에서 무슨 일이 벌어졌는가를 아주 분명하게 보여주는 흔적들, 즉 모래 속에 파묻힌 뼛조각과 조각난 눈가리개뿐이었다. 그녀의 남편 마리안은 당시 갓 스물두 살을 넘긴 젊은 학생이었다. 이곳의 죄수들 중 과거 시의원을 지낸 단 4명만이 목숨을 건졌는데, 이는 마침 도시를 맡고 있던 힘

러의 처남이 이들을 독일인용 수영장과 사창가를 짓는 데 동원했기 때문이다.[70]

쳉스토호바에서 온 다음 집단은 숲으로 끌려갔다. 글린스카의 세 자매인 이레나, 야니나, 세라피나 모두 1940년 7월 4일 그곳에서 목숨을 잃었다. 이들은 그동안 독일인들에게 자기 남자 동기들의 행방을 밝히길 거부해왔었다. 독일의 지배에 대해 "웃기는 일이야. 일시적일 뿐이라고" 하면서 이야기했던 야니나는 "내 형제들 그리고 다른 폴란드인의" 등에 칼을 꽂는 일 따위는 하지 않겠다고 말했다. 그리고 그녀는 자신의 말을 지켰다.[71]

수감자들은 학살 장소로 끌려가면서 트럭 밖으로 노트나 일기장을 던졌는데, 자신들이 지나온 길을 오가는 사람들이 그것을 주워 가족들에게 전해주었으면 하는 바람에서였다. 이것은 일종의 폴란드식 풍습이었던 터라 그들이 지나간 길에서는 쉽사리 수많은 노트를 찾아볼 수 있었다. 소련의 세 수용소에 있던 죄수들과 달리 이 노트의 주인들은 자신들이 곧 죽게 되리라는 사실을 알고 있었다. 물론 코젤스크, 오스타시코프, 스타로빌스크에 갇혀 있던 이들도 수용소를 떠날 때 버스 밖으로 노트를 던지기도 했으나 그곳에는 "소련이 우리를 어느 장소로 보내는지 모르겠다" 등의 말만 적혀 있을 뿐이었다.[72]

이것이 바로 소련과 독일의 차이였다. 몰로토프-리벤트로프 라인 동쪽의 소련은 몇몇 특수한 상황이 아니면 전체적으로 비밀스러운 일 처리를 바랐다. 이와 달리 몰로토프-리벤트로프 라인 서쪽의 독일은 신중한 일 처리를 원한 적도 없었을뿐더러, 심지어 그러려던 때조차 제대로 일 처리를 하지 못했다. 그러했기에 AB 악치온의 희생자들은 앞으로 자신들에게 닥칠 운명을 스스로, 혹은 가족들이 담담히 받아들이도록 하고자 애썼다. 죽음이 무슨 의미를 가질까에 대해서는 각기 다른 생각을 품고 있었지만, 그들 모두는 저마다 죽음을 맞이할 준비를 하고 있었다. 미에치스와프 하브로프스키는 "폴란드 땅을 적신 피는 폴란드를 더 강하게 하리라. 자유롭고 위대한 폴란드의 복수를 키워내리라"라고 적었다. 자신을 심문하던 자들을 비난했던 리샤르트 슈미트는 이와 달리 어떤 앙갚음도 없기를 바랐다. "아이들에게 복수하라 말하지 마시오. 복수는 또 다른 복수를 부를 뿐이니." 마리안 무신스키는 그저 가족들에게 마지막 인사를 전했다. "신의 은총이 함께하기를. 모두 사랑해."[73]

—

AB 악치온으로 죽어간 이들 중 몇몇은 앞서 소련에 포로로 끌려간 가족들을 걱정하고 있었다. 비록 소련과 독일이 대 폴란드 엘리트 정책을 서로 비슷하게 맞추거나 조정하려 하지는 않았지만, 그 대상이 된 이들은 동일한 부류의 사람들이었다. 소련은 계급투쟁 혹은 계급전쟁이라는 구실을 대 자신들의 체제에 위험하다고 판단되는 요소들을 제거하고자 했고, 독일 역시 열등한 인종은 그들이 마땅히 있어야 할 곳에 있어야 한다는 생각이 깔려 있긴 했으나 어찌됐든 새로 얻은 땅을 안정적으로 지키고자 했다. 따라서 결과적으로 양국의 정책은 매우 유사한 모습을 띠었다. 차이라면 그에 동반되는 강제이주 그리고 대량학살이 더 많고 적음의 정도 차이뿐이었다.

적어도 다음 두 사례에서, 소련의 테러가 한쪽 형제자매를 죽인 다음 독일의 테러는 나머지 형제자매의 목숨을 빼앗았다. 야니나 도프보르의 사례를 먼저 보자. 그녀는 소련군에 붙잡힌 폴란드 장교들 중 유일한 여성이었다. 모험정신이 투철한 그녀는 소녀의 몸으로 행글라이더와 낙하산 타는 법을 배웠으며, 5킬로미터 혹은 그보다 높은 곳에서 낙하산 매고 뛰어내린 유럽 최초의 여성이기도 했다. 1939년 조종사 훈련을 마친 야니나는 폴란드 공군 예비군에 편성되었다. 같은 해 9월 그녀는 소련군에 포로로 붙잡혔는데, 일설에 의하면 독일군이 야니나가 탄 전투기를 격추시켰고, 안전하게 낙하산 탈출을 감행한 그녀는 이내 폴란드 공군 소위 계급장을 단 채 소련군에 붙들렸다고 한다. 이후 먼저 오스타시코프로, 그러고는 코젤스크로 끌려간 야니나는 그녀를 위해 마련된 시설에 따로 수용되었고, 안전하다고 느낀 공군 동료들과 시간을 보냈다. 1940년 4월 21일 또는 22일 그녀는 카틴 숲에서 처형되어 함께 처형된 4409명과 그곳 구덩이에 묻혔다. 다음은 그 야니나의 여동생 아그니예츠카로 눈을 돌려볼 차례다. 언니와 달리 그녀는 독일 지역에 남아 있었다. 1939년 말 몇몇 친구와 함께 저항군 조직에 가담한 아그니예츠카는 결국 이듬해 4월 언니 야니나가 총에 맞을 즈음에 체포되었다. 두 달 뒤인 6월 그녀 역시 팔미리 숲에서 죽음을 맞이했다. 공교롭게도 두 자매 다 재판 같지도 않은 재판을 받은 뒤 뒷머리에 총을 맞았고, 그 시신은 얕은 구덩이에 파묻혔다.[74]

전쟁 전 폴란드 중동부에 해당됐지만 이제는 독일-소련의 국경 지대가 된 지역 출신의 브누크 형제 역시 같은 운명을 맞이했다. 형인

볼레스와프는 과거 폴란드 의회의 민중당 의원이었고, 동생 야쿠푸는 방독면을 디자인하고 약리학을 공부하던 사람이었다. 두 형제는 1932년에 결혼해 자녀를 두고 있었다. 먼저 야쿠푸는 자신이 다니던 연구소의 다른 전문가들과 함께 소련에 체포되어 1940년 4월 카틴 숲에서 죽었다. 볼레스와프는 1939년 10월 독일군에 붙들려 이듬해 1월 루블린 성으로 끌려갔고, 1940년 6월 29일 AB 악치온 과정에서 살해당했다. 그는 손수건에 "나의 조국을 위해 미소를 머금은 채 죽는다. 그러나 나는 죄 없이 죽는 것이다"라는 마지막 말을 남겼다.[75]

1940년 봄 그리고 여름, 독일은 자신들의 강제수용소 체제를 점점 확대했고 따라서 폴란드인들을 더 많이 위협하고 착취할 수 있었다. 하인리히 힘러는 1940년 4월 바르샤바를 방문해 2만 명의 폴란드인을 강제수용소에 집어넣으라는 명령을 내렸다. 힘러가 슐레지엔 지역의 게르만족 지배 공고화를 맡겼던 정치위원인 에리히 폰 뎀 바흐 첼레프스키의 계획에 따라 새로운 강제수용소는 크라쿠프 근처 폴란드군 병영이 있던 장소, 바로 아우슈비츠라는 독일식 이름으로 더 잘 알려진 오시비엥침에 세워졌다. AB 악치온이 끝나감에 따라 죄수들은 더는 처형되지 않고 대신 독일 내 강제수용소로 보내졌는데, 대개 아우슈비츠로 끌려왔다. 이곳에 처음 발을 들인 이들은 크라쿠프에 있던 폴란드 정치범들이었다. 그들은 1940년 6월 14일 아우슈비츠로 끌려와 31번부터 758번까지 번호를 부여받았다. 다음 달인 7월에 있었던 정치범 이송은 작센하우젠과 부헨발트에 있는 수용소로 이뤄졌고, 11월에는 아우슈비츠로 두 차례의 이송이 있었다. 이미 8월 15일 바르샤바에서는 수백 명, 종국에는 수천 명의 사람이 거리에서 체포되어 아우슈비츠로 끌려가는 대규모 검거 작전이 실시되었었다. 그리고 1940년 11월 아우슈비츠는 폴란드인 대량학살의 장이 되는 동시에 이게파르벤* 투자자들의 눈길을 끄는 장소가 되었다. 비록 그곳에서 이뤄지는 강제노동은 스탈린의 꿈인 '계획을 통한 산업화' 같은 이상보다 그저 독일 기업들의 이익에 봉사하고자 진행되었다는 차이가 있긴 했지만, 아우슈비츠는 이제 소련의 모델을 빼닮은 거대한 강제수용소가 되어 있었다.[76]

자신들이 점령한 땅에서 폴란드의 교육받은 계층을 이미 싹쓸이했다고 착각한 독일과 달리, 소련은 이를 실제로 상당 부분 달성하고 있었다. 독일 동방 총독부 관할 구역에서는 폴란드의 저항 세력들이 점점 세를 불리고 있었지만, 소련의 영역에서는 이러한 움직임이 소련의 치밀한 조직망에 의해 순식간에 분쇄되었으며 활동가들은 체포되거나, 추방, 경우에 따라 처형되었다. 하지만 그러는 사이 소련의 지배에 대한 우크라이나인들의 도전이라는 새로운 문제가 불거지고 있었다. 폴란드는 약 500만에 달하는 우크라이나인들의 터전이었고, 그들 대다수는 이제 소련령 우크라이나에 자리를 잡게 되었다. 그들이 소련이라는 새로운 지배 체제에 만족해야 할 필연성은 어디에도 없었다. 양차 대전 사이 폴란드 내에서 불법 조직으로 낙인찍혀 활동하던 우크라이나 민족주의자들은 이미 보이지 않는 곳에서 움직이는 방법에 도가 튼 이들이었다. 이제 그들에게 불법이라고 낙인찍었던 폴란드는 존재하지 않았고, 그들의 목표는 자연스레 소련이라는 대상으로 바

* I G Farben. 1925년 설립된 독일의 화학 기업 카르텔로 히틀러를 지지했으며, 나치가 정권을 잡으면서 그 최대 수혜자가 되었다.

꿔었다. 여기에 그동안 소련이 벌인 정책들은 현지에 있던 우크라이나인들이 민족주의자들의 메시지에 쉽게 동조하게끔 만들고 있었다. 분명 우크라이나 소작농 일부가 처음 소련의 지배와 그들이 나누어준 농지에 환호성을 질렀던 것은 사실이지만, 집단화라는 정책은 이내 소작농들이 소련에게 등을 돌리는 효과를 가져왔던 것이다.[77]

우크라이나 민족주의 조직들은 이제 소련이 설치한 각종 제도에 맞서 행동하기 시작했다. 이미 주도적인 민족주의자 몇몇은 양차 대전 사이에 독일 군사정보부를 비롯해 라인하르트 하이드리히의 나치 정보기관인 SS 보안방첩부와 관계를 맺고 있었고, 스탈린이 짐작했던 것처럼 그들 일부는 여전히 베를린을 위해 첩보활동을 벌이고 있었다. 새롭게 병합된 폴란드 동부에서 이뤄진 네 번째 강제이주의 주요 대상이 우크라이나인들이었던 것은 바로 그 때문이었다. 이들에 앞선 강제이주의 첫 번째와 두 번째는 주로 폴란드인들을, 세 번째는 유대인들을 대상으로 이뤄졌었다. 네 번째 강제이주는 1940년 5월에 이뤄졌고, 그 대부분이 우크라이나인이었던 1만1328명이 소비에트 우크라이나 서부에서 특별 정착지로 보내졌다. 다음 달 19일의 마지막 강제이주는 2만2353명을 대상으로 진행되었는데, 그들 대다수는 폴란드인이었다.[78]

비아위스토크에서 온 어느 폴란드 소년은 당시를 이렇게 기억한다. “그들은 폭탄이 떨어지는 상황에서 우리를 기차에 태웠어요. 이내 불길이 사람들을 휩싸기 시작했고, 그곳은 불바다가 되었지요.” 어찌 된 일이었을까? 6월 22일 기습 공격을 시작으로 독일은 소련을 침공했고, 이에 독일의 폭격기가 이들이 탄 기차에 폭격을 퍼부었기 때문이다. 이 폭격으로 독일과 소련 두 체제의 희생자였던 2000명의 강제이주 대상자가 화물열차 안에서 목숨을 잃었다.[79]

스탈린은 새로 얻은 땅의 위험인물들을 제거하는 과정에서 이미 독일과의 또 다른 전쟁을 준비하고 있었다. 하지만 그것이 그토록 빨리 벌어진 것은 예상외였다.

독일이 1941년 6월 22일의 기습 공격을 통해 소련을 침공해 들어오자, 폴란드와 소련의 관계는 갑작스레 어제의 적에서 오늘의 동맹으로 변했다. 그들은 이제 독일이라는 공동의 적과 싸우고 있었다. 그러나 그것은 꽤나 불편하고 어색한 상황이었다. 앞선 2년 동안 소련은 50만에 달하는 폴란드인을 탄압한 자들이었다. 이들 손에 약 31만 5000명이 강제이주를 당하고, 11만 명이 넘는 수가 체포당했으며, 3만 명이 처형, 2만5000명을 웃도는 사람들이 수용소에서 목숨을 잃었다. 당시 폴란드 정부는 강제이주에 대해서는 알고 있었지만 소련이 저지른 학살에 대해서는 모르고 있었다. 하지만 어찌됐든 소련과 폴란드는 이제 소련의 교도소, 강제수용소, 특별 정착지에 흩어져 있던 수십만 명의 폴란드인을 모아 폴란드군을 구성했다.[80]

폴란드군 지휘부는 곧 수천 명의 폴란드 장교가 사라졌다는 사실을 깨달았다. 예술가이자 폴란드군 장교이며 코젤스크에서 살아남은 유제프 참스키는 자신과 함께 수용소 생활을 했던 이들, 즉 사라진 폴란드 장교들의 행방을 찾으라는 폴란드 정부의 명을 받고 모스크바에 도착했다. 진지한 인물이었던 그는 이 일을 자신의 사명으로 받아들였다. 폴란드는 이제 독일에 맞서 싸울 두 번째 기회를 얻을 것이고, 찹스키의 임무는 사람들을 이끌고 전투에 나설 장교들을 찾는 것이었다. 모스크바로의 여정 동안 그의 마음속은 먼저 신에게 그 스스로의 힘으로 일어설 수 있을 때까지 십자가에 못 박힌 폴란드를 지켜달라는, 율리우시 스와바츠키의 자학적인 폴란드 낭만주의 시구들로 가득 찼다. 그러고는 너무나 순수한 동료 폴란드인들에게 말을 건네며, 그는 치프리안 노르비트가 망명길에 고국에 대한 바람을 담아 적은 가장 유명한 시구를 떠올렸다. "나는 바라네. 옳은 것에는 예라고 그른 것에는 아니라고 말하는 이들을/ 흔들림 없는 등불을." 민족과 국적이 뒤섞인 가정에서 태어난 사람이자 점잖고 지적인 인물이었던 찹스키는 자신과 조국이 처한 상황을 낭만적 이상주의의 언어로 이해하고 받아들이는 데서 위안을 얻고 있었다.[81]

찹스키는 노르비트의 시가 「마태복음」의 구절들을 담고 있다는 점을 이용해 간접적으로 성경 구절을 끌어오고 있다. "너희는 말할 때 예 할 것은 예 하고, 아니오 할 것은 아니오라고만 하여라. 그 이상의 것은 악에서 나오는 것이다."* 이것은 아서 케스틀러가 대숙청에 대해 쓴 소설 『한낮의 어둠』의 마지막 구절과 빼닮아 있었다. 찹스키는 이 소설의 배경이 되는 모스크바에 있는 루비안카 교도소로 가는 길이

* 「마태복음」이 아니라 「야고보서」 5장 12절의 내용이며, 살짝 다른 의미가 있다. 원문은 "형제들이여, 너희들은 무엇보다 맹세하지 마라. 하늘로든 땅으로든 무엇이든 걸어 맹세하지 말며, 오직 말할 때에 예 할 것은 예 하고 아니오 할 것은 아니오, 라고 하라. 이는 너희들이 정죄받지 않도록 하기 위함이다."

었는데, 그곳은 또한 1940년 케스틀러의 친구인 알렉산더 바이스베르크가 석방되기 전 심문을 받은 장소이기도 했다. 바이스베르크와 그의 부인은 1930년대 후반에 체포되었고, 두 사람이 겪은 일은 이후 케스틀러가 쓴 소설의 밑거름이 되었다. 찹스키는 루비안카에 있는 심문관 중 한 명에게 자신의 친구들, 곧 행방이 묘연한 폴란드 죄수들에 대해 물어볼 작정이었다. 따라서 내무인민위원회 장교이자 과거 폴란드 죄수들을 심문했던 레오니트 라이흐만과의 약속이 잡혀 있었다.[82]

찹스키는 라이흐만에게 폴란드 장교들이 사라지기 전까지 파악된 행적이 적힌 보고서를 건넸다. 이를 건네받은 라이흐만은 보고서의 각 줄을 연필로 따라가며 처음부터 끝까지 쭉 읽어내려가는 듯 보였지만, 그렇다고 그곳에 따로 표시를 하거나 하는 모습은 전혀 보이지 않았다. 그러고는 두루뭉술한 몇 마디와 함께, 자신이 이 문제를 파악해본 뒤 찹스키가 묵고 있는 숙소로 연락을 주겠다는 약속을 남겼다. 어느 날 한밤중에 전화벨이 울렸다. 라이흐만이었다. 그는 급한 일이 생겨 모스크바를 떠나게 되었다고 말했다. 폴란드 장교들에 관한 새로운 소식은 아무것도 없었고, 그저 폴란드 정부가 이미 접촉했던 몇몇 소련군 장교의 이름을 알려주면서 이들에게 이야기해보라는 말뿐이었다. 이 순간까지도 찹스키는 종적을 감춘 장교들이 이미 살해당했다는 사실을 눈치채지 못했지만, 저들이 뭔가 숨기고 있다는 것만은 알아차리고 있었다. 결국 그는 모스크바를 떠나기로 결심했다.[83]

이튿날, 호텔 방으로 돌아오는 길에 찹스키는 자신을 쳐다보는 시선을 느꼈다. 소련의 수도에서 폴란드 경찰복을 입고 있어 자신이 주목받는 거라 여기고 모른 체했다. 그가 엘리베이터를 타려는데 한 유대인 노인이 그에게 다가왔다. "폴란드 경찰이시오?" 그 유대인은 폴란드 출신이었는데 조국을 못 본 지 이미 30년이라고 했다. "한 번만 그 땅을 볼 수만 있다면, 죽어도 여한이 없을 것 같소." 찹스키는 충동적으로 그 신사를 자기 방에 초대했고, 폴란드 대사관에서 발행한 잡지 한 부를 그에게 주었다. 마침 첫 페이지에 바르샤바의 사진이 실려 있었다. 바르샤바, 폴란드의 수도이자 폴란드 유대인의 삶의 중심지, 두 개의 문명이 만나 하나가 된 구역. 캐슬 광장은 파괴되었고, 사진은 독일의 폭격 이후의 바르샤바였다. 찹스키의 손님은 의자에 주저앉았다. 그의 고개가 수그러들고, 울음이 터졌다. 그 유대인 신사가 돌아간 뒤 찹스키도 울기 시작했다. 모스크바에서 뼈저리게 느껴온 고독감과 공적 위선 끝에, 한 사람과의 만남이 그를 송두리째 바꿔놓았다. 그는 훗날 이렇게 회상했다. "그 불쌍한 유대인의 눈빛이 나를 구했다. 불신과 가뭇없는 절망의 늪에서."[84]

그 순간 두 사람이 느꼈던 슬픔, 즉 독일과 소련이 폴란드를 분할 점령했던 시간은 이제 옛일이 되었다. 동맹국으로서 독일과 소련은 1939년 9월에서 1941년 6월 사이 추정상 20만 명의 폴란드인을 살해했고, 약 100만 명을 삶의 터전에서 쫓아냈다. 폴란드인들은 앞으로 몇 달 또 몇 년 내에 수만 명이 죽음을 맞이할 소련 강제수용소와 아우슈비츠로 끌려갔다. 독일이 점령한 지역에 있던 폴란드 유대인들은 게토에 갇힌 채 언제 어떻게 들이닥칠지 모를 운명을 기다리고 있을 수밖에 없었다. 물론 그들에 앞서 이미 수만 명의 유대인이 배고픔과 질병으로 세상을 떠난 터였다.

폴란드 사회의 목을 따버리는 방식을 통해 그곳을 마음대로 주무를 수 있는 땅, 즉 운영하고 다스리기보다는 그저 지배가 어울리는 땅으로 만들려는 특정 정책들은 모스크바와 베를린에 의해 의도적으로 추진된 것들이었다. 한스 프랑크는 히틀러의 말을 따와, 폴란드의 "리더십 요소들"을 없애는 것이 곧 자신의 임무라고 밝혔다. 내무인민위원회의 장교들 역시 목표물을 찾고자 폴란드인 『인명록』까지 뒤지는 모습을 보이며 논리적 극단에서 나온 자신들의 임무를 수행했다. 이것은 그야말로 근대성에 대한 공격이자, 특정 지역과 사회에 자리하던 이른바 계몽의 화신에 대한 공격에 다름 아니었다. 동유럽에서 특정 사회가 갖고 있는 자부심은 바로 지식인 계급을 뜻하는 "인텔리겐차"에 있었다. 그들은 스스로를 특히 조국이 고난에 처했거나 타인의 손에 떨어졌을 때 그런 조국을 이끌어가는 자들로 여겼다. 아울러 저술, 연설, 행동 하나하나를 통해 모국의 문화를 잘 지키는 것 또한 자신들이 해야 할 일이라 여기던 자들이었다. 독일어에도 이와 똑같은 단어가 똑같은 뜻을 지니고 있었다. 바로 그러했기에 히틀러가 명확하게 내린 명령이 "폴란드 인텔리겐차의 절멸"이었던 것이다. 앞서 소련 코젤스크 심문관들의 수장은 "서로 다른 두 철학"을 이야기했고, AB 악치온이 펼쳐질 당시 어느 독일 심문관은 곧 사형당할 노인에게 "폴란드인들만의 사고방식"을 보이라고 명령했다. 그 대상들은 바로 폴란드 문명의 화신이자, 그것만의 특별한 사고방식을 나타낸다고 여겨진 지식인 계층이었다.[85]

두 점령국의 손에 자행된 대량학살, 그것은 바로 폴란드 인텔리겐차가 자신들의 역사적 소임을 다했다는 비극의 증거였다.

5 장

파멸의 경제학

1941년 6월 22일은 유럽 역사를 통틀어 가장 중대한 의미를 지니는 날 중 하나다. 이날 '바르바로사 작전'이라는 이름 아래 개시된 독일의 소련 침공은 단순한 기습 공격, 독소 동맹관계의 변화, 전쟁의 새로운 국면 따위를 뛰어넘는 의미를 지니고 있었다. 그것은 어떤 말로도 설명할 수 없는 재앙의 시작점이었다. 독일 국방군(그리고 그 동맹군)과 붉은 군대의 교전은 1000만이 넘는 군인의 목숨을 앗아갔다. 물론 여기에 더해 비슷한 숫자의 민간인 역시 동부 전선에서 벌어진 이 전쟁으로 말미암아 비행 중에, 폭격으로, 또 굶주림과 질병 때문에 목숨을 잃었음은 말할 것도 없었다. 또한 독일은 이 기간에 약 1000만 명 이상을 계획적으로 살해했는데, 여기에는 500만 명을 웃도는 유대인과 300만 명이 넘는 전쟁포로가 포함되어 있었다.

히틀러와 스탈린 사이에 놓였던 이곳, 피로 물든 땅의 역사에서 바르바로사 작전은 세 번째 국면이 시작되는 시점이다. 첫 번째 시기(1933~1938)는 소련이 이 땅에서 벌어진 대량학살의 대부분을 담당했던 시점이며, 두 번째는 독일과 소련이 한배를 탔던 시기(1939~1941)로서 학살의 균형추가 맞춰진 시점이었다. 이제 1941년에서 1945년까지는 독일이 이 땅에서 이뤄진 정치적 학살 작업의 대부분을 맡은 시기였다.

각 단계에서 다음 단계로의 변화는 우리에게 다음과 같은 의문들을 남긴다. 첫 번째에서 두 번째 단계로의 이행이 '어떻게 소련이 나치와 손을 잡을 수 있었을까?'라는 질문을 던졌다면, 두 번째에서 세 번째 국면으로의 전환은 '독일이 왜 동맹을 깨고 소련의 뒤통수를 쳤을까?'라는 의문을 제기한다. 1939년과 1941년 사이 모스크바와 베를린에 의해 만들어진 몰로토프-리벤트로프 유럽이 뜻했던 것은 벨기에, 덴마크, 에스토니아, 핀란드, 프랑스, 라트비아, 리투아니아, 룩셈부르크, 네덜란드, 노르웨이, 폴란드, 루마니아에 해당되는 땅의 점령 혹은 소멸이었다. 그것은 또한 폴란드, 루마니아, 발트 국가 시민들에 대한 엄청난 규모의 강제이주와 학살을 의미하기도 했다. 하지만 소련과 나치 독일에게는 떨어질 것이 많은 경제 협력이자 군사적 승리였으며, 앞서 말한 국가들에 들어가는 비용이 늘어났음을 뜻했다. 그렇다면 이것은 1939년에서 1941년까지는 서로 득이 되는 협력을 했던 그리고 1941년에서 1945년까지는 인류 역사를 통틀어 가장 파괴적인 전쟁을 만들어냈던 나치와 소련 체제에 어떤 의미를 가지고 있었을까?

흔히 1941년 사태에 대한 의문은 좀더 추상적인 방식, 즉 유럽 문명과 관련된 것으로 제기된다. 몇몇 논의에 따르면, 독일(그리고 소련)의 학살 정책은 아마도 프랑스 혁명에서 나폴레옹 전쟁에 이를 때 자리 잡은 관념, 곧 정치 영역에서 이성의 힘과 역할이라는 계몽주의적 관념에서 비롯된 이른바 '근대성'이 그 정점에 이른 것이라 할 수 있다. 그러나 이런 의미에서의 근대성 논의는 1941년의 재앙에 대해 적어도 그 어떤 직접적인 설명도 제공해주지 못한다. 두 체제는 모두 계몽주의가 가진 낙관론, 즉 사회적 진보는 자연세계를 샅샅이 훑어나가는 과학의 눈부신 발걸음에 뒤따를 것이라는 생각을 거부했다. 히틀러와 스탈린 두 사람이 받아들였던 것은 19세기 후반의 수정된 다윈주의로, 이에 따르면 진보는 가능하지만 그것은 오직 인종 혹은 계급 사이의 폭력적 투쟁의 결과로만 나타날 수 있는 것이었다. 따라서 폴란드의 상층 계급을 말살한다거나(스탈린주의) 원래 폴란드인들은 인간 이하의 존재인데 감히 그에 맞지 않게 높은 수준의 교육을 받은 계층을 파괴하는 것(국가사회주의)은 정당한 일이었다. 그리고 바로 이 지점에서 서로 꽤 딴판의 이데올로기를 가진 나치 독일과 소련 사이에는 모종의 타협이 가능했고, 그것이 이내 폴란드 정복으로 드러났던 것이다. 두 동맹국은 서로 어마어마한 수의 이른바 잘 교육받은 폴란드인 계급을 말살함으로써 폴란드에 피었던 유럽 계몽주의의 과실을 없애버렸다. 그것이 소련에는 자기네식 '평등의 확장'을 가능케 했고, 나치 독일에는 수천만 명을 대상으로 한 인종주의적 도안, 특히 유대인들을 소위 "마지막 해결책"이 시행되기 전까지 게토에 격리시켜두는 그림을 그릴 수 있게 해주었다. 그런 점에서 나치 독일과 소련은 폴란드라는 제3자에 대한 적개심을 뿜어낼 수 있었던 근대성의 두 사례로 볼 수도 있겠다. 하지만 이는 보통 그들이 말하는, 또 우리가 알고 있는 근대성과는 전혀 다른 범주의 것이다.[1]

1941년 사태의 의문에 대한 답은 계몽주의의 지식 유산보다는 제국주의의 가능성과, 그리고 파리보다는 런던과 더 깊은 관련을 맺고 있다. 히틀러와 스탈린 두 사람은 모두 19세기 영국이 남긴 두 가지 주요 유산과 마주하고 있었다. 바로 당시의 국제 정세라는 것을 만들어내고 있던 제국주의, 그리고 불패를 자랑하는 대영제국의 해상 지배권이었다. 적어도 바다에서만큼은 영국의 적수가 될 수 없었던 히틀러에게 있어, 동부 유럽은 새로운 대륙 제국을 만들 기회의 땅과도 같았다. 게다가 동쪽에 별다른 마음을 품지 않았던 것도 아니었다. 소련과 그에 해당되는 모든 것은 언젠가는 완전히 쓸어버려야 할 것들이었다. 그런 뒤 그곳은 히틀러가 1941년 7월에 밝힌 것처럼 "에덴동산"이 될 것이었다. 대영제국의 그림자는 또한 제국주의가 자본주의를 인위적으로 지탱하고 있다고 믿은 스탈린의 전임자 레닌의 뇌리를 사로잡고 있던 것이기도 했다. 레닌의 후계자로서, 스탈린의 과업은 제국주의와 자본주의가 여전히 끈질기게 버티고 있는 세계로부터 사회주의의 고향 소련을 지켜내는 것이었다. 스탈린은 이미 히틀러라는 인물이 떠오르기 전부터 제국주의 세계를 자신이 인정하고 있음을 드러냈는데, 그에 따르면 제국주의가 계속되고 있기에 사회주의는 전 세계에 걸친 영구 혁명이 아닌 소련을 통해 대표되어야 한다. 히틀러와 손을 잡은 것은 바로 이 같은 이데올로기적 타협("일국사회주의")에서 나온 부속물이었다. 어찌됐든 특정 나라가 선의 보루이며 그것이 온통 악의 세계에 둘러싸여 있다면, 어떤 타협이든 정당한 것이 된다. 무슨 짓을 벌이건 괜찮은 것이 된다. 스탈린은 독일과 맺은 협약이 소련에 이익을 가져다주었다고 말했다. 그는 이 관계가 언젠가는 끝나리라 짐작하고 있었지만, 그것이 1941년이 될 것이라고는 미처 생각지 못했다.[2]

히틀러는 독일인들이 제국주의적 인민이 되기를 바랐다. 반대로 스탈린은 그 기간이 얼마나 걸리든 소련이 역사 속의 제국주의의 시기를 잘 이겨내길 원했다. 여기서 모순은 그들의 원칙보다는 영토상에서 드러났다. 머지않아 얻게 될 순수한 옛 모습, 즉 히틀러의 에덴동산은 스탈린에게 있어 그가 앞서 적은 정통 역사책(스탈린의 1938년 『짧은 강좌』에서 드러나듯)에서 엄청난 공을 들여 만든 약속의 땅이었다. 히틀러는 언제고 소련의 서쪽 땅덩이를 정복하고자 했다. 비록 자신이 품은 그 두려움의 근원이 독일의 침공보다는 주로 일본과 폴란드 혹은 일본-폴란드-독일에 에워싸인 소련이라는 이미지에서 온 것이었다 하더라도, 스탈린은 그러한 제국주의자들의 비전에 맞선 정당방위의 이름 아래 소련을 발전시키고 또 강력하게 만들고 싶어했다. 실제로 일본인과 폴란드인들은 스탈린이 소련의 영역 내에서 벌이고자 했던 국가 차원의 변혁 추진에 있어 독일인들보다 더 골치 아픈 요소였다. 스탈린은 자신의 광대한 나라를 침략하려는 이들이라면 먼저 소련 땅에 자신들의 우군을 만들려고 할 것이라 봤다.[3]

모순은 단지 두 사람 각자가 품고 있던 생각 차원에서 끝나는 문제가 아니었다. 히틀러는 전쟁을 원했고, 스탈린은 적어도 1941년까지는 그것을 원치 않았다. 히틀러의 머릿속에는 제국이라는 이상이 들어 있었는데, 이는 매우 중요한 것이었다. 또한 그는 가능성을 끌어모으는 동시에 다시없을 절호의 순간을 가로막는 장애물들을 넘어서고자 애쓰고 있었다. 결정적인 순간은 1940년 6월 25일에서 이듬해 6월 22일로서, 누구도 예상치 못한 또 눈 깜짝할 사이에 얻어낸 프랑스에서의 승리와 그 뒤에 벌어진 소련 침공으로 이어지는 기간이었다. 그리고 후자는 앞선 프랑스 때와 마찬가지로 독일이 순식간에 승리를 따낼 것이었다. 1940년 중반까지 히틀러는 이미 중부 유럽의 대부분은 물론이고 서부와 북부까지 손아귀에 넣은 상태였으며, 이제 남은 적은 오직 영국뿐이었다. 그의 나치 정권 뒤에는 풍부한 소련산 밀과 기름이 있었으며, 독일군은 적어도 겉보기에는 가히 무적의 군대였다. 이처럼 소련과의 동맹이 주는 실질적 이익이 명백한 상황에서, 히틀러는 대체 왜 소련의 뒤통수를 치는 카드를 골랐던 것일까?

1940년 말에서 1941년 초, 소련과 나치 독일은 유럽 대륙 내에서는 타의 추종을 불허하는 양대 강대국이었지만, 좀더 넓은 차원에서까지 그랬던 것은 아니다. 확실히 그때까지 두 국가는 유럽의 판을 새롭게 짜오고 있었다. 그러나 대영제국은 이미 전 세계의 판을 짜오던 세력이었다. 소련과 나치 독일은 특정한 방식으로 서로에게 영향을 주고받았지만, 양쪽 다 자신들의 동맹에 저항하던 대영제국의 영향을 받고 있었다. 단기적인 측면에서 본다면, 대영제국과 그들의 해군력이 만들어놓은 세계 체제는 나치든 소련이든 당장에 뒤엎을 대상이 아니었다. 따라서 그들은 이 길을 택하는 대신 다른 길, 즉 비록 대영제국과 영국 해군이 위용을 떨치고는 있지만 일단은 자신들 눈앞의 전쟁에서 승리를 거두고, 혁명 과업을 완수하며, 제국을 만들어 가는 길을 택했다. 서로 동맹이든 아니면 적이든, 또 서로 다른 이데올로기를 가졌음에도 불구하고 소련과 나치 지도부 앞에는 강력한 영국의 존재라는 현실이 던지는 근본적인 문제가 놓여 있었다. 그것은 바로 현대 세계에서 거대한 대륙 제국이 세계 시장으로의 안정된 연결 통로 없이, 그리고 막강한 해군력 없이, 어떻게 번영을 누리며 자신의 지배력을 확보해낼 수 있을까라는 문제였다.[4]

이 근본적인 질문에 대해 스탈린과 히틀러가 내놓은 기본 답안은 똑같았다. 즉 그런 국가는 반드시 넓은 땅을 보유하고 경제적 자급자족을 일궈낼 수 있어야 하며, 체제 이데올로기에 충실한, 따라서 스탈린주의의 내부적 산업화 혹은 나치의 식민지 토지개혁과 같은 이른바 자신들의 역사적 과업을 달성할 수 있는 시민들을 보유해야만 한다. 히틀러와 스탈린 두 사람은 풍부한 식량, 원자재, 광물자원으로 뒷받침되는 거대 규모의 제국주의적 경제 자립 국가를 지향했다. 아울러 스탈린의 이름이 철을 의미하는 스틸Steel에서 따온 것이라는 점, 그리고 히틀러 또한 철 생산에 특별한 관심을 가진 데서 볼 수 있듯이, 그들은 현대에 특정 자원이 갖는 중요한 의미 역시 잘 알고 있었다. 하지만 스탈린과 히틀러 모두 농업을 자신들의 혁명 완수를 위한 핵심 요소로 파악했다. 두 사람 눈에, 자신들의 체제는 식량 생산을 통해 나머지 세계로부터 좌우되지 않는 경제적 자립을 일궈낼 것이며, 타락한 자본주의 체제보다 자신들이 우월하다는 사실을 드러내줄 것이었다.[5]

1940년 말과 1941년 초를 기점으로, 전쟁이라는 카드는 이 거대한 경제적 기획을 추진하려던 소련과 나치 서로에게 완전히 다른 의미를 지니게 되었다. 스탈린은 이미 지켜내야 할 경제 혁명의 성과물이 있었던 반면, 히틀러는 자신의 경제 체제를 바꾸기 위한 전쟁이 필요했다. 스탈린이 자신의 "일국사회주의"를 가지고 있었다면, 히틀러의 마음속에는 여러 국가에 걸친 국가사회주의, 즉 다른 이들의 희생을 발판 삼아 독일인들의 번영을 보장할 광대한 독일 제국이라는 그림이 자리하고 있었다. 스탈린이 내세운 집단화 그 자체는 국가 내부적 계급투쟁이자 또 앞으로 다가올 외부와의 전쟁에 대비하는 작업이었다. 이와 달리 히틀러의 경제적 비전은 오직 실질적인 군사적 충돌을 통해서만, 실로 소련과의 전쟁에서 완전한 승리를 일궈낸 후에야 비로소 실현될 수 있었다. 집단화가 감추고 있는 비밀은 (이미 오래전 스탈린이 적었듯이) 그것이 바로 팽창적 식민지 건설의 대체물, 다시 말해 내부로의 식민화 작업에 해당됐다는 사실이다. 이러한 스탈린과 달리 히틀러는 여전히 외부로의 팽창을 통해서만 식민지를 손에 넣을 수 있다고 봤으며, 그의 머릿속에는 소련 서부의 거대한 농업지대에 더해 캅카스 지역의 석유 매장 지역까지 그려지고 있었다. 그 스스로 이야기했듯이, 히틀러는 독일이 "세계에서 가장 경제 자립도가 높은 국가"가 되기를 원했다. 이를 위해 영국을 쓰러뜨려야 할 필연성은 어디에도 없었다. 그러나 소련은 반드시 쓰러뜨려야만 하는 대상이었다. 1941년 1월 히틀러는 소련의 "어마어마한 자원"이 독일을 "그 누구도 넘볼 수 없는 국가"로 만들어줄 것이라고 군 지휘부에 말했다.[6]

프랑스가 무너진 1940년 6월 이후에도 영국이 기꺼이 홀로 맞서 싸우기로 하자, 이 같은 모순은 표면에 떠오르기 시작했다. 1940년 6월에서 1941년 6월까지, 영국은 독일이 마주한 단 하나의 적이었지만 보이는 것 이상으로 강력한 상대였다. 여기에 더해 미국 역시 비록 전쟁에 직접 뛰어들진 않았지만 당시 대통령이던 프랭클린 D. 루스벨트의 의지에서 보듯이, 이미 영국의 편에 설 것을 명확히 한 터였다. 1940년 9월 미국은 카리브해 지역에 선박 주둔권을 대가로 영국에 15척의 구축함을 넘겼고, 이듬해 3월에는 미국 대통령에게("무기 대여법"*에 따라) 원하는 곳으로 전쟁 물자를 보낼 권한이 주어졌다. 영국군은 프랑스가 무릎을 꿇은 뒤 유럽 대륙에서 내쫓기는 신세가 되었지만, 영국 정부는 그들 중 상당수를 됭케르크를 통해 안전하게 본토로 대피시켜두었다. 1940년 여름 루프트바페(독일 공군)는 영국 공군과 교전을 벌였으나 이들을 격파하는 데 실패했고, 몇몇 도시에 가한 폭격 역시 영국인들에게 별다른 공포심을 심어주지 못했다. 독일은 침공에 있어 핵심이라고 할 수 있는 공중전에서의 우위를 점하지 못했던 것이다. 분명 영국 제도에 대한 상륙 강습 작전에는 대규모 인원 및 군수품이 영국 해협을 건너 영국 본토에 도달하는 것이 포함되었겠지만, 독일은 해상을 장악해 이러한 수송 작업을 수행할 만큼의 전력을 갖추고 있지 못했다. 당시 크리크스마리네(독일 해군)에는 고작 3척의 순양함과 단 4척의 구축함만 편제되어 있을 뿐이었다. 따라서 심지어 영국 본토 항공전이 막 시작되던 1940년 7월 31일에도 히

* 1941년 3월 미국이 연합국을 지원하기 위해 만든 법으로, 당시 중립국이던 미국이 전쟁에 참여하지 않더라도 대통령이 미국 방위에 필요하다고 판단한 나라라면 어떤 나라든 무기를 팔거나 빌려줄 수 있도록 한다는 내용을 담고 있다.

틀러의 머릿속에는 이미 동맹국 소련을 칠 구상이 끝나 있었다. 12월 19일 그는 "신속한 군사 행동을 통해 소비에트 러시아를 쳐부술 것"을 골자로 한 작전 계획을 지시했다.[7]

히틀러는 소련을 현재의 동맹보다는 미래의 식민지로서, 당시 자신 앞에 놓인 영국 문제를 푸는 데 활용했다. 1940년 6월에서 이듬해 6월에 이르는 이 중대한 시기 동안 독일의 경제 기획자들이 매진한 문제는 바로 정복한 소련을 통해 히틀러가 그토록 바라온 초강대국 독일을 어떻게 만들어갈 것인가였다. 핵심 기획자들은 하인리히 힘러의 예리한 눈초리와 라인하르트 하이드리히의 직접적인 통제 아래 이 작업을 수행하고 있었다. "동유럽 종합 계획"이라는 제목하에, 나치 친위대 대령 콘라트 마이어 박사는 광대한 동부 식민지에 관한 일련의 기획안 초안을 작성했다. 첫 기획안은 1940년 1월, 두 번째는 7월, 세 번째는 1941년 말, 그리고 네 번째는 이듬해인 1942년 5월에 완성되었다. 기획안들의 한결같은 부분은 바로 독일인들이 점령 지역 사람들을 강제추방, 살해, 동화하거나 혹은 노예로 삼는 것, 그리고 이를 발판 삼아 새로 개척한 변경 지역에 질서와 번영을 가져온다는 것이었다. 인구통계학적 추정에 따라 그 대다수가 슬라브족인 3100만에서 4500만 명가량이 말 그대로 사라져야 했다. 또한 어느 개정판 계획에 따르면, 80~85퍼센트의 폴란드인, 서부 우크라이나인 65퍼센트, 벨라루스인 75퍼센트, 체코인의 절반이 없애야 할 대상이었다.[8]

독일군이 소련의 타락한 도시들을 완전히 쓸어버리고 나면, 독일 농부들은 그 땅을 일궈 힘러의 표현처럼 "우리의 주옥같은 정착지"

를, 즉 유럽에 풍부한 식량을 제공할 이상적 농업 공동체를 세울 것이다. 1만5000~2만 명 정도의 사람들이 거주할 독일인 정착지는 독일인 마을에 둘러싸인 반경 10킬로미터 이내의 형태로 건설될 것이고, 우랄산맥에 정착한 독일인들은 동쪽으로 몰아낼 아시아적 야만에 맞서 유럽을 지켜낼 것이다. 이 같은 문명의 가장자리에서 벌어질 갈등과 투쟁은 다음 정착 세대들의 이른바 독일인다움을 가늠해볼 실험장이 될 것이다. 결국 식민화 작업은 독일이라는 국가를 몰살을 통한 식민지 건설 및 노예 노동에 기초한 또 다른 강인한 개척 국가, 즉 미국과 어깨를 나란히 할 대륙 제국으로 거듭나게 해줄 것이다. 동쪽은 이른바 나치식의 '명백한 사명'이 이뤄질 땅이었다. 히틀러의 생각처럼, "과거 미국의 정복 작업과 마찬가지 과정이 동쪽에서도 다시금 이뤄질 것"이었다. 미국인들이 과거 인디언들에게 행했던 것을 독일인들은 슬라브족들에게 행할 것이다. 러시아의 볼가강은 그가 언젠가 선언했듯이, 독일의 미시시피가 될 것이었다.[9]

이 지점에서 이데올로기는 필연성과 손을 잡았다. 영국을 쓰러뜨릴 수 없는 한, 제국이라는 히틀러의 야망에 이르는 유일한 길은 바로 동부 유럽의 땅덩어리를 더 많이 정복하는 것뿐이었다. 유럽에서 유대인을 없애버리려 했던 히틀러의 의도 역시 같은 맥락에서 이야기할 수 있다. 영국인이라는 적이 여전히 남아 있는 한 유대인들은 마다가스카르 같은 제법 멀리 떨어진 섬들로 보내기보다는 유럽 대륙에서 없애버려야 했다. 1940년 말과 1941년 초 영국 해군은 히틀러의 해양판 마지막 해결책을 가로막고 있었다. 마다가스카르는 프랑스에 속한 땅이었고 프랑스는 이미 무릎을 꿇었으나, 영국은 여전히 해상 지배권을 놓치지 않고 있었다. 동맹국 소련은 앞서 200만의 유대인을 받아들여달라는 독일의 요청을 거부한 상태였다. 양국이 동맹관계인 한 독일은 소련의 거절을 기꺼이 받아들이고 그저 때가 무르익기를 기다리는 수밖에 없었다. 하지만 만약 독일이 소련을 정복한다면, 그 땅은 자기들 마음대로 활용할 수 있게 된다. 히틀러는 1941년 1월 베를린 체육관에 모인 수많은 군중 앞에서, 세계대전은 "유럽에서 유대인이 맡은 역할이 끝나는 것"을 뜻한다고 선언한 직후 이미 소련 침공 준비를 명령해둔 상태였다. 마지막 해결책은 이제 무기한으로 미뤄진 영국 침공이 아닌 1941년 6월 22일에 시작된 소련 침공에 뒤이어 전개될 것이었다. 첫 번째 주요 공격 목표는 소련령 우크라이나로 맞춰져 있었다.[10]

따로 수입하건 아니면 함께 수입하건 실질적인 식량 순수입국인 독일 및 독일이 점령한 서부 유럽 제국에 있어 소련은 단 하나뿐인 현실적인 식량 원천이었다. 히틀러가 파악하고 있었던 것처럼, 1940년대 후반 그리고 1941년대 초반 소련에서 들어오는 식량의 90퍼센트는 소련령 우크라이나에서 생산된 것이었다. 스탈린과 마찬가지로 히틀러는 우크라이나 자체를 지정학적 자산으로, 그곳에 살던 이들을 그저 그 땅을 일구던 도구 따라서 다른 사람들로 교체하거나 버릴 수 있는 수단으로 보는 경향이 있었다. 우크라이나 지배는 스탈린에게 있어 본인의 뜻대로 이루는 사회주의 승리의 전제 조건이자 증거물과도 같았다. 숙청, 굶주림, 집단화, 공포로 얼룩진 우크라이나는 러시아와 나머지 소련 지역이 먹을 식량을 공급하고 또 그들을 보호해주었던 것이다. 히틀러의 머릿속에는 끝없이 펼쳐진 비옥한 우크라이나 땅과 그곳에서 과거 소련보다 더 많은 것을 뽑아낼 독일인들의 모습이 그려져 있었다.[11]

우크라이나의 식량은 소련의 완전무결성을 지키고자 했던 스탈린의 계획에서만큼이나 나치의 동부 제국 계획에서도 중요한 위치를 차지하던 것이었다. 스탈린의 우크라이나 "요새지대"는 곧 히틀러의 우크라이나 "곡창지대"였다. 독일군 작전 참모진은 일련의 연구를 통해 1940년 8월, 우크라이나가 "농업적으로나 공업적으로 소련에서 가장 가치 있는 지역"이라고 결론 내렸다. 1941년 1월 민간 계획을 책임지고 있던 헤르베르트 바케는 히틀러에게 "우크라이나 점령은 우리를 모든 경제적 걱정거리에서 벗어나도록 해줄 것입니다"라고 말했다. 우크라이나를 통해 히틀러가 원한 것은 "이제 그 누구도 지난 전쟁에서처럼 우리를 배고픔에 허덕이게 할 수 없을 것"이었다. 우크라이나 정복은 독일을 영국의 해상 봉쇄로부터 자유롭게 해줄 것이고, 그곳에 대한 식민화는 독일을 미국과 같은 세계적인 강대국으로 만들어줄 것이었다.[12]

결국 나치의 동유럽 종합 계획은 농지 확보, 기존 경작자들 제거 및 그 자리를 독일인들로 대신 채워넣을 방안 등을 담고 있었다. 하지만 히틀러는 그러는 사이, 즉 전쟁 수행 기간과 빠른 승전(예정된) 직후까지 현지인들로 하여금 독일군과 민간인들에게 공급할 식량을 수확하도록 할 생각이었다. 1940년 말에서 1941년 초, 독일의 정책 기획자들은 승리를 거둔 독일군의 경우 점령한 소련 지역에서 과거 스탈린이 식량 공급을 위해 고안한 방법, 즉 집단농장 방식을 그대로 이용하기로 결정했다. 정치적 효과를 노린 몇몇 기획자는 침공 기간 중 집단농장을 폐지해 독일이 소련의 지배부터 우크라이나 인민들을 해방시켰다는 인상을 심기를 선호했다. 그러나 경제적 효과를 고려한 기획자들은 독일 인민과 군인들에게 식량을 공급하기 위해서는 기존의 집단농장 체제를 유지해야 한다고 봤다. 논쟁 끝에 후자의 의견이 채택되었다. 일설에 따르면, 괴링의 4개년 경제계획부의 식량 문제 담당자였던 바케는 "만약 소련이 앞서 그 땅에 집단농장을 마련하지 않았더라면 독일이 그것을 도입해야 했을 것이다"라고 말했다고 한다.[13]

독일의 기획자들이 파악했듯이, 집단농장이란 수백만의 사람을 굶겨 죽이는 것이었고, 따라서 다시금 써먹어야 할 방식이었다. 그랬다. 그들은 이번에는 수백만이 아닌 수천만 명을 굶겨 죽일 작정이었다. 과거 소련의 집단화는 초기에는 비효율성으로 인한 의도치 않은 결과에 따라, 그리고 비현실적인 식량 생산 목표 때문에, 그다음에는 1932년 말과 1933년 초의 의도된 악의적 착취의 결과로 우크라이나에 기아를 몰고 왔다. 이와 달리 히틀러의 집단화는 사전에 짜놓은 아사 계획으로, 그 대상은 바로 달갑지 않은 소련 주민들이었다. 독일의 기획자들은 이미 독일의 수중에 떨어진 유럽 지역을 다룰 때 약 2500만 명을 먹여 살릴 만큼의 식량 수입이 필요하다고 보고 있었다. 그들은 또한 소련의 농촌 인구 역시 제1차 세계대전 이래 약 2500만 명 정도로 증가했다고 파악했다. 해결책은 너무나 단순한 것, 즉 전자가 살기 위해 후자가 죽어야 한다는 것이었다. 이들이 계산한 바에 따르면, 집단농장에서 생산한 식량은 독일인들을 먹여 살리기에 딱

적당한 수준이지만 그 외의 동쪽 인민들을 먹여 살리기에는 모자랐다. 그런 점에서 이들 동쪽 주민은 정치적 통제와 경제적 균형을 위한 수단으로 치부되어야 했다.[14]

이것이 바로 그들이 1941년 5월 23일까지 공들여 만들어낸 굶주림 계획, 소련 땅에서 전쟁이 벌어지는 기간 및 그 후 정복지의 소련 시민들을, 특히 대도시 지역의 시민들을 굶김으로써 독일군과 독일(및 서유럽) 민간인들을 먹여 살린다는 계획이었다. 이제 우크라이나 지역의 식량은 러시아와 나머지 소련 지역을 먹여 살리기 위해 전처럼 북쪽으로 운송되는 것이 아니라, 독일과 나머지 유럽 지역에 영양을 공급하기 위해 서쪽으로 운송될 것이었다. 독일이 보기에, 우크라이나(그리고 러시아 남부 지역)는 필요한 양보다 더 많은 식량이 생산되는 "식량 과잉 지역"이었고, 러시아와 벨라루스는 이와 반대로 "식량 결핍 지역"이었다. 우크라이나 도시들에 거주하고 있는 사람들 그리고 벨라루스 및 러시아 서북부 주민들 대부분은 배를 곯아야 하거나 아니면 그곳을 떠야 할 자들이었다. 도시들은 파괴되고, 그 땅은 자연림으로 되돌아가야 할 것이며, 약 3000만 명은 1941년에서 1942년 사이의 겨울에 그대로 굶어 죽어야만 했다. 굶주림 계획에는 "식량 결핍 지역의 공업뿐 아니라 대부분의 인구도 절멸시킬 것"이라는 내용이 담겨 있었다. 1941년 5월 23일의 이 지침들은 수많은 사람을 학살하고자 했던 그들의 의도를 보여주는 가장 노골적인 몇몇 나치식 언사를 포함하고 있다. 한번 살펴보자. "이 지역에 살던 수백만 명은 불필요한 존재가 될 것이다. 그들은 죽어 없어지거나 아니면 시베리아로 떠나야 한다. 흑토대의 농산물 획득으로 인한 현지인들의 아사를 막을 유일한 방안은 유럽으로의 식량 공급 중단뿐이다. 그런 점에서 이들의 존재는 독일이 전쟁 종결까지 버텨내는 데 있어, 독일과 유럽이 봉쇄를 이겨내는 데 있어 장애물과도 같다. 이 문제에 관한 확고하고 명확한 이해가 널리 자리 잡아야 한다."[15]

당시 히틀러의 오른팔이던 헤르만 괴링이 그러한 경제적 기획의 총괄을 맡았다. 그의 4개년 경제계획부는 과거 1936년에서 1940년 사이, 전쟁을 염두에 둔 독일의 경제 기획이라는 과업을 맡았다. 이제 굶주림 계획이라는 사명을 받은 이 부처는 스탈린의 5개년 계획에 맞서 그것을 그대로 뒤집어놓는 일을 추진했다. 스탈린주의자들의 5개년 계획이 가진 야욕(혁명 완수)은 고스란히 모방될 것이고, 그 성과물(집단농장)은 최대한 잘 이용될 것이다. 그러나 그 목표(소련 방위와 산업화 달성)는 완전히 뒤집힐 것이었다. 굶주림 계획은 그 당시보다 훨씬 적은 인구, 보잘것없는 공업 수준, 대도시가 존재하지 않는 산업화 이전 소련으로의 회귀를 그리고 있었다. 독일 국방군이 소련 땅으로 한 발짝씩 내디딜 때마다 소련의 시계는 거꾸로 가게 되어 있었다. 국가사회주의는 스탈린주의의 앞을 막아섰고, 그것의 거대한 역사적 흐름을 뒤집으려 하고 있었다.

기아, 그리고 식민화는 토의되고, 합의되고, 고안되고, 할당되고, 양해된 독일의 정책이었다. 굶주림 계획의 기본 틀은 1941년 3월까지 수립되었다. 이에 관한 일련의 "경제 정책 세부 지침들"은 5월에 나왔다. 다음 달인 6월, 비문 등을 삭제한, 흔히 "녹색 서류철"로 알려진 지침서 1000부가 독일군 장교들 사이에 나돌았다. 침공 직전 힘러와 괴링은 어땠을까? 힘러는 장기적 관점에서 동유럽 종합 계획의 인종적 식민지 부분을, 괴링은 단기적 관점에서 굶주림 계획의 기아 및 파괴라는 전후 기획의 중요한 부분들을 꼼꼼히 살펴보고 있었다. 독일의 의도는 동부 유럽을 토착 인구 말살을 전제로 하는 농업 식민지로 탈바꿈시킬, 파괴적 전쟁을 수행하는 것이었다. 히틀러는 스탈린이 했던 모든 일을 물거품으로 만들고, 그 이전의 상태로 되돌릴 셈이었다. 일국사회주의는 독일 인종을 위한 사회주의, 즉 국가사회주의로 대체될 것이다. 이것이 바로 그들의 계획이었다.[16]

적어도 그들의 동맹이었던 일본의 입장에서 본다면, 독일은 소련 침공 외에도 한 가지 다른 선택지를 가지고 있었다. 과거 몰로토프-리벤트로프 협정 후 13개월이라는 기간은 도쿄와 베를린의 관계를 멀어지게 만들었으나, 이후 독일-일본 관계는 군사동맹을 기초로 회복되는 과정을 거쳤다. 1940년 9월 27일 도쿄, 베를린, 로마의 각국 지도부는 3국 군사동맹을 체결하기에 이른다. 이 시점, 즉 유럽 지역에서 벌어진 전쟁의 주된 충돌이 영국 공군과 루프트바페 간의 공중전이었을 당시 일본은 3국 군사동맹의 상대가 대영제국이기를 바라고 있었다. 도쿄는 독일에 독일의 기획자들이 그려둔 방안보다는 기존의 국제 정치 경제 체제에 아예 차원이 다른 혁명을 불러일으켜야 함을 강력하게 요구했다. 일본인들 눈에, 나치 독일은 소련을 식민화하기보다는 자신들과 손을 잡고 영국인들의 제국을 무너뜨려야 했다.

섬에서부터 제국을 만들어가고 있던 일본인들은 바다를 팽창의 수단으로 이해하고 있었다. 삼국 동맹과 같은 협정은 일본인들이 태평양에 있던 영국(그리고 네덜란드)의 식민지들을 정복할 수 있도록 뒷받침해주리라는 점에서, 독일인들에게 바로 영국이 양국 공통의 주적이라고 설득하는 작업은 일본의 이해관계에 잘 들어맞는 것이었다. 물론 그것이 전부는 아니었다. 일본인들은 독일인들의 구미에도 맞을 만한 그림을 가지고 있었는데, 그것은 바로 영국 및 네덜란드 소유의 식민지들로부터 독일과 일본 각자 지금 당장 필요한 분량 이상의 광물 자원을 얻어낼 수 있다는 것이었다. 일본에게는 아주 원대한 세계제패 전략이 있었다. 독일은 소련과 교전을 시작하기보다는 남쪽으로 움직여 근동에서 영국을 몰아내고, 아마도 인도와 같은 남아시아 어느 지점에서 일본과 만나야 할 것이다. 일본의 주장에 따르면, 독일과 일본이 수에즈 운하 그리고 인도양을 손에 넣을 경우 영국의 해군력은 더 이상 고려할 만한 변수가 되지 못할 것이다. 그리하여 독일과 일본 양국은 서로 어깨를 나란히 하는 세계적인 강대국이 될 것이었다.[17]

히틀러는 이러한 대안에 별다른 관심을 보이지 않았다. 독일은 소련에 자신들이 일본 및 이탈리아와 맺은 삼국 군사동맹에 대한 얘기를 꺼내긴 했으나, 소련이 여기에 끼도록 해줄 의사는 전혀 없었다. 일본은 대영제국에 맞선 독일-일본-소련 연합을 꿈꾸었지만 그것이 이뤄질 가능성은 제로에 가까웠다. 히틀러는 이미 소련을 침공하기로 마음먹은 상태였다. 비록 일본과 이탈리아가 이제 독일의 동맹이 되었다 하더라도, 히틀러는 자신의 주된 군사적 야망에 이들의 존재와 의사를 별로 고려하지 않았다. 독일은 혼자 힘으로 소련을 무릎 꿇릴 수 있고 또 그래야만 한다는 것이 히틀러를 사로잡고 있던 생각이었다. 이처럼 그 목표와 적에 대한 근본적인 불일치로 말미암아 독일과 일본 사이의 동맹은 제한적인 수준에 머무르는 수밖에 없었다. 일본이 바랐던 것은 영국을 그리고 결국에는 미국을 박살내 태평양을 주름잡는 해상 제국이 되는 것이었다. 반면 독일은 일단 소련을 패퇴시켜 유럽의 거대한 대륙 제국이 되고자 했고, 이를 통해 향후 영국과 미국의 맞수로 떠오르길 바라고 있었다.[18]

일본은 1940년 여름부터 줄곧 소련과 중립 조약을 체결할 길을 찾고 있었고, 1941년 4월 드디어 한 가지 결실을 얻어내기에 이르렀다. 일본이 유럽 지역에 파견한 첩보원들 중 소련 전문가이자 그해 봄 발트해 연안, 동프로이센에 위치한 쾨니히스베르크에 파견된 스기하라 지우네는 독일이 소련을 침공해 들어갈 날짜를 점치고 있었다. 그는 폴란드인 조력자들과 함께 앞서 독일이 폴란드로부터 빼앗은 땅을 포함한 독일의 동부 지역을 둘러봤다. 독일군의 움직임을 관찰한 스기하라는 1941년 6월 중순 그에 관한 결과물을 내놓는다. 그가 도쿄로 보낸 보고서는 당시 유럽을 비롯한 전 세계에 퍼져 있던 정보원들이 보낸 수천 가지 지역 동향 보고 중 하나로서, 독일이 늦은 봄이나 이른 여름쯤 몰로토프-리벤트로프 협정을 깨고 소련을 칠 것이라는 내용을 담고 있었다.[19]

스탈린 자신도 독일이 그러한 조짐을 보이고 있다는 보고를 이미 100차례 이상 받았지만 이를 무시해버렸다. 그의 한결같은 전략은 독일이 서쪽으로의 전쟁을 계속하도록 부추기는 것이었다. 이를 통해 자본주의 세력들은 자기네끼리 치고받아 기진맥진할 것이고, 소련은 그 틈에 꼬꾸라진 유럽의 과실을 공짜로 챙길 수 있게 된다는 것이 바로 스탈린이 바라는 그림이었다. 그런데 히틀러는 스탈린이 원하는 것보다 훨씬 더 빨리, 그리고 너무 쉽게 유럽 서부의 6개국(노르웨이, 덴마크, 벨기에, 룩셈부르크, 네덜란드, 프랑스)을 상대로 승리해버렸다. 하지만 그렇다 해도 히틀러가 나치와 소련의 야망을 가로막는 공동의 장애물이자 전 세계를 주무르고 있는 대영제국에 대한 공세를 포기할 것이라고 보기는 어려웠다. 스탈린은 분명 언젠가 독일과도 전쟁을 치를 것이라는 생각은 가지고 있었다. 하지만 그것이 1941년은 아니었다. 그는 스스로에게 그리고 주변 사람들에게 독일의 공격이 코앞으로 다가왔다는 경고는 아주 명백한 공통의 이해관계를 가진 양국, 곧 독일과 소련을 분열시키기 위한 영국의 선전일 뿐이라고 이야기했다.

스탈린은 다른 무엇보다, 그 어떤 첩보 보고서에서도 겨울 장비에 대한 언급을 찾아볼 수 없었던 데서, 독일이 겨울용 장비도 갖추지 않은 채 공격하리라고는 도저히 믿을 수가 없었다.[20]

—

이것은 바로 스탈린 일생일대의 판단 착오였다. 1941년 6월 22일 시작된 소련에 대한 독일의 기습 공격은 일단 처음에는 눈부신 성공으로 보였다. 3개의 집단군으로 구성된 300만의 독일 군대가 레닌그라드, 모스크바, 캅카스를 목표로 몰로토프-리벤트로프 라인을 넘어 발트 삼국, 벨라루스, 우크라이나로 밀고 들어갔다. 독일은 자국군 외에도 동맹국인 핀란드, 루마니아, 헝가리, 이탈리아, 슬로바키아를 비롯해 스페인군 1개 사단과 크로아티아 의용군 1개 연대를 침공군으로 엮었다. 이것은 인류 전쟁사를 통틀어 가장 큰 규모의 공격이었다. 그러나 폴란드 침공 때와 달리 그것은 양쪽이 아닌 한쪽 방면에서만 이뤄졌고, 이후 오직 하나의 전선(매우 긴)에서 벌어지는 전쟁을 야기할 것이었다. 히틀러는 동맹인 일본에게 소련을 양쪽에서 협공하자는 등의 합의를 전혀 해두지 않은 상태였다. 아울러 일본 지도부 역시 자신들의 이익에 비추어 소련을 공격하는 결정을 내릴 수도 있었지만, 그보다는 소련과의 중립 조약을 파기하지 않는 길을 선택했다. 당시 외무상인 마쓰오카 요스케松岡洋右를 비롯한 일본 지도부의 소수 인원이 시베리아를 치자는 주장을 펼치고 있었으나 기각되었다. 독일군이 소련 땅에 들어선 지 이틀 뒤인 1941년 6월 24일, 일본 육군과 해군 참모 본부는 "당분간 독일-소련의 전쟁에 끼어들지 말 것"을 골자로 한 결의안을 채택했다. 그리고 8월, 일본과 소련은 상호 중립 조약을 재확인했다.[21]

독일군 장교들은 자신들이 붉은 군대를 빠른 시간 안에 쳐부수리라는 확신에 차 있었다. 앞선 폴란드에서의, 그리고 무엇보다 프랑스에서의 승리로 말미암아 그들 중 상당수는 히틀러의 군사적 천재성을 믿어 의심치 않고 있었다. 기갑부대를 앞세운 소련 침공은 9주에서 12주 안에 독일의 "전격적 승리"로 끝날 것이다. 또한 군사적 승리와 함께 소련의 정치적 질서는 무너지고, 독일은 그 땅의 식량과 기름을 손에 넣을 수 있을 것이다. 독일군 지휘관들은 소련을 "모래 위에 세워진 성" 혹은 "허울 좋은 거인"일 뿐이라고 말했다. 히틀러의 예상에 의하면, 이번 군사 작전은 길어야 석 달을 넘길 수 없었고 아마 그보다 일찍 끝날, 그야말로 식은 죽 먹기일 것이었다. 하지만 그것은 스탈린의 경우와 마찬가지로 히틀러 일생일대의 판단 착오였다.[22]

—

잔혹하다는 것은 효율적이라는 것과는 다른 말이다. 그리고 독일의 계획은 현실로 옮기기에는 너무나 악랄한 것이었다. 독일 국방군은 굶주림 계획을 제대로 추진할 수가 없었다. 윤리나 법 차원의 문제가 아니었다. 독일군은 히틀러라는 존재로 말미암아 전쟁 시 민간인들에 관련된 법이나 규칙 등을 따라야 할 의무에서 완전히 자유로운 상태였고, 무기를 지니고 있지 않은 사람들을 학살하는 데 단 한 치의 망설임도 보이지 않았다. 그들은 침공 첫날부터 과거 폴란드에서 했던 것 이상을 보여주었다. 침공 이튿날, 독일군은 민간인들을 전장으로 끌고 와 인간 방패로 쓰고 있었다. 폴란드에서 그랬던 것처럼, 소련군은 잡는 즉시 사살해야 할 빨치산으로 취급되기 일쑤였고, 항복을 시도하는 이들 역시 죽음을 피해갈 수 없었다. 붉은 군대에서는 비교적 쉽게 찾아볼 수 있었던 제복 입은 여군들은 단지 여성이라는 이유로 먼저 살해당했다. 대규모 민간인들을 대상으로 한 체계적인 기아 유발 정책은 현실적으로 실행에 옮기기 어렵다는 것이 바로 독일이 처한 문제였다. 더 많은 땅을 공략하는 것이 오히려 식량 재분배 문제 처리보다 훨씬 더 쉬운 일이었다.[23]

이미 8년 전에도 우크라이나는 강력한 소련을 만든다는 구호 아래

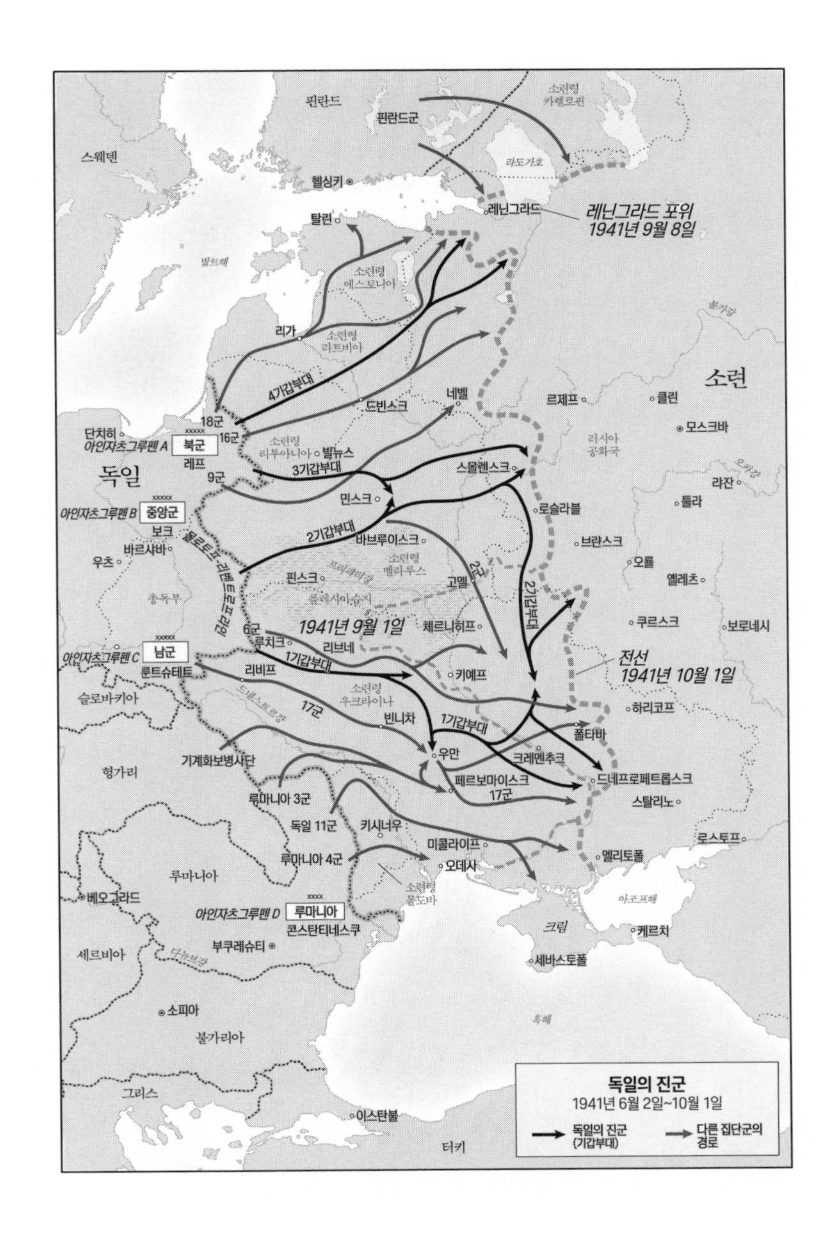
독일의 진군
1941년 6월 2일~10월 1일
독일의 진군 (기갑부대)
다른 집단군의 경로
레닌그라드 포위 1941년 9월 8일
1941년 9월 1일
전선 1941년 10월 1일
핀란드
핀란드군
소련령 카렐로핀
스웨덴
라도가호
헬싱키
레닌그라드
탈린
발트해
소련령 에스토니아
리가
소련령 라트비아
4기갑부대
18군
16군
드빈스크
네벨
르제프
클린
소련
모스크바
단치히
아인자츠그루펜 A
북군
레프
소련령 리투아니아
빌뉴스
러시아 공화국
독일
9군
3기갑부대
스몰렌스크
라잔
민스크
툴라
아인자츠그루펜 B
중앙군
보크
로슬라블
바르샤바
우츠
몰로토프-리벤트로프 라인
2기갑부대
바브루이스크
브랸스크
소련령 벨라루스
오룔
핀스크
고멜
옐레츠
총독부
2군
2기갑부대
쿠르스크
6군
체르니히프
보로네시
루치크
리브네
아인자츠그루펜 C
남군
1기갑부대
룬트슈테트
리비프
키예프
슬로바키아
소련령 우크라이나
하리코프
17군
빈니차
1기갑부대
폴타바
기계화보병사단
우만
크레멘추크
헝가리
페르보마이스크
드네프로페트롭스크
17군
루마니아 3군
스탈리노
독일 11군
키시너우
미콜라이프
로스토프
루마니아 4군
오데사
멜리토폴
루마니아
소련령 몰도바
베오그라드
아조프해
아인자츠그루펜 D
루마니아
콘스탄티네스쿠
크림
케르치
세르비아
부쿠레슈티
세바스토폴
소피아
흑해
불가리아
그리스
이스탄불
터키

기아에 허덕여야 했다. 스탈린은 이 지역에 그 어떤 침략군보다 더 많은 군사적, 사회적 자원을 투입했다. 바로 능숙하며 곳곳을 꿰뚫고 있는 국가 경찰, 시골 구석구석까지 뿌리내린 공산당, 이데올로기로 단단히 무장한 수많은 자경단의 무리였다. 그의 통치 시기, 우크라이나(그리고 그 밖의 지역) 사람들은 굶주려서 튀어나온 배를 부여잡은 채 밀을 수확하느라 허리 한번 펴지 못하고 있었다. 물론 자신들이 수확한 밀을 먹는 것은 허락되지 않았다. 아마 더 무시무시한 장면은 이들이 보통 자신들과 똑같은 지역 출신 사람들로 이뤄진 수많은 국가 및 당 관리들의 감시 아래서 그러한 작업을 하고 있는 장면일 터였다. 굶주림 계획의 작성자들은 소련의 세력이 그 지역에서 물러난 상황일지라도, 소련이 만들어둔 집단농장이 곡물 공급을 관리하고 또 전보다 더 많은 사람을 굶주리게 하는 데 잘 활용될 수 있으리라고 봤다. 어떤 형태의 경제 관리가 되었건 그것이 독일보다 소련의 통치 아래서 더 잘 작동한다는 것은 나치에게 있어 감히 상상조차 할 수 없는 일이었을 것이다. 만약 그렇다면 결국 독일의 효율성은 현실보다는 이데올로기적인 가정에 기반하고 있는 것이었다.[24]

독일 점령자들은 언제 어느 지역을 기아에 빠지게 할 것인가를 고를 만한 능력이 전혀 없었다. 굶주림 계획에 따르면, 독일군은 모든 집단농장을 완전히 장악하고, 곳곳의 수확을 감시하며, 단 한 톨의 식량도 빼돌려지거나 누락되는 일이 없도록 해야 했다. 독일 국방군은 나치 친위대 및 각 지역의 협력자들과 마찬가지로 집단농장을 관리하고 유지할 수는 있었지만 과거 소련이 했던 수준의 효율성에는 결코 미치지 못했다. 독일인들은 그 지역 사람들에 대해서는 물론이고 그곳의 작황 및 농작물을 빼돌릴 만한 장소에 대해서 알지 못하는 상태였다. 또한 그들은 공포감을 조성할 수는 있었으나, 공포와 함께 신념을 불러일으켰던 공산당과 같은 존재가 없었다는 점에서 소련만큼 체계적이지 못했다. 도시 지역을 시골 지역으로부터 봉쇄할 만한 인적 자원 역시 없었다. 전쟁이 예상보다 길어짐에 따라, 독일 장교들은 의도적으로 이뤄지는 기아가 전선 후방에 저항 운동을 불러일으키지는 않을까 걱정하게 되었다.[25]

바르바로사 작전은 독일에 늦어도 석 달 안에 "전격적 승리"를 따내고자 빠르고 과감하게 진행될 예정이었다. 그러나 붉은 군대가 연이어 후퇴하기는 했지만 완전히 무너진 것은 아니었다. 전투가 개시된 지 2주차에 접어들었을 무렵 독일은 이미 리투아니아, 라트비아, 폴란드 동부 전역은 물론 대부분의 벨라루스, 우크라이나 일부를 손에 넣은 상태였다. 독일 육군 참모총장 프란츠 할더는 1941년 7월 3일의 일기에서 전쟁에서 승리했음을 믿고 있다는 기록을 남겼다. 8월 말까지 독일은 에스토니아, 소비에트 우크라이나의 또 다른 지역 일부, 남아 있던 벨라루스 지역을 추가로 병합하기에 이른다. 하지만 전쟁의 속도는 애초 예상에서 완전히 벗어나 있었으며, 핵심 목표들은 달성하지 못한 상태였다. 소련 지도부는 여전히 모스크바에 남아 있었다. 어느 독일 군단장이 1941년 9월 5일 간결하면서도 의미심장하게 적었듯이, "전격전의 승리도, 러시아 군대의 괴멸도, 소련의 붕괴도 무엇 하나 보이지 않"[26]았다.

독일은 어찌됐든 소련 시민들을 굶겼는데, 이는 정치적 지배력보다는 정치적 절박함에서 비롯된 것이었다. 비록 굶주림 계획이 잘못된 정치적 가정에 뿌리를 둔 것이었더라도, 그것은 여전히 동쪽에서 벌어지는 전쟁의 정신적 밑바탕이 되고 있었다. 1941년 가을, 독일은 정복한 소련 지역 재건 때문이 아니라 독일인들에게 아무런 부담을 지우지 않은 채로 전쟁을 계속하느라, 그야말로 주린 배를 부여잡고 있었다. 9월 괴링은 나치가 처음 기대했던 것과는 달리 거의 재앙에 가까울 만큼 다른 이 새로운 상황에 대해 검토할 수밖에 없었다. 그 땅에서 나는 비옥한 생산물들을 독일인 승리자들에게 넘겨주는, 산산조각 나버린 소련이라는 꿈은 포기해야만 하는 것이었다. 고전적 정치경제의 딜레마, 즉 총이냐 버터냐의 문제는 총이 버터를 생산한다는 마법과 같은 방식으로 해결할 수 있을 것이라 여겨졌다. 그러나 전쟁이 시작된 지 석 달이 지난 이 시점이 되자, 총을 든 군인들에게 절실히 필요했던 것은 바로 버터였다. 당초 계획한 12주를 넘어서까지 전쟁이 늘어짐에 따라, 독일 군인들은 제한된 식량을 두고 같은 독일 민간인들과 줄다리기를 벌이고 있었다. 이미 침공 그 자체가 소련으로부터의 곡물 공급을 중단시켜버린 상태였다. 이제 300만 명의 독일군을 식량 배급을 줄이는 일 없이 독일이 자체적으로 먹여 살려야 하는 지경에 이르렀던 것이다.[27]

독일인들은 실패에 대비한 사전 대책을 가지고 있지 않았다. 군인들은 뭔가 잘못되었음을 느끼고 있었다. 무엇보다 추위를 막아줄 방한 코트가 누구에게도 지급되지 않았고, 야간 경계 때 느껴지는 추위는 날이 갈수록 심해지고 있었다. 하지만 독일 국방군이 여전히 진격을 멈추지 않는 것처럼 보이는 그리고 히틀러가 극도로 행복한 순간을 보내고 있는 이 상황에서, 독일인들에게 어떻게 자신들의 소련 침공이 실패했다고 이야기할 수 있었겠는가? 그러나 만약 나치 지도부가 소련과의 전쟁이 뜻대로 되지 않고 있음을 받아들일 수 없다면, 독일 민간인들은 침공이 초래한 부정적인 결과들로부터 피해를 입지 않아야 했다. 배고픔은 시민들의 불평을 야기할지도 모를 일이었다. 일선의 병사들을 위해 적어도 너무 많이 그리고 너무 일찍 독일인들을 희생시킬 수는 없었다. 하지만 독일 내부의 식량 정책 변화는 이들이 진실에 한발 다가설 수 있게 해주었을 것이다. 바로 소련과의 전쟁은 자신들의 지도자들이 앞서 상정했듯이, 이미 패배했다는 사실이었다. 괴링의 식량 전문가인 바케는 특단의 조치가 필요하다는 것을 확신하고 있었다. 독일의 배를 채우기 위해 소련으로부터 식량을 빼앗아야 한다는 것이었다.[28]

괴링에게 떨어진 임무는 바로 독일의 전쟁 기계들을 먹여 살리면서도 동시에 독일 경제에 지나친 부담을 지우지 않는 것이었다. 확실한 승리 뒤 소련을 굶주리게 만든다는 원래의 계획은 즉석에서 만들어 낸 임시방편 앞에서 무너져버렸다. 이제 독일 군인들은 한참 전에 끝났어야 할 전쟁이 여전히 계속됨에 따라, 자신들에게 필요한 식량은 어떤 것이든 닥치는 대로 확보해야 했다. 당초 계획한 "전격적 승리"의 최종 기한을 막 넘어선 1941년 9월 16일, 괴링은 독일군에게 "자급자족할 것"을 지시했다. 개별 지역에 있던 지휘관들은 이보다 더 구체적인 지침을 받았다. 독일인들은 과거 "식민지 전쟁 시기처럼" 반드시 스스로를 먹여 살려야 한다는 명령이었다. 소련 땅에서 나오는 식량은 가장 먼저 독일 군인들, 다음은 독일에 있던 독일인들, 그 뒤 소

련 시민들, 그리고 마지막으로 소련 전쟁포로들 순으로 분배될 것이었다. 독일 국방군이 전투를 계속함에 따라 또 낮이 짧아지고 밤이 길어짐에 따라, 단단했던 길이 가을비가 빚어낸 진흙탕에 서서히 무너져 내림에 따라, 군인들은 혼자 힘으로 이를 버텨내야 했다. 괴링의 명령은 판단 착오가 빚어낸 전쟁을 계속 늘어지게 만들었고, 그 대가는 수백만 소련 시민들의 굶주림이었다. 물론 독일과 소련 및 여타 국가 소속 군인 수백만 명의 죽음 역시 그 대가였음은 두말할 것도 없었다.[29]

히틀러의 심복 괴링이 1941년 9월에 벌인 일들은 과거 1932년 12월 스탈린의 심복 카가노비치가 벌였던 일들과 놀랍도록 닮은 구석이 있었다. 두 사람은 모두 이후 몇 개월 동안 수백만 명이 굶어 죽을 것이 확실한 식량 정책 지침을 내려보냈다. 또한 자신들의 정책이 야기할 기아를 인도적 비극이 아닌, 적들이 시도한 전술 혹은 흔들기로 여겼다. 카가노비치가 그랬던 것과 마찬가지로, 괴링은 자신의 부하들에게 굶주림은 곧 냉혹함이 필요한 곳에 연민을 불러일으키려는 적의 무기라고 지시했다. 앞서 1932년과 1933년 스탈린과 카가노비치는 자신들과 우크라이나 인민들 사이에 우크라이나 정당을 위치시키고는 이들 우크라이나 공산주의자에게 그곳 곡물 공출 책임을 맡게 했으며, 만약 목표에 도달하지 못하면 이들에게 비난이 떨어지도록 했다. 히틀러와 괴링 역시 1941년과 1942년 자신들과 굶주린 소련 인민들 사이에 독일 국방군을 놓아두었다. 1941년 여름 몇몇 독일 군인은 자신들의 배급 식량을 배고픔에 허덕이는 소련 민간인들과 함께 나눠 먹기도 했고, 소수의 독일군 장교는 소련 전쟁포로들이 굶지 않도록 돌봐주기도 했다. 그러나 가을이 되자 이러한 광경은 더 이상 찾아볼 수 없었다. 이제 독일군에게는 자신들이 먹기 위해서는 주변 소련 사람들을 굶겨야 한다는 명령이 떨어졌다. 소련 사람들의 입으로 들어가는 식량은 곧 독일 아이들의 입에서 빼앗아온 것이라는

상상을 해야만 했다.[30]

독일 지휘관들은 전쟁을 계속해야 했고, 그것은 곧 군인들을 먹여야 함을, 그리고 반대로 다른 이들을 굶겨야 함을 뜻했다. 이것은 정치적 논리이자 도덕적 덫이었다. 독일의 일반 병사와 하급 장교들은 명령에 불복종하거나 아니면 적에게 항복하는 길 말고는 여기서 빠져나갈 방법이 없었다. 하지만 그것은 1932년의 우크라이나 공산주의자들과 마찬가지로, 1941년의 독일군에게 있어 감히 상상할 수조차 없는 일이었다.[31]

1941년 9월 3개의 독일 집단군, 즉 북부, 중앙, 남부 집단군은 약간씩 다른 상황 속에서 이 새로운 식량 정책을 맞아들이게 되었다. 발트 삼국 지역과 러시아 서북부 정복의 사명을 띤 북부 집단군은 9월에 레닌그라드를 포위한 상태였다. 중앙 집단군은 8월 일사천리로 벨라루스를 통과했다. 일부 병력을 빼내 키예프에서 전투를 벌이고 있던 남부 집단군을 지원하느라 한동안 발목을 잡혔던 이들은 10월 초 모스크바를 향한 진군을 재개한 상황이었다. 그사이 남부 집단군은 우크라이나를 지나 캅카스 지역으로 향하던 터였으나, 예상했던 것보다 훨씬 느린 속도였다. 독일군 소대들은 10여 년 전 공산주의자들이 그랬던 것처럼 먹을 수 있을 만한 것들을 최대한 많이 그리고 빨리 확보하고자 기를 쓰고 있었다.

남부 집단군은 과거 소비에트 우크라이나의 핵심 도시이자 수도로서 기능하고 있었던 하리코프와 키예프에 굶기기 작전을 시행했다. 키예프는 당초 계획한 것보다 한참 뒤인, 또 그곳을 어떻게 해야 할 것인가에 대한 숱한 논의가 진행된 후인 1941년 9월 19일에야 독일의 손에 떨어진다. 히틀러는 동유럽 종합 계획에 맞게끔 그곳을 완전히 파괴하고자 했다. 하지만 현장에 있던 지휘관들은 드네프르강을 넘어 동쪽으로의 진군을 계속할 수 있도록 해줄 가교가 필요했다. 따라서 결국 독일군은 일단 그곳으로 들이닥쳤다. 9월 30일 점령군은 키예프로 들어오는 식량 공급을 차단했다. 여기에 깔린 논리는 다음과 같았다. 즉 시골 지역의 식량은 그곳에 그대로 남아 있어야 하며, 먼저 군에 의해, 그 뒤 독일인 민간인들 손에 넘어가야 한다는 것이었다. 그러나 키예프 주위의 소작농들은 도시 안으로 드나드는 길을 찾아냈고, 심지어는 시장을 열기도 했다. 독일은 1933년의 소련처럼 도시를 완전히 봉쇄해버릴 수 없었다.[32]

독일 국방군이 애초에 세운 굶주림 계획을 실행에 옮겼다고는 볼 수 없었다. 차라리 굶주림이 효과적이라고 판단한 선까지 고사 작전을 실시했다고 보는 편이 맞을 것이다. 독일 국방군은 키예프 전체를 굶겨 죽이려는 의사가 전혀 없었으며, 자신들이 필요로 하는 정도까지만 이를 확보해두고자 했을 따름이었다. 하지만 어찌됐든 그것은 인간의 생명과 같은 가치들은 아랑곳하지 않는 정책이었고, 추정컨대 5만 명이 넘는 사람의 목숨을 빼앗았다. 어느 키예프 시민이 1941년 12월에 적은 것처럼, 당시 독일인들은 크리스마스를 기념하고 있었지만 키예프 주민들은 “모두 마치 그림자처럼 흐느적대고 있었고, 그곳에는 총체적 기근만이 남아 있었다”. 이제 하리코프로 눈을 돌려보자. 키예프에서 실시된 것과 비슷한 정책으로 아마 2만 명이 목숨을 잃었을 것이다. 여기에는 1942년 시립 고아원에 있던 273명의 어린이도 포함되어 있었다. 1943년 하리코프 근교의 임시 고아원에서는 배고픔을 이기지 못한 소작농의 아이들이 서로의 살점을 산 채로 뜯어 먹고 있었다. 비록 그 수가 훨씬 적기는 했지만, 이제 도시 지역의 아이들도 그와 같은 소름 끼치는 죽음의 광경 앞에 놓이는 중이었다.[33]

제정 러시아의 옛 수도였던 레닌그라드에 대한 히틀러의 계획은 심지어 스탈린이 선사한 최악의 공포를 뛰어넘었다. 소련의 수도 모스크바보다 핀란드의 수도 헬싱키, 그리고 에스토니아 수도 탈린과 가까운 레닌그라드는 발트해와 접하고 있다. 과거 대숙청 시기 스탈린은 핀란드가 언젠가는 레닌그라드를 공략할 것이라 보고, 핀란드인들이 소련의 가장 치명적인 국가적 행동의 목표임을 천명했다. 1939년 11월 스탈린은 몰로토프-리벤트로프 협정에 따라 자신의 영향권 아래 있는 핀란드를 공격함으로써 핀란드인에 대한 적개심을 만천하에 드러냈다. '겨울 전쟁'이라 불리는 이 기간에 핀란드인들은 붉은 군대에 막대한 피해를 입혀 그들의 명성을 곤두박질치게 만들었다. 그러나 그들은 결국 1940년 3월, 핀란드 땅의 10분의 1에 해당되는 영토를 스탈린에게 넘겨주어 레닌그라드를 둘러싼 일종의 완충 지대로 만드는 안을 받아들일 수밖에 없었다. 따라서 자연스레 핀란드인들은 잃어버린 땅을 되찾고자 또 자신들이 '연속 전쟁'이라 부르게 될 전쟁을 통해 소련에 복수하고자 했고, 1941년 6월 히틀러 곁에는 이 핀란드 동맹군이 있었다. 하지만 히틀러는 레닌그라드를 손에 넣을 생각도, 그곳을 핀란드인들에게 넘겨줄 생각도 없었다. 그가 바랐던 것은 레닌그라드를 아예 지도상에서 통째로 지워버리는 것이었다. 레닌그라드에 사는 이들을 모조리 죽여버리고, 도시를 완전히 쑥대밭으로 만들어버려야 한다. 그 뒤에야 비로소 그 지역을 핀란드인에게 넘겨줄 수 있다는 것이 히틀러의 생각이었다.[34]

1941년 9월, 북부 집단군이 레닌그라드 남부의 도시들을 포위·포격하는 군사 작전에 돌입함에 따라 핀란드군은 레닌그라드를 북쪽에서부터 봉쇄해 들어갔다. 비록 독일군 지휘관들이 소련 도시들에 대한 히틀러의 극단적인 계획들을 낱낱이 알고 있었던 것은 아니지만, 레닌그라드를 말려 죽여야 한다는 데는 동감하고 있었다. 당시 독일군 병참감 에두아르트 바그너가 아내에게 적은 편지를 살펴보자. 그는 이 군사 행동으로 인해 총 350만 명에 달하는 레닌그라드 주민은 이제 스스로의 운명에 모든 것을 맡길 수밖에 없을 것이라 말하고 있다. 그들을 군대의 "보급 물자"로 감당하기에는 그야말로 버거운 일이었고, "감상적인 생각 따위는 집어치워야 할 것"이었다. 밖으로 빠져나가는 것을 막기 위해 도시 주변에는 지뢰가 깔렸다. 레닌그라드가 백기를 드는 일은 없을 테지만, 설사 그러더라도 항복은 받아들여지지 않을 것이었다. 레닌그라드가 말 그대로 소멸할 때까지 굶기는 것이 독일의 목표였다. 레닌그라드 봉쇄가 막 시작된 1941년 9월 8일, 독일군의 포탄이 향한 곳은 도시의 식량 창고와 기름 저장소였다. 1941년 10월 2500명이 굶주림과 그로 인한 질병 때문에 죽음에 이른 것으로 추정된다. 11월이 되자 그 숫자는 5500명으로, 12월에는 5만 명으로 늘어났다. 포위가 끝나는 1944년까지 약 100만 명의 주민이 그곳에서 목숨을 잃었다.[35]

레닌그라드가 완전히 고사 상태에 빠진 것은 아니었는데, 도시 내에서 과거 소련의 시스템이 여전히 작동해 식량을 분배했고, 소련의 지도부 또한 이곳 주민들에게 식량을 계속 공급하는 위험을 감수했기 때문이다. 일단 라도가 호가 얼어붙자 이를 통한 탈출로 및 보급로가 만들어졌다. 그해 겨울의 기온은 섭씨 영하 40도 아래로 떨어졌고, 레닌그라드는 사전에 비축해둔 식량, 땔감, 물이 없는 상황에서 혹독한 추위를 맞이하게 되었다. 그러나 그곳의 소련 시스템은 무너지지 않았다. 내무인민위원회는 이러한 상황 속에서도 체포, 심문, 투옥 활동을 멈추지 않고 있었다. 죄수들 역시 얼어붙은 라도가 호를 넘어 이송되었고, 실제로 전쟁 기간 중 내무인민위원회의 손에 의해 수용소로 보내진 약 250만 명 중에는 레닌그라드에서 온 이들도 상당수 포함되어 있었다. 경찰과 소방서도 제 기능을 다하고 있었다. 드미트리 쇼스타코비치는 그의 「제7교향곡」 제3악장을 쓰고 있던 당시 도시 소방대에 자원했다. 뿐만 아니라 도서관도 문을 닫지 않았고, 책들도 꾸준히 읽혔으며, 박사학위 논문 심사까지 이뤄지고 있었다.[36]

이 거대한 도시 속에서 러시아인들(그리고 다른 인종들)은 그로부터 10여 년 전 집단화로 인한 대기근이 휘몰아쳤을 때 우크라이나인들과 카자흐스탄인들이 겪었던 것과 똑같은 딜레마에 직면해 있었다. 레닌그라드 포위 당시 소녀였던 반다 즈비에리예바는 훗날 자신의 어머니를 회상하며 그녀를 향한 사랑과 찬탄을 아끼지 않았다. “우리 어머니는 참 아름다운 분이었어요. 그분의 얼굴은 모나리자와도 견줄 만했을 겁니다.” 그녀의 아버지는 주머니칼로 나무를 깎아 그리스 여신상을 만들 만큼 예술가적 기질이 충만한 물리학자였다. 온 가족이 배고픔에 쓰러져가던 1941년 말, 그녀의 아버지는 가족들이 먹을 음식을 구할 배급 카드를 찾을 수 있으리라는 희망을 품은 채 자신의 사무실로 향했다. 그는 며칠 동안 집에 들어오지 않았다. 어느 날 밤, 잠에서 깬 반다의 눈에 들어온 것은 낫을 든 채 그녀 곁에 서 있는 어머니의 모습이었다. 그녀는 저항했고 어머니를, 아니면 "그녀의 모습만 하고 있던, 그녀의 그림자"를 떨쳐냈다. 즈비에리예바는 어머니의 행동을 자신을 구하려 했던 것으로 해석했다. 자신을 빨리 죽여줌으로써 굶주림에 더는 고통받지 않게 해주려고 그랬으리라. 이튿날 그녀의 아버지가 먹을거리를 가지고 돌아왔지만, 어머니를 구하기에는 이미 늦었다. 불과 몇 시간 뒤 어머니는 숨이 멎었던 것이다. 가족들은 시신을 묻을 수 있을 만큼 땅이 부드러워질 때까지 그녀의 시신을 바느질한 담요로 감싸 부엌에 놓아두었다. 아파트가 너무나 추웠기에 어머니의 시신이 썩는 일은 없었다. 봄이 되자 이번에는 아버지가 폐렴으로 세상을 떠났다.[37]

당시의 레닌그라드에서는 이 같은 이야기를 수십만 번 이상 들을 수 있었다. 베라 코스트로비츠카야는 이런 끔찍한 일들을 일기장에 옮겨 적었던 여러 레닌그라드 지식인 중 한 명이었다. 폴란드 출신인 그녀는 과거 대숙청으로 인해 남편을 잃은 터였다. 그런 그녀의 눈앞에 이제 러시아인 이웃들이 굶어 죽어가는 모습이 펼쳐지고 있었다. 1942년 4월 그녀는 자신이 매일 지켜본 어떤 낯선 이의 운명을 적었다. "그는 등을 기둥에 기댄 채 눈밭에 앉아 있다. 큰 키에 누더기를 걸쳤으며, 어깨에 배낭을 짊어지고 있다. 기둥을 등진 그는 추위를 이겨내려 온몸을 잔뜩 웅크리고 있다. 분명 핀란드 역으로 가던 길이었을 것이고, 그러다 지쳐 저기에 주저앉은 것이 틀림없다. 내가 병원을 오간 2주 동안 그는 앉아 있었다.

전에 가지고 있던 배낭이 사라진 채
걸치고 있던 누더기가 사라진 채
속옷만 입은 모습이 된 채
알몸뚱이가 된 채
내장이 쏟아져 나온 해골이 된 채.[38]

그 시절 레닌그라드의 참상을 가장 잘 보여주는 일기장은 당시 열 한 살 소녀였던 타냐 사비체바가 적은 것으로, 그 내용은 다음과 같다.

1941년 12월 28일 새벽 12시 30분, 제냐가 죽었다.
1942년 1월 25일 오후 3시, 할머니가 죽었다.
1942년 3월 5일 새벽 5시, 레카가 죽었다.
1942년 4월 13일 새벽 2시, 바샤 삼촌이 죽었다.
1942년 5월 10일 오후 4시, 레샤 삼촌이 죽었다.
1942년 5월 13일 아침 7시 30분, 엄마가 죽었다.
사비체프 집안 사람들이 죽었다.
모두 다 죽었다.
타냐 혼자만 남았다.[39]

타냐 사비체바는 1944년 세상을 떠났다.

주민들에 대한 독일 국방군의 통제력이 커질수록, 사람들이 굶주림에 시달릴 가능성도 높아졌다. 독일 국방군이 주민들을 완전히 통제했던 어느 지역과 포로수용소 몇 곳은 인류 역사를 통틀어 그 유례를 찾아볼 수 없는 죽음의 땅이 되었다. 이곳 수용소들에서 나온 결과야말로 원래의 굶주림 계획이 현실에 옮겨진 것과 매우 유사한 것이었다.

현대전의 역사에서 이처럼 많은 전쟁포로를 그토록 빠른 시간 안에 확보한 적은 단 한 차례도 없었다. 독일 국방군의 중앙 집단군은 스몰렌스크 인근에서 치러진 한 번의 전투를 통해 34만8000명의 포로를, 남부 집단군은 키예프 근처에서 벌어진 교전에서 무려 66만5000명의 포로를 붙잡았다. 9월에 거둔 저 두 차례의 승리만으로 100만 명이 넘는 성인 남성(그리고 약간의 여성)이 포로가 되었다. 1941년 말까지, 독일은 약 300만 명의 소련군 포로를 손에 넣었다. 이것은 독일에게 있어 그다지 놀라운 일이 아니었다. 그도 그럴 것이, 독일의 세 집단군은 그들이 실제 했던 것보다 더 빠른 속도로 움직일 계획이었고, 그에 따라 훨씬 더 많은 숫자의 포로를 확보할 셈이었기 때문이다. 모의실험을 돌렸던 전략본부는 이미 어떤 상황이 벌어질지 예상해둔 터였다. 하지만 적어도 그것이 관례적인 것은 아니었다는 측면에서 본다면, 독일이 전쟁포로와 관련된 부분에 대해 딱히 이렇다 할 준비라고는 해놓은 게 없었다. 통상 전쟁이 벌어지면, 전쟁포로들에게는 상대방도 우리 군 포로들에게 똑같은 것을 제공하리라는 가정하에 식량, 숙소, 치료가 제공된다.[40]

히틀러는 이러한 관례를 뒤집어엎고자 했다. 소련군 포로들을 무자비하게 대하는 것을 통해, 독일 군인들은 자신들 역시 포로가 된다면 그와 똑같은 대접을 받게 될 것이라는 두려움을 느낄 테고, 결국 그들은 적의 손에 붙잡히지 않기 위해 필사적으로 전투에 임하리라는 것이 히틀러의 생각이었다. 그는 위대한 지배자 민족의 군인이 붉은 군대의 포로라는, 즉 붉은 군대보다 더 낮은 존재가 된다는 생각 자체를 도저히 받아들일 수 없었던 것으로 보인다. 스탈린 또한 히틀러와 비슷한 관점을 취했는데, 붉은 군대의 군인들은 절대 산 채로 적에게 붙잡힐 수 없다는 것이었다. 그는 소련의 군인들이 퇴각한다거나 적에게 투항할 가능성에 대해 이야기도 꺼내지 못하게 했다. 소련군은 오직 앞으로 나아가 적을 섬멸하거나 그렇지 않으면 적의 손에 죽는 길 말고는 다른 방법이 없는 존재들이었다. 스탈린은 1941년 8월 독일군에게 붙들린 소련군은 탈영병으로 간주될 것이며, 본국의 가족들 역시 체포될 것이라고 공언했다. 이것은 심지어 자신의 아들에게도 예외 없이 적용되었는데, 자신의 아들이 독일의 포로가 되자 스탈린은 곧바로 자신의 며느리를 투옥시켜버렸다. 이 같은 소련의 무자비한 공격일변주의는 더 많은 소련 군인이 독일군의 포로가 되는 결과를 불러왔다. 소련군 지휘관들은 퇴각 명령을 내리길 두려워했는데, 그럴 경우 자신들에게 인신 공격적 비난(숙청 그리고 처형)이 쏟아지기 때문이었다. 이에 따라 소련군은 한곳에 지나치게 오랫동안 머무는 일이 잦았고, 사방에서 포위당해 붙잡히기 일쑤였다. 히틀러와 스탈린이 택한 정책들은 결국 소련 군인들을 먼저 전쟁포로로, 다음으로 인간 이하의 존재로 만들어버리는 악순환을 빚어내고 있었다.[41]

일단 독일군에 투항하게 되면 소련 군인들은 독일인들의 야만적인 행위에 혀를 내두를 수밖에 없었다. 포로가 된 붉은 군대는 교전이 벌어졌던 지역에서부터 포로수용소까지 긴 줄을 이뤄 행군해야 했는데, 이 과정 내내 끔찍할 정도로 두들겨 맞았다. 키예프에서 붙들린 군인들을 보자. 그들은 야외에서 400킬로미터가 넘는 거리를 걸어갔다. 당시 포로였던 어떤 이가 기억하듯이, 기진맥진한 포로가 길가에 주저앉으면 "말을 탄 독일군이 다가와 채찍을 내리쳤습니다. 계속해서 땅바닥에 주저앉거나 쓰러지면 독일군은 이내 말안장에 걸린 카빈 소총을 꺼내들거나 허리에 찬 권총집에서 권총을 뽑아들었습니다". 부상을 입거나 병들고 지친 죄수들은 그 자리에서 총살당했고, 그들의 시신은 소련 사람들이 발견하여 씻기고 묻어줄 수 있도록 그곳에 그대로 방치되었다.[42]

독일 국방군이 소련군 포로들을 기차에 실어 어딘가로 이동시킬 때에는 지붕이 없는 화물열차를 이용했고, 따라서 포로들은 눈비를 비롯한 기상 변화에 그대로 노출되었다. 기차가 목적지에 도착하자 수백 명의, 심지어 때로는 수천 명의 얼어 죽은 시체들이 열차 밖으로 쏟아져 내렸다. 이송 중 사망률은 70퍼센트에 달했다. 이 죽음의 행군과 이송에서 약 20만 명의 포로가 목숨을 잃은 것으로 추정된다. 점령한 소련 지역에 설치한 80여 개에 이르는 포로수용소에 겨우 살아 도착한 포로들은 하나같이 지치고 굶주린 상태였으며, 이들 중 다수는 부상을 입거나 병들어 있었다.[43]

보통 포로수용소라는 것은 군인들이 적국 소속 군인들의 목숨을 보존해주기 위해 만드는 간단한 시설이다. 이러한 수용소들은 비록 어려운 여건 속에서 익숙지 않은 장소에 세워지지만, 자신의 동료들 역시 적국의 손에 포로로 붙잡혀 있다는 사실을 인지하고 있는 사람들이 만든다는 공통점을 갖고 있다. 그러나 소련 지역에 마련된 독일의 포로수용소는 그런 일반적인 포로수용소와는 한참 거리가 멀었다. 그것은 수용자들의 삶을 아예 끝장내버리기 위해 고안되었다. 원칙상 수용소들은 세 종류, 즉 굴라크(임시 수용소), 스탈라크(사병 및 부사관 대상의 기본 수용소), 소규모의 오플라크(장교 대상)로 나뉘었다. 하지만 세 종류의 수용소 모두 실제로는 대부분 가시철조망에 둘러싸인 벌판 그 이상도 이하도 아니었다. 포로의 숫자가 세어지기는 했으나, 그들의 이름을 어딘가에 따로 적거나 등록하는 일 따위는 이뤄지지 않았다. 이는 기존 전쟁 관련 법 및 관행에서 믿기 어려울 만큼 벗어난 방식이었다. 심지어 독일의 강제수용소에 있던 사람들에 대해서조차 최소한 명부만큼은 작성되었다. 물론 포로수용소와 마찬가지로 이름을 적어두는 일 등이 이뤄지지 않았던 독일의 시설이 딱 하나 있기는 했다. 그러나 그것은 이 시점에서는 아직 고안도 되지 않은 것이었다. 포로들에게 제공될 음식, 장소, 의료에 관련된 그 어떤 사전 규정도 만들어지지 않았다. 그곳에는 병자를 돌볼 치료소는 물론이고 변변찮은 화장실조차 없기 일쑤였고, 비바람을 막아줄 막사 하나 없는 경우가 대부분이었다. 공식적으로 포로들에게 제공되는 식량은 생존을 위한 최소치보다 한참 낮았으며 그마저 제대로 제공되는 일이 드물었다. 따라서 현실에 있어서는 다른 포로들에 비해 건강했던 포로들과 경비로 선발되었던 이들만이 그나마 어떤 식으로든 먹을거리를 확보할 수 있었다.[44]

소련군 포로들은 처음에는 이 같은 독일 국방군의 대접에 어안이 벙벙했다. 어떤 이는 "독일인들이 지금 우리에게 전우애를 보이라고 가르치고 있는 것은 아닌가"라고 생각했을 정도였다. 굶기는 것이 일종의 정책이라고는 감히 상상도 못했던 그는, 독일이 소련군 포로들로 하여금 어떤 음식이건 서로가 나눠 먹는 것을 통해 그들이 굳게 단결하는 모습을 보여주길 원한다고 짐작했던 것이다. 아마 소련 군인들은 나치 독일이 소련과 마찬가지로 기아를 정책으로 채택한 국가라는 사실을 믿지 못했던 것으로 보인다. 포로들에 관한 독일군 정책의 본질은 포로들이 자신들과 동등한 인간이 아닌 그 이하의 존재이며, 따라서 그들은 확실히 같은 군인이 아니며 또 어떠한 경우에도 전우일 수 없는 존재라는 것이었다. 1941년 5월의 지침은 독일 군인들에게 러시아인들이 보인다는 "비인간적 야만성"을 기억할 것을 상기시켜왔다. 9월, 포로수용소의 경비병들은 만약 포로들의 사정을 봐준답시고 무기 사용을 자제하면 처벌될 것이라고 들었다.[45]

1941년 가을이 되자 굴라크와 스탈라크 포로수용소 모두 굶주림에 빠져들었다. 심지어 괴링 같은 이조차 굶주림 계획 같은 것은 실현 불가능하다는 점을 인지하고 있었지만, 독일이 정해놓은 식량 보급 우선순위는 소련 포로들이 굶어 죽는 것을 확실하게 뒷받침하고 있었다. 소련 강제수용소의 정책들을 모방하고 더 과격화한 독일은 일할 수 있는 포로들보다 그렇지 못한 포로들에게 더 적은 식량을 배급했고, 이는 결국 건강하지 못하고 더 약한 이들의 죽음의 행렬을 가속화시켰다. 1941년 10월 21일이 되자 일을 할 수 없는 포로들의 공식 비중은 27퍼센트로 줄어들었다. 이것은 많은 포로의 사정을 감안할 때 순전히 이론적인 차원의 어찌 보면 당연한 감소였는데, 왜냐하면 포로수용소에 갇힌 소련 군인들 중 그 누구도 기준치만큼의 식량 배급을 받지 못했고, 게다가 약한 이들은 아예 정기적인 배급조차 받지 못했기 때문이다. 당시 병참감 에두아르트 바그너가 11월 13일에 했던 말은 식량 배급을 받을 자와 그렇지 못할 자가 어떤 식으로 선정되는지를 아주 분명하게 보여주는데, 곧 일을 할 수 없는 포로들은 "먹지도 말아야 한다"는 것이었다. 수용소 곳곳의 포로들은 풀, 나무껍질, 솔잎 등 눈에 띄는 것은 닥치는 대로 먹고 있었다. 지나가던 개가 총에 맞지 않는 한 고기를 먹을 수 있는 길은 없었다. 아주 간혹 말고기를 얻는 소수의 포로는 있었다. 자신들의 행동을 낄낄대며 비웃고 있는 독일군 경비병들이야 그러거나 말거나, 포로들은 밥그릇을 핥기 위해 싸움을 벌이기도 했다. 죄수들끼리 서로를 잡아먹는 광경이 펼쳐지기 시작하자 독일은 이를 저급한 소련 문명이 낳은 결과라고 소개했다.[46]

독소전쟁의 극단적인 상황과 여건들은 독일 국방군들을 더욱 국가사회주의 이데올로기로 한데 뭉치게 만들었다. 확실히 독일 군대는 1933년부터 꾸준히 나치화되어오고 있었다. 히틀러는 일찍이 1934년에 룀과 그가 이끄는 나치 돌격대를 제거하고, 이듬해인 1935년 독일의 재무장 및 징집을 선언했다. 독일 산업계에 무기 생산을 지시한 그는 1938년(오스트리아와 체코슬로바키아), 1939년(폴란드), 1940년(덴마크, 노르웨이, 룩셈부르크, 벨기에 그리고 무엇보다 프랑스)의 승리라는 일련의 부정할 수 없는 승리를 이끌어냈다. 더불어 그는 이미 여러 해 동안 고위 장교들 중 자신의 구미에 맞는 이들을 골라내는, 반대로 보면 사고방식이 너무 구식이라 판단된 이들을 제거할 시간을 가져왔었다. 1940년 프랑스에서의 승전보는 독일군 장교들이 히틀러의 군사적 재능을 믿기 시작하게 만들었던 것과 마찬가지로, 독일군 지휘부 역시 히틀러에게 매우 호의적인 시각을 보내도록 만들어둔 상태였다.

하지만 소련에서 실질적으로 이렇다 할 승리가 없는 상황은 독일 국방군을 나치 정권과 떼려야 뗄 수 없는 관계로 몰아갔다. 점령한 소련 지역을 굶주림에 몸서리치게 만들었던 1941년 가을 독일 국방군은 일종의 도덕적 덫에 걸려 있는 상태였고, 국가사회주의만이 유일한 탈출구로 여겨졌다. 독일군이 처한 곤경을 변명해준 파괴적 윤리를 위해 기존의 이상적 군인의 상 따위는 무엇이 됐든 아주 작은 부분까지도 남아 있어선 안 될 것이었다. 분명 독일 군인들에게 먹거리가 공급되어야 했던 것은 틀림없는 사실이었다. 그러나 그들은 이미 패배로 결정된 전쟁에서 싸울 힘을 얻기 위해 먹고 있었다. 확실히 이들을 먹이기 위해 시골 지역으로부터 식량을 끌어와야 했지만, 이는 본질적으로 무의미한 기아를 불러일으켰을 뿐이다. 군 상급 사령부와 일선의 장교들이 불법적이고 잔인한 정책들을 실행에 옮김에 따라, 그들은 히틀러가 제시한 종류의 논리 말고는 이를 정당화할 수단이 아무것도 없다는 사실을 깨달았다. 그것은 바로 특정 인간들은 없애버려야 할 식충일 뿐이며 슬라브족, 유대인, 아시아인들과 그 밖에 소련 지역에 사는 사람들은 인간 이하의 존재로, 소모품보다 못한 것들이라는 논리였다. 1933년 우크라이나 공산주의자들이 그랬던 것과 마찬가지로, 1941년의 독일군 장교들은 굶주림을 정책으로 옮겼다. 두 사례 모두에서 개개인들은 처음에 이런 정책에 반대하거나 의구심을 가졌다. 그러나 집단이라는 차원에서는 결국 정권이 자행한 범죄에 스스로 연루되었으며, 따라서 자기네 지도자들의 도덕적 우월성을 인정한 채 그냥 그것에 따라버렸다. 시스템이 재앙으로 변했고, 그들은 시스템으로 변했던 것이다.

이것이 바로 히틀러의 유럽에 첫 수용소망을 만들고 그것들을 운영했던 독일 국방군의 모습이었다. 그리고 이는 수천, 수만, 수십만, 마침내는 수백만 명이 목숨을 잃은 장소가 되었다.

독일이 점령한 소비에트 벨라루스 지역에 있었던 가장 악명 높은 포로수용소들의 모습을 살펴보자. 1941년 11월 말까지 이곳 수용소들의 사망률은 하루 2퍼센트에 다다랐다. 민스크 근처의 스탈라크 352는 어느 생존자의 회상처럼 "그야말로 지옥"과도 같은 광경이 펼쳐지고 있었는데, 포로들은 철조망으로 둘러싸인 공간에 거의 움직일 수조차 없을 정도로 빽빽이 들어차서는, 선 채로 용변을 해결해야 했다. 대략 10만950명이 그곳에서 목숨을 잃었다. 한 목격자에 따르면, 벨라루스 동부에 위치한 도시 모길료프의 굴라크 185, 127 및 스탈라크 341에서는 철조망 밖 곳곳에 매장되지 못한 시신으로 이뤄진 시체의 산들이 자리하고 있었다. 이들 수용소에서는 대략 3만~4만 명의 포로가 숨을 거두었다. 수용소 본부에 불길이 치솟은 바브루이스크의 굴라크 131. 수천 명의 포로가 불에 타 숨졌고, 불길을 피해 그곳을 탈출하려던 1700여 명은 총에 맞아 숨졌다. 적어도 3만 명이 바브루이스크에서 죽음을 맞이했다. 고멜에 있던 굴라크 220과 121에서는 포로의 절반 정도가 버려진 외양간 등에 수용되었고, 나머지는 야외에 그대로 방치되었다. 1941년 12월 이들 수용소의 사망률은 하루에 200명에서 400명으로, 이후 700명으로까지 치솟았다.

수용소의 환경이 매우 나빴던 몰로데치노의 굴라크 342에서는 포로들이 자신들을 제발 총살해달라는 탄원서를 써냈을 정도다.[47]

소련령 우크라이나 지역에 설치된 수용소들의 사정도 이와 비슷했다. 키로보흐라드의 스탈라크 306에 있던 독일 경비병들은 포로들이 총에 맞은 동료들의 시신을 먹고 있으며, 때로 희생자가 채 죽기도 전에 그런다는 보고를 올렸다. 볼로디미르볼린스키에 자리했던 여성 수용소의 생존자 로잘리아 볼콥스카야는 자신이 있던 지역 스탈라크 365에 수용된 남성 포로들이 처했던 운명에 대해, "위쪽에 있던 우리 여성 포로들은 아래쪽 수많은 포로가 죽은 사람들의 시체를 먹고 있는 장면을 볼 수 있었다"라고 증언했다. 수감자들에게 하루 기껏해야 200그램의 빵조각만 제공되었던 크레멘추크의 스탈라크 346에서는 매일 아침 시신들이 구덩이로 던져졌다. 그곳에서 적어도 2만 명이 숨졌다. 스탈리노(오늘날의 도네츠크)에 있던 굴라크 162에서 펼쳐진 광경은 어땠나? 적어도 한 번에 1만 명이 넘는 포로가 도시 중앙에 위치한 작은 수용소의 철조망 안으로 욱여넣어졌고, 이들은 바닥에 앉을 수조차 없었다. 오직 죽은 자들만이 누울 수 있었는데, 그렇지 않은 이가 누우려들면 그는 곧 사방에서 짓밟힐 수밖에 없었기 때문이다. 몸 둘 공간을 조금이라도 더 얻으려는 몸싸움 과정에서 약 2만 5000명이 끔찍한 죽음을 맞이했다. 키예프 서남쪽 호롤에 설치된 굴라크 160은 비교적 규모가 큰 수용소 중 하나였다. 이곳은 과거 벽돌 공장이 있었던 곳이지만, 포로들이 폐건물 안에 자리 잡는 것은 금지되었다. 만약 누군가 눈비를 피하기 위해 이를 어기고 건물 안으로 들어가면, 그는 곧바로 사살되었다. 이 수용소 책임자의 소일거리는 포로들이 먹을 것을 앞에 두고 서로 치고받는 모습을 구경하는 일이었다. 그는 말에 올라탄 채 포로들 사이를 거닐다가 그들을 밟아 죽이기도 했다. 이곳을 비롯한 키예프 근처의 수용소에서 약 3만 명의 포로가 목숨을 잃은 것으로 보인다.[48]

소련군 전쟁포로들은 점령한 폴란드 지역 및 동방 총독부(소련 침공 후 동남쪽으로 그 영역을 넓힌)에 있던 여러 시설에도 수용되었다. 이 지역에서 활동하던 폴란드 레지스탕스 중 독일의 행위에 경악한 몇몇은 1941년에서 1942년 겨울 사이에 벌어진 소련군 포로 대량학살에 관한 보고서를 정리해 올렸다. 1941년 10월 21일에서 30일까지 정확히 10일 동안 동방 총독부 관할 수용소들에서 약 4만5690명이 죽음을 맞이했다. 뎀블린에 있었던 스탈라크 307에서는 전쟁 기간에 약 8만 명의 소련군 전쟁포로가 숨졌다. 헤움의 스탈라크 319에서 6만 명이, 시에들체의 스탈라크 366에서 5만5000명이, 자모시치의 스탈라크 325에서 2만8000명이, 다시 시에들체 스탈라크 316에서 2만3000명이 참혹한 죽음을 맞이했다. 50만 명에 이르는 소련군 전쟁포로가 동방 총독부에서 굶어 죽었다. 1941년 말을 기점으로 독일이 점령한 폴란드 지역에서, 학살의 최대 피해자가 된 집단은 폴란드인도 유대인도 아닌 바로 서쪽에서 폴란드 지역으로 끌려와 얼어 죽거나 굶어 죽은 소련군 포로들이었다. 비록 앞서 폴란드를 침공한 소련군이었지만, 폴란드 농부들은 종종 배고픔에 허덕이던 소련군들에게 먹을 것을 건네주고자 했다. 독일군은 이에 대한 앙갚음으로 우유병을 들고 가던 폴란드 여인을 쏴 죽이고는 그 마을 전체를 쑥대밭으로 만들어버리기도 했다.[49]

심지어 모든 소련군 포로의 건강 상태가 양호하고 또 먹을거리를 제대로 제공받았다 하더라도, 1941년에서 1942년 겨울의 사망률은 높았을 것이다. 많은 독일인이 슬라브족들은 선천적으로 추위에 대한 저항력을 타고났다고 생각했지만, 사실무근이었다. 독일군과 달리 소련군은 때때로 독일군들이 가로채간 방한 장비로 무장하고 있었다. 소련군 포로들은 대개 눈비를 피할 장소도, 온기를 보존해줄 변변찮은 옷가지도 없는 상태로 영하를 한참 밑도는 맹추위를 버텨내야 했다. 대부분의 수용소가 아무것도 없는 허허벌판에 별다른 시설물 없이 세워졌던 터라, 혹독한 겨울바람을 막아줄 나무나 언덕 같은 것은 애초에 존재하지도 않았다. 포로들은 잠을 청할 간단한 공간을 마련하기 위해 맨손으로 굳은 땅을 파내고 있었다. 고멜에 있던 소련군 포로 세 사람은 온기를 유지하기 위해 서로 꽉 껴안은 채 잠을 청했다. 서로 돌아가며 가장 따뜻한 가운데서 잠을 청하던 그들은 동료의 체온에서 온기를 얻어내고 있었다. 적어도 이들 셋 중 한 사람은 이 이야기를 전하기 위해 살아남았다.[50]

이것은 수십만 포로들에게 있어, 8년 전 우크라이나 땅에서 벌어진 정치적 기아의 재판과도 같은 것이었다. 소련령 우크라이나에서 온 수많은 포로는 자신들의 배가 8년 전에 이어 다시금 굶주림에 부풀어 오르는 것을, 혹은 사람들이 서로를 잡아먹기 시작하는 광경을 마주했다. 첫 번째 대규모 기아에서 살아남은 이들 대부분이 두 번째 기아에서 숨졌음은 의심의 여지가 없다. 이반 슐린스키 같은 극소수의 우크라이나인들만이 두 차례의 굶주림 모두를 버텨냈다. 강제추방당한 러시아 부농의 아들이었던 그는 1933년의 기아를 회상하며,

사람들에게 자신은 "굶주림의 땅"에서 왔다고 이야기했다. 독일군에게 붙들리자 이런 우크라이나 민요를 부르며 스스로를 북돋우던 그였다.[51]

> 만약 내게 날개가 있다면
> 저 하늘 높이 날아가리
> 구름 너머
> 고통도 처벌도 없는 그곳으로

우크라이나인들은 과거 1933년 소련이 기아 정책을 실시했을 때와 마찬가지로, 1941년 독일의 기아 정책 때에도 죽어가는 이들을 돕기 위해 최선을 다하고 있었다. 여인들은 남자들을 자신의 사촌이라고 해줌으로써 이들의 석방을 도왔다. 젊은 여인들은 수용소 밖에서 노역에 시달리던 포로들에게 청혼하기도 했다. 독일은 이들의 결혼이 곧 그 남성들이 독일 점령 지역에서 독일인들을 위한 식량 생산에 봉사할 것을 뜻했기에 이따금 그것을 허락하기도 했던 것이다. 식량 사정이 아주 심각한 편은 아니었던 크레멘추크에서, 아침에 일하러 나선 수용소 포로들의 빈 가방은 해질 무렵이 되자 오가는 사람들이 건네준 음식으로 가득 차 있었다. 그해 수확량이 유달리 좋았던 까닭에, 1941년의 식량 상황은 그 같은 광경이 펼쳐지기에 알맞은 편이었다. 여인들은(관련 기록의 주인공들은 언제나처럼 대부분의 여성이다) 죽음의 행진 중에 혹은 수용소 안에 있던 포로들을 먹여 살리기 위해 힘을 기울였다. 그러나 대부분의 포로수용소 책임자들은 민간인들이 수용소로 음식을 가져오는 것을 금했다. 따라서 포로들에게 먹을거리를 주려던 이들은 경고사격으로 쫓겨나기 일쑤였고, 그 과정에서 때로 총에 맞아 숨지기도 했다.[52]

동쪽 땅에 설치된 수용소의 구조는 슬라브족이든 아시아인이든 아니면 유대인이든 독일이 이들의 생명을 얼마나 가볍게 여기는지를 그대로 드러냈고, 바로 그것이 그 같은 대규모 기아를 감히 실행에 옮길 수 있게 한 원인이었다. 전쟁 기간에 붉은 군대 포로들이 갇혀 있었던 독일 포로수용소의 사망률은 57.5퍼센트였다. 바르바로사 작전 직후 8개월 동안의 사망률은 그보다 훨씬 더 높았던 게 틀림없다. 반면 독일이 서방 연합군 포로들을 가둬두었던 포로수용소의 사망률은 5퍼센트에 못 미쳤다. 1941년 가을 어느 하루 동안 사망한 소련군 포로들의 숫자는 제2차 세계대전을 통틀어 목숨을 잃은 영국군과 미군 전쟁포로 전체 숫자와 맞먹었다.[53]

—

독일이 소련 인민들을 뜻대로 모조리 굶겨 죽일 수 없었던 것처럼, 소련이라는 나라 역시 한방에 나가떨어지게 만들 수 있는 나라가 아니었다. 하지만 분명 독일은 그렇게 하려 했다. "전격적 승리" 구상의 일부에는 독일 국방군이 소련 지역을 신속히 점령, 군인들 그리고 아인자츠그루펜이 소련 정치 엘리트 및 붉은 군대의 정치 장교들을 모조리 학살한다는 내용이 담겨 있었다. 1941년 5월 19일에 나온 "러시아 원정군 공식 행동 지침"은 다음의 네 집단, 즉 선동가, 빨치산, 파괴 공작원, 유대인을 "엄중 단속할 것"을 주문하고 있다. 1941년 6월 6일의 "소련 공산당 정치 위원 처우에 관한 지침"은 사로잡은 소련 정치 장교들을 전원 사형에 처해야 함을 명시하고 있다.[54]

사실 소련의 지역 엘리트들은 동쪽으로 달아난 상태였고, 높은 자리에 있던 엘리트일수록 서둘러 자리를 떴거나 아니면 자신들이 탈출하는 데 필요한 여러 자원을 가지고 있었다. 소련은 광대한 땅덩어리를 보유한 국가였고, 히틀러는 침략 과정에서 이들을 붙잡을 만한 매개 집단이나 동맹 세력을 따로 두지 못한 상태였다. 소비에트 지도부까지 독일의 대량학살 정책이 미칠 수 있었던 곳은 우크라이나, 벨라루스, 발트 국가들, 러시아 극히 일부 지역처럼 독일이 실질적으로 점령한 지역뿐이었다. 하지만 이들 지역은 소련에서 별다른 비중을 차지하지 않는 곳이었으며, 독일의 정책이 먹혀들었던 이 지역 소비에트 지도부 역시 소련 체제에 있어 핵심적인 인물들은 아니었다. 많은 사람이 총살당했지만 그것이 소련이라는 국가에 미치는 영향은 미미할 따름이었다. 대다수의 독일 국방군은 "소련 정치 위원" 사살 명령 수행에 별다른 어려움을 겪지 않은 것으로 보이며, 이들 중 80퍼센트가 정치 위원을 총으로 쏴 죽였다는 보고를 올렸다. 군사 기록 보관소에는 이처럼 군인들에 의해 사살된 정치 위원들의 사례 약 2252건이 보관되어 있는데, 실제로 자행된 학살은 이보다 규모가 더 컸던 것으로 보인다.[55]

민간인 학살은 앞서 1939년 폴란드에서 그랬던 것처럼 주로 아인자츠그루펜의 몫이었다. 폴란드 때와 마찬가지로 아인자츠그루펜에게는 그를 통해 소련이라는 국가가 무너질 수 있을 핵심 정치 집단에 대한 학살 임무가 배정되었다. 4개 부대로 편성된 이들은 독일 국방군의 뒤를 따라 소련 땅에 들어왔다. 아인자츠그루펜 A는 북부 집단군을 따라 발트 국가들 지역에서 레닌그라드를 향하여, 아인자츠그루펜 B는 중앙 집단군을 따라 벨라루스를 통해 모스크바를 향하여, 아인자츠그루펜 C는 남부 집단군을 따라 우크라이나로, 아인자츠그루펜 D는 11군을 따라 우크라이나 최남단으로 움직였다. 하이드리히가 1941년 7월 2일자 전보를 통해 분명히 밝힌 것처럼, 아인자츠그루펜에게는 공표된 관련 명령들을 구두로 전달받은 뒤 공산당 관리들, 공산당 내부 및 공무원 자리에 있던 유대인들, 그 외 "위험 인자들"을 제거하라는 임무가 주어졌다. 굶주림 계획과 함께 정치적 위협으로 간주된 사람들에 대한 박멸 명령이 떨어졌는데, 감금 상태에 있던 그 대상자들은 가장 취약한 상태에 놓인 이들이었다. 7월 중순까지 총살을 통해 스탈라크와 굴라크에 대량학살을 시행하라는 명령이 떨어졌다. 1941년 9월 8일 기동대원들에게는 포로수용소의 죄수들을 "선별"하여 공산당원 및 소련 관리, 정치 위원, 지식인, 유대인을 처형하라는 지시가 내려왔다. 군 상급 지휘부는 10월 기동대와 보안경찰들에게 수용소에 아무런 제약 없이 드나들 권한을 부여했다.[56]

소련군 포로들에 대한 기동대원들의 신원 조사는 아주 신중하게 이뤄지지는 못했다. 이 과정을 한번 살펴보자. 먼저 붙잡힌 즉시 교도소로 보내진 소련 포로들은 그곳에 갇힌 상태에서 심문을 당했는데, 으레 그렇듯 기동대원들은 정치 위원, 공산주의자, 유대인에 해당되는 이들은 앞으로 나올 것을 지시했다. 그러고는 누군가 앞으로 나오면 기동대원들이 이들을 데려가 총살한 뒤 시신을 구덩이에 던져넣는 과정이 뒤따랐다. 심문 과정에 따로 통역을 두는 경우는 거의 없었고, 이는 그곳에 있던 사람들로 하여금 포로들을 골라내는 과정이 아주 대충 이뤄진다는 인상을 심어줬다. 또한 독일군은 붉은 군대의 계급과 지휘 체계에 관해 정확히 알고 있지 못한 상태였으며, 초기에는 나팔수를 정치 장교로 오인하기도 했다. 그들은 소련 장교들의 경우 사병들과 달리 머리를 기르는 것이 허용된다는 사실을 알고 있었지만, 그것은 포로 선별에 있어서는 상당히 불분명한 지표였는데 왜냐하면 당시는 이미 포로들 대부분이 머리를 자르고선 시간이 꽤 흘러버린 시점이었기 때문이다. 오직 유대인들만이 비교적 쉽게 구분해낼 수 있었는데, 독일 교도관들은 이를 위해 포경수술 여부를 조사했다. 자신이 이슬람교도이기에 포경수술을 한 것이라고 주장함으로써 아주 간혹 목숨을 건지는 유대인들도 있었지만, 포경수술을 한 무슬림이 유대인과 마찬가지로 총살당하는 경우가 더 많았다. 독일 의사들은 이 과정에 기꺼이 손을 거든 것으로 보이며, 의학계는 대단히 나치화된 직군이었다. 호롬의 수용소에 있었던 어느 의사의 회상에서처럼, "당시 모든 독일 장교와 사병에게 있어 유대인을 총살에 처해야 한다는 것은 지극히 자연스러운 일이었다". 적어도 5만 명의 유대계 소련인이 그러한 선별 작업 후 총에 맞아 숨졌고, 비슷한 숫자의 비유대인들 역시 같은 운명을 맞이했다.[57]

독일이 동쪽 땅에 설치한 포로수용소들은 독일의 여타 강제수용소들과도 비교가 안 될 만큼 죽음의 기운이 흘러넘치던 곳이었다. 사실 기존에 있던 강제수용소들은 이들 소련군 전쟁포로와의 만남을 통해 약간의 성격 변화를 겪게 된다. 다하우, 부헨발트, 작센하우젠,

마우타우젠, 아우슈비츠는 나치 친위대가 그곳을 소련군 포로 처형의 장소로 이용함에 따라 한층 더 살육 시설로 변모했다. 아우슈비츠에서 약 8000명이, 마우타우젠에서 1만 명이, 작센하우젠에서는 약 1만8000명의 소련 포로가 처형되었다. 1941년 11월 부헨발트에서는 나치 친위대가 소련군 포로들을 대규모로 학살하기 위한 방법을 마련했는데, 이는 비록 그 이중 잣대와 터무니없음에서는 한층 더 높은 수준을 보여주긴 했지만 과거 소련이 대숙청 시기에 사용했던 방법과 놀랍도록 닮아 있었다. 먼저 포로들은 주변이 꽤 시끄러운 축사 한가운데에 있는 작은 방으로 들어가게 된다. 그곳에서 그들은 흰색 겉옷을 걸친 사람들에게 둘러싸여 마치 자신들이 진찰실에 온 듯한 느낌을 받는다. 물론 흰색 겉옷을 걸친 자들은 의사인 척하는 나치 친위대원들일 뿐이다. 이들은 포로에게 각자 키를 잴 것이라며 특정 벽을 마주 보고 서라고 지시했을 것이다. 그들이 벽을 재빨리 살펴보는 것은 포로의 목이 벽에 뚫어둔 구멍 안에 들어오는지를 가늠해보는 작업이었다. 이 벽 반대편 방에는 또 다른 나치 친위대원이 권총을 들고 서 있었다. 벽의 구멍을 통해 포로의 목이 보이면 그는 즉각 방아쇠를 당겼다. 시신은 "검사실"이라 불리는 세 번째 방으로 던져져 빠르게 닦이고, 다음 포로가 안으로 들어온다. 과거 소련의 그것보다 기술적으로 진일보한 부분은 한데 묶인 35~40구의 시신이 트럭을 통해 화장터로 보내졌다는 점이다.[58]

독일은 적어도 약 50만 명의 소련 포로를 총살에 처했고, 그에 더해 굶어 죽거나 이송 중 혹사로 인해 사망한 이들의 숫자는 260만 명이 넘었다. 대략 310만 명에 달하는 소련 전쟁포로가 독일의 손에 목숨을 잃은 것이다. 그러나 이 같은 잔혹함은 소련의 사기를 꺾지 못했다. 아니 오히려 그것은 소련의 의지를 더욱 불타오르게 만들었다. 정치 장교, 공산주의자, 유대인을 가려내는 작업은 무의미했다. 이미 붙잡은 이들의 목숨을 빼앗는 일은 소련을 그다지 약화시키지 못했다. 실제로 대규모 기아 정책과 신원 선별 및 조사 작업은 붉은 군대가 더욱 맹렬히 저항하도록 만들었다. 독일군의 포로가 되어 배고픔에 몸부림치다 죽을 것이 뻔하다면, 군인들은 싸우는 길을 택할 게 틀림없다. 붙잡히면 그 즉시 총살임을 잘 알고 있던 공산주의자와 유대인 그리고 정치 장교들이 항복을 선택할 리 만무했다. 독일이 점령한 지역에서 어떤 정책을 실시하고 있는지가 알려짐에 따라, 소련 시민들은 기존 소련의 통치에 대해 '구관이 명관'이라고 생각하기 시작했다.[59]

전쟁이 1941년 11월까지 이어지자 그리고 전장에서 쓰러져가는 독일군의 숫자가 점점 더 늘어나 이들의 자리를 독일에서 징집한 새로운 병사들로 채워넣어야 할 필요성이 대두되자, 히틀러와 괴링은 제국에 전쟁포로들의 노동력이 일정하게 필요하다는 사실을 깨달았다. 11월 7일 괴링은 그와 관련된 (노동력) 포로 선별을 지시한다. 전쟁이 끝날 때까지 100만 명이 넘는 소련 전쟁포로가 독일 내에서 노역에 시달리게 된다. 가혹한 노동과 굶주림은 쉽사리 이겨낼 수 있는 것이 아니었다. 이들을 불쌍히 여기던 어느 독일인이 적었듯이, "수백만 명의 포로 중 극소수만이 일이라는 것을 할 수 있는 상태였다. 믿을 수 없을 만큼 많은 포로가 죽어갔고, 상당수는 티푸스를 앓고 있었으며, 나머지는 건강이 몹시 좋지 않거나 끔찍한 지경에 처해 도저히 일을

할 수 없는 상태였다". 독일로 보내진 포로 약 40만 명이 그렇게 죽어 갔다.[60]

독일이 애초에 계획했던 것에 비춰보면, 소련 침공은 말 그대로 완벽한 실패였다. 바르바로사 작전은 "전격적인 승리"를 가져다주어야 했건만, 1941년 늦가을까지도 승리는 눈에 보이지 않았다. 독일이 처한 모든 경제적 문제를 해결해주리라던 소련 침공은 어떤 문제도 해결해주지 못한 상태였다. 결국 점령한 (예컨대) 벨기에가 나치 독일에게 있어 좀더 중요한 경제적 요충지였다. 소련의 인구는 초기 계획상 쓸어버려야 할 대상이었지만, 정작 소련에서 들여올 수 있었던 가장 중요한 경제적 자원은 바로 이들의 노동력이었다. 여기에 더해 정복한 소련 땅은 나치가 유대인 문제의 "마지막 해결책"에 있어 대안적 장소가 되기도 했다. 유대인들은 그곳에서 죽을 때까지 노역에 시달리거나, 아니면 우랄산맥 너머로 혹은 수용소로 추방될 것이었다. 그러나 1941년 여름 소련이 보여준 방어력은 이 같은 마지막 해결책을 다시금 불가능하게 만들었다.[61]

나치 지도부는 1941년 말까지 '마지막 해결책' 외의 네 가지 버전에 이르는 유대인 문제 해결책의 포기를 이미 염두에 두고 있었고 또 그럴 수밖에 없는 상황에 몰려 있었다. 먼저 폴란드 동부에 일종의 유대인 보호구역을 마련한다는 '루블린 계획'은 동방 총독부가 독일 본토와 너무 가깝고 복잡한 관계로 1939년 11월에 포기되었다. 그

다음으로 소련과의 합의를 통해 유대인들을 소련 땅으로 보내려 했던 '대소련 합의 계획'은 스탈린이 유대인을 받아들이는 데 관심을 보이지 않았기에 1940년 2월 폐기되었다. 그다음 유대인들을 아프리카 대륙으로 보내는 것을 골자로 한 마다가스카르 계획 역시 처음에는 폴란드가, 뒤이어 영국이 독일과 협력하기는커녕 싸우는 길을 선택함으로써 1940년 8월 포기할 수밖에 없었고, 이제 자신들이 소련을 무너뜨리는 데도 실패함에 따라, 굴복한 소련 땅을 유대인 문제 해결의 장으로 활용하려던 '대소련 강제 계획'마저 1941년 11월에 포기하기에 이르렀던 것이다. 소련 침공은 독일에게 아무런 "해결책"을 주지 못했던 반면, 유대인 "문제"는 확실히 악화시켰다. 독일이 점령한 동부는 이제 전 세계에서 유대인 인구밀도가 가장 높은 지역에 다름 아니게 되었다. 자신들이 점령한 폴란드, 발트해 국가들, 소련에서 독일은 유럽 유대인들에게 있어 가장 중요한 전통적 거주지역들을 장악했다. 이제 약 500만 명의 유대인이 독일의 손에 놓였다. 제정 러시아 후기를 제외하면, 역사상 그 어느 정치체도 1941년의 독일만큼 많은 수의 유대인을 지배한 적이 없었다.[62]

동부에 설치된 수용소에서 독일로 보내진 몇몇 소련 포로가 맞이했던 운명은 이후 유대인들에게 어떤 일이 닥쳤는지를 보여준다. 1941년 9월 초, 아우슈비츠에서는 소련 포로 수백 명이 앞서 수용소 내 폴란드 포로 막사를 소독하는 데 쓰이던 살충제, 곧 시안화수소 가스(일명 치클론 B)를 마시고 숨을 거둔다. 뒤에 유대인 약 100만 명이 아우슈비츠에서 이들과 마찬가지로 치클론 B에 목숨을 잃게 될 것이었다. 비슷한 시각 작센하우젠에 있던 소련군 포로들 역시 이동식 가스실 실험의 희생양이 되고 있었다. 설계에 따라 가스 차량 안쪽으로 특유의 배기가스가 뿜어져 나오면 안에 갇힌 사람들이 일산화탄소에 질식하게 되는 구조였다. 바로 그해 가을, 이 가스 시설은 독일이 점령한 벨라루스와 우크라이나 유대인들을 학살하는 데 그대로 사용되었다. 또한 1941년 12월자로 헤움노에도 일산화탄소를 쓰는 이동식 가스 차량이 설치되어 독일에 합병된 폴란드 지역 유대인들을 학살하기 시작했다.[63]

독일인들은 굶주림과 공포로 가득 찬 포로수용소의 포로들 중 최소 100만 명을 따로 뽑아 자신들의 군대 및 경찰력을 보조하는 인원으로 썼다. 애초에는, 소련이 무너지면 이들의 도움을 통해 소련 영토를 좀더 손쉽게 장악할 수 있으리라는 생각에서였다. 그러나 소련을 무너뜨리는 것이 뜻대로 되지 않고 오히려 전쟁이 길어지자, 이 소련인들에게는 히틀러와 그를 따르는 자들이 점령 지역에서 시행하고자 했던 대량학살을 보조하는 역할이 주어졌다. 앞서 수용소의 포로였던 이들 보조자에게는 삽이 쥐어졌고, 독일군이 유대인들을 쏴 죽일 장소에 도랑을 파라는 명령이 뒤따랐다. 다른 이들은 유대인을 쫓던 경찰 조직에 편성되었다. 몇몇 포로는 트라브니키에 있는 훈련소로 보내져 경비병 훈련 과정을 밟기도 했다. 나치에 봉사하도록 재훈련 받은 이 소련 시민 및 참전 군인들은 1942년 독일이 점령한 폴란드 트레블린카, 소비부르, 베우제츠의 학살 시설로 파견되었는데, 그곳은 앞으로 100만 명이 넘는 폴란드 유대인이 독가스를 마시고 숨져갈 장소였다.[64]

마치 소련을 무너뜨리려던 전쟁이 유대인을 학살하는 전쟁으로 변모했던 것처럼, 독일이 펼친 하나의 학살 정책에서 살아남은 이들 중 몇몇은 이렇듯 또 다른 학살 정책의 공범자가 되어버렸다.

6 장

마지막 해결책

히틀러가 꿈꾸던 것들은 소련과의 일이 잘 풀리지 않으면서 완전히 박살나버렸다. 하지만 그의 유토피아는 불합격이라는 판정보다는 다시금 고쳐 만들어지는 길을 밟게 된다. 히틀러는 그야말로 위대한 지도자였고, 그의 뜻을 짐작하고 실현시키는 능력이야말로 그 주변의 심복들이 각자 한 자리씩 꿰차고 있던 이유였기 때문이다. 1941년의 절반이 지난 시점이자 동부 전선에서 벌어진 일련의 사태로 히틀러의 뜻을 실행에 옮기기 어려워진 바로 그 시점에, 괴링, 힘러, 하이드리히 같은 이들의 과업은 바로 히틀러의 천재성을 입증하기 위해 (그리고 그와 마찬가지로 나치 정권에서 자신들의 지위를 보장하기 위해) 그의 이상을 재조정하는 것이었다. 1941년 여름까지의 유토피아는 다음의 네 가지였다. 바로 소련을 몇 주 만에 무너뜨릴 전격적 승리가 그 첫 번째였고, 두 번째 유토피아는 3000만 명을 몇 달 내로 굶겨 죽일 굶주림 계획이었으며, 전쟁 뒤 유럽의 유대인들을 완전히 쓸어버릴 마지막 해결책이 그 세 번째, 소련의 서쪽 땅들을 독일의 식민지로 만들 이른바 동유럽 종합 계획이 그 네 번째 유토피아였다. 바르바로사 작전이 시행된 지 6개월이 지난 시점이 되자, 히틀러는 유대인 말살에 우선순위를 배정하는 쪽으로 전쟁 목표를 수정하기에 이른다. 그때까지 그의 심복들은 그러한 바람들을 실행하는 데 필요한 이데올로기적, 행정적 책임과 재량권을 지니고 있었다.[1]

전격적 승리는 끝내 없었다. 비록 수백만 명의 소련 시민이 기아에 목숨을 빼앗겼지만, 굶주림 계획은 실현 불가능한다는 게 명백해졌다. 동유럽 종합 계획 또는 전후 식민화 계획은 무엇이 됐든 뒤로 미뤄질 수밖에 없는 것이었다. 유토피아가 시들해지자, 정치적 미래는 이러한 환상들에서 그나마 실제로 뽑아낼 수 있는 것들에 달려 있게 되었다. 괴링, 힘러, 하이드리히 세 사람은 엉망이 돼버린 폐허 속에서 그나마 자신들이 할 수 있는 일을 차지하고자 앞다투어 움직였다. 나치 정권의 경제 전반 및 굶주림 계획을 맡았던 괴링은 최악의 상황에 놓였다. "제국의 2인자"이자 히틀러의 후계자로 여겨지던 그는 독일 내에서는 대단히 중요한 자리를 차지했지만, 동쪽에서는 거의 아무런 역할도 맡지 못했다. 전후의 거대한 기획에 있어 경제 문제 처리가 차지하는 비중이 줄고 동시에 눈앞의 전쟁을 어떻게든 계속할 자원 마련이 좀더 시급한 일이 됨에 따라 괴링은 알베르트 슈페어에게 주도권을 내줄 수밖에 없었다. 사정이 이러했던 괴링과 달리 하이드리히와 힘러는 마지막 해결책의 재공식화, 즉 애초 계획과 달리 전쟁 중에 이를 실행에 옮길 수 있다는 식의 수정을 통해 좋지 못한 전선 상황을 자신들에게 유리한 쪽으로 이용해먹을 수 있었다. 두 사람은 히틀러가 1941년 8월부터 말하기 시작했듯이 이 전쟁이 "유대인과의 전쟁"이 되고 있음을 알아차리고 있었다.[2]

힘러와 하이드리히는 유대인 말살을 자신들의 소명으로 여기고 있었다. 1941년 7월 31일 하이드리히는 괴링으로부터 마지막 해결책 수립에 관한 공식 권한을 받아냈다. 이 기획에는 여전히 앞서의 강제이주 계획에 대한 조정 및 유대인들을 정복한 소련의 동쪽 땅에서 죽을 때까지 노역을 시키겠다는 하이드리히의 계획이 들어 있었다. 그가 마지막 해결책의 조율을 위해 반제에서 회의를 열고자 했던 1941년 11월까지도, 하이드리히는 분명 그러한 구상을 갖고 있었다. '일할 수 없는 유대인들을 없애야 할 것이다. 육체노동을 감당할 수 있는 유대인들은 점령한 소련 땅 어딘가에서 죽을 때까지 노역에 시달려야 할 것이다.' 하이드리히의 생각은 당시 독일 정부 내에서 광범위하게 공감대를 사고 있었다. 그다지 시의성은 없었다고 해야겠지만 말이다. 9월에 완료된 민간 점령 작업을 감독했던 동부 점령부가 유대인 제거 작업을 맡게 될 것은 당연한 일이었다. 동방 점령부 장관 알프레트 로젠베르크는 11월 "유럽 내 유대인의 생물학적 박멸"을 이야기했다. 이 작업은 유대인들을 유럽의 동쪽 경계인 우랄산맥 너머로 보내는 것을 통해 이뤄질 것이었다. 그러나 마찬가지로 1941년 11월에 이르는 시점까지, 노예화와 강제이주를 골자로 한 그 같은 하이드리히의 그림에는 사뭇 막연함이 깃들었는데, 이는 그때까지도 독일이 소련을 쓰러뜨리지 못했으며 스탈린 또한 소련 영토 대부분을 여전히 손아귀에 쥐고 있었기 때문이다.[3]

하이드리히가 베를린의 행정적 측면을 주무르고 있었다면, 히틀러의 유토피아에서 현실적이고도 악명 높은 부분들을 가장 능숙하게 뽑아낸 이는 바로 힘러였다. 굶주림 계획에서 그가 맡았던 것은 과잉 인구와 쓸모없는 식충들을 분류하고, 유대인들에게 낭비되는 식량을 아껴야 한다고 주장하는 일이었다. 다음으로, 전격전 전개 과정에서는 네 집단군에 아인자츠그루펜을 합류시킨 것이 그의 작품이었다. 사실 이들의 첫 임무가 '모든 유대인을 죽여라!'와 같은 것이 되었던 적은 없었다. 침공이 시작되었을 때 아인자츠그루펜은 그러한 명령을 받은 적이 없으며, 그들의 숫자 역시 매우 적은 편이었다. 하지만 그들은 풍부한 민간인 학살 경험을 보유하고 있었고, 지역 조력자를 물색할 수 있었으며, 이를 통해 전력을 강화할 수 있었다. 이번에는 동유럽 종합 계획에서 그가 맡은 역할을 살펴보자. 힘러는 질서 경찰 대대들과 수천 명의 지역 협력자를 차출했는데, 이들의 초기 임무는 바로 점령한 소련 땅의 안정화 작업에 힘을 보태는 것이었다. 그러나 그보다 더 주된 임무는 1941년 8월에 시작된, 유대인들을 대상으로 한 독일의 진정한 대량 사살 작전에 필요한 인력을 공급하는 것이었다. 독일 국방군 및 그 산하 경찰 집단의 지원을 받은 이 조직들로 말미암아 독일은 그해 말까지 몰로토프-리벤트로프 라인 동쪽에서 무려 100만 명에 이르는 유대인을 학살할 수 있었다.[4]

힘러는 히틀러의 마음속에 꿈틀대던 나치 유토피아의 극단을 잘 포착하고 있었던 덕분에 완전한 성공 가도를 달릴 수 있었고, 이는 심지어 히틀러의 의지가 외부의 가장 강력한 저항에 부딪혔을 때조차 변함없었다. 그는 당초 전쟁 후에 벌어지기로 되어 있었던 일을 전쟁 과정으로 앞당기는 것을 통해, 그리고 그것이 어떻게 달성될 수 있는가라는 질문에 유대인 대량 사살로 응답(앞선 네 차례의 강제이주 계획에 실패한 뒤)함으로써 마지막 해결책을 좀더 과격하게 만들었다. 전격적 승리와 굶주림 계획의 실패는 독일 국방군과 경제를 담당하던 세력들의 책임이었기에, 힘러의 입지는 그러한 실패에도 거의 흔들리지 않았다. 심지어 그가 마지막 해결책을 이상이 아닌 현실에서 시행 가능한 영역으로 끌어내렸을 때조차 힘러의 마음속에는 여전히 히틀러의 "에덴동산"이라는 동유럽 종합 계획의 이상향을 만들겠다는 의지가 자리하고 있었다. 따라서 그는 지속적으로 관련 계획의 수정을 요구했다. 또한 동방 총독부의 루블린 지구에 시범적 강제이주를 시행해보기도 했으며, 기회가 올 때마다 히틀러에게 관련 도시들을 완전히 쓸어버리자는 제안을 밀어붙이기도 했다.[5]

1941년 여름과 가을, 불가능하다고 여겨진 것들을 뒤로 제쳐둔 힘러는 자신에게 있어 가장 영광스러운 일에 대해 곰곰이 생각했다. 그러고는 할 수 있는 일을 실행에 옮겼다. 바로 몰로토프-리벤트로프 라인의 동쪽, 즉 점령한 폴란드 동부, 발트 국가들, 일부 소련 땅에 있던 유대인들을 몰살하는 것이었다. 독일의 위세가 강력한 저항에 부딪힌 이 몇 달 동안, 힘러와 그의 나치 친위대는 나치의 원리 실현에 힘입어 점령한 소련 땅을 비롯한 독일 제국의 민간 및 군사에 관련된 권한들을 손에 넣었다. 힘러의 표현처럼, "동쪽은 이제 나치 친위대의 것"이 되었던 것이다.[6]

—

동쪽은 아주 최근까지도 소련 내무인민위원회의 것이었다. 힘러가 성공할 수 있었던 한 가지 비결, 그것은 바로 그가 그 전까지 이 지역에 소련이 깔아두었던 내무인민위원회의 여러 장치를 그대로 이용해 먹을 수 있었다는 데 있었다.

바르바로사 작전으로 독일군이 처음 얻어낸 지역들 입장에서 볼 때, 독일군은 전쟁으로 인해 등장한 두 번째 점령군이었다. 1941년 독일 손에 들어온 그 땅은 과거 폴란드 동부, 리투아니아, 라트비아, 에스토니아에 해당되던 지역으로, 1939년 9월 독일이 '독소 우호 협력 및 국경에 관한 협약'을 통해 소련의 영유권을 인정해주었던 결과 그동안 소련 영토로 편입되는 과정을 겪었던 땅들이었다. 다시 말해, 바르바로사 작전을 통해 독일군이 처음 밟은 땅은 앞선 1939년 혹은 1940년까지는 소련이 아닌 독립된 국가들이었던 곳이며, 그곳을 지나고 나서야 비로소 전쟁 이전의 진짜 소련 땅으로 들어설 수 있었던 것이다. 당시 독일의 동맹이던 루마니아인들이 독일과 함께 점령해나간 지역들은 소련 땅이라기보다는 과거(1940년) 그들이 소련에게 빼앗긴 땅이었다.[7]

처음은 소련, 그리고 독일로 이어지는 두 차례의 점령은 이곳 주민들의 삶을 더 복잡하고 위험하게 만들었다. 단 한 번의 점령만으로도 한 사회가 수 세대에 걸쳐 분열되는 결과를 가져올 수 있다. 두 번의 점령이 그보다 더 고통스럽고 더 많은 분열을 불러올 것은 불 보듯 뻔한 일이다. 그것은 서방 세계에 알려지지 않은 각종 위험, 그리고 유혹을 만들어냈다. 하나의 외세가 물러가는 것은 또 다른 외세의 지배를 의미할 뿐이었다. 외국 군대가 빠져나갔을 때, 그곳 주민들이 고민해야 했던 것은 평화가 아니었다. 그다음 점령국이 펼칠 정책들이었다. 그들은 다음 점령자가 들어서자 각자 앞서의 점령자에게 취했던 행동들이 빚어낸 결과물들을 처리해야 했거나, 아니면 아예 그 전부터 다른 점령자를 예상하며 신중한 선택지를 골라야 했다. 아울러 이 같은 점령자의 변화는 그곳에 있던 서로 다른 집단들에게도 각기 다른 의미를 지니고 있었다. 한 예로 유대인이 아닌 리투아니아인들에게 있어 소비에트가 물러가고 독일이 들어온 1941년은 해방의 해였다. 하지만 유대인들은 그것을 결코 해방으로 여길 수 없었다.

리투아니아는 독일군이 들어왔던 1941년 6월 말까지 이미 두 가지 주요한 변화를 겪어왔었다. 여전히 독립국의 지위였던 시절, 그들은 1939년 8월의 몰로토프-리벤트로프 협정으로부터 뭔가 이득을 얻을 것으로 보였다. 바로 다음 달에 체결된 독소 우호 협력 및 국경에 관한 협약은 리투아니아를 소련에 넘겨주는 내용을 담고 있었으나, 리투아니아인들은 이 사실을 알 길이 없었다. 이 기간에 리투아니아 지도부는 사태를 조금 다른 시각에서 보고 있었는데, 바로 독일과 소련이 양차 대전 사이에 리투아니아의 적국이었던 폴란드를 쓰러뜨렸다는 점에 주목한 것이다. 리투아니아 정부는 양차 대전 사이에 폴란드에 속한 빌뉴스를 자신들의 수도로 여겨왔다. 그들은 1939년 9월 그 어떤 적대 행위에도 참여하지 않은 채 그 전까지 공식적으로 폴란드에 속했던 땅을 손에 넣었다. 한 달 뒤인 10월 소련은 빌뉴스를 비롯한 그 주변 지역(2750평방마일의 땅과 45만7500명의 인구)을 리투아니아에 넘겨주기에 이르렀는데, 그 대가는 소련군에게 주둔지를 제공하는 것이었다.[8]

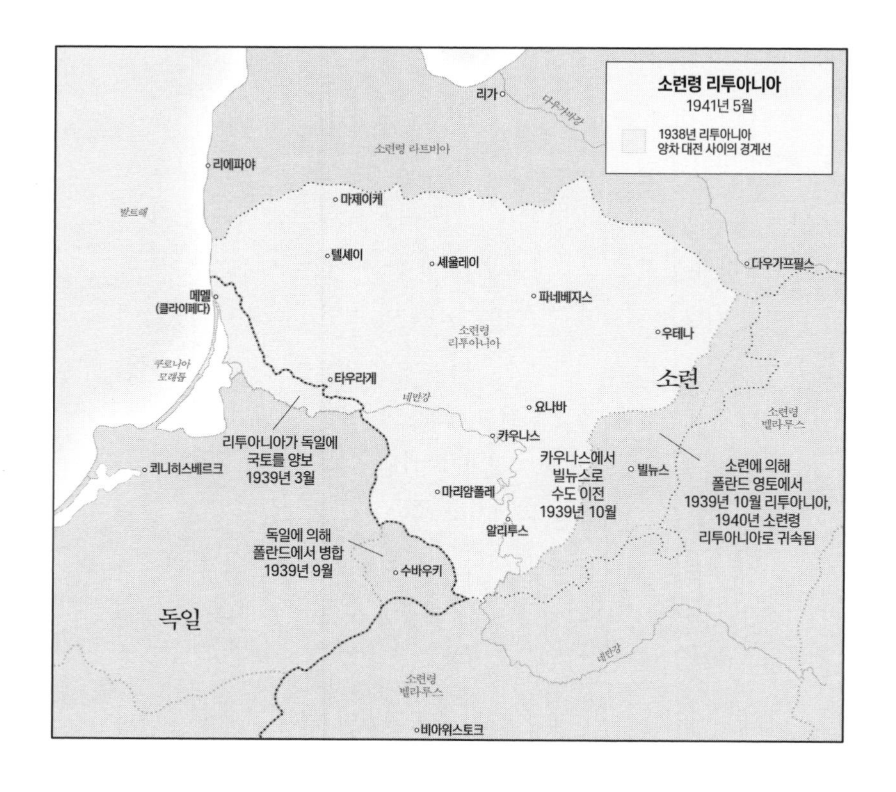

스탈린 덕분에 영토를 넓힌 지 딱 반년 뒤, 리투아니아는 자신들의 후원자로 보였던 이들 소련에게 정복당했다. 1940년 6월 스탈린은 리투아니아와 그 외 발트 국가들, 즉 라트비아와 에스토니아를 장악하고는 서둘러 이들 지역을 소련에 병합시켜버렸다. 이 합병 작업 후 소련은 리투아니아에서 수많은 리투아니아 엘리트를 비롯한 약 2만 1000명에 달하는 사람에게 강제이주 명령을 내렸다. 리투아니아 수상과 외무장관 역시 추방된 수천 명 중 하나였다. 리투아니아 정치 및 군사 지도자들 중 몇몇은 수용소를 탈출해 독일로 도망치기도 했는데, 흔히 사전에 베를린에 선이 닿아 있던 이들이거나 아니면 침략군인 소련에 줄곧 적의를 품고 있던 이들이었다. 독일은 리투아니아에서 온 정치적 망명자들 중 우익 민족주의자들을 선호했으며, 이들 중 몇몇을 훈련시켜 자신들의 소련 침공에 함께하도록 했다.[9]

따라서 1941년 6월 독일이 소련을 쳤을 때 리투아니아는 매우 독특한 입장에 처할 수밖에 없었다. 그들은 맨 처음 몰로토프-리벤트로프 협정으로 이익을 봤고, 그 뒤 소련에게 정복당했으며, 이제는 독일의 손에 놓이게 된 것이었다. 소련의 무자비한 점령을 겪은 리투아니아인들은 이 같은 변화를 반기는 분위기였고, 이들 중에는 극소수의 리투아니아 유대인도 있었다. 1941년 6월 당시 리투아니아에는 약 20만 명의 유대인(독일에 있던 유대인과 맞먹는 수)이 살고 있었다. 자신들이 특별히 고른 리투아니아 민족주의자들과 함께 리투아니아 땅에 들어선 독일인들은 소련 압제의 책임을 유대인들에게 지우려는 혹은 기꺼이 그렇게 믿으려는 현지 주민들과 맞닥뜨리게 되었다. 이 지역에서는 그달까지 소련의 강제추방 작업이 이뤄지고 있었고, 내무인민위원회 역시 독일군이 들어오기 불과 며칠 전 교도소에 있던 리투아니아인들을 사살했다. 리투아니아 외교관이었던 카지스 스키르파는 자신의 라디오 방송에서 이 고통스러운 기억을 상기시킴으로써 성난 리투아니아 군중의 보복 살인을 부추겼다. 7월 초에 벌어진 피비린내 나는 집단학살을 통해 약 2500명의 유대인이 목숨을 잃었다.[10]

사전 훈련을 통한 공동 작전 및 지역 조력자들로 말미암아 독일의 살인 집단들은 리투아니아에서 필요한 모든 지원을 얻을 수 있었다.

특정 위치에 있는 유대인 학살에 관한 최초의 지침은 아인자츠그루펜 A와 그들이 징집한 지역 협력자들에 의해 순식간에 확대되었다. 아인자츠그루펜 A는 북부 집단군을 따라 리투아니아에 들어왔다. 리투아니아의 주요 도시 중 하나인 카우나스를 맡은 아인자츠그루펜 A 소속 3기동대는 필요한 만큼의 조력자들을 충분히 확보할 수 있었다. 실제로 3기동대의 총인원은 서기와 운전기사 44명을 포함해 겨우 139명에 지나지 않았다. 1941년 7월 4일까지 리투아니아인으로 구성된 하위 부대들은 독일의 지시 및 감독 아래 유대인 학살 작업에 여념 없었다. 2기동대의 경우 이미 12월 1일 리투아니아의 유대인 문제가 해결되었다고 여길 정도였는데, 그들은 전체에서 11만4856명이 유대인인 총 13만3346명에 대한 학살 보고를 올릴 수 있었다. 그러나 스키르파의 바람에도 불구하고, 일련의 사태 중 어느 하나도 리투아니아의 정치적 목표 달성에 도움이 되지 못했다. 리투아니아 독립 선언을 시도하려 했던 그는 곧 가택연금에 처해지고 만다.[11]

빌뉴스는 과거 독립국이었던 폴란드 동북부의 핵심 대도시이자, 이후 한때 독립국 지위에 있던, 그리고 다시 소비에트 치하로 들어간 리투아니아의 수도로서 기능해왔다. 하지만 이 모든 우여곡절의 와중은 물론이고, 반세기 동안 빌뉴스는 또 다른 역할을 했다. 곧 '북쪽의 예루살렘'으로서, 유대인 문명의 중심지로 자리하고 있었다. 전쟁이 시작되었을 무렵에는 약 7만 명에 달하는 유대인이 그곳에 살고 있었다. 빌뉴스를 제외한 나머지 리투아니아 지역과 발트 국가들은 아인자츠그루펜 A가, 빌뉴스 지역은 (소비에트 벨라루스와 더불어) 아인자츠그루펜 B가 맡게 되었는데, 빌뉴스 유대인 학살은 아인자츠그루펜

B 소속 9기동대의 몫이었다. 이곳의 사살 작업은 도시 바로 근처의 포나리 숲에서 이뤄졌다. 독일은 1941년 7월 23일까지 리투아니아인 협력자들을 끌어모았는데, 이들은 유대인들을 줄 세워 포나리 숲으로 걸어가도록 했다. 그곳에서는 유대인들이 한 번에 12~20명씩 미리 파둔 구덩이 가장자리로 끌려가 착용하고 있던 옷가지와 귀중품을 빼앗겼다. 금니를 가진 사람들은 강제로 뽑히기도 했다. 빌뉴스와 그 외 여러 지역에서 온 약 7만2000명의 유대인이 (그리고 약 8000명의 폴란드 및 리투아니아 비유대인이) 포나리 숲에서 총에 맞아 숨을 거두었다.[12]

이타 스트라시는 빌뉴스에서 살아남은 극소수 유대인 중 한 명이었다. 당시 19세 소녀였던 그녀는 리투아니아인 경찰의 손에 끌려 이미 시신들로 가득 찬 구덩이 앞에 서게 되었다. 그 순간 그녀의 머릿속에는 "이제 끝이구나. 난 지금까지 어떻게 살아왔을까?"라는 생각이 스쳤다고 한다. 총알은 그녀를 비껴갔지만 공포심에 구덩이로 떨어진 이타의 몸은 뒤이어 총에 맞은 사람들의 시신으로 뒤덮였다. 누군가가 시체 더미 위로 걸어와 아래쪽을 향해 총구를 당겼다. 한 명도 빠짐없이 죽었는지를 확인하기 위함이었다. 총알 하나가 이타의 손에 박혔지만, 그녀는 아무 소리도 내지 않았다. 주변이 조용해질 때까지 한참을 그렇게 있던 그녀는 조심스레 그곳을 빠져나왔다. 이타의 말을 마저 들어보자. "그때 나는 신발조차 신고 있지 않았답니다. 시체들을 밟고서는 걷고 또 걸었지요. 시체더미는 끝이 보이지 않는 것 같았습니다."[13]

리투아니아의 이웃인 라트비아 역시 독일의 침공이 시작되기 약 1년 전 소련에 합병된 상태였다. 약 2만1000명에 이르는 라트비아 시민(이들 중 상당수가 라트비아 유대인이었다)은 독일이 도착하기 불과 몇 주 전 소련에 의해 강제이주를 당했다. 내무인민위원회는 독일 국방군이 리가로 진격해오자 교도소에 있던 라트비아인들을 살해했다. 이 지역에서 독일의 주요 협력자는 라트비아 민족주의자인 빅토르 아라이스로, 어머니가 독일계이던 그는 마침 독일 경찰이 리가로 데려온 통역과 잘 알던 사이였다. 그는 '아라이스 코만도'라는 집단의 창설을 허가받았는데, 이들은 1941년 7월 초 리가 시너고그에 있던 유대인들을 산 채로 불태우는 만행을 저지른다. 독일은 라트비아에서도 대량학살 작업을 추진했는데, 이 과정을 보조할 라트비아인 사수들은 소련 치하 당시 온 가족이 고통에 시달렸던 사람들 중에서 신중하게 골라 뽑은 이들이었다. 7월, 아인자츠그루펜 A 지휘부의 감독 아래 이들 아라이스 코만도는 리가에 있던 유대인들을 근처 비케르니에키 숲으로 끌고 가 사살했다. 독일인들이 먼저 "총살 시범"을 보이면, 코만도 대원들이 나머지 유대인들에게 총격을 가하는 식이었다. 라트비아인들의 이 같은 도움에 힘입어, 독일은 1941년 말까지 라트비아 전체 유대인 8만 명 중 적어도 6만9750명의 목숨을 빼앗을 수 있었다.[14]

세 번째 발트 국가인 에스토니아는 어땠을까. 소련 점령으로 인해 이곳 주민들이 느낀 치욕감은 리투아니아와 라트비아의 그것 못지않았다. 앞의 두 국가와 달리 탈린의 에스토니아 지도부는 1940년 소련에 병합되기 전까지 심지어 아주 부분적인 군사 동원마저 해보지 못했다. 소련의 요구에 다른 발트 국가들보다 먼저 무릎을 꿇었던 관계로, 에스토니아는 다른 발트 국가들과 그 어떤 외교적 결속이나 연대도 취해보지 못했다. 소비에트는 대부분의 정치 지도자를 포함한 약 1만1200여 명의 에스토니아인을 강제로 이주시켰다. 따라서 아인자츠그루펜 A는 에스토니아에서도 충분한 숫자의 현지 협력자들을 확보할 수 있었다. 과거 소련에 맞서 산악 지대 등지에서 저항활동을 펼쳐오던 에스토니아인들은 이제 독일의 지휘 아래 에스토니아 방위 특공대에 합류했다. 마찬가지로 과거 소련에 협조했던 에스토니아인들 역시 자신들의 실추된 명예를 회복하기 위해 여기에 합류했다.

에스토니아인들은 독일을 자신들의 해방자로 맞아들였고, 독일 또한 이에 대한 답례로 에스토니아인들을 유대인은 물론이고 여타 발트 국가 주민들보다 근본적으로 더 우월한 인간들로 여겨주었다. 에스토니아에는 유대인들이 거의 살고 있지 않았다. 방위 특공대 소속 에스토니아인들은 독일의 명령을 받들어 색출 가능했던 963명의 에스토니아 유대인을 남김없이 살해했다. 물론 유대인이 없더라도 살인 행위와 집단학살은 꾸준히 이뤄졌다. 약 5000명에 달하는 비유대 에스토니아인들 역시 소련에 협력했다는 표면상의 이유로 목숨을 빼앗겼다.[15]

몰로토프-리벤트로프 경계의 동쪽에 자신들의 제국을 건설하는 작업에 착수한 독일인들은 소련이 그 지역에 뿌려둔 소비에트식 기초 시스템의 선명한 흔적들을 발견하게 된다. 이 흔적들은 발트 국가들보다는 폴란드 동부 지역에 좀더 분명하게 남아 있었다. 에스토니아, 라트비아, 리투아니아가 독일의 침공이 시작되기 1년 전인 1940년

6월 소련에 합병된 지역들이라면, 폴란드 동부는 그보다 9개월 앞선 1939년 9월에 이미 소련의 손아귀에 떨어진 상태였다. 독일인들이 이곳에서 마주한 것은 사회적 탈바꿈의 흔적들로, 국유화된 산업, 몇몇 집단화된 농장, 거의 초토화된 현지 엘리트 계층이 바로 그것이었다. 소비에트는 30만 명이 넘는 폴란드인을 강제로 이주시켰는데, 그들이 총살한 인원은 수만 명에 이르렀다. 독일의 침공에 자극받은 내무인민위원회는 당시 교도소에 수감되어 있던 폴란드인 약 9817명을 독일에 넘겨주느니 차라리 전원 사살하겠다는 선택을 내렸다. 1941년 여름 소련의 서부 지역에 도달한 독일의 눈에 들어온 것은 막 죽은 듯 보이는 시체들로 가득 찬 내무인민위원회의 교도소들이었다. 소련 입장에서 볼 때, 이들은 독일이 어떤 식으로든 이용해먹기 전에 완전히 제거해버려야 할 대상이었던 것이다.[16]

소련의 대량학살은 독일이 그것을 자신들에게 유리한 선전거리로 써먹을 빌미를 제공했다. 나치가 내세운 것은 곧 고통스러웠던 소련 지배의 경험들은 모두 유대인 때문이라는 내용으로, 이는 어느 정도 공감대를 얻었다. 독일의 선동에 휘말렸건 아니건 양차 대전 사이에 상당수의 유럽인은 유대인들을 공산주의와 결부시켜 생각하고 있었다. 사실 이 기간에 유럽 각국의 공산당은 평당원들은 물론이고 특히 지도부의 태반이 유대인이었으며, 이러한 사실은 유럽 전역의 언론들을 통해 이미 20년 동안 수없이 언급되어온 내용이었다. 우익 정당들은 여러 공산주의자가 유대인이라는 사실을 들어 다수의 유대인은 공산주의자라는 주장을 펼쳤으며, 이는 이 사안에 대한 혼란을 가중시켰다. 그러나 두 가지 명제는 엄연히 매우 다른 성격의 것으로,

후자는 단 한순간도 진실이었던 적이 없는 얘기다. 유대인들은 심지어 전쟁이 일어나기 전에도 이른바 국민국가 건설 실패와 관련된 비난을 한 몸에 받았는데, 이제 전쟁이 시작되고 소련 혹은 독일의 침공으로 국민국가 자체가 무너지자 앞서와 같은 유대인에 대한 책임 전가 유혹은 한결 더 커졌다. 에스토니아, 라트비아, 리투아니아, 폴란드인들은 이미 자신들에게 꼭 맞는 독립된 조국이 사라져버렸을 뿐만 아니라 가지고 있던 신분 및 자치권마저 잃은 상태였다. 더불어 많은 경우 이들은 별다른 투지를 보이지도 못한 채 이 모든 것을 포기해버렸다. 그런 점에서 나치가 내세운 선전은 더욱 매력적인 것이었다. 바로 소련 공산주의 뒤에는 막강한 힘을 가진 세계적 규모의 유대인들의 음모가 도사리고 있기에 소련에 패배한 것은 부끄러운 일이 아니라는 주장, 그리고 공산주의의 궁극적인 원흉은 바로 유대인이므로, 이제 그들을 죽여 없애는 것은 정당하다는 주장이었다.[17]

남쪽으로 확장된 발트해에서 흑해까지의 영역에서, 유대인들은 1941년 6월의 마지막 주 그리고 7월의 첫째 주까지 그야말로 어마어마한 폭력 앞에 놓였다. 독일이 해당 지역 민족주의자들과 함께 들어왔던, 또 적어도 당시만큼은 그 국가 전체를 해방시켜준 해방자로 여겨지던 리투아니아와 라트비아에서는 독일의 선전이 더 큰 공감대를 얻었으며, 그에 대한 지역 주민들의 협력 역시 더 두드러졌다. 독일은 비아위스토크처럼 옛 폴란드 동부에 속했던 몇몇 핵심 지역에서는 본보기 차원의 대규모 학살을 직접 자행하기도 했다. 몰로토프-리벤트로프 라인의 바로 동쪽에 자리한 비아위스토크는 과거 폴란드 동북쪽에 그리고 그 뒤 소비에트 벨라루스 영역에 속했던 도시였다. 이곳은 다시 6월 27일 독일 국방군 손에 떨어졌으며, 그 직후 309 질서 경찰 대대에 의한 민간인 약탈 및 학살이 시작되었다. 독일 경찰들은 유대인 약 300명의 목숨을 빼앗고, 그들의 시체를 도시 주변에 그대로 방치해두었다. 이것으로 끝이 아니었다. 그들은 수백 명의 유대인을 시너고그에 몰아넣고 그곳에 불을 놓았으며, 도망치려는 이들에게는 어김없이 총격을 가했다. 뒤이은 2주 동안 비아위스토크 지역의 폴란드인들 역시 그 지역에서 벌어진 약 열세 차례의 집단학살에 참여했다. 그 와중에 비아위스토크에 여행 차 들른 힘러는 유대인들을 빨치산으로 대하라는 명령을 내렸다. 7월 8일에서 11일 사이 질서 경찰은 비아위스토크에 있던 약 1000명의 유대인 남성을 도시 변두리로 끌고 가 총살했다.[18]

마찬가지로 과거 폴란드 동부였던, 그리고 우크라이나인이 지역 주민의 대다수를 차지한 지역에서도 독일은 우크라이나 민족주의에 호소했다. 이곳에서 독일인들은 유대인들을 우크라이나인에 대한 소련 압제의 원흉으로 비난했다. 크레메네츠에서는 교도소에 있던 100명이 넘는 죄수가 살해된 채 발견되었는데, 약 130명의 유대인이 이곳에서 집단학살로 목숨을 빼앗겼다. 우츠크는 2800명의 죄수가 기관총에 맞아 숨진 채 발견된 장소이자 독일인들이 유대인 2000명을 학살한 뒤 이를 두고 유대인 공산주의자들이 우크라이나인들에게 범한 잘못들에 대한 정당한 복수라고 우겼던 장소다. 내무인민위원회의 교도소에서 약 2500명의 죄수가 시체로 발견된 리비프에서는 아인자츠그루펜 C와 지역 민병대가 며칠 동안이나 집단학살을 자행했다. 독일은 이들을 유대인 비밀경찰에 희생된 우크라이나인들로 묘사했는데, 사실 희생자 중 몇몇은 폴란드인과 유대인들(비밀경찰의 대다수는 러시아인과 우크라이나인들이었다)이었다. 또 다른 아인자츠그루펜에 소속되어 있었던 어떤 이가 1941년 7월 5일 벌어진 일들을 적은 일기장에는 다음과 같은 내용이 담겨 있다. "수백 명의 유대인이 얼굴이 피범벅이 된 채, 머리에 구멍이 난 채, 눈알이 빠진 채 길거리를 뛰어다니고 있다." 전쟁 첫 며칠 동안 독일인들의 다양한 도움이나 고무를 받았건 받지 않았건, 이 지역 민병대들은 유대인 약 1만9655명에 대한 집단학살을 자행하고 또 부추겼다.[19]

정치적 계산과 그간 해당 지역 주민들이 받았던 고통들이 이들의 그 같은 집단학살에의 참여를 온전히 설명해주는 것은 아니다. 유대인을 대상으로 한 폭력은 독일인들과 해당 지역 비유대인들을 한데 뭉치게 만들었다. 분노는 독일이 바랐던 대로 소련에 협력한 자들보다는 유대인들을 향하게 되었다. 독일의 주장에 반응을 보인 사람들은 실제로 자신들이 겪은 아픔의 원흉이 유대인들이라 믿었건 믿지 않았건 이제 스스로가 새 주인에게 꼬리를 흔들고 있다는 사실을 알고 있었다. 그들은 행동을 통해 나치의 세계관을 좀더 분명히 해주고 있었다. 내무인민위원회의 처형에 대한 앙갚음으로서의 유대인 학살은 소련이 유대인 국가라는 나치의 시각을 뚜렷하게 해주었다. 또한 유대인에 대한 폭력은 앞서 스스로 소련에 협력했던 에스토니아, 라트비아, 리투아니아, 우크라이나, 벨라루스, 폴란드인들에게는 자신들이 얻은 변절자라는 오명을 벗어던질 기회였다. 유대인들이 공산주의자들과 깊은 관련이 있다는 생각은 점령한 자뿐만 아니라 몇몇 점령당한 이들에게도 요긴한 아이디어였던 것이다.[20]

하지만 이 같은 심리적 나치화는 너무나 명백했던 소련의 잔혹 행위들이 없었다면 훨씬 더 어려운 일이었을 것이다. 집단학살은 소비에트가 갓 들어와 그들의 시스템을 최근까지 안착시켰던 곳, 지난 몇 달 동안 소련의 강압적 기관들이 체포와 처형 및 강제이주를 집행했던 지역에서 벌어졌다. 그런 점에서 그것은 소비에트와 나치의 공동 작품, 즉 소비에트 텍스트의 나치 버전이었다.[21]

몰로토프-리벤트로프 라인 동쪽에 소비에트가 남긴 폭력의 흔적들은 나치 친위대와 그 지도부에게 있어 아주 유용했다. 힘러와 하이드리히는 이전부터 '삶은 이데올로기들 간의 충돌이며, 법의 지배에 관한 전통적인 유럽식 이해는 동쪽의 인종적·이데올로기적 적들을 무찌르는 데 필요한 가차 없는 폭력으로 대체되어야 한다'는 생각을 내내 고수해왔었다. 전통적으로 독일의 법을 집행해온 집단인 경찰은 이제 "이데올로기로 무장한 군인"이 되어야 했다. 따라서 힘러와 하이드리히는 전쟁이 벌어지기 전 자신들이 보기에 믿을 수 없다고 판단된 경찰들을 숙청하고, 나머지 경찰들을 나치 친위대에 가입하도록 부추겼으며, 나치 친위대와 보안경찰(형사 경찰과 게슈타포)을 단일한 명령 체계 아래 두었다. 그들의 목표는 인종주의적 선제 전쟁에 헌신할 통합된 무장 집단을 만드는 것이었다. 소련 침공이 시작될 때까지 간부를 포함한 독일 경찰 전체의 약 3분의 1이 나치 친위대에 소속되어 있었으며, 약 3분의 2가 국가사회주의당에 가입된 상태였다.[22]

독일의 급습은 내무인민위원회의 허를 찔렀고, 아울러 동쪽 땅들을 새로운 독일의 질서를 받아들일 준비가 된 무법 지대로 보이게 만들었다. 내무인민위원회의 죄수 학살은 이미 오래전부터 조심스럽게 폭로되어왔다. 독일은 과거 1937년에서 1938년 그리고 1930년에서 1933년 소비에트가 벌인 어마어마한 규모의 범죄 행위를 감춰온 신비화, 비밀, 은폐 시도 등을 모조리 까발렸다. 독일(과 그 동맹)은 이런 식으로 소련의 영역을 훑어낸 유일한 세력이자, 스탈린주의자들의 살인 행위에 대한 그러한 직접적인 증거들을 만천하에 보여줄 수 있는 유일한 세력이었다. 왜냐하면 수감자들에 대한 살인 행위는 그것이 역사가 되기 전 그곳에서 벌어진 일종의 정치였음을 발견한 사람들이 바로 독일이었기 때문이다. 사실을 선전으로 이용해먹는 것과 그 원본을 까발리는 정치는 따로 떼놓을 수 없다.

너무나 확연하게 드러나는 소비에트 폭력의 기록들로 말미암아 독일은 심지어 자신들만의 범죄 행위를 저지르면서도 스스로를 과거 소비에트가 벌인 범죄의 상처들을 원래대로 회복시켜주고 있다는 식으로 내세울 수 있었다. 그들이 귀가 따갑도록 표방한 것들에 비춰보면, 두 번의 점령을 받은 이들 지역에서 독일이 찾아낸 것들은 그들로 하여금 어떤 특정한 느낌을 받게 한 것으로 보인다. 그것은 바로 과거 이들이 훈련받고 또 목격할 준비가 되었다고 여겨지던 것들, 즉 추정상으로는 '유대인들이 자신들의 이익을 위해 뒤에서 조종한' 소비에트의 범죄에 대한 일종의 확인이었다. 소비에트가 벌인 잔혹 행위들은 독일의 나치 친위대원, 경찰, 군인들이 이내 벌이게 될 유대인 여성 및 아동 학살 정책을 스스로에게 정당화하는 아주 좋은 구실이 될 것이었다. 그러나 소비에트의 범죄 행위들을 겪은 지역 주민들에게 중대한 의미를 지녔던 교도소 수감자들에 대한 소련의 학살은, 나치 지도부에게 있어 그들 정책을 추진하게 된 원인이라기보다는 오히려 기폭제로서 중요한 의미를 지니고 있었다.

1941년 7월 힘러는 주인 히틀러에게 자신이 국가사회주의의 어두운 면에 익숙해졌음을, 더할 나위 없이 무자비한 정책을 밀고 나갈 준비가 되었음을 내보이기에 여념이 없었다. 그의 나치 친위대와 경찰 조직은 새로운 동쪽 식민지에서의 군사 및 민간 점령 주도권을 차지하고자 서로 경합을 벌이고 있었다. 힘러 역시 전쟁이 진행됨에 따라 그 신뢰를 잃어버린 경제적 팽창 계획의 기획자 괴링과 히틀러의 신임을 두고 개인적 차원의 경쟁을 펼치는 중이었다. 그는 총살 정책이 굶주림, 강제이주, 노예화보다 손쉬운 것임을 행동으로 보여주게 된다. 사실 게르만족의 지배 공고화를 위한 제국 정치위원이자 인종 관련 문제를 책임지던 힘러의 권한은 오직 점령한 폴란드 지역까지 한정되었고, 새로 점령한 소련 지역은 그의 권한 밖이었다. 그러나 독일군이 소련 땅으로 진격함에 따라 그는 마치 그곳 또한 자신의 관리 영역인 양 행동했다. 힘러는 경찰 조직과 나치 친위대의 수장으로서 자신이 가진 힘을 사용하여 엄청난 폭력에 기초한 '인종 판 바꾸기' 정책을 밀고 나가기 시작했다.[23]

힘러는 1941년 7월 소련의 서부 지역을 개인적으로 돌아다니며 유대인은 아녀자까지 유대인 성인 남성과 마찬가지로 죽여버려야 한다는 새 방침을 하달하고 있었다. 일선의 병사들은 즉각 움직이기 시작했다. 남부 집단군을 따라 우크라이나로 들어왔던 아인자츠그루펜 C는 그동안 유대인 대량 사살과 같은 학살 작업 착수에 있어 아인자츠그루펜 A(발트 국가들)와 아인자츠그루펜 B(빌뉴스 및 벨라루스)에 다소 뒤처지는 모습을 보이고 있었다. 하지만 힘러의 부추김이 있던 이 시점 이후 이들은 8월과 9월 사이 약 6만 명의 유대인을 살해했는데, 이는 단순한 집단학살이 아닌 조직적으로 이뤄진 사살 작전이었다. 실제로 아인자츠그루펜 C 소속 5기동대는 7월 21일 현지 우크라이나인과 독일 군인들의 집단학살이 자신들의 우만 지역 유대인 사살 작업을 방해하고 있다며 불평을 늘어놓기도 했다. 그러나 이 같은 방해에도 불구하고 5기동대는 이날 이후 이틀 동안 우만에 있던 유대인 약 1400명(유대인 묘지에서 묘비 등을 가져와 도로를 놓는 일을 시킬 소수의 유대인 여성만 남겨둔 채)을 사살했다. 아인자츠그루펜 C 소속 6기동대의 경우 힘러의 개인적인 시찰을 받기 전까지는 여성과 아이들에게까지는 손을 대지 않았던 것으로 보인다.[24]

아녀자 살해는 힘러가 확실하게 부숴버리고자 했던 일종의 심리적 벽이었다. 심지어 아인자츠그루펜이 일반적으로 유대인 남성만을 죽이고 있던 그 시점까지도, 힘러는 나치 친위대 소속 전투 부대인 자신의 무장친위대를 보내 여성과 아이들을 포함해 유대인 공동체 자체를 완전히 소멸시키도록 했다. 1941년 7월 17일 히틀러는 힘러에게 점령 지역을 "안정적이고 평화롭게 만들 것"을 지시한다. 이틀 뒤 힘러는 무장친위대 소속 기병대를 우크라이나와 벨라루스 사이에 위치한 폴레시아 늪지대로 파견했는데, 이들은 힘러로부터 유대인 남성들을 사살하고 여성들은 끌고 가 늪에 밀어넣으라는 직접 명령을 받은 상태였다. 그는 자신의 지시를 빨치산과의 전쟁이라는 명분으로 포장했다. 하지만 8월 1일까지 기병대의 지휘관은 "단 한 명의 유대인 남성도 살려둬서는 안 되며, 마찬가지로 단 한 명의 가족 구성원도 마을에 남겨둬서는 안 된다"고 분명히 밝히고 있었다. 무장친위대는 재빨리 힘러의 의도를 알아채고는 그의 전갈을 퍼뜨리는 데 힘을 보탰다. 8월 13일까지 여성 및 아이들을 포함한 1만3788명의 유대인이 목숨을 빼앗겼다. 또한 힘러는 친위대 제1보병대를 보내 아인자츠그루펜과 우크라이나 경찰을 돕도록 했다. 1941년 한 해 동안 무장친위대 대원들은 몰로토프-리벤트로프 라인 동쪽에서 5만 명이 넘는 유대인을 학살했다.[25]

힘러는 아인자츠그루펜을 그들이 눈에 보이는 유대인을 한 명도 빠짐없이 학살하기에 충분할 수준만큼 증원시켜주었다. 1941년 8월 이후 질서 경찰 12개 대대가 독일인들이 벌인 학살 작업에 주 인력 공급원이 된다. 질서 경찰은 원래 계획상 점령한 소련 지역 전역에 걸쳐 배치될 예정이었으나, 군사 작전이 예상보다 더디게 진행됨에 따라 점령지 후방에 당초 예상보다 더 많은 인력이 남아돌았기 때문이다. 8월까지 몰로토프-리벤트로프 라인 동쪽의 대량학살에 동원 가능한 인력은 이미 약 2만 명에 달해 있었다. 이때까지 힘러는 사살 작업을 보조할 현지 경찰력을 모집할 권한을 이미 광범위하게 손에 넣었던 것으로 보인다. 리투아니아인, 라트비아인, 에스토니아인들은 거의 처음부터 사살 작전에 가담했다. 1941년 말까지 수만 명의 우크라이나인, 벨라루스인, 러시아인, 타타르족 또한 현지 경찰력으로 충원되었다. 소련 지역의 독일계 소수 민족들은 유대인 학살을 가장 염원했던 이들이자 가장 적극적으로 학살에 가담했던 이들이다. 이처럼 질서 경찰을 비롯한 이들 현지 모집 인원으로 인해 점령한 소련 지역

내 유대인 절멸 작업은 필요한 인력을 충분히 공급받을 수 있었다.[26]

힘러는 주도권을 쥐고 있었고, 살육을 지휘했으며, 강압적인 관료 조직체를 만들었다. 히틀러의 신뢰를 한 몸에 받았던 그는 경찰 조직들을 자기 마음대로 주무를 수 있었다. 힘러는 나치 상급 장교 및 경찰 지휘부를 점령한 소련 지역까지 확장시켰다. 독일 자체로만 본다면, 나치 상급 장교 및 경찰 지휘부는 그저 정부 내 여러 하위 조직 가운데 하나의 역할을 해왔을 따름이다. 그러나 동쪽에서 그들은 힘러가 줄곧 원해왔던 조직, 즉 그의 사적 대리자들로서 단순화된 강압적 경찰 계층에서 매우 중요한 위치를 차지하는 조직이 되었다. 나치 상급 장교 및 경찰 지휘부는 북부, 중앙, 남부 집단군에 각각 배치되었고, 남부 집단군은 캅카스로 진격해 들어갈 준비가 된 상태였다. 힘러의 이 조직은 편제상으로는 1941년 9월에 창설된 민간 점령 작업 권한을 가진 괴뢰 자치정부(북쪽의 동방자치정부, 남쪽의 우크라이나 자치정부) 아래에 편성되어 있었다. 하지만 나치 상급 장교 및 경찰 지휘부는 현실에서는 자치정부가 아닌 힘러에게 보고를 올리는 조직이었다. 그들은 유대인을 죽이는 것이 곧 힘러의 뜻임을 잘 알고 있었다. 영국의 블레츨리 파크*에서 당시 독일 통신을 감청한 내용을 살펴보면, 나치 상급 장교 및 경찰 지휘부가 "서로 '죽인 유대인들의 숫자'를 가지고 경쟁을 벌이고 있었음"이 분명하게 드러난다.[27]

독일 살육 세력들의 조직화된, 그리고 일치단결된 모습은 1941년

* 영국 암호학자들의 집단 캠프로, 독일의 암호문 해독 시스템인 '콜로서스'를 개발했다고 알려져 있다.

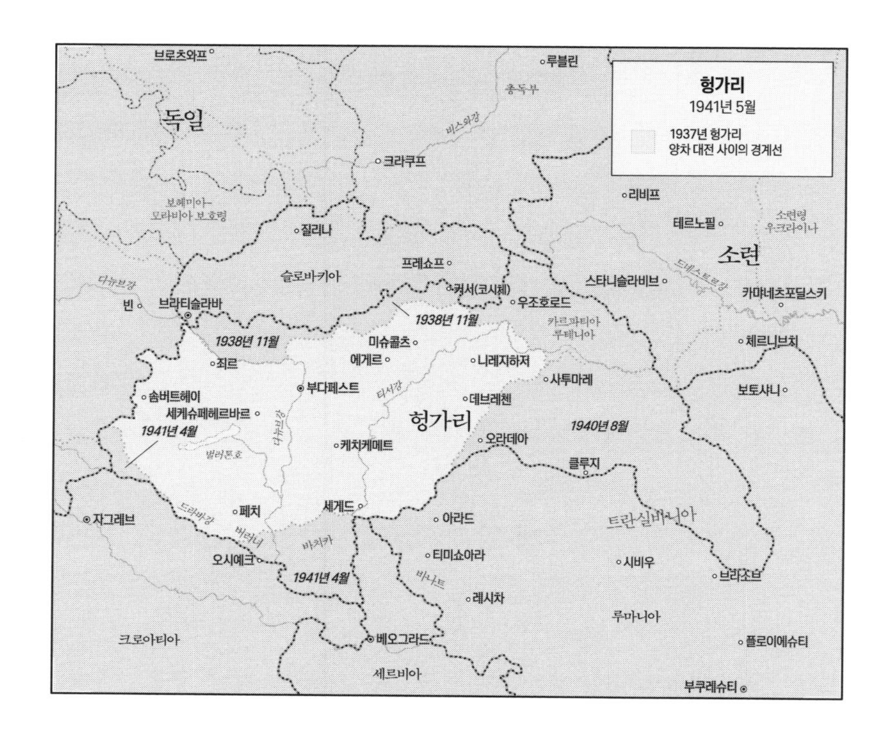

8월 말 우크라이나 서남부에 자리한 카마네츠포딜스키에서 벌어진 대규모 유대인 사살에서 드러났다. 이곳은 그동안 전쟁이 만들어낸 유대인 난민 문제로 골머리를 앓던 곳이었다.

독일의 동맹국 헝가리는 앞서 체코슬로바키아의 극동 지역인 카르파티아 루테니아를 병합할 권리를 얻어낸 터였다. 헝가리는 이 지역에 살던 유대인들에게 헝가리 시민권을 주기보다는 이 "국가 없는" 유대인들을 동쪽 곧 독일이 점령한 우크라이나 땅으로 추방하는 길을 선택했다. 갑작스레 밀려든 유대인의 물결로 독일이 지배하고 있던 이 땅은 물자 부족에 빠졌다. 이 지역 나치 친위대 상급 장교 및 경찰 지휘부의 프리드리히 예켈른은 문제 해결을 위해 솔선해서 움직였고, 8월 12일에 있었던 힘러와의 만남에서 자신의 성공적인 계획을 보고할 수 있었다. 그는 작전 승인을 받기 위해 개인적으로 비행기를 타고 날아올 정도였다. 예켈른이 어떤 짓을 했는지 살펴보자. 독일인들은 먼저 카마네츠포딜스키 외곽의 어느 곳을 물색한 뒤 유대인 난민과 몇몇 현지 유대인을 강제로 그곳에 끌고 갔다. 유대인들은 320 질서 경찰 대대 및 예켈른의 참모들이 쏜 총에 맞아 그대로 구덩이에 떨어졌다. 8월 26일부터 29일까지 나흘 동안 이런 방식으로 약 2만 3600명의 유대인이 목숨을 잃었다. 예켈른은 무전을 통해 힘러에게 이 숫자를 보고했다. 이는 그때까지 독일인들이 벌인 학살 중 단연코 가장 규모가 큰 대학살이었으며, 뒤이어 벌어질 학살들의 본보기가 된다.[28]

독일 국방군은 그러한 대량 사살 행위를 돕거나 부추겼으며, 때때로 먼저 요청하기까지 했다. 전쟁에 돌입한 지 9주째가 되는 1941년 8월 말까지 독일 국방군은 식량 공급 및 후방 지역 안정 확보를 심각하게 고민하고 있었다. 나치식 논리에 따르면, 유대인 학살은 식량 걱정을 덜어줄 것이고, 빨치산들의 활동 역시 차단해줄 것이었다. 카마네츠포딜스키에서의 대량사살 뒤, 독일 국방군은 유대인 공동체 파괴에 있어 아인자츠그루펜 및 경찰력과 체계적으로 협력하고 있었다. 한 지역이나 도시가 점령되면, (만약 경찰이 있다면) 경찰은 유대인 남성들을 끌어모아 사살한다. 군대는 살아남은 사람들의 명부를 작성할 것이고 여기서 유대인의 이름은 찾아볼 수 없을 것이다. 이후 독일 국방군과 경찰은 남아 있는 유대인들 중 얼마를 죽일 것인가, 게토로 보내 강제노역시킬 유대인을 몇 명이나 살려둘 것인가를 논의해 처리할 것이었다. 이 선별 작업이 끝나면 경찰은 두 번째 대량 사살 작전을 벌이는데, 군은 보통 여기에 필요한 트럭, 탄약, 경비병 등을 보내준다. 만약 점령한 곳에 경찰이 없다면, 군대 스스로 유대인 명부 및 강제노역을 따로 조직하고는 이후 들어선 경찰이 학살을 진행할 것이었다. 중앙의 지시 사항이 좀더 명확해지고 더불어 이러한 협력 방식이 점차 확립됨에 따라 점령한 소비에트 우크라이나 지역의 유대인 사망자 수는 1941년 7월에서 8월 거의 2배로 늘어났으며, 8월에서 9월 사이 또다시 그 2배로 증가했다.[29]

1941년 9월 키예프에서는 소련의 잔당들이 벌인 일이 구실이 되어 처음으로 그 전과는 차원이 다른 일, 즉 한 도시에 살고 있던 유대인을 모조리 죽여버리는 일이 시도되기에 이른다.

1941년 9월 19일 독일 국방군의 남부 집단군은 중앙 집단군의 도움을 받아 키예프를 손에 넣었다. 이는 당초 예상보다 몇 주 정도 지체된 것이었다. 9월 24일 독일이 점령 작업을 위해 마련한 사무실 등이 있던 키예프 중심부에서 폭탄 및 지뢰로 인한 연쇄 폭발이 일어나 건물들이 파괴되는 일이 벌어졌다. 폭발물 일부는 소련군이 도시에서 철수하기 전 타이머를 작동시켜두었던 것이지만, 다른 일부는 키예프에 남아 있던 내무인민위원회 대원들이 폭발시킨 것이었다. 독일인들이 파괴된 건물 잔해에서 사망자와 부상자들을 꺼내 올림에 따라 도시는 갑작스레 불안정한 기류에 휩싸였다. 당시 어느 키예프 주민이 회상하듯이, 독일인들의 입가에서 미소가 사라졌다. 사실 이들은 거대 도시를 매우 적은 인원만으로 통제해야 했고, 그 상황에서 수십 명이 폭발로 막 사망한 상태였으며, 심지어 동쪽으로의 계속된 진군을 준비하면서 통제 작업을 처리해야 하는 상황이었다. 독일인들은 뚜렷한 이데올로기적 입장을 가지고 있었는데 그것은 바로 만약 내무인민위원회가 죄를 저질렀다면, 그 죗값은 반드시 유대인들이 치러야 한다는 것이었다. 군 지휘부는 9월 26일 경찰 및 나치 친위대 대표자들과 가진 회의 자리에서 폭발 사건에 키예프 유대인 대량학살로 대응하는 것이 매우 적절한 앙갚음이라는 데 뜻을 같이했다. 비록 키예프에 살던 유대인 대다수가 독일이 점령하기 전 몸을 피했지만, 여전히 수만 명이 그곳에 남아 있는 상태였다. 이들은 한 명도 빠짐없이 죽여야 할 대상이 되었다.[30]

전체 작전의 핵심은 바로 거짓 보도였다. 독일 국방군의 선전조는 키예프에 사는 유대인들은 반드시 도시 서쪽 인근 길모퉁이에 모습을 드러내야 하며 이를 위반하면 사형에 처할 것이라는 내용이 적힌 신문과 홍보물을 인쇄했다. 유대인들은 이것이 재정착 작업 때문이라는 거짓 안내를 받았는데, 이는 앞으로 그 같은 대량 사살 작전에 쓰이게 될 매우 틀에 박힌 거짓말이었다. 따라서 그들은 몸만 오는 것이 아니라 자신과 관련된 서류, 돈, 귀중품 등을 함께 챙겨와야 했다. 1941년 9월 29일, 도시에 남아 있던 대부분의 유대인 공동체가 지정된 장소에 모습을 드러냈다. 몇몇 유대인은 조만간 유대인의 가장 큰 명절인 '욤 키푸르(속죄일)'이니 별일 없을 거라며 스스로를 안심시키고 있었다. 많은 사람이 새벽이 되기 전에 도착했고, 그들은 존재하지도 않는 재정착 기차에서 좋은 자리를 얻을 수 있지 않을까 하는 희망을 품고 있었다. 대부분 긴 여행을 떠날 채비를 하고 온 터였으며, 나이든 여인들은 배고플 때 먹으려고 양파를 꿰어 목에 걸고 있었다. 3만 명이 넘는 그들은 한데 모여 지시받은 대로 유대 묘지 구역의 멜니크가를 따라 발길을 옮겼다. 당시 근처 아파트에서 이 광경을 지켜본 사람들에 따르면, 이 "끝도 안 보이는 행렬"은 "거리 전체를 가득 메워 흘러넘칠 정도"였다.[31]

독일인들은 이미 유대 묘지 입구 근처에 바리케이드를 세워두었고, 여기서는 서류 확인 작업 및 유대인이 아닐 경우 집으로 되돌아가라는 지시가 이뤄졌다. 이곳을 지난 유대인들은 자동화기와 군견을 대동한 독일 군인들의 호송을 받게 된다. 더 일찍 눈치챈 사람이 아니라면, 바로 이 검문소에서 많은 유대인은 자신을 기다리고 있는 진짜 운명에 대해 궁금증을 품었다. 당시 서른 살이었던 디나 프로니체바는 가족들 맨 앞에 선 채 총소리가 들려오는 쪽으로 걸어가고 있었다. 그 즉시 모든 것이 분명해졌지만, 그녀는 부모님을 걱정시키지 않으려고 아무 말도 하지 않았다. 프로니체바는 대신 독일인들이 귀중품 및 옷가지를 두라고 명령했던 탁자들이 있는 곳까지 부모님과 함께 발걸음을 옮겼다. 어머니도 그녀와 마찬가지로 이곳에서 무슨 일이 벌어지고 있는지 이미 알아차리고 계셨다는 것을 깨달은 순간은 이미 한 독일인이 어머니에게서 결혼반지를 빼앗아간 뒤였다. 어머니가 재빨리 "넌 유대인처럼 보이지 않는단다"라고 속삭이고 나서야 프로니체바는 간신히 탈출을 시도했다. 이러한 대화는 이들이 처한 상황에서는 매우 보기 드문 것이다. 인간의 마음이 눈앞에서 벌어지는 일들을 부정하고자 애쓸 때라면 인간의 정신은 보통 모방, 복종, 그리고 결국 소멸로 쏠리게 된다. 러시아인 남편을 두었기에 러시아식 성을 쓰던 프로니체바는 가까운 탁자에 있던 독일인에게 자신은 유대인이 아니라고 이야기했다. 그러자 그 독일인으로부터 그날 자신의 일과가 끝날 때까지 한쪽에서 기다리라는 말이 돌아왔다.[32]

사정이 이러했기에, 디나 프로니체바는 자신의 부모님과 여자 형제들을 비롯한 키예프 유대인들이 어떤 운명을 맞이하는지를 똑똑히 볼 수 있었다. 귀중품과 서류를 빼앗긴 사람들은 강제로 발가벗겨졌다. 그 뒤 10명씩 조를 이뤄 위협에, 혹은 머리에 총을 맞아 바비야르라고 알려진 골짜기 아래로 떨어졌다. 많은 사람이 이미 폭행당한 상태였다. 프로니체바는 "사람들은 총에 맞기 전부터 피투성이가 된 상태였다"라고 기억했다. 그들은 자신보다 먼저 떨어진 시체 위에 엎드린 채 위쪽 혹은 뒤에서 날아올 총알을 기다려야 했다. 그러고는 다음 조가 끌려왔다. 유대인들이 그렇게 끌려오고 살해당하는 과정은 자그마치 36시간 동안 이어졌다. 그들이 죽어가는 그리고 죽음을 맞이한 것은 한결같았지만, 마지막 순간까지의 모습은 제각각이었으며, 모든 것이 명백해지고 어둠밖에 남지 않은 순간이 오기까지 각자의 머릿속을 가득 채웠던 생각 또한 달랐다. 아름다운 자신의 열다섯 살 난 딸과 동시에 죽여달라고 빌었던 사라의 엄마처럼 누군가는 자기 자신보다 다른 사람을 걱정하며 죽음을 맞이했다. 그러나 심지어 마지막 순간까지 역설적인 상황이 있었다. 즉 그녀가 차라리 딸이 총에 맞는 모습을 먼저 봤다면, 딸이 눈앞에서 강간당하는 모습은 보지 못했으리라. 또 다른 발가벗은 여인은 마지막 순간까지 자기 아이에게 젖을 먹이고자 했음이 틀림없다. 젖먹이가 골짜기 아래로 내던져지자 그녀 역시 아이를 따라 골짜기로 몸을 던졌고, 그것이 그녀의 마지막이었다. 유대인들은 그들의 숫자가 0이 될 때까지, 아니면 그들 전체 숫자인 3만3761명에 닿을 때까지, 죽음의 행렬이 거듭되고 또 거듭됐다. 물론 시신들이 이후 파헤쳐지거나 불태워졌기에, 또 그나마 불에 타지 않은 뼛조각들은 다시 깨부숴 모래와 함께 흩뿌려졌기에, 이 숫자는 실제에는 한참 못 미칠 것이다.[33]

그날 하루가 다 끝나갈 무렵 독일인들은 디나를 죽이기로 결정했다. 그녀가 이미 너무 많은 것을 봐버린 관계로 그녀가 유대인인가 아닌가의 문제는 이제 별 고려 대상이 아니었다. 어둠 속에서 그녀는 남아 있던 다른 유대인들과 함께 골짜기 쪽으로 내몰렸다. 강제로 발가벗겨지진 않았다. 디나는 이 같은 상황에서 살아남을 수 있는 유일한 방법, 곧 총격이 시작되자마자 골짜기로 몸을 던지고는 죽은 사람처럼 꼼짝도 않는 기지를 발휘했다. 그녀는 자신의 몸을 밟고 지나가는 독일인들의 무게를 참아내며 심지어는 자신의 가슴과 손을 밟고 지나갈 때에도 "마치 시체처럼" 미동조차 하지 않았다. 시체를 묻기 위한 흙덩이가 자기 주변에 떨어져 내리는 순간에도 프로니체바는 숨을 쉴 만한 작은 공기 구멍을 가까스로 마련해둘 수 있었다. 귓가에 어린아이가 엄마를 찾고 있는 소리가 들리자 그녀는 자신의 아이들을 떠올렸다. 디나는 스스로에게 다음과 같이 이야기하기 시작했다. "디나, 일어나, 도망쳐, 아이들한테로 가." 지금은 그녀 아래쪽 어딘가에 죽어 있을 그녀의 어머니가 앞서 그녀에게 속삭였던 것처럼, 이러한 말들이 중요한 역할을 했던 것은 아닐까. 빠져나갈 길을 파낸 디

나는 조심스레 그곳을 빠져나왔다.[34]

디나 프로니체바는 비록 목숨을 건졌지만 '키예프의 극소수 유대인 생존자들'이라는 매우 위험한 범주에 들어가게 된다. 법에 따라 유대인들은 관계 당국에 등록되었다. 독일인들에게는 돈을 비롯해 때때로 과거 유대인들 소유였던 아파트 열쇠 등의 물질적 보상이 뒤따랐다. 당연한 말이겠지만 키예프 현지 주민들은 다른 소련 지역 주민들과 마찬가지로 "인민의 적"을 규탄하고 고발하는 데 익숙해져 있었다. 머지않은 과거인 1937년과 1938년, 내무인민위원회에 고발해야 했던 이른바 인민의 적은 주로 "폴란드 스파이들"이었다. 게슈타포가 내무인민위원회 사무실을 그대로 접수해 사용하고 있는 지금, 인민의 적은 바로 유대인이었다. 유대인을 독일 경찰에 고발하러 온 이들은 이제 만자 완장을 찬—과거에는 망치와 낫 표식을 단—경비 곁을 스쳐 지나가게 되었다. 유대인 "범죄"에 관한 조사 과정이 매우 간단했던, 즉 유대 민족이라는 내용이 적힌 소련 서류(혹은 할례-포경 수술을 한 성기)는 곧 죽음을 뜻했던 관계로 유대인 관련 업무를 처리하는 사무실의 규모는 다소 작았다. 키예프에 숨어 있던 유대인 이자 벨로좁스카야에게는 이 모든 것에 어리둥절해진 이고르라는 아들이 있었다. 이고르는 어머니에게 "유대인이라는 게 대체 뭐죠?"라고 물었다. 실제에 있어 이 질문에 대한 대답은 소련의 신원 조회 서류를 읽는 독일 경찰이나 아니면 이고르 같은 소년들에게 "건강 검진"을 실시한 독일 의사들의 손에 달려 있었다.[35]

이자 벨로좁스카야는 사방에 가득한 죽음의 기운을 느꼈다. 그녀는 "나는 내 머리, 내 모든 것을 재와 함께 흩뿌리고픈, 고요 속으로

들어가고픈, 흙먼지로 변하고픈 갈망에 사로잡혔다"라고 회상했다. 그러나 그녀는 이 모든 것을 견뎌냈고 결국 살아남았다. 희망의 끈을 놓아버린 사람들도 이따금 비유대인 배우자 혹은 가족들의 노력 덕에 겨우 목숨을 부지할 수 있었다. 한 예로, 산파였던 소피아 아이젠슈타인은 남편이 뒤뜰에 구덩이를 파 그녀를 그곳에 숨겨주었다. 남편은 개에게 이야기하는 척하며 그녀에게 말을 걸었다. 소피아는 남편에게 제발 자신을 독살시켜달라고 애원했으나 남편은 독약 대신 그녀에게 물과 음식을 가져다주었다. 경찰에게 붙잡힌 유대인들은 목숨을 빼앗겼다. 그들은 3년 전 대숙청 당시 희생자들이 갇혔던 키예프 교도소 감방에 갇혔다. 교도소가 꽉 들어차자, 유대인과 그 밖의 죄수들은 어느 날 새벽 내부를 볼 수 없도록 가린 트럭에 실려 어딘가로 끌려갔다. 키예프의 주민들은 과거 그들이 같은 문을 나서던 내무인민위원회의 검은 까마귀들을 보고 떨었던 것처럼 이 트럭을 두려워하게 되었다. 유대인과 죄수들을 실은 트럭의 목적지는 바비야르였다. 그곳에서 이들은 강제로 발가벗겨지고, 골짜기 가장자리에 무릎을 꿇고는, 자신을 향한 총구의 방아쇠가 당겨지는 순간을 기다리는 수밖에 없었다.[36]

바비야르는 중앙, 동부, 남부 우크라이나 도시 지역의 유대인들을 완전히 없애버리고자 했던 카먀네츠포딜스키의 선례를 다시금 확인시켜주었다. 남부 집단군이 키예프를 예상보다 늦게 점령했고, 독일의 정책에 대한 뉴스가 빠르게 퍼졌기 때문에 이들 지역에 살던 유대인 대다수는 서둘러 동쪽으로 도망쳐 목숨을 건질 수 있었다. 반면 그곳에 남았던 이들은 대부분 목숨을 잃었다. 1941년 10월 13일 드네프로페트롭스크에서 약 1만2000명의 유대인이 살해당했다. 독일은 그들이 세운 해당 지역 기관이나 꼭두각시 정권 등을 통해 유대인을 끌어모으고 학살하는 작업을 손쉽게 진행할 수 있었다. 하리코프에서는 아인자츠그루펜 C 소속의 존더코만도* 4a가 시 당국을 접수하고는 남아 있던 유대인들을 한 구역으로 이주시켰다. 11월 15일에서 16일 사이 1만 명이 넘는 하리코프 유대인이 도시 가장자리에 있던 트랙터 공장으로 끌려갔다. 이듬해 1월 그들은 몇 명씩 조를 이룬 뒤 314 보안경찰대대 및 존더코만도 4a의 총격에 숨을 거두었다. 일부는 배기관을 통해 차체에서 발생하는 배기가스를 다시 안쪽의 화물 트레일러로 보내도록, 따라서 결국 가스가 안에 갇힌 유대인들의 폐로 들어가도록 설계된 가스트럭에 갇혀 살해당했다. 이 가스 차량을 이용한 학살은 키예프에서도 시도되었으나, 보안경찰들이 이곳에서 나온 피와 배설물로 범벅이 된 시신들을 처리하는 데 난색을 표한 이후 활용되지 않았다. 키예프의 독일 경찰들은 골짜기나 구덩이로 끌고가 총살하는 방식을 더 선호했다.[37]

중앙 집단군의 후방, 즉 독일이 점령한 소비에트 벨라루스 지역에서 유대인 대량학살이 이뤄진 시기는 앞서와 조금 달랐다. 전쟁이 개시된 직후 8주차인 1941년 8월까지만 하더라도 아르투어 네베 휘하의 아인자츠그루펜 B는 빌뉴스와 벨라루스 지역에서 그 어떤 아인자츠그루펜 집단보다 더 많은 수의 유대인을 살해했다. 하지만 좀더 큰

* 제2차 세계대전 당시 주로 수용소에서 살해된 사람들의 시체를 나르는 일을 했던 작업 부대.

규모의 학살 작업은 이내 약간의 군사적 고려로 인해 한동안 미뤄질 수밖에 없었는데, 이는 히틀러가 중앙 집단군의 일부를 보내 1941년 9월에 치러진 남부 집단군의 키예프 전투를 돕게 했기 때문이다. 히틀러의 이러한 결정은 중앙 집단군의 주요 목표였던 모스크바로의 진군을 더디게 만들었다.[38]

일단 키예프가 독일의 손에 떨어지고 모스크바를 향한 진군이 재개될 만한 상황이 되자, 그간 잠시 멈춰 있었던 학살 작업 또한 다시 시작되었다. 1941년 10월 2일 중앙 집단군은 코드명 태풍 작전, 곧 모스크바 함락을 목표로 한 두 번째 군사 작전에 들어간다. 이에 따라 경찰 및 보안 사단들의 후방 지역 유대인 제거 작업 역시 개시되었다. 총 78개 사단에 약 190만 병력을 갖춘 중앙 집단군이 진격해 들어감에 따라, 여성과 아이들을 포함한 유대인 대량학살 정책은 독일이 점령한 소비에트 벨라루스 전역으로 확대되었다. 이미 앞선 1941년 9월 내내 아인자츠그루펜 C 소속 존더코만도 4a와 5기동대는 작은 마을 단위의 유대인 말살 작업을 벌여오고 있었다. 10월 초가 되자 이 정책은 이제 도시 단위로까지 확대되기에 이른다.[39]

1941년 10월 모길료프는 독일의 손에 떨어진 소비에트 벨라루스 지역들 중 실제로 한 도시에 있던 유대인들이 모조리 살해당한 첫 번째 도시가 되었다. 어느 독일인(오스트리아인) 경찰은 부인에게 쓴 편지에서 10월의 첫째 날 벌어진 유대인 사살 작전에 대한 자신의 심경과 경험을 밝히고 있다. "처음으로 총구를 당겼을 때, 내 손은 조금 떨리고 있었소. 허나 누구나 이내 익숙해지는 법이지. 열 번째가 되자 나는 수많은 여자, 어린이, 심지어 갓난아이까지 차분하게 그리고 확실하게 조준 사살하게 되었다오. 내 머릿속에 가득했던 생각은 이 무리들을 살려두면 이들이 분명 내가 그들에게 했던 것만큼은 아니더라도 집에 있는 우리 두 젖먹이에게 그 못지않은 짓을 하리라는 것이었소. 우리가 그들에게 선사한 죽음은 게페우GPU 교도소의 수천만 명이 겪은 지옥 같은 고통에 비하면, 오히려 고통 없이 빠르게 죽여주는 아름다운 것이었소. 젖먹이들은 큰 원을 그리듯 공중으로 내던져졌는데, 우리는 그들의 몸뚱어리가 구덩이나 물에 떨어지기 전에 사격, 말 그대로 공중에서 갈가리 찢어버렸소." 1941년 10월의 둘째 그리고 셋째 날, 독일인들은 (우크라이나 보조 경찰 인력의 도움을 받아) 모길료프의 남성, 여성, 아이 2273명을 사살했다. 그달 19일 또 다른 3726명이 같은 운명을 맞이했다.[40]

이곳 벨라루스에서 여성 및 아이들 또한 죽이라는 직접 명령을 내린 이는 바로 중앙 집단군 후방 곧 "러시아 중부" 나치 친위대 상급 장교 및 경찰 지휘부를 맡았던 에리히 폰 뎀 바흐첼레프스키였다. 히틀러가 "피바다를 헤쳐나갈 자"라고 여길 정도였던 바흐는 힘러의 직속 대리인이자 힘러의 뜻을 한 치의 어긋남 없이 행동에 옮기던 인물이었다. 독일의 손에 떨어진 소비에트 벨라루스 지역 유대인들을 어떻게 할 것인가에 관한 나치 친위대와 독일군 사이의 합의는 특히나 명확했다. 민스크 지역 치안을 맡은 보병 사단의 지휘관이었던 구스타프 폰 베흐톨샤임 장군은 불의의 사태를 방지하기 위한 예방적 유대인 대량학살에 열렬한 지지를 보냈다. 그가 즐겨 하던 말은 바로 소비에트가 유럽을 쳤다면 유대인들이 독일인들을 학살했을 것이라는 말이었다. 유대인이라는 말은 "유럽적 관점에서, 더 이상 인간이 아니

라는 뜻"이며, 그러므로 "반드시 없애야 할 대상"이었다.[41]

힘러는 이미 1941년 7월에 여성 및 어린이 학살을 대놓고 지지해오고 있었고, 따라서 1941년 8월에 벌어진 유대인 공동체 몰살은 앞으로 다가올 히틀러의 에덴동산이라는 낙원을 위한 일종의 맛보기 작업이었다. 그것은 파멸적 전쟁 뒤에 있을 환희에 대한 그림, 죽음 뒤에 찾아올 새로운 삶, 다른 인종의 절멸 뒤에 나타날 한 인종의 부활에 대한 청사진이었다. 나치 친위대 대원들은 그러한 꿈과 인종주의를 공유하고 있었다. 보안경찰들도 이따금씩 그것을 공유했으며, 여기에 참여하는 것을 통해 타락의 길을 함께 걸었던 것은 두말할 것도 없었다. 독일 국방군 장교 및 사병들이 나치 친위대와 본질적으로 똑같은 관점을 가졌던 것은 흔한 일이었다. 그들은 자신들이 처한 군사적 현실에 관한 특정한 해석을 고수하고 있었는데, 그것은 바로 유대인 학살이 현실적으로 점점 어려워지는 전쟁을 승리로 이끌어주거나, 아니면 빨치산의 저항활동을 막아줄 것이며, 그것도 아니라면 적어도 자신들의 식량 공급 사정을 낫게 해줄 것이라는 생각이었다. 유대인 대량학살을 지지하지 않던 이들은 힘러가 자신들보다 히틀러의 신임을 받고 있기에 남아 있는 선택지가 없다고 여겼다. 그러나 시간이 흐름에 따라 심지어 이처럼 대량학살을 지지하지 않던 장교들조차 대개 유대인을 죽이는 일이 필요했다는 확신을 갖게 되었는데, 이는 물론 힘러와 히틀러가 1941년 여름까지도 믿었듯이 승리가 눈앞으로 다

가왔기 때문이 아니라 반대로 오히려 패배할지도 모른다는 불안감이 점차 그들을 옥죄었기 때문이다.[42]

소련은 결코 무너지지 않았다. 독일의 침공이 시작된 지 2개월이라는 시간이 흐른 1941년 9월, 내무인민위원회의 건재함은 더욱 돋보이고 있었다. 그들의 칼은 바로 정치적으로 가장 민감할 수 있는 대상, 즉 소련 내 독일인들을 향하고 있었다. 스탈린이 8월 28일 내린 명령으로 이미 1941년 9월 중순까지 43만8700명에 달하는 소련 내 독일인이 카자흐스탄으로 강제추방된 상태였는데, 이들 대부분은 볼가강 인근 자치 구역에 살던 사람들이었다. 스탈린이 보여준 이 단 하나의 움직임은 그 속도, 능수능란함, 포괄하는 영역 등 모든 면에서 앞선 2년 동안 독일이 추진해왔던 혼란과 모순으로 가득 찬 강제이주 정책을 웃음거리로 만들어버렸다. 1941년 9월 중순, 이 시점은 바로 스탈린이 날카로운 저항의 칼을 꺼내든 시점이자 히틀러가 독일인 유대인들을 동쪽 땅으로 보내겠다는 이상하리만치 애매모호한 결정을 내린 시점이었다. 10월과 11월, 독일은 독일인 유대인들을 민스크, 리가, 카우나스, 우치 등지로 보내기 시작했다. 이 시점까지 이들 독일인 유대인은 비록 권리 및 재산을 빼앗기긴 했지만 목숨까지 빼앗기는 경우는 드물었다. 그러던 차에 따로 이들을 죽이라는 명령은 없었지만 어찌됐든 앞서 수많은 유대인이 총에 맞아 숨진 바로 그 지역들로 보내진 것이다. 아마 히틀러는 어떤 식으로든 복수를 원했던 모양이다. 그가 볼가강이 독일의 미시시피가 되지 못했다고 선언할 수는 없었을 것이다. 하지만 현실의 독일인들은 볼가강 유역에 승리를 상징하는 정착지를 건설하기는커녕 억압과 굴욕을 당했던 과거 소련 국민처

럼 오히려 그곳에서 다른 곳으로 강제이주를 당하고 있었다.[43]

절망과 희열은 히틀러에게 매우 친숙한 말이었고, 따라서 완전히 다른 해석 역시 가능했다. 모스크바 함락을 목표로 1941년 10월 2일에 시작된 두 번째 군사 작전 곧 '태풍 작전'이 전쟁에 종지부를 찍어줄 것이라고 히틀러 자신이 믿기를 희망했거나, 혹은 다른 이들이 그렇게 믿기를 바랐기에 그가 독일인 유대인들의 강제이주를 추진했다고 보는 것은 충분히 가능한 해석이다. 날아갈 듯한 행복감에 젖은 히틀러는 심지어 10월 3일에 있었던 연설에서 "이제 적들은 무너졌고 다시는 일어서지 못할 것이다!"라고 주장했다. 진정 전쟁이 끝났다면, '마지막 해결책' 대신 전후에 이뤄질 강제이주 기획이 실행에 옮겨질 수 있었으리라.[44]

'태풍 작전'은 최종 승리를 일궈내지 못했다. 하지만 어찌됐든 독일은 독일인 유대인들을 동쪽으로 추방하며 앞으로 나아갔고 이는 일종의 연쇄 반응을 불러왔다. 좁은 게토에 유대인 수용 공간을 더 마련해야만 했던 상황은 특정 대량학살 방법(리가, 독일이 점령한 라트비아)을 공식화했고, 또한 또 다른 방법(우치, 독일 치하의 폴란드)이 고안되는 것을 촉진시켰다.

이 시기 프리드리히 예켈른은 동방자치정부 나치 친위대 상급 장교 및 경찰 지휘부로서 리가 경찰을 지휘하고 있었다. 그는 앞선 8월 우크라이나 자치정부 나치 친위대 상급 장교 및 경찰 지휘부 시절 카마네츠포딜스키의 첫 유대인 대량 사살을 조직하는 것으로 자신의 능력을 보여준 바 있었다. 이제 이곳으로 근무지를 옮긴 예켈른은 자신만의 대량 사살 방식을 라트비아에 도입했다. 먼저 그는 소련군 전

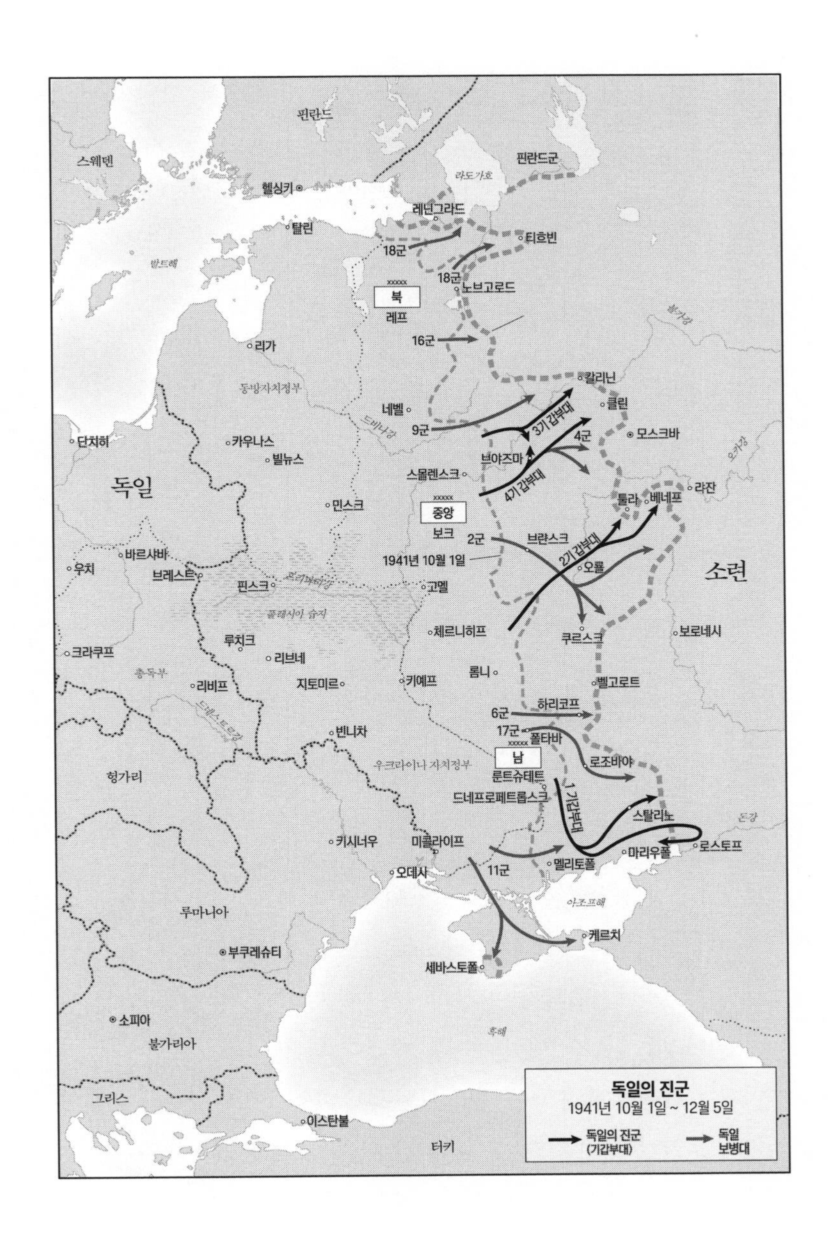

핀란드
스웨덴
핀란드군
라도가호
헬싱키
레닌그라드
탈린
티흐빈
18군
발트해
18군
노브고로드
북
레프
16군
리가
칼리닌
동방자치정부
네벨
클린
9군
3기갑부대
4군
드비나강
모스크바
단치히
카우나스
빌뉴스
브야즈마
스몰렌스크
4기갑부대
독일
라잔
툴라
베네프
민스크
중앙
보크
2군
브랸스크
2기갑부대
1941년 10월 1일
바르샤바
우치
브레스트
오룔
소련
핀스크
고멜
폴레시아 습지
체르니히프
쿠르스크
보로네시
루치크
크라쿠프
리브네
총독부
리비프
지토미르
키예프
롬니
벨고로트
하리코프
6군
드네스트르강
17군
폴타바
빈니차
남
로조바야
우크라이나 자치정부
룬트슈테트
헝가리
드네프로페트롭스크
1기갑부대
스탈리노
돈강
키시너우
미콜라이프
로스토프
마리우폴
멜리토폴
11군
오데사
아조프해
루마니아
케르치
부쿠레슈티
세바스토폴
소피아
흑해
불가리아
독일의 진군
1941년 10월 1일 ~ 12월 5일
독일의 진군 (기갑부대)
독일 보병대
그리스
이스탄불
터키

쟁포로들을 리가 근처 룸불라 숲으로 끌고 가 그들로 하여금 나무 아래쪽에 구덩이를 쭉 파도록 했다. 다음은 1941년 11월 30일 단 하루 동안 벌어진 일이다. 독일인과 라트비아인들은 약 1만4000명에 이르는 유대인을 사살 장소로 줄지어 걸어가게 한 뒤, 구덩이 안에 서로 겹쳐 눕게 하고는, 위쪽에서 그들에게 인정사정없이 총격을 가했다.[45]

우치는 바르테란트를 책임지고 있던 아르투어 그라이저의 관할이 되었고, 이로써 히틀러의 제국에 폴란드에서 가장 큰 지역이 더해졌다. 우치는 과거 폴란드에서 두 번째로 유대인 인구가 많던 도시였는데, 이제 독일 제국 최대 규모의 유대인 거주 도시가 되었다. 그곳 게토는 독일인 유대인들이 그곳에 도착하기 전부터 이미 초만원인 상태였다. 이토록 넘쳐나던 우치 유대인들을 없애야만 했던 그라이저, 혹은 바르테란트의 나치 친위대 상급 장교 및 경찰 지휘부는 좀더 효율적인 학살 방법을 고안해냈다. 바르테란트는 줄곧 "게르만족의 지배 공고화" 정책의 중심지였다. 1939년부터 수십만 명의 폴란드인이 그곳에서 강제로 추방되었고, 그들이 떠난 자리는 소련에서 온(독일의 소련 침공으로 인해 독일인들을 서쪽 지역으로 보내는 일이 완전히 무의미해지기 전) 수십만 명의 독일인으로 채워져왔다. 하지만 이 지역을 진정으로 새롭고 철저한 독일인의 땅으로 만드는 계획의 핵심, 다름 아닌 유대인을 그곳에서 남김없이 사라지게 하는 정책은 현실에 옮기기에 너무나 어려운 일임이 이미 증명된 바였다. 힘러는 제국 차원에서, 그레이제는 자신이 관할하는 지역 차원에서 마찬가지로 규모의 문제에 직면하고 있었다. '마지막 해결책'이란 아직 공식적으로 강제추방 및 이주를 뜻하는 것이었지만 문제는 유대인들을 보낼 만한 곳이 없다

는 데 있었다. 1941년 12월 초에 이르자 가스 차량들이 헤움노로 들어서고 있었다.[46]

1941년 10월에 이뤄진 히틀러의 독일인 유대인 강제이주는 하나에서부터 열까지 즉흥적으로 만들어낸 듯 뭔가 불명확한 모습을 보였다. 민스크와 우치로 보내진 독일인 유대인들의 경우 일단 살해당하기보다는 먼저 게토에 수용되었다. 반면 카우나스로 보내진 이들은 리가로 보내진 유대인들과 마찬가지로 도착하는 족족 죽임을 당했다. 히틀러의 의도가 무엇이었든 간에, 독일인 유대인들은 이제 총탄에 쓰러지고 있었다. 아마 그는 이 시점쯤 이미 독일인 유대인을 포함한 유럽 전역의 유대인들을 남김없이 죽이기로 마음먹은 듯 보인다. 만약 정말로 그랬다면, 심지어 힘러조차 아직까지는 히틀러의 의중을 제대로 눈치채지 못한 것이었다. 리가에 도달한 독일인 유대인들을 학살했던 이는 예켈른이었고, 힘러는 그곳에서만큼은 이를 원치 않았다.

아울러 1941년 10월, 힘러는 새롭고 좀더 효율적인 유대인 살해 방식 개발에 박차를 가하고 있었다. 그는 동방 총독부 루블린 지구 나치 친위대 및 경찰 지휘부의 오딜로 글로보츠니크에게 연락을 취했고, 힘러의 연락을 받은 글로보츠니크는 그 즉시 베우제츠로 알려진 곳에서 유대인들을 학살할 새로운 형태의 시설물 개발에 들어갔다. 사실 1941년 11월까지는 개념이 완전히 잡힌 것도, 또 설비 작업이 마무리된 것도 아니었지만, 히틀러식 마지막 해결책의 최종판은 어느 정도 분명한 윤곽을 드러내고 있었다. 독일이 점령한 소련 지역에서는 총을 이용한 대규모 유대인 학살이 벌어지고 있었다. 독일에 병합되거나 점령당한 폴란드(바르테란트와 동방 총독부)에는 가스 시설이 설치되고 있었으며(헤움노와 베우제츠), 독일 내 유대인들은 그들 중 일부가 앞서 살해당했던 동쪽 땅으로 보내지고 있었다.[47]

대량학살의 형태로 몰로토프-리벤트로프 라인 동쪽에서 서막이 오른 '마지막 해결책', 그것은 이제 서쪽으로 퍼져나가고 있었다.

—

1941년 11월 중앙 집단군은 예정보다 늦어졌을지언정 여전히 '눈부신 최종 승리'를 따내고자 모스크바로 진격하고 있었다. 이 승리로 소비에트 시스템은 끝장날 것이며, 폐허가 된 소련 땅을 자랑스러운 독일의 변방 제국으로 만들 파멸적 탈바꿈 작업이 시작될 것이었다. 하지만 군인들이 처한 현실은 이와 사뭇 달랐다. 사실 이 시점의 독일 군인들 앞에 놓인 것은 훨씬 더 전통적인 의미에 가까운 재앙이었다. 가을비가 빚은 진흙탕은 그들이 모는 트럭과 탱크의 발목을 잡았고, 그들의 육체는 제대로 된 보급을 받지 못해 헐벗고 굶주린 상태였다. 분명 어느 순간 독일군 장교들의 두 눈에 크렘린궁의 뾰족한 첨탑 꼭대기가 들어오기는 했지만, 그들은 결코 소련의 심장부에 들어서지 못할 운명이었다. 그들이 이끄는 병사들은 매우 제한된 보급만 받고 있었으며, 인내심 또한 거의 한계에 다다른 상황이었다. 붉은 군대의 저항은 더 거세졌고, 그들이 쓰는 전술은 언제나처럼 지능적이었다.[48]

1941년 11월 24일, 스탈린은 소련 동부에 대기 중이던 전략적 예비 병력들을 불러와 독일 국방군 산하 중앙 집단군과의 교전에 투입했다. 그는 이러한 위험을 감수할 자신이 있었다. 이미 도쿄 고위층에 침투해 있던 정보원들을 비롯해 그 밖의 모든 소식통은 하나같이 일본이 소련령 시베리아를 칠 가능성은 없다는 보고를 올려온 터였다. 1941년 여름 독일의 공격이 없을 것이라 믿었던 과거 그의 판단은 틀렸다. 그러나 1941년 가을 일본의 공격이 없을 것이라 믿은 이번 판단은 옳았다. 그는 줄곧 침착하게 이 사안에 정신을 집중하고 있었다. 12월 5일이 되자 붉은 군대는 반격에 나서기 시작했다. 독일 군인들은 패배감을 맛봤다. 이미 지칠 대로 지친 말들에 가져온 장비를 다시 싣고 신속하게 퇴각하는 일은 거의 불가능에 가까웠다. 독일군은 허허벌판에서, 추위에 몸을 웅크린 채, 모든 것이 부족한 상태로 혹독한 겨울을 보내야 할 운명이었다.[49]

스탈린의 정보원들이 내린 판단은 정확했다. 결정적으로 일본은 태평양에서 전쟁을 벌일 참이었고, 이는 곧 시베리아에 대한 공격 옵션이 완전히 배제되었음을 뜻했다. 일본 제국주의가 남쪽으로 뻗어갈 계획은 1937년까지 이미 구상이 끝난 상태였다. 그리고 이는 1940년 9월, 그들이 프랑스령 인도차이나를 침략함으로써 확실해졌다. 앞서 히틀러는 동맹 일본을 자신의 소련 침공에 끼지 못하도록 했다. 이제 그 침략이 실패에 이르자, 일본 역시 다른 방향으로 움직이고 있었다.

심지어 붉은 군대가 서쪽으로 진격하던 1941년 12월 6일, 일본의 항공모함대는 미국 태평양 함대가 주둔하고 있던 진주만을 향하고 있었다. 어느 독일 장군은 12월 7일 당시 모스크바를 둘러싼 전투 상황을 담은 편지를 집으로 보냈는데, 그는 자신과 자신의 병사들에 대해 "우리는 시시각각 각자의 헐벗고 굶주린 몸뚱어리를 지키기 위해,

모든 면에서 한 수 위인 적들과 싸우고 있소"라고 적었다. 바로 그날, 일본 전투기들의 물결은 미군 함대를 습격, 정박 중이던 전함 몇 대를 파괴하고 미군 2000명의 목숨을 앗아갔다. 이튿날 미국은 일본에 전쟁을 선포한다. 그로부터 사흘 뒤인 12월 11일, 나치 독일 역시 미국과의 전쟁을 선언했는데, 이는 프랭클린 D. 루스벨트로 하여금 독일과의 전쟁을 거리낌 없이 선포할 수 있도록 했다.[50]

이제 스탈린은 동아시아 지역에서 꽤 유리한 자리를 차지하게 되었다. 만약 일본이 태평양에서의 주도권을 놓고 미국과 겨룰 생각이라면, 그들이 시베리아에서 소련과 대치한다는 것은 있을 수 없는 일이었다. 따라서 스탈린은 더 이상 전선이 양쪽으로 분산되는 것을 걱정할 필요가 없었다. 여기에 더해 일본의 미국 공격은 미국을 소련의 동맹으로서 전쟁에 참여하도록 만들어버렸다. 일본이 독소전에 중립을 취했던 관계로, 머지않아 미국의 보급선들은 일본 잠수함들의 어떤 방해도 받지 않은 채 소련의 태평양 항구에 들어갈 것이었다. 붉은 군대가 동쪽으로부터 미국의 보급을 받는다는 것은 동쪽에서 밀려오는 일본의 공격을 걱정해야 하는 것과는 완전히 다른 것이었다. 스탈린은 이제 미국의 도움을 마음껏 이용하면서 그들이 유럽에 두 번째 전선을 만들도록 북돋우기만 하면 될 상황이었다. 그리된다면 오히려 독일이 양쪽에서 둘러싸인 형국이 될 것이고, 소련의 승리 또한 분명해질 것이었다.

일본은 1933년부터 이 판에서 히틀러와 스탈린 두 사람이 서로 취하거나 맞서온 아주 중요한 변수였다. 이유는 서로 달랐지만 두 사람 다 일본이 남쪽에서 육지를 두고는 중국과, 바다를 두고는 유럽 제

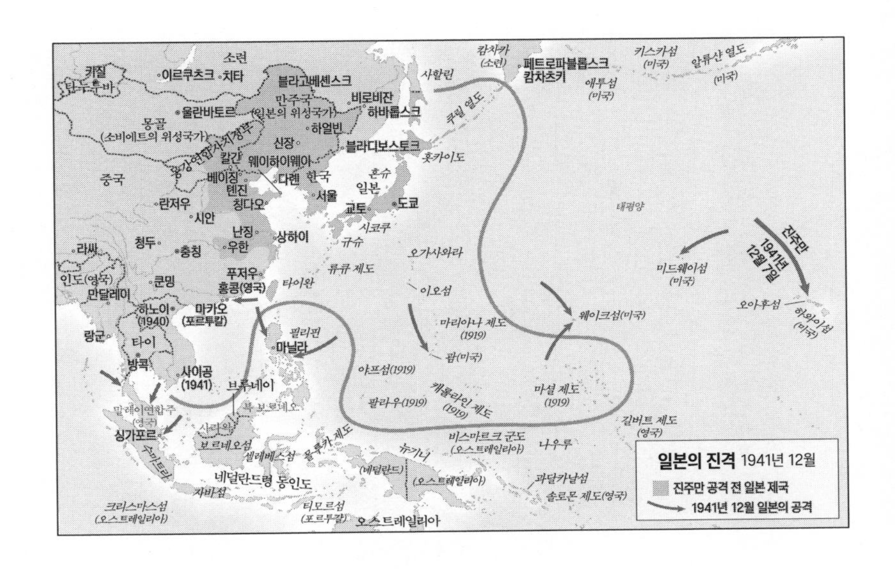

국들 및 미국과 싸움을 벌이길 바랐다. 히틀러는 일본의 진주만 공습을 환영했는데, 이는 그것이 미군의 무장 속도를 늦추고 또 미국이 전투를 벌이더라도 유럽보다는 태평양에서 벌이게 만들 것이라 믿었기 때문이다. 심지어 바르바로사 작전과 태풍 작전이 실패로 돌아간 후에도, 히틀러는 일본이 소련보다는 미국과 싸우기를 원했다. 그는 1942년 초까지 소비에트 정복을 완수하고 그 뒤 태평양에서 그동안 일본과의 전투로 약해진 미국을 상대하려 했던 것으로 보인다. 스탈린 역시 줄곧 일본이 남쪽으로 움직이도록 하기 위해 매우 신중하게 외교 및 군사 정책을 펼쳐오고 있었다. 그가 품은 생각의 핵심은 히틀러와 똑같았다. 즉 '소련 땅은 내 것이니, 일본은 이곳에서 멀리 떨어뜨려둬야 한다'는 것이었다. 베를린과 모스크바는 일본을 동아시아와 태평양에 묶어두길 원했고, 도쿄는 바로 그대로 움직이고 있었다.

이것이 누구에게 득이 될지는 독일의 소련 공격 결과에 따라 결정될 것이었다.[51]

당초 독일의 침공이 계획대로 진행되었다면, 소련의 주요 도시들을 차례로 무너뜨리고 우크라이나의 식량 및 캅카스 지역의 석유를 확보하는 전격적 승리를 거두었다면, 일본의 진주만 폭격 소식은 분명 베를린에 좋은 소식이었을 것이다. 이 시나리오상에서라면, 진주만 공격은 독일이 새로 얻은 식민지에서 승자로서의 입지를 다지는 동안 일본이 미국의 시선을 끌어준다는 것을 뜻했다. 독일은 자신을 식량 및 자원을 자급자족하면서 영국의 해상 봉쇄 및 미국의 수륙 양동 작전에 대응할 수 있는 거대한 대륙 제국으로 만들 '동유럽 종합계획', 혹은 그것을 다소간 수정한 버전을 실행에 옮길 것이었다. 물론 이것은 언제나 상상 속에서나 가능했던 그림이지만, 독일 군대가 모스크바를 향하고 있었던 순간만큼은 그래도 아주 약간의 현실성이 있었다.

일본이 움직이던 때는 독일이 모스크바에서 꽁무니를 빼던 바로 그 시점이었기에 진주만 공격은 앞서의 시나리오와 정반대의 의미, 즉 독일에게 있어서 최악의 상황을 의미했다. 영국을 위협하는 동시에 자력으로 미국에 맞설 준비에 들어갈 대륙 제국으로서의 독일은 커녕, 하나같이 약한 동맹국들(이탈리아, 헝가리, 루마니아, 슬로바키아) 혹은 결정적이랄 수 있는 동유럽 전선에서 별다른 역할을 하지 못하는 동맹국들(일본, 불가리아)을 이끌고 소련, 영국, 미국을 상대로 전쟁을 벌이는 유일한 유럽 국가가 된 것이었다. 일본은 독일보다 이를 더 잘 파악하고 있는 듯 보였다. 그들은 히틀러가 스탈린과 단독강화를 맺은 뒤 아시아 및 북아프리카 패권을 두고 영국 및 미국에 맞서 싸우기를 바랐다. 일본은 영국의 해상 패권을 무너뜨리고자 했고, 독일은 자신의 영역인 유럽 대륙 내에서 일을 벌이고자 했다. 이러한 상황에서 히틀러에게 남은 것은 소련을 파괴하고 그 폐허 위에 대륙 제국을 세운다는 단 하나의 세계 전략뿐이었고, 그는 이를 계속 고수하는 길을 택했다.[52]

—

1941년 12월, 히틀러는 자신이 처한 최악의 전략적 난국에 괴이한 해결책을 내놓았다. 그 스스로는 이미 장군들에게 1941년 말까지 "유럽 대륙에 관련된 모든 문제"를 해결해 앞으로 다가올 영국 및 미국과의 세계적 수준의 분쟁에 대비하라고 이야기해둔 상태였다. 그러나 그렇게 되기는커녕 독일은 두 개의 전선에서 그것도 3개의 패권국과 맞서 싸워야 한다는, 전략적으로 악몽과도 같은 상황에 처해 있었다. 히틀러는 특유의 뻔뻔함과 정치적 민첩성을 발휘하여 애초의 전쟁 계획에서 심각하게 틀어져버린 상황을 나치의 반유대주의 정서와 언어에 맞게 각색해냈다. 비현실적인 기획, 서투른 계산, 인종주의적 오만함, 어리석은 벼랑 끝 전술 말고 대체 무엇이 독일을 영국, 미국, 소련과 동시에 전쟁을 벌이도록 만들었는가? 히틀러는 이 질문에 대한 답을 가지고 있었다. 그것은 바로 '전 세계적 차원에서 펼쳐지는 유대인들의 음모'였다.[53]

일찍이 1939년 1월, 히틀러는 '만약 유대인들이 또 다른 세계적 규모의 전쟁을 조장한다면 그들을 멸종시켜버리겠다'는 연설을 했다. 1941년 여름 이래 독일의 선전은 '영국, 소련, 미국인들을 연합시키는 음모의 촉수인 유대인'이라는 주제를 끊임없이 내세우고 있었다. 소련이 모스크바에서 반격을 개시한 지 일주일 후이자 일본의 진주만 공격이 있은 지 닷새 뒤, 그리고 미국이 독일에 전쟁 선포로 화답한 지 하루가 지난 1941년 12월 12일, 히틀러는 다시금 그런 말을 내뱉었다. 그는 이를 앞으로 실현될 예언의 형태로 보여주었다. 히틀러가 1941년 12월 12일, 50여 명의 믿음직한 동지에게 했던 말을 들어보자. "세계대전이 이미 우리 눈앞에서 벌어졌네. 이제 유대인 멸종은 반드시 뒤따라야 할 결과이네." 이 시점부터 그의 가장 중요한 충복들은 자신들이 앞으로 무슨 일을 해야 하는지 잘 알게 되었다. 즉 가능한 한 장소를 가리지 않고 모든 유대인을 죽여 없애는 것이었다. 며칠 뒤 동방 총독부의 수장 한스 프랑크는 바르샤바에 다음과 같은 정책을 하달했다. "제군들, 이제 제군들이 가진 모든 연민의 감정은 잠시 접어두길 명하는 바다. 우리의 위대한 제국 전체를 위해, 우리는 그 어디서든 눈에 보이는 유대인들은 하나도 빠짐없이 반드시 죽여야 한다."[54]

이제 유대인들은 뭐라고 이름을 지어 부를 수도 없었던, '모호한 재앙'의 원흉으로 비난받게 되었다. 나치는 즉각적으로 유대인이라는 적과 곧 나락으로 떨어질 것만 같은 독일의 상황을 완전히 결부시켰다. 히틀러의 아이디어를 받아들인 독일인이라면, 누구나 '독일은 지난 대전에서 무릎을 꿇은 것이 아니라 유대인의 음모 및 내부의 적에게 "뒤통수를 맞아" 패배한 것이다'라고 믿고 있었다. 이제 유대인들은 미국-영국-소련 동맹의 원흉으로도 비난받게 되었다. 히틀러의 추론에 따른다면, 저 같은 자본주의와 공산주의의 "공동 전선"은 오직 런던, 모스크바, 워싱턴에서 활개 치는 유대인 패거리들의 손으로만 만들어낼 수 있는 것이었다. 유대인들은 곧 침략자이며, 독일인들은 희생자였다. 이러한 재앙을 극복하려면, 유대인들을 없애버려야만 한다. 히틀러의 선전장관 요제프 괴벨스는 자신의 일기장에 이 도덕적 뒤집기를 다음과 같이 적었다. "우리는 이제 유대인들을 동정하지 않는다. 오직 우리 독일 민족을 애처로워할 뿐."[55]

전쟁의 주도권이 스탈린에게로 넘어가자 히틀러는 목표를 다시 써 내려가기에 이른다. 소련을 파괴하겠다던 계획은 이제 유대인을 없앤다는 계획으로 바뀌었다. 소련 파괴가 '무기한 연기'됨에 따라 유대인의 완전한 말살이 곧 전시 정책이 되었다. 이제부터 위협적인 존재는 슬라브족 및 그들을 지배하는 유대계 배후 세력들이라기보다는 유대인 그 자체였다. 상당수의 슬라브족이 제국에 협조적인 모습을 보임에 따라 1942년 슬라브족과 관련된 적대적 선전들은 다소 완화되는 모습을 보이게 된다. 히틀러가 유대인들을 (그들의 노동력을 착취하기보다는) 살려두지 않겠다고 결정한 것은 아마도 그가 그들 대신 슬라브족의 노동력을 (그들을 죽이기보다는) 사용하겠다고 마음먹었기 때문으로 보인다. 이 같은 움직임들은 물론 히틀러 자신은 절대 그것을 인정하지 않았겠지만, 사실상 애초 전쟁 계획의 대부분을 포기했음을 뜻했다. 그러나 적어도 유대인 대량학살만큼은 기존의 동부 변방 제국 건설 계획과 일치하는 것으로 보였다.[56]

사실 유대인을 없애버리겠다는 결정은 곧 독일이 강제이주를 통한 자신들의 마지막 해결책 시행에 필요한 광대한 영토를 결코 손에 넣지 못함을 스스로 인정하는 것이므로, '동쪽의 변방 제국 건설'이라는 비전과 모순되는 것이었다. 대량학살은 실행 계획 및 가능성 측면에서 대규모 강제이주보다 한결 간단한 것이었다. 만약 히틀러가 자신이 했던 예언을 실현시키고자 했다면, 학살은 이 시점에서 그가 가진 단 하나뿐인 선택지였다. 그가 원했던 것은 해양 제국이 아닌 대륙 제국이었지만, 히틀러는 유대인들을 보내버릴 불모지를 결국 손에 넣지 못했다. 마지막 해결책은 이미 여러 차례 수정과 발전을 거듭해왔고, 힘러의 방식, 곧 대량학살은 강제이주를 필요로 하지 않았다. 학살은 승리의 대체물조차 될 수 없었다. 전격적 승리가 애초 계획과 달리 실패로 끝났다는 것이 곳곳에서 드러나면서, 유대인들은 1941년 7월 말부터 이미 학살당해오던 터였다. 그러던 그들은 독일에 맞서는 연합국들의 힘이 좀더 강력해진 1941년 12월부터는 모두 싹 쓸어버려야 할 대상이 되었다. 히틀러는 여전히 좀더 깊은 감정적 요소들을 건드리고자 했고, 한층 더 악의에 찬 목표들을 쏟아냈다. 그리고 자신들이 처한 상황을 알고 있던 독일 지도부는 그것을 받아들이는 길을 택했다.[57]

히틀러는 숱한 전투와 충돌을 그저 "세계대전"이라는 말로 뭉뚱그림으로써 전격적인 승리의 부재, 그리고 그러한 군사적 실패에서 오는 씁쓸한 역사적 교훈에 대한 관심을 다른 데로 돌려버렸다. 1941년 12월, 독일 장병들은 앞서 나폴레옹이 처했던 운명을 그대로 맞이하고 있었다. 1812년 나폴레옹이 이끌던 대군은 1941년 독일 국방군이 보여준 속도보다 더 빨리 모스크바 근처에 도달했다. 하지만 나폴레옹은 러시아의 혹독한 추위와 증원 병력에 밀려 결국 꽁무니를 뺐다. 독일군이 전투를 벌이기 위해 위치를 잡을 때마다 그들은 과거 1914년에서 1918년에 사이에 벌였던 식의 전투 상황을 또다시 맞이할 수밖에 없었다. 쏟아지는 기관총과 대포를 피하고자 몇 날 며칠을 참호 속에 엎드려 있었고, 맹렬한 추위 속에서 수년을 버티고 있었다. 이리저리 무의미한 기동을 하면서, 셀 수 없이 많은 사상자를 내왔다. 히틀러의 천재성 덕분에 이미 과거의 유물이라 치부되어오던 전투 방식이 그들 눈앞에 실제로 놓였던 것이다. 독일군 참모진들은 앞서 약 50만 명의 손실로 9월까지 승리를 따내리라 예상했다. 그러나 그 승리의 예상은 12월로 미뤄지고, 손실은 이제 100만 명에 육박하고 있었다.[58]

만약 독일 국방군이 벌이고 있던 전투가 탐욕에서 나온 잘못 짜인 식민지 전쟁이 아니었다면, 실패로 돌아간 그들의 공격과 어긋나버린 예정 기한, 그리고 암울한 전망과 같은 모든 것은 한결 덜 부끄러운 일이었으리라. 아니, 오히려 만약 그 전투가 문명을 지켜내기 위한 비극적 세계대전의 일환이었다면, 실로 영광스러운 일이었다고 불러주어도 좋으리라. 독일 군인들이 진정 모스크바에서 런던 그리고 워싱턴으로 이어진 유대인 망이 만들어낸 전 세계적 권력에 맞서 싸우고 있었다면, 그들의 행동은 분명 위대하고 정의로운 것이 아니었겠는가. 만약 그들이 이제 눈앞에 맞이한 상황에서처럼 방어적 전쟁을 맡아야 했다면, 그러면 누군가는 침략자의 역할을 맡아야 했을 것이다. 적어도 나치를 믿는 이들, 그리고 전장에서 아버지가 혹은 남편이 돌아오길 바라고 있던 수많은 독일인에게 있어, 이 동화 속 침략자 역할은 바로 유대인들의 몫이었다. 전쟁이 유대인들 탓이라 믿건 믿지 않았건 상관없었다. 또 현지 사정을 아는 이상 정치인이나 민간인들과 똑같지는 않더라도, 독일 군인들 역시 뭔가 그럴듯한 이데올로기적 수정이 필요했다. 그들은 거의 자포자기한 상태였지만 여전히 위협 능력이 있었다. 그들은 앞으로 있을 전투에서도 빼어난 모습을 보여줄 것이었으며, 한동안 적어도 히틀러의 예언을 실현에 옮겨낼 때까지 계속해서 전투를 치러낼 것이었다. 독일 국방군은 이제 비록 전통적인 의미의 승리 가능성이 제로에 이르렀지만, 이전에도 그리고 앞으로도 유럽 무대에서 가장 효과적인 전투 집단으로 자리매김할 것이었다.

그 어떤 승리도 가능성의 영역 밖으로 밀려난 이 시점에서, 유대인 학살 자체는 인종주의적 망상이 부린 마법으로 '독일의 승리'와 동의어가 되었다. 미국, 영국, 소련은 모두 독일의 적이었고, 유대인 역시 독일의 적이었다. 이것은 곧 '유대인이 이들 모두에게 입김을 불어넣는 배후 세력'이라는 괴상한 삼단논법으로 이어진다. 더 나아가 만약 이들 적국이 유대인이 좌우하는 국가라면, 유럽에 있는 유대인들은 적국들이 뿌려둔 공작원이다. 따라서 유럽의 유대인들을 죽이는 것은 곧 독일의 적에 대한 직간접 공격으로, 도덕적 측면뿐만 아니라 군사적 논리 차원에서도 정당화될 수 있는 일이다. 힘러는 히틀러의 바람 곧 유럽에 있는 유대인들은 1941년 12월 현재 "빨치산으로서", 독일의 뒤를 찌를 적들의 공작원으로서 죽여 없애야 한다고 이야기했다. 이때까지 빨치산 공격에 대한 "응징"으로서의 유대인 학살 논리는 이미 한층 단단해진 터였다. 그것은 힘러가 이를 빌미로 1941년 7월 유대인 남성, 여성, 아이들에 대한 학살을 시작한 벨라루스와 우크라이나 사이에 위치한 폴레시아 늪지대에서, 독일인들이 소련의 폭격에 대한 앙갚음으로 그간 3만 명이 넘는 유대인을 살해해온 키예프에서, 그리고 심지어 독일 군대가 소련 땅에서보다 아주 약간 앞서 이른바 심각한 저항이라는 것을 맛봤던 세르비아에서도 이미 써먹어오던 것이었다.[59]

세르비아는 아마도 이를 특히나 잘 보여주는 사례일 것이다. 독일이 유럽 동남부에서 벌인 전쟁은 소련 땅에서 벌인 전쟁보다 약간 앞선 시점에서부터 치러졌고, 이것은 아주 뚜렷한 선례들을 남겼다. 독일은 바르바로사 작전 직전인 1941년 봄 유고슬라비아와 그리스를 침공했다. 그 주된 목적은 자신의 영양가 없는 동맹인 이탈리아를 지원해 그들이 발칸 전쟁에서 패배하는 것을 막기 위함이었다. 비록 독일이 순식간에 유고슬라비아군을 제압하고 크로아티아에 꼭두각시 정부를 세우는 데 성공했지만, 그들이 이탈리아와 함께 점령한 세르비아 지역의 저항은 상당한 수준이었다. 이 중 일부는 공산주의자들에 의한 것이었다. 독일군 사령관은 빨치산과의 전투에서 목숨을 잃은 독일인들에 대한 복수로서 '유대인 및 집시들만을 학살할 것이며, 그 비율은 독일인 1명당 유대인 및 집시 100명이다'라고 명령했다. 이 같은 방식으로, 세르비아에 있던 대부분의 유대인 남성은 힘러가 유대인들을 "빨치산으로서" 죽여 없애라는 말을 꺼내기 전부터 이미 줄곧 사살당하고 있었다. 세르비아 지역에서 동원된 논리는 이제 어디서든 찾아볼 수 있는 보편적인 것이 되었다. 유대인들은 미국-영국-소련 동맹에 대한 응징 차원에서 죽여야 할 대상이었다. 그 당사자가 된 유대인들은 물론이고 독일의 동맹조차 이를 이해할 수 있을 거라 보이진 않았다. 그것은 히틀러가 상황이 변한 훗날을 위해 전부터 각색해온 것으로, 오직 나치의 세계관에서만 말이 되는 이야기였다.[60]

마지막 해결책의 다섯 번째이자 최종판은 말 그대로 대량학살이었다. 나치의 언어에서 재정착이라는 말은 이제 다른 말의 완곡한 표현이 되었다. 수년 동안 독일의 지도부는 유대인들을 특정 지역에 재정착시키는 것을 통해 자신들이 유대인 "문제"를 "해결"할 수 있다고 상상했다. 유대인들은 그들이 옮겨간 어느 곳에서든 죽을 때까지 노동을 해야만 할 것이고, 어쩌면 완전히 씨가 말라 더는 종족 번식을 하지 못할 것이었다. 하지만 여기까지는 앞서처럼 그들을 죽여 없앤다는 것은 없었다. 따라서 재정착은 비록 1940년 그리고 1941년에 들어선 유대인 정책이 그리고 있는 것처럼 완전히 잘못된 것은 아니더라도 어찌됐든 불완전한 것이었다. 이후 이른바 재정착 혹은 동부로의 재정착은 곧 대량학살을 뜻하게 된다. 아마도 재정착이라는 완곡어법은 기존 나치 유대인 정책의 본질은 변하지 않았음을 드러내는 것을 통해 나치가 한 가지 명백한 사실을 못 본 체하고 넘어갈 수 있도록 해준 듯 보인다. 그 사실은 바로 독일의 정책은 변했을 뿐만 아니라 전쟁이 뜻대로 풀리지 않았기에 변화할 수밖에 없었다는 사실이었다. 그런 점에서 이는 독일인들로 하여금 군사적 재앙이 자신들의 유대인 정책을 좌우해버린 현실로부터 스스로를 위안할 방패막이가 되어주었다.[61]

독일인들은 이미 1941년 12월까지 자신들이 유대인들을 폴란드, 마다가스카르, 소련으로 강제추방하는 것보다 훨씬 더한 악랄한 수를 쓸 수 있음을 보여왔다. 그들은 자신들의 힘이 미치는 영역에서 유대인을 학살하고, 희생자들을 거꾸로 비난의 대상으로 만들 수 있었다. 독일인들이 이제 마치 자신들은 전혀 관계없는 양 이야기하는 재정착의 진짜 모습은 그들이 사용한 다음의 아주 간단한 말에서 드러나고 있다. "재정착 장소: 재정착이 이뤄지는 장소에는 8개의 참호가 설치된다. 10명의 장교와 그 이하의 사병으로 이뤄진 1개 분대가 각 참호에 들어가 하달된 정리 작업을 실시하고 두 시간마다 교대한다."[62]

히틀러가 자신이 바라는 바를 전달한 1941년 12월까지, 힘러의 나치 친위대와 경찰 조직들은 점령한 소비에트 지역에서 줄곧 학살 작업을 해오고 있었으며 희생된 사람의 숫자는 약 100만 명에 이르렀다. 그런 일들을 돌이켜보면 그 일이 불가피하다는 인식을 얻게 되고, 새로운 독일의 전 유럽 유대인 학살 정책은 이미 주어져 있는 단 하나의 목적을 달성하는 것에 지나지 않는다는 판단으로 이어졌다. 히틀러가 자신의 미래 유럽에 유대인이 설 자리 따위는 없음을, 그리고 가속도가 붙은 힘러의 학살이 자신의 뜻에 일치하는 것임을 당연시하고 있었더라도, 모든 유대인을 죽여 없애라고 직접 말하는 것은 곧 하나의 결단이었다. 같은 상황에 대한 다른 대응들 역시 가능했으므로.[63]

독일의 동맹 루마니아는 그러한 다른 대응의 가능성을 보여주었다. 부쿠레슈티의 루마니아 지도부는 이미 그 전부터 줄곧 이른바 '전국 정화 작업'을 해오던 터였다. 사실 1941년 12월까지 루마니아 유대인들은 독일 유대인들보다 더 고통스러운 삶을 이어오고 있었다. 루마니아는 독일과 마찬가지로 공산주의와 유대인을 연관 짓는 선전 아래 소련 침공에 합류했다. 독일과 나란히 소련을 밀고 들어간 그들은 소비에트가 앞선 1940년 병합한 보다니브카 지역을 수복하기에 이른다. 그 뒤 루마니아는 다시 "트란스니스트리아"라고 불리는 소비에트 우크라이나의 남부 지역까지 손에 넣는다. 1941년 이 지역의 루마니아 경찰들이 유대인들에게 보인 모습은 모든 면에서 독일만큼이나 잔혹하기 그지없었다. 오데사 공략이 끝난 뒤, 루마니아군은 자신들이 그곳에 설치한 지휘 본부가 폭탄에 파괴되자 이에 대한 "앙갚음"으로 약 2만 명에 달하는 현지 유대인들의 목숨을 빼앗았다. 보다니브카 지구에서는 1941년 12월 말 4만 명이 넘는 유대인이 단 며칠 만에 루마니아인들이 쏜 총탄에 맞아 숨을 거두었다. 루마니아인들은 또한 트란스니스트리아에 자신들만의 게토 및 노동 수용소를 세웠는데, 이곳은 베사라비아와 부코비나에서 온 수만 명의 유대인이 목숨을 잃은 장소가 되었다. 대체로 보아, 루마니아가 학살한 유대인의 수는 약 30만 명에 달했다.[64]

그러나 루마니아 지도부는 전쟁의 양상 변화에 대해 히틀러와는 다른 방식으로 대응했다. 그들의 유대인 정책은 여전히 잔혹했으나, 잔혹성이 강화되기보다는 점차 부드러워지는 모습을 보였다. 1942년 여름이 되자 루마니아는 더 이상 유대인을 트란스니스트리아로 보내지 않았다. 독일이 말 그대로 죽음의 시설물들을 세웠을 때, 루마니아는 유대인들을 그곳으로 보내라는 요청을 거절했다. 1942년 말, 루마니아의 정책은 독일의 그것과는 상당히 달라져 있었다. 루마니아는 전쟁 말미에 이르면 다른 노선을 걷고자 시도할 것이었고, 그 시점

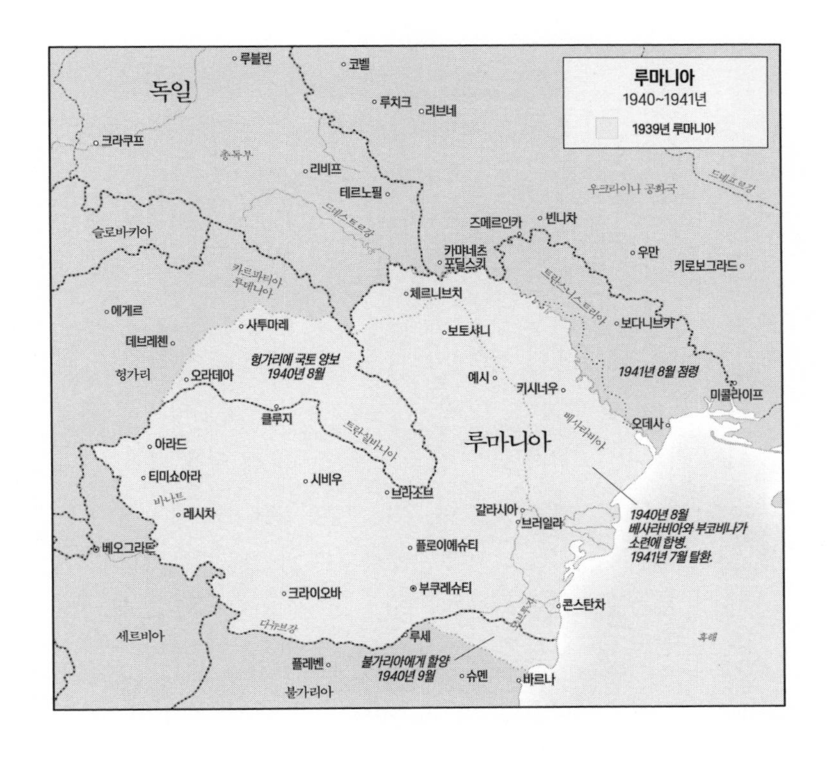

까지 살아남은 유대인들은 이제 곧 일종의 자산으로 여겨질 것이었다. 그런 점에서 독일과 루마니아의 정책이 정반대로 갈라선 1942년은 하나의 중대한 전환점이었다. 독일은 전쟁의 패색이 짙어졌기에 모든 유대인을 죽이려들 것이었고, 루마니아는 똑같은 이유에서 그해 말부터 약간의 유대인들을 살려두고자 할 것이었다. 루마니아의 독재자 이온 안토네스쿠는 이제 미국 및 영국과 협상의 여지를 열어둘 것인 반면 히틀러는 독일인들이 그들의 죄과에서 벗어날 수 있는 길을 완전히 닫아버렸다.[65]

—

1942년 내내, 독일은 자신의 영역 안에서 숨 쉬는 유대인 대부분을 학살했다. 몰로토프-리벤트로프 라인 서쪽에서 대량학살은 가스 시설을 통해 이뤄졌다. 몰로토프-리벤트로프 라인 동쪽에서는 대량 사살 작전이 계속되었고, 소련군 전쟁포로에게 테스트했던 가스 차량 역시 학살에 동원되었다. 점령한 소비에트 우크라이나 지역에서도 과거 얼어붙었던 땅이 녹아 그곳을 충분히 파낼 수 있게 되자 곧 학살이 다시 이뤄지기 시작했으며, 간혹 기계를 사용해 땅을 파낼 수 있었던 곳에서는 심지어 학살이 더 일찍 재개되었다. 여전히 군대가 점령 중이던 소비에트 우크라이나 동부에서는 1941년 말에서 1942년 초까지 총살이 쉴 새 없이 이어졌다. 1월, 독일 국방군의 지원을 받은 아인자츠그루펜은 첫 번째 학살의 물결에서 살아남았던 소규모 유대 공동체들뿐만 아니라 유대인 노동자들까지 살해하기에 이르렀다. 1942년 봄이 되자 이러한 일들은 동부에서 서부로, 즉 군사 점령이 한창이던 지역에서 현지인이 구성한 우크라이나 자치정부의 관할 구역까지 확대되었다. 이 지역에서 벌어진 모든 학살 작업은 해당 지역 민병대의 보조를 받은 독일 질서 경찰 대대와 같은 상비 경찰력들에 의해 이뤄졌다. 수만 명에 달하는 현지 협력자로 말미암아 독일은 충분한 인력을 확보할 수 있었다.[66]

학살은 독일이 처음 손에 넣은 땅에서는 최후의 한 명까지 죽이는 박멸 작전이 되었다. 비록 독일이 1941년 6월 전쟁 개시 후 열흘 만에 폴란드 동부의 모든 영토를 손에 넣었다지만, 우크라이나 자치정

부의 서부에 해당되는 과거 폴란드 동남부의 현지 유대인 상당수는 1942년까지 살아남아 있었다. 힘러가 모든 유대 공동체를 완전히 파괴하라는 명령을 내리기 시작한 시점은 이미 독일군이 그곳을 지나친 때였다. 즉 독일의 정책이 변화를 맞이했을 때, 대부분의 독일 군대는 이미 해당 지역에서 빠져나간 상태였던 것이다. 1942년 독일인들은 우크라이나 자치정부 서부 지구에서 두 번째 대량 사살 작전을 펼쳤고, 이 작전은 군이 아닌 민간 당국 주도하에 현지 경찰의 막대한 지원에 힘입은 경찰 병력들이 추진하게 된다.[67]

과거 폴란드 동부 영토에 해당되는 이들 우크라이나 자치정부의 서부 지구는 유대인들이 인구의 절반 혹은 그 전후를 점하고 있던 지역으로, 여러 마을 및 소규모 도시들로 이뤄져 있었다. 유대인들은 보통 변두리의 오두막집보다는 도시 중심부 광장 근처의 돌집에 거주하고 있었다. 이곳은 유대인들이 500년 넘는 세월 동안 삶을 영위해 온 곳으로, 비록 그 오랜 세월 동안 다양한 성격의 정부와 번영 및 쇠퇴를 겪어왔지만 소박한 건축 양식 그리고 단순한 인구 변동 등을 잘 보여주던 곳이었다. 양차 대전 사이에 이들 유대 인구의 대다수는 유대교 계율에 충실한 채 외부 세계와 교류 없이 다소 분리된 삶을 살고 있었다. 언어는 이디시어와 (종교적 행사에서는) 히브리어를 사용했고, 기독교도와의 결혼률 또한 낮은 상태였다. 폴란드 동부는 이디시어를 쓰며 카리스마를 가진 하시디즘* 계열 씨족들이 주도권을 두고 경합하던 아슈케나지** 유대 문명의 심장부였다. 이러한 유대 전통은 그 기원이랄 수 있는 폴란드와 리투아니아 연방은 물론이고 제정 러시아와 양차 대전 사이의 폴란드 공화국보다 오래 지속되어온 것이었다.[68]

몰로토프-리벤트로프 협정과 그로 인한 독일과 소련의 폴란드 공동 침공 뒤, 1939년에서 1941년까지 소비에트의 지배 및 소련 시민권 체제가 이들 유대인의 삶을 파고들었고, 이에 따라 이들은 대개 나치에 의해 희생된 소련 유대인 희생자로 계산되었다. 이 유대인들은 소련이 서부로 자신의 영역을 확장해 과거 동부 폴란드에 속하던 지역

* 히브리어로 경건한 자를 뜻하는 하시드에서 유래한 말로, 유대교의 경건주의 운동, 특히 18세기 초 우크라이나 및 폴란드 유대인들 사이에서 발생한 종교적 혁신 운동을 가리킴.
** 프랑스 및 유럽에 널리 퍼진 유대 민족을 가리킴.

까지 병합한 후 잠시 동안 소련인으로서 소비에트의 정책을 따라야만 했다. 해당 지역에 있던 폴란드인, 우크라이나인, 벨라루스인들과 마찬가지로 그들은 체포, 강제이주, 총살의 대상이 되었다. 유대인들은 일자리는 물론이고 종교도 잃었다. 하지만 이 짧은 소비에트의 지배만으로 이들을 소련 사람으로 만들기에는 역부족이었다. 아주 어린 아이들을 제외하면 리브네를 비롯해 여러 정착지에 있던 이들은 소련의 시민보다는 폴란드, 리투아니아, 라트비아, 루마니아 시민으로서 살아온 시간이 훨씬 더 길었다. 260만 명가량 되는 유대인들이 소련 영역에서 살해당했으며, 2년이 채 되지 않은 사이에 약 160만 명이 소련의 통제를 받게 되었다. 1939년에서 1941년까지 소비에트의 지배 기간에 이들의 유대 문명은 심각하게 약화되었고, 뒤이어 들어설 히틀러의 독일 제국에서는 아예 살아남지 못할 지경이 되었다.[69]

리브네에서는 비슷한 다른 도시들과 마찬가지로 1941년에 이미 대량학살의 움직임이 있었다. 우크라이나에 설치한 독일 경찰국가 체제의 중심지가 키예프였다 하더라도, 1941년 우크라이나 자치정부의 임시 수도는 바로 리브네였다. 이들 지역을 맡고 있던 제국사무관 에리히 코흐는 잔혹함으로 정평이 나 있던 인물이다. 히틀러의 측근들은 그를 "제2의 스탈린"이라 불렀는데, 물론 이는 칭찬이었다. 코흐는 이미 앞선 1941년 가을 리브네에 있던 대부분의 유대인을 죽이라고 명령을 내려둔 터였다. 1941년 11월 이 지역 경찰은 이미 특정한 작업에 동원되지 않고 있는 유대인들은 모두 재정착 허가를 받아야 한다고 말했고, 이에 따라 허가를 위해 나온 약 1만7000명이 소센키라 알려진 숲으로 보내졌다. 그곳에서 이들은 앞서 소련군 전쟁포로들을 동원하여 파둔 구덩이 위에서 총에 맞아 숨을 거두었다. 이렇게 죽임을 당한 이들을 제외한 나머지 1만 명쯤 되는 유대인은 도시 내에서 가장 혹독한 곳에 설치된 게토 안에서 생활해야 했다.[70]

심지어 대부분의 유대인이 죽은 뒤인 1942년 초에도, 리브네의 유대인 평의회는 얼마 되지 않는 생존자들을 위한 생계 수단을 확보하고자 애를 쓰고 있었다. 그러나 독일은 이미 단 한 명의 유대인도 살려두지 않기로 결정한 터였다. 1942년 여름, 식량 부족을 눈여겨보던 코흐는 다음 단계, 즉 자기 부하들에게 유대인 문제를 "100퍼센트 해결할 방책"을 주문하기에 이르렀다. 1942년 7월 13일 밤 게토에 있던 유대인들은 독일 경찰과 우크라이나 협력자들의 손에 어딘가로 끌려갔다. 강제로 기차역으로 끌려간 그들은 하나둘 기차에 오르게 되었고, 이틀 동안 물 한 모금 먹지 못한 채 코스토필 인근 숲에 자리한 채석장으로 보내졌다. 그곳에서 그들은 모두 독일 보안경찰 및 이들을 보조하던 경찰들이 쏜 총에 맞아 숨졌다.[71]

우츠크의 경우 유대인이 전체 인구의 절반을 차지하고 있었으며, 그 숫자는 1만 명 정도였다. 1941년 12월, 유대인들은 독일이 유대인 평의회에 하달한 게토 지역으로 이주하게 된다. 유대인 평의회는 일반적으로 처형을 면하는 대신(물론 그것이 사실일 때도, 거짓일 때도 있었지만) 독일이 기존 유대인 공동체의 재산을 빼앗는 데 힘을 보탰다. 여기에 더해 독일은 흔히 게토를 설치하고 나중에 그곳을 정리하는 일을 수행할 유대인 경찰 조직도 만들었다. 1942년 8월 20일, 우츠크에서는 유대인 경찰들이 혹시 숨어 있을지도 모르는 유대인들을 수색하는 작업을 벌이고 있었다. 같은 날 유대인 남성들은 구덩이를 파내는 작업을 위해 우츠크에서 7킬로미터 떨어진 히르카 폴론카 인근의 숲으로 보내졌다. 감시하던 독일인들은 이들에게 앞으로 그곳에서 무슨 일이 벌어질 것인가에 대해 숨기려들기는커녕 '구덩이를 잘 파라. 내일 네놈들 아내와 엄마가 묻힐 거니까'라고 했다. 이튿날인 8월 21일, 우츠크에 있던 여자와 아이들이 그곳으로 끌려왔다. 즐겁게 웃으면서 먹고 마시던 독일인들은 여인들에게 "나는 유대인입니다. 그러므로 살 권리가 없습니다"라고 외도록 했다. 그러고는 한 번에 다섯 명씩 옷을 벗고 구덩이 앞에 나체로 무릎을 꿇으라고 명령했다. 다음 차례인 여인들은 앞서 사망한 시체들 위에 나체로 누운 채 총을 맞았다. 같은 날, 유대인 남성들은 우츠크성 뜰로 끌려가 그곳에서 죽음을 맞이했다.[72]

이번에는 코벨로 가보자. 이곳 역시 유대인이 전체 인구의 절반을 차지하고 있었고, 그 수는 1만4000명 정도였다. 도시에 살던 유대인들은 1942년 5월 노동 인구와 비노동 인구 두 집단으로 나뉘어 각기 다른 게토에 수용되었고, 전자가 수용된 첫 번째 게토는 신시가지에, 후자가 수용된 두 번째 게토는 구시가지에 위치하고 있었다. 나치식 용어를 체득한 어느 현지 유대인은 독일인들에게 두 번째 게토의 수용자들은 "아무짝에도 쓸모없는 식충들일 뿐"임을 알아차렸다. 6월 2일이 되자 독일인 및 현지 협력자들로 구성된 경찰들이 구시가지에 위치한 게토를 에워싸기 시작했고, 그곳에 있던 약 6000명의 유대인이 카민카시르스키로 끌려가 모조리 총살당했다. 8월 19일, 경찰은 다른 게토에서 이와 똑같은 짓을 벌여 8000명이 넘는 유대인이 그들의 총에 희생당했다. 뒤이어 시작된 것은 바로 숨어 있는 유대인 색출 작전으로, 검거된 이들은 거대한 시너고그에 갇힌 채 음식은 물론 물 한 방울도 받지 못했다. 과거 안식일을 보낸 적이 있는 그곳에서 예배당 벽에 돌조각, 칼, 펜, 심지어 손톱을 사용해, 이디시어나 폴란드어로 마지막 메시지를 남긴 이들은 곧 총에 맞아 숨을 거두었다.[73]

한 여인은 아내로서 "사랑하는 남편"에 대한 사랑과 헌신을 남겨 남편이 자신과 "눈에 넣어도 안 아플" 그들 아이의 운명을 알 수 있기를 바랐다. 두 소녀는 함께 "너무나 살고 싶어. 하지만 그들이 허락하지 않아. 복수해줘. 복수해줘"라며 삶에 대한 갈구를 남겼다. 또 다른 젊은 여인은 조금 더 체념한 듯 "나는 내가 스무 살에 죽는다는 것을 받아들이고 싶지 않지만, 이상하리만큼 차분한 상태다"라고 적었다. 누군가의 부모는 자신들을 위해 아이들이 카디시를 올려주기를, 또 유대교의 관습을 잘 지키기를 부탁했다. 어머니에게 마지막 인사를 전한 어느 딸의 메시지는 이랬다. "사랑하는 엄마! 이제 난 더 못 살 거예요. 저들은 우리를 게토 밖에서 이곳으로 끌고 왔고, 우리는 끔찍한 죽음을 맞이해야 해요. 엄마가 우리와 이곳에 함께 있지 못하다는 사실이 참 안타깝네요. 한편 그런 생각을 하는 내 자신을 용서할 수가 없지만요. 사랑해요, 엄마. 그동안 제게 주신 모든 것에, 감사해요. 몇 번이고 몇 번이고, 끝없는 입맞춤을 보내요."

7장

홀로코스트,
그리고 복수

벨라루스는 나치 독일과 소련 사이의 대결이 극에 달했던, 이른바 독소 대치의 중심 무대였다. 물론 그때까지 용케 살아남은 경우에 한정되는 애기긴 하지만, 1941년 6월에 있었던 독일의 침공 뒤 이 지역 주민들은 독일과 소련 양측의 폭력성이 점점 더 불타오르는 것을 목격했다. 그들의 고향은 한때 독일에 점령당함으로써 독일의 영역이었으며, 동시에 미래에는 소비에트 연방 소속의 땅이 될 곳이었다. 주요 도시들은 양측 군대의 전진과 후퇴가 되풀이되는 전장이었으며, 유대인들이 거주하던 도시 및 마을 중심부는 홀로코스트로 파괴되었다. 들판에는 수만, 아니 수십만 명의 소련 군인이 굶어 죽어갈 독일의 포로수용소가 들어섰다. 숲에서는 독일의 경찰 및 무장친위대와 소련 빨치산 사이의 격렬한 유격전이 벌어졌다. 나라 전체가 히틀러와 스탈린 간의 상징적 대결의 장이었으며, 그것은 전선 후방의 군인들,

숲에서 활약하던 빨치산들, 구덩이 위에 늘어선 경찰들뿐 아니라 세 나라의 수도 베를린과 모스크바 그리고 민스크의 선전 인력들을 통해서도 여실히 드러나고 있었다.

민스크는 나치의 파괴적 본성을 가장 뚜렷하게 살펴볼 수 있었던 곳이다. 독일 공군은 민스크가 항복을 선언한 1941년 6월 24일까지 줄기차게 폭격을 퍼부었고, 심지어 독일 국방군은 그로 인한 불길이 잦아들 때까지 도시 입성을 미뤄야 할 정도였다. 독일인들은 7월 말까지 교육 수준이 높은 현지인 수천 명을 사살했으며, 유대인들을 도시 북쪽 구역으로 몰아넣었다. 민스크에는 이제 게토, 강제수용소, 포로수용소, 대량학살을 위한 구역들이 생길 것이었다. 그곳은 결국 승리의 대체물로, 즉 독일인들이 유대인 학살을 시연하는 일종의 무시무시한 죽음의 극장으로 바뀐다.[1]

1941년 가을 민스크. 당시 그곳의 독일인들은 모스크바가 여전히 굳게 버티고 있는 와중에도 상상 속에서나 존재하던 승리를 자축하고 있었다. 볼셰비키 혁명 기념일인 11월 7일, 독일인은 단순한 대규모 사살보다 뭔가 더 극적인 것을 내놓기로 했다. 그날 아침, 그들은 먼저 게토에 있던 유대인 수천 명을 체포했다. 또한 독일인들은 유대인들이 마치 소비에트의 기념일을 축하하기 위해 그런 것인 양, 유대인들로 하여금 그들이 가진 가장 좋은 옷을 입고 나오게끔 해둔 상태였다. 그러고는 체포한 이들을 길게 늘어서게 한 뒤, 그들 손에 소련 깃발을 쥐여주며 소련의 혁명가를 부르라고 강요했다. 유대인들은 자신들의 모습을 담고 있는 카메라를 향해 억지 미소를 지을 수밖에 없었다. 이들 6624명의 유대인은 트럭에 실려 민스크 너머 투친카 근처에 있던 과거 소련 내무인민위원회가 창고로 쓰던 장소로 끌려갔다. 그날 저녁, 고된 강제노동을 마치고 돌아온 유대인 남성들은 자신들의 가족 모두가 어딘가로 사라지고 없다는 사실을 발견했다. 그들 중 한 사람의 말을 들어보자. "그곳에는 우리 가족 8명, 아내, 아이 셋, 나이 드신 어머니, 내 형제들, 가운데 나를 제외한 그 누구도 남아 있지 않았다!"[2]

테러 그 자체는 생소하지 않았다. 멀지 않은 과거, 1937년에서 1938년에도 사람들은 내무인민위원회의 검은 차량에 실려 민스크에서 투친카로 끌려갔다. 하지만 스탈린의 대숙청 작업이 최고조에 이르렀던 그때도, 내무인민위원회는 언제나 사람들을 하나둘씩 어두운 밤을 틈타 끌고 가는 주도면밀함을 보였다. 이와 달리 독일은 많은 대중에게 알리고자, 여러 의미를 담아, 또 선전 영상으로 사용할 수 있도록 대낮에 수많은 사람을 보란 듯이 끌고 갔다. 이렇게 연출된 가두 행진은 곧 '공산주의자는 유대인이며 유대인이 곧 공산주의자'라는 나치의 주장을 확인하기 위한 것이었다. 이것은 나치의 사고방식, '유대인 제거는 중앙 집단군의 후방 지역 안정화뿐만 아니라 그것 자체로도 일종의 승리'라는 생각에서 온 것이었다. 그러나 그 같은 공허한 승리의 표현은 좀더 명백한 자신들의 패배를 숨기기 위해 고안한 거짓말로 보일 따름이었다. 중앙 집단군은 1941년 11월 7일까지 모스크바를 점령하기로 되어 있었지만, 그들은 당연히 이를 달성하지 못한 상태였다.[3]

스탈린은 여전히 소련의 수도를 떠나지 않았고, 그러기는커녕 오히려 전승 축하연을 준비하고 있었다. 그는 바르바로사 작전으로 소련에 대한 공격이 시작된 1941년 6월은 물론이고 태풍 작전으로 인한 10월의 두 번째 공격에도 결코 모스크바를 포기하지 않았다. 영구 보존 처리를 한 레닌의 시신은 안전한 보존을 위해 크렘린에서 다른 곳으로 옮겨졌으나, 스탈린 자신만큼은 끝까지 그곳에 남아 지배력을 과시했다. 레닌그라드는 포위당했고, 민스크와 키예프는 독일의 손에 떨어졌지만, 모스크바만큼은 스탈린의 완고한 지휘 아래 스스로를 굳게 지켜내고 있었다. 11월의 여섯 번째 날, 스탈린은 소련 국민에게 자못 도전적인 태도로 "독일이 이른바 '몰살 전쟁'이라 말한 군사 작전은 실상 아무것도 아니며, 오히려 내가 그들에게 몰살을 선사해주겠다"고 말했다. 그는 딱 한 번 독일의 유대인 학살에 대해 언급했는데, 바로 "나치 정권은 '집단학살'을 조직하고 시행하는 데 여념 없는 정권"이라 부른 것이었다. 하지만 이는 당시 진행되고 있던 대량학살의 진실을 그려내기에는 턱없이 모자란 것이었다. 11월 7일(소비에트의 기념일) 투친카로 끌려 간 민스크 유대인들은 11월 9일(나치의 기념일) 총살당했다. 5000명이 넘는 사람이 11월 20일 같은 운명을 맞이했다. 제정 러시아를 비롯해 역사 속 그 어떤 제국도 유대인을 이 정도까지 학살한 적은 없었다. 1941년 하반기 어느 날 하루 동안 독일인들이 쏴 죽인 유대인의 숫자는 제정 러시아 전체 역사 속 집단학살로 인한 희생자의 숫자를 모두 합한 것보다 많았다.[4]

독일의 유대인 학살은 소비에트의 전쟁 기획에 별다른 영향을 주지 못했다. 스탈린주의의 관점에서 보면, 중요한 것은 유대인 학살이 아니라 그것이 정치적으로 어떻게 해석될 수 있는가였다. 유대인과 공산주의를 동일시하는 독일의 선전은 단순한 나치의 신념이 아닌 대량학살을 위한 핑곗거리이자 소련에 대한 선전용 무기였다. 만일 소련이 그저 유대인 제국에 지나지 않는다면, (나치의 논의에 따라) 당연히 유대인과 관련 없는 대다수 소비에트 인민은 소련 방어에 나설 이유가 없는 것이었다. 이에 따라 스탈린은 1941년 11월 소련을 군사적으로 방어하는 동시에 이데올로기적으로도 방어할 준비에 들어가고 있었다. 소련은 나치의 주장처럼 유대인의 나라가 아니다. 그것은 러시아인이 가장 많은 비중을 차지하는 소련 전체 인민의 것이다. 유대인들이 민스크에서 죽음의 행진을 벌이던 11월 7일, 스탈린은 모스크바에서의 군사 행진을 검토하고 있었다. 소비에트 인민들의 사기를 끌어올리고 독일에 대한 자신의 자신감을 보여주고자, 그는 실제로 모스크바의 서쪽을 방어하고 있던 붉은 군대의 사단들을 불러들여 대로를 행진하라고 지시했다. 이날 이뤄진 연설을 통해 그는 모두 러시아인인 6명의 혁명 이전 영웅들의 이름을 언급하며, 소비에트 인민들에게 "위대한 선조들"의 선례를 따를 것을 주문했다. 이처럼 절망의 시기, 소비에트의 지도자는 러시아 민족주의에 호소했던 것이다.[5]

스탈린은 스스로 유대인 집단학살에 대해 언급한 지 불과 하루 만에 이렇듯 자기 자신과 인민을 옛 제정 러시아와 연결 짓고 있었다. 소련 서기장으로서, 다른 이들도 아닌 혁명 이전 러시아 역사 속 영웅들을 끌어들이면서 그는 이 유령들과 손을 잡을 수밖에 없었다. 스탈린은 러시아인을 역사의 중심에 두는 방식을 통해, 독일의 침략으로 러시아인들보다 더 큰 고통에 시달린 사람들을 비롯한 여타 소련 인민들의 역할을 암암리에 축소시켜버리고 있었다. 만약 이것이 그가 독일의 침공이 이어지던 어느 날 최측근인 뱌체슬라프 몰로토프에게 말했듯 "위대한 조국 전쟁"이라면, 이 조국이란 대체 무엇인가? 러시아인가 아니면 소비에트 연방인가? 눈앞의 충돌들이 그저 러시아 민족의 자기 방위와 관련된 것이라면, 독일의 유대인 대량학살은 대체 어떻게 봐야 하는가?

다른 연합국 지도자들처럼, 스탈린도 히틀러의 반유대주의 때문에 깊은 딜레마에 빠졌다. 히틀러는 연합국이 유대인을 위해 싸우고 있다고 말했고, 따라서 (국민이 이 주장에 동조할까 우려하던) 연합국은 자신들이 억압받는 국가들(하지만 특히 유대인은 아닌)을 해방시키고자 싸우고 있다는 주장을 펼쳐야 했다. 히틀러의 선전에 대한 스탈린의 답은 이후 그것이 사라질 때까지의 소련 역사를 빚어냈는데, 그 대답은 바로 독일 학살 정책의 모든 희생자는 "소련 국민"이지만 이 소련 국가 구성원의 최대 다수는 바로 러시아인이라는 것이었다. 그의 선전 부장 중 한 명인 알렉산드르 셰르바코프는 1942년 1월 "러시아 인민, 모두 평등한 소비에트 사회주의 공화국 연방의 인민 대중 가운데 첫째, 이들이야말로 독일 침략자들과의 투쟁에서 오는 짐의 대부분을 짊어지고 있다"는 선언을 통해 이를 명백히 밝혔다. 셰르바코프가 저 말을 내뱉기까지 독일인들은 이미 몰로토프-리벤트로프 라인의 동쪽에서 벨라루스 유대인 약 19만 명을 비롯해 100만 명에 이르는 유대인을 학살하고 있었다.[6]

전기도 땔감도 없던 민스크 게토에 살을 에는 추위가 찾아오자 유대인들은 자신들이 있던 그곳을 "죽음의 도시"라고 불렀다. 1941년에서 1942년 사이의 겨울, 민스크에는 전쟁 전 소련 땅이었던 곳에 세

워진 게토 중 최대 규모의 게토가 자리하고 있었고, 수용된 유대인은 추정컨대 7만 명 정도였다. 가장 가까운 시기(1939)에 이뤄진 소련의 인구조사에 따르면, 도시 전체 거주민 23만9000명 중 유대인은 약 7만1000명이었다. 민스크 출신 유대인 일부는 독일이 그곳을 손에 넣은 1941년 6월 말 전에 이미 그곳에서 몸을 피한 상태였고, 아울러 그해 여름과 가을 수천 명 이상이 이미 총에 맞아 숨진 상태였다. 반면 도시의 유대인 인구 자체는 줄곧 불어나고 있었는데 이는 폴란드로부터 그곳에 들어온 폴란드 유대인 난민들 때문이었다. 이들 폴란드 유대인은 앞서 독일이 폴란드를 침공한 1939년에 탈출을 시도했으나, 1941년 독일군에 따라잡힌 후 더 이상 도망칠 길이 없던 터였다. 동쪽으로의 탈출로는 이제 막혀버렸다. 일단 이 지역에서 소비에트의 영향력이 사라지자, 흡사 지옥길과도 같았던 만큼 대신 폴란드 유대인들을 독일의 총구에서 벗어나게 해주던 소련의 강제이주 또한 자취를 감췄다. 일본인 스파이 스기하라가 1940년 리투아니아에서 벌였던 것과 같은 구조활동 역시 더는 찾아볼 수 없었다.[7]

민스크는 백루스(독일인들에게는 벨라루스) 일반인민위원회의 주도였다. 이 일반인민위원회는 소비에트 벨라루스 전체의 약 4분의 1을 차지하고 있었다. 나머지 영역, 즉 벨라루스 소비에트 사회주의 공화국의 동부는 군사 점령 지역으로 남았고, 남부는 우크라이나 자치정부에 편입되었으며, 비아위스토크는 독일 제국의 영토로 병합되었다. 세 발트해 국가와 함께 백루스 일반인민위원회는 동방자치정부를 이루었다. 그런 까닭에 벨라루스인 유대인들은 그들이 민간 점령 구역에 있었든 아니면 좀더 동쪽인 군사 점령 지역에 있었든 태풍 작전이 개시될 당시에는 전선을 넓히던 독일군의 후방에 자리할 수밖에 없었다. 독일 국방군이 진격함에 따라 그들은 살해당했고, 진격이 늦춰지면 그들 중 몇몇은 잠깐 동안 목숨을 부지할 수 있었다. 1941년 말까지 모스크바를 손에 넣으려던 독일의 시도가 결국 실패했던 관계로, 그때까지 민스크에 살아남아 있던 유대인들은 적어도 잠시 동안이나마 죽음을 면할 수 있었다. 극동 지역에 편제되었던 사단들의 합류로 그 힘이 한층 더 강화된 붉은 군대는 소비에트 심장부를 굳게 지켜내고 있었고, 이에 후방 지역 정리를 담당하던 독일의 질서 경찰 대대들까지 전선의 최전방으로 파견되었기 때문이다. 이들 경찰이야말로 이 같은 상황이 아니라면 유대인 사살 임무에 투입될 인력이었다. 11월 말 전선이 교착 상태에 빠지자 독일군은 자신들이 죽이거나 사로잡은 소련군에게서 빼앗은 신발과 외투가 이내 닥쳐올 혹독한 겨울을 버텨내기에는 턱없이 모자라다는 사실을 깨달았다. 따라서 민스크에 있던 유대인 인력들을 추가 생산에 투입해야 했고, 자연스레 그들은 그해 겨울까지는 살려두어야 할 대상이 되었다.[8]

모스크바가 여전히 무너지지 않았기에, 독일은 민스크에 대해 세웠던 자신들의 애초 계획을 포기할 수밖에 없었다. 즉 이곳에 대규모의 굶주림을 빚어낼 수도, 배후지의 소작농들을 완전히 쓸어버릴 수도 없었고, 아울러 현지 유대인 일부 역시 당분간은 살려둘 수밖에 없었던 것이다. 독일은 전쟁포로들을 줄지어 세워 게토 및 도시 내부를 행진하게 함으로써 자신들이 민스크를 완전히 손에 넣었음을 확실히 했다. 전쟁포로의 상당수가 굶어 죽기 직전까지 몰린 1941년 말이 되자, 그들 중 몇몇은 민스크 게토로 도망쳐 겨우 목숨을 건지기도 했다. 게토는 여전히 포로수용소보다는 그나마 나은 장소였던 것이다. 아마도 가장 끔찍한 포로수용소라고 할 수 있었던 거대한 스탈라크 352는 주로 민스크 및 인근의 지식인들이 갇혀 있던 곳이었다. 도시 한복판 시로카야가에 있던 수용소에는 전쟁포로와 유대인들이 함께 수용되었다. 투친카에 있던 소련 내무인민위원회의 시설은 이제 독일의 교도소 및 처형 장소로 기능하고 있었다.[9]

점령한 민스크 지역에 대한 독일의 정책은 매우 야만적이고 종잡을 수 없는 테러였다. 1941년 11월 7일에 있었던 광기 어린 죽음의 행진은 그저 유대인들을 몸서리치게 했던 그리고 앞으로 닥쳐올 자신들의 운명에 대해 어찌할 바를 모르게 만들었던 일련의 피 튀기는 사건 중 하나일 뿐이었다. 전쟁 이전에 이름을 날렸거나 존경받던 이들을 위해 특별한 굴욕 행위들이 준비되었다. 독일인들은 한 저명한 과학자로 하여금 게토 한가운데에 위치한 주빌리 광장을 기어다니라 명령했고, 그것도 모자라 그의 등 위에 축구공을 올려두었다. 그러고는 곧 그에게 방아쇠를 당겼다. 또한 그들은 유대인들을 자신들의 집을 청소시키거나 옷가지를 빨게 할 노예로 삼았다. (오스트리아계) 독일인 의사 이름프리트 에베를은 부인에게 보낸 편지에 자신은 이 "낙원"에서 따로 돈이 필요 없는 상황이라고 적었다. 그는 힘러가 민스크를 방문했을 때 영상으로 기록할 유대인 처형을 담당했다. 에베를은 훗날 그 당시 자신의 모습과 그가 자행한 대량학살이 담긴 영상을 본 것으로 여겨진다.[10]

유대인 여성들은 특별한 방식으로 고통받았다. "인종적 더럽힘"을 단속했음에도 불구하고 몇몇 독일인은 재빨리 강간을 살인의 전주곡으로 만들었다. 적어도 일부 독일인은 유대인 여성들을 두고 일종의 "미인 대회"를 개최하고는, 곧 그 여인들을 묘지로 끌고 들어갔으며, 강제로 옷을 벗긴 뒤, 몸을 그리고 목숨을 빼앗았다. 게토 안의 경우, 독일 군인들은 유대인 소녀들에게 한밤중에 발가벗긴 채 춤을 추도록 했고, 이튿날 아침 그곳에는 소녀들의 싸늘한 시신만 남아 있었다. 페를라 아긴스카야는 1941년 가을 어느 날 밤 자신이 어두운 아파트에서 목격한 일에 대해 다음과 같이 회상하고 있다. "그 작은 방에는 탁자 하나와 침대 하나가 놓여 있었다. 그녀 가슴에 난 깊고 거무스름한 상처에서 나온 피가 그녀의 온몸을 적시고 있었다. 강간당한 뒤 살해된 것이 틀림없었다. 음부 주변에도 총에 맞은 상처가 가득했다."[11]

폭력은 자신감의 산물이 아니며, 그런 까닭에 테러는 완전한 지배가 이뤄지지 못했음을 보여줄 뿐이다. 점령 후 첫 9개월, 즉 1941년 여름에서 1942년 초봄까지 사방이 학살과 강간뿐이었지만 어느 것 하나 민스크에 대한 독일의 완전한 지배를 가져다주지는 못했다.

민스크는 아주 보기 드문 도시로서, 이곳의 사회 구조는 나치의 사고뿐 아니라 점령한 폴란드 지역에서 독일이 얻어온 경험의 산물들에 놀랄 만큼 잘 견뎌내고 있었다. 소비에트의 주요 도시였던 이곳 유대인 역사는 폴란드의 그것과는 사뭇 다른 경로를 밟아왔다. 이미 지난 20년 동안 소련식 사회적 기회 부여와 정치적 탄압이 그들의 삶 곳곳에 녹아들어 있었던 것이다. 도시 지역에 거주하던 유대인들은 앞선 1920년대와 1930년대에 소비에트가 그들의 유대식 종교 및 공동체 조직들을 파괴해버렸던바, 어떤 형태의 전통적 공동체로도 묶어낼 수 없었다. 젊은 세대 유대인들은 자신의 국적을 적는 소비에트 문서에 "벨라루스인" 혹은 "러시아인"이라고 적어낼 만큼 매우 높은 동화 수준을 보이고 있었다. 비록 이 같은 부분이 1941년 이전까지는 그들에게 별다른 의미를 지니지 못했을 테지만, 독일의 지배가 시작된 이후에는 그들의 목숨을 구해주는 역할을 했다. 몇몇 민스크 유대인은 서로의 국적과 종교에 개의치 않거나 아니면 아예 이를 잘 모르던 벨라루스인 또는 러시아인 친구와 동료들을 두고 있었다. 주변 사람들이 그가 유대인이라는 사실조차 몰랐던 매우 눈에 띄는 사례라 할 수 있는 이사이 카지니에츠를 보자. 그는 민스크 지하 곳곳의 공산주의자들을 조직화했는데, 그의 적은 물론이고 그의 동료들조차 그가 유대인이라는 사실을 알지 못했다.[12]

소비에트의 지배는 이 지역에 모스크바의 명령에 무조건 복종하도록 하는 습성을 확실히 뿌리내리지는 못했지만, 대신 특유의 관용과 동화를 불러왔다. 정치적 기획들은 스탈린의 소련에서 어떠한 포상도 받지 못했고, 누가 되었든 주어진 상황 혹은 정치적 노선에 지나치게 열성을 보인 사람은 그 상황이나 노선이 변했을 때 곧바로 위험에 노출되었다. 그런 까닭에 소비에트의 지배는, 특히 1937년에서 1938년까지의 대숙청은 그곳 사람들이 어떤 정치 변동에도 즉각적이거나 자발적인 반응을 드러내지 않도록 만들었다. 1930년대에 민스크에서 조금이라도 눈에 띄는 행동을 했던 사람이라면 누구든 쿠라파트로 끌려가 내무인민위원회 손에 사살당했다. 심지어 모스크바 공산주의자들 입장에서는, 비록 민스크의 소련 시민들 각자 독일에 저항할 나름의 이유를 가지고 있었다 하더라도, 그것만으로는 소련이 훗날 그곳을 회복했을 때 벌어질 박해를 피하기 어려웠다. 스탈린주의가 아래로부터 어떤 유의 자발적 반응도 용납하지 않는다는 것을 알고 있던 카지니에츠와 현지 공산주의자들은 하나같이 조직체 결성을 망설이고 있었다. 그들은 그렇게 각각 고립된 채, 스탈린에 대한 두려움으로 히틀러를 견뎌내고 있었다.[13]

이방인이자 폴란드 출신 유대인 공산주의자였던 헤르시 스몰라르는 민스크 공산주의자와 유대인들에게 어떤 식으로든 행동할 것을 독려하고 있었다. 소비에트와 폴란드 양쪽에서의 경험이라는 이 기이한 경험의 조합은 그에게 흔들림 없이 밀고 나갈 수 있는 여러 기술을 (그리고 아마도 고지식함까지) 선사해주었다. 그는 1920년대 초반을 소련 땅에서 보냈으며, 따라서 당시 민스크에서 가장 많이 쓰이던 러시아어를 구사했다. 공산당 활동이 불법이던 폴란드 땅으로 돌아간 그는 자연스레 비밀 지하활동 및 지방 당국에 맞선 행동들에 익숙해졌다. 폴란드 경찰에 체포되어 감금되었던 관계로, 그는 민스크를 거세게 후려쳤던 스탈린의 대량학살을 피해갈 수 있었다. 바로 폴란드 공산주의자들이 소련으로 초대되어 사살당한 1937년에서 1938년까지의 대숙청 기간을 교도소 안에서 보냈던 것이다. 1939년 소련이 폴란드를 침공함에 따라 석방된 그는 이제 새로운 소련 체제를 위해 일하고 있었다. 스몰라르는 1941년 6월 독일인들을 피해 걸어서 도망쳤고, 결국 민스크까지 오게 되었다. 독일이 민스크를 점령하자, 그는 게토 지하조직을 결성했고, 카지니에츠 같은 사람들에게 이러한 상황에서의 일반적인 지하활동은 모스크바 입장에서도 충분히 용인 가능한 것이었다고 말하며 그들을 설득했다. 카지니에츠는 스몰라르가 대체 누구를 위해 일하는 것인지 알고 싶어했는데, 스몰라르는 그에게 자신은 그 누구도 아닌 오직 자기 자신을 위해 움직인다고 솔직하게 얘기해주었다. 이러한 부정은 오히려 카지니에츠로 하여금 저 말은 위장이며 실제로는 스몰라르가 모스크바의 승인 아래 극비리에 움직이고 있다고 믿게 만들었던 것으로 보인다. 두 사람은 게토 안팎에서 자신들에게 가담하기를 망설일 이유가 없는 공모자 다수를 확보했고, 1941년 초가을이 되자 게토와 도시 양쪽 모두에서 헌신적인 공산주의 지하활동들이 펼쳐지고 있었다.[14]

이러한 지하활동은 독일식 유대인 통제의 수족과도 같았던 유대인 평의회와 유대 경찰력을 무력화시켰다. 점령한 폴란드 지역과 마찬가지로, 점령한 소련 땅에서도 독일은 유대인들을 따로 설치한 게토 구역으로 밀어넣고, 흔히 독일어 '유덴라트'로 알려진 현지 유대인 평의회에게 관리를 도맡게 했다. 독일이 점령한 폴란드 도시들에서 이 유대인 평의회는 보통 전쟁 이전에 공동체 내에서 평판이 좋은 인물들, 독일이 아닌 폴란드 독립 정부 시절에 합법이던 유대 조직체들을 이끌어오던 인물들로 구성되어 있었다. 그러나 민스크에서는 앞서 살펴본 것처럼, 소련이 이미 유대인의 공동 생활 구조를 완전히 없애버린 터라 그러한 리더십을 갖춘 평의회를 구성하는 것이 애초부터 불가능했다. 이곳에서 유대인 엘리트 계층을 대변할 만한 사람들, 그리고 지방 당국과 타협점을 잘 이끌어낼 만한 사람들을 찾기란 하늘의 별 따기였다. 그런 점에서 민스크 유대인 평의회 구성원들은 독일이 거의 무작위로 뽑은 혹은 심지어 그 자리에 앉혀서는 안 될 인물들이 태반이었다. 실제로 그렇게 구성한 유대인 평의회 전체가 지하활동에 힘을 보태고 있었다.[15]

1941년 말과 1942년 초, 게토를 빠져나가고 싶어했던 유대인들은 이들 유대인 평의회에 기댈 수 있었다. 유대 경찰은 탈출이 계획된 경로에서 멀리 떨어져 있을 예정이었다. 사실 민스크 게토는 주변에 가시철조망밖에 없었기 때문에 경찰만 없다면 그 순간을 노려 사람들이 도시 경계와 매우 가까운 숲으로 도망칠 수 있었다. 작은 아이들은 가시철조망 사이를 빠져나와 자신들을 키워주거나 고아원으로 데려다줄 비유대인들에게 도망가기도 했다. 조금 더 큰 아이들은 탈출 경로를 기억해 돌아와서는 근처 숲으로 도망가는 길의 안내자 역할을 맡았다. 이들 중 한 명이었던 시마 피테르손은 들고 있던 공을 통해 뒤따라오던 사람들에게 위험 신호를 보냈다. 아이들은 빠르고 능숙하게 적응했지만 엄청난 위험에 노출되기는 매한가지였다. 한쪽에서는 이런 일들이 벌어지던 와중에, 나치 친위대 상급 장교이자 경찰 간부였던 에리히 폰 뎀 바흐첼레프스키는 독일 점령지에서의 첫 크리스마스를 축하하고자 독일 본토에 있던 나치 친위대 각 가정에 어린이용 장갑과 양말 수천 켤레를 보내고 있었다.[16]

여느 독일 점령지의 유대인들과는 달리, 민스크 유대인들은 달아날 곳이 있었다. 바로 인근의 숲이었다. 그들은 그곳에서 암약하던 소련 빨치산들과 접촉했다. 그들은 독일군이 수없이 많은 전쟁포로를 잡고 있다는 사실을 알았고, 그들 가운데 일부는 숲으로 달아났다는 것도 알았다. 그들은 숲에 머물렀는데, 그러지 않으면 독일군이 그들을 다시 붙잡아 쏴 죽이거나 굶겨 죽일 것임을 잘 알고 있었기 때문이다. 1941년 7월, 스탈린은 당에의 충성도가 높은 공산당원들에게 점령 지역에서 빨치산을 조직하도록 요청했다. 당장은 자발적인 활동이 되겠지만, 언젠가 영향력 있는 활동이 되면 스스로 통제할 수 있으리라 믿으며. 어쨌든 아직은 중앙의 통제가 불가능했다. 숲속에 숨은 병사와 공산당원들은 만약 탈출하지 못했다면, 독일군 앞에서 최대한 자신들의 성향을 감추려 애썼을 것이었다.[17]

하지만 이러한 상황에서도 민스크의 지하 활동가들은 무장한 동료들을 지원하려 애쓰고 있었다. 최소 한 가지 사례만 보더라도 분명한 것이, 게토 지하활동 구성원들은 시로카야가에 있던 수용소에서 붉은 군대의 장교 한 사람을 구출해냈고, 곧 인근 숲의 핵심적인 빨치산 지도자가 된 그는 그 보답으로 유대인들을 구조해주었다. 독일의 공장에서 강제노동을 하던 유대인 노동자들은 중앙 집단군 병사들에게 갈 방한 외투와 신발을 빨치산들에게 빼돌렸다. 군수공장에서 일하던 이들 역시 놀랍게도 이와 똑같은 일을 벌였다. 게토 내 유대인들에게서 정기적으로 "기여금" 명목의 돈을 모으도록 요구받은 유대인 평의회 또한 이렇게 모인 기금 중 일부를 빨치산들에게 빼돌렸다. 이후 독일인들은 소련 빨치산 활동 전체가 게토의 자금 지원을 받은 것으로 결론짓는다. 물론 이것은 유대인의 부에 대한 진부한 편견에서 비롯된 과장이지만, 민스크 게토로부터 있었던 도움 자체는 사실이었다.[18]

—

빨치산과의 전투는 독일의 군사 계획에 있어 그야말로 악몽과도 같았고, 독일군 장교들은 이미 무자비한 자세를 취하도록 훈련되어 있었다. 그들은 오래전부터 소련 군인들을 공산당 정치 장교를 따르는 종으로 보도록 훈련받았으며, 이들 정치 장교는 소련의 군인들에게 불법적인 "아시아적" 방식을 사용하는 빨치산처럼 싸우라고 지시하는 자들이었다. 빨치산을 이용한 전투는 주변의 민간인들이 아닌 제복을 입은 군인끼리 서로를 주목표로 전투를 벌이는 관행을 파괴하는 것이었으므로, 과거에도 (그리고 지금도) 불법이었다. 원칙적으로 빨치산들은 적국의 점령자들로부터 민간인을 보호하는 것이 주목적이지만, 실제에 있어 그들은 점령자들과 마찬가지로 민간인들에게 빼앗은 것으로 연명해야만 한다. 더불어 민간인들 속에 섞여 숨어 있으므로, 그들은 현지 주민들에 대한 점령자들의 앙갚음을 때로는 의도적으로 줄여낸다. 앙갚음은 곧 빨치산들의 선전과 인원 충원에 활용되거나 아니면 앙갚음 후 남은 생존자들을 숲으로 숨어드는 것 말고는 달리 선택할 길이 없게 만들기 때문이다. 독일군은 언제나 물자와 인원이 부족한 상태였고 특히 일선에서의 요구가 많았기에, 군사 및 민간 당국은 더더욱 빨치산들이 불러일으킬지도 모를 혼란을 두려워하고 있었다.[19]

드넓은 숲 지대와 늪지대를 가진 벨라루스는 빨치산 전투에 더없이 이상적인 곳이었다. 독일 육군참모총장은 훗날 이곳에 핵무기를 써 빨치산은 물론이고 늪지대 인구까지 모조리 쓸어버리는 환상에 빠지기도 했다. 물론 그 기술은 당시로서는 실현 불가능한 것이었다. 하지만 그만큼 독일의 군사 계획이 얼마나 무자비했는지, 그리고 자신들이 기존에 알던 것과 완전히 다른 지형이 그들에게 얼마나 큰 공포를 주었는지 짐작할 수 있다. 당시 독일군의 빨치산 억제 방침은 "현지인들의 마음속에 엄청난 공포감을 심어, 감히 저항할 생각조차 못 하게 만들 것"이었다. 나치 친위대 상급 장교이자 경찰 간부였던 바흐는 훗날 대 빨치산 활동으로서의 민간인 학살에 관한 최종적인 설명을 내놓았는데, 그것은 바로 '모든 유대인과 3000만 명의 슬라브족을 없애버리려는' 힘러의 바람이었다는 것이다. 이러한 예방 차원의 테러는 대상이 된 사람들이 어차피 어떤 식으로든(굶주림 계획에서건 동유럽 종합 계획에서건) 죽어야 할 이들이었으므로 독일 입장에서는 별로 손해를 입을 게 없어 보였다. 빨치산 전투를 잠재적 저항을 뿌리 뽑을 기회로 보던 히틀러는 스탈린이 7월 현지 공산주의자들에게 독일에 저항할 것을 촉구하자 기다렸다는 듯 열띤 반응을 보였다. 사실 그는 심지어 소련 침공이 시작되기 전부터 줄곧 병사들에게 민간인을 대상으로 한 학살 등에 대해 책임질 필요가 없음을 강조하며 그들을 안심시켜온 터였다. 이제 히틀러는 군인과 경찰들이 "심지어 그들을 흘깃 흘겨보기만 한 이들까지" 남김없이 죽여버리길 바라고 있었다.[20]

독일은 1941년 말까지는 빨치산 활동을 통제하는 데 별다른 어려움을 겪지 않았고, 그저 끊임없는 유대인 대량학살을 아주 적절한 대응으로 규정했다. 1941년 9월 모길료프 인근에서 벌어진 대 빨치산 전투의 한 장면을 보자. 이 이른바 '임상 실습'의 절정은 바로 유대인 32명에게 총질을 가하는 것으로, 이들 중 19명은 여성이었다. 독일의 기본 방침은 바로 "빨치산이 있는 곳에 유대인이 있으며, 유대인이 있는 곳에 빨치산이 있다"였다. 물론 왜 그러한지를 설명하기는 어려웠다. '유대인의 나약함과 위선'에 대한 반유대주의적 사고방식이 이러한 유의 설명과 한데 엮여 상호작용을 일으켰던 것이다. 실제로 독일군 지휘관들이 유대인들의 실제 무장 가능성에 대해 믿었다고 보기는 어렵지만, 그들은 흔히 유대인들을 빨치산 활동에 돈을 대는 배후 세력으로 여기고 있었다. 민스크 지역의 치안 유지를 맡았던 베호톨샤임 장군은 만일 "한 마을에서 고의적인 파괴 및 방해 행위가 발생한다면, 해당 마을에 사는 유대인 전체를 몰살해야 한다. 이를 통해 그 사태를 일으킨 이들, 아니 적어도 그들의 배후 세력만큼은 확실히 척결할 수 있다"고 했다.[21]

한편, 빨치산 세력이 약한 데다 그에 대한 독일의 보복이 반유대주의적 색깔을 보이던 민스크 지역의 유대인 대다수는 숲으로 도망치는 일을 서두르지 않았다. 민스크에서 그들은 앞서의 무시무시한 여러 상황 속에서도 적어도 집 안에 있을 수 있었다. 주기적으로 벌어진 대량학살에도 불구하고, 최소한 민스크 유대인 전체의 절반 정도는 1942년이 시작되던 당시까지 목숨만은 건진 상태였다.

1942년, 소비에트의 빨치산 활동은 새로운 힘을 얻게 되었고, 이로써 벨라루스 유대인들의 운명이 결정되었다. 1941년 12월, 이미 히틀러는 "세계대전"에 대응해 유럽 내 모든 유대인을 죽이겠다는 열망을 천명했다. 그러나 붉은 군대의 진군은 벨라루스에서 독일의 입지를 약화시킨 핵심 요인이자 유대인 전체를 없애버리겠다는 히틀러의 노골적인 새 열망을 막아선 장애물이었다. 동쪽에서 밀고 들어오는 소비에트의 군대는 심지어 1942년 초 독일 전선들 사이의 간격을 벌어지게 만들 정도였다. "수라시 문Surazh Gates"이라 불리던 북부 집단군과 중앙 집단군 사이의 빈 영역은 반년 동안 공백 상태로 남아버렸다. 1942년 9월까지, 소련은 믿을 만한 인력과 장비를 보내 벨라루스 내 빨치산들의 활동을 지원하고 통솔할 수 있었다. 소련 당국은 그런 식으로 더 혹은 덜 믿을 만한 연락 창구들을 마련할 수 있었다. 1942년 5월이 되자 모스크바에는 빨치산 활동을 전담하는 중앙 참

모 본부가 들어섰다.[22]

유럽의 유대인을 모조리 죽여버리겠다는 히틀러의 분명한 결정은 유대인과 빨치산 사이의 관련성을 과장하여 일종의 추상적인 관념 차원으로까지 끌어올렸다. 곧 유대인들은 독일의 적을 지원하는 자들로서, 우선적으로 몰살해야 할 대상이었다. 힘러와 히틀러는 유대인의 위협을 빨치산의 위협과 결부지었던 것이다. 유대인과 빨치산 사이에 모종의 관계가 있다는 설명이 지닌 논리는 모호하고 문제투성이였지만, 빨치산 전투의 심장부인 벨라루스에 있던 유대인들에게는 아주 명백한 의미를 지닌 것이었다. 군사 점령 지역이던 중앙 집단군 후방 지역에서는 1942년 1월부터 유대인 학살이 다시 시작되었다. 한 기동대원은 자신들이 몰던 트럭에 다윗의 별 기호를 그려두고는, 확성기를 통해 자신들은 유대인을 색출해 처형하는 임무를 수행 중이라고 밝히고 다녔다. 아인자츠그루펜 B의 지휘관들은 자신들 구역에 있던 유대인들을 히틀러의 생일인 1942년 4월 20일까지 한 명도 빠짐없이 없애라는 임무를 받았고, 완수해냈다.[23]

민스크의 민간 점령 당국 또한 이 새로운 방침을 따랐다. 백루스일반인민위원회의 빌헬름 쿠베는 1942년 1월 19일 경찰 지도부와의 만남을 가졌다. 그는 이 자리에서 독일의 위대한 "식민-정치적" 과업은 동부에서 모든 유대인을 죽이라 말하고 있으나 강제노역에 동원할 노동력으로 그들 중 일부는 남겨두어야 한다고 밝혔고, 그 자리에 있던 모든 이가 그의 의견을 받아들인 듯 보였다. 민스크에서의 학살은 5월에 이르러 시작되는데, 그 대상은 바로 노동에 동원된 인력들이 게토 밖에서 노역에 시달리던 낮 시간 동안 게토 안에 남아 있었

던 이들이다.[24]

1942년 3월 1일, 독일인들은 유대인 평의회에 '이튿날까지 유대인 5000여 명을 동원하라'는 명령을 내렸다. 게토 지하활동 세력들은 반대로 그들에게 유대인의 목숨을 가지고 독일과 흥정하지 말 것을 종용했는데, 어찌됐든 그 일은 유대인 평의회 입장에서도 그리 내키지는 않았을 것이다. 몇몇 유대인 경찰은 독일인들이 그 숫자를 채우는 일을 돕기보다는 동료 유대인들에게 이를 피해 숨어 있으라고 알려주는 길을 택했다. 이튿날인 3월 2일까지 숫자를 채우지 못하자, 독일인들은 유대인 고아원을 습격해 그곳에 있던 아이들을 총칼로 잔인하게 살해했다. 심지어 일을 마치고 집으로 돌아가던 애꿎은 노동자들의 목숨을 빼앗기도 했다. 이날 모두 합쳐 약 3412명이 목숨을 잃었다. 당시 이 피바람을 피한 어린이 중 한 명이었던 펠릭스 립스키의 이야기로는, 스탈린의 대숙청 시기에 살해당한 그의 아버지는 폴란드 스파이로 몰려, 다른 사람들과 마찬가지로 어딘가로 끌려간 뒤 다시는 만날 수 없었다고 한다. 이제 그 소년은 자신이 알던 사람들이 싸늘한 시체가 되어 배수로에 던져지는 모습을 봐야 했다. 그는 살가죽, 속옷, 눈으로 뒤덮인 창백한 광경을 기억했다.[25]

1942년 3월 초에 벌인 일이 실패로 돌아가자, 독일은 민스크 지하조직을 파괴하고는 유대인 대량학살에 더욱 박차를 가했다. 그해 3월 말에서 4월 초까지, 유대인과 비유대인 및 몇몇 유대인 평의회 지도자들을 포함한 약 251명의 지하 활동가가 체포되어 처형당했다(지하 활동을 조직했던 카지니에츠도 7월에 같은 운명을 맞이했다). 비슷한 시기에 민스크를 방문한 라인하르트 하이드리히는 그곳에 죽음의 시설물들을 설치하라고 명령했다. 이에 따라 나치 친위대는 민스크 밖 말리 트라스차네츠에 새로운 시설물을 만드는 작업에 들어갔다. 이곳에서는 1942년 5월 초, 약 4만 명이 죽음을 맞게 된다. 독일군 장교의 배우자들은 말리 트라스차네츠에 대해 '말타기를 즐기며 모피 코트(유대인 여자들이 사살되기 전 빼앗은)를 모으기 아주 좋은 장소'로 기억했다.[26]

약 1만 명의 민스크 유대인이 1942년 7월의 마지막 며칠 동안 살해당했다. 마지막 날, 유니타 비시냐츠카야는 자신의 아버지에게 작별 인사가 담긴 편지를 적었다. "죽기 전에 마지막 인사를 보내요. 저들은 어린아이들을 산 채로 무덤에 던진다는데 그게 너무 걱정이네요. 이제 진짜 마지막 작별 인사예요. 입맞춤을, 끝없는 입맞춤을 보내요."[27]

독일인들이 때때로 어린아이들에게 총을 쏘길 꺼렸고, 그래서 대신 그들을 산 채로 시체더미들 사이에 던지고는 그곳에서 시체에 눌려 질식사하도록 했던 것은 사실이다. 그들은 이러한 살인 방식을 통해 자신들이 어린 생명의 불꽃을 직접 꺼뜨리지 않도록 손썼다. 민스크 거리를 돌아다니던 가스 차량의 운전자들 역시 어린아이들을 찾는 일만큼은 피하고자 했다. 주민들은 이 가스 차량을 앞선 대숙청 시기에 돌아다녔던 내무인민위원회의 트럭을 가리킬 때 사용했던 것과 같은 이름, 즉 "영혼 파괴자"라고 불렀다.[28]

소년 소녀들은 자신들이 붙잡힌다면 어떻게 될지 잘 알고 있었다. 그들은 자신들을 비춘 램프를 향해 걸어가며 자신들의 마지막 남은 존엄성이나마 지켜주길 부탁하곤 했다. 이들은 독일군에게 이렇게 말했다. "저기, 제발 부탁이에요. 우리를 때리지 마세요. 순순히 트럭에 오를 테니까요."[29]

—

1942년 봄이 되자 민스크 유대인들은 이제 숲을 게토보다 덜 위험한 장소로 여기게 되었다. 헤르시 스몰라르 스스로는 빨치산 활동을 위해 게토를 떠날 수밖에 없었다. 소비에트 빨치산 대원들 중 민스크 출신 유대인의 숫자는 1만 명 정도였고, 그중 절반가량은 전쟁에서 살아남은 이들이었다. 스몰라르 역시 그런 생존자들 중 한 명이었다. 그러나 빨치산들이 반드시 유대인들의 합류를 반겨야 할 이유는 어디에도 없었다. 그들의 목적은 독일 점령 세력을 무찌르는 것이지 그곳에서 고통받던 민간인들을 돕는 것이 아니었다. 무장하지 않은 채 합류하려는 유대인들은 외면당하기 일쑤였고, 여자와 아이들 역시 마찬가지였다. 심지어 무장한 유대인들조차 때때로 합류를 거부당하거나, 경우에 따라서는 그 무기를 빼앗기고 빨치산들에게 살해당했다. 빨치산 지도자들은 게토에서 오는 유대인들이 독일의 스파이일지도 모른다는 두려움을 품고 있었는데, 이러한 의심이 완전히 터무니없는 것만은 아니었다. 실제로 독일인들은 유대인들의 아내와 아이들을 인질로 잡고는, 만약 가족을 다시 보고 싶다면 숲으로 들어가 빨치산들에 대한 정보를 캐오라고 강요했다.[30]

숲으로 들어간 유대인들의 사정은 1942년을 지나며 몇몇 유대인이 결국 소련의 빨치산 활동 관련 중앙 참모 본부로부터 정식으로 승인받은 자신들만의 저항 조직을 만듦으로써 점차 나아진다. 이스라엘 라피두스는 50여 명으로 이뤄진 조직을 만들었다. 숄렘 조린의 제106 파견대는 이보다 10배 이상의 병력을 보유했고, 유대인들을 구하기 위해 민스크 게토를 습격했다. 개별적인 사례를 살펴본다면, 소비에트 빨치산 대원들 역시 유대인들이 게토를 탈출할 수 있도록 독일의 주의를 딴 곳으로 돌리는 데 일조하기도 했다. 한 사례에 등장하듯이, 빨치산들은 게토 유대인들을 학살하러 가던 독일군을 공격했다. 미르 마을에서 그곳 독일 경찰의 통역을 맡았던 오스왈드 루페이센은 게토로 무기들을 몰래 들여왔고, 게토 유대인 제거 명령이 떨어지자 유대인들에게 이를 알려주었다.[31]

유대인이었던 투비아 비엘스키는 그 어떤 빨치산 지도자들보다 더 많은 수의 유대인을 구조했다. 그는 히틀러와 스탈린 사이에서의 빨치산 전투가 지닌 위험성의 진면목을 파악하는 데 아주 탁월한 재능을 가지고 있었다. 비엘스키는 벨라루스 서부 출신이자 동시에 폴란드 동북부 출신으로, 이 지역은 1939년 소비에트에 병합되었다가 1941년 독일에 그 관할권이 넘어간 곳이었다. 그는 과거 폴란드군에서 복무한 적이 있어 군사 훈련 경험이 있었다. 비엘스키를 포함한 그의 가족들은 과거 소규모 밀수업을 했기에 숲이라는 공간을 잘 알고 있었다. 하지만 그가 가진 전술적 감각은 그 어떤 경험으로도 이룰 수 없을 만큼 놀라운 수준이었다. 한편으로, 비엘스키는 자신의 목표가 독일인을 죽이기보다는 유대인들을 구조하는 데 있다는 것을 명확하게 인지하고 있었다. 따라서 그 자신을 비롯해 그가 이끄는 대원들은 가능한 한 교전을 피했다. 비엘스키는 "싸우거나 죽으려들지 마.

그렇다면 누군가는 살아남을 것이고, 뭐라 해도 우리는 사람들을 구해야 해. 동족을 구하는 것이 독일 놈들을 죽이는 것보다 훨씬 더 중요해"라고 말하곤 했다. 다른 한편으로, 비엘스키는 소비에트 빨치산들이 나타나면 그들과 협력하는 것이 가능했는데 이는 심지어 그들의 목표가 명확히 독일인들을 죽이는 것일 때도 마찬가지였다. 비록 그의 이동식 야영지 구성원 상당수가 여성 및 아이들이었지만, 그럼에도 비엘스키는 소비에트로부터 빨치산 지도자라는 입지를 확고히 받아낼 능력을 가지고 있었다. 저항보다는 구조활동에 치중함으로써 그는 1000명이 넘는 생명을 구해냈다.[32]

비엘스키는 과거 어느 때보다 대규모이면서 동시에 모스크바에 대한 종속도가 높았던 당시 소비에트 빨치산 활동 세력 내에서 매우 이례적인 존재였다. 1942년이 시작되었을 때 벨라루스에는 (소련의 계산에 따르면) 2만3000명 정도의 빨치산이 활동하고 있었는데, 이 숫자는 모스크바에 빨치산 활동 전담 중앙 참모 본부가 들어선 5월에 2배로 늘며, 그해 말이 되자 여기서 다시 2배로 늘어난다. 빨치산들은 1941년까지는 가까스로 버텨냈고, 1942년이 되자 구체적인 군사 및 정치적 목표물들을 받아볼 수 있었다. 이들은 땅속에 지뢰를 심고 기관차와 선로를 파괴했다. 애초의 목표는 독일로부터 식량을 지켜내고, 독일의 지배를 무너뜨리는 것이었다. 실질적으로 독일의 점령 구조를 흔드는 가장 안전한 방법은 작은 마을의 책임자, 교사, 지주 같은 비무장 민간 정부 협력자들 및 그들의 가족을 살해하는 것이었다. 이는 빨치산들의 월권이나 재량권 남용이 아니었다. 오히려 이것은 1942년 11월까지 소비에트 빨치산 활동의 공식 방침이었다. 빨치산들은 전 영역에서 자신들의 영향력을 행사할, 즉 자신들이 "빨치산 공화국"이라 부른 것을 만들어낼 길을 찾고 있었다.[33]

빨치산 작전은 때때로 그것들이 아주 효과적이었던 만큼 벨라루스 민간 유대인과 비유대인들에게 불가피한 피해를 불러왔다. 소비에트 빨치산들은 소작농들이 독일인들에게 식량을 공급하지 못하도록 했는데, 이는 결과적으로 독일이 소작농들의 목숨을 빼앗는 것을 보장할 뿐이었다. 즉 소련의 총이 소작농을 위협했고, 다시 독일이 죽였던 것이다. 일단 독일인들은 자신들이 손에 넣은 마을에서 빨치산들에게 주도권을 빼앗겼다고 생각하면, 마을에 있던 집과 토지를 그야말로 잿더미로 만들어버렸다. 자신들이 곡물을 제대로 수확할 수 없다면, 소련도 절대 거기에 손댈 수 없도록 만든 것이다. 소비에트 빨치산들이 열차를 파괴하면, 그것은 사실상 그 주변 지역 인구의 몰살을 의미했다. 지뢰를 심던 소련 빨치산들은 자신들이 심은 지뢰 일부는 분명 소련인이 밟아 폭발하게 되리라는 것을 알고 있었다. 독일인들이 지뢰 제거를 위해 현지 벨라루스인과 유대인들을 동원해 서로 손을 잡은 채 지뢰밭 위를 걷도록 했기 때문이다. 전반적으로 이러한 인명 손실은 소련 지도부에게 있어 별다른 고려 대상이 아니었다. 그들 입장에서, 독일 점령 지역에 있거나 그곳에서 죽은 이들은 의심할 만한 대상이었고 그런 점에서 심지어 보통의 소비에트 시민보다 더 소모품에 가까운 존재였던 것이다. 빨치산 활동에 대한 독일의 보복 또한 보통 그 생존자들이 되돌아갈 집, 생계 수단, 가족 그 무엇 하나 남기지 않음으로써 빨치산들의 숫자를 더 확실히 증가시켰다.[34]

소련 지도부는 유대인들이 처한 역경 따위는 전혀 신경 쓰지 않았다. 1941년 11월 이후 스탈린은 단 한 번도 유대인들을 히틀러의 희생양으로 꼽지 않았다. 몇몇 빨치산 지휘관은 유대인들을 보호하고자 했다. 하지만 소련은 미국과 영국이 그랬던 것처럼, 유대인 구조를 위한 직접적인 군사 행동을 진지하게 고려한 적이 없었던 것으로 보인다. 소련 체제가 가진 논리는 항상 일선 부대의 독자적인 계획이나 작전 등을 부정했고, 또 인간의 목숨을 아주 가벼이 여기고 있었다. 어찌됐든 게토의 유대인들은 강제노역을 통해 독일의 전쟁에 힘을 보태고 있었고, 따라서 그들이 웅덩이에서 죽음을 맞는 일은 모스크바 지도부에게 있어 별다른 고려 대상이 아니었다. 반대로, 독일을 돕지 않고 오히려 그들을 방해하고 있는 유대인들은 독자적인 계획을 수립할 위험한 능력을 지닌 자들이기에, 훗날 소련의 지배에도 저항할 수 있는 이들로 비쳤다. 스탈린주의의 논리에 의하면, 그런 점에서 유대인들은 게토에 남아 독일에 봉사를 하고 있든 아니면 그곳을 빠져나와 독자적인 행동을 할 능력을 보여주든 어떤 식으로든 미심쩍은 이들이었다. 앞서 민스크 현지 공산주의자들이 섣불리 행동에 나서지 못했던 것은 결국 옳았음이 입증되었다. 유대인들의 저항과 저항 조직 결성은 모스크바의 빨치산 활동 전담 참모 본부에 의해 게슈타포의 위장 전술로 매도되었다. 민스크 유대인들을 구조하고 소련 빨치산들을 지원했던 사람들은 이렇게 히틀러의 도구라고 낙인찍혔다.[35]

레프 크라베츠가 기억하듯이, 빨치산에 들어간 유대인 남성들은 "이미 그것만으로도 해방되는 기분"을 느꼈다. 이와 달리 유대인 여성들의 사정은 대부분 좋지 못했다. 빨치산 대원들 사이에서 소녀 및 여인들의 기본 직함은 "매춘부"였고, 여성들은 보호자를 찾는 일 외에 달리 선택의 여지가 없었다. 이런 상황은 아마도 빨치산들과 함께 살아남은 로사 게라시모바가 "정말이지 견딜 수 없는 하루하루였지만, 어찌됐든 그들은 날 구해주었지요"라고 회상하며 말한 바와 같을 것이다. 일부 유대인 그리고 비유대인 빨치산 지휘관들은 여자와 아이 및 나이든 이들을 위한 "가족 야영지"를 보호하고자 했다. 운 좋게 가족 야영지로 오게 된 아이들은 빨치산의 보호를 받는 유대인들과 이를 쫓는 독일인들의 모습을 그린 숨바꼭질 놀이를 하곤 했다. 이것은 분명 이들의 사례에서는 틀림없는 일이다. 그러나 빨치산들이 약 3만 명의 유대인을 구한 것은 사실이지만, 이들의 행동이 모든 것을 고려했을 때 과연 유대인 학살을 방지한 것인지 아니면 오히려 그것을 촉발시킨 것인지는 분명치 않다. 전선 후방에서 벌어진 빨치산 전투는 독일 경찰력과 군대의 주의를 최전방에서 배후지로 돌렸고, 이곳에서 경찰 및 군인 대다수는 모두 빨치산들을 쫓아 그들과 교전을 벌이는 것보다는 그저 유대인을 죽이는 것이 더 편하다는 사실을 발견했기 때문이다.[36]

1942년 하반기, 독일의 대 빨치산 작전은 유대인 대량학살과 따로 구분하기 어려운 수준이었다. 히틀러는 1942년 8월 18일 벨라루스 내 빨치산들을 그해 말까지 "완전히 몰살시킬 것"을 명령했다. 물론 그 기한까지 유대인 역시 모조리 없애버려야 한다는 것은 이미 잘 알려진 사실이었다. 총살의 완곡한 표현인 "특별 조치"라는 말은 유대인과 벨라루스 시민들에 대한 보고서 양쪽 모두에서 등장한다. 둘의 시행에 대한 기본 논리는 순환적이지만 그럼에도 왠지 모르게 눈에 들어오는 부분들이 있다. 이를 한번 살펴보자. 먼저 유대인들은 1941년부터 애초에 "빨치산으로서" 죽여야 할 대상이었는데, 이때만 하더라도 아직 제대로 된 빨치산들의 위협은 없던 시점이었다. 그 뒤 1942년 일단 그 같은 빨치산 활동이 시작되자, 이들과 관련된 민간인들은 "유대인들과 마찬가지로" 몰살시켜야 할 대상이 되었다. 빨치산과 유대인의 동일시는 오직 두 집단 모두가 완전히 사라져야만 끝난다는 하향 궤적의 수사를 통해 끊임없이 강조되었다.[37]

1942년 중반까지 유대인의 숫자는 급격히 줄었지만 빨치산의 숫자는 반대로 가파르게 증가하고 있었다. 이는 벨라루스 시민들의 이른바 처리 방식을 유대인 처리 방식과 전례 없이 비슷하게 만든 것을 제외하면, 나치의 사고방식에 아무런 영향도 주지 못했다. 빨치산들의 세력이 너무 강대해져 그들을 공격하기 어려워짐에 따라, 더불어 유대인의 숫자가 너무 줄어들어 이들 또한 공격 대상으로 삼기 힘들어짐에 따라, 독일인들은 자신들의 지배 아래 있던 비유대 벨라루스인들을 전에 없이 무시무시한 학살의 물결 속으로 밀어넣었다. 독일 경찰의 관점에서 본다면, '마지막 해결책'과 대 빨치산 작전의 구분은 모호한 것이었다.

한 가지 간단한 사례를 들어보자. 1942년 9월 22일에서 23일, 빨치산들과 관련 있다는 표면상의 이유를 들어 마을 세 곳을 파괴하고자 310 보안경찰 대대가 파견되었다. 첫 번째 마을인 보르키에서 있었던 일이다. 경찰들은 그곳에 있던 모든 사람을 체포하고는 남자, 여자, 어른, 아이 할 것 없이 700미터 정도 걸어가게 했다. 그러고는 그들에게 삽을 나누어주며 곧 파묻힐 곳을 스스로 파내도록 지시했다. 경찰들은 이날 아침 9시부터 저녁 6시까지 단 한순간도 쉬지 않고 이들 벨라루스인 소작농 남자 203명, 여자 372명, 어린아이 130명에게 방아쇠를 당겨댔다. 보안경찰은 "믿을 만한" 이들로 분류된 104명은 남겨두었는데, 물론 이들이 그 난리통 뒤에 어떻게 살아남았는지는 알 길이 없다. 경찰 대대가 다음 마을인 자블로이체에 도착한 시간은 새벽 2시였다. 새벽 5시 30분, 마을을 에워싸는 작업을 완료한 그들은 그곳에 있던 사람 전원을 학교 건물로 몰아넣고 남녀노소 다 합쳐 284명을 사살했다. 이제 세 번째 마을인 보리솝카로 가보자. 경찰 대대는 이곳에서 도합 169명의 남자, 여자, 아이들에 대한 학살 보고를 올렸다. 이로부터 4주 뒤, 이번에는 이들에게 노동 수용소에 있는 유대인을 완전히 쓸어버리라는 명령이 떨어졌다. 310 질서 경찰 대대는 10월 21일 461명의 유대인을 학살하면서 앞의 사례들에서와 마찬가지 방식을 사용했다. 한 가지 차이가 있다면 희생자들 모두 일찍부터 수용소에서 감시당하고 있었기에, 갑작스런 학살에 앞 사례들의 희생자들만큼 놀라지는 않았다는 점이다.[38]

새로운 공세에도 불구하고, 대 유대인 "전쟁"은 1942년 독일이 유일하게 승기를 잡고 있던 전쟁이었다. 북부 집단군은 여전히 레닌그라드를 포위하기만 한 상태였고, 중앙 집단군은 모스크바를 향해 단 한 발짝도 나아가지 못하고 있었다. 남부 집단군은 원래 계획상 볼가강과 캅카스의 지하자원을 확보하기로 되어 있었다. 분명 일부 병력이 1942년 8월 볼가에 도달하는 데 성공했지만, 이들은 스탈린그라드를 손에 넣는 데는 실패했다. 독일군은 러시아 북부를 지나 일사천리로 캅카스에 들어섰으나, 혹독한 겨울로 말미암아 중요 지역들을 확보하는 데는 성공하지 못했다. 이것이 동부 전선에서 독일이 취한 마지막 대공세였다. 1942년 말까지 독일은 벨라루스에서 최소한 20만8089명의 유대인을 학살했다. 하지만 이 같은 유대인 학살은 붉은 군대의 발목을 잡기는커녕 빨치산들의 활동조차 둔화시키지 못했다.[39]

전선 후방에 배치할 인력 부족 및 전방으로의 인원 충원 압력에 시달리던 독일은 1942년 가을 대 빨치산 전투를 좀더 효율적으로 만들고자 했다. 힘러는 그 지역 나치 친위대 상급 장교 및 경찰 지휘부에 있던 바흐를 민간 점령 구역의 대 빨치산 작전 수장으로 임명한다. 실상 책임자는 그의 대리이자 힘러 덕에 겨우 나치 친위대 경력이 끝장나지 않았던 주정뱅이 쿠르트 폰 고트베르크였다. 그는 전쟁터에서 단 한 차례의 부상도 입지 않았으나, 그가 탄 자동차가 과일나무를 들이받는 사고로 한쪽 다리(더불어 나치 친위대 장교직)를 잃은 인물이었다. 힘러는 이런 고트베르크의 의족 값을 치러주었을 뿐만 아니라 그를 장교직에 복직시켜주었다. 벨라루스에 배정된 것은 고트베르크의 입장에서는 자신이 가지고 있는 남자다움을 보여줄 절호의 기회였다. 고작 1개월의 경찰 훈련 뒤 그는 자신만의 전투단을 만들었고, 이들은 1942년 11월에서 이듬해 11월까지 왕성한 활동에 들어간다. 첫 다섯 달 동안 이뤄진 작전을 통해 이들 전투단원은 약 9432명의 "빨치산", 1만2946명의 "빨치산 용의자", 1만1000명의 유대인에 대한 학살 보고를 올렸다. 다시 말해, 전투단은 하루 평균 200명을 사살했

는데 물론 그 대부분은 민간인이었다.[40]

그 누구보다 악랄한 잔혹 행위를 벌였던 이들은 바로 1942년 2월 벨라루스에 도착한 나치 친위대 소속의 디를레방거 특무단이었다. 그 잔혹함에 있어 벨라루스 지역은 물론이고 제2차 세계대전의 전 무대를 통틀어 오스카어 디를레방거에게 견줄 만한 인물은 찾아보기 힘들었다. 알코올 중독인 동시에 마약 중독자였던 그는 매우 폭력적인 성향을 지니고 있었다. 디를레방거는 제1차 세계대전이 끝난 뒤 독일 우익 의용군에 가입해 전투에 참여했으며, 공산주의자들을 괴롭히는 일에 더불어 계획경제에 대한 자신의 박사 논문을 작성하며 1920년대 초를 보냈다. 그는 1923년 나치에 가입했으나 일련의 교통사고와 미성년자 성폭행으로 자신의 정치적 미래를 위태롭게 만들었다. 1940년 3월 힘러는 그를 주로 타인의 사유지에서 사냥하다 수감된 범죄자들로 이뤄진 특별 사냥 여단의 책임자 자리에 앉힌다. 일부 나치 지도자는 이들이 법의 압제에 저항하는 순수한 원시 게르만족의 모습을 간직한 사람들이라며 낭만적인 시선을 보내기도 했다. 이 사냥꾼들이 처음으로 배정된 곳은 루블린이었고, 그곳에서 살인자 및 정신이상자들의 합류로 좀더 강화된 전력을 갖게 되었다. 벨라루스로 온 디를레방거와 사냥꾼들은 빨치산들과 교전을 벌이기도 했으나, 그들이 주로 행했던 일은 바로 있어서는 안 될 곳에 있던 마을의 민간인들을 살해하는 것이었다. 디를레방거가 즐겨 사용한 방법은 현지 주민들을 불러 모아 헛간에 가두고 불을 지르는 것으로, 밖으로 도망치는 이들에게는 여지없이 기관총 사격이 가해졌다. 이 나치 친위대 소속 디를레방거의 특별 부대가 벨라루스에 배치되어 있는 동

안 적어도 3만 명의 민간인이 이들 손에 목숨을 잃었다.[41]

디를레방거의 부대는 그저 이미 극심한 공격에 시달리고 있던 정규군을 지원하기 위해 벨라루스에 파견된 여러 무장 친위대 및 질서 경찰 부대 중 하나일 뿐이었다. 1942년 말까지, 독일 군인들은 극심한 피로에 시달리고 있었고, 패배를 직감하고 있었으며, 민간인들에 대한 일반적인 의무들을 지키지 않아도 되는 상태였다. 또한 그들에게는 빨치산을 극도로 잔인하게 대하라는 명령이 떨어진 상태이기도 했다. 대 빨치산 임무를 배정받은 군인들을 맞이한 것은 자유자재로 모습을 드러냈다 사라질 수 있는 그리고 자신들은 모르는 현지 지형지물을 아주 잘 알고 있는 적과 싸워야 하는 데서 오는 불안감이었다. 독일 국방군은 이제 언젠가부터 민간인, 특히 무엇보다 유대인 대량학살을 주요 과업으로 삼아오던 경찰 및 나치 친위대와 협력하고 있었다. 이들의 임무가 빨치산 몰살이라는 것은 모두가 아는 사실이었다. 이러한 상황에서 민간인 사망자 수는 독일의 정규 군사 작전 계획의 세부 지침들이 무엇이든 엄청나게 높을 수밖에 없었다.

1942년 중반부터 그 이후 독일의 주요 작전은 이른바 "거대 작전"이라 불린 것으로, 그것은 실제로 벨라루스 유대인뿐만 아니라 벨라루스 민간인들까지 학살하기 위해 고안된 것이었다. 독일인들은 빨치산들을 물리칠 수 없게 되자, 빨치산들의 전투를 지원할지도 모를 민간인을 살해했던 것이다. 각 부대에는 매일 특정 숫자만큼의 이른바 살인 할당이 배정되었는데, 이는 보통 마을을 포위하고 그곳 거주민들을 총으로 쏴 죽이는 일을 통해 달성되었다. 그들은 사람들을 배수로에 늘어서게 해 총을 쏘거나, 아니면 디를레방거와 그의 사례를 모방한 경우에서처럼 헛간에 몰아넣고 불 지르기 혹은 강제로 지뢰밭 걷게 만들기 등을 이용했다. 1942년 가을에서 1943년 초까지, 독일은 게토 및 빨치산과 관련 있다고 판단된 모든 마을을 폐허로 만들어버렸다. 1942년 11월에 있었던 늪지열 작전 당시 디를레방거 부대는 그때까지 바라나비치 게토에 살아남아 있던 유대인 8350명을 죽이고는 389명의 "노상강도"와 1274명의 "노상강도 용의자"의 목숨을 빼앗았다. 이러한 학살을 이끈 이는 바로 동방자치정부 나치 친위대 상급 장교 및 경찰 지휘부를 맡고 있던 프리드리히 예켈른으로, 앞서 우크라이나 카마네츠포딜스키에서 있었던 대량 사살과 라트비아 리가 게토에서의 이른바 정리 작업을 조직했던 바로 그 인물이었다. 1943년 2월의 이른바 2월 작전은 슬루츠크 게토에 대한 청소 작업, 다시 말해 유대인 약 3300명에 대한 사살과 함께 시작되었다. 슬루츠크 서남부 지역에서 독일인들은 9000명이 넘는 유대인을 학살했다.[42]

1943년 초까지 벨라루스인들, 특히 젊은 남성들은 독일 세력과 소련 빨치산 사이의 목숨을 건 대결에 얽혀 들어갔고, 그것은 양 진영의 이데올로기를 무의미하게 만들었다. 인력 부족에 시달리던 독일은 이전부터 현지 남성들을 자신들의 경찰력(그리고 1942년 하반기에는 "방위"민병대)으로 충원시켰다. 이들 중 대다수는 전쟁 이전에는 공산주의자로서 살아온 터였다. 빨치산들 역시 1943년이 되자 그들 나름대로 독일 경찰력으로 복무하던 벨라루스인들을 자기편으로 모집하기 시작했는데, 이는 이 인력들이 이미 최소한의 무장 및 훈련을 받은

터였기 때문이다.[43]

이는 현지의 정치적 혹은 이데올로기적 헌신보다는 독일 국방군의 전투 실패에서 기인한 것으로, 이것이 결국 벨라루스인들이 어느 편에 서서 싸울지를 결정했던 것이다. 남부 집단군의 여름 공세는 실패로 돌아갔고, 제6군 전체가 스탈린그라드 전투에서 궤멸당했다. 1943년 2월 독일군의 패배 소식이 벨라루스에 당도하자 그 전까지 독일에 봉사하던 무려 1만2000명에 이르는 경찰력과 민병대 인력은 독일을 등지고 소련 빨치산에 가담했다. 어느 보고에 따르면, 2월 23일 단 하루 동안 800여 명이 이러한 진영 이동을 했다고 한다. 이는 곧 1941년에서 1942년 사이 나치에 봉사하며 유대인을 죽였던 몇몇 벨라루스인이 1943년이 되자 소련 빨치산에 가담했음을 뜻한다. 이것으로 끝이 아니다. 이들 벨라루스인 경찰을 모집한 빨치산 정치장교들 중 일부는 과거 벨라루스인 경찰을 피해 게토를 도망쳐 나와 목숨을 건진 유대인들이었다. 즉 유대인들은 홀로코스트에서 살아남고자 자신들을 괴롭혔던 가해자들을 동료로 모집했던 것이다.[44]

오직 유대인들 혹은 1943년 벨라루스에 남아 있던 소수의 유대인들만이 양 세력 중 어느 한쪽에만 설 확실한 이유를 가지고 있었다. 그들은 이번 전쟁에서 독일의 명백한 적으로 선언된 상태였고 또 그러한 독일의 적대감은 곧 학살을 의미했기에, 빨치산 활동의 위험성에도 불구하고 유대인들이 소비에트에 가담할 이유는 충분했다. 벨라루스인들(그리고 러시아인 및 폴란드인들)에게 있어 그 위험성은 유대인들의 그것보다는 낮았지만 어찌됐든 어느 편에도 연루되지 않을 가능성은 점점 사라지고 있었다. 결국 어느 한쪽을 위해 목숨 걸고 싸울 수밖에 없는 처지에 놓인 벨라루스인들 입장에서, 어느 쪽에 서는가는 대부분 전적으로 운에 달린 문제였다. 인원 모집 자체가 그야말로 젊은 남성들에 대한 강제 징집에 지나지 않았기에, 어느 편에 서게 되는가는 해당 마을에 소비에트 빨치산 혹은 독일 경찰이 인원 모집을 위해 나타났을 때 누가 남아 있었는가 여부에 따라 결정되었던 것이다. 양 세력 모두 이러한 자신들의 인원 충원 대부분이 우연에 따라 이뤄진 것을 알고 있었기에, 신입의 충성심을 시험하게 한답시고 이들에게 '상대편에 서서 싸우다 붙잡힌 친구 또는 가족 구성원의 숨통을 직접 끊을 것' 따위의 터무니없는 입단 시험을 강요했다. 점점 더 많은 수의 벨라루스인이 빨치산 혹은 독일이 급조한 경찰 및 준군사 집단에 얽혀들어감에 따라, 앞서와 같은 사례들은 이 사람들이 처한 상황의 본질을 적나라하게 드러냈는데, 그것은 바로 벨라루스가 외세에 의해 갈기갈기 찢긴 사회가 되어버렸다는 사실이다.[45]

다른 곳과 마찬가지로 벨라루스에서도, 독일의 현지 정책은 해당 시점의 통상적인 경제적 관심사 및 고려에 의해 결정되었다. 1943년, 독일은 식량 부족 문제보다 인력 부족 문제로 골머리를 앓고 있었고, 이에 따라 벨라루스 지역의 정책 역시 바뀐다. 소련과의 전쟁이 예상외로 길어지고 시간이 지날수록 독일 국방군에 끔찍한 피해가 쌓여감에 따라, 독일인들은 자국 내 농장과 공장을 떠나 전선으로 충원될 수밖에 없었다. 독일 경제가 돌아가기 위해서는 이들의 빈자리가 누군가로 채워져야만 했다. 헤르만 괴링은 1942년 10월 수상쩍은 마을의 벨라루스인들을 총살에 처하기보다는 붙잡아 독일로 보내 강제노

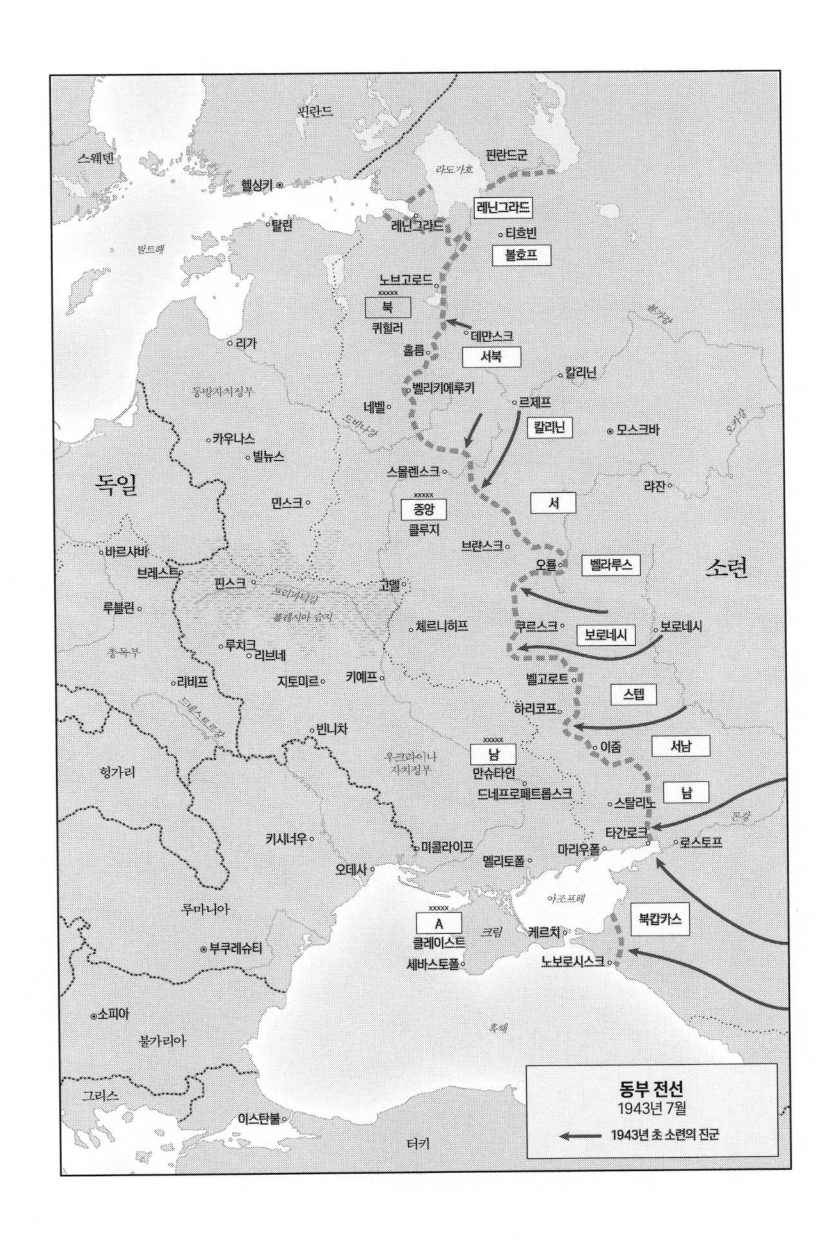
핀란드
스웨덴
핀란드군
라도가호
헬싱키
레닌그라드
탈린
레닌그라드
티흐빈
볼호프
발트해
노브고로드
북
퀴힐러
데만스크
리가
홀름
서북
칼리닌
동방자치정부
벨리키에루키
네벨
르제프
칼리닌
모스크바
카우나스
빌뉴스
독일
스몰렌스크
라잔
민스크
중앙
클루지
서
바르샤바
브랸스크
오룔
벨라루스
소련
브레스트
핀스크
고멜
루블린
프리퍄티강
폴레시아 습지
체르니히프
쿠르스크
보로네시
보로네시
루치크
리브네
총독부
리비프
지토미르
키예프
벨고로트
스텝
하리코프
빈니차
이줌
서남
남
우크라이나
자치정부
만슈타인
헝가리
드네프로페트롭스크
스탈리노
남
돈강
타간로크
키시너우
미콜라이프
로스토프
오데사
멜리토폴
마리우폴
아조프해
루마니아
A
크림
케르치
북캅카스
클레이스트
부쿠레슈티
세바스토폴
노보로시스크
소피아
흑해
불가리아
동부 전선
1943년 7월
1943년 초 소련의 진군
그리스
이스탄불
터키

동을 시키라는 특별 명령을 내리기에 이른다. 일할 수 있는 사람들은 설사 독일에 맞서 무기를 든 전력이 있다 하더라도 죽이기보다는 강제노동을 위해 "선발"하라는 것이었다. 이때쯤 괴링이 그런 결정을 내린 데에는 나름의 이유가 있는 것으로 보인다. 즉 이들의 노동력은 이제 이들이 제국에 바칠 수 있는 유일한 자원이자 이들의 죽음보다 더 중요한 의미를 지녔던 것이다. 실제로 당시 소비에트 빨치산들은 과거 그 어느 시점보다 벨라루스 전역을 마음껏 주무르고 있었으며, 독일의 식량 사정은 전에 없이 좋지 못한 상태였다. 벨라루스 소농들이 벨라루스 내에서 독일을 위해 일할 수 없다면, 최선은 이들을 독일에서 강제로 일하게 하는 것이었다. 이는 짙게 드리운 죽음의 그림자와 같은 것이었다. 히틀러는 1942년 12월 괴링의 명령에 담긴 의미를 명백히 한다. '노동력으로서 쓸모없다고 판단된 여자와 아이들은 총살에 처하라'는 것이었다.[46]

이것은 동부에서 강제노동에 쓸 인력을 징발하던 독일의 정책이 그 마지막 장에 이른 사례였다. 그들의 강제노동력 징발은 동방 총독부의 폴란드인들을 대상으로 시작되었고, 이내 우크라이나로 확대되었으며, 이곳 벨라루스에서 마침내 그 피비린내 나는 정점을 찍었던 것이다. 전쟁이 끝날 때까지 동쪽에서 끌려온 그 대다수가 슬라브족인 약 800만 명의 외국인이 제국 안에서 노역에 시달리고 있었다. 이것은 나치의 인종주의적 기준에서 보더라도, 다소 엇나간 결과물이 아닐 수 없었다. '자랑스러운 독일인들'은 수백만 명의 "인간 이하의 존재들"을 죽이고자 독일 밖으로 나아가 그 목표를 달성하기는커녕 마찬가지로 수백만 명의 "인간 이하의 존재들"을 독일로 들여와 일을 시키고 있을 뿐이었다. 하지만 이것은 만일 그들이 애초에 이들 "인간 이하의 존재들"을 죽이러 나가지 않았다면 그들 자신이 하고 있었을 일이었다. 독일 밖에서 이뤄진 대량학살과는 별개로, 결국 그들이 벌인 일의 순수한 결과는 독일 전역을 과거 그 어느 때보다 더 슬라브족으로 가득한 이른바 슬라브의 땅으로 만들어버린 것이었다. (이러한 뒤틀림은 그때까지 살아남은 유대인들이 강제노동을 위해 독일 내 수용소로 보내진 1945년 초 극에 달한다. 그간 약 540만 명의 유대인을 인종적인 적으로 몰아 살해해온 독일인들이 이제는 고국 밖으로 학살 원정을 떠나지 않았다면 학살자인 자신들이 하고 있었을지도 모를 일을 시키고자, 그때까지 살아남은 유대인들을 고국 땅으로 들여왔던 것이다.)

새로운 이 정책 아래 독일 경찰 및 군인들은 벨라루스 여성과 아이들을 살해했고, 그들의 남편이나 아버지이자 형제인 사람들은 노동 노예로 삼았다. 따라서 1943년 봄과 여름에 이뤄진 대 빨치산 작전은 무엇보다 노예화 작전의 성격이 짙었다. 그러나 노예사냥과 빨치산 관련 빙자 대량학살은 때때로 소비에트 빨치산들의 저항에 부딪히기도 했고, 이에 따라 독일은 어느 정도 손해를 보기도 했다. 1943년 5월과 6월에 있었던 (각각 오페라와 오페레타 이름에서 따온) 명사수 그리고 집시 남작 작전에서, 독일의 목표는 민스크 지역의 철도와 더불어 독일에서 쓸 노동력을 확보하는 것이었다. 그들이 남긴 보고에 의하면 이 작전으로 3152명의 "빨치산들"이 죽었고, 1만5801명의 노동인력이 독일로 보내졌다. 하지만 독일 측도 사망자 294명이라는 손실을 입었다. 이는 만일 보고된 빨치산 사망자들이 민간인(실상 대부분)이 아닌 진짜 빨치산들이라고 가정(물론 그릇된)해본다면, 비율이야

독일 1 대 빨치산 10이라는 정말 말도 안 되는 것이었지만, 어찌됐든 그 숫자만큼은 상당했다.[47]

1943년 5월에 벌어진 코트부스 작전을 통해, 독일은 민스크에서 약 140킬로미터 떨어진 지역에서부터 빨치산들을 모조리 쓸어버리고자 했다. 독일군은 마을이란 마을은 만나는 족족 주민들을 불러 모아 헛간 등에 몰아넣고는 그곳을 잿더미로 만들어버리는 일을 반복했다. 이튿날이 되면 마을에 있는 것은 불타고 남은 사람의 팔다리를 입에 물고 있는 돼지와 개 같은 주인 없는 동물들의 모습뿐이었다. 공식 기록상 사망자는 6087명이지만, 이 작전 당시 디를레방거 부대 단독으로 올린 보고에만 1만4000명의 사망자가 존재한다. 사망자 대다수는 여성과 아이들이었고, 약 6000명의 남성은 강제노동을 위해 독일로 보내졌다.[48]

헤르만 괴링의 이름을 딴 1943년 여름의 헤르만 작전에서, 이러한 경제적 논리는 그 절정에 이르렀다. 독일 전투 집단들은 7월 13일에서 8월 11일 사이 자신들이 작전을 수행할 지역을 고른 뒤 향후 써먹을 수 있는 남성 노동력을 제외한 거주민들을 한 명도 남김없이 학살하고, 가져올 수 있는 재산 및 물품을 챙겨 해당 지역을 잿더미로 만들라는 명령을 받게 된다. 현지 벨라루스인 및 폴란드인들을 대상으로 한 노동력 선발 과정 후, 선발되지 못한 여성과 아이 그리고 노인들은 그 자리에서 총에 맞았다. 이 작전은 벨라루스 서부에서 진행되었는데, 그곳은 과거 소련에 침략당해 기존 폴란드 영토에서 1939년 소련의 영토로 병합된 그리고 다시 1941년 독일에게 유린당한 땅이었다.[49]

이 땅이 폴란드 땅으로 수복되어야 한다고 믿었던 폴란드 빨치산들 역시 이 지역 숲속을 누비고 있었다. 그러했기에 이곳에서 독일의 대 빨치산 작전들은 소비에트 빨치산(1939년에서 1941년까지의 지배 세력을 대변하는)과 폴란드 지하활동 세력(폴란드 독립 및 1918년에서 1939년까지 폴란드 영역과 영토 보전을 위해 싸우는) 모두를 대상으로 하고 있었다. 이들 폴란드 지하 세력은 폴란드 망명 정부군 소속으로, 런던에 망명해 있던 폴란드 망명 정부의 지시를 따르고 있었다. 폴란드는 연합국의 일원이었던바 원칙상 폴란드 군대는 소비에트와 손을 잡고 독일에 맞서 싸워야 했다. 그러나 소련과 폴란드 양쪽 다 이곳, 즉 소비에트 벨라루스 서부(소련의 관점에서) 혹은 폴란드 동북부(폴란드의 관점에서) 땅에 대한 관할권을 주장하고 있었기에 현실에서의 양상은 생각보다 복잡하게 돌아가고 있었다. 폴란드 전사들은 무법이 판치는 소비에트와 독일군 사이에 낀 자신들의 모습을 발견하곤 했다. 폴란드군이 모스크바의 명령을 따르지 않자 소비에트 빨치산들은 폴란드 민간인들에 대한 대학살을 자행했다. 예컨대 1943년 5월 나리보키에서는 127명의 폴란드인이 소비에트 빨치산들의 총에 목숨을 잃었다.[50]

붉은 군대의 장교들은 1943년 여름 협상을 빌미로 폴란드 망명 정부군 장교들을 초대하고는 약속 장소로 나오던 그들을 기습해 살해했다. 소비에트 빨치산 활동 지휘관은 폴란드 망명 정부군들을 독일에 넘겨버려야 하며, 그러면 독일인들이 이들을 넘겨받아 총살에 처해줄 것이라고 봤다. 소련으로부터 이런 대접을 받는 사이, 폴란드 군대는 독일군에게도 공격을 받고 있었다. 폴란드 지휘관들은 독일과 소련 모두와 다양한 접촉을 가졌지만, 어느 쪽과도 진정한 의미의 동맹을 맺을 수 없었다. 어찌됐든 폴란드의 궁극적인 목표는 전쟁 이전에 보유했던 영역까지를 확보한 독립국으로서의 폴란드를 수복하는 것이었다. 이곳 벨라루스 늪지대에서 이것이 얼마나 어려운 일이 될지는 히틀러의 힘이 스탈린의 그것에 무너져 내리며 점차 더 명확해지고 있었다.[51]

독일인들은 1943년의 헤르만 작전 및 그 후속 작전들로 그 일대 주민들이 몰살당한 지역을 "죽음의 땅"이라 불렀다. 이곳 죽음의 땅에서 색출해낸 사람들은 그야말로 "좋은 사냥감"이었다. 독일 국방군의 제45경비연대는 1943년 4월에 벌어진 부활절 토끼 작전을 통해 민간인들을 학살했다. 1943년 봄 벨라루스로 파견된 아인자츠그루펜 D 소속 잔여 부대들이 이 작전 수행에 힘을 보탰다. 이들은 스탈린그라드에서 패한 남부 집단군의 잔존 병력들이 발을 빼던 러시아 및 우크라이나 남부에서 온 이들이었다. 아인자츠그루펜 D의 원래 임무는 저항이 보고된 지역의 민간인 학살을 통해 독일군의 후퇴 작업을 보장하는 것이었다. 하지만 벨라루스에서는 저항이 있건 없건 이들 눈에 들어온 마을이라면 모조리 약탈 후 불살라지는 운명을 맞이했다. 이제 아인자츠그루펜 D는 앞서 자신들이 먼 남쪽 지역에서 그래 왔던 것처럼, 원래의 주목적이랄 수 있던 독일 국방군의 후퇴를 돕는 일 따위는 안중에도 없이 오직 학살이라는 하나의 작업에만 매진하고 있었던 것이다.[52]

이른바 죽음의 땅 만들기에 의존한다는 것은 이미 독일 스스로도 소련군이 조만간 벨라루스로 돌아올 것을 알고 있음을 뜻했다. 남부 집단군(막대한 손실을 입은 채 여러 이름으로 싸우고 있던)은 뒤로 물러 나는 중이었고, 북부 집단군은 여전히 의미 없이 레닌그라드를 에워싸고 있었다. 벨라루스 자체는 분명 아직까지는 중앙 집단군의 전선 뒤쪽에 해당됐지만 이는 그리 오래가지 않을 운명이었다.

독일의 점령 기간에 벨라루스에 있던 독일의 군사 및 민간 지도부가 깨달은 것은 바로 대규모 테러는 여러 측면에서 별 도움이 되지 못한다는 사실이었다. 아울러 독일이 붉은 군대를 무찔렀을 경우를 염두에 둘 때, 벨라루스 인민들이 독일을 지지하도록 만들기 위해서는 테러가 아닌 다른 수단을 이용해 결집시켜야 했음 또한 분명해졌다. 물론 이것은 불가능한 일이었다. 독일이 점령한 여느 소련 지역들과 마찬가지로, 독일은 벨라루스 인민 대다수가 차라리 과거 소련의 지배를 바라게끔 하는 데 아주 탁월한 모습을 보여왔기 때문이다. 벨라루스로 파견된 한 독일인 선전 전문 요원은 자신이 이곳 인민들에게 할 수 있는 이야기는 사실상 아무것도 없었다는 보고를 올리기도 했다.[53]

독일의 후원을 받던 해방 러시아 인민군(러시아어 약자로 RONA)은 독일이 현지인들에게 지지를 얻고자 했던 가장 극적인 시도였다. 이들을 이끌었던 인물은 브로니슬라프 카민스키였다. 그는 과거 1930년대에 소비에트 특별 정착지로 보내져 노동교화형을 받은 이력이 있는 인물로서, 러시아 국적의 소련 시민이자 폴란드인인 동시에 독일인의 혈통 또한 가지고 있었다. 카민스키는 자신을 집단화에 반기를 든 이로 소개했다. 독일은 그에게 러시아 서북부 로코트에서 벌였던 지방자치정부 실험을 허가했다. 카민스키는 이곳에서 대 빨치산 작전을 맡았고, 현지 주민들에게는 집단농장 시절과는 달리 자신들이 생산한 것을 정말로 가져도 좋다는 허가가 떨어졌다. 전세가 독일에게 불리하게 돌아가자, 카민스키와 그의 조직은 벨라루스에서도 과거와 마찬가지의 역할을 수행하고자 러시아에서 이곳 벨라루스로 파견되었던 것이다. 카민스키는 여기서도 소비에트 빨치산과 싸우라는 명령을 받았지만, 그를 비롯해 그가 이끌던 집단은 자신들의 근거지에서 제 몸 하나 지켜내는 것이 고작이었다. 그도 그럴 것이, 벨라루스 현지인들은 해방 러시아 인민군을 그저 말로만 사적 소유권을 내세우며 실상은 땅을 빼앗는 외국인으로 여길 뿐이기 때문이었다.[54]

1942년과 이듬해인 1943년, 백루스 일반인민위원회를 책임지고 있던 빌헬름 쿠베는 현지 주민들을 독일이 아닌 붉은 군대에 저항하도록 만들고자 그간 독일 식민지 정책의 기본 원리로 자리 잡았던 몇 가지를 뒤집으려 했다. 그는 벨라루스인들의 국적과 각종 권리를 인정하고, 현지 학교 지원 및 현지인들로 구성된 다양한 자문위원회와 민병대를 조직했다. 여기에 1943년 6월이 되자 농업 집단화를 폐지하고, 벨라루스 소농들의 토지 소유를 보장하는 법령을 선포하기까지 했다. 그러나 이 정책은 더더욱 터무니없는 것에 지나지 않았다. 실제로 이미 대부분의 농업 지역이 집단농장을 반대하는 이는 즉시 살해하는 빨치산들의 손아귀에 있었다. 또한 그사이 독일군과 경찰도 농장 약탈 및 방화, 농장주와 그 가족 살해, 농부들을 독일에 보내 강제노동 인력으로 활용하는 등 빨치산들 못지않게 사적 소유권을 인정해주지 않고 있었다. 이처럼 독일인들이 벨라루스 소농들의 생존권을 무시하는 모습이었기에, 벨라루스 농부들은 독일의 사적 소유권 보장에 대한 선전을 진지하게 받아들이지 않았다.[55]

설령 쿠베가 어찌어찌 성공했다 하더라도, 그가 펼친 정책들은 독일이 펼치려던 동쪽 지역 식민지화 정책이 사실상 불가능한 것임을 드러낼 뿐이었다. 당초 계획상 슬라브족들은 굶겨 죽이고 추방시켜야 할 존재였지만, 쿠베는 이들의 도움에 힘입어 자신의 지역을 지배하며 적들과 싸우고자 했다. 집단농장은 식량을 얻기 위해 계속 유지되어야 할 것이었으나, 쿠베는 벨라루스인들에게 이것을 폐지하겠다 하고 사적 농토를 허락했다. 소비에트와 나치 모두의 정책들을 철회하던 쿠베가 보여준 것은 농업 지역에 대해 양쪽이 기본적인 차원에서는 별반 다를 게 없다는 사실이었다. 소련의 내부적 식민화이건 독일의 인종주의적 식민화이건 둘 다 확고한 결의에 찬 경제적 착취를 골자로 하고 있었다. 다만 독일이 좀더 잔악무도했고, 그들이 벌인 학살이 현지인들에게 좀더 놀랍고 강렬한 인상을 남겼기에, 소련의 지배는 그나마 덜 악독한, 심지어 해방으로 여겨지기 시작했던 것이다. 여기에 소비에트 빨치산들이 마침내 쿠베의 실험에 종지부를 찍기에 이른다. 바로 1943년 9월 가정부가 침대 밑에 설치한 폭탄이 터져 쿠베가 사망했던 것이다.[56]

—

벨라루스에서는 다른 어느 곳보다 나치와 소비에트의 시스템이 서로 겹치고 얽힌 채 상호작용하고 있었다. 다른 지역에 비해 상대적으로 작은 이 지역은 격렬한 전투, 빨치산 작전, 대규모의 잔학 행위가 집중적으로 펼쳐지던 장이었다. 또한 이곳은 모스크바를 손에 넣는다면 무슨 짓이든 벌일 독일 중앙 집단군의 후방 지역이자, 벨라루스 전선에 배치되어 이곳의 수복을 노리는 붉은 군대의 목표지였다. 독일 정부와 빨치산 어느 한쪽도 완전히는 접수하지 못한 지역으로서, 각각은 현지 주민들의 충성을 끌어낼 만한 물적 혹은 도덕적 유인책이 마땅히 없던 상황에서 그저 테러라는 수단에 의존하고 있었다. 더불어 이곳은 유럽 유대인 인구의 밀집 지역이자 이들 앞에 파멸이라는 운명이 놓여 있던, 하지만 동시에 보기 드문 저항 또한 가능했던 곳이었다. 아주 예외적인 몇몇 지역을 빼면 민스크와 벨라루스에서 히틀러에 저항한 유대인의 숫자는 그 어느 곳보다 많았고, 이들은 소비에트를 지원하지 않고서는 나치 지배에 저항할 수 없었다. 비엘스키와 조린의 부대는 당시 유럽 최대 규모의 유대인 빨치산 조직이었다.[57]

중간 지대도, 경계 지역도, 가장자리도 없었다. 그나마 위안을 삼을 법한, 대량학살에 대한 진부한 사회학적 어구 따위는 그 무엇도 적용될 수 없었다. 그것은 인간이 스스로를 끝없이 파괴하는 파멸의 연쇄였다. 독일은 유대인을 빨치산으로 몰아 살해했고, 이에 여러 유대인은 빨치산의 일원이 되었다. 이들은 소련 정권을 위해 일하고 있었으며, 민간인을 대상으로 한 앙갚음을 완화시키려던 소련의 정책에 힘을 보태고 있었다. 벨라루스에서 벌어진 빨치산 전쟁은 전쟁의 관행을 무시하고 전선 전후의 충돌을 부채질한 히틀러와 스탈린 두 사람 사이의 비뚤어진 상호작용이 빚어낸 결과물이었다. 일단 바르바로사 작전과 태풍 작전이 실패로 돌아가자, 전선 뒤편의 독일이 처한 상황은 재앙과도 같았다. 애당초 대 빨치산 작전은 독일이 세운 대부분의 계획과 마찬가지로 재빠른 그리고 완전한 승리에 달려 있었다. 독일이 준비해둔 인력은 분명 유대인을 학살하기에는 충분했지만 빨치산들과 싸우기에는 턱없이 모자란 상황이었다. 충분한 인력이 없던 상황에서, 독일인들은 학살을 하면서도 불안에 떨고 있었다. 테러는 전력을 증강시키는 요소로 작용했다. 그러나 증강된 전력은 궁극적으로 스탈린의 그것이었다.

소비에트 빨치산들의 활동이 있었고, 독일은 이를 저지하려 했다. 하지만 현실에서 독일의 정책은 그저 무차별적인 대량학살에 지나지 않았다. 독일 국방군의 한 보고를 살펴보자. 그들은 1만431명을 사살했으나, 빼앗은 무기라곤 고작 총기 90점뿐이었다. 이는 사망자 거의 전원이 사실상 민간인이었음을 뜻한다. 디를레방거 특무대는 자신들의 첫 희생양인 1만5000명의 사망자를 발생시키면서 겨우 92명의 손실만 입었으며, 그마저 대부분 아군의 오인 사격 또는 음주사고로 인한 것임이 분명했다. 이 같은 비율은 희생자들이 비무장 상태의 민간인이지 않고서는 불가능한 것이었다. 독일인들은 대 빨치산 작전이라는 미명 아래 점령한 소비에트 벨라루스 내 각기 다른 5295곳에서 벨라루스 (혹은 유대인, 폴란드인, 러시아인) 민간인들을 살해했다. 수백 곳에 달하는 이들 마을과 도시는 모두 잿더미가 되었다. 대체로 보아, 독일은 대 빨치산 작전을 통해 약 35만 명의 목숨을 빼앗았고, 희생자의 적어도 90퍼센트는 무장하지 않은 상태였다. 또한 그들이 벨라루스에서 살해한 유대인의 숫자는 대 빨치산 작전에서 희생된 3만 명을 포함해 총 약 50만 명에 달했다. 물론 이 3만이라는 숫자가 어떻게 계산되어야 하는지는 분명치 않다. 이들을 독일의 '마지막 해결책'으로 희생된 유대인으로 봐야 할까, 아니면 대 빨치산 작전 당시 앙갚음으로 목숨을 잃은 벨라루스 민간인으로 봐야 할까? 독일인들 스스로도 현실적인 이유에서 이러한 구분을 잘 못 하는 경우가 다반사였다. 어느 독일인 지휘관이 자신의 일기장에 털어놓았듯이, "벙커와 가옥에서 불에 탄 도적떼와 유대인들은 계산에 넣지 않았다".[58]

1941년 당시 소비에트 벨라루스 땅에 있던 900만 명 중 약 70만 명의 전쟁포로, 50만 명의 유대인, 빨치산으로 몰린 32만 명(이들의 절대다수는 무장하지 않은 민간인이었다)을 포함한 약 160만 명이 전장과 관련 없는 지역에서 독일인들 손에 목숨을 빼앗겼다. 이 세 부류에 대한 전면적인 작전은 유럽 동부에서 독일이 벌인 세 가지 대규모 잔학 행위를 구성했고, 한데 모여, 엄청난 적의와 위력으로 벨라루스 전역을 덮쳤다. 여기에 더해, 소비에트 벨라루스에 있던 또 다른 수십만 명은 붉은 군대의 일원으로서 전사했다.[59]

소비에트 빨치산들 또한 전체 사망자 수가 늘어나는 데 한몫 거들고 있었다. 그들은 1944년 1월까지 소비에트 벨라루스 지역에서 1만 7431명을 배신자로 몰아 살해했다는 보고를 올렸는데, 물론 이 숫자는 그 외 다른 이유로 빨치산들에게 살해당한 민간인들 그리고 이 시점 이후에 목숨을 빼앗긴 사람들은 포함하지 않은 수치였다. 벨라루스에 있던 총 수만 명에 달하는 사람들이 이른바 배신에 대한 응징이라는 미명 아래 (혹은 폴란드로부터 빼앗은 서부 지역에서는 계급의 적으로 몰려) 빨치산들에게 목숨을 잃었다. 수만 명이 넘는 현지인이 소련이 점령했던 1939년에서 1941년, 체포된 뒤 거의 예외 없이 죽음을 맞이했는데, 특히 1940년에서 1941년 사이에 벌어진 카자흐스탄으로의 강제이주에서는 마지막까지 살아남은 이가 없을 정도였다.[60]

제2차 세계대전 기간에 벨라루스 땅에서 대략 총 200만 명의 인명 손실이 있었다고 보는 것은 적당하면서도 오히려 수치를 비교적 적게 잡은 것으로도 볼 수 있다. 이 밖에 100만 명이 넘는 사람이 독일을 피해 달아났고, 또 다른 200만 명이 강제노동을 위해 끌려가거나 여타 이유로 원래 살던 곳에서 자취를 감추었다. 1944년에 시작된 소련의 강제이주로 25만 명이 넘는 사람이 폴란드로 추방당했으며, 수만 명 이상이 수용소로 끌려갔다. 전쟁이 끝날 때까지, 벨라루스 전체 인구의 절반이 죽거나 사라졌다. 이것은 유럽의 그 어떤 나라도 겪지 못한 비극이었다.[61]

그러나 독일의 계획은 그들이 실제로 달성했던 것보다 더했다. 민스크 스탈라크 352를 비롯한 여러 포로수용소에서 벌어진 수감자 굶기기는 그저 굶주림 계획상 예견된 수많은 죽음 중 하나일 뿐이었다. 특정 지역의 농부들을 흔적도 없이 쓸어버린 것은 동유럽 종합 계획에 있던 대규모 벨라루스 인구 감소 계획에 비하면 아주 작은 규모였다. 약 100만 명의 벨라루스인이 강제노동을 위해 끌려갔지만, 동유럽 종합 계획상에서처럼 모두가 죽을 때까지 강제노역에 시달린 것은 아니었다. 도시 지역 유대인들에 대한 대규모 몰살이 시작된 곳이자 대 빨치산 교습소가 들어선 모길료프는 원래 계획에서는 거대한 학살 시설물들이 들어설 장소였다. 하지만 그렇게 되지 못했고, 나치 친위대가 모길료프에 만들라고 지시한 화장터는 결국 아우슈비츠에 세워졌다. 민스크도 애초 계획에서는 모길료프와 마찬가지로 화장터를 갖춘 죽음의 시설물들이 들어설 곳이었다. 여기에 더해 일단 학살 작업이 완료되면, 민스크는 완전히 새로운 장소로 바뀔 예정이었다. 빌헬름 쿠베는 민스크를 완전히 쓸어버리고는, 그곳을 북유럽 신화에 등장하는 신들의 낙원 이름에서 따온 '아스가르드'라는 독일인 정착지로 만들 구상을 가지고 있었다.[62]

나치의 유토피아들 가운데 이것 또한 독일의 애초 계획과 정확히 일치한 것은 아니었지만, 어쨌든 실현된 부분은 유대인 학살뿐이었다. 다른 곳들과 마찬가지로 벨라루스에서도 '마지막 해결책'이란 것은 그 원래 개념보다 더 과격화된 잔혹 행위들이었다. 당초 소비에트 유대인들은 독일 제국 건설을 위해 죽을 때까지 일을 시키거나 아니면 더 먼 동쪽으로 쫓아버릴 존재들이었다. 이것은 불가능한 일임이 분명해졌고, 동부에 있던 유대인 대부분은 자신이 살던 곳에서 목숨을 빼앗겼다. 민스크에서는 예외적인 경우도 찾아볼 수 있었다. 이들은 흔히 엄청난 규모의 또 다른 폭력에 참여하는 것을 대가로 도망치거나 살아남은 유대인들, 아니면 강제노동을 위해 끌려간 유대인들로서, 후자의 경우 다른 이들보다 조금 더 늦게 그리고 때때로 고향에서 한참 떨어진 곳에서 숨을 거두었다. 1943년 9월, 민스크 최후의 유대인 몇몇은 독일이 점령한 폴란드에 있던 소비부르란 이름의 시설로 끌려간다.[63]

그곳에서 이들은 심지어 벨라루스에서조차 몰랐던 죽음의 시설을 마주하게 된다. 짐작했을지 모르겠지만, 그곳에서는 상상할 수 있는 모든 종류의 공포가 이미 그 모습을 드러내고 있었다.

8 장

히틀러, 살육 공장을 돌리다

약 540만 명의 유대인이 독일의 세력권에서 목숨을 잃었다. 이들 중 거의 절반이 몰로토프-리벤트로프 라인 동쪽에서 살해되었으며, 대부분은 총에 맞아 그리고 일부는 독가스를 마시고 숨을 거두었다. 나머지 사람들은 반대로 몰로토프-리벤트로프 라인 서쪽에서 대체로 독가스에, 일부는 총탄에 끔찍한 죽음을 맞이했다. 몰로토프-리벤트로프 라인 동쪽에서는 1941년 절반 기간에, 즉 독일의 점령이 시작된 첫 6개월 동안 100만 명의 유대인이 죽임을 당했다. 몰로토프-리벤트로프 라인 서쪽에 있던 유대인들은, 동쪽의 유대인들보다 훨씬 전부터 독일의 통제 아래 있었으나 동부 유대인들보다 더 늦은 시점에 목숨을 빼앗겼다. 동쪽에서는, 경제적으로 가장 생산적이랄 수 있는 젊은 남성들이 전쟁 초 며칠 혹은 몇 주 동안 눈에 띄는 즉시 총살당하기 일쑤였다. 그 뒤 경제적 논리는 "쓸모없는 식충들"인 여성, 어린

아이, 노인들을 향했다. 몰로토프-리벤트로프 라인 서쪽에 위치한 게토들은 곧이어 있을 (루블린, 마다가스카르, 러시아로의) 강제이주를 준비하도록 되어 있었다. 물론 그것이 실제로 이뤄질 날은 결코 오지 않았다. 1939년에서 1941년 사이에 벌어진 마지막 해결책의 최종 버전에 대한 불확실성이 뜻하는 바는 바로 몰로토프-리벤트로프 라인 서쪽의 유대인들을 노동력으로 써먹어야 한다는 것이었다. 이것은 결국 유대인들을 멸종시키기보다는 남겨두어야 한다는 모종의 경제적 논리를 만들어냈다.

동방 총독부 및 독일에 병합된 폴란드 땅에 있던 폴란드 유대인들을 대상으로 한 대량학살은 독일의 점령이 시작되고 2년 이상의 시간이 흐른 뒤, 그리고 유대인들이 게토에 격리된 지 약 1년 이상의 시간이 흐른 뒤 시작되었다. 이들 폴란드 유대인은 6곳의 주요 시설, 즉 동방 총독부에 있던 4곳, 제국에 편입된 지역에 있던 2곳의 시설에서 독가스에 살해되었다. 이 시설들은 하나의 조합으로서 작동하거나 아니면 1941년 12월에서 1944년 11월까지 그러했듯 헤움노, 베우제츠, 트레블린카, 마이다네크, 아우슈비츠에 있던 또 다른 시설들과 궤를 맞춰 작동했다. 몰로토프-리벤트로프 라인 서쪽에서 벌어진 핵심 학살 작전은 바로 '라인하르트 작전'으로, 이를 통해 1942년 베우제츠, 소비부르, 트레블린카 등지에서 약 130만 명의 폴란드 유대인이 독가스 중독으로 숨을 거두었다. 이 작전의 화려한 마지막을 장식한 곳은 아우슈비츠로, 이곳에서는 폴란드 유대인 약 20만 명과 기타 유럽 지역의 유대인 70만 명 이상이 가스실로 끌려갔고, 학살의 대부분은 1943년에서 1944년 사이에 이뤄졌다.[1]

라인하르트 작전의 기원은 히틀러가 품은 열망에 대한 힘러의 해석에 있었다. 소련군 전쟁포로를 대상으로 시행했던 가스 실험이 꽤나 성공적인 결과를 내놓았음을 알고 있던 힘러는 1941년 10월 13일 무렵 자신의 부하였던 오딜로 글로보츠니크에게 유대인들을 처리할 새 가스 시설을 만들 것을 주문했다. 글로보츠니크는 나치의 인종주의적 이상을 위한 중대 실험지대였던 동방 총독부 루블린 지구의 나치 친위대 및 경찰 지휘부 소속이었다. 그는 이미 오래전부터 자신의 구역에 수백만 명의 유대인이 들어오기를, 그리고 그들을 식민 노동 노예로 삼기를 고대하던 인물이었다. 소련 침공 개시 후, 글로보츠니크는 동유럽 종합 계획의 실행을 맡게 되었다. 비록 소련 침공 실패로 몰살적 식민화를 위한 그의 거대한 기획 대부분이 뒤로 미뤄졌지만, 글로보츠니크는 그 일부를 자신의 관할 구역이자 각자의 고향으로부터 쫓겨온 약 10만 명의 폴란드인이 있던 루블린 지구에 실제로 시행한다. 그가 원했던 바는 바로 "동방 총독부의 유대인은 물론 폴란드인들까지 깨끗이 쓸어버리는 것"이었다.[2]

글로보츠니크는 1941년 10월 말까지 새로운 가스 시설이 들어설 장소를 물색해온 터였는데, 그곳은 바로 루블린 동남쪽에 위치한 베우제츠였다. 이 장소에 대한 이용 계획의 변화는 나치의 유토피아가 기존의 몰살적 식민화에서 아예 몰살 그 자체로 바뀌었음을 보여준다. 1940년만 하더라도, 베우제츠에 노예 노동을 위한 장소를 마련하던 글로보츠니크의 머릿속에는 200만 명의 유대인이 이곳에서 대전차용 참호를 맨손으로 파내는 장면이 떠오르고 있었다. 그가 이러한 환상을 품을 수 있었던 것은 마지막 해결책 초기 버전의 경우 그

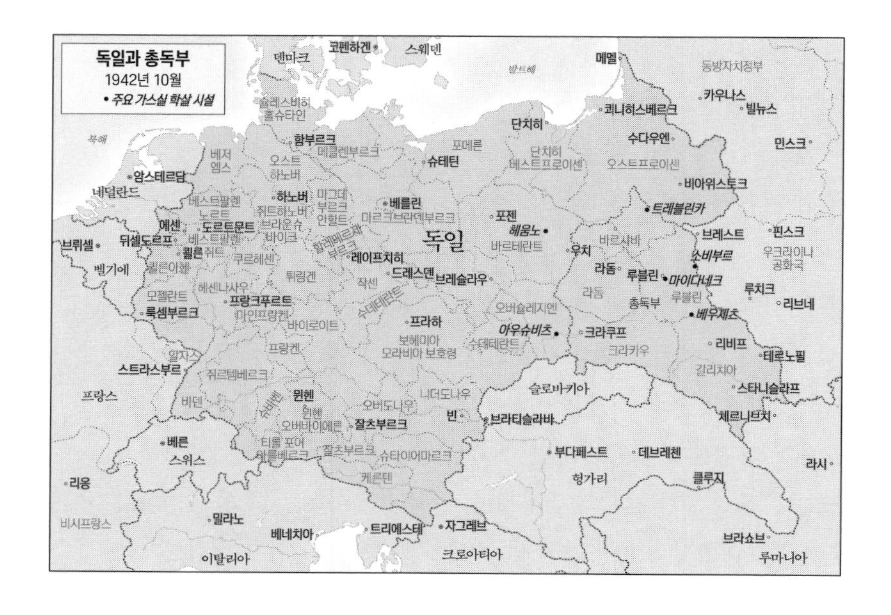

의 루블린 지구로 수많은 유럽 유대인이 들어오는 내용을 담고 있었기 때문이다. 하지만 막상 닥쳐보니 글로보츠니크의 손에 들어온 베우제츠 유대인 노예 노동력은 단 3만 명에 그쳤다. 결국 그는 1940년 10월 마침내 자신이 세운 국방 계획을 포기하기에 이른다. 그로부터 1년 후 힘러와의 면담에서 그는 이 장소를 다른 방식으로 활용해볼 것을 떠올리는데, 바로 그곳을 유대인 몰살을 위한 장소로 사용한다는 것이었다.[3]

글로보츠니크는 대량 사살 작전을 시행하기에는 인력이 부족했던 곳이면서, 그렇다고 폴란드인들을 무장시켜 보조 인력으로 쓰기에는 뭔가 꺼림칙했던 몰로토프-리벤트로프 라인 서쪽에서, 독일인들이 좀더 수월하게 유대인을 학살할 방법을 만들어내기에 이른다. 베우제츠에 들어설 시설은 소수의 독일인 지휘관만 운영에 참여하면 될 것이었다. 여기에 필요한 기초 노동력은 유대인 노예에게 맡길 것이고, 시설 경비 및 작동은 주로 루블린 지구 트라브니키 훈련소에서 선발한 비독일인들이 맡을 것이었다. 첫 트라브니키 인력들은 전쟁포로수용소에서 데려온 붉은 군대 포로들이었다. 이들은 대다수가 소비에트 우크라이나인이었지만, 그 외 다른 소련 연방 국가 출신들 또한 포함하고 있었으며, 심지어 러시아인을 비롯해 간혹 유대계 혈통까지 찾아볼 수 있었다. 그러므로 이들 인력의 선발은 우연 혹은 무작위로 이뤄진 것이었다. 독일인들은 가능한 경우라면 독일계 소련인을 선호했다.[4]

트라브니키 인력들의 임무 변화는 베우제츠의 용도 변경과 마찬가지로, 히틀러의 유토피아가 어떤 식으로 탈바꿈했는지를 보여주었다. 글로보츠니크의 초기 계획상 이들 인력은 정복한 소련 땅에서 독일의 지휘를 받는 경찰력으로 쓰일 터였다. 그러나 소련 정복은 사실상 이뤄질 수 없는 일이 되었으므로 트라브니키 인력들은 또 다른 특별 임무에 쓰여야 했는데, 그것은 바로 폴란드 유대인들이 독가스를 마시고 쓰러져갈 죽음의 시설물을 운영하는 일이었다. 이들은 이 일에 동원되었을 때 그러한 일반 계획에 대해 전혀 모르고 있었고, 그와 관련된 어떤 정치적 혹은 개인적 이해관계도 가지고 있지 않았다. 그들에게 있어 폴란드는 그저 외국이었고, 그곳 유대인들도 마찬가지로 단지 외국인일 뿐이었다. 그래도 짐작건대 그들은 한사코 자신들이 맡은 일을 계속 하고자 했을 것이다. 그 일 덕에 굶어 죽기 직전의 상태를 벗어날 수 있었으니까. 심지어 그들이 어떤 식으로든 독일인들에게 저항할 만한 용기를 가지고 있었다 하더라도, 자신들이 소련으로 돌아가서 무사하지 못하리라는 것은 깨닫고 있었다. 굴라크와 스탈라크를 벗어나며, 이미 그들은 스스로에게 독일의 협력자라는 배신의 낙인을 찍어버린 터였다.

1941년 12월, 트라브니키의 인력들은 검은 제복을 입은 채 경사로 및 철로 건설을 돕고 있었다. 이는 조만간 베우제츠와 이어지는 기찻길이 뚫린다는 것을 뜻했다. 소련 국민이 독일의 학살 정책에 노동력을 보태고 있었던 것이다.[5]

베우제츠는 수용소가 될 곳이 아니었다. 사람들은 수용소에서 밤을 보낸다. 베우제츠는 학살 공장이 될 것이었고, 유대인들은 그곳에 당도하자마자 살해당했다.

이러한 시설에서 독일이 사용하던 전형적인 방식은 다음과 같았다. 일단 그곳에 도착한 사람들은 모두 샤워를 해야 한다는 말을 들었는데, 물론 이것은 그들이 가진 귀중품을 빼앗기 위한 거짓말에 지나지 않았다. 이렇게 귀중품을 빼앗긴 이들은 곧 일산화탄소에 중독돼 숨을 거두게 된다. 앞선 1939년에서 1941년 사이, 독일에서는 이미 여섯 곳의 학살 시설이 장애인, 정신병자를 비롯해 이른바 "살려둘 가치가 없는 인간들"에 해당되는 사람들의 목숨을 빼앗기 위해 가동되고 있었다. 히틀러의 총통부는 바르테란트 내 폴란드 장애인들을 대상으로 한 가스 실험 뒤, 독일 국민을 학살하기 위한 비밀 프로그램을 준비했다. 이 프로그램은 의사, 간호사, 경찰 간부들을 중심으로 운영되었으며, 핵심 기획자는 히틀러의 주치의였다. 대량 살상의 의학은 아주 간단했다. 일산화탄소CO는 산소O_2에 비해 혈액 속 헤모글로빈과 훨씬 더 잘 결합하고, 이에 따라 신체 조직에 산소를 공급하는 적혈구의 정상 작동을 막는다. 희생자들은 표면상 의료적 실험 및 치료라는 미명하에 시설로 오게 되는데, 실제로는 가스통에서 나오는 일산화탄소로 질식하게 될 "샤워장"으로 인도된다. 금니를 한 희생자들은 미리 등 뒤에 분필로 표식을 해두었는데, 이는 그들이 죽은 뒤 금니를 회수하기 위해서였다. 아이들이 첫 희생양이었고, 부모들에게는 이들이 치료 과정에서 어떻게 죽었는지를 적은 가짜 소견서가 전달되었다. 이 "안락사" 프로그램의 희생자 대다수는 비유대 독일인이었다. 물론 장애를 가지고 있던 독일 유대인들은 아무런 검사조차 없이 곧바로 살해당하기 일쑤였다. 어느 학살 시설을 돌리던 인력들은 1만 번째 화장을 축하하기 위해 해당 시신에 꽃을 두르기도 했다.[6]

"안락사" 프로그램 종식 선언은 글로보츠니크에게 폴란드 유대인 학살을 위한 신식 가스 기술을 개발하라는 임무가 떨어진 바로 그 시점에 이뤄졌다. 자국 내 반발이 거세질 것을 우려한 히틀러가 프로그램을 중단할 것을 지시한 1941년 8월까지, 안락사 프로그램은 7만 273명에 대한 사망 집계를 기록했고, 치명적인 가스를 이용한 기만적 학살 모델을 정립했다. "안락사" 프로그램은 관련 기술을 보유한 일단의 경찰 및 의사 집단을 만들어냈고, 그것의 중단은 이들 인력의 용도가 사라졌음을 뜻했다. 1941년 10월, 글로보츠니크는 자신이 짠 유대인 학살 시설을 돌리기 위해 이들 중 일부를 루블린으로 불러 모았다. 글로보츠니크를 도와 폴란드 유대인들을 가스로 살해했던 전체 450명 중 92명쯤 되는 인물들이 앞선 "안락사" 프로그램 운영 경력을 보유하고 있었다. 가장 중요한 인물은 전부터 "안락사" 프로그램을 감독했던 크리스티안 비르트였다. 히틀러 총통부 책임자가 말했듯이, "내가 이끄는 조직 구성원들 중 상당수가 가능한 한 최선의 결과를 내놓을 유대인 문제 해결책 시행에 동원될 것"이었다.[7]

"안락사" 프로그램 시행자들의 경험을 활용했던 것은 글로보츠니크만이 아니었다. 바르테란트 헤움노에 자리한 가스 시설물 역시 "안락사" 프로그램의 기술적 경험들을 이용했다. 글로보츠니크의 루블린 지구가 히틀러의 "게르만 지배 공고화" 프로그램이 가진 파괴적 측면을 실험해볼 장소라면, 아르투어 그라이저의 바르테란트 제국 대관구는 실제로 이뤄진 강제이주의 장이었다. 수십만 명의 폴란드인이 동방 총독부로 보내졌고, 마찬가지로 수십만 명의 독일인이 소련 땅에서 이곳으로 들어왔다. 그라이저는 규모만 작을 뿐 히틀러와 똑같은 문제를 마주하고 있었다. 즉 모든 이주 작업이 완료되었으나 여전히 유대인들은 남아 있었고, 1941년 말에 이르기까지 이들을 보내버릴 만한 장소는 딱히 마련되지도, 떠오르지도 않았다. 그라이저는 유대인 몇천 명을 동방 총독부로 보내긴 했으나, 이들의 빈자리는 이내 나머지 독일 지역에서 추방된 유대인들로 채워졌을 뿐이었다.[8]

그라이저 휘하의 제국대관구 수도 포즈난 보안방첩대SD의 수장은 앞선 1941년 7월 16일 다음과 같은 해결책을 제시했다. "다가올 겨울에는 모든 유대인을 먹여 살리기에 식량이 부족하다는 위험 요소가 있습니다. 노역에 쓸 수 없는 유대인들을 일종의 신속한 대비 작업을 통해 먼저 없애버리는 것이 오히려 가장 자비롭고 인간적인 해결책은 아닌가 심각하게 고려해봐야 할 것입니다. 이것은 어찌됐든 그들을 굶어 죽게 내버려두는 것보다는 상냥하고 예의 바른 방식일 것입니다." 여기서 "신속한 대비 작업"은 바로 이미 "안락사" 프로그램에서 사용된 바 있는 일산화탄소를 뜻했다. 가스 차량은 1941년 9월 소련군 포로들을 대상으로 시운전을 마쳤고, 그 뒤 독일이 점령한 벨라루스와 우크라이나에서 특히 아이들을 죽이는 데 사용되었다. 헤움노의 학살 기계는 가스 차량으로, 이것의 운영을 감독했던 이는 "안락사" 프로그램 당시 주로 장애인들의 목숨을 빼앗았던 헤르베르트 랑게였다. 12월 5일자로 독일인들은 바르테란트 내 유대인 학살 작업에 헤움노의 시설을 이용하고 있었다. 약 14만5301명의 유대인이 1941년이나 1942년 헤움노에서 목숨을 잃었다. 이곳의 시설은 바르테란트 유대인 인구가 우치 게토 내 노동 수용소를 겨우 돌릴 수준으로 떨어질 때까지 멈추지 않았다. 4월 초 학살이 잠시 중단되기는 했지만, 그 시점은 루블린 지구의 학살이 막 시작되던 때였다.[9]

베우제츠는 헤움노보다 더 효율적이고 오랫동안 유지되는 새로운 모델로 자리 잡을 곳이었다. 분명 비르트와 협의를 거쳤을 글로보츠니크는 ("안락사" 프로그램에서와 마찬가지로) 수많은 사람이 벽 뒤에서 한꺼번에 가스에 노출될 수 있는, 동시에 일산화탄소는 (가스 차량과 마찬가지로) 내부 연소 기관에서 안정적으로 만들어낼 수 있는 영구적 시설물을 짓기로 결정했다. 이는 헤움노에서처럼 차량을 주차하기보다는 아예 차량에서 엔진을 분리해 이를 가스실과 관으로 연결하고는, 가스실 주변에 방벽을 세우고, 학살 공장과 인구 밀집 지역을 철로로 잇는 것을 의미했다. 이는 베우제츠에서 나온 아주 단순한 혁신이었지만, 그것만으로 효과는 충분했다.[10]

나치 지도부는 줄곧 폴란드 유대인들이 유대인 "문제"의 핵심이라 여기고 있었다. 독일의 점령은 폴란드 시민이었던 유대인들을 각기 다른 정치적인 의미를 지닌 세 곳으로 갈라둔 터였다. 1941년 12월을 기점으로, 약 30만 명의 폴란드 유대인이 바르테란트 및 독일에 합병된 여타 폴란드 영토에 살고 있었다. 그들은 이제 헤움노의 가스 시설에서 죽음을 맞이할 운명이었다. 몰로토프-리벤트로프 라인 동쪽의 130만 명쯤 되는 폴란드 유대인은 1941년 6월부터 대량 사살에 처해질 것이었고, 이들 대부분은 1942년에 목숨을 잃는다. 독일 점령 지역에서 가장 큰 규모의 폴란드 유대인 집단이 있던 곳은 바로 동방 총독부 내 게토들이었다. 1941년 6월까지, 동방 총독부는 전쟁 이전 폴란드 유대인 인구의 절반 정도를 보유하고 있었는데, 그 수는 약 161만3000명에 달했다(독일의 소련 침공으로 갈리시아 지방까지 더해지자, 동방 총독부의 유대인 인구는 약 214만3000명에 이르렀다. 몰로토프-리벤트로프 라인 동쪽에 해당되는 이곳 갈리시아 지방 유대인 약 50만 명 역시 사살당할 운명이었다).[11]

1942년 3월 힘러와 글로보츠니크가 동방 총독부의 유대인들을 학살하기 시작했을 때, 두 사람은 유럽 내 유대인 인구의 대부분을 없애버리려는 아주 명확한 정책을 실행에 옮기고 있었다. 힘러는 1942년 3월 14일 루블린에서 밤을 보내며 글로보츠니크와 이야기를 나누었다. 이틀 뒤 독일인들은 루블린 지구의 유대인들을 베우제츠로 보내기 시작한다. 3월 16일 밤, 일단 노동자 증명서를 가지고 있지 않던 유대인 약 1600명이 루블린에 소집된 뒤 베우제츠 가스실로 보내졌다. 3월 후반에는 독일인들이 마을 하나하나, 도시 하나하나를 돌아다니며 루블린 지구의 유대인들을 쓸어버리고 있었다. 글로보츠니크의 "재정착"을 수행하던 부관 헤르만 회플레는 이에 필요한 기술을 개발했던 참모진을 이끈 인물이었다. 작은 게토에서 온 유대인들에게는 더 큰 규모의 게토로 가라는 명령이 떨어졌고, 위협의 우려가 있거나 공산주의자로 의심된 이들 및 노련한 폴란드 군인 출신들은 총살에 처해졌다. 마지막 준비 단계에서는, 젊은이들과 그 외 노동에 적합하다고 판단된 이들과 그렇지 못한 이들이 나뉘었고, 전자에게는 새로운 신분증이 지급되었다.[12]

몰로토프-리벤트로프 라인 서부의 경우, 독일인들은 자기네 손에 직접 피를 묻히는 것을 줄이는 쪽으로 일을 벌였다. 따라서 게토 내 조직체 곧 유대인 평의회와 유대 경찰력이 학살에 동원되었다. 글로보츠니크의 보조 인력들은 자신들이 작전을 벌일 도시나 마을에서 먼저 현지 보안경찰에 연락을 취하고는, 곧 독일 경찰력을 소집했다. 만일 유대 경찰력을 마음대로 사용할 수 있으면, 독일인들은 다른 어떤 공동체에서와 마찬가지로 유대 경찰력을 동원했고, 따라서 이들 유대인 경찰은 자신들의 손으로 동족을 끌어모으는 일의 대부분을 실질적으로 도맡게 되었다. 도시 지역의 유대 경찰력은 그들에게 명령을 내릴 독일 경찰력에 비해 훨씬 더 많은 수가 포진하고 있었다. 그들에게는 어떤 종류의 화기도 보급되지 않았던 까닭에 동료 유대인들에게 순전히 폭력을 사용할 수밖에 없었다. 때로 트라브니키의 인력들 또한 이 일에 동원되기도 했다.[13]

독일 경찰들은 유대인 경찰들에게 특정 시간까지 주어진 장소에 유대인들을 끌어모으라고 지시했다. 먼저, 유대인들을 꾀어내기 위해 흔히 해당 장소로 나오면 음식을 내준다거나 좀더 유리한 "동부" 노동 인력으로 배정되었다는 등의 거짓 약속들이 주어진다. 그러고는 끌어모으기 작업이 진행되는 며칠 동안, 독일인 및 유대인 경찰들은 특정 구역 혹은 가옥들을 봉쇄하고 강제력을 동원해 해당 구역에 있는 사람들을 집합지로 몰아간다. 어린아이, 임신부, 장애인, 나이든 사람들은 그 자리에서 총에 맞았다. 한 번 이상의 집결이 필요했던 좀더 큰 도시와 마을에서는, 이 같은 과정이 폭력성을 점점 더 짙게 띤 채 반복되었다. 독일인들은 기차간을 채우기 위한 일별 할당량을 만들고 있었고, 때때로 유대인 경찰들에게 이 할당량을 떠넘기며 이를 책임지라(즉, 그렇지 못하면 경찰 자리를 잃고 따라서 결국 목숨까지 잃을 것을 각오하라)고 명령했다. 게토는 이런 작전이 진행되는 동안은 물론이고 진행된 후에도 봉쇄되었는데, 이는 독일 경찰들의 약탈이 현지인들로부터 방해받지 않도록 하려는 목적에서였다.[14]

일단 베우제츠로 들어선 유대인들은 죽음을 피할 길이 없었다. 그들은 비무장 상태로 폐쇄된 그리고 주변 경비가 삼엄한 시설에 들어섰으며, 자신들이 처한 상황을 파악할 만한 기회는 거의 주어지지 않았고, 홀로 독일인 및 무장한 트라브니키 인력들을 상대로 저항을 펼쳐야 했기 때문이다. "안락사" 센터에서 죽어간 대다수의 환자처럼, 그들은 먼저 살균 소독을 위해 어떤 건물로 들어가야 한다는 말을 들었다. 그러고는 마찬가지로 살균 소독 후 돌려줄 테니 입고 있던 옷가지와 귀중품을 내놓으라는 말을 듣게 된다. 다음이자 마지막 단계에서, 그들은 발가벗은 채 이내 엔진 배기가스(일산화탄소가 들어 있는)로 가득 차게 될 정체불명의 방으로 들어간다. 베우제츠에 내린 유대인들 중 겨우 2~3명만이 목숨을 건졌고, 나머지 약 43만4508명은 한 명도 빠짐없이 죽음을 맞이했다. 비르트는 1942년 여름 내내 이 시설물의 작동을 지휘했고, 아마 자신이 맡은 일에 꽤 뛰어난 모습을 보였던 것 같다. 그 후 그는 베우제츠는 물론이고 조만간 들어서게 될 비슷한 형태의 또 다른 두 시설의 감찰관으로 활약하게 된다.[15]

이 시스템은 동방 총독부 루블린 지구에서 거의 완벽에 가깝게 작동했다. 크라쿠프에서 베우제츠로의 강제이주는 조금 더 늦게 시작되었고, 비슷한 결과물을 내놓았다. 갈리시아 지구에서 온 유대인들은 독일의 두 가지 학살 방식 모두를 경험했는데, 그들은 1941년 여름이 시작될 무렵에는 총살을 당하고, 1942년 3월부터는 베우제츠의 가스실로 끌려가 학살을 당했다. 갈리시아는 몰로토프-리벤트로프 라인 동쪽에 해당되는 지역으로, 원래 이곳 유대인들은 총살에 처해질 예정이었다. 하지만 이 지역이 동방 총독부로 편입됨에 따라 그들은 가스 시설로도 끌려갔던 것이다. 그 당시 겨우 목숨을 건진 토마스 헤흐트는 자기 주변 사람들이 당시 갈리시아에서 어떻게 죽어갔는지에 대해 다음과 같이 진술했다. "이모 둘과 삼촌, 사촌은 베우제츠에서 독가스를 마시고 숨졌고, 아버지, 형제 하나, 또 다른 이모와 삼촌, 사촌은 총에 맞았으며, 또 다른 형제 하나는 노동 수용소에서 사망했습니다."[16]

그러는 사이 글로보츠니크의 부하 및 트라브니키 인력들은 루블린 동북쪽에 자리한 소비부르에 베우제츠 모델을 본뜬 또 다른 학살 시설을 만들어내기에 이른다. 1942년 4월부터 작동에 들어간 이 시설은 베우제츠와 똑같은 방식으로 약 18만 명의 유대인을 학살했으며, 여기서 살아남은 사람은 겨우 40여 명이었다. 글로보츠니크를 비롯한 그의 부하들은 이미 이들 시설물 작동의 핵심 절차를 줄줄 꿰고 있었다. 먼저 회플레의 인력, 독일 및 현지 경찰력을 동원해 게토 특정 지점에 유대인을 끌어모은다. 수용소 질서 및 치안은 트라브니키에서 온 인력과 소수의 독일인 그리고 대규모의 유대인 노동력으로 유지시킨다. 마지막을 장식하는 대량학살 자체는 엔진 배기가스 노출로 발생한 질식사를 통해 이뤄진다.[17]

베우제츠와 소비부르에서 사망률 99.99퍼센트를 달성한 힘러는 1942년 4월 17일 세 번째 시설물을 건설하라는 명령을 내린다. 이 시설이 들어설 곳은 동방 총독부의 바르샤바 지구였다. 트라브니키 인력을 대동한 "안락사" 프로그램 유경험자들이 트레블린카의 마을 인근으로 파견되었고, 이곳에서는 1942년 6월 1일부터 학살 공장 건설이 시작되었다. 건설에 동원된 노동력은 이 지역에 있던 유대인들로, 완공 뒤 바로 그곳에서 죽임을 당한 사람들이었다. 건설 감독은 앞의 베우제츠, 소비부르와 마찬가지로 "안락사" 프로그램 전문가가 맡았다. 하지만 (소비부르의) 프란츠 슈탕글이나 (베우제츠의) 크리스티안 비르트와 달리 이름프리트 에베를은 경찰 우두머리라기보다는 의사였고, 이미 두 곳의 "안락사" 시설을 지휘한 경력이 있었다.[18]

에베를은 이곳에 배정된 것을 몹시 기뻐했던 것으로 보인다. 그는 트레블린카 학살 공장 건설 중 아내에게 보낸 편지에 "이곳은 나와 아주 잘 어울리는 곳이라오. 수없이 많은 아주 즐거운 일들이 기다리고 있지"라고 적었다. 수용소가 거의 완공되었을 때, 에베를은 "들뜬 마음으로 자신의 과업을 자랑스러워하고 있었다". 그는 글로보츠니크의 루블린 모델이 바르샤바까지 확대되리라는 기대에 행복을 느끼고 있었던 것이다.[19]

바르샤바는 높은 수준의 교육을 받은 폴란드인들 대부분 및 유럽 내 최대 규모를 자랑하는 유대인 사회의 고향이자, 나치의 세계관상 존재해서는 안 될 거대 도시였다. 1942년 봄을 기점으로, 바르샤바 게토에는 여전히 35만 명이 넘는 유대인이 수용되어 있었다.

바르샤바는 동방 총독부에서 가장 큰 도시였지만, 행정의 중심지는 아니었다. 총독 한스 프랑크는 크라쿠프를 선호했는데, 그는 이곳에서 고대 폴란드 황궁을 넘겨받아 스스로를 현대판 황족이라 내세우며 맡은 업무들을 처리했다. 과거 1939년 10월, 프랑크는 유대인들을 동방 총독부 내 루블린 지구로 들이는 것을 통해 유대인 "문제"를 해결하려던 시도에 반기를 들었다. 1941년 12월, 그는 부하들에게 "반드시 유대인들을 처리할 것"을 주문한다. 사실 프랑크는 이 시점까지도 이를 어떻게 달성할지에 대해서는 아무런 대책도 가지고 있지 않았다. 그러나 1942년 봄이 되자 그는 무언가를 깨닫는다. 즉 루블린은 꽤나 쓸 만한 장소다. 왜냐하면 그곳은 이제 더 이상 동방 총독부로 유대인들을 끌어들이는 장소가 아니고, 오히려 이미 동방 총독부에 있던 유대인들을 학살할 수 있는 장소였기 때문이다. 이는 프랑크에게 분명 환영할 만한 일이었다. 트라브니키 인력들은 2월과 4월에 바르샤바에 도착했다. 프랑크는 1942년 여름 유대인 동원 및 이용

에 관련된 권한을, 그리고 이내 게토 자체를 나치 친위대에 넘겨버린다.[20]

앞날이 창창해 보이던 나치 친위대 지휘관 암살 사건은 학살의 페달을 밟기에 아주 좋은 구실이 되었다. 히틀러와 힘러의 뒤를 이어, 라인하르트 하이드리히는 유대인 말살 정책의 가장 중요한 설계자였다. 아울러 그는 여러 조직을 한 사람에게 맡겨버리는 나치의 경향이 매우 전형적으로 드러난 사례였다. 하이드리히는 이미 제국보안본부의 수장이었고, 동시에 보헤미아-모라비아 보호령 및 1939년 독일에 병합된 체코 지역까지 책임지는 자리에 있었다. 1942년 5월 27일, 그는 영국 정보부의 사주를 받은 체코인과 슬로바이키아인의 암살 시도 중 부상을 입었고, 6월 4일 사망한다. 히틀러와 힘러는 하이드리히가 경호 병력들을 대동하지 않고 돌아다니는 것에 대해 못마땅해했지만, 그는 체코인들 사이에서 자신의 인기가 높기에 별도의 경호 부대 등을 두지 않아도 될 것이라 믿었다. 독일은 점령한 폴란드나 소련 같은 다른 지역에 비해 체코 땅에서는 억압적 정책을 펼치지 않았고, 하이드리히는 특히 체코 노동계급의 호감을 얻는 데 공을 들여왔다.[21]

하이드리히 암살은 '마지막 해결책'의 기획자를 잃었음을, 하지만 동시에 그 '순교자'를 얻었음을 뜻했다. 히틀러와 힘러는 1942년 6월 3일부터 5일까지 사흘에 걸쳐 만남을 갖고, 앞으로의 일에 대해 이야기를 나누었다. 이 자리에서 힘러는 다음과 같은 찬사를 던진다. "우리의 신성한 의무는 바로 그의 죽음에 대한 복수, 그가 하던 일을 끝까지 이어나가는 것, 그리고 우리 인민의 적을 없애버리는 것이 아니겠습니까? 물론 여기에 한 치의 망설임이나 자비 따위가 있어서는 안

되겠지요!" 체코의 리디체라는 마을은 하이드리히 암살에 대한 보복으로 완전히 파괴되는 운명을 맞이한다. 그곳의 남성들은 현장에서 사살되었고, 여성들은 라벤스브뤼크에 있는 독일의 강제수용소로 끌려갔으며, 아이들은 헤움노의 가스실에서 목숨을 잃었다.[22]

동방 총독부에 있던 폴란드 유대인들을 완전히 쓸어버리려던 나치의 정책은 이제 죽은 하이드리히를 기리는 뜻에서 "라인하르트 작전"이라는 이름을 얻는다. 암살에 대한 언급은 독일인들의 화풀이 대상이 될 만한 희생양들을 만들어냈고, 유대인 대량학살은 그의 죽음에 대한 보복으로 등장했다. 나치의 세계관에서, 1942년 5월에 벌어진 하이드리히 암살은 1941년 12월 미국의 선전포고와 마찬가지 역할을 했다. 그것은 표면적으로 공격받은 나치들 사이에 올곧은, 또 정당한 연대의 감정이 생기게끔 했고, 독일이 처한 곤경과 정책의 진짜 원인에 대한 관심을 흐트러뜨렸다. 하이드리히는 이 전쟁의 원흉인 이른바 전 세계적 규모로 펼쳐지는 유대인 음모에 희생된 매우 유명한 "희생양"이 되었다.[23]

유대인들은 히틀러가 그들을 전쟁의 목표로 규정했기에 죽어야 했다. 그러나 심지어 이 같은 그의 뜻이 만천하에 알려진 뒤에도, 유대인들이 죽어갈 시기는 독일이 전쟁의 경과를 어떻게 보고 있느냐 그리고 그와 관련된 경제적 우선 사항이 무엇이냐에 따라 그때그때 달라지는 모습을 보였다. 독일이 식량 부족에 신경을 쓴 시기에는 그들이 목

숨을 잃을 확률이 더 높았고, 반대로 독일이 노동력 확보를 고민한 시기에는 유대인들이 죽음을 맞이할 확률이 낮아졌던 것이다.

히틀러가 유대인을 남김없이 죽이겠다는 결정을 발표한 시점은 그가 소련군 전쟁포로들의 경우 죽이기보다는 노동력으로 활용해야 한다고 발표한 시점에서 그리 멀지 않았다. 1942년 초, 그때까지 목숨을 부지한 소련군 전쟁포로들은 독일 내 유용한 노동력에 통합되었고, 그사이 한스 프랑크는 자신의 동방 총독부에 폴란드 식민 경제를 세우는 일에 성공한 터였다. 잠시 동안 노동력 확보 문제가 해결된 듯 보이자, 제국과 점령한 폴란드 지역 모두 이제 식량 문제가 핵심적인 관심사로 떠올랐다. 괴링은 이미 1942년 4월 제국 내 독일인들에게 나오던 식량 배급률을 줄이겠다고 발표해놓은 터였고, 이에 따라 그해 제국 내 평균 식량 소비량은 급격히 떨어졌다. 프랑크는 자신의 관할 구역 내 폴란드 노동계급에 대한 식량 공급을 개선하는 일에 골머리를 앓고 있었다.[24]

이리하여 1942년 여름, 경제적 고려 사항은 독일인들의 생각에서처럼 폴란드 유대인 전체에 대한 학살을 늦추기보다는 오히려 가속화시켰다. 노동력보다 식량이 더 큰 골칫거리가 되자, 유대인들은 그들의 노동력이 독일 경제 및 당시 위험에 처한 독일 국방군을 뒷받침하고 있음에도 불구하고 그야말로 "쓸모없는 식충들"이 되었던 것이다. 1942년 말까지, 한스 프랑크는 또다시 식량보다는 노동력을 원했고, 따라서 남아 있는 유대인들을 살려두고자 했다. 이때까지, 이미 대부분의 폴란드 유대인은 숨을 거둔 상태였다. 독일 경제는 유대인들을 아무런 안전망 없이 자기 위를 맨발로, 또 눈가리개를 한 채 걷게 만들었던 날선 곡예줄과 같았다. 이것이 바로 유대인과 그들의 죽음 사이에 있었던 것이자, 피비린내 나는 기만의 체계였으며, 종국에는 그들의 소멸을 가져왔던 것임에 틀림없다.[25]

—

트레블린카의 학살 시설은 1942년 7월 11일에 완공되었다. 8일 뒤인 1942년 7월 19일, 힘러는 "동방 총독부 전체 유대 인구의 재정착 작업을 1942년 12월 31일까지 완수할 것"을 지시했다. 이는 무엇보다 먼저 바르샤바를 떠올리게 하는 상황이었다.[26]

1942년 7월 22일, 글로보츠니크의 "재정착" 전문가 헤르만 회플레와 그의 나치 친위대 '게토 청소단'은 바르샤바 현지 보안경찰들에게 작전을 설명하고, 유대인 평의회 수장인 아담 체르니아쿠프를 찾아갔다. 이 자리에서 회플레는 체르니아쿠프에게 이튿날까지 유대인 5000명을 환승 지점 혹은 움슐락플라츠로 나오게 만들라고 말한다. 앞서 있었던 루블린 지구의 게토 청소 작업에 대해 알고 있었던 체르니아쿠프는 이제 무슨 일이 진행될 것인지 알아차렸던 듯싶다. 그는 자기 동족들을 학살하는 일의 조연을 수락하는 대신 스스로 목숨을 끊는 길을 택했다. 체르니아쿠프가 죽자 독일인들은 속임수를 쓰기로 결정한다. 그들은 유대 경찰들에게 움슐락플라츠로 나오는 사람들에게는 빵과 마멀레이드가 배급될 것이라는 표지판을 들고 돌아다니라고 명령을 내렸다. 유대인 약 5000명을 대상으로 한 바르샤바에서 트레블린카로의 첫 이송은 7월 23일에 이뤄졌다. 블루마 B.의 회상에서처럼, 굶어 죽기 직전이었던 유대인들은 설사 "자신이 곧 죽으리라는 사실을 알고 있더라도" 입안에 넣을 음식 한 조각을 위해서라면 무슨 일이든 할 판이었다.[27]

이렇게 독일인들이 "대작전"이라 불렀던 바르샤바 게토 청소 작전이 시작되었다. 회플레와 그의 부하들은 아예 게토 내 젤라즈나 103번가에 자신들의 근거지를 마련했다. 그들은 앞서 루블린, 크라쿠프, 동방 총독부 갈리시아 지구의 마을 및 도시에서 해왔던 것처럼, 이제 현지 보안경찰들을 동원한 강제적인 방식을 사용하기 시작했다. 트라브니키 인력 수백 명과 약 2000명의 유대 경찰의 보조를 받은 독일인들은 바르샤바 게토에서 이후 두 달 동안 거의 하루도 빠짐없이 게토 안의 유대인들을 끌어모았다. 심하게 굶주린 사람들이 사라지자, 유대 경찰들이 다음 목표로 삼은 집단은 고아, 빈곤층, 노숙인, 수감자 같은 힘없고 의지할 데 없는 이들이었다. 어떤 경우에서건 나이든 이와 어린아이들은 가망이 없었다. 15세 미만의 어린이들은 게토 안에서 완전히 자취를 감췄다. 독일인들은 아주 어린 아이, 환자, 장애인, 노인들의 경우 그 자리에서 사살했다.[28]

처음에는 유대인 경찰들에 대한 독일의 감시와 통제가 그리 심하지 않았다. 굶주린 사람들 및 취약 계층을 대상으로 한 강제이주가 있은 지 며칠 뒤, 독일은 같은 방식을 바르샤바의 나머지 구역들에 적용하기 시작했다. 특정 구역 혹은 아파트에 대한 기습적인 봉쇄가 이뤄지고, 신분 확인 절차 뒤, 노동력으로 쓸모없다고 간주된 유대인들이 남김없이 강제이주의 대상이 되는 방식이었다. 독일 경찰의 지시를 받은 유대 경찰은 1942년 7월 29일 이러한 첫 봉쇄를 수행했다.

독일인들은 어느 구역에서 언제 청소 작업을 진행시킬지를 결정했고, 유대 경찰들은 새벽 시간대가 되어서야 어느 지역이 선정되었는지 및 기타 지시 사항 등이 들어 있는 봉인 문서를 열어볼 수 있었다. 독일인들은 배정된 할당량을 채우기 위해 대체로 하루에 두 차례 이 같은 작전을 수행했다.[29]

노동력으로 징발하기 위한 선별 작업은 개인적인 차원에서 보자면 몇몇 생존자를 만들어냈지만, 집단적인 차원에서 보면 집단적 저항 의지를 꺾어버린 방식이었다. 비록 독일인들이 노동자 증명서를 가진 이들과 그렇지 않은 이들 간의 차이를 세밀하게 살펴봤을 턱이 없었지만, 선발은 서류를 가지고 있는 유대인과 그렇지 못한 사람들 사이에 아주 중대한 사회적 분열을 만들어냈고, 사적인 안전 확보에 대한 집착을 일반화시켰다. 사람들은 자신과 가족들만은 제대로 된 일이나 관련 증명서를 확보한 채 게토 안에 남겨질 거라 믿곤 했다. 이 같은 희망의 개별화, 그리고 사사화私事化는 그들 집단에게 사형 선고와도 같은 것이었다. 남은 힘은 저항을 조직하기보다는 노동 관련 서류 뭉치를 뺏고 빼앗는 데 쓰였다. 그 누구도 (아직까지) 독일인과 유대 경찰들이 게토 내에서 폭력을 독점하는 현실을 비틀어 보려 하지 않았다. 유대 경찰에 기꺼이 저항을 자처하는 유대인 집단이 없는 한 유대인을 끌어모아 강제로 열차에 싣는 일은 계속될 것이었고, 독일은 소수의 인력만으로도 이를 관리 감독하는 데 별다른 문제를 겪지 않았다.[30]

1942년 8월까지, 독일인들은 각 단계에 배치된 유대 경찰들에게 1인당 하루에 열차로 보낼 유대인 5명씩을 요구했고, 그 할당을 채우지 못하면 그들의 가족이 열차에 오르게 될 것이라고 말했다. 이는 결국 스스로를 지켜낼 수 없었던 취약 계층들이 우선적으로 끌려가 사라지는 결과를 낳았다. 대부분의 고아원은 8월 5일이 되자 텅 빈 상태가 되었다. 이름 높은 교육자였던 야누시 코르차크는 자신이 돌보던 아이들과 함께 움슐락플라츠로 나갔다. 고개를 높이 들고 당당히 걷던 그의 양팔에는 두 아이가 안겨 있었다. 이날 코르차크와 함께 강제이주 대상이 된 6623명의 유대인 중에는 그의 동료였던 스테파니아 빌친스키를 비롯해 게토 안의 고아들을 교육하거나 돌보던 이들이 여럿 포함되어 있었다. 경찰들은 나이든 이와 어린이들의 경우 수레에 태워 움슐락플라츠로 데려왔다. 유대 경찰들이 어느 집에 들이닥쳐 한 작은 여자아이를 데려갔을 때, 아이의 어머니는 일 때문에 집을 잠시 비운 터였다. 트레블린카로 떠나기 전 아이가 남긴 마지막 말은 다음과 같이 기록되어 있다. "선생님, 전 선생님이 좋은 분이라는 걸 알아요. 절 데려가지 않으시면 안 될까요. 엄마는 잠깐 어디 나가셨는데 곧 오실 거예요. 제가 없어지면 안 되잖아요. 절 데려가지 마세요, 네?"[31]

'대작전'이 펼쳐진 첫 두 달 동안, 약 26만5040명의 유대인이 움슐락플라츠로 끌려갔고, 또 다른 1만380명 정도가 게토 안에서 살해당했다. 아마 게토에 남은 인원은 6만 명 정도였을 것이고, 그들 대부분은 젊은 남성이었다.[32]

—

바르샤바에서 벌어진 유대인 대량학살의 각 단계가 실로 참혹했던 만큼, 당사자인 유대인들은 직전의 순간보다 가까운 미래가 그래도 조금은 낫지 않을까 하는 희망을 품곤 했다. 몇몇 유대인은 정말로 동쪽으로 끌려가 강제노동에 시달리는 것이 게토 안의 삶보다는 나을 것이라고 믿기도 했다. 일단 움슐락플라츠에 집결하면, 기차에 오르는 것이 음식, 물, 위생 시설 없이 땡볕 아래 무작정 기다리는 것보다 나을 것이라 믿었다고 뭐라 할 수 없는 일이었다. 움슐락플라츠를 감시하는 것은 유대인 경찰들의 몫이었는데, 이들은 간혹 자신이 알고 있던 사람들 또는 결혼 상대로 삼을 법한 이들을 풀어주기도 했다. 역사학자 에마누엘 린겔블룸이 밝혔듯이, 유대인 경찰들은 때때로 현금과 더불어 "현물로" 값을 치를 것, 다시 말해 구해주는 대신 몸을 맡길 것을 요구했다.[33]

열차 안에서는 그간 품었던 좀더 나은 미래에 대한 환상이 빛을 잃고 있었다. 분명 자신들이 탄 기차의 목적지가 "동쪽 어딘가에 있는" 강제노동수용소라는 이야기를 듣긴 했지만, 몇몇 유대인은 이 말을 수상쩍어할 수밖에 없었다. 왜냐하면 어찌됐든 노동자 증명서를 지닌 이들은 기차가 아닌 게토에 남은 사람들이었기 때문이다. 만일 노동이 목적이라면, 대체 왜 나이가 아주 많이 든 그리고 아주 어린 아이들을 먼저 보내는 것이란 말인가? 이들이 탄 기차는 당시 철도 체계에서 가장 늦은 순위에 배정되어 있었고, 따라서 바르샤바에서 얼마 떨어지지 않은 곳에 도달하는 데도 며칠이(바르샤바 동북쪽에 위치한 트레블린카는 사실 바르샤바에서 겨우 100여 킬로미터밖에 떨어져 있지 않은 곳이었다) 걸리기 일쑤였다. 여기에 더해 유대인들에게는 아무런 음식이나 물도 제공되지 않았기에, 많은 수가 이송 도중에 목숨을 잃었다. 어린이들은 서로가 흘린 땀을 핥아 먹고 있었고, 어머니들은 기차의 목적지가 어디가 되었든 기차 밖의 거친 벌판보다 생존 확률이 낮다는 생각에 이따금씩 어린아이들을 기차 밖으로 내던지기도 했다. 몇몇 부모는 게토에서 태어난 자신의 어린 자녀들에게 차창 혹은 기차 문틈으로 보이는 풍경들에 대해 설명해주고 있었다. 아주 어린 이들 아이는 태어나서 지금까지 들판과 숲을 단 한 번도 본 적이 없었다. 그리고 두번 다시 보지 못할 운명이었다.[34]

폴란드인들은 유대인을 태운 기차가 지나갈 때 소리를 질러댔다. 물론 폴란드인들이 꼭 유대인들의 죽음을 바랐다고 볼 수는 없지만, 손가락으로 목을 긋는 동작은 그것에 증오의 감정을 내비치며 이를 기억해낸 소수 유대인 생존자의 증언에서처럼, 유대인들에게 이제 곧 그들은 죽음을 맞이할 것임을 알려주던 신호였다. 어떤 폴란드인들은 돈을 요구하기도 했고, 좀더 자비로워 보이던 이들은 다른 것을 달라 하거나 혹은 아이들을 요구하기도 했다. 당시 바르샤바에서 비교적 일찍 그곳으로 끌려온 얀키엘 비에르니크는 자신의 이송 당시에 대해 다음과 같이 기억했다. "나는 그곳에서 모든 것을 지켜봤습니다만, 그곳에 가득했던 사악함과 불행, 그것을 어떻게 받아들여야 할지 몰랐습니다." 다른 이들 역시 마찬가지였다.[35]

이송은 한 번에 보통 57칸에서 60여 칸의 기차 칸에 5000명에서 6000명 정도를 싣고 진행되었다. 트레블린카에서 가장 가까운 역에 이르면, 기차가 멈춰 선다. 그곳에서 때로 몇 시간, 심지어 며칠을 기다리면 또 다른 기관차가 멈추는 소리가 들린다. 그러면 19칸에서 20칸 정도의 기차 칸(1700명에서 2000명 정도의 사람)이 트레블린카 학살 시설로 들어가는 선로 위에 자리하게 된다. 멈춘 두 번째 기관차는 이 기차 칸들을 앞에서 당기는 것이 아니라 뒤에서 밀고 가도록 되어 있었고, 따라서 기관사는 뒤를 본 상태로 차량을 운행했기에 그 자신은 절대 학살 시설물을 마주본다거나 그곳에 들어설 수 없었다.[36]

나머지 기차 칸 안에 살아 있던 유대인들은 이내 소총을 들이대거나 갈라진 채찍을 휘두르는 트라브니키 대원들의 손에 이끌려 나오게 된다. 트레블린카로 보내진 유대인들은 이 첫 몇 주 동안 거의 예외 없이 죽음을 맞이했지만, 그 과정이 베우제츠나 소비부르에서처럼 그리고 독일인들이 의도했던 것만큼 수월하게 진행된 것은 아니었다. 주기적으로 이뤄진 대규모 유대인 이송으로 말미암아 트레블린카에 있던 소규모 가스 시설들은 순식간에 가득 차버렸고, 이에 독일인과 트라브니키 대원들은 총살에 의존할 수밖에 없었다. 이는 트라브니키 대원들이 받은 훈련과는 전혀 관계없는 것이었다. 그들은 서투르게 이 일에 임했으나, 어찌됐든 해내고 있었다. 8월까지 트레블린카로 들어가는 선로 주변은 시체더미로 가득했다.

8월 22일에 있었던 이송으로 그곳에 도착한 오스카어 베르거는 당시 자신이 목격한 풍경에 대해 "수백 구의 시신이 길바닥에 널브러져 있었다"고 회상했다. 8월 24일에 도착했던 얀키엘 비에르니크의 말을 들어보자. "수용소 주변에는 온통 널브러진 시체들뿐이었다. 옷가지를 걸친 시신도 있었지만 실오라기 하나 걸치지 않은 시신도 많았다.

그들의 잿빛 얼굴은 공포로 일그러져 있었고, 몸은 한껏 부풀어 올라 있었다. 튀어나온 혓바닥에 눈조차 제대로 감고 있지 않았다. 온통 깨진 두개골과 짓이겨진 몸뚱어리들뿐이었다." 8월 23일 이전에 도착했던 터라 이 시체더미에 포함되는 불행을 피했던 어느 유대인은 대신 인간으로서의 기본 권리들을 포기해야 하는 강제노동 대상자로 선발되었다. 그는 트레블린카에서 학살이 벌어진 방식을 다음과 같이 회상하고 있다. "우리가 기차에서 내리자, 독일인과 우크라이나인들은 채찍을 휘두르며 우리를 뜰로 몰아세우고는 땅을 보고 누우라 말했다. 그 뒤 그들은 우리 사이를 걸어다니며 목 뒤에 총을 쏘았다." 8월 25일에 도착한 아담 크셰피츠키 역시 비슷한 광경을 목격했다. "시신들은 살아생전 다양한 연령대와 지위에 있던 사람들이다. 그들의 얼굴에는 그들이 마지막 숨을 거둘 때 느낀 다양한 감정이 고스란히 드러나 있었다. 보이느니 하늘과 땅, 그리고 시체, 시체뿐이었다!" 에드바르트 바인슈타인은 그 이튿날인 8월 26일에 대해 이렇게 진술했다. "그리고 나는 주변을 둘러봤다. 그곳은 지옥과도 같았다. 경사로에는 차창 높이만큼 쌓인 시체들이 있었다." 소비부르에 있던 학살 공장을 담당했던 독일인(오스트리아인) 경찰 프란츠 슈탕글에게는 트레블린카의 혼란을 살펴보라는 명령이 떨어졌다. 아마도 그는 죽음의 기운에 쉽사리 압도되지 않았던 인물인 듯하며, 그곳에 오던 유대인들과 달리 대략은 무슨 일이 벌어질지 알고 있었던 것으로 여겨진다. 하지만 이러한 그조차 놀라움을 금치 못했던 것이 있었는데 바로 "말로 표현할 수 없었던, 수백 아니 수천 구의 시체에서 풍겨오던 썩는 냄새"였다.[37]

트레블린카를 책임지던 독일인(본래 오스트리아인) 의사 이름프리트 에베를은 줄곧 자신의 가치를 증명하고자 했다. 그는 자신의 학살률이 베우제츠와 소비부르에 있던 다른 학살 공장 책임자들보다 한발 앞서길 바랐다. 심지어 학살할 인원수가 이미 공장의 최대 질식사 가능 인원을 한참 넘어선 1942년 8월에도 그는 끊임없이 트레블린카로의 이송을 받아들였고, 죽음의 행렬은 곧 공장 내부에서 외부로 퍼져나갔다. 가스실을 가득 채웠던 죽음은 가스실 밖 뜰의 대기 장소로, 여기서 다시 유대인을 태운 기차가 기다리고 있던 역 혹은 선로로, 심지어는 이곳에서 한참 떨어진 점령 폴란드 지역 어딘가까지 퍼져나갔다. 어찌됐든 유대인 대부분이 목숨을 잃은 사실에는 변함이 없었다. 그러나 매우 드물게 기차에서 탈출하는 소수가 있었는데, 이는 소비부르와 베우제츠로의 이송 초기에 발생한 사건이었다.[38]

탈출에 성공한 이들은 바르샤바 게토로 돌아왔는데, 보통은 자신들이 무슨 일을 모면했는지 알고 있었다. 체계적으로 이뤄지지 않은 이송과 혼란은 또한 구경꾼들의 관심을 끌었다. 유대인을 실은 기차들이 곧잘 멈춰서 있었던 탓에, 독일 군인들을 태우고 동부 전선으로 향하던 기차들은 어렵지 않게 이 죽음의 열차들을 지나치거나 따라잡기 일쑤였다. 몇몇 구경꾼은 사진을 찍기도 했고, 다른 이들은 죽음의 기차에서 나던 악취 때문에 먹은 것을 게워내기도 했다. 이들 군인 중 일부는 스탈린그라드 공격에 참여하기 위해 소비에트 러시아 서남부로 향하던 길이었다. 적어도 만약 그들이 알고자 했다면, 트레블린카로의 이송을 본 독일 군인들은 자신들이 지금 무엇을 위해 싸우고 있는지를 알아차릴 수 있었다.[39]

에베를은 생각보다 뛰어난 모습을 보여주지 못한 탓에 해임되고, 1942년 8월 슈탕글이 그를 대신해 트레블린카 책임자 자리에 올라선다. 훗날 자신을 유대인 가스 학살 "전문가"이자 자신은 그것을 "즐겼다"고 말한 슈탕글은 재빨리 트레블린카를 안정시켰다. 먼저 그는 트레블린카로의 이송을 일시적으로 중단시키고, 유대인 노역자들을 동원해 시체들을 화장시켰다. 죽음의 시설이 다시 가동되기 시작한 1942년 9월 초가 되자, 그것은 애초의 기획에서처럼 그야말로 기계 돌아가듯 작동하고 있었다.[40]

슈탕글은 특히나 잔인하기 이를 데 없었던 부하이자 수용소 유대인들에게 "인형"이라(그의 허영과 빼어난 외모로 인해) 불리던 쿠르트 프란츠의 보조에 힘입어 그곳을 총괄했다. 프란츠는 유대인들이 살던 구역을 관찰하기를 즐겼고, 자신이 특별히 훈련시킨 개들이 유대인을 공격하는 모습을 좋아했으며, 또 언젠가는 유대인 노역자들을 동원해 동물원을 만들 만큼 동물 관찰을 즐겼다. 독일인들은 수십 명의 트라브니키 인력의 보조를 받았는데, 이 인력들은 주로 경비병으로 활약하거나, 유대인을 모아 가스실에 집어넣고는 일산화탄소를 주입하는 것과 같은 전체 시설물 작동 과정에서 매우 중요한 역할의 일부를 맡기도 했다. 시설이 돌아가는 데 필요한 나머지 노동력은 유대인 노역자 수백 명의 몫이었다. 이들은 오직 대량학살 및 약탈과 관련된 일에 동원하기 위해 죽이지 않고 남겨둔 인력으로서, 만약 한순간이라도 약한 모습을 보인다면 그 즉시 죽임을 당할 운명이었다. 베우제츠 그리고 소비부르와 마찬가지로, 트레블린카 역시 유대인 노동력으로 돌아가게끔 설계되어 있었고, 따라서 트라브니키 대원들의 일은

그리 많지 않았으며, 독일인들이 할 일은 거의 없다고 봐도 좋을 정도였다.[41]

트레블린카에 온갖 소문이 나돌기 시작하자, 독일인들은 거짓 선전을 짜내느라 바쁜 상황이 되었다. 런던에 망명 중이던 폴란드 정부는 전부터 가스 학살에 관련된 보고를 비롯해 독일인들이 폴란드 시민들을 대상으로 벌인 각종 학살 소식을 동맹 영국과 미국에 전해주고 있었다. 이들은 그해 여름 영국과 미국에 독일 시민들을 대상으로 앙갚음을 해줄 것을 호소했으나 아무 소용이 없었다. 폴란드 저항군을 이끌던 망명 정부군 소속 장교들은 트레블린카를 습격할 것을 고려했으나 실행에 옮기진 않았다. 독일은 가스 학살을 부인했다. 바르샤바 유대 경찰 수장이자 "재정착 위원"이었던 유제프 셰린스키는 자신의 경우 트레블린카로부터 줄곧 엽서를 받았다고 주장했다. 물론 이 시점에도 바르샤바 게토에는 우편 업무를 취급하는 곳이 있었고, 이는 몇 주 동안이나 돌아갈 것이었다. 이곳에서 모자를 쓴 채 일하던 이들은 밝은 오렌지색 노동 증명서를 가지고 있었던바 이송을 위해 끌려가는 일은 면할 수 있었다. 그러나 그들 손에는 트레블린카로부터 온 어떤 소식도 있을 턱이 없었다.[42]

바르샤바에서 트레블린카로의 이송은 1942년 9월 3일 다시 시작된다. '대작전'에 따른 마지막 이송은 1942년 9월 22일에 이뤄졌으며, 여기에는 유대 경찰 및 그들의 가족까지 포함되었다. 유대 경찰들은 기차가 역에 다다를 무렵이 되자, 차창 밖으로 과거 자신들의 임무나 사회적 지위 등을 나타내던 모자와 완장 등을 내던졌다(유대 경찰들은 흔히 유대 명문가 출신이었다). 유대 경찰들은 먼저 가 있던 강제수용소 유대인들로부터 제법 거친 환영을 받을 수 있었기에 이는 신중한 행동이었다. 하지만 트레블린카는 수용소가 아니었다. 그곳은 죽음의 공장이었고, 이런 행동은 별 의미가 없었다. 유대 경찰들 역시 다른 이들과 마찬가지로 그곳에서 독가스에 중독돼 숨졌을 따름이다.

불과 몇 달 만에 슈탕글은 트레블린카의 모습을 바꿨고, 이에 따라 그곳이 가진 살인 역량 또한 더욱 강화되었다. 1942년 말 트레블린카에 도착한 유대인들이 내려선 곳은 그저 시체들로 둘러싸인 경사로가 아닌, 유대인 노역자들을 동원해 거짓으로 꾸며놓은 가짜 기차역이었다. 그곳은 시계, 열차 시간표, 매표소까지 갖추고 있었다. 이 "역"에서 내려 걷던 유대인들의 귀에는 바르샤바 출신 음악가 아르투르 골트가 지휘하는 오케스트라의 연주가 들려왔다. 절뚝거리며 걷거나 스스로 어딘가 좋지 못한 기색을 보이던 유대인들은 이 지점에서 "치료소"로 가게 되는데, 붉은 완장을 찬 유대인 노역자들이 이들을 부축해 붉은 십자가가 그려진 건물로 데려갔다. 이들 병든 유대인은 이 건물 뒤에서 의사처럼 꾸며 입은 독일인들 앞에 누웠고, 목 뒤에 총을 맞았으며, 배수로에 버려졌다. 그들 가운데 악명 높던 처형자는 유대인 노역자들이 히브리어로 '말라흐 하 마베트', 즉 죽음의 천사라 부르던 아우구스트 미에테라는 인물이었다. 혼자 힘으로 걸어갈 수 있었던 유대인들은 일종의 뜰과 같은 공간으로 들어섰는데, 이곳에서 오른쪽은 남자, 왼쪽은 여자로 나누어 서라는 독일어 혹은 이디시어를 듣게 되었다.[43]

이 공간에서, 그들은 "동쪽으로" 보내지기 전 소독을 해야 한다는 펑계로 발가벗겨졌다. 입고 있던 옷가지는 벗은 뒤 가지런히 정리되고, 신발 역시 한데 모아 잘 엮어두어야 했다. 귀중품은 남김없이 내놓아야 했고, 여인들은 깊은 곳까지 몸수색을 받아야 했다. 이송 과정의 바로 이 지점에서 몇몇 여인은 강간 대상으로 뽑혔고, 소수의 남성은 강제노동 대상으로 골라내졌다. 강간당한 여성들은 곧바로 나머지 사람들과 마찬가지 운명을 맞이했던 반면, 강제노동에 동원된 남성들은 며칠, 몇 주, 심지어 몇 달을 노예로 살아갔다.[44]

모든 여인은 실오라기 하나 걸치지 않았음은 물론, 머리카락 한 가닥도 남아 있지 않은 상태로 가스실까지 걸어가야 했다. 그들 각각은 유대인 "이발사" 앞에 앉아 삭발당했고, 종교적 관습에 충실해 가발을 쓰고 있던 여인들은 그것마저 내놓아야 했다. 죽음이 거의 턱밑까지 차오른 이 순간에도 사람들의 반응은 각양각색이었다. 어떤 여인들은 이 순간까지도 이발이 "소독"의 마무리 과정일 것이라 여겼고, 또 다른 이들은 이것이 곧 자신들의 죽음을 의미하는 것임을 알아차리기도 했다. 이렇게 확보된 여인들의 머리카락은 독일인 철도 노동자들이 신을 스타킹을 만들거나, 독일 잠수함 선원들이 신을 슬리퍼의 안감으로 쓰일 것이었다.[45]

첫 번째 여인들 그리고 다음으로 남자들로 이뤄진 두 집단은 모두 발가벗은 채, 속수무책으로 굴욕을 당하며, 어떤 터널 안을 달려가야 했다. 그곳은 몇 미터 정도의 폭에 길이는 약 100미터에 이르는 터널이었는데, 독일인들은 이를 "천국으로 가는 길"이라 불렀다. 터널 끝에서 유대인들의 눈에 들어온 것은 입구의 경사진 지붕 앞에 거대한 다윗의 별이 그려진 어두운 방이었다. 히브리어 비문이 적힌 의식용

막이 걸려 있었는데, 거기에는 "하-님*께로 가는 문. 마땅한 자는 응당 지나가리"라고 적혀 있었다. 물론 유대인들은 입구에 서 있던 두 명의 트라브니키 출신 경비병에 의해 거칠게 안쪽으로 밀어넣어졌기에 이를 발견한 이는 얼마 되지 않았을 것이다. 한 명은 몽둥이를, 다른 한 명은 칼을 들고 있던 경비병들은 고함을 지르며 유대인들을 때리기 일쑤였다. 그 뒤 유대인들이 방 안으로 들어가면 곧바로 문을 닫으며 자물쇠를 채우고는, "물을 틀어!"(바로 마지막 거짓말이자, 굳이 그렇게까지 할 필요는 전혀 없던 거짓말이었다. 그 대상은 이미 가스실에 갇힌 불행한 유대인들이었다. 누군가는 이들이 돌아오기를 간절히 기다리고 있었던)라고 외쳤다. 그러면 세 번째 트라브니키 대원이 레버를 당겼고, 탱크 엔진에서 뿜어져 나온 일산화탄소가 가스실 안으로 쏟아졌다.[46]

20분쯤 지나면 트라브니키 대원들이 가스실 뒤쪽 문을 열고, 유대인 강제노동자들이 시신을 치웠다. 타들어가는 열기와 죽음의 고통으로 시체들은 한데 엮인 채 팔다리가 뒤틀려 있었으며, 종종 쉽게 부서져버릴 정도였다. 당시 트레블린카에서 강제노동을 했던 칠 라이흐만이 회상했듯이, 그들은 "극악무도하게 뒤틀려졌다". 그들이 들어갔던 가스실과 마찬가지로, 유대인들의 시신은 그들이 흘린 피, 배설물과 함께 치워졌다. 다음에 들어설 유대인들이 극심한 공포에 휘둘리지 않도록 또 여전히 소독이라는 말을 믿도록 만들기 위해, 강제노역자들은 가스실을 깨끗이 치워야 했다. 그 뒤 그들은 시체들을 구분

* 원문 표현 G-d, 너무 신성하기에 하나님이라는 이름을 쓰지 않고 하-님이라 표현하는 정통 유대인들의 표현.

하고, 유대인 "치과의사들"이 작업할 수 있도록 시신의 얼굴이 바닥이 아닌 위를 바라보도록 눕혀두었다. 이 치과의사들의 작업은 바로 시신에서 금이빨을 따로 빼내는 것이었다. 때때로 시신의 얼굴은 마치 불에 탄 것처럼 완전히 검은색을 띠기도 했고, 이를 꼭 깨문 상태로 사망해 "치과의사들"이 안간힘을 써서 입을 벌리게 만들기도 했다. 금이빨 제거 작업이 끝나면, 유대인 노역자들은 시신들을 매장용 구덩이로 끌고 갔다. 유대인들이 기차에서 내리는 시점부터 이들의 시체 처리까지의 전 과정이 끝나는 데는 채 두 시간이 걸리지 않았다.[47]

1942년에서 1943년 사이의 겨울이 되자, 독일인들은 유대인들을 두 집단이 아닌 남자, 나이든 여자, 젊은 여자의 세 집단으로 나누기 시작했다. 그들은 젊은 여인들을 가장 늦게 가스실로 보냈는데, 이는 그들이 추위 속 젊은 여인들의 나체 보기를 즐겼기 때문이다. 그때쯤, 시체들은 땅에 묻히기보다는 불태워졌다. 화장을 위한 자리에는 콘크리트로 만든 지지대 위에 선로를 이용해 만든 폭 약 30미터의 거대한 석쇠가 있었다. 1943년 봄까지 트레블린카에서는 밤낮없이 불길이 타오르고 있었는데, 그 연료는 때때로 유대인 노역자들을 동원해 매장지에서 파낸 부패한 시체들 그리고 막 가스실에서 꺼낸 시신들이었다. 상대적으로 지방조직이 많은 여성들의 시신은 남성들의 그것보다 더 잘 타올랐기에, 노역자들은 이들의 시신을 시체더미 아래쪽에 두는 방법을 터득하게 되었다. 임신한 여성들의 복부는 불타는 과정에서 터지기 일쑤였는데, 이 경우 안쪽의 태아를 그대로 볼 수 있었다. 1943년 봄의 차가운 밤, 독일인들은 불길 근처에서 술을 마시며 몸을 녹이고 있었다. 이 같은 방식으로 인간의 몸은 일종의 연료로서, 또 다른 에너지원으로서 활용되었다. 처형자들은 불태움으로써 그 어떤 범죄 흔적도 남기지 않으려 했겠지만, 그 과정에 동원된 유대인 노동자들은 그렇게 하지 않았다. 그들은 뼛조각들을 온전히 남겨두고, 다른 이들이 훗날 찾을 수 있게끔 메시지를 적어 땅속에 묻어두었다.[48]

희생자들이 흔적을 남기기란 무척이나 어려운 일이었다. 칠 라이흐만은 자신의 누이와 함께 트레블린카로 끌려왔었다. 그는 시설을 보자마자 자신이 가져온 짐 가방을 그 자리에 놓아버렸다. 누이는 그런 그를 보고 왜 그러냐는 듯 어리둥절한 표정을 지었다. “이런 건 이제 필요 없어”는 그가 누이에게 한 마지막 말이었다. 그는 강제노동 대상자로 선발되었다. 옷가지를 분류하던 그의 이야기를 들어보자. “나는 누이가 입던 옷가지 쪽으로 다가갔다. 그 앞에 멈춰선 나는 그녀의 옷을 집어들고, 오래도록 그것을 바라보고 있었다.” 하지만 이내 그는 자신이 할 일을 계속할 수밖에 없었고, 누이의 옷가지 역시 어딘가로 사라질 수밖에 없었다. 타마라 빌렌베르크와 이타 빌렌베르크는 자신들의 짐 꾸러미를 나란히 놓아두었다. 그녀들의 남자 형제이자 노역 대상자였던 사무엘은 함께 묶여 있던 누이들의 옷가지를 발견했을 때의 심경을 “마치 그녀들과 다시 포옹하는 것 같았다”고 표현했다. 여인들의 경우 모두 이발 과정을 거쳐야 했기에, 그들에게는 혹여 살아남아 자신들의 말을 전해줄지도 모를 동료 유대인들과 이야기할 수 있는 잠깐의 시간이 주어졌다. 루트 도르프만의 경우 그녀의 머리를 깎던 이발사로부터 그녀는 고통 없이 빠른 죽음을 맞이할 것이라는 위안을 받으며 함께 눈물을 흘릴 수 있었다. 한나 레빈손은 자신

에게 배정된 이발사에게 꼭 탈출해 온 세상에 트레블린카에서 있었던 일을 알려달라고 부탁했다.[49]

유대인들은 사전에 충분히 대비한 경우에만, 그것도 한정적으로만 자신들이 지니고 있던 것들을 지켜낼 수 있었다. 대개 그들은 언젠가 그것을 물물교환 또는 뇌물로 쓸 수 있기를 바라면서 각자 비교적 휴대하기 편한 귀중품을 (가지고 있다면) 챙겨두고자 했다. 간혹 자신들을 기다리고 있는 것이 무엇인지를 이미 알아차린 유대인들은 지니고 있던 돈과 귀중품을 열차 밖으로 집어던졌다. 박해자들의 배를 불려주지 않겠다는 뜻이었다. 이것이 트레블린카 주변에서 흔히 볼 수 있었던 광경이다. 이제 죽음의 시설물 안쪽으로 들어가보자. 유대인 노역자들이 맡은 일 중 하나는 귀중품을 수색하는 것이었고, 찾아낸 귀중품 중 일부는 물론 그들의 주머니 속으로 들어갔다. 유대인들은 이렇게 확보한 귀중품들을 시설물 안팎을 드나들 수 있었던 트라브니키 대원들에게 건넸고, 그 대가로 트라브니키 대원들은 인근 마을에서 먹거리를 가져다주었다. 트라브니키 대원들은 유대인 노동자들로부터 받은 귀중품을 현지 여성들 혹은 분명 바르샤바만큼 멀리 떨어진 곳에서 온 매춘부들에게 주었고, 이 과정에서 성병에 감염된 이들은 다시 의사 출신 유대 노역자들에게 진찰을 받으러 찾아오기도 했다. 이렇게 그곳에는 아주 특별한 그리고 서로 밀접하게 이어진 순환의 현지 경제가 자리하고 있었다. 어느 목격자는 이를 두고 귀중품을 휘감은 타락한 "유럽"의 모습이었다고 회상했다.[50]

이러저러해서, 1943년까지 살아남아 있던 유대인 강제노역자들은 현재 전쟁이 어떻게 진행되고 있는가를 비롯한 바깥세상 소식들을 접할 수 있었다. 트라브니키 대원들은 흔히 러시아어를 읽을 수 있었고, 어떻게든 소련의 선전물과 신문을 손에 넣으려 했다. 이들은 당시 어떤 형태로건 독일을 위해 일하고 있던 수백만 명의 소련 국민 중 한 명이었던바, 이런저런 소문들을 접할 수 있었다. 이들 인력은, 그리고 마찬가지로 유대인 노역자들 역시 1943년 2월 스탈린그라드에서 있었던 독일의 패배에 대해 알게 되었다. 강제노동에 시달리던 유대인들은 1943년에 접어들자 트레블린카로의 이송이 점차 더뎌지는 것을 볼 수 있었고, 자연스레 자신들이 살아 있을 이유가 점점 사라지고 있다는 사실에 몸서리치고 있었다. 이미 이때까지 어마어마한 숫자의 폴란드 유대인들이 목숨을 빼앗긴 상태였다. 자신들이 갇힌 시설물이 조만간 폐쇄될 것이라 여긴 몇몇 유대인은 1943년 8월 2일 반란을 일으켜 무기를 확보하고 시설물 일부를 불태우기도 했다. 수백 명의 강제노동자가 울타리 아래 뚫린 구멍을 통해 도망쳤는데, 수십 명은 전쟁이 끝날 때까지 살아남았다. 그중에는 트레블린카에 대한 회고록을 남긴 칠 라이흐만과 그 외 강제노동 대상자들도 포함되어 있었다.[51]

실제로 학살 공장은 1943년 11월 17일 폐쇄되기에 이른다. 마지막 희생양은 시설물 해체 작업에 동원된 서른 명의 유대인 노동자였다. 막판에, 그들은 5명씩 다섯 조로 나뉘어 각 집단의 시신들을 화장시킬 유대인 다섯을 남겨두고는 모조리 총에 맞았다. 화장 작업을 끝낸 마지막 5명 역시 사살당했고, 그들의 시신은 트라브니키 대원들이 화장시켰다. 비슷한 시기, 독일은 이제 동방 총독부 내 강제수용소에서 있던 유대인 노동자들을 대상으로 한 대량 사살 작전을 펼치기 시작

했다. "추수감사제"라고 알려진 이 작전으로 유대인 약 4만2000명이 목숨을 잃는다.[52]

트레블린카에서 살아남은 50여 명 중 한 명이었던 사울 쿠페르한트는 "숫자가 곧 전부이자 모든 것을 말해주었음"을 알고 있었다. 거대 작전 당시 강제이주 대상이 된 26만5040명의 유대인은 면밀히 세어진 인원이었다. 8월 4일에서 11월 중순까지의 약 14주 동안 적어도 동방 총독부 라돔 지구의 유대인 31만 명이 트레블린카에서 가스로 살해당했다. 모두 합쳐 약 78만863명이 트레블린카에서 목숨을 빼앗겼는데, 그들 중 대다수는 동방 총독부에서 끌려온 폴란드 유대인이었다. 베우제츠나 소비부르에서 가스를 마시지 않은 동방 총독부 내 유대인 대부분이 트레블린카에서 독가스 중독으로 사망한다. 라인하르트 작전은 폴란드 유대인 총 130만 명의 목숨을 앗아갔던 것이다.[53]

트레블린카의 목적은 전쟁이 계속됨에 따라 더 분명하게 드러났다. 바로 시간이 흐를수록 움츠러드는 자신들의 인종적 제국에서 유대 인구를 제거해, 속이 빤히 보이는 알팍한 승리와 그것의 소름 끼치는 결과물들을 손에 넣는 것이었다. 사람의 시체는 그것을 태워 온기를 얻거나 아니면 토양을 비옥하게 만드는 미생물들의 먹이로 활용할 수 있다. 트레블린카가 폐쇄된 뒤, 독일인들은 가스실에 사용되었던 벽돌을 써서 농가를 짓고, 학살이 펼쳐지던 장을 농장으로 바꿨다. 트라브니키 대원 두 사람에게는 그곳에 머물며 농부로 살아가도 좋다는 허가가 떨어졌다. 이곳에서는 유대인 학살을 통해 이 땅을 구원한다는 나치식 환상이 문자 그대로 을씨년스럽게 펼쳐지고 있었다.

유대인들의 시신과 그를 태운 재는 독일인들이 먹을 농작물이 자라날 그 지역 토양을 비옥하게 만드는 데 쓰일 것이었다. 물론 그들에게 그것을 수확할 기회는 오지 않았지만 말이다.[54]

—

트레블린카가 더 이상 작동하지 않게 되자, 홀로코스트의 중심지는 이제 서부의 아우슈비츠로, 즉 제국에 병합된 폴란드 영토에 자리한 아주 특별한 시설물로 옮겨간다. 이 수용소는 1940년 독일이 폴란드로부터 빼앗은 영토에 세운 것으로, 독일이 소련을 침공하기 거의 1년 전까지는 물론이고 히틀러가 '마지막 해결책'이 무엇인지를 분명하게 밝히기 1년 이상의 시점 이전까지도 강제수용소로 운영되고 있었다. 폴란드 유대인 학살이라는 단일 목적을 위해 지었던 트레블린카, 소비부르, 베우제츠의 학살 공장들과 달리, 아우슈비츠의 시설들은 독일의 유대인 및 기타 사람들에 대한 정책 변화에 따라 서서히 바뀌는 모습을 보였다. 아우슈비츠 시설의 발달 과정은 동부 거대 식민지의 꿈이 유대인 멸족 프로그램으로 탈바꿈하는 과정을 여실히 드러내준다.

1940년 아우슈비츠에 들어선 독일의 수용소는 본래 폴란드인들을 겁주기 위해 만들어진 것이었다. 1941년 여름 소련 침공이 개시되자, 소련의 전쟁포로들이 폴란드인들과 마찬가지 대상이 되었고, 수용소는 두 대상의 처형지로 쓰이게 된다. 힘러는 아우슈비츠가 나치 친위대식 식민지 경제의 전형 곧 적국으로부터 빼앗은 땅을 독일 기업에게 주어, 노예 노동을 통해 독일의 전시 경제에 필요한 물건들을 생산하는 모범적 사례가 되길 바랐다. 사방과 철도로 연결된 유리한 교통 여건에 더불어 풍부한 수자원을 갖춘 아우슈비츠는 힘러와 이게파르벤 고위 경영진들이 봤듯이, 인조 고무 생산에 이상적인 장소였다. 힘러는 슬로바키아에 유대인 노동자들을 요구했는데, 이를 통해 유대인 문제에서 벗어날 수 있다고 여긴 슬로바키아 지도부는 이를 무척이나 반겼다. 힘러의 요청에 따라 1941년 10월 슬로바키아는 그해가 다 가기 전까지 5만7628명의 유대인을 강제로 이주시켰고, 대부분 목숨을 잃는 운명을 맞이한다.[55]

1942년 두 번째 주요 시설물이 더해진 아우슈비츠는 강제수용소이자 처형장에 더불어 학살 공장으로서의 면모를 갖춘다. 이곳의 책임자 루돌프 회스는 "안락사" 프로그램을 가진 학살 시설은 아니었던 다하우와 부헨발트 강제수용소에서 온 전문가였다. 그의 지휘 아래 아우슈비츠는 노동 시설에 학살 공장이 덧붙여진 아주 특별한 종류의 혼성 시설물이 되었다. 비유대인 노동자들은 계속해서 그곳으로 들어와 끔찍한 환경에서 노동에 시달리고 있었다. 이때부터 유대인들은 아우슈비츠에 도착하면 강제노동 대상자가 선별되고, 나머지 쓸모없다고 여겨진 사람들(실질적으로 대부분이 이에 해당)은 즉시 가스실로 보내졌다. 실제로 1942년 한 해 동안 강제노동 대상자가 되지 못한 유대인 약 14만146명이 아우슈비츠 내 벙커 1과 벙커 2로 알려진 가스실에서 독가스로 살해당했다. 1943년 2월 이후 살해당한 유대인 대다수는 비르케나우 인근에 만들어진 새 가스실에서 숨을 거두었고, 그들의 시신은 이곳과 연결된 화장터에서 소각되었다. 아우슈비츠-비르케나우 가스실에서는 치클론 B 알갱이들이 공기 중에 승화되어 1밀리그램당 1킬로그램에 해당되는 사람 몸을 즉사시킬 수 있는 유독가스를 만들어냈다. 시안화물은 세포 수준에서, 생명 유지에 결정적인 세포 속 미토콘드리아의 에너지 생산을 막음으로써 인간의 세포들을 죽인다.[56]

아우슈비츠는 다른 다섯 곳의 학살 공장과 마찬가지로 독일에 병합된 폴란드 지역에 자리하고 있었다. 그러나 이곳은 주로 폴란드 이외 지역의 유대인들을 학살하던 장소였다. 비록 폴란드 이외 지역에서 온 몇몇 유대인은 아우슈비츠가 아닌 나머지 다섯 곳의 학살 공장에서 목숨을 잃기도 했지만, 이 시설들의 경우 그 희생자 대다수는 폴란드 출신 유대인이었다. 아우슈비츠는 전체 여섯 곳 중 유일하게 폴란드 유대인들이 희생자의 다수를 차지하지 않던 곳이었다. 그곳은 독일의 유대인 말살 정책이 점령한 폴란드와 소련을 넘어 유럽 전역의 유대인을 대상으로 변한 것에 발맞춰 죽음의 시설물이 되었다. 1942년 제국보안본부 내에서는 아돌프 아이히만과 그의 유대인 부서 인력들이 프랑스, 벨기에, 네덜란드로부터의 강제이주를 기획하고 있었다. 이듬해가 되자 아이히만은 점령한 이탈리아와 그리스에서도 유대인 이송을 조직하기에 이른다. 사실 파시스트 이탈리아는 무솔리니가 권좌에 있는 동안은 그리고 독일과 이탈리아가 동맹관계일 동안까지는 유대인들을 독일로 보내지 않았다. 하지만 미국, 영국, 캐나다, 폴란드가 이탈리아 남부에 상륙하고 이탈리아가 굴복하자, 독일은 이탈리아 북부를 점령하고는 자체적으로 그곳에 있던 유대인들을 강제이주시키기 시작했다. 1943년, 약 22만 명의 유대인이 아우슈

비츠에서 독가스 중독으로 사망했다.[57]

1944년에 들어서자, 이미 독일은 소련 땅에서 물러난 상태였고, 이에 소련 유대인들을 사살하는 것이 더는 불가능한 상태가 된다. 아울러 붉은 군대의 진군으로 라인하르트 작전과 관련된 시설들은 모두 폐쇄되기에 이르렀고, 자연스레 아우슈비츠는 그해 마지막 해결책의 최대 시행처로 떠올랐다. 60만 명쯤 되는 유대인의 거의 전부가 1944년 아우슈비츠에서 독일인들의 손에 목숨을 잃는다. 이들 대다수는 헝가리 출신 유대인이었다. 헝가리 또한 이탈리아와 마찬가지로 주권을 잃기 전까지 그리고 독일의 동맹이던 시기까지는 자신의 땅에 있던 유대인들을 독일의 학살 공장들로 보내지 않았다(일반적으로, 독일의 동맹국에 머물던 유대인들은 독일이 점령한 곳에 있던 유대인들에 비해서는 대우나 처지가 나은 편이었다). 그러나 1944년 5월 헝가리 지도부가 전쟁 중 독일에 등을 돌리려 시도한 뒤, 독일은 헝가리를 점령하고 자신의 정부를 세웠다. 새로 들어선 헝가리 파시스트 정권은 5월 유대인들을 강제추방하기 시작했는데, 이들 중 약 11만 명은 강제노역 대상자로 선정되어 상당수가 살아남았으나 적어도 32만7000명은 가스실에서 살해당했다. 전쟁 기간에 약 30만 명의 폴란드 유대인이 아우슈비츠로 보내졌고, 이들 중 약 20만 명이 목숨을 빼앗겼다. 헝가리와 폴란드 유대인들을 하나로 보면, 이들이 아우슈비츠 유대인 희생자의 대다수를 점했다.[58]

아우슈비츠는 홀로코스트의 정점이었고, 그것이 최고조에 이른 시기는 이미 독일의 손안에 있던 소련 및 폴란드 유대인 대다수가 목숨을 잃고 난 뒤였다. 홀로코스트를 통해 100만 명가량의 소련 유대인이 사망했고, 아우슈비츠에서 죽은 인원은 이들 전체의 1퍼센트에도 미치지 못했다. 폴란드 유대인은 홀로코스트에서 약 300만 명이 숨졌으며, 이들 중 아우슈비츠에서 살해당한 이들은 고작 7퍼센트밖에 되지 않는다. 몰로토프-리벤트로프 라인 동쪽에서는 거의 130만 명의 유대인이 대부분 총에 맞아 숨을 거두었다. 또 다른 약 130만 명의 폴란드 유대인은 동방 총독부에서 라인하르트 작전 당시 독가스로 살해당했으며(트레블린카에서 70만 명 이상, 베우제츠에서 약 40만 명, 소비부르에서 15만 명, 마이다네크에서 5만 명), 이들과 별개인 35만 명 역시 제국에 병합된 지역에서 독가스 중독으로 사망했다(아우슈비츠에서 사망한 20만 명 외에 헤움노에서 숨진 약 15만 명). 이 밖에 남아 있던 폴란드 유대인 희생자 대부분은 게토 청소 작업(약 10만 명)과 추수감사제 작전(4만2000명) 혹은 기타 소규모 작전 및 개별 처형으로 목숨을 잃었다. 여기에 더해, 이보다 더 많은 수가 게토 안에서 질병과 굶주림으로, 아니면 강제수용소에서 노역에 시달리다 숨을 거두었다.[59]

아우슈비츠에서 사망한 약 10만 명 이상의 희생자들은 유대인이 아니었다. 약 7만4000명의 비유대 폴란드인과 1만5000명가량의 소련군 전쟁포로 역시 아우슈비츠에서 처형당하거나 과로로 숨졌다. 가스 실험에 동원된 소수의 포로들을 제외하면, 이들은 가스실로 끌려가는 것은 피할 수 있었다. 그러나 집시들의 경우는 사정이 달랐다.

비록 유대인들에게 쏟은 에너지만큼은 결코 아니었지만, 집시들은 독일의 힘이 닿는 곳이라면 어디서든 학살 정책의 대상이 되었다. 그들은 독일이 점령한 소련 땅에서 아인자츠그루펜에게 사살당했고(서류상 약 8000명), 벨라루스에서 있었던 보복 조치 당시 학살 대상에 포함돼 있었으며, 독일이 점령한 폴란드 지역에서는 경찰들이 쏜 총에, 세르비아에서는 보복 작전 와중에 유대인들과 함께 총에 맞았다. 또한 독일의 꼭두각시 동맹 크로아티아에서는 강제수용소에서도 죽임을 당했고(1만5000명가량), 독일의 동맹이었던 루마니아가 정복한 땅에서는 말 그대로 민족 청소의 대상이 되었으며, 1942년 1월 헤움노에서(4400명가량) 그리고 1943년 5월(1700명가량)과 1944년 8월(2900명가량으로, 이는 그보다 더 많은 수가 이미 배고픔, 질병, 학대로 사망한 뒤였다) 아우슈비츠에서 독가스를 마시는 운명을 맞이했다. 적게 잡아 10만 명, 십중팔구 이보다 2~3배 많은 수의 집시가 독일의 손에 목숨을 잃었다.[60]

아우슈비츠 가스실에서 살아남은 이는 아무도 없었지만, 10만 명이 넘는 사람은 같은 이름으로 알려진 강제수용소에서 살아남았다. 그것은 전쟁이 끝나고 길이 기억될 이름이자, 철의 장막 뒤에 가려진 어두운 그림자였으며, 동부를 덮친 더 커다란 암흑의 흔적이었다. 채 100명이 되지 않는 유대인 노동자들은 라인하르트의 학살 시설물 내부를 목격하고 살아남았다. 하지만 트레블린카의 경우는 그보다 더 흔적을 찾기 어려울 지경이었다.

트레블린카에 있던 수용자들은 독일인의 명령으로 하지만 동시에 스스로를 위해 노래를 불렀다. "엘 말레 라하임"*은 매일 죽음을 맞이했던 유대인들을 위한 성가였다. 나치 친위대원들은 밖에 서서 이를 듣고 있었다. 어느 유대인 노동자는 동쪽에서 온 트라브니키 대원들이 자신들의 "훌륭한 노래"에 "이상한 선물"로 화답했다고 기억한다. 그것은 덜 고상한 음악이자, 폴란드 민중 가요였으며, 트레블린카 노동자들의 마음속에 수용소 밖을 떠올려주고 탈출을 준비할 용기를 북돋워주었다. 이 노래들은 사랑과 어리석음을 따라서 삶과 자유를 생각나게 했다. 독일인들의 허드렛일을 하던 여인과 노동자들 사이의 결혼을 축하하는 일도 간혹 있었다.[61]

여인 수천 명의 머리를 깎아주었던 유대인 이발사들은 그중 아름다웠던 여인들의 마지막 모습을 추억 속에 간직하고 있었다.

* El male rachamim, '자비로우신 주님'을 뜻하는 히브리어로, 유대교에서 장례 때 읊는 기도.

9 장

저항하는 자,
불태워지는 자

1944년 6월 21일 저녁은 벨라루스 소비에트 빨치산들의 것이었다. 3년 전 독일 중앙군은 모스크바(단 한 발짝도 내딛지 못한)로 향하는 길에 자리한 이 지역을 순식간에 가득 메웠다. 이제는 소비에트가 몰로토프-리벤트로프 라인을 향해 그리고 바르샤바와 베를린을 향해 움직이고 있었다. 독일군의 중앙 집단군은 어찌어찌 벨라루스를 손에 넣었지만, 더 중요한 사실은 그들이 퇴각 중이라는 것이었다. 붉은 군대의 사령관은 대규모 하계 공격 작전을 세워두었는데, 이는 대실패로 끝난 독일의 끔찍한 야망을 다시금 떠올려주고자 바르바로사 작전 3주년을 기념하는 시점에 맞춰 시작될 것이었다. 소비에트 빨치산들은 이미 벨라루스 철도 곳곳에 수천 개의 폭발물을 설치해둔 상태였으므로, 독일군은 소련군이 몰려오자 지원을 받기는커녕 재빨리 물러날 수조차 없었다. 따라서 1944년 6월의 22번째 날은 붉은 군대

산하 벨라루스 전선 제1, 2, 3군 병사들의 것이었다. 이들 그리고 또 다른 두 집단군은 아주 잘 결집된 100만 명 이상의 군세로, 이는 독일 국방군 중앙 집단군이 최대로 긁어모을 수 있었던 인원의 두 배를 넘어서는 숫자였다. 바그라티온 작전이라 불리는 이 공세로 소련은 이번 전쟁에서 가장 결정적인 승리 중 하나를 거둘 수 있었다.[1]

그 2주일 전부터, 미국 또한 유럽 전선에 뛰어든 상태였다. 앞서 태평양에서 일본 함대를 완벽하게 제압한 미국은 1944년 6월 6일이 되자 유럽으로 눈길을 돌렸다. (영국을 비롯한 그 밖의 서방 연합군과 함께하는) 미군 약 16만 명이 노르망디 해변에 내려섰다. 미국이 가진 힘은 이미 저 불쌍한 독일군을 다름 아닌 미국산 트럭과 지프차로 둘러친 소련의 기계화 부대를 통해 벨라루스 깊은 곳에서도 드러나고 있었다. 독일이 구상했던 포위 작전은 더 완전하고, 빠르게 실현되었다. 그리고 그 대상은 바로 독일군 자신이 되어버렸다. 벨라루스에서 소련이 거둔 위업은 프랑스에서 밀고 들어오던 미국의 그것보다 더 놀라웠다. 독일군은 수적으로 열세였고 장교들 또한 한 수 아래였다. 독일군 지휘관들은 소비에트의 공세가 벨라루스보다는 우크라이나 쪽에서 있을 것으로 봤다. 독일군 약 40만 명이 실종되거나, 부상당하거나, 아니면 죽임을 당했다. 이제 독일 중앙 집단군은 완전히 무너졌고, 폴란드로 가는 길을 막는 것은 아무것도 없었다.[2]

붉은 군대는 순식간에 몰로토프-리벤트로프 라인을 넘어 동방 총독부 루블린 지구가 있던 지역에 들어섰다. 종군기자로서 붉은 군대와 동행했던 작가 바실리 그로스만은 독일인들이 남긴 흔적을 물끄러미 바라보고 있었다. 붉은 군대가 마이다네크에 있던 수용소를 발견한 것은 1944년 7월 24일이었다. 8월 초, 그로스만은 그곳에 남아 있던, 자신의 부족한 상상력으로는 도저히 그려낼 수 없는 거대한 공포를 봤다. 트레블린카가 눈에 들어오자마자 그는 과거 그곳에서 무슨 일이 벌어졌는지를 알아챌 수 있었다. 바로 폴란드 유대인들이 가스실에서 목숨을 빼앗겼다는 것, 그들의 시신은 불태워졌다는 것, 타고 남은 재와 뼛조각들은 벌판에 파묻혔다는 것이다. "흡사 바다처럼, 걸을 때마다 출렁이는 땅"을 건던 그는 바르샤바와 빈에서 찍은 아이들의 사진, 우크라이나 자수 조각, 금발과 흑발 머리 묶음 같은 흔적들을 볼 수 있었다.[3]

—

이때까지 5년 동안, 폴란드의 영토는 독일에 점령된 상태였다. 바르샤바 유대인 모두, 혹은 대부분에게 있어 바그라티온 작전은 결국 만나지 못한 해방과 같았다. 남아 있던 25만 명 이상의 바르샤바 유대인은 앞서 그로스만이 트레블린카에서 본 그 뼛조각들과 잿더미 속에 있었다.

1939년 당시 폴란드를 점령하고 있던 이들은 독일과 소련, 이 두 세력이었다. 바그라티온 작전은 독일의 지배에 맞서 저항하던 비유대 폴란드인들에게 있어, 매우 의심스런 동맹군이 밀고 들어오는 일종의 불길한 신호였다. 그것은 제2차 세계대전 기간에 붉은 군대가 두 번째로 폴란드를 침입한 것이었다.

바로 여기서 전쟁 기간에 폴란드인과 폴란드 유대인이 겪은 경험

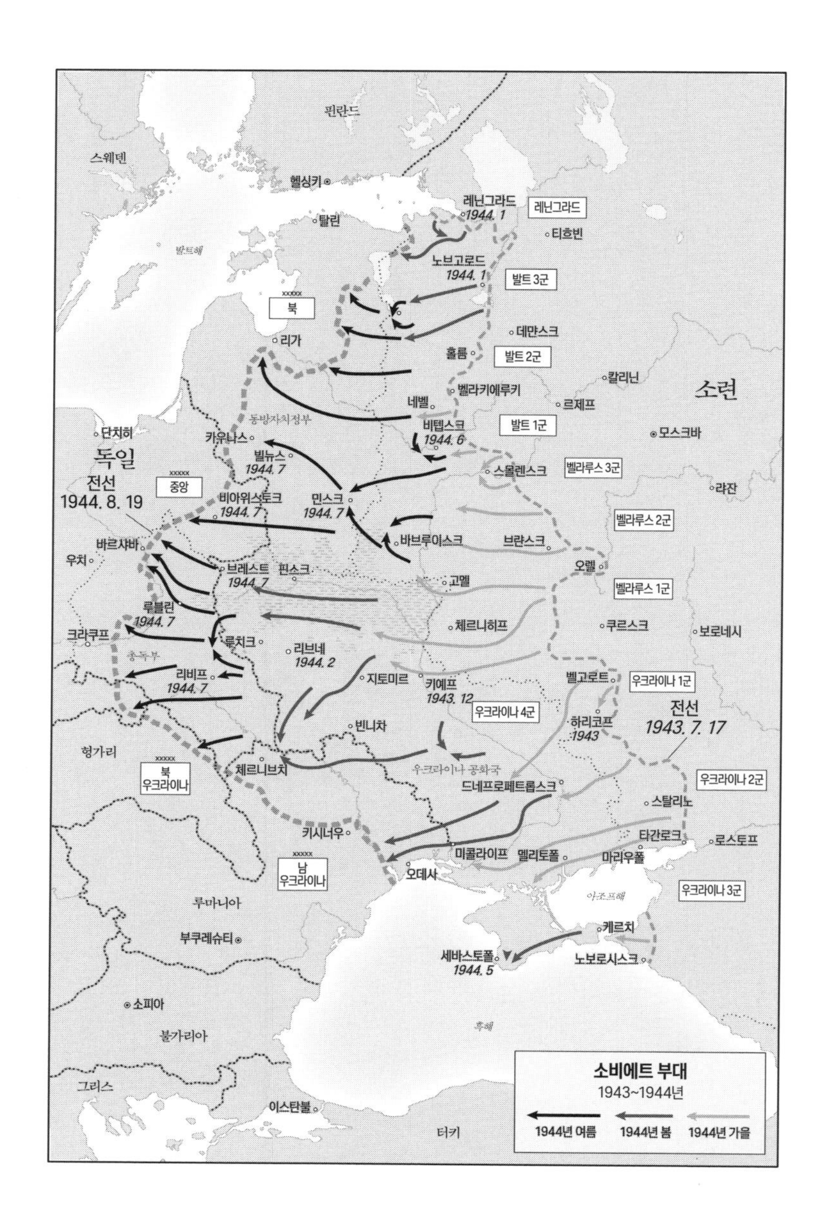
핀란드
스웨덴
헬싱키
탈린
발트해
레닌그라드
1944. 1
레닌그라드
티흐빈
노브고로드
1944. 1
발트 3군
북
리가
데만스크
홀름
발트 2군
칼리닌
벨라키에루키
네벨
르제프
소련
동방자치정부
비텝스크
1944. 6
발트 1군
단치히
카우나스
모스크바
독일
빌뉴스
1944. 7
스몰렌스크
벨라루스 3군
중앙
전선
1944. 8. 19
비아위스토크
1944. 7
민스크
1944. 7
랴잔
벨라루스 2군
바르샤바
바브루이스크
브랸스크
우치
오렐
브레스트
1944. 7
핀스크
고멜
벨라루스 1군
루블린
1944. 7
체르니히프
쿠르스크
보로네시
크라쿠프
루츠크
리브네
1944. 2
총독부
리비프
1944. 7
지토미르
키예프
1943. 12
벨고로드
우크라이나 1군
우크라이나 4군
하리코프
1943
전선
1943. 7. 17
빈니차
헝가리
북
우크라이나
체르니브치
우크라이나 공화국
드네프로페트롭스크
우크라이나 2군
스탈리노
키시너우
타간로크
로스토프
남
우크라이나
미콜라이프
멜리토폴
마리우폴
오데사
아조프해
우크라이나 3군
루마니아
케르치
부쿠레슈티
세바스토폴
1944. 5
노보로시스크
소피아
흑해
불가리아
소비에트 부대
1943~1944년
그리스
이스탄불
1944년 여름
1944년 봄
1944년 가을
터키

의 차이가 드러났다. 비유대 폴란드인들은 독일과 소비에트 양쪽으로부터 끔찍한 고통의 시간을 보냈고, 그들에게 있어 두 대상은 별다를 바 없었다. 침략자에게 저항하고자 했던 비유대 폴란드인들은 이따금 어떤 침략자에게, 어떤 상황에서 저항할지를 고르는 것이 가능했다.

반면 살아남은 폴란드 유대인들에게는 독일보다는 소비에트를 반길 충분한, 아니 거의 모든 이유가 있었고, 이들 눈에 붉은 군대가 해방자로 비친 것은 자명한 일이었다. 1942년 여름의 이른바 '대작전' 뒤, 살아남은 약 6만 명의 바르샤바 게토 내 유대인 중 상당수는 저항하는 길을 택했다. 그러나 그들은 언제 또 어디에서 저항할지를 선택할 기회는 얻지 못했다. 그들이 할 수 있는 일은 오직 싸우는 것뿐이었다.

바르샤바는 나치 치하 유럽에서 도심 지역 레지스탕스 활동의 중심지였다. 바르샤바 유대인 대부분을 트레블린카로 이송하는 작전이 마무리된 1942년 9월에서 그로스만이 자신의 책에서 그 결과물을 "트레블린카 지옥"으로 그린 1944년 9월까지, 2년의 시간 동안 폴란드인과 유대인들은 각자 독일의 지배에 저항하는 활동들을 이어나갔다. 물론 1943년 9월이나 1944년 8월 봉기에서처럼, 그들은 서로 함께하기도 했다.

이러한 바르샤바 유대인 및 폴란드인들이 벌인 저항활동은 참담한 파괴를 불러일으켰다는 점에서 한결같았다. 붉은 군대가 (그리고 그로스만이) 바르샤바에 도착한 1945년 1월 그곳에 남아 있는 것은 잿더미와 돌무더기뿐이었다. 이미 인구의 절반이 목숨을 잃었고, 생존자들 역시 어딘가로 사라진 후였다. 그로스만은 자신의 독자들이 뜻을 파악할지 불확실한 문학적 표현을 썼는데, 바르샤바의 건물 잔해 속에 함께 생존해 있던 유대인과 폴란드인들은 마치 "로빈슨들" 같았다. 무인도에서 다년간 외톨이로 생활할 수밖에 없었던, 대니얼 디포의 소설 속 주인공 로빈슨 크루소처럼, 마치 문명을 잃어버린 이들로 보였던 것이다. 전쟁 당시 바르샤바에 살았던 폴란드 시인 체스와프 미워시는 같은 소설에 대한 문학비평을 하며 시간을 보냈는데, 그에게 있어 『로빈슨 크루소』는 "섬의 전설"이었다. 도덕적 흠결이란 경험에서 오는 것이며, 만약 우리가 무인도에 홀로 놓인다면 선해질 수밖에 없다는 식의. 이 에세이에서 그리고 바르샤바 폴란드인 및 유대인에 대한 시에서, 그는 윤리를 기대할 수 있는 유일한 희망은 각자가 타인의 고독을 떠올리는 것이라는, 이와 상반된 주장을 폈다.[4]

제2차 세계대전 기간에 바르샤바의 폴란드인과 유대인들은 어떤 면에서는 같은 방식으로 고립된 존재였다. 그들은 외부 세계로부터 도움을 받지 못했는데, 이는 심지어 친구 그리고 동맹이라 여겼던 이들로부터도 마찬가지였다. 또한 이들은 같은 전쟁에서 다른 운명을 맞이했다는 점에서는 서로 다른 방식으로 고립된 존재이기도 했다. 폴란드인과 유대인이 공유했던 도시는 두 문명의 공동 중심지였으나, 이제 그 도시는 사라지고 없었다. 남아 있는 것은 전설, 아니 폴란드인과 유대인 각자가 가진 연대와 고독 사이의 두 가지 전설로, 이들은 분명 서로를 인지하고 있었지만 전후 세계에서 각자의 길을 외롭게 걷게 될 존재였다.

—

뚜렷하게 구분되는 그러나 서로 이어진 폴란드인과 유대인의 저항 계획들은 이미 오래전인 1939년 9월 독일의 폴란드 침공 때부터 세워지고 있었다.

1939년 9월 27일, 대부분이 프리메이슨 소속인 8명의 남녀가 어느 은행 지하에 모여 훗날 폴란드 지하군으로 성장하게 되는 저항 조직을 만들고 있었다. 설립 초기 폴란드 승전군Servants of the Victory of Poland으로 알려진 이 조직은 전국적인 지하조직을 만들라는 한 장군의 지시로 생겨났다. 폴란드 망명 정부가 프랑스에 수립된 뒤인 1940년에 이르러 폴란드 국내 무장 조직에게는 무장 투쟁 연맹Union of Armed Struggle이라는 이름이 주어졌다. 1940년에서 1941년에 이르는 기간에 그들이 맡은 주요 임무는 앞서 폴란드 곳곳에 생겨난 수백 개의 소규모 레지스탕스 조직을 통합하고, 폴란드 망명 정부 및 동맹국들에 제공할 각종 정보를 수집하는 것이었다. 무장 투쟁 연맹의 움직임은 독일이 점령한 지역에서 활발히 이뤄졌고, 소비에트의 점령 지역에 활동망을 만들려던 시도는 내무인민위원회에 의해 좌절되었다. 따라서 1941년 6월 독일의 소련 침공 이후부터는 폴란드 전역에서 이들 폴란드 레지스탕스의 활동이 활기를 띨 수 있었다.[5]

무장 투쟁 연맹은 1942년 초가 되자 폴란드 국내군Home Army으로 탈바꿈했다. 이들 폴란드 국내군은 국외, 즉 서부 전선에서 동맹국들과 함께 싸우고 있던 폴란드군에 상응하는 조직으로 여겨졌다. 이 시점에 본거지를 런던으로 옮긴 폴란드 망명 정부와 마찬가지로, 폴란드 국내군은 폴란드의 정치적 그리고 사회적 총역량을 상징했다. 이들은 모든 시민에게 동등한 권리를 부여하는 민주적 공화국을 내세우며, 전쟁 이전 폴란드가 가졌던 영역의 회복을 위해 싸웠다. 비록 극단적인 공산주의자 및 극우 민족주의자들은 자신들만의 빨치산 조직 활동을 펼쳐나갔지만, 저항을 택했던 대다수 폴란드인은 폴란드 국내군에 합류했다. 공산주의자들은 훗날 폴란드 인민군People's Army으로 알려질 폴란드 인민 경비대People's Guard를 창설했으며, 이들은 소련의 내무인민위원회와 긴밀히 연결되어 있었다. 공산주의자 및 소련을 독일보다 더 큰 적으로 여기고 있던 민족주의자들은 폴란드 국민군National Armed Forces 산하에서 투쟁을 이어나갔다.[6]

바르샤바에 있던 유대인 레지스탕스들은 언뜻 모호해 보이지만 앞의 경우들과는 다른 길을 걸었다. 1939년 독일이 폴란드를 점령한 초기 몇 달 동안, 일반적인 유대인 레지스탕스 활동이라 일컬어지는 것들은 잘 이해되지 않는 행동으로 보였다. 폴란드 유대인의 운명은 비유대인들과 완전히 달랐다는 사실은 얼핏 보면 잘 드러나지 않았다. 독일의 침공에 생명의 위협을 느낀 여러 바르샤바 유대인은 소비에트가 점령한 폴란드 지역으로 달아났고, 그들 중 다수는 그곳에서 다시 카자흐스탄으로 강제이주를 당했다. 1940년 게토 설치가 폴란드 유대인들에게 그들의 운명이 비유대 폴란드인들보다 더 나빴다는 것을 반드시 전달한 것은 아니었는데, 이 시기 비유대 폴란드인들은 총에 맞아 죽거나 대규모로 강제수용소에 보내지고 있었다. 1940년 게토

바깥의 폴란드인들이 아우슈비츠를 향하고 있었던 것과 달리 유대인들은 대개 게토 안에 수용된 상태였다. 하지만 게토는 유대인 레지스탕스가 특히 유대인들만이 처한 곤란한 상황에 대처해야 함을 뜻하기도 했다. 독일이 1940년 10월 바르샤바 내의 유대인과 비유대 폴란드인을 강제로 떨어뜨려놓자, 그들은 새로운 사회적 현실과 각기 다른 운명을 맞이할 구분들을 만들어내고 있었다.[7]

그러나 게토는 유대인들 사이에서 독일에 맞서 행동을 취할지 말지 그리고 취한다면 어떤 방법을 쓸지에 대한 합의를 만들어주지 않았다. 이미 바르샤바 게토의 폴란드 유대인들에게는 양차 대전 사이에 발생한 역동적인 유대인 내부의 정치적 삶에서 온 일종의 정치적 약속 같은 것이 있었다. 그들은 과거에 지방 선거 및 총선에 참여했고, 그와 더불어 자신들만의 공동체 선거 역시 치러왔었다. 여러 정당이 존재했고 정당에 대한 소속감 또한 강했다. 스펙트럼의 가장 오른쪽에 위치한 이들은 수정주의적 시온주의자들Revisionist Zionists로서, 이미 전쟁 전부터 팔레스타인에 있는 영국인들에게 맞서 싸우고자 무장 투쟁을 준비해온 이들이었다. 그들은 게토 내부 여건에서도 독일을 상대로 한 무장 투쟁은 가능한 동시에 반드시 필요한 것이라고 여긴 첫 번째 세력이었다. 수정주의자들과 그들의 청년 조직 베타르 구성원들은 같은 당 동지들을 통해 1941년 여름 빌뉴스에서 벌어진 유대인 학살 소식을 일찍 전해 들을 수 있었고, 애초의 목표보다 더 혹은 덜 수행된 1942년의 여름 루블린 게토 말소 작업에 대해서도 알고 있었다. 그들은 마지막 해결책이 몰로토프-리벤트로프 라인의 동쪽에서 서쪽으로 퍼지고 있음을, 그 수단은 총알에서 가스로 변

하고 있음 또한 미미하게나마 감지하고 있었다.[8]

바르샤바에서 1942년 7월에서 9월까지 벌어진 '대작전'은 수정주의자들이 유대인을 모아 유대 군사 연맹Jewish Military Union을 조직하는 계기가 되었다. 이 조직의 군사 업무를 총괄하는 사령관은 파베우 프렌켈이 맡았고, 정치적 업무를 담당하는 위원회는 미하우 스트리코프스키와 레온 로달 그리고 다비트 브도빈스키 세 사람으로 구성되었다. 이 같은 모습은 전쟁 이전 폴란드에 존재하던 협력 및 협의체 전통에 입각해 있었고, 그들이 잘 무장될 수 있었던 까닭을 설명해주는 하나의 단초가 될 수 있다. 1930년대 후반, 당시 폴란드 정권은 자신들의 영토 내에 거주하던 유대 인구 다수를 동쪽으로 내보내고 싶어했다. 이에 따라 폴란드 지도부는 폴란드 유대인 대다수를 팔레스타인으로 이끌고자 했던 수정주의적 시온주의자들과 긴밀한 관계를 맺고 있었다. 수정주의자들은 유대 국가를 건설하기 위해 폭력을 기꺼이 사용하고 있었으며, 폴란드 지도부는 이 방식을 지지했다. 전쟁 전, 폴란드에 있던 베타르의 수정주의적 시온주의자 청년들은 팔레스타인에서 싸우기 위한 준비에 매진했다. 이르군*의 젊은 전사들처럼, 그 일부가 합류한 팔레스타인의 레지스탕스 조직처럼, 그들은 폴란드군에 의해 때때로 훈련받았다. 1942년 게토 안에서는 수정주의자들이 게토 밖에서 무기를 들여오기 위해 자금을 모으거나 부유한 유대인들의 돈을 빼앗고 있었다.[9]

유대 군사 연맹이 군국주의 우익 정당이 스스로 예상한 최악의 경

* 1931년부터 1948년까지 영국 위임통치령 팔레스타인에서 활동한 시온주의 이스라엘 무장 단체.

우보다 더 혹독한 여건에 적응한 사례인 반면, 바르샤바 게토에 있던 또 다른 레지스탕스 조직인 유대 전투단Jewish Combat Organization은 다양한 중도주의자 및 좌익 정당들이 오직 군사 행동만이 유대인을 도울 수 있다고 결정한 사례였다.

우익인 유대 군사 연맹과 마찬가지로, 유대 전투단의 탄생은 '대작전'의 결과물이었다. 아주 어리거나 나이든 사람들은 거의 다 강제로 추방되고 목숨을 잃었다. 비록 강제추방이 모든 연령대에서 이뤄지긴 했지만, 그것은 그간 유대 정치체 보수 세력의 핵심을 차지하고 있던 종교적 정통파이자 정치적으로는 타협주의자였던 아구다스 이스라엘 같은 이들을 말 그대로 없애버렸다. 전쟁이 벌어지기 전 이들의 입장은 줄곧 폴란드 정권에 협력하는 대신 자신들의 종교적 그리고 공동체적 자율성을 보장받는 것이었다. 이 같은 타협적인 입장은 1930년대 후반 폴란드의 반유대주의적 폭력 행위 및 해당 입법들을 통해 시험대에 오르기도 했지만, 여전히 다수의 바르샤바 기성 유대인들(이제 그들 대부분은 트레블린카에서 이미 목숨을 잃은 뒤였다)이 지지하던 입장이었다. 폴란드에는 과거 살인 행위에도 협상을 시도했던 아구다스처럼 나치와 협상할 이들이 더는 남아 있지 않았다.[10]

1942년 9월 이후의 바르샤바 게토는 젊은이들이 구성원의 대다수를 차지하는 유대인 강제수용소의 성격을 띠고 있었다. 가족들이 위험에 처할지 모른다는 두려움에 움직이지 못했던 과거의 아버지들은 이제 없었고, 좌익 정치 세력들이 표면 위로 드러나고 있었다. 전쟁 이전 유대인 좌익 세력들은 팔레스타인으로 떠날지 아니면 폴란드에 남을지, 소련을 믿어야 하는지 말아야 하는지, 이디시어를 쓸 것인지 폴란드어를 쓸 것인지 그도 아니면 히브리어를 쓸 것을 주장해야 하는지 등등 일련의 기본적인 사안에 대한 입장에 따라 여러 분파로 나뉘어 있었다. 가장 급진적인 정치 세력이었던 공산주의는 이 시점에 바르샤바 유대인들 사이에서 다시금 그 모습을 드러냈다. 앞서 1938년 폴란드 공산당Communist Party of Poland을 없애버렸던 스탈린은 1942년 1월 폴란드 노동당Polish Worker's Party이라는 이름으로 이것의 재건을 허락했다. 이에 여기에 소속된 몇몇 폴란드 유대인 활동가가 무장 투쟁을 부추기고자 스스로 게토 안으로 들어오기 시작했다. 가장 큰 규모의 유대인 사회주의 정당인 유대 노동자 동맹the Bund은 폭력 사용에 조금 소극적이었는데, 이들은 대체로 독립된 조직으로서 자신들의 방식을 고수하고 있었다. 그러나 거대 작전 이후 3개월 만에 무장 투쟁의 필요성은 이제 대다수가 공감하는 사안이 되었다. 1942년 12월 유대 전투단이 창설되었다. 군사적 배경이 거의 혹은 전혀 없는 정치인들의 조직이자 변변찮은 무기조차 가지고 있지 않던 이들에게 가장 시급한 사안은 바로 무기를 확보하는 것이었다. 따라서 이들이 맨 처음 취한 행동은 폴란드 국내군에 무기 공급을 요청한 것이었다.[11]

이제 게토 밖을 살펴보자. 독일의 '대작전'은 폴란드 국내군이 모종의 유대인 정책에 착수하도록 만들었다. 폴란드 레지스탕스는 이미 예컨대 강제수용소 경비 업무 등의 행위에 대해 1941년에 "국가적 반역"이라 비난하며 분명한 입장을 취해왔다. 그러나 1942년 여름 이전의 폴란드 국내군은 폴란드가 처한 어려움과 폴란드인들의 상황을 똑같다고 여기는 경향이 있었다. 동쪽에서 벌어진 폴란드 유대인 대량학살로 말미암아 폴란드 국내군은 1942년 2월에 유대인 관련 부서를 만들었고, 이들은 같은 해 4월 대량학살과 관련된 증거들을 모아 동맹국과 BBC로 보냈다. 1942년 여름에 이뤄진 강제추방은 또한 12월까지 폴란드 가톨릭들로 하여금 폴란드 정부의 후원을 받는 일종의 구출 조직인 제고타Żegota를 만들게끔 했다(유대인을 도운 폴란드인들은 사형에 처해지던 상황이었다). 몇몇 폴란드 국내군 장교가 여기에 합류했으며, 정보 장교들은 게토 장벽 밖에서 유대인들을 위해 준비한 신분증명서를 넣어주었다. 유대 전투단이 무기 제공을 요청한 1942년 12월, 폴란드 국내군은 나중에는 싸울 것이지만 일단은 유대인들을 게토 밖으로 탈출시키자고 제안했다. 유대 전투단은 이를 받아들이지 않았다. 그들의 지도부는 맞서 싸우길 원했고, 이에 자신들을 게토 밖으로 꺼내주겠다는 전략을 거절했던 것이다.[12]

사실 그동안 폴란드 국내군 지휘관들의 머릿속에는 유대인들에게 어떠한 무기도 주어서는 안 된다는 전략적 구상이 있었다. 폴란드 국내군이 점차 빨치산 투쟁 중심 전략으로 방향을 틀고 있었던 것은 사실이지만, 그들은 게토 안에서 벌어지는 저항활동이 이내 독일에게 완전히 짓밟히고 말 도시 전역의 봉기를 유도할 수 있다는 우려를 품고 있었다. 1942년 말의 폴란드 국내군은 그 같은 싸움을 펼쳐나갈 준비가 되어 있지 않았다. 지휘관들에게 있어 때 이른 봉기는 있어서는 안 될 공산주의의 유혹과도 같은 것이었다. 그들은 소련이 그리고 이들의 사주를 받은 폴란드 공산주의자들이 지역민들에게 즉시 무기를 들고 독일에 맞서 싸우라고 선동하고 있음을 잘 알았다. 소비에트는 폴란드 내 빨치산 투쟁을 부추기고 있었는데, 이는 독일을 약화시키려는 목적뿐만 아니라 훗날 중요한 시점에 자신들의 질서에 맞설 법한 폴란드 레지스탕스들의 싹을 미연에 잘라버리기 위함이었다. 폴란드 엘리트들이 독일에 저항하다 죽으면 내무인민위원회가 해야 할 일이 줄어들듯이, 독일 병사들이 빨치산 활동에 죽어나가면 붉은 군대의 일 역시 한결 수월해질 것이었다. 유대 전투단에는 소비에트 편에 선 공산주의자들이 포함되어 있었고, 이들은 폴란드가 소련 밑으로 들어가야 한다는 생각을 품고 있었다. 한편 폴란드 국내군 지도부는 제2차 세계대전이 독일과 소비에트 양쪽의 폴란드 침공으로 시작되었다는 사실을 잊지 않았다. 폴란드의 절반이 전쟁 기간의 절반을 소련의 지배 아래서 지냈다. 소비에트가 원한 것은 폴란드 동부를 되돌려받는 것, 아니 그 이상일지도 모르는 일이었다. 폴란드 국내군 입장에서, 소비에트의 지배는 나치의 지배보다 별반 나을 게 없는 것이었다. 그들의 목적은 바로 폴란드 독립이었고, 폴란드 독립을 열망하는 조직이 폴란드 내 공산주의자들을 무장시키는 상황을 정당화할 만한 요인은 어디에도 없었다.[13]

이런 의구심에도 불구하고, 폴란드 국내군은 1942년 겨울 유대 전투단에 소량의 권총류를 제공했다. 유대 전투단은 이를 게토 내 자신들의 권위와 지배력을 확보하는 데 사용했다. 기껏해야 곤봉으로 무장한 유대인 평의회 및 유대 경찰력을 상대하는 데는 권총과 용기만으로 충분했다. 1942년 말에서 1943년 초까지 유대 전투단은 유대 경찰과 게슈타포 정보원들을 죽이면서 (혹은 죽이려들면서) 게토 내부에 새로운 도덕 질서가 들어서고 있다는 분위기를 일궈냈다. 유대 경찰의 우두머리 유제프 셰린스키는 비록 죽진 않았지만 목에 총격을 당했다. 대규모 강제이주 당시 유대 경찰을 이끌었던 야쿠프 레이킨과 움슐락플라츠에서 동족들을 기차에 오르게 했던 미에치스와프 브제진스키는 차례로 유대 전투단 손에 암살당했다. 유대 전투단은 '적에게 협력하는 죄의 대가는 곧 죽음'이라는 내용이 적힌 전단을 인쇄했다. 이리하여 그들은 결국 유대인 평의회의 수장에게 자신은 "그동안 게토를 맡고 있었지만 이제 새로운 주인이 등장했다"고 말하게 하면서 그 대체 세력으로 올라섰다. 이처럼 잘 돌아가던 유대인 행정 및 강압 기구가 사라지자 독일은 더 이상 게토를 마음대로 주무를 수 없었다.[14]

독일이 만든 게토, 그리고 그곳에 남아 있던 사람들의 운명에 대한 결정은 유대인들은 이해할 수 없었던 몇 가지 고려에 따른 것이었다. 독일 입장에서, 바르샤바 게토는 애초 루블린 지구, 마다가스카르, 소련으로의 강제추방 계획상에 존재했던 중계 지점이었다가, 차차 임시 강제수용소로, 다시 트레블린카로의 중계 지점으로 바뀐 곳이었다. 1942년 말에서 1943년 초에 이르는 기간에 그곳은 다시 잠정적인 그리고 규모가 축소된 강제수용소의 모습을 띠었고, 노역에 시달리던 이들은 거대 작전 당시 노역을 위해 선별해둔 인원이었다. 독일이 지배하는 영역에서 살아 있는 유대인의 존재를 용납할 수 없다는 힘러의 신념은 단 한순간도 흔들린 적이 없지만, 다른 이들은 적어도 이 시점에 이르자 약간의 유대인 노동력만큼은 살려두길 바라게 되었다. 한스 프랑크는 자신의 동방 총독부가 노동력 부족에 시달리지 않을까 걱정하고 있었다. 많은 폴란드인이 이미 독일 땅에서 노역하고 있었던 것처럼, 유대인 노동력은 독일이 점령한 폴란드 지역에서 그 중요성이 더욱 대두되고 있었다. 유대인 노동력은 독일의 전시 경제를 뒷받침하고 있었기에, 독일 국방군 역시 이들을 살려두길 바라는 쪽이었다.[15]

힘러는 타협할 줄 아는 인간이었다. 1943년 초 그는 자신이 '정치적 저항, 무질서, 질병의 온상'이라 여긴 게토 자체를 없애버리고, 그때까지 그곳에 살아남아 있던 대부분의 유대인에게 조금이나마 더 살아 있을 시간을 줄 터였다. 힘러는 일단 노동증명서 없이 게토 안에서 불법적으로 살던 유대인들을 제거하고자 했다. 남은 이들은 노동 자원으로서 다른 강제수용소로 보내져 계속 노역할 것이었다. 바르샤바를 방문한 힘러는 1943년 1월 9일 게토를 없앨 것을 지시했다. 이른바 불법적으로 그곳에서 지내던 유대인 약 8000명이 트레블린카의 가스실로 보내질 것이었고, 나머지 약 5만 명은 강제수용소로 옮겨질 것이었다. 하지만 9일 뒤 독일인들이 힘러의 명령을 실행하기 위해 게토에 들어서자 유대인들은 몸을 숨기거나 저항했다. 몇몇은 게토에 가장 먼저 들어온 독일인들에게 총을 쏘아댔는데, 깜짝 놀란 독일인들은 우왕좌왕하며 어쩔 줄 몰라 했다. 이날 거리에서 유대인 1170여 명이 독일인 손에 목숨을 잃었고, 5000명 정도는 강제이주를 당했다. 이로부터 나흘 뒤 독일은 게토에서 물러나 자신들의 계획을 재검토할 수밖에 없었다. 폴란드 국내군 지휘관들은 이번 바르샤바 사태에서 깊은 인상을 받았는데, 유대 전투단이 자신들이 쥐여줬던 작은 무기들을 기대 이상으로 잘 활용했기 때문이다.[16]

이것은 폴란드에서 유대인들이 독일을 상대로 저항한 첫 사례가 아니었다. 폴란드 국내군 안에도 유대인 출신이 상당수 있었고, 그런 사실은 비록 겉으로 논의된 적이 거의 없었지만 이미 폴란드 국내군 지휘관들 사이에서는 공공연한 비밀이었다. 폴란드 국내군에 있던 유대 출신의 다수는 자신을 유대인이라기보다는 폴란드인이라 여기고 있었다. 다른 이들은 전쟁 시기의 바르샤바에서는 누군가가 유대인이라 왈가왈부하지 않는 것이 최선이라는 생각에서, 자신들의 유대인 정체성을 드러내지 않았다. 비록 폴란드 국내군 내부에 반유대주의자들은 소수에 지나지 않았지만, 만에 하나 이들이 배신하면 목숨을 잃을 수도 있었다. 1943년 1월에 접어들어 바뀐 사정은 과거 독일에 맞서 무기를 들었던 유대인들이 이제 유대인으로서 레지스탕스 활동을 시작한 것이었다. 이것은 폴란드 국내군 및 폴란드 사회에 만연해 있던 반유대주의적 고정관념, 즉 '유대인은 싸워야 할 때 싸우지 않는 비겁자들'이라는 이미지에 크게 어긋나는 것이었다. 이제 폴란드 국내군 바르샤바 지휘부는 유대 전투단이 자신들의 각종 총기, 탄환, 폭약 등의 무기를 숨겨둔 장소 상당수를 이용할 수 있게 해주었다.[17]

베를린에 있던 힘러는 화가 머리끝까지 나 있었다. 그는 1943년 2월 16일 게토에 대해 그곳 사회뿐만 아니라 물리적 장소까지 모조리 그리고 반드시 파괴해야 한다고 마음먹었다. (힘러가 말하듯) "인간 이하의 존재들이 사용했던" 그곳 건물들이 독일인에게 걸맞을 리가 없기에, 바르샤바 인근은 이 극단적인 주인들에게 있어 눈곱만큼의 가치도 없는 땅이었다. 독일은 4월 19일에 있을 게토 습격 작전을 세웠다. 이번에도 그 직접적인 목적은 유대인을 살해하는 것보다는 이들의 노동력을 끌어모아 강제수용소로 보낸 뒤 게토를 파괴하는 것이었다. 힘러의 머릿속에 이 작전이 실패할지도 모른다는 의구심 따위는 없었다. 오히려 그의 생각은 훗날 이 장소들을 어떻게 사용할지에 대한 고민에 머물러 있었다. 전쟁이 끝날 때까지 강제수용소가 들어설 그곳은 먼 미래에는 공원으로 탈바꿈할 것이었고, 바르샤바에서 온 유대인 노동력은 또 다른 장소에서 죽을 때까지 노역에 종사할 것이었다.[18]

바르샤바 게토 습격이 개시되기 직전, 독일의 선전장관 요제프 괴벨스는 자신의 특기에 어울리는 눈부신 전과를 올렸다. 1943년 4월 독일은 과거 1940년 소련의 내무인민위원회가 폴란드 포로들을 살해했던 카틴 숲을 발견했다. "카틴이야말로 나의 승리다." 괴벨스가 내뱉은 말이었다. 그는 폴란드 장교들의 시신을 발견했다는 소식을 발표할 날짜로 1943년 4월 18일을 골랐다. 카틴 숲은 소비에트와 폴란드 사이에 그리고 폴란드인과 유대인 사이에 갈등을 만드는 데 써먹을 수 있는 것이었다. 괴벨스는 소련의 비밀경찰이 수천 명의 폴란드 장교를 학살했다는 증거가 그동안 유지되던 소련과 폴란드 망명 정부 간의 관계를 더 크게 흔들어놓을 것임을 꽤나 정확하게 예측했다. 애당초 그 둘의 관계는 기껏해야 어색한 동맹에 지나지 않았고, 폴란드 망명 정부는 소비에트로부터 실종된 장교들에 대한 제대로 된 답변을 단 한 차례도 들어본 적이 없었다. 또한 괴벨스는 카틴 숲이 추정상 '소련 내 유대인 지도부들이 펼친 반폴란드 정책의 표본'으로 인식되기를, 이리하여 유대인과 폴란드인들의 연대가 깨지길 바랐다. 괴벨스의 선전은 바로 이러한 고려 끝에, 독일의 바르샤바 게토 습격 직전에 펼쳐졌다.[19]

유대 전투단 역시 이미 자신들의 계획을 세워두고 있었다. 앞서 무산된 1943년 1월 독일의 게토 청소 작전은 유대인 지도자들로 하여금 최후의 응징이 밀려올 것이라는 확신을 갖게 만들었다. 거리에 나뒹구는 독일인들의 시체는 유대인들 사이에 만연했던 공포를 깨뜨렸고, 폴란드 국내군으로부터 두 번째로 들여온 무기들 또한 그들의 용기를 북돋워주었다. 유대인들은 앞으로의 강제추방은 곧 가스실로 가는 것일 뿐이라 여기고 있었다. 물론 이것은 정확한 사실이 아니었다. 맞서 싸우지 않았다면 그들 대부분은 노동 자원으로 강제수용소에 보내질 것이었다. 그러나 더 중요한 점은 그래봤자 몇 개월 더 사는 것에 지나지 않았으리라는 사실이었다. 바르샤바 유대인들의 생각은 근본적인 차원에서 아주 정확한 판단이었다. 그들 중 누군가가 적은 것처럼, "재정착의 마지막 장은 곧 죽음"이었다. 일단은 그들 중 몇 사람만이 트레블린카에서 목숨을 잃을 테지만, 1943년이 다 가기 전에 대부분이 죽임을 당할 것이었다. 저항하는 쪽이 그나마 생존 가능성이 있다는 그들의 판단은 옳았다. 독일이 전쟁에서 승리한다면, 자신들의 제국 안에 남아 있는 모든 유대인을 학살할 것이었다. 반대로 독일이 패전을 거듭한다면, 소비에트가 밀려옴에 따른 보안 유지를 위해 유대인 노동자들을 죽일 것은 뻔한 일이었다. 붉은 군대가 저 멀리서 다가오고 있는 상황은, 독일이 유대인들의 노동력을 뽑아내고 있다는 점에서 삶이 조금 더 연장되는 것을 뜻했다. 하지만 붉은 군대가 문밖에 도착했음은 곧 가스실 혹은 총살을 의미했다.[20]

유대인들이 일치단결해 저항할 수 있었던 것은 예외 없는 죽음에

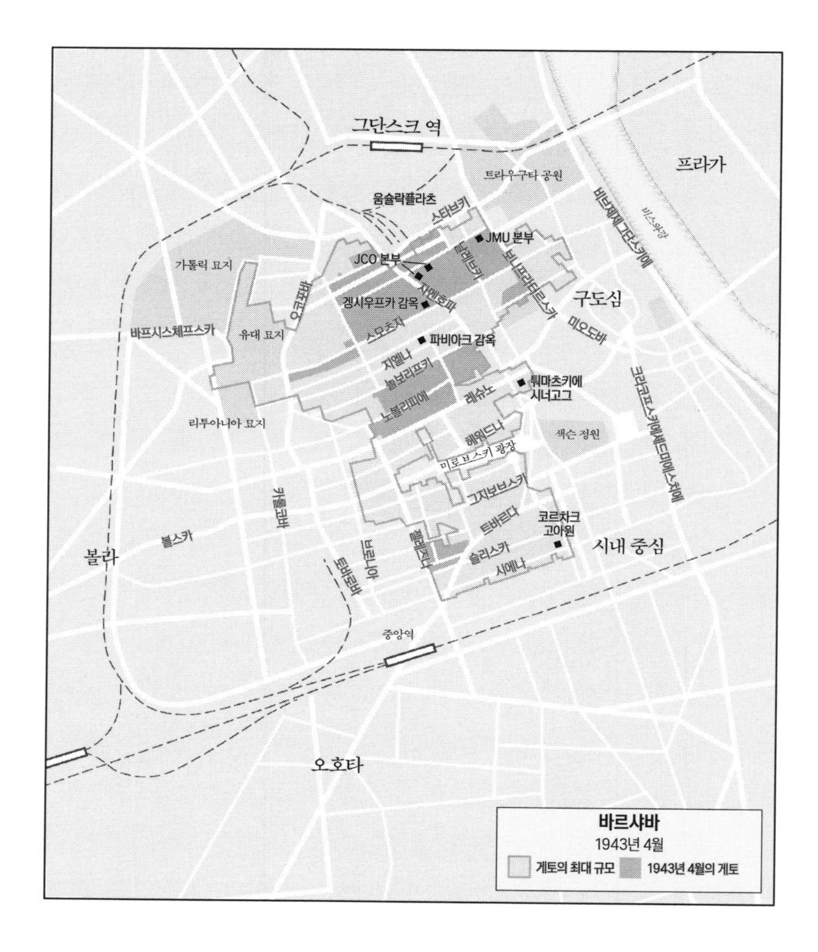

대한 확신 때문이었다. 독일의 정책이 그래도 누군가는 살 수 있다는 믿음을 주던 시기만 하더라도, 유대인 개개인의 마음속에는 그 예외가 바로 자신이길 바라는 마음이 자리했고, 이에 유대인 사회 내부가 여러 갈래로 나뉘는 것은 불가피한 일이었다. 그러나 바르샤바 게토 유대인들 사이에 이제 독일 정책의 결론은 예외 없는 죽음뿐이라는 확신이 서자, 유대인 사회는 똘똘 뭉치기 시작했다. 1943년 1월에서 4월 사이, 그들은 스스로 지하 저장고에 수없이 많은 벙커를 만들었는데, 이들 사이에는 경우에 따라 비밀 연결 통로까지 존재했다. 유대 전투단은 지휘 체계를 확립했다. 총 지휘는 모르데하이 아니엘레비치가 맡고, 마레크 에델만, 이즈라엘 카날, 이츠라크 쿠키에르만(마지막에 엘리에제르 겔레르로 대체됨)이 세 곳으로 나뉜 게토 지역을 각각 맡았다. 그들은 더 많은 무기를 들여왔으며 이에 맞게 단원들을 훈련시켰다. 독일의 군수 공장에서 일하던 몇몇 유대인은 즉석 폭발물 제조에 필요한 부품들을 훔쳐오기도 했다. 유대 전투단은 독일인들의 게토 습격 계획을 사전에 파악하고 있었고, 독일인이 들이닥쳤을 때 그들은 모든 준비를 마친 상태였다.[21]

폴란드 국내군의 일부는 놀라움과 감탄의 감정을 담아 이를 "유대-독일 전쟁"이라 불렀다.[22]

1943년 4월 19일 게토로 들어온 나치 친위대, 보안경찰, 트라브니키 대원들은 저격탄과 화염병 세례를 이기지 못하고 퇴각했다. 그들은 실제로 게토 밖으로 물러날 수밖에 없었고, 독일군 지휘관은 전투에서 12명을 잃었다고 보고했다. 모르데하이 아니엘레비치는 그 당시 게토 장벽 밖에 있던 자신의 유대 전투단 동지 이츠라크 쿠키에르만에게 적은 편지에서, 유대인의 반격이 "우리가 기대했던 바를 뛰어넘었네. 독일 놈들이 두 번씩이나 게토 밖으로 꽁무니를 내뺐단 말일세"라고 적었다. 폴란드 국내군 또한 언론을 통해 "전투력을 측정할 수 없을 만큼 강력하고 결의에 찬 레지스탕스"라고 평했다.[23]

우익의 유대 군사 연맹은 게토에서 가장 높은 건물의 상층부를 장악한 뒤 폴란드기와 시온주의 깃발을 내걸었다. 단원들은 곧 자신들의 본부 근처 무라노프스카 광장에서 이를 악물고 싸우게 될 것이었다. 4월 20일, 바르샤바 지역 나치 친위대와 경찰을 지휘하던 페르디난트 폰 자메른프랑케네크가 해임되었다. 그 자리를 이어받은 위르겐 슈트로프는 분노에 가득 차 전화기 저편에서 "자네는 어떤 대가를 치르더라도 그 망할 깃발들을 끌어내려야 할 걸세"라고 말하는 힘러의 목소리를 들었다. 독일은 결국 4월 20일(이날은 히틀러의 생일이었다) 꽤 아픈 대가를 치르며 이 깃발들을 끌어내리는 데 성공했다. 어쨌든 이날 게토에 발을 들인 독일인들은 그곳에 머무를 수 있었다. 비록 게토 인구를 정리하려던 그들의 계획이 가진 전망은 암울하기 그지없었지만 말이다. 대다수의 유대인은 꼭꼭 숨어 있었고, 상당수는 무장하고 있었다. 이제 독일은 새로운 전략을 짜내야 했다.[24]

유대인들은 바르샤바 게토 반란 첫날부터 죽어나가고 있었다. 걸을 수 없는 상태의 유대인들 또한 독일인에게 발견되는 족족 살해당했다. 더욱이 독일인들은 바르샤바에 마지막으로 남아 있던, 겡시아가 유대인 병원의 사람들이 자신들을 싫어하고 있다는 사실을 잘 알고 있었다. 마레크 에델만의 눈에 들어온 것은 환자복을 입은 수십 구의 시체였다. 산부인과 쪽에서는, 독일인들이 막 아이를 출산한 산모와 아이들을 살해하고 있었다. 겡시아가 및 자멘호프가 구석에서는, 누군가가 가슴이 발가벗겨진 여인의 시체 위에 신생아를 놓아두고 있었다. 유대인들의 저항은 바깥에서 보기에 그래도 전쟁의 모습을 띠고 있었지만, 독일인들이 게토 안에서 벌인 일들은 우리가 알고 있는 전쟁의 관행이나 법칙 따위를 완전히 벗어난 것이었다. 나치 친위대에게 있어, 인간 이하인 유대인의 존재는 그 자체만으로도 죄였고, 이들의 저항은 그에 대한 어떠한 앙갚음도 싼, 그야말로 화가 머리끝까지 치미는 행동일 따름이었다.[25]

슈트로프의 눈에, 유대인들이 만든 벙커와 가옥을 쓸어버릴 수 있는 유일한 방법은 모조리 태워버리는 것이었다. 앞서 힘러가 게토의 물리적 파괴를 지시했던 이상, 그곳에 불을 놓는 것을 꺼릴 이유는 전혀 없었다. 그렇다. 실로 힘러는 그동안 그곳을 파괴하는 이 좋은 방법을 몰랐던 것이고, 소각은 나치를 괴롭히던 두 가지 문제를 한 번에 해결할 방법이었다. 1943년 4월 23일, 슈트로프의 부하들은 게토 건물들에 구역별로 불을 놓기 시작했다. 독일 국방군은 그간 치러진 전투에서는 별다른 활약을 보이지 못했지만, 이번 가옥 및 벙커 소각 작전에 투입된 공병대와 화염방사기를 든 병사들은 그 몫을 톡톡히 했다. 에델만의 회상에 따르면, "거대한 불기둥이 온 거리에 가득했다". 불길과 연기에 제대로 숨을 쉴 수 없었던 유대인들은 벙커 밖으로 나갈 수밖에 없었다. 이때 살아남은 어떤 이의 말을 들어보자. "우리는 불에 타죽기보다는 총에 맞아 죽고 싶었다." 고층에 갇힌 유대인들은 건물 밖으로 뛰어내렸고, 이 때문에 독일인들이 붙잡은 포로의 상당수는 다리가 부러진 상태였다. 이들은 간단한 심문을 받은 뒤 곧바로 사살당했다. 이 방화에서 살아남는 유일한 방법은 온종일 혹은 어두운 밤을 틈타 이 벙커에서 다른 벙커로, 이 건물에서 저 건물로 도망치는 것뿐이었다. 나치 친위대가 처음 며칠 동안은 한밤중 게토 거리 활보를 꺼렸기에, 유대인 전사 및 민간인들은 이 시간을 틈타

움직인 뒤 전열을 가다듬었다. 그러나 방화를 멈추지 못하는 한, 시간은 그들의 편이 아니었다.[26]

독일이 게토 습격을 감행한 1943년 4월 19일은 유월절 전날이었고, 다가오는 25일 일요일은 부활절이었다. 폴란드 시인 체스와프 미워시는 자신의 시 「꽃밭」에서, 게토 안 유대인들이 싸우고 또 죽어가는 동안, 장벽 너머 크라신스키 광장에서는 사람들이 회전목마를 타고 있던 당시 기독교 축일의 상황을 떠올리고 있다. 미워시의 말을 들어보자. "그때 나는 죽음의 고독함을 떠올렸다." 게토 반란 기간 내내 회전목마는 돌고 또 돌았고, 그것은 고립된 유대인의 상징이 되었다. 게토 장벽 너머 폴란드인들이 삶 그리고 웃음을 누리던 그 순간, 유대인들은 자신들의 도시에서 죽어가고 있었다. 많은 폴란드인은 게토 안 유대인들의 상황에 관심을 두지 않았다. 물론 또 다른 이들은 그렇지 않았고, 누군가는 이들을 돕고자 했으며, 몇몇은 이를 실행하다가 목숨을 잃기도 했다.[27]

바르샤바 게토 반란이 일어나기 딱 1년 전, 폴란드 국내군은 영국과 미국에 폴란드 유대인을 상대로 저지른 가스 학살에 대해 이미 전달한 상태였다. 분명 폴란드 국내군은 그들에게 헤움노 학살 시설에 대한 정보를 넘겨주었고, 폴란드 당국은 그것이 영국 언론에 전달되는 것까지 확인했다. 하지만 서방 동맹국들은 아무런 조치도 취하지 않았다. 1942년 폴란드 국내군은 런던과 워싱턴에 바르샤바 게토에서 있었던 강제추방 및 트레블린카에서 벌어진 바르샤바 유대인 대량학살 소식을 전했다. 물론 폴란드 정부가 이러한 사건들을 줄곧 폴란드 시민이 처한 참담한 상황의 일부로 공표하기는 했다. 핵심 정보들이 빠짐없이 전달된 것 또한 사실이었다. 헛된 믿음이었지만 폴란드인과 유대인들은 모두 이 같은 강제추방에 관한 공표가 그것을 멈춰줄 것이라 믿었다. 폴란드 정부는 동맹들에게 (유대인을 포함한) 폴란드 국민을 대상으로 한 대량학살에 맞서 독일 민간인을 공격 대상에 넣어야 한다고 강력히 주장했다. 또다시, 영국과 미국은 어떠한 움직임도 보이지 않았다. 폴란드 대통령과 바티칸 폴란드 대사는 교황을 찾아가 유대인 대량학살에 대해 공개 석상에서 이야기해줄 것을 역설했지만 이 역시 아무런 성과도 거두지 못했다.[28]

서방 연합군 중 오직 폴란드 당국만이 유대인 학살을 멈추기 위한 직접 행동에 나섰을 뿐이다. 1943년 봄까지 제고타는 숨어 있던 유대인 약 4000명을 돕고 있었고, 폴란드 국내군은 유대인을 갈취하는 자들은 총살할 것이라고 발표했다. 5월 4일, 바르샤바 게토 유대인들이 싸우고 있던 그때, 망명 정부 수반 브와디스와프 시코르스키는 다음과 같이 호소했다. "모든 동포에게 요청합니다. 지금 이 순간에도 죽어가고 있는 저들에게 피란처와 도움의 손길을 뻗어주십시오. 동시에, 지난 시간 너무나 오랫동안 침묵을 지켜온 전 세계에 밝힙니다. 나는 저들의 범죄를 강력히 규탄합니다." 유대인과 폴란드인들 모두 알고 있었듯이, 바르샤바 폴란드 국내군 지휘부는 그동안 게토 구원에 자신들이 가진 인력과 무기를 모두 쏟아부었지만 그 목적을 이룰 수 없었다. 적어도 이 시점의 그들은 전투 경험이 거의 없는 상태였다. 그럼에도 불구하고, 처음 여덟 번의 무장 작전 중 일곱 번은 당시 게토 전사들을 지원하던 바르샤바 폴란드 국내군에 의해 이뤄졌다. 게토 장벽을 무너뜨리려던 두 명의 폴란드인이 바르샤바 게토 반란 초반부에 목숨을 잃었고, 이후 이뤄진 몇 차례의 추가 시도 또한 실패로 돌아갔다. 기회를 엿보고 있던 소비에트 선전원들은 이를 이용해 폴란드 국내군이 게토 봉기 지원을 거부했다고 주장했다.[29]

폴란드 국내군 사람들 사이에 유레크로 알려진 아리에 빌네드는 폴란드 국내군과 유대 전투단 사이를 이어주는 중요한 연결 고리였다. 그는 바르샤바 게토 반란 와중에 목숨을 잃었지만 죽기 전 그가 동료 폴란드인들에게 전한 중요한 메시지는 전설 그 자체였다. 이내 폴란드 국내군이 인정하고 또 공표할 게토 유대인 레지스탕스의 모습을 전한 이가 바로 그였다. 여기에 따르면, 게토 봉기는 단순히 유대인들의 생명을 보호하는 것이 아니라 인간의 존엄성을 지키려는 투쟁이었다. 이것은 폴란드 낭만주의의 언어로 받아들여졌다. 즉 누군가의 행동은 그것이 가져온 결과보다는 의도로 판단해야 하고, 희생은 고결한 것이며, 자신의 목숨을 희생하는 것은 영원히 존경받을 고결함의 극치라는 것이었다. 때로는 과장되거나 때로는 망각되는 빌네드의 메시지의 핵심은 바로 바르샤바 유대인 레지스탕스 문제는 유대인의 존엄성뿐만 아니라 누군가는 더 애를 썼고 또 다른 누군가는 그렇지 않았던 폴란드인, 영국인, 미국인을 포함한 인류의 전체의 존엄성에 관한 문제라는 것이었다.[30]

런던 폴란드 망명 정부에 유대 노동자 동맹의 대표 자격으로 가 있던 슈무엘 지기엘보임은 게토가 불길 속으로 사라져가고 있다는 것을 알았다. 그는 이미 1942년 동맹국 지도자들에게 대량학살 소식을 전했던 폴란드 국내군 전령 얀 카르스키로부터 홀로코스트의 대략적인 전개 구상에 대해 명확히 들어 알고 있었다. 지기엘보임이 상세한 부분까지 알았을 것 같지는 않지만, 그는 사태의 전개 과정을 대략적으로 파악하고 전 세계에 이를 알리고자 애썼다. 폴란드 대통령 및 수반에 전달되고, 더 나아가 기타 동맹국 지도자들에게도 전해지길 바라며, 한 글자 한 글자 고뇌 속에서 적은 1943년 5월 12일의 유서를 통해 그는 다음과 같이 밝히고 있다. "물론 유대인 국가를 대상으로 한 대량학살 범죄의 책임은 무엇보다 가해자인 저들에게 있습니다. 그러나 나머지 인류 전체도 그 간접적인 책임에서 자유로울 수 없습니다." 이튿날 지기엘보임은 그가 적은 대로 바르샤바 유대인 동포들의 운명과 함께하기로 하고, 자결했다.[31]

바르샤바 유대인들은 희망 없는 싸움을 이어가고 있었다. 1943년 5월까지 슈트로프가 상부에 올린 보고서 내용을 보면 이제 그저 숫자 문제일 뿐이라는 듯이, 차분함과 꼼꼼함까지 느껴지던 터였다. 파악할 수 없는 수의 유대인들이 불타 죽거나 벙커 안에서 스스로 목숨을 끊었고, 약 5만6065명이 사로잡혔다. 이들 중 약 7000명은 그 자리에서 사살당했으며, 6929명 이상이 트레블린카로 보내졌다. 그 밖의 나머지 대부분은 마이다네크 등지의 강제수용소에서 노동 자원으로 쓰일 것이 결정되었다. 5월 15일 슈트로프는 퉈마츠키에 시너고그를 다이너마이트로 폭파시키는 것을 통해 바르샤바 게토 전투 승리를 선언했다. 이제 독일인들은 앞서 힘러가 명령한, 게토의 모든 것을 남김없이 파괴하는 작업에 들어갔다. 남아 있던 건물은 모조리 파괴되고, 지하 저장고와 하수관은 메워졌다. 힘러로부터 잿더미만 남은 게토에 새 강제수용소를 지으라는 명령이 내려온 것은 1943년

6월 1일이었다.[32]

게토 봉기에서 살아남은 소수의 유대인이 게토 밖에서 마주한 것은 비참한 대접뿐이었다. 게토에서 살아남아 이송되던 유대인 대부분은 독일 경찰의 손에, 아니면 독일의 정책을 수행하는 폴란드 경찰 및 시민들의 손에 살해당했다. 1943년의 폴란드 국내군은 1년 전보다 더 공산주의 쪽에 신경을 곤두세우고 있었다. 1943년 여름에 벌어진 일련의 체포 및 비행기 사고 때문에,* 좀더 연민 어린 시선을 가졌던 폴란드 사령관과 수상이 앉아 있던 자리에는 상대적으로 그렇지 않은 이들이 들어서게 되었다. 분명 폴란드 국내군은 바르샤바 게토 봉기에서 살아남은 베테랑들로 구성된 유대인 부대를 만들겠다고 약속했지만, 끝내 이 약속을 지키지 않았다. 1943년이 지나는 동안 폴란드 국내군 병사들은 때때로 벌판에서 만난 무장 유대인들에게 강도라며 총격을 가했다. 소수이지만 폴란드 국내군 병사들이 유대인의 물건을 빼앗기 위해 살인을 저지르기도 했다. 또 다른 경우, 폴란드 국내군은 유대인 편을 들거나 자신들의 물건을 빼앗으려는 폴란드인들까지 함께 처형했다.[33]

바르샤바 게토 봉기를 불러왔던 독일의 노동력 관리 정책 역시 폴란드 레지스탕스의 방향을 틀도록 만들었다. 1943년 1월 바르샤바를 방문해 게토를 쓸어버릴 것을 명령했던 힘러는 폴란드인들을 대규모로 끌어모아 노동 자원으로 쓸 것 또한 지시해두었다. 이에 따라 이뤄진 무작위 노동력 징발 사냥은 폴란드인 사회에 엄청난 혼란을 불러

* 1943년 7월 브와디스와프 시코르스키가 탄 비행기가 지브롤터 해협에서 추락해 그가 사망한 사건을 가리킴.

일으켰고, 여인과 아이들은 어느 날 갑자기 남편과 아버지가 사라지는 상황에 놓여야 했다. 1943년의 첫 석 달 동안 약 3000명의 폴란드인이 바르샤바에서 마이다네크로 보내졌다. 그들은 5월 바르샤바 게토 반란이 진압된 뒤 그곳으로 끌려온 수천 명의 유대인과 만나게 된다. 1941년과 1942년 당시 게토 장벽에 의해 분리되어 있었던 그들은 1943년에는 같은 철조망 속에 갇힌 서로를 발견했다. 그때까지 마이다네크는 비록 규모 면에서는 한참 작았지만 아우슈비츠와 마찬가지로 가스 시설이 갖춰진 강제수용소의 모습을 띠고 있었다. 폴란드 유대인 약 5만 명 그리고 추정상 1만 명의 비유대 폴란드인이 그곳에서 목숨을 잃었다.[34]

마이다네크 같은 곳으로의 강제추방 소식은 폴란드인들을 남녀 할 것 없이 폴란드 국내군으로 이끌었다. 그들은 언제든 강제노역 대상자로 붙잡혀 강제수용소로 보내질 수 있었고, 지하로 내려가는 것이 바르샤바 지상에서 사는 것보다 더 안전하게 보였다. 또한 지하조직에서는 공포를 이겨내게 해줄 동지애를 느낄 수 있었고, 복수를 통해 무력감에서 벗어날 수 있었다. 독일은 과거 1939년 침공 당시 수만 명, 1940년 AB 악치온 당시 수천 명에게 그랬듯이, 고등 교육 이상을 받은 폴란드인들을 모조리 죽여버림으로써 자신들의 노동력 끌어모으기 과정에서 레지스탕스 조직이 생겨나는 사태를 막으려 했다. 이 계획의 입안자들은 독일이 바로 이번에 겪은 곤혹스러움을 정확히 염두에 두고 있었던 것이다. 만일 단 한 명이라도 독일에 맞서 폴란드인들을 이끌 자가 살아 있다면, 폴란드인들을 그저 아무 생각 없이 일만 하는 바보로 대하는 것은 이내 조직적 저항을 불러올 수도 있다는 것이었다. 그러나 잘 교육받은 폴란드인들은 독일의 예상보다 훨씬 더 많았고, 폭압적인 통치가 이어지던 상황에서 사람들을 이끌고자 기꺼이 앞으로 나설 이들은 언제나 있었다.

폴란드 국내군 지휘관들은 지하에 머물며 사람들을 모아 무장시키는 길을 택하고는 전면적인 봉기를 일으킬 최적의 순간을 기다리고 있었다. 이처럼 참을성을 유지하며 적절한 때를 계산하는 일은 1943년에 이르러 점점 더 어려워지고 있었다. 소련의 라디오와 선전물은 폴란드인들에게 최대한 빨리 봉기를 일으킬 것을 주문했다. 자국의 유대인들이 맞이했던 운명을 알고 있던 폴란드인들은 독일의 지배가 이어지면 자신들 역시 마찬가지 운명에 처할지 모른다는 두려움에 사로잡혀 있었다. 특히나 충격적이었던 것은 동방 총독부 루블린 지구 일부에서 시행된 동유럽 종합 계획의 모습이었다. 비록 독일의 이 거대한 식민화 계획 대부분이 잠정 유보된 상태였지만, 오딜로 글로보츠니크만큼은 이를 실행에 옮기고 있었다. 1942년 11월에 시작되어 1943년 전반기까지, 독일인들은 해당 지역을 그야말로 철저한 독일식 식민지로 탈바꿈시키기 위해 자모시치 인근 폴란드 마을 300여 곳을 비워내는 작업을 계속했다. 이 '자모시치 작전'으로 대략 10만 명의 폴란드인이 강제추방되었고, 많은 이가 마이다네크와 아우슈비츠로 끌려갔다. 자모시치 작전은 라인하르트 작전이 마무리되는 바로 그 시점에 시작되었기에, 또한 이곳은 과거 라인하르트 작전이 시작되었던 바로 그 장소였기에, 여러 폴란드인은 이를 폴란드 문제를 해결할 '마지막 해결책'의 시작으로 봤다. 물론 이는 동유럽 종합 계획에서 분명 다수의 폴란드인을 지워 없애도록 했지만 '모든' 폴란드인의 학살을 담고 있던 것은 아니었기에 정확한 판단이라고 볼 수는 없었다. 하지만 그들이 처한 상황에서는 당연한 논리적 귀결이었다.[35]

독일의 노동력 정책이 바뀌고, 바르샤바 유대인들이 들고일어남에 따라, 바르샤바 및 그 밖의 다른 장소에 있던 폴란드인들 또한 레지스탕스를 만드는 쪽으로 기울었다. 게토 안 유대인들이 죽기 아니면 살기식 투쟁에 자신을 내던지는 것 말고는 다른 선택지가 없었던 데 반해, 비유대 폴란드인들에게는 지하조직을 통한 음모에서부터 야전까지 저항 방식과 규모를 조절할 여지가 있었다. 1943년 3월 폴란드 국내군은 공개적인 활동을 개시하며 암살과 빨치산 투쟁 노선으로 선회하기에 이르렀다. 그들이 가장 먼저 취했던 공개적 무장 저항 활동은 여전히 미숙한 측면을 보이던 게토 전사 지원이었다. 시간이 흐르면서 작전은 더욱 효과를 발휘하기 시작했다. 독일 경찰들은 게슈타포에 협력하던 폴란드인들과 마찬가지로 사살되었다. 독일의 집계에 따르면, 1943년 8월에 동방 총독부 바르샤바 지구에서만 무려 942건의 빨치산 활동이 벌어졌으며, 동방 총독부 전역으로 그 범위를 넓히면 총 6214건에 달했다.[36]

무장 저항활동으로 바뀐 폴란드 국내군의 움직임은 독일의 대응을 불러올 수밖에 없었다. 테러와 보복 테러의 순환은 이듬해까지 계속되었다. 1943년 10월 13일 독일은 앞서 1942년 여름의 거대 작전 당시 바르샤바 게토에서 가다듬어진, 이른바 봉쇄 전략을 게토 나머지 지역에도 적용하기 시작했다. 그들은 사람들에게 공포감을 심어주고 저항의 싹을 자르기 위해 무작위로 붙잡은 남성들을 공개 총살에 처했다. 이 과정을 살펴보자. 사전에 공지된 시간과 장소에서, 체포된 이들은 눈을 가린 채 5명 혹은 10명씩 조를 이뤄 총살 집행대 손에 처형된다. 이들이 죽기 전 "폴란드여 영원하라!"라고 외치던 장면은 흔한 것이었고, 이에 독일인들은 그들 입에 재갈을 물리거나 머리에 자루를 씌웠으며 그것도 아니면 아예 입에 회반죽을 발라버리기도 했다. 당연한 말이겠지만 나머지 폴란드인들은 그 모습을 눈앞에서 봐야만 했다. 하지만 그들이 이를 통해 독일이 바란 이른바 교훈을 깨달았으리라는 것은 천만의 말씀이다. 공개 총살 뒤, 여인들은 피에 젖은 흙을 모아 병에 담을 것이고, 그것을 교회로 가져갈 것이었다.[37]

독일은 자신들의 선전이 실패했음을 인정했지만, 바르샤바 폴란드인들을 대상으로 한 대규모 학살은 계속되었다. 희생자들은 때로는 레지스탕스와 관련 있는 사람들이었고, 때로는 그냥 닥치는 대로 잡아들인 사람들이었다. 독일은 이제 처형지를 총격 장면이 잘 보이지 않는 과거 게토 지역으로 옮겼다. 폴란드인들이 갇혀 있던 주요 수용소들 또한 과거 게토 장벽 안쪽에 자리하고 있었다. 1943년 가을의 대부분은 수많은 폴란드인이 게토 안 폐허 속에서 발견된 소수의 유대인과 함께 사살된 날들로 채워져 있었다. 사례 하나를 보자. 1943년 12월 9일에도 폴란드인 139명이 유대인 여성 및 아이 16명과 함께 총에 맞았다. 1944년 1월 13일에는 사살된 폴란드인의 숫자가 300명을 넘었다. 게토에서 벌어진 이 사살들은 비록 누구도 직접 보는 것이 허락되지 않았지만 엄밀히 말해 여전히 "공식적"인 것이었다. 가족들에게는 사랑하는 이가 처형되었다는 소식이 전해졌다. 1944년 2월 15일 이후가 되자 폴란드인들은 집에서나 거리에서 말 그대로 사라진 뒤 게토에서 사살되었는데, 이에 대한 공식적인 기록 또한 없었다. 약 9500명이 1943년 10월에서 1944년 7월 사이 게토 폐허에서 살해당했는데, 그들 중 일부는 유대인 생존자였으며, 대다수는 비유대 폴란드인이었다.[38]

눈이 가려지고 무릎 꿇린 이 폴란드인들은 자신들이 힘러의 최신 강제수용소에 들어와 처형당했다는 사실을 몰랐을 것이다. 1943년 7월 19일 바르샤바 게토 폐허 속에 문을 연 바르샤바 강제수용소야말로 나치의 가장 끔찍한 창조물이었다.[39]

그것은 다음과 같은 과정이었다. 맨 먼저 독일이 이른바 게토라 이름 붙인 바르샤바의 특정 지역에 유대인들을 밀어넣는다. 그러고는 주변 지역에서 이미 수용 인원을 한참 초과한 이곳으로 또 다른 유대인들을 강제로 이주시켜 수만 명이 굶주림과 질병으로 목숨을 잃게 만든다. 그 뒤 25만 명이 넘는 게토 유대인들을 트레블린카 가스실로 보내고, 이 추방 과정에서 약 1만7000명이 총에 맞아 죽는다. 이 작업이 끝나면 독일은 자신들이 만들었던 게토를 해체한다. 그것이 불러온 저항을 억누르고자 다시 약 1만4000명의 유대인을 사살한다. 그러고는 바르샤바 게토의 건물들을 모조리 불태운다. 마지막은 아무것도 남아 있지 않은 이곳에 또다시 새로운 수용소를 만드는 것이다.

바로 이것이 바르샤바 강제수용소의 실체였다. 그것은 사방에 죽음의 기운이 가득한, 매우 제한적인 삶만이 가능했던 일종의 섬과 같았다. 주변에는 온통 불타버린 건물 잔해와 그 속에서 죽어가는 사람들뿐이었다. 넓게는 과거 게토 장벽에, 좁게는 철조망과 감시탑에 둘러싸인 곳, 그곳이 바로 바르샤바 강제수용소였다. 수감자들은 수백 명의 유대인 및 폴란드인으로, 대부분은 폴란드 유대인이라기보다는 나머지 유럽 각지에서 끌려온 이들이었다. 그들은 애초 가스실행이 아닌 강제노역 대상자로 분류되어 원래 살던 곳에서 아우슈비츠로 보내졌고, 그 뒤 다시 바르샤바 강제수용소로 끌려온 사람들이었다. 그리스에서, 프랑스에서, 독일에서, 오스트리아에서, 벨기에에서, 네덜란드에서 그리고 1944년에는 헝가리에서 끌려온 이들도 있었다. 눈앞에 나타난 바르샤바 강제수용소의 모습이 얼마나 끔찍했던지, 그들 중 몇몇은 차라리 아우슈비츠 가스실로 보내달라고 빌기도 했다.[40]

바르샤바 강제수용소 유대인 노동자들이 폐허 속에서 해야 했던 일은 주로 다음 세 가지였다. 1943년 4월과 5월의 방화 이후에도 남아 있던 건물들을 완전히 철거하기, 유대인들이 혹시나 남겼을지 모를 귀중품 찾기, 아직 숨어 있을지도 모를 유대인들을 수색해 투항시키기. 몇몇 유대인 노동자는 줄무늬 작업복과 나무 신발을 신은 채 과거의 게토 장벽 밖으로 보내지기도 했다. 언어 장벽에도 불구하고 외국에서 온 유대인들과 바르샤바 폴란드인들 사이에는 우정이 싹트고 있었다. 당시 노동자들 중 누군가는 게토 장벽 밖에서 벌어졌던 일을 이렇게 기억했다. "아마 열네 살쯤 되지 않았을까 싶습니다. 한 폴란드 소년이 우리 옆에 서 있었습니다. 그 아이는 제대로 된 옷조차 입고 있지 못했습니다. 손에 든 작은 바구니 안에는 사과 몇 조각이 들어 있었죠. 그 아이가 우리를 보더니 잠깐 뭔가를 생각하는 것 같더군요. 그러더니 바구니를 꽉 쥐었다가 우리에게 휙 던져주지 뭡니까. 그 아이는 먹을거리를 팔고 있던 다른 아이들에게 달려갔고, 갑

자기 사방에서 우리 주변으로 빵과 과일이 떨어지기 시작했습니다. 우리를 감시하던 나치 친위대 병사들은 어쩔 줄 몰라 했고, 상상도 못 했던 이러한 연대의 표현에 무척이나 놀란 표정이었답니다. 정신을 차린 그들은 아이들을 향해 기관총을 겨눈 채 소리를 지르며, 우리를 먹을거리로부터 떨어뜨려놓으려 했습니다. 하지만 아무 소용이 없었죠. 우리는 그자들의 말이 귀에 들어오지 않았어요. 우리는 얼른 손을 흔들어 그 아이들에게 감사를 표했답니다."[41]

1943년 10월 이후부터 바르샤바 강제수용소의 유대인들에게는 또 다른 임무가 떨어졌다. 바로 게토 폐허로 끌려와 처형당한 바르샤바 폴란드인들의 시신을 처리하는 것이었다. 폴란드인들은 50명에서 60명 단위로 트럭에 태워져 과거 게토 지역이자 바르샤바 강제수용소 인근이었던 곳으로 끌려와 나치 친위대 및 경찰 소속 기관총수들에게 처형당했다. 이에 유대인 수감자들로 이뤄진 시체처리특무대 Death Commando가 꾸려졌는데, 그들의 임무는 처형의 흔적들을 뒤처리하는 것이었다. 이들은 게토 폐허에서 땔감으로 쓸 만한 것들을 구해와 장작더미를 쌓고, 그 위에 다시 시신과 장작을 겹쳐 쌓았다. 그런 뒤 가솔린을 붓고 불을 붙이는 작업이 이어졌다. 그러나 이것으로 특무대의 임무가 끝났다고 생각하면 오산이었다. 그 이름에 걸맞은 마지막 임무가 기다리고 있었던 것이다. 폴란드인들의 시체가 불타기 시작하면, 나치 친위대원들은 이 장작더미를 쌓았던 유대인 노동자들을 사살한 뒤 그들의 시신 또한 불구덩이 속으로 던져넣었다.[42]

미워시는 1943년에 쓴 시 「가련한 기독교도가 게토를 바라보며」에서 잿빛 그을음과 잔해를 원래대로 되돌리고 「누군가가 타고 남은 재」에서 그들 각각을 불러일으키는 불가사의한 힘을 말하고 있다. 그러나 현실의 그 누구도 이 잿더미 속 유대인과 폴란드인을 구분해낼 수 없었다.

1944년 여름, 바르샤바 같은 도시에서 저항활동이란 피할 수 없는 유일한 선택지였다. 하지만 그 형태와 방향이 유일한 것은 아니었다. 그간 런던에 있던 폴란드 망명 정부와 폴란드 국내군 지휘관들은 어떤 결정을 내리기 매우 난감한 상황에 처해 있었다. 분명 폴란드 국민은 그 어떤 동맹국 수도 시민들보다 더 고통 속에 몸부림치고 있었지만, 그들 지휘부는 도저히 용납할 수 없는 전략적 상황 앞에 놓여 있었다. 폴란드인들은 독일의 점령 상황을 현재뿐만 아니라 앞으로 다가올 소비에트의 점령 위협까지 감안해 판단해야 했다. 7월에 이르자 독일군은 6월 말 붉은 군대가 실행한 바그라티온 작전의 성공 소식이 바르샤바 전역으로 퍼져나가는 것을 볼 수 있었다. 독일군의 패배가 눈앞에 있다는 것은 분명 반길 만한 소식이었지만, 마찬가지로 이내 소련군이 바르샤바를 접수할 것이라는 예상은 결코 좋은 소식이 아니었다. 폴란드 국내군이 독일군과 공개적으로 싸워 승리한다면, 그들은 붉은 군대가 자신들의 집을 차지하는 상황을 맞이할 것이었다. 반대로 그들이 독일군과 싸워 패배한다면, 곧 들이닥칠 소비에트에게 자신들은 손쉬운 상대이자 무력하다는 것을 보여주는 꼴밖에 되지 않을 것이었다. 그렇다고 아무것도 하지 않는다면, 소비에트와 (혹은 서방 동맹국들과) 협상할 자리조차 얻지 못할 것이었다.[43]

동맹인 영국과 미국은 여전히 스탈린에 대한 환상을 가질 만한 형편이 되는지 모르겠지만, 폴란드 장교와 정치인들만큼은 그렇지 못했다. 그들은 소련이 1939년에서 1941년까지 나치 독일과 손잡았다는 것을 결코 잊지 않았고, 점령한 폴란드 동부에서 펼쳐진 소련의 정책들은 무자비하고 폭압적인 것이었음도 잊지 않았다. 폴란드인들은 카자흐스탄과 시베리아로의 강제이주에 대해서도, 카틴 숲에서 벌어진 학살에 대해서도 알고 있었다. 스탈린은 카틴 발견 이후 폴란드 정부와 외교 관계를 끊어버렸고, 이는 소련을 신뢰할 수 없는 또 하나의 이유가 되었다. 스탈린이 스스로가 벌인 대학살을 폴란드 정부와 외교 관계를 끊는 빌미로 쓰는 사람이라면, 이런 자가 어떤 협상이든 선의를 가지고 임할 것을 기대할 수 있을까? 또한 소련이 나치 독일을 상대로 한 공동의 전쟁 동안 합법적인 폴란드 정부를 인정하지 않는다면, 전쟁이 끝난 뒤 더 강력한 발언권을 지닐 그들이 과연 폴란드 독립을 지지할 가능성이 있을까?

영국과 미국의 관심은 그와는 결이 달랐다. 붉은 군대는 동부 전선에서 독일 국방군을 상대로 승승장구하고 있었기에, 스탈린은 그 어떤 형태의 폴란드 정부보다 더 중요한 동맹이었다. 미국과 영국 입장에서는 카틴 대학살에 대한 소련의 거짓 주장을 받아들여 독일에 비난을 퍼붓는 것이, 스탈린을 설득하기보다는 폴란드에 타협을 종용하는 것이 훨씬 더 수월한 일이었다. 따라서 그들은 폴란드인들이 거짓, 즉 소비에트가 아닌 독일이 폴란드 장교들을 학살했다고 받아들여 주길 바랐다. 아울러 폴란드가 주권이 있는 정부라면 결단코 취할 수 없는 조치, 즉 자국 영토의 절반인 동부를 소련에 넘겨주길 원했다.

이 문제에 있어 런던과 워싱턴은 종전 후 소련이 전쟁 이전의 폴란드 동부 영토를 요구할 경우 이를 그들에게 넘겨주기로 이미 1943년 말에 합의해둔 상태였다. 스탈린이 과거 히틀러와 합의했던 소비에트의 서쪽 경계는 이제 처칠과 루스벨트에 의해 또다시 승인되었다. 런던과 워싱턴은 훗날의 소비에트-폴란드 국경으로 (약간의 변경이 이뤄진) 몰로토프-리벤트로프 라인을 공개적으로 인정했다. 이런 점에서 보면, 폴란드는 소련뿐만 아니라 서방 동맹국들에게도 배신당한 것이었다. 이들은 폴란드인들에게 타협할 것을 요구하며, 폴란드인들의 손에 기대 이하의 결과물만을 쥐여주었다. 그들의 의사와 관계없이 이미 국토의 절반이 적국에 양보된 것이었다.[44]

동맹국들 사이에서 고립된 런던의 폴란드 정부는 주도권을 바르샤바 폴란드 전사들에게 넘겼다. 폴란드의 주권을 지켜낼 희망이 거의 없는 상황을 지켜보며, 폴란드 국내군은 수도에서 들고일어나는 길을 택했고, 이는 1944년 8월 1일에 시작될 것이었다.

1944년 8월의 바르샤바 봉기는 템페스트 작전의 틀에서 시작되었다. 오랜 기간 공들여 계획된 이 작전은 전쟁 발발 이전의 폴란드 영토 해방에 폴란드군이 주 역할을 맡는 전국적 봉기를 그 골자로 하고 있었다. 하지만 앞선 7월 말까지 템페스트 작전은 이미 틀어진 상태였다. 애초 계획상 폴란드 국내군은 폴란드 동부에서부터 붉은 군대에 밀린 독일군과 교전을 벌일 계획이었다. 그러나 스탈린이 앞서 폴란드와 외교 관계를 끊어버린 까닭에 이 같은 합동 작전에 대해 소련과 사전에 정치적으로 조율하는 것은 불가능했다. 폴란드 지휘관들은 1944년 여름 지역 차원에서 상대 소련군과 협력을 추진했는데 이를 위해서는 커다란 대가를 지불해야 했다. 협상을 진행하기 위해 그들은 은신처를 벗어나야 했고, 자신들의 정체를 드러내야 했으며, 이 과정에서 소련은 폴란드가 가진 약점을 최대한 활용했다. 독일에 맞선 합동 전투에 참여하기 위해 스스로 정체를 밝힌 폴란드인들은 훗날 소련 지배에 저항할지 모를 위험인물들로 다뤄졌다. 소련은 폴란드 독립을 주장하거나 대변하는 조직 따위를 지원할 마음이 눈곱만큼도 없었다. 소비에트 지도부 및 내무인민위원회의 눈에 폴란드인들의 정치 조직은 (공산주의자들을 제외하고는) 모두 반소비에트 책동의 일부일 뿐이었다.[45]

1944년 7월, 폴란드 병사들에게 빌뉴스 그리고 리비프 전투에서 붉은 군대에 지원할 기회가 주어졌지만, 이내 그들의 명목상 동맹군인 소련군에 의해 무장해제되었다. 선택권은 소련의 지휘를 따르든지 아니면 수용소로 가는 것뿐이었다. 무장해제 뒤, 내무인민위원회는 과거의 정치 행적을 빌미로 이들 모두를 체포했다. 소비에트 빨치산들에게는 독일을 상대로 승리한 군사 작전에 참여할 기회가 주어졌지만 폴란드인들에게는 해당되지 않는 사항이었다. 심지어 소비에트 빨치산들이 폴란드 전사들의 뒤를 치는 일도 몇 번 있었다. 예컨대 투비아 비엘스키 빨치산 부대는 폴란드 국내군을 무장해제시키는 작업에 가담하고 있었다. 템페스트 작전의 비극은 다음의 세 가지였다. 폴란드 국내군은 병사들과 무기를 잃었고, 폴란드 정부는 자신들의 군사 작전이 실패하는 모습을 지켜봐야 했으며, 폴란드인들은 목숨을 잃거나 어떤 경우에도 되찾을 수 없던 것을 찾고자 했던 투쟁, 즉 처칠과 루스벨트가 스탈린에게 넘겨버린 조국 땅을 해방시키고자

했던 그 투쟁이 눈앞에서 헛수고가 되는 모습을 지켜볼 수밖에 없었다.[46]

그럼에도 독일에서 들려오는 소식들은 바르샤바 폴란드 지도부가 희망의 끈을 놓지 않게 해주고 있었다. 1944년 7월 20일, 독일 장교들이 아돌프 히틀러 암살을 시도(그리고 실패)했다. 이 소식을 들은 폴란드 국내군 지휘관 일부는 독일이 싸우고자 하는 의지를 잃었을 것이며, 따라서 과감히 한 방 먹이면 그들이 바르샤바에서 퇴각할지도 모른다고 생각했다. 7월 22일에는 루블린에 만든 자신들의 폴란드 임시 통치 기구를 공개함으로써 이번에는 소비에트 쪽에서 폴란드 레지스탕스를 들썩이게 만들었다. 과거 나치 절멸 정책의 실험실이던 그곳이 이제는 미래 공산주의 꼭두각시 정권의 중심지가 되었던 것이다. 스탈린은 폴란드 정부를 구성할 권한은 바로 자신에게 있다고 주장해왔었다. 만약 폴란드 국내군이 아무것도 하지 않는다면, 스탈린의 사람들이 바르샤바를 접수할 것이고, 폴란드는 나치의 지배에서 곧바로 소비에트의 지배로 넘어갈 것이었다. 1939년 그때처럼, 1944년 역시 폴란드인들에게 서방 동맹국들은 있으나 마나 한 존재였다. 1944년 7월까지 전쟁 발발 전 폴란드 영토의 절반 이상이 붉은 군대의 손아귀에 있었고, 폴란드가 소련의 무력으로 해방될 것이라는 점은 분명했다. 7월 말 미군은 파리에서 한 달 정도 떨어진 장소에(그들은 이곳에서 프랑스 봉기를 지원할 것이었다) 있었고, 그런 미군이 폴란드 영토를 해방시켜줄 가능성은 전혀 없었다. 소련의 구상에 대한 정치적 저항은 폴란드인 스스로에게서 나오는 수밖에 없었다.[47]

1944년 7월 25일, 폴란드 정부는 바르샤바 폴란드 국내군에게 수도 봉기에 대한 전권을 쥐여주었다. 바르샤바 자체는 애초 템페스트 작전에서 배제된 지역이었고, 이에 바르샤바 폴란드 국내군은 이미 상당수의 무기를 지금은 소비에트 손에 들어간 동쪽으로 보내버린 상태였다. 따라서 수도에서 지금 당장 봉기를 일으키자는 논리는 대다수에게 받아들여지기 쉽지 않은 주장이었다. 브와디스와프 안데르스 장군의 지휘 아래 서부 전선에서 싸우고 있던 폴란드 국내군 부대들의 지휘 계통은 이 논의에 참여하지 못했다. 독일의 빨치산 진압 전술을 감안해보면, 봉기는 자살 행위나 다름없었다. 전쟁 기간 내내 독일은 대규모 보복을 통해 이미 수많은 폴란드인을 학살해왔고, 만약 봉기가 실패한다면 바르샤바 시민 전체가 보복 대상이 되리라는 것이 몇몇 바르샤바 지휘관의 판단이었다. 봉기에 찬성하는 쪽에서는 국내군이 독일군을 패퇴시키든 그렇지 못하든, 현재 붉은 군대가 빠른 속도로 진군하고 있고 며칠 내에 바르샤바에 도달할 것이므로 반란은 실패할 리 없다는 주장을 펼쳤다. 결국 대세가 된 이 논리에서 보면, 중요한 것은 폴란드인들이 자기네 수도를 해방시키기 위해 누구보다 먼저 움직여야 한다는 것이었다.[48]

폴란드인들은 다가오는 붉은 군대와 독일의 점령 세력 사이에 끼어 있었다. 자신들의 힘만으로는 독일을 무찌를 수 없었기에, 그들은 소비에트의 진군이 독일의 퇴각을 불러오기를 그리고 독일 국방군의 철수와 붉은 군대의 입성 사이에 조금의 간격이 생기길 바라는 수밖에 없었다. 폴란드인들이 바란 것은 이 간격이 너무 짧지 않기만을, 그리하여 자신들이 소비에트가 들어오기에 앞서 스스로 폴란드 정부를 세워낼 수 있기를 바랐다.

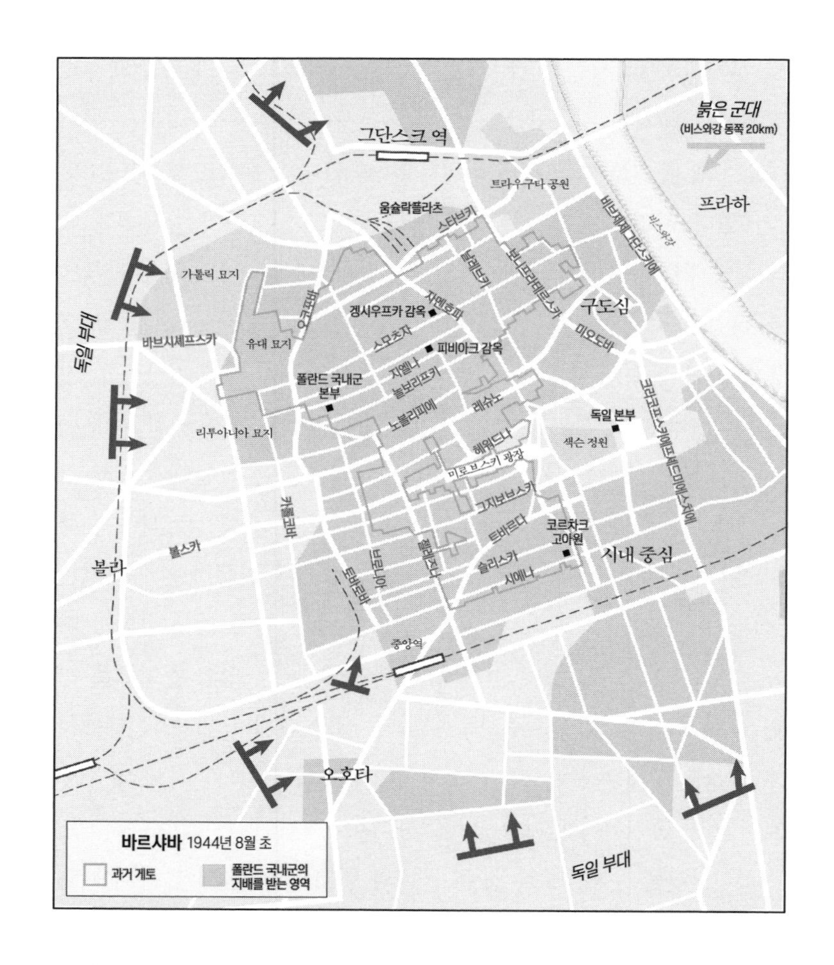

하지만 그 간격은 그만 너무나 길었다.

군복과 완장을 두른 폴란드 군인들은 1944년 8월 1일 오후 독일군 진지를 공격하기 시작했다. 그들 대다수는 폴란드 국내군 병력이었고, 소수였지만 극우 폴란드 국민군 및 공산주의 계열 폴란드 인민군 병력 역시 함께하고 있었다. 이 바르샤바 봉기 첫날, 폴란드 국내군은 시내 및 구시가 지역의 상당 부분을 확보하는 데 성공했지만, 대다수의 핵심적 군사 요충지를 점령하는 데는 실패했다. 독일이 대비를 거의 못 한 것은 사실이지만, 그렇다고 그들이 완전히 패닉 상태에 빠진 것은 아니었다. 바르샤바에서 이 정도의 병력 동원이 들키지 않기란 사실상 불가능에 가까웠고, 독일군은 이미 봉기가 시작되기 30분 전인 4시 30분에 경보를 울려둔 상태였다. 폴란드인들은 낮이 긴 한여름 오후에 공격을 감행했고, 이에 많은 사상자를 낼 수밖에 없었다. 경험이나 제대로 된 무장도 갖추지 못한 병사들에게 단단히 방비된 군사 목표물은 무척이나 버거운 대상이었다. 그럼에도 불구하고 바르샤바 전사들 사이에 도는 분위기만큼은 한껏 고무되어 있었다.[49]

1944년 8월의 첫 며칠 동안 폴란드 세력이 독일을 몰아낼 때마다, 그때까지 그곳에서 버티던 유대인들은 과거 폴란드인들이 마련해준 은신처 밖으로 쏟아져 나왔다. 다수는 함께 싸울 수 있게 해달라고 말했다. 미하우 질베르베르크의 회상을 들어보자. "유대인들이 수동적인 모습을 보일 수는 없었습니다. 폴란드인들이 평생의 원수에 맞서 무기를 들고 있었습니다. 희생자로서 그리고 동료 시민으로서 우리가 해야 할 일은 바로 그들을 돕는 것이었습니다." 바르샤바 봉기에 참여했던 이들 전투원 중 일부는 1943년 게토 반란의 베테랑들이었다. 그들 대다수는 폴란드 국내군에 합류했고, 일부는 폴란드 인민군에, 심지어는 반유대주의적인 폴란드 국민군에 들어가기도 했다. 몇몇 유대인은 (혹은 유대인 배경을 가진 폴란드인들은) 이미 예전에 폴란드 국내군 및 인민군에 입대한 상태였다. 거의 확실한 것은, 1944년

8월 바르샤바 봉기에 1943년 4월의 게토 봉기 때보다 더 많은 유대인이 참여했다는 점이다.[50]

8월 초 폴란드 국내군이 바르샤바 독일군의 핵심 요충지를 차지하는 데 실패했지만, 병사들은 일단 하나의 승리를 준비했다. 장교들은 방비가 단단한 거점을 공격하는 위험 임무에 자원할 사람들을 모집했다. 8월 5일, 게토 폐허에 진입한 폴란드 국내군 병사들이 바르샤바 강제수용소를 공격해 그곳을 지키고 있던 90여 명의 나치 친위대를 무찌르고, 대다수가 외국 국적 보유자인 348명의 유대인 수감자를 해방시켰다. 이 작전에 참여한 폴란드 국내군 병사 스타니스와프 아론손은 과거 게토에서 트레블린카로 보내진 이들 중 한 명이었다. 또 다른 누군가가 기억하길, 자신들을 본 유대인 중 누군가의 두 뺨에는 눈물이 흘러내리고 있었고, 몇몇 유대인은 자신들도 싸울 수 있게 무기와 제복을 달라고 애원하고 있었다. 노역에서 해방된 유대인 상당수는 자신들이 수용소에서 입고 있던 줄무늬 옷과 나무 신발을 신은 채 폴란드 국내군에 합류했고, 어느 국내군 병사의 기억에서처럼, "삶과 죽음에 초연한 듯" 독일에 맞서 싸우기 시작했다.[51]

힘러의 눈에는 이제 또 한 번의 좋은 기회가 엿보였다. 그것은 바로 앞서 바르샤바 게토 봉기 때와 마찬가지로, 다시금 자신의 강력함과 단순한 승리 이상의 상징적 승전보를 울릴 기회였다. 폴란드인들의 기대와 달리, 붉은 군대의 빠른 진군은 발목이 묶여버린 상태였다. 독일 국방군이 바르샤바 시가지 동쪽 비스와강 거점에 완강히 버티고 있는 상황에서 봉기는 나치 친위대와 독일 경찰의 몫이었다. 이들은 바로 힘러의 조직이었고, 그는 이번 봉기가 히틀러에게 다시 한번 자신이야말로 이런 상황의 무자비한 지배자임을 보여줄, 말 그대로 그를 위한 반란이 되길 바라고 있었다.[52]

그러나 이번 작전은 게토 봉기 때와 달리 지원군이 필요했다. 독일군이 벨라루스에서 이미 물러났기에 경험 많은 대 빨치산 병력 투입이 가능한 상태였다. 독일 대 빨치산 부대의 수장이자 이미 벨라루스에서 풍부한 빨치산 진압 경험을 쌓은 에리히 폰 뎀 바흐첼레프스키에게 바르샤바에 대한 전권이 주어지고, 그 밖의 노련한 대 빨치산 요원들 역시 투입되었다. 폴란드 동북부에 있던 디를레방거 특무단과 서남부의 카민스키 여단도 파견되었다. 이들은 포즈난에서 보낸 경찰력 및 그 대부분이 과거 붉은 군대였다가 이탈한 아제르바이잔 국적의 외국인 전사들로 보강되었다. 실제로 독일 편에서 싸우던 병력의 절반가량은 독일어를 할 줄도 몰랐다. 덕분에 작전에서 필요 이상의 피를 흘리는 일은 없었는지 모르지만, 상황을 심지어 독일인의 입장에서 봐도 더욱 혼란스럽게 만들었다.[53]

힘러는 카민스키 그리고 그의 러시아 출신 병사들에게 약탈해도 좋다는 직접 승인을 내렸고, 그들은 입맛을 다시며 이를 받아들였다. 이들이 바르샤바 서남쪽 인근 오호타에 들어선 것은 1944년 8월 4일이었다. 이로부터 열흘 동안, 그들은 정신없이 도둑질을 벌이는 와중에도 폴란드 민간인 수천 명의 목숨을 빼앗았다. 당시 카민스키 휘하에 있었던 어느 장교는 "아무런 심문이나 조사 없이, 민간인을 대량 학살하라는 것이 그날 받은 명령이었습니다"라고 떠올렸다. 병사들은 또한 이른바 조직적 강간을 저질렀다. 그들은 마리 퀴리 재단 병원을 불태우고, 그 안에 있던 모든 사람을 살해하기에 앞서 매우 용의주도하게 간호사들을 강간했다. 카민스키의 병사들 중 누군가가 묘사했듯이, 오호타 작전 당시 "그들은 수녀들을 강간하고, 닥치는 대로 약탈했으며, 손에 쥘 수 있는 것은 무엇이든 도둑질했다". 독일 지휘관들조차 카민스키와 그의 부하들이 오직 "도둑질, 음주, 강간"에만 몰두하고 있다고 불평했을 정도다. 바흐는 카민스키를 체포해 처단했는데, 물론 그 이유는 학살이나 성범죄가 아닌, 약탈을 통해 제국의 창고보다 자신의 뱃속만을 채우려 했다는 것이었다.[54]

디를레방거 특무단의 행동거지는 이보다 더 악질적이었다. 이 시점에 디를레방거 부대는 범죄자, 외국인, 갓 교도소에서 나온 나치 친위대원들로 뒤섞인 집단이었다. 디를레방거 그조차 무절제와 기강 해이의 표본이었으며, 심지어 힘러조차 그에게 바르샤바로 갈 것을 두 차례나 명령해야 했을 정도다. 병력들은 여태 벨라루스 시골과 마을 등지에서 민간인 수만 명을 학살한 자신들의 작전을 막 끝낸 상태였다. 이제 그들은 바르샤바라는 큰 도시에서 더 많은 민간인을 살해할 것이었다. 벨라루스 최악의 무장친위대 병력은 이제 폴란드 최악의 무장친위대 병력으로 자리매김했다. 디를레방거 병력은 대부분 전투 수행에 있어 하인츠 라이네파르트의 지휘를 받았는데, 그는 독일에 병합된 폴란드 지역 중 가장 큰 바르데가우 지구 나치 친위대 및 경찰 수장을 맡았던 이다.[55]

라이네파르트는 힘러로부터 세 부분으로 나뉜 특별 명령을 받았다. 이에 따르면, 모든 폴란드 전투원은 총살에 처해야 하고, 여자와 아이를 포함한 비전투원들 역시 총살해야 하며, 바르샤바는 땅속으로 사라져야 했다. 경찰력 및 디를레방거 특무단이 이것의 실행에 들어간 것은 1944년 8월 5일과 6일로, 양일간 그들 손에 살해당한 민간인의 숫자만 약 4만 명이었다. 그들의 군사적 목표는 서부 중앙 볼라 인근까지 행군해 작센 공원에 있던 독일 지휘부를 한숨 돌리게 만드는 것이었다. 이들은 폴란드인들을 자기네 맨 앞에 세워 일을 시키고, 그 와중에 여성과 아이들을 인간 방패로 삼거나 심지어 여인들을 강간하면서, 볼가 거리에 폴란드 국내군이 설치해둔 바리케이드를 걷어내고 있었다. 또한 앞서 동쪽에서 그랬던 것처럼, 가솔린과 수류탄을 써서 건물이란 건물은 하나하나 모조리 파괴했다. 볼라가는 과거 게토였던 지역 남쪽과 닿아 있었고, 실제로 최남단부를 통과하는 곳이었다. 따라서 그들의 파괴 작업은 인근 지역까지 폐허로 만들고 있었다.[56]

디를레방거 여단 병사들은 세 곳의 병원을 그곳 환자들과 함께 불살라버렸다. 한 병원에서는, 부상 입은 독일인들이 폴란드인 의사 및 간호사들의 치료를 받고 있었는데 그들은 디를레방거 병사들에게 폴란드인들을 해치지 말라고 말했다. 물론 어림없었다. 디를레방거 여단 병사들은 폴란드인 부상자들을 모조리 죽였다. 그날 저녁이 되자 그들은 줄곧 그래왔듯이 간호사들을 야영지로 끌고 갔다. 그들의 관습에서는, 매일 밤 그들이 고른 여인들은 일단 장교들 손에 가차 없이 폭행당하고, 뒤이어 여러 병사의 윤간이 이어진 뒤 이내 살해되고 있었다. 그날 저녁은 그러한 기준에서 봐도 특이한 날이었다. 플루트 연주가 흐르며 교수대가 설치되었고, 의사 그리고 발가벗겨진 간호사들이 교수형에 처해지고 있었다.[57]

볼라의 가옥들이 불타버림에 따라 사람들은 공장으로 도피했고, 이에 공장이라는 장소는 곧 나치 친위대 및 경찰력에게 있어 아주 편리한 학살 장소로 탈바꿈했다. 어느 공장에서는 200명이 총에 맞아 숨졌고, 또 다른 공장에서 목숨을 잃은 이의 숫자는 500명이 넘었다. 당시 우르수스 공장에서 벌어진 대규모 총살에서 살아남은 극소수 중 한 명이었던 반다 루리에는 임신한 상태였다. "당시 나는 줄의 마지막에 들어가 섰고, 그들이 임신한 여성만은 죽이지 않길 바라며 줄곧 뒤처졌습니다. 하지만 예외는 없더군요. 나는 마지막 집단에 들어가 있었습니다. 1미터 정도 높이로 쌓인 시체들이 눈에 들어왔습니다." 그녀는 자식들을 잃었다. "첫 사격으로 내 첫째 아들의 목숨이 스러졌어요. 다음은 내 차례, 그다음은 나의 어린아이들 순서였습니다." 총에 맞아 쓰러진 그녀는 목숨을 잃지 않았고, 이후 시체더미 속에서 빠져나올 수 있었다. 대량학살은 8월 6일부로 조금 둔화되었는데, 이는 아마도 총알이 모자라고 또 다른 전장에서 쓸 총알이 필요했기 때문이다.[58]

볼라의 대량학살은 전투와 아무런 공통점이 없었다. 독일은 아군 6명이 죽고 적군 20명을 죽인 폴란드 국내군과의 전투를 치르는 와중에 적어도 3만 명의 민간인을 학살했다. 이에 따른 적군 사살 대 민간인 학살 비율은 적군 한 명당 민간인 1000명을 훌쩍 넘어선 수치였고, 이는 심지어 양쪽 군 사망자를 다 합치더라도 마찬가지였다. 8월 13일에 이르러 바흐는 힘러의 학살 명령 실행을 멈추라고 지시했으며, 조직적인 대규모 민간인 사살은 중단되었다. 그러나 계획에 없는 학살이 지속되었기에 다수의 폴란드인이 죽어나가는 장면은 사라지지 않았다. 구시가를 되찾은 독일인들은 당시 야전 병원에서 치료받고 있던 부상자 약 7000명을 화염방사기와 기관총을 동원해 학살했다. 봉기가 진압되기 전까지 구시가에서만 약 3만 명의 민간인이 목숨을 잃었다.[59]

최악의 학살이 벌어졌던 볼라 인근으로 가보자. 그곳에서는 시신들이 따로 모아진 뒤 사라지고 있었다. 독일인들은 폴란드인 강제노역 대상자들로 구성된 시체 화장 특무대Cremation Commando라는 부대를 만들었다. 1944년 8월 8일에서 23일, 이들에게 내려진 명령은 볼라 인근 폐허를 살핀 뒤 그곳에서 썩어가던 시체들을 수습해 불태우라는 것이었다. 볼라에는 과거 게토의 흔적이 가득했다. 이제 유대인 일꾼들은 볼라가, 엘렉토날라가, 훠드나가를 따라 동쪽에서 서쪽으로, 앞서 독일 경찰과 디를레방거 여단이 밟았던 길을 거슬러가고 있었다. 시신들을 태우기 위한 첫 장작더미가 과거 게토 동쪽 인근에 설치되었고, 열세 번째 장작더미가 서쪽 인근에 들어섰다. 시신을 불태우던 폴란드인 강제노역 대상자들(그들 중 누군가는 유대인이었다) 뒤로는 나치 친위대 간수들이 왁자지껄 카드 게임을 즐기며, 웃고들 있었다.[60]

—

바르샤바 봉기는 독일을 패퇴시키지 못했으나, 이는 소련 입장에서 아주 잠깐 심기가 불편한 일에 지나지 않았다. 붉은 군대의 진군은 예상외로 완강한 독일군의 저항에 막혀 바르샤바 문턱에서 한 발짝도 나아가지 못하고 있었다. 독일은 폴란드에서 최후의 저항을 펼치고 있었고, 독일 국방군은 비스와를, 나치 친위대와 경찰력은 바르샤바를 지키고 있었다. 몇몇 폴란드인의 기대에도 불구하고, 나치 정권은 히틀러 암살 시도 이후에도 무너지지 않은 상태였다. 아니 오히려 동부 전선을 더욱 굳건히 하고 있었다. 바그라티온으로 중앙 집단군이 괴멸된 것은 사실이지만, 독일 국방군 전체가 무너진 것은 아니었다. 이 작전이 바실리 그로스만을 바르샤바 유대인들이 학살된 장소로 이끌었던 것은 분명하지만, 바르샤바는 아니었다. 그러는 사이 우크라이나 전선군은 동남부 여기저기의 주요 군사 작전을 수행하느라 바빴다. 따라서 1944년 8월 바로 그 시점에, 스탈린이 군이 바르샤바 점령에 매달릴 이유는 없었다.

이 같은 상황은 봉기를 부추기되 도움은 주지 않는 완벽한 스탈린주의적 감각을 만들어냈다. 마지막 순간까지, 소련은 선전을 통해 도움을 약속하며 바르샤바에 봉기하라고 촉구했다. 하지만 봉기가 일어나자 약속했던 도움은 온데간데없었다. 비록 스탈린이 의도적으로 바르샤바 군사 작전을 멈춘 것이라 여길 까닭은 없지만, 비스와의 교착 상태는 그의 정치적 목적에 잘 들어맞았다. 소련의 관점에서 보면, 바르샤바 봉기는 독일인들, 그리고 독립을 위해 기꺼이 목숨을 내던질 수 있는 폴란드인들을 줄인다는 점에서 바람직한 것이었다. 독일은 상당수가 겹치는 폴란드 지식인 및 폴란드 국내군 병사 제거라는, 소련에게 반드시 필요한 일을 대신 해줄 것이었다. 실제로 폴란드 국내군 병사들이 독일에 맞서 싸울 준비를 끝내자마자, 스탈린은 이들을 협잡꾼 및 범죄자 집단이라 불렀다. 훗날 소련이 폴란드를 손에 넣게 되면, 히틀러에 맞서 저항했던 이들에게는 범죄 혐의가 적용될 것이었다. 공산주의자들의 통제를 벗어난 무장 행동은 공산주의자들의 기반을 약화시킨다는 논리에서였으며, 오직 공산주의 정권만이 폴란드 유일의 합법적인 정권이었다.

영국과 미국은 바르샤바 폴란드인들에게 의미 있는 도움을 줄 수 없을 뿐이었다. 그 개인의 집요한 끈기가 전쟁의 결정적인 요소로 작용했던 윈스턴 처칠의 경우를 보자. 그는 영국의 동맹인 폴란드에게 도움은커녕 소련과 타협할 것을 주문하고 있었다. 이미 1944년 여름 처칠은 폴란드 수상 스타니스와프 미코와이치크에게 모스크바를 찾아가 그동안의 소련-폴란드 간 단교를 회복시킬 합의를 청해보라고 조언했다. 미코와이치크가 모스크바에 도착한 1944년 7월 말, 영국 대사는 그에게 모든 것을 받아들이라는 말을 건넸다. 즉 폴란드 영토의 절반인 동쪽 땅을 포기하고, '(학살의 책임은 소비에트가 아닌 독일에 있다는) 소련 버전의 카틴 대학살'을 받아들이라는 것이었다. 미코와이치크가 알고 있던 것처럼, 루스벨트 역시 카틴에 대한 소비에트의 주장에 의문을 제기하지 않는 쪽을 선호했다. 바르샤바 봉기가 시작된 그 순간 미코와이치크는 모스크바에 있었다. 이처럼 예상치 못한 상황에 놓인 미코와이치크는 스탈린에게 도움을 청할 수밖에 없었지만, 스탈린은 이마저 거절했다. 이에 이번에는 처칠이 스탈린에게 폴란드인들을 도와달라는 요청을 보냈다. 스탈린은 8월 16일, 자신은 그런 "멍청하고 위험한 행동"을 도와줄 의사가 눈곱만큼도 없다는 말로 이를 가볍게 무시해버렸다.[61]

영국은 5년 전 폴란드 독립을 지키는 문제로 전쟁에 나섰는데, 이제는 그 나라를 동맹국인 소련의 마수로부터 지켜내지 못하는 상황이었다. 영국 언론들은 많은 경우 영국의 동맹국이 수도를 되찾기 위해 노력하고 있다는 보도보다는, 오히려 폴란드인들은 위험하고 다루기 힘든 이들이라는 스탈린주의자들의 주장을 되풀이하고 있었다. 조지 오웰과 아서 케스틀러 두 사람은 이에 항의했는데, 오웰은 봉기를 도와야 하는 동맹국으로서의 책임을 저버린 영국인들의 "부정직함과 비겁함"을 지적했고, 케스틀러는 스탈린의 무반응을 "이번 전쟁에서 가장 파렴치한 행위 중 하나"라고 비판했다.[62]

미국의 사정도 별반 다르지 않았다. 만일 미국의 비행기가 소련 영토에서 연료를 공급받을 수 있게 되면, 그들은 이탈리아에서 폴란드로 날아가 독일 거점을 폭격하고 폴란드인들을 돕는 등의 공중 임무를 수행할 수 있었을 것이다. 스탈린이 처칠의 요청에 퇴짜를 놓은 1944년 8월 16일 바로 그날, 미국 외교관들은 유럽 동부 및 동남부 일대를 공중에서 폭격하는 '프랜틱 작전'에 폴란드 지역 목표물들을 추가했다. 그러나 스탈린은 이러한 임무 수행을 위해 동맹 미국이 보낸 연료 보충 요청을 거절했다. 당시 미국의 차관급 외교관이던 조지 케넌의 눈에 비친 이 거절은 "악의에 찬 희열과 함께 장갑을 내팽개치는" 것이었다. 스탈린은 미국에 사실상 자신이 폴란드를 차지할 것이며, 폴란드 전사들이 그곳에서 죽어 없어지길, 그리고 봉기는 실패하길 바란다고 이야기한 것이었다. 한 달 뒤, 봉기가 사실상 실패로 돌아간 시점에 이르자 스탈린은 자신의 힘과 지략을 드러내 보이며 역사의 한 장을 혼탁하게 만들었다. 바야흐로 9월 중순, 폭격이 바르샤바의 그 어떤 결과물도 전혀 바꾸지 못하게 된 그때에 이르러서야,

마침내 그는 자신의 영역 극히 일부에 미국이 폭격을 감행하도록 허가해주었다.[63]

그때까지 폴란드 국내군은 바르샤바의 극히 일부만을 사수하고 있었고, 보급품은 독일의 손에 떨어진 상태였다. 폴란드 병사들은 몇 남지 않은 저항 거점으로 물러난 상태였다. 이제 그들은 자신들에 앞선 유대인 전사들이 그랬던 것처럼, 하수관을 통해 빠져나가려 하고 있었다. 1943년 이를 이미 경험해본 독일은 그곳에 폴란드 전사들을 쓸어버릴 폭탄과 독가스를 준비해두었다.

1944년 10월 초, 힘러는 당시 바르샤바 나치 친위대 및 경찰 수장인 파울 가이벨에게 히틀러가 가장 바라는 것은 바르샤바의 완전한 파괴라고 이야기했다. 그곳에는 돌무더기 하나도 남아 있어서는 안 되는 것이었다. 그것은 힘러 본인의 소망이기도 했다. 전쟁은 패색이 짙었다. 앤트워프는 영국군의 손에 떨어졌고, 미군은 라인강을 향해 다가오고 있었으며, 붉은 군대는 곧 부다페스트를 에워쌀 것이었다. 하지만 힘러의 눈에는 그만의 전쟁 목표이자 동유럽 종합 계획의 필수 요소, 즉 슬라브족 그리고 유대인의 도시 말살을 실현할 기회밖에 보이지 않았다.

분명 힘러는 10월 9일에서 12일 사이에 도시 구역별로 남은 건물 하나하나까지, 바르샤바 전체를 파괴하라는 명령을 내렸다. 이 시점에 바르샤바의 거대한 일부는 이미 폐허로 변한 상태였다. 그곳은 바로 불라 인근의 과거 게토 지역으로, 그곳 건물들은 1939년 9월에—혹은 폭격이라는 점에 있어서는 1944년 8월에도, 독일의 바르샤바 공중 폭격에 쑥대밭이 되어버렸다. 하지만 도시 대부분은 여전히 남아 있었고, 주민들 또한 그곳에 살고 있었다. 이제 독일은 남아 있는 주민들을 프루슈쿠프의 임시 수용소로 옮겼고, 그곳에서 약 6만 명은 다시 강제수용소로 보내지며, 9만 명 이상은 제국을 위한 강제노역에 배정될 것이었다. 또한 과거 게토 파괴의 경험을 축적한 독일 공병들이 다이너마이트와 화염방사기로 무장한 채 주민들의 집과 학교를 비롯한 삶의 터전을 불살라버릴 것이었다.[64]

바르샤바를 완전히 파괴하겠다는 힘러의 결정은 동부 나치가 가졌던 특정 비전에는 잘 맞았는지 몰라도, 제2차 세계대전 당시 독일의 군사적 목적에는 들어맞지 않았다. 에리히 폰 뎀 바흐첼레프스키는 미래의 동맹으로서 폴란드 국내군 병사들과 손잡고 훗날 있을 소련과의 마지막 투쟁을 준비하길 원했다. 실제로 그는 8월 중순(추정상) 자신의 권한을 넘어 힘러의 학살 명령 실행을 유보시켰고, 9월 말 승자 대 패자의 관계로서 폴란드 국내군 지휘부와의 협상에 합의했다. 1944년 10월 2일에 제시된 항복 조건에 의하면, 폴란드 국내군 장교 및 병사들은 남녀 할 것 없이 국제법에 따른 전쟁포로로서의 권리를 갖는다고 되어 있었다. 무슨 이유에서인지, 바흐는 힘러가 원한 봉기의 종지부, 즉 바르샤바의 완전한 파괴에 반대했다.

바흐가 바르샤바에서 다수의 동맹군을 확보하는 것은 앞서 벨라루스에서와 마찬가지 이유에서 불가능에 가까운 일이었을 것이다. 디를레방거의 부하들 그리고 나머지 반反빨치산 부대들의 행동은 도저히 잊을 수 없을 만큼 잔혹하고 악랄했다. 독일인들의 반응이 믿기 힘들 정도로 파괴적이었던바 폴란드 전사들에게는 소련군을 기다리는 것 말고는 다른 대안이 없었다. 어느 폴란드 국내군 병사는 자신의 시에 "우리는 그대를, 붉은 역병을 기다린다/ 우리를 이 흑사병에서 구해주기를"이라고 적었다. 독일 국방군 또한 바흐와 마찬가지로 힘러의 정책에 반대했다. 독일군 병사들은 비스와강에서 붉은 군대의 발목을 잡고 있었고, 바르샤바를 일종의 요새로 사용하길, 아니면 적어도 그곳 건물들을 방공호로 이용하길 바랐다. 그러나 이 모든 것은 고려 대상이 되지 못했다. 바흐는 다른 지역으로 보내졌고, 군은 무시되었으며, 힘러의 바람대로 유럽의 수도 가운데 하나였던 도시는 파괴되었다. 소련이 입성하기 하루 전에도, 독일은 바르샤바에 남은 마지막 도서관을 불사르고 있었다.[65]

유럽의 다른 어떤 수도도 바르샤바처럼 참담한 운명을 맞은 곳은 없었다. 그곳은 물리적으로 완벽하게 파괴되었으며, 전체 인구의 절반을 잃었다. 바르샤바 봉기 기간 중 1944년 8월에서 9월에만 폴란드인 비전투원 약 15만 명이 독일인들 손에 목숨을 잃은 것으로 보인다. 이미 비슷한 숫자의 바르샤바 비유대 폴란드인들이 강제수용소에서, 게토 내부 처형지에서, 혹은 전투 과정에서 독일인들의 폭격으로 사망했다. 목숨을 빼앗긴 유대인들의 숫자는 절대 수에서 이보다 높았고, 사망률은 훨씬 더 높았다. 바르샤바 유대인의 사망률은 90퍼센트 이상으로, 약 30퍼센트인 비유대인의 사망률을 한참 넘어서는 수치였다. 민스크나 레닌그라드 같은 동부 도시들만이 바르샤바와 비견될 수준이었다. 대체로 보면, 전쟁 전 약 130만 명의 인구를 자랑하던 도시의 주민 절반가량이 죽음을 맞이한 것이었다.[66]

몇몇 희생자에게 있어 폴란드인인가 유대인인가의 구분은 임의적인 것이었다. 예컨대 루드비크 란다우를 보면, 그는 폴란드 국내군 장교이자 폴란드 독립을 주장하는 유능한 선전원이었기에 독일인들에게 살해당해야 했다. 한편 공교롭게도 그런 그는 동시에 유대인으로서 죽음을 맞이했다. 어떤 경우에는 두 가지가 따로 뗄 수 없을 만큼 밀접히 얽혀 있기도 했다. 유대인 역사학자 에마누엘 린겔블룸은 훗날 바르샤바 유대인 전쟁사 기술에 쓰일 것이라는 생각에서 게토 안에 일종의 비밀 기록 보관소를 만들어두었다. 그는 게토 봉기가 진압된 뒤 강제수용소로 끌려갔으나 한 폴란드 국내군 장교의 도움으로 구출되었다. 폴란드인들이 그를 독일인들에게 넘기기 전까지, 그는 폴란드인들이 제공한 바르샤바의 피란처에 몸을 숨기고 있었다. 그러고는 자신을 숨겨주었던 폴란드인들과 함께 바르샤바 게토 폐허에서 총에 맞아 숨을 거두었다. 폴란드 국내군은 린겔블룸과 그를 숨겨준 이들을 배신했던 폴란드인들을 찾아내 살해했다.[67]

그럼에도 봉기가 끝나고 폴란드 세력을 몰아낸 독일이 다시 들어서자, 유대인들의 비참한 상황은 다시금 뚜렷이 구분되었다. 바르샤바가 파괴된 뒤, 그들은 말 그대로 숨을 곳이 없었다. 그들은 필사적으로 추방당한 민간인들 사이에 몸을 숨기거나 몇몇은 소비에트군을 찾아가 합류하기도 했다. 바르샤바 봉기 전까지도, 아마 약 1만6000명의 유대인이 과거 게토 장벽 밖 폴란드인들 사이에 몸을 숨기고 있었고, 그 후에도 1만2000명 정도가 그런 식으로 목숨을 이어가고 있었던 것으로 보인다.[68]

독일은 바르샤바에서 벌어진 두 번째 전투에서도 승리를 거두었지만, 정치적 승리는 소련에게 돌아갔다. 독일은 자신들이 과거 벨라루스에서 사용했던 전술을 똑같이 적용했고, 힘러-바흐-디를레방거로 이어지는 명령 체계 또한 그대로였다. 이번에는 대빨치산 작전이 상당히 잘 먹혀들었는데, 이는 벨라루스 빨치산들의 그것에 비해 폴란드 국내군들의 애국심과 결연함이 부족했기 때문이 아니라 그들이 더욱 고립된 상태였기 때문이다. 벨라루스의 경우, 소련은 자신들이 통제할 수 있던 공산주의 빨치산들을 지원하면서도, 자신들의 말을 듣지 않는 비공산주의 전사들은 적대시하는 정책을 폈다. 폴란드 병사들은 자신들과 조국의 자유를 위해 독일에 맞서 싸우던 이들이었다. 이것이 그들의 불행한 운명이었다. 스탈린은 봉기 당시 훨씬 작은 규모로 싸우던 공산주의 계열의 폴란드 인민군은 기쁜 마음으로 지원했다. 폴란드 국내군이 아닌 폴란드 인민군이 봉기를 주도했다면, 그의 태도는 완전히 달랐을 것이다.

그러나 그것은 마찬가지로 사실과 완전히 다른 폴란드였으리라. 폴란드 인민군이 대중적 지지를 제법 받은 것은 분명 사실이었지만, 폴란드 국내군이 얻은 것에 비할 바는 못 되었다. 전쟁 기간에 폴란드의 정치 지형은 여타 유럽의 점령 지역들이 그랬듯 분명 좌익 쪽으로 기울었다. 하지만 공산주의는 대중의 지지를 받지 못했다. 전쟁 기간 내내 폴란드는 이미 영토 절반에 해당되는 동쪽 지역에서 소비에트 공산주의를 몸소 겪었다. 폴란드 권력자 그 누구도 공산주의자가 되진 않을 것이었다. 바르샤바 봉기는 한 세대의 가장 영리하고 용감한 사람들 다수를 사라지게 만들었고, 이에 더 이상의 저항을 너무나 어렵게 만들어버렸다. 그러나 그것은 또한 몇몇 명석한 (그리고 냉혹한) 지휘관이 예상했듯이, 미국과 영국이 스탈린의 무자비함에 주목하도록 만들었다. 미국 외교관 조지 케넌의 판단이 옳았다. 폴란드 국내군에 대한 스탈린의 냉소적 대우는 동맹 영국과 미국을 대놓고 모욕하는 것이었다. 바르샤바 봉기는 이런 점에서 제2차 세계대전이 마무리될 때 찾아올 대립의 시작점이었다.

붉은 군대가 비스와강 동쪽에 발이 묶여 있던 1944년 8월 초에서 1945년 1월 중순까지의 기간에 독일의 유대인 학살은 서부로 확대되고 있었다. 이 다섯 달, 붉은 군대는 이 시점까지 폴란드에 남은 가장 큰 유대인 강제수용소가 자리한 우치에서도, 그리고 폴란드 및 유럽 각지에서 끌려온 유대인들이 여전히 가스실로 들어가던 아우슈비츠에서도 불과 100킬로미터도 떨어지지 않은 곳에 진주하고 있었다. 붉은 군대의 움직임이 비스와강에서 멈춰버린 것은 폴란드 전사 및 바르샤바 민간인들뿐만 아니라 우치 유대인들까지 불행한 운명으로 이끌었다. 이들의 숫자는 1941년 12월에서 1942년 9월까지 이뤄진 헤움노로의 연이은 강제이주를 통해 이미 크게 줄어든 상태였다. 하지만 1943년과 1944년 사이에는 상대적으로 안정된 모습을 보이는데, 이때의 유대인 노동력 및 그 가족들의 수는 9만 정도였다. 이곳의 독일 민간 정부는 때때로 이들을 그냥 죽이기보다는 죽을 때까지 노역을 시키길 원했고, 다른 어떤 지역보다 이들의 목숨을 오랜 기간 붙들

고 있었다. 우치의 유대인들이 무기를 생산하고 있었기에 독일 국방군 역시 이들을 살려두길 원했다.

우치에 남아 있던 유대인 대부분은 바그라티온 작전과 붉은 군대가 마침내 비스와강을 건너 최후의 진군을 시작한 그 사이 기간에 목숨을 잃었다. 바그라티온 작전이 시작된 바로 이튿날인 1944년 6월 23일, 힘러와 나치 친위대의 뜻을 거스를 수 없었던 우치 민간 정부는 우치 게토에 대한 정리 작업을 허가했다. 잠깐 동안 헤움노의 가스 시설이 다시 문을 열었고, 6월 23일에서 7월 14일 사이 우치에서 끌려온 유대인 약 7169명이 독가스를 들이마셨다. 그 뒤에야 비로소 헤움노의 가스 시설은 폐쇄되기에 이르렀다. 그사이, 우치의 유대인들은 붉은 군대가 자신들 가까이에 와 있음을 알았고, 게토에서 이제 며칠이나 몇 주만 버티면 목숨을 부지할 수 있으리라 믿었다. 바르샤바 봉기가 시작된 8월 1일, 우치 유대인 평의회에는 모든 유대인을 다른 곳으로 "피란시킬 것"이라는 내용이 내려왔다. 심지어 우치의 독일인 시장은 유대인들에게, 소비에트 병사들이 들어오면 독일의 무기를 만들던 이들은 보복 대상이 될 것이므로 그들이 도착하기 전에 어서 빨리 기차에 올라야 한다고 설득하기도 했다. 바르샤바 봉기가 격렬해짐에 따라 그리고 붉은 군대가 발목을 잡힘에 따라, 우치 유대인 약 6만7000명이 1944년 8월 아우슈비츠로 보내졌고, 이들 대부분은 그곳에 도착하자마자 가스실로 들어갔다.[69]

—

1945년 1월 17일 마침내 비스와강을 건너 바르샤바 폐허로 들어선 소비에트 병사들 눈에 들어온 건물은 기껏해야 몇 채뿐이었다. 그러나 바르샤바 강제수용소가 있었던 장소는 여전히 사용 가능했다. 이곳 시설물들을 접수한 소비에트 내무인민위원회는 그곳을 과거와 비슷한 용도로 썼다. 1945년 심문을 거친 폴란드 국내군 병사들은 그곳으로 끌려가 앞서 1944년 독일인들의 손에 그랬듯이, 이번에는 소련군이 쏜 총에 맞아 숨을 거두었다.[70]

바르샤바를 접수하고 이틀 뒤인 1945년 1월 19일, 소련 병사들은 이미 우치에 들어서 있었고, 1월 27일에는 아우슈비츠에 이르렀다. 이곳에서부터 그들이 베를린에 입성하는 데까지는 앞으로 채 석 달의 시간도 걸리지 않을 것이었다. 붉은 군대가 다가오던 당시 나치 친위대 경비병들은 아우슈비츠에 있던 유대인들을 독일 내 다른 강제수용소들로 끌고 가던 중이었다. 이 같은 조급한 그리고 잔혹한 일련의 행군 과정에서 유대인 수천 명이 목숨을 잃었다. 생존한 유대인들을 독일 안에 둔 이 행렬들은 나치의 마지막 잔학 행위였다. 붉은 군대의 벨라루스 전선군은 히틀러의 생일인 1945년 4월 20일 베를린을 폭격하기 시작했고, 5월 초에는 우크라이나 전선군 또한 독일의 심장부에 들어섰다. 베를린은 무너졌고, 전쟁은 끝이 났다. 히틀러는 부하들에게 독일 초토화 작전을 지시해두었지만, 이는 실행되지 않았다. 비록 히틀러의 명령에 따라 베를린 방어에 수많은 독일 젊은이의 생명이 헛되이 낭비되었을지라도, 히틀러의 더 많은 대량학살 정책들만큼은 실행에 옮겨지지 않았다.[71]

1945년 1월에서 5월에 이르는, 종전 직전의 몇 개월 동안, 독일 강제수용소의 사망자 숫자는 어마어마했다. 이 기간에만 굶주림과 방치로 약 30만 명이 독일의 강제수용소에서 목숨을 잃었다. 다 죽어가던 수감자들을 해방시킨 미군과 영국군은 자신들이 나치즘의 공포를 목격했다고 믿었다. 그들의 사진작가와 촬영기사들이 베르겐벨젠과 부헨발트 등지에서 찍은 사체 및 시체나 다름없어 보이는 사람들의 모습은 히틀러가 저지른 최악의 범죄를 나타내고 있는 듯했다. 그러나 바르샤바 유대인 및 폴란드인들이, 그리고 바실리 그로스만과 붉은 군대의 병사들이 인지하고 있었듯이, 이는 진실과는 거리가 먼 이야기였다. 오히려 최악은 바로 바르샤바 폐허 속에, 트레블린카 벌판에, 벨라루스 습지대에, 바비야르 구덩이들 사이에 있었다.

붉은 군대는 이 모든 지역을, 그리고 피에 젖은 땅 전역을 해방시켰다. 모든 죽음의 장소와 망령의 도시들은 스탈린이 히틀러로부터 해방시킴과 동시에 자신의 영역으로 만든 철의 장막 뒤편의 유럽으로 들어갔다.

소련군이 비스와에서 발이 묶인 그 시점에 그로스만은 트레블린카에 대해 적고 있었고, 그런 그의 눈에 들어온 것은 독일이 바르샤바 봉기와 폴란드 국내군을 진압하는 모습이었다. 바르샤바 잿더미 속의 열기가 채 가시기도 전에, 냉전은 시작되고 있었다.

10장

전쟁 전후의 인종 청소

1945년 1월, 붉은 군대가 폐허가 된 바르샤바에 이르렀을 때, 스탈린은 어떤 모습으로 폴란드를 재건할 것인지 이미 계산이 서 있었다. 국경선을 어디로 그을지, 그 주민으로서 어떤 사람들을 강제로 살도록 하고, 또 어떤 사람들을 강제추방할지 다 염두에 두고 있었다. 폴란드는 공산 국가가 될 것이었다. 그리고 인종적으로 단일한 나라가. 비록 스탈린은 자신이 구상한 동유럽 제국에서 대량학살 정책만큼은 구상하고 있지 않았지만, 폴란드는 인종적 순수성이 지켜지는 지역의 중심이 되어야 했다. 독일은 독일인들만의 나라가 되고, 폴란드는 폴란드인들만의 나라가, 그리고 소련령 우크라이나의 서쪽 지역은 우크라이나인들만 사는 땅이 될 것이었다. 그는 개인적으로는 소수 인종을 대표하기도 하는 사람들을 포함한 폴란드 공산주의자들에게 그 나라의 소수 인종들을 청소하도록 시킬 작정이었다. 스탈린은 폴란드 공산당을 부활시키고, 그 지도자를 뽑아 세운 뒤, 폴란드로 보냈다. 그는 그곳에 남아 있던 다수의 독일인을 제거하는 일을 폴란드인뿐만 아니라 미국, 영국도 지지하리라는 사실을 알고 있었다. 전쟁 중 히틀러 스스로 실시한 독일인 이주 정책은 전후 독일인들이 어떤 취급을 받을지 빤히 알려주고 있었다. 독일의 전시 식민화는 수많은 인구를 강제이주토록 해야 함을 불가피하게 만들었다. 유일한 문제는 어떻게 그 많은 독일인을 그 땅에서 이주시킬까였고, 스탈린은 그 명확한 답을 알고 있었다. 미국과 영국은 몰랐지만 말이다.[1]

1945년 2월 영·미 동맹자들과의 얄타 회담에서, 스탈린은 스스로에게 확신을 심었고, 그 어떤 반대도 용납하지 않겠다는 결의를 다졌을 법하다. 루스벨트와 처칠은 스탈린이 히틀러에게 받았던 땅, 다시 말해서 폴란드의 절반과 발트 연안국들, 루마니아 동북부를 다시 갖겠다는 데 반대하지 않았다. 다만 스탈린은 독일을 징계하는(분단시키는) 대가로, 공산화를 전제로, 폴란드 땅의 분단 점령을 상당 부분 포기하기로 했다. 그리하여 폴란드는 좀더 서쪽으로 국토가 이동하면서, 오데르강과 나이세강을 경계로 하는 독일 땅을 먹어들어가게 되었다. 이렇게 스탈린의 구상대로 정해진 폴란드의 경계 내에는 적어도 수천만 명의 독일계 주민이 있었다. 그들을 추방하고 재진입을 막는 일은 폴란드 공산 정부의 과제로 주어졌다. 그들은 독일인을 꺼리는 다수의 폴란드인의 태도에 힘입었고, 전쟁이 끝날 무렵 많은 폴란드 정치인의 자연스러운 숙원이었던 '폴란드인들만의 폴란드' 이념에서도 덕을 봤다. 또한 공산주의자들은 독일인이 남기고 간 땅을 폴란드계 주민들에게 분배하는 일로도 점수를 땄으며, '오직 붉은 군대만

이 독일인들이 다시 돌아와 자신들의 재산을 되찾으려는 시도를 막아줄 수 있다'고 폴란드인들에게 설득시키면서 또 지지를 얻었다.[2]

폴란드 공산주의자들은 이 국경안을 받아들였고, 독일인들을 몰아낼 책임도 걸머졌다. 1945년 5월, 폴란드 공산당 서기장 브와디스와프 고무우카는 말했다. "우리는 그들을 내쫓아야 한다. (…) 모든 국가는 다민족이 아닌 단일 민족 원칙에 따라 세워져야 마땅하기 때문이다." 하지만 그렇게 보자면 폴란드가 서쪽으로 치우쳐지는 일은 그 나라를 단일 "민족" 국가이지 않게끔 하는 일이 아닐 수 없었다. 그렇게 함으로써 대규모의 우크라이나계와 벨라루스계, 그리고 더 큰 독일계 소수 민족을 포괄하게 되기 때문이었다. 고무우카가 그리는 구도대로의 "민족국가"가 되려면, 폴란드는 수백만 명의 독일계 인구를 이동시켜야만 했다. 아마도 그 가운데 150만 명 정도는 독일의 행정관과 식민자로, 히틀러의 명령이 아니었으면 결코 폴란드에 오지 않았을 사람들이다. 그들은 전쟁 중 추방 또는 살해된 폴란드인들의, 그리고 학살당한 유대인들의 집에서 살고 있었다. 한편 100만 명 이상의 독일계는 폴란드에서 태어난 사람들이었고, 전쟁 이전에 폴란드 국민이었다. 그리고 남은 800만 명가량의 독일계는 히틀러의 팽창 정책이 시작되기도 전부터 독일의 고향에서 삶의 터전을 잃고 폴란드 땅에 흘러온 사람들이었으며, 수 세기 동안을 기준으로 봤을 때 '대체로' 독일계인 사람들이었다.[3]

그 자신의 폴란드를 창조하면서, 스탈린은 히틀러의 "동방종합계획"을 자기식의 버전으로 조정했다. 독일은 동방으로 진출해 거대한 내륙 제국을 세우기보다, 서부 지역에 찌그러져 있어야만 했다. 소련은 미·영과 독일을 분할 점령했는데, 그 당장의 정치적 목표는 다소 불분명했다. 분명했던 것은 '독일인의 독일'이 되어야 한다는 것, 그러나 히틀러와는 사뭇 다른 식으로 그래야 한다는 것이었다. 그 독일이란 오스트리아, 체코슬로바키아에서 얻어낸 주데텐란트를 제외한 중부 유럽의 좁은 지역에 한정되어야 했다. 독일인들은 동쪽으로 식민화에 나서는 대신, 동쪽에서 발걸음을 되돌려야 했다. '멋진 신세계'로서의 동방 변경지대에서 우월한 인종으로서 거들먹대는 대신, 단일 게르만 민족으로 하나의 땅에서 옹기종기 지내야 했다. 그렇지만 히틀러와는 달리, 스탈린은 "재정착"이라는 말을 대량학살의 의미로 이해하지는 않았다. 그는 대규모의 인구 이동 과정에서 숱한 죽음이 있으리란 걸 내다봤지만, 독일 민족의 말살이 그의 목표는 아니었다.

공산주의자든 아니든, 폴란드의 유력 정치인들은 하나같이 폴란드가 최대한 서쪽으로 가야 한다, 그에 따라 독일인들도 서쪽으로 쫓겨나야 한다는 스탈린의 뜻에 마냥 찬성했다. 폴란드 국내군이 1944년 8월 1일 바르샤바 봉기를 일으켰을 때, 런던의 폴란드 망명 정부는 독일계 폴란드인의 국적을 말소하고 '이 나라를 떠나라'고 지시했다. 런던 망명 정부 수반이던 스타니스와프 미코와이치크도 전후 독일계 주민에 대한 조치에 대해 정적이던 공산당원들 못지않게 엄혹했다. "제5열의 경험과 독일 점령의 악랄함은 이 나라 영토에 독일계와 폴란드계가 함께 살 수 없음을 확증한다." 이런 자세는 폴란드인들 사이에서뿐만 아니라 연합군 지도자들 사이에서도 한결같았다. 루스벨트는 독일계가 강압적 수단으로 추방되어야 "마땅하다"고 말했으며(이는 앞서 허버트 후버 대통령이 그러한 인구 이동이야말로 "영웅적인 치료법"

이라고 말했던 것과 상응했다), 처칠은 폴란드인들에게 "깔끔한 인종 청소"를 약속했다.[4]

1945년 2월 얄타에서, 미국과 영국은 폴란드의 서쪽 편향에 대해 원칙적으로는 동의했다. 그러나 폴란드가 오데르나이세강 경계선까지 바짝 붙어도 좋을지에 대해서는 확신을 못 했다. 그렇지만 스탈린의 예상대로, 그들은 7월의 포츠담 회담 때까지 그의 노선에 대체로 동의하는 입장이었다. 그때까지, 현장에서는 그의 정책이 대부분 실행되고 있었다. 3월까지, 붉은 군대는 스탈린이 폴란드에 병합시키려 했던 독일 땅의 전부를 점령해놓은 상태였다. 5월에는 붉은 군대가 베를린에 입성했고, 유럽전은 종지부를 찍었다. 소련군은 놀라울 만큼 빠른 속도로, 그리고 무시무시한 폭력으로 동부 독일을 유린했는데, 그 정도는 누구도 예상치 못한 수준이었다. 붉은 군대가 들이닥치기 전에 독일 정부는 약 600만 명의 독일인을 소개시켰는데, 이는 스탈린의 폴란드 구상(인종적, 지리적 모두) 실현에 보탬이 되었다. 그들 중 다수는 독일의 항복 뒤에 살던 곳으로 돌아가려 했지만, 성공한 사람은 거의 없었다.[5]

영국에서는 1945년 2월에 조지 오웰이 거의 마지막 목소리를 냈다. 독일계를 추방하는 계획은 "중대 범죄"이며 "결코 시행되지 못할 것"이라고. 그는 틀렸다. 이번에도, 그의 정치적 상상력은 그의 오판을 가져왔다.[6]

—

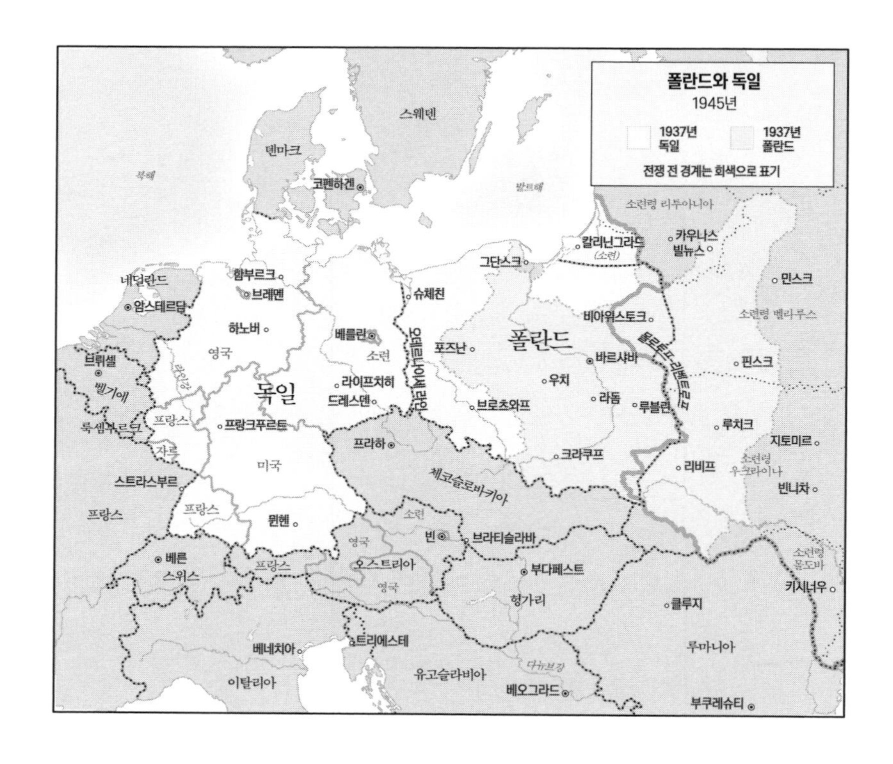

베를린으로의 진군 도중, 붉은 군대는 제3제국의 동부 영토, 다시 말해서 폴란드 영토가 될 예정이던 땅에서 소름 끼치도록 단순한 행동을 반복했다. 소련군 병사들은 독일 여성을 강간하고, 남성은 (그리고 일부 여성도) 강제노동을 시켰다. 그런 행동은 병사들이 독일 영토로 남게 될 땅에, 그리고 마침내 베를린에 닿을 때까지 계속되었다. 붉은 군대의 병사들은 폴란드, 헝가리, 그리고 공산혁명으로 소련의 동맹국이 된 유고슬라비아에서까지 강간을 자행했다. 유고슬라비아 공산주의자들은 소련군 병사들의 행동에 대해 스탈린에게 불만을 토로했는데, 스탈린은 병사들에게 짤막한 훈계와 함께 "재미 적당히 보게나"라는 메시지를 남겼을 뿐이다.[7]

강간의 규모는 붉은 군대가 독일 땅에 들어서면서 더 커져갔다. 그 이유는 따지기 어려웠다. 원칙적으로는 평등주의적인 소련이 가장 원초적인 차원에서는 여성의 신체를 존중하지 않았다. 독일인들에 대한 실제 경험과는 별개로, 붉은 군대 병사들은 소련 체제의 산물이었다. 그것도 대개 그중 가장 악랄한 체제의 산물이었던 것이다. 약 100만 명의 강제수용소 수형자가 전선에서 싸우게끔 풀려났다. 모든 소련 병사는 그들의 나라처럼 가난한 나라를 짓밟은 독일의 어리석음에 치를 떠는 듯 보였다. 독일 노동자들의 집조차 그들의 집보다 더 좋았던 것이다. 병사들은 때때로 그들이 "자본가들"만 공격했다고 말했으나, 그들의 시각에서는 보통 독일 농부도 말할 수 없을 만큼 부유했다. 그러나 그처럼 명백히 나은 삶을 살고 있음에도 독일인들은 소련에 쳐들어와 강도질과 살육을 자행했던 것이다. 소련 병사들은 독일 남성들을 모욕하고 경멸하는 의미로 독일 여성들을 강간하는 것이기도 했다.[8]

붉은 군대가 서진하며 많은 손실을 입음에 따라, 그 사병들은 벨라루스와 우크라이나에서 징병된 인력으로 채워졌다. 그런 사람들은 독일 점령군에게 고초를 겪었고, 청소년기를 독일의 점령하에 보낸 이들이었다. 따라서 많은 소련군 병사는 그들이 읽고 들은 선전물(때로는 소련이 겪은 비극의 책임을 독일 민족 전부에게 돌려버리는)을 긍정할 이유가 충분했다. 붉은 군대 병사의 대부분이 그런 식으로 홀로코스트를 되갚아주리라 결심하지는 않았다. 하지만 그들은 유대인 대학살의 한을 품은 사람들이 제작한 선전물을 읽었다. 소련군 기관지 『붉은 별』에 기고하던 유대계 소련 작가, 일리야 예렌부르크는 당시 맹렬하게 증오를 담은 선전물을 써내고 있었다. 그는 1942년에 이렇게 썼다. "이제부터 우리는, 독일인이 인간이 아님을 이해했다."[9]

동기가 무엇이었든 간에 독일 여성들에게 자행된 폭력은 무시무시했다. 자신의 딸이나 아내를 지키려 나선 남자들은 두들겨 맞거나 살해당했다. 사실 그녀들을 지켜줄 남자도 별로 없었다. 대부분 전사했거나(이 전선에서 벌어진 작전으로 약 500만 명의 독일 남성이 죽었다), 독일군에 차출되었거나, 비상향토방위군에 차출되었거나, 소련군에게 잡혀 강제노동을 하고 있었다. 가정에 남아 있던 남자들은 대개 노인 아니면 장애인이었다. 어떤 마을에서는 나이에 상관없이 모든 여성이 강간당했다. 독일의 소설가 귄터 그라스가 나중에 자라서 알게 된 사실은 그의 어머니가 누이동생 대신 소련군에게 몸을 바쳤다는 것이었다. 그러나 결국 그의 누이도 무사하지 못했다. 윤간도 아주 흔했다. 거듭되는 강간으로 몸이 망가져서 죽는 여성도 많았다.[10]

독일 여성들은 강간을 피하기 위해, 또는 강간의 수치심을 견디지 못해서 자살하거나 자살 시도를 많이 했다. 한 여성의 회상처럼, "세상이 캄캄해졌다. 말로 할 수 없는 공포가 밀려왔다. 수많은 여자와 어린 소녀들이 러시아인들에게 강간당하고 있었다". 그녀들의 비명을 들으며, 그 여성은 한 자매와 함께 손목을 그었다. 하지만 목숨을 잃지 않았는데, 아마도 지독하게 추운 날씨로 피가 덜 흘러나왔기 때문에, 그리고 그 이튿날 어느 소련 의사에게 치료받았기 때문일 것이다. 그녀들은 밤새 능욕을 면했다. 기절하고 있었던 것이 죽은 것으로 보였기 때문이다. 사실 강간에 맞설 수 있는 몇 안 되는 방법 중 하나는 죽음이었다. 마르타 쿠르츠만과 그녀의 누이는 어머니를 묻고 있었던 덕에 강간을 피했다. "우리가 어머니의 시신을 닦고 옷을 입혀드리려는데, 소련군 한 명이 와서 우리를 강간하려 했다." 하지만 그는 침을 탁 뱉고는 돌아서서 갔다. 예외적인 경우가 아닐 수 없었다.[11]

강간당한 여성들은 때때로 강제노동에도 동원되었다. 그러나 강제노동은 대부분 남성의 몫이었다. 소련은 약 52만 명의 독일인을 강제로 부렸는데, 이는 독일군이 소련인을 강제로 부렸던 숫자의 10분의 1 정도였다. 소련은 또한 동유럽 국가들에서 28만7000명을 강제 징용했으며, 소련 점령 체제나 장래의 공산 폴란드에 위협이 된다 싶은 폴란드인도 최소 4만 명을 징용했다. 그들은 부다페스트에서 헝가리인들을 붙잡아 전쟁포로로 취급하고, 수용소에서 강제노동을 하도록 했다. 독일인들은 폴란드의 슐레지엔이나 동부 우크라이나, 카자흐스탄, 시베리아 등의 탄광으로 보내졌는데, 가장 암울하고 위험한 곳들이었다. 그런 곳에서의 독일인의 사망률은 소련인의 사망률을 훨씬 웃돌았다. 카렐리아의 517호 수용소에서 나타난 독일인의 사망률은 강제수용소 평균 수준의 다섯 배에 이르렀다.[12]

전쟁이 끝날 때까지 전쟁포로 또는 강제징용자로서 죽어간 독일인은 60만 명가량이었다. 전쟁 중과 전후에 소련군에게 잡혔다가 죽은 독일 민간인 수는 18만5000명으로 추정되며, 폴란드의 수용소에서는 그보다 3만 명 더 많은 숫자가 죽었다. 또한 소련의 수용소에서도 독일 전쟁포로 36만3000명 정도가 죽었다(이는 11.8퍼센트의 사망률로, 독일 수용소에서 소련 병사의 사망률이 57.5퍼센트였던 것과 비교된다).

그 밖에 많은 포로가 수용소로 가던 길에 사망하거나, 전쟁포로로 등록되기도 전에, 항복한 직후에 사살당했다.[13]

—

종종 그랬듯이, 스탈린의 범죄는 히틀러의 정책 덕분에 가능했다. 대체로 볼 때, 그곳에 징용할 독일 남성과 강간할 독일 여성이 있었던 까닭은 나치가 체계적인 소개에 실패했기 때문이다. 종전 이전 마지막 몇 주 동안, 독일군은 서쪽으로 급히 이동했다. 소련군이 아닌 미군이나 영국군에게 항복하기 위해서였다. 그러다보니 민간인을 제대로 챙기지 못했던 것이다.

히틀러는 전쟁을 '의지의 문제'로 내세웠으며, 따라서 언제나 패배를 부정함으로써 실제 결과를 좋게 만들 수 있다고 강조했다. 그는 전쟁으로 독일 민족이 단련된다고 여겼다. "독일이 강대국이 되거나, 멸망하느냐다." 그의 민족주의는 언제나 특이했다. 그는 게르만 민족이 위대한 잠재력을 갖고 있지만, 그 잠재력을 발휘하려면 자체의 퇴락한 부분을 정화하는 제국의 시련이 필요하다고 믿었다. 따라서 전쟁이 계속될수록, 그리고 승리할수록 게르만은 더 위대해질 것이었다. 만일 게르만이 패배시킨 적의 피 속에서 스스로를 정화하는 데 실패함으로써 히틀러에게 실망을 안겨준다면, 그것은 그들의 잘못이다. 히틀러는 그들에게 길을 제시해주었으나, 게르만이 따라가지 못한 것이다. 게르만이 스스로를 구원할 전쟁에서 패배한다면, 그들은 더 이상 생존할 이유가 없다. 히틀러에게, 게르만이 견뎌야 할 모든 고통은 그들 스스로의 나약함의 업보였다. "게르만인이 스스로를 지키기 위한 싸움에 준비가 되어 있지 않다면? 좋다. 멸종할지어다."[14]

히틀러 스스로는 자살을 선택했다. 그는 민간인들의 목숨만은 지킬 만큼 실용주의적 태도의 소유자가 아니었다. 동부 독일의 민간 지도자인 가울라이터Gauleiter들은 나치당의 열혈 당원으로, 히틀러에게 가장 충성하는 지지자들이었다. 중요한 세 지방에서, 가울라이터들은 민간인 소개에 실패했다. 동프로이센을 맡고 있던 가울라이터는 에리히 코흐였는데, 그는 우크라이나 총독도 겸하고 있었다.* 그는 언젠가 이렇게 말했다. "내 식탁에서 함께 식사할 만한 우크라이나인이 있다면 그를 쏴버려야 한다." 이제(1945년 1월), 대부분 우크라이나인으로 구성된 군대가 그의 독일 관구에 밀려드는 중이었는데, 그는 그 사실이 믿기지 않았다. 포메라니아에서는 프란츠 슈베데코부르크가 독일 피란민들의 홍수를 막으려 시도했다. 남부 슐레지엔에서는 카를 한케가 그런 피란민들이 브레슬라우(붉은 군대를 막는 요새로 여겨졌던)에서의 자신의 방어전에 장애를 주리라 판단했다. 그러나 붉은 군대는 브레슬라우를 신속하게 포위했으므로 피란민들은 미처 빠져나가지 못했다. 그렇게 독일 민간인들이 너무 늦게 피란에 나섰기에, 훨씬 더 많은 사망자가 나왔다. 소련 해군은 발트해에서 피란민을 싣고 떠나던 790척의 배 가운데 206척을 침몰시켰다. 그 배들의 하나였던 '빌헬름 구스틀로프'호는 나중에 귄터 그라스의 소설 『게걸음』에 등장한다.[15]

* 가울라이터는 나치 체제의 독일 공식 영토의 지방 지사地事였고, 라이히코미사르는 독일이 점령하고 실질적으로 영토화한 지역의 지방 지사이자 군지휘자였다.

육로로 피란길에 나선 독일인들은 종종 붉은 군대와 독일 육군의 '십자 포화'에 쓰러졌다. 몇 번이고, 소련군의 전차는 독일 민간인들의 피란 대열과 마차들을 짓부수고 지나갔다. 에바 얀츠는 당시를 이렇게 회상한다. "몇몇 남자가 총에 맞았다. 여자들은 강간당했다. 아이들은 두들겨 맞고, 어머니의 품에서 빼돌려졌다." 무장 친위대 병사의 한 명으로 당시 현장을 목격했던 귄터 그라스는 "한 여자가 부르짖는 걸 봤다. 하지만 그녀의 비명 소리는 들리지 않았다"고 했다.[16]

신생 폴란드는 피란이 추방으로 바뀔 때쯤 수립되었다. 휴전과 함께 공식적으로 "수복 지구"로 불리던, 폴란드의 새로운 서쪽 영토에서는 조직적인 인종 청소가 시작되었다. 1945년 5월 26일, 폴란드 공산당 중앙위는 폴란드 영토 내의 모든 독일인을 추방하기로 결정했다. 그때쯤 사실 독일인들은 이미 되돌아오고 있었다. 그들은 붉은 군대를 피해 달아났지만, 모든 재산과 소유물을 포기하거나 고향을 영영 등질 생각은 아니었던 것이다. 그들은 또한 그들의 고향 땅이 폴란드 영토가 되고 그들의 집은 폴란드인들에게 넘겨졌으므로 돌아와도 의미가 없다는 것을 전혀 모르고 있었다. 1945년 6월까지, 독일 피란민 약 600만 명 가운데 100만 명 정도가 되돌아왔다. 폴란드 공산당은 새로 조직한 군대를 보내 '폴란드 영토'에서 독일인을 "청소"해버리도록 했다.[17]

1945년 여름, 폴란드 공산당은 최종 평화협정 과정을 초조하게 지켜보고 있었다. 오데르나이세 라인에 따른 폴란드 서쪽 영토가 지켜지지 않으면, 폴란드는 그 영토를 상실할 수밖에 없었다. 그들은 또한 바로 남쪽의 '민주 체코슬로바키아'의 사례를 좇아야 했다. 그 대통령인 에드바르트 베네시는 전쟁 중에 독일인을 추방하는 일에 가장 적극적이었던 사람이다. 그는 5월 12일에 독일 민족은 "더 이상 인간이 아니다"라는 대국민 선언을 했다. 그리고 그 전날, 체코슬로바키아 공산당 대표는 전후의 체코가 "체코인과 슬로바키아인의 공화국"이 되어야 한다고 밝혔다. 독일계 소수 민족이 300만 정도(총인구의 4분의 1) 되던 체코슬로바키아는 5월 이후 그들을 국경 너머로 내몰았다. 1945년, 이 추방 과정에서 3만 명 이상의 독일계 주민이 살해당했으며, 5558명 정도의 독일계 주민이 자살했다. 당시 체코슬로바키아의 미군 수용소에서 전쟁포로로 있던 귄터 그라스는 미군 병사들이 체코인들에게서 독일인들을 지켜줄지 어떨지 걱정이었다.[18]

새로운 폴란드군의 장교들은 병사들에게 독일 농민을 적으로 여기며 다루라고 지시했다. 누군가가 독일 민족이라면 그 자체로 죄인이며, 결코 불쌍히 여겨서는 안 될 존재였다. 최고사령관은 "당한 만큼 되갚아줘라"는 훈령을 내렸다. 그 훈령처럼 되었다고는 할 수 없다. 그러나 1945년 6월 20일부터 7월 20일까지 펼쳐진 추방 작전은 조급함과 무차별성, 그리고 고위 정치에 대한 우선성 등을 드러내고 있었다. 군은 오데르나이세강에 가장 가까이 살던 사람들을 추방했고, 그리하여 그 지역이 이제 폴란드에 귀속되리라는 인상을 주도록 했다. 군대는 마을을 포위하고, 주민들이 짐을 쌀 시간을 약간 준 다음, 그들이 열을 지어 서서 국경을 넘어 행진하도록 몰아갔다. 군은 이런 방식으로 120만 명 정도의 사람을 추방했다고 보고했는데, 여기에는 상당한 과장이 있었던 듯하다. 두 차례 추방된 사람들도 있었다. 병사들이 돌아간 다음 원래 마을로 몰래 되돌아오는 일은 전혀 어렵지 않았기 때문이다.[19]

어쨌거나 1945년 여름 이 폴란드의 노력은 최종 결과에 아무런 영향을 주지 못했다. 미국과 영국은 폴란드 서쪽 변경에 대한 스탈린의 계획을 저지하기로 서로 합의했지만, 1945년 7월 말 포츠담 회담에서 그 합의를 관철시키지 못했다. 그들은 스탈린이 제시한, 오데르나이세강에 따른 폴란드 국경선을 받아들였다. 유일하게 관철시켰던 조건은 차기 폴란드 정부를 자유선거로 구성한다는 것이었는데, 스탈린은 이를 폴란드계 미국인 유권자들에게 체면치레를 한 것으로 이해했을 법하다. 이들 3강은 폴란드와 체코슬로바키아(그리고 헝가리)에서 '인구 이동'이 계속될 것에 합의했으나, 재정착민들을 위해 좀더 인도적인 조건을 마련할 수 있도록 잠시 휴지 기간을 두기로 했다. 이제 독일 땅은 합동 점령 체제 아래 있었고, 동북쪽은 소련, 서쪽은 영국, 남쪽은 미국이 각각 점령하고 있었다. 미국과 영국은 인구 이동이 계속 혼란스럽게 이뤄지면 그들의 점령 지역에 혼란이 일어날까봐 우려했다.[20]

포츠담 회담 이후 폴란드 정부는 정확히 말해서 폴란드 내 독일인들에게 '비인도적인 조건'을 마련하려 애썼다. 그들이 못 견디고 떠나도록 유도하려는 뜻이었다. 스탈린은 고무우카에게 "그런 조건을 반드시 만드시오. 독일인들이 스스로 떠날 마음이 들게 말이오"라고 말했다. 1945년 7월부터 폴란드 당국은 바로 그런 정책을 시행했다. "자발적 출국"이라는 포장을 하면서 말이다. 간접적 추방 정책은 슐레지엔에서 가장 노골적이었는데, 그 주지사는 독일계 주민이 공공장소를 사용하지 못하게 하고, 독일계 학교를 폐쇄했으며, 독일계의 재산을 압류하고, 독일계 남성 주민들은 탄광에서 강제노역을 하도록 했다. 가장 덜 악랄했던(또는 시니컬했던) 정책은 전에 동프로이센에 속했던 올슈틴에서였다. 그곳의 독일계 주민들은 1945년 10월 말까지 "자발적으로" 독일로 넘어갈 것을 통고받았다. 동시에 "넘어가지 않는 자는 강제수용소행이 될 것"이라는 단서도 따라붙었다.[21]

당시 폴란드의 교도소와 임시 유형소 및 강제노동수용소는 독일계로 가득 찼다. 그들은 다른 수감자들과 함께 혹독한 대우를 받았다. 교도소와 수용소는 공산당의 통제를 받는 보안부 산하였다(법무부나 내무부가 아니라). 당시 폴란드 정부는 아직 연립 정부였다. 그러나 사실 공산당이 정부를 좌우하고 있었으며, 공산당은 보안부만큼은 언제나 꽉 쥐고 있었다. 보통 상부 명령을 받지 않던 수용소장은 수용소 안의 혼란과 줄곧 벌어지는 살인을 방조하면서 수용소를 운영했다. 북중부 폴란드의 니에샤바 마을에서는 38명의 여성과 어린이가 비스와강에 내던져졌다. 그에 앞서 성인 남녀는 총에 맞았고, 어린이들은 그대로 던져졌다. 루브라니에츠 수용소에서는 수용소장이 심하게 두들겨 맞고 몸을 움직일 수 없었던 독일 여성의 몸을 짓밟으며 춤을 추었다. 그는 그런 식으로 "우리는 새로운 폴란드가 딛고 일어설 토대를 놓았다"고 소리질렀다.[22]

어떤 곳에서는 '복수'가 그야말로 문자 그대로 이뤄졌다. 왐비노비체에 있던 수용소에서, 체스와프 겜보르스키는 의식적으로 독일

수용소의 규정을 본떠 사용했으며(규정을 만드는 이와 지켜야 하는 이가 반대로 되었지만), 스스로의 복수심을 공공연히 드러냈다. 1945년 10월 4일, 왐비노비체에서는 40명의 수감자가 살해되었다. 전체적으로, 1945년에서 1946년 동안 대략 6488명의 독일인이 그 수용소에서 죽었다. 겜보르스키는 독일 점령 시기에 수용소에 수감되어 있던 사람이며, 다른 폴란드 수용소 소장들도 여타 복수의 동기가 있었다. 포툴리체 수용소 소장이던 이즈도르 체드로프스키는 아우슈비츠에서 살아남은 유대인으로, 그의 가족들은 독일군에게 총살당했다. 이제 독일인과 그 밖의 수감자들은 수용소에서 매일 수백 명씩 추위, 질병, 학대 등으로 죽어가고 있었다. 전체적으로, 폴란드 수용소에서 노역을 했던 독일인은 20만 명 남짓이었으며, 그 가운데 상당수(아마도 3만 명가량)가 1945년에서 1946년 사이에 죽었다.[23]

1945년의 하반기까지 독일인들은 폴란드를 "자발적으로" 떠날 이유가 차고 넘쳤다. 떠나는 것도 남는 것만큼이나 위험했지만 말이다. 수송용으로 쓰게끔 된 열차는 본래 화물용이었고, 종종 천장이 없었다. 천장이 있으면 오히려 공포스러웠는데, 독일인들은 독가스가 쏟아질까봐 두려워했기 때문이다. 물론 그런 일은 없었다. 독일인들은 아주 최근에 다른 민족들이 밀폐된 곳에서 질식사했음을 잘 알고 있긴 했지만. 사실 독일인들이 쫓겨난 곳 가운데 하나인 슈투트호프 같은 데에서 독일군은 궤도차량을 가스실로 쓰기도 했다.[24]

그런 열차는 아주 느리게 움직였고, 몇 시간이면 끝날 여정을 무시무시하고 오랜 방랑의 길로 탈바꿈시켰다. 열차에 탄 독일인들은 굶주렸거나 아픈 이가 대부분이었다. 그들은 등에 질 수 있는 만큼만 소유물을 갖고 가는 게 허락되었다. 그리고 그것은 곧바로 산적들에게, 또는 그들을 보호하는 역할이었을 폴란드 민병대에게 갈취당했다. 열차는 뻔질나게 정차했는데, 여기에는 산적들에게 승객들을 털 기회를 주려는 뜻도 있었다. 이런 상황에서 승객들의 사망률은 높았다. 어차피 대수롭지 않게 여겨졌지만 말이다. 독일인들은 철로변에 죽은 동포를 묻어야 했고, 아무 데나 정차했을 때 어딘지도 모를 곳에 표식도 없는 무덤이 만들어졌다. 당연히 지인이 찾아올 방도는 없었다. 그들 가운데 폴란드에 두고 온 재산을 챙길 수 있는 사람은 없었으며, 대다수는 도착지인 독일 땅에도 재산이 전혀 없었다. 1945년 하반기까지, 약 60만 명의 독일인이 이런 식으로 독일로 돌아갔다.[25]

연합국은 1945년 11월에 인구 이동을 계속하기로 합의했고, 영국과 소련은 1946년에 독일에 도착할 사람들을 '환영 및 보호'할 자체 계획을 세웠다. 대부분의 죽음과 혼란은 수송 과정에서의 조건 탓이었기에, 소련과 영국은 폴란드에 수송 과정을 감시할 대표를 보내기로 했다. 그들은 좀더 질서 있는 수송으로 독일의 혼란이 줄어들리라 기대했으며, 그 기대는 대체로 실현되었다. 1946년, 200만 명 이상의 독일인이 열차 편으로 영국과 소련의 독일 점령 지역으로 들어왔다. 1947년에는 60만 명이 더 들어왔다. 그들의 조건은 결코 인도적이지 못했지만, 수송 과정에서의 참사는 한결 줄었다. 사망자는 불과 몇천, 많아야 몇만 명이었다.[26]

1947년 말까지 약 760만 명의 독일인이 폴란드를 떠났으며, 그중 대략 절반은 붉은 군대를 피해 달아난 피란민, 그리고 나머지 절반은 추방자였다. 그 비율과 숫자는 결코 정확히 매겨질 수 없는데, 많은 사람이 피란, 귀환, 추방을 반복하거나 두 차례 이상 추방되거나 했기 때문이다. 전쟁 중(또는 심지어 그 전부터) 스스로 독일인이라 했던 많은 사람이 이제는 폴란드인을 자처했으며, 따라서 수송을 피했다(그때쯤에는 폴란드 정부가 인종적 순수성보다 노동력에 더 관심을 기울이게 되어, 누군가를 폴란드인으로 볼지 독일인으로 볼지 모호한 상황에서 전자의 주장에 호의적이었다. 그리고 당시에는 앞서 스스로를 폴란드인으로 주장하던 사람들 다수도 독일인이라며 주장을 바꿨는데, 독일의 경제적 미래가 폴란드보다 나아 보였기 때문이다). 하지만 일반적인 추세는 확연했다. 스스로 독일인이라 여긴 사람의 대다수는 1947년 말에 폴란드를 떠난 상태였다. 1945년 초에서 1947년 말까지 이뤄진 이 모든 피란과 추방 과정에서, 본래 독일 땅이었다가 폴란드에 병합된 땅에서 약 40만 명의 독일인이 숨졌다. 그들 가운데 대부분은 소련과 폴란드의 수용소에서 죽었고, 그다음으로는 군대에 당했거나 바다에 수장되었다.[27]

전쟁이 끝나기 전까지 몇 주 동안, 뒤늦었던 피란길은 전후 이뤄진 추방길에 비해 훨씬 더 위험했다. 전쟁의 마지막 4개월 동안, 독일인들은 앞서 4년 동안 동부 전선에서(즉 독일군의 진격과 후퇴가 벌어지던 동안) 다른 민족의 민간인들이 겪었던 그대로 고통받았다. 1941년에는 수백만 명이 독일군을 피해서 달아났으며, 1941년에서 1944년 사이에는 또 수백만 명이 강제노동에 시달렸다. 그리고 다시 1944년의 독일군 후퇴 과정에서도 고난이 있었다. 독일인들이 소련군을 피하다가 죽은 숫자보다 독일군을 피하다가 죽은 소련과 폴란드 주민의 숫자가 훨씬 더 많았다. 비록 그런 죽음이 의도적인 살육 정책의 산물은 아니었지만(따라서 이 분야의 연구에서는 별로 주목을 받지 못했다), 피란과 소개, 강제노역 등은 직간접적으로 수백만 명의 소련 및 폴란드 민간인의 죽음을 가져왔다(그리고 독일의 의도적인 대량학살 정책이 여기에 1000만 명의 죽음을 추가했다).[28]

이 전쟁은 독일 민족의 이름으로 치러졌다. 그러나 실제 독일 민간인에 대해서는 관심을 갖지 않으면서 끝났다. 피란과 추방에서 빚어진 죽음에 대해서는 따라서 나치 체제의 책임이 더 클 것이다. 독일 민간인들은 달아나야 한다는 걸 알 만큼 전쟁 중의 독일 정책에 대해 알고 있었다. 그러나 그 피란을 독일 국가는 제대로 채비하지 못했다. 여러 소련 병사는 분명 최고사령부의 용인과 스탈린의 기대에 따른 짓들을 자행했다. 그러나 독일군이 먼저 소련을 침공하지 않았다면, 붉은 군대가 독일에 진주하는 일은 없었을 것이다. 스탈린은 인종적 순수성을 선호했다. 하지만 그것은 스탈린만이 아니라 히틀러 스스로의 인종 정책에서도 불가피성을 띠고 있었다. 민족 추방 자체는 승자와 패자의 국제적 합의의 결과였다.

결국 민족 추방은 또 한 가지 측면에서 히틀러에 대한 스탈린의 승리였다. 폴란드에 그토록 많은 독일 영토를 안겨줌으로써, 스탈린은 폴

란드가 좋든 싫든 소련의 군사력에 기대야 할 것임을 확인시켰다. 오직 붉은 군대를 제외하고, 나중에 독일이 다시 강성해졌을 때 폴란드 서부 영토를 지켜줄 이가 누가 있겠는가?[29]

이 시절에, 폴란드 국민은 이주하는 국민이었다. 비록 독일계 주민이 더 서쪽의 독일로 옮겨갔지만, 폴란드인들도 더 서쪽의 폴란드로 옮겨가야 했다. 독일인들이 공산주의 폴란드에 의해 청소되었듯이, 폴란드인들도 소련에 의해 청소되었다. 공산당을 포함한 모든 폴란드 정당의 입장에도 불구하고, 소련은 다시 한번 동부 폴란드 땅을 병합했다. 그에 따라 폴란드로 "국적 변경"(스탈린의 완곡어법이었다)을 하게 된 사람들은 공산주의나 스탈린을 좋아할 까닭이 없었다. 그러나 그들은 공산 체제에 묶여야만 했다. 공산당이란 토지를 빼앗아가기도 하고 나눠주기도 하며, 사람들을 추방하기도 하고 받아들이기도 하는 존재였다. 옛집을 잃고 또한 새집을 얻은 사람들은 그들을 보호해준다는 쪽에 완전히 의존할 수밖에 없었다. 그들은 폴란드 공산당에 가입하여, 붉은 군대가 폴란드의 새 영토를 지켜준다는 약속에 수긍할 수밖에 없었다. 공산주의는 폴란드인들에게 이념으로서 구실하지 못했고, 인기도 별로 없었다. 그러나 스탈린의 인종 지정학ethnic geopolitics이 계급투쟁의 자리를 대신했으며, 그리하여 이 새로운 체제의 확고한 지지 기반(정당성은 아닐지언정)을 마련했다.[30]

미국, 영국은 폴란드의 민주 선거를 기대하면서 포츠담에서 독일계 추방을 지지했다. 그렇지만 그런 선거는 결국 없었다. 대신 전후의 첫 폴란드 정부는 공산당이 장악했으며, 야당은 위협 또는 체포 대상이 되었다. 그러자 미국은 오데르나이세 라인을 소련에 압박을 가할 쟁점으로 삼을 수 있다고 보기 시작했다. 1946년 9월에 미 국무장관이 그 라인의 영구성 여부를 따졌을 때, 그는 독일에서 미국의 영향력을 높이고 소련의 영향력은 낮출 심산이었으며, 따라서 영토 상실과 추방에 승복하지 못하던 독일인들에게 영합한 것이었다. 그러나 그 역시 폴란드에서의 소련의 입지 강화에는 협조했다. 1947년 1월에 폴란드 총선이 실시되었지만, 결과는 조작되었다. 그러자 영·미는 자신들이 폴란드에 영향력을 미칠 기회가 사라졌음을 깨달았다. 폴란드 망명 정부 수상이던 스타니스와프 미코와이치크는 귀국해서 농민당 대표로 총선에 참여했지만, 이제 그는 다시 해외로 달아나야만 했다.[31]

폴란드 정권은 오직 동맹국 소련만이 새로 얻은 서부 변경지대를 독일로부터 지켜줄 수 있으며, 미국은 거기에 기껏 지지해줄 뿐이라고 강력히 주장할 수 있었다. 1947년에 보면 폴란드인들 스스로가, 공산당에 대해 어떤 생각을 하든 상관없이, "수복 영토"를 잃을 생각이 없다는 입장이었다. 고무우카가 정확하게 예기했다시피, 독일계의 추방은 "민족을 체제에 결속시켜줄 것"이었다. 명석한 공산주의 이론가였던 야쿠프 베르만은 공산당이 인종 청소의 대부분을 맡아야만 한다고 여겼다. "수복 영토"는 전쟁 중 고난을 겪은 많은 폴란드인에게 더 나은 집과 더 큰 농장을 줄 것이었다. 그것은 공산주의로 가는 첫걸음인 토지개혁을 가능케 해줄 것이었다. 그리고 아마 무엇보다 그것은 동부 폴란드(소련에 병합된)에서 넘어온 100만 명의 폴란드 이주민에게 살 곳을 마련해줄 것이었다. 정확히 말해서 폴란드가 동쪽에서 많은 땅을 잃었으므로, 서쪽은 그만큼 소중해진 셈이었다.[32]

—

새로운 폴란드 땅에서 독일계를 청소한 것은 전쟁 끝 무렵이었다. 그러나 소련은 스스로의 정책 후반부를 훨씬 전부터, 전쟁 중에 이미 시작했다. 바로 몰로토프-리벤트로프 라인 동쪽의 동부 폴란드 땅에서의 인종 청소였다. 독일인들이 더 이상 독일 땅이 아닌 곳에서 떠나야 했듯이, 폴란드인들도 더 이상 폴란드 땅이 아닌 곳에서 떠나야만 했다. 비록 폴란드는 기술적으로 전승 국가였으나, 전쟁 전의 영토 거의 절반(47퍼센트)을 소련에 내줘야 했다. 전후에 폴란드인(그리고 폴란드 유대인)은 더 이상 '소련령 벨라루스 서부/소련령 우크라이나 공화국/소련령 리투아니아 공화국의 빌뉴스 지역'에서 환영받을 수 없었다.[33]

동부 폴란드에서 폴란드인과 유대인을 내몰아서 그 인구 구조를 바꾸려는 시도는 전쟁이 현재진행형인 때부터 일찌감치 이뤄졌다. 소련은 1940년과 1941년, 이 땅을 처음 점령했을 때 수십만 명을 축출했다. 그중 다수가 폴란드인이었다. 그들 가운데 다수는 강제수용소를 거쳐 이란, 팔레스타인으로 가서 연합군에 합류해 서부 전선에서 함께 싸웠다. 그런 와중에 전쟁이 끝날 무렵 폴란드 땅을 직접 밟기도 했다. 그러나 그들 가운데 고향 집에 돌아간 사람은 거의 없다고 해도 좋았다. 독일군은 1941년에서 1942년 사이에 옛 폴란드 동부에서 약 130만 명의 유대인을 죽였는데, 이때 지역 경찰의 협조를 받았다. 이 우크라이나 경찰의 일부는 1943년 우크라이나 빨치산 결성에 참여했으며, 우크라이나 민족주의자들의 지도 아래 이전의 동남

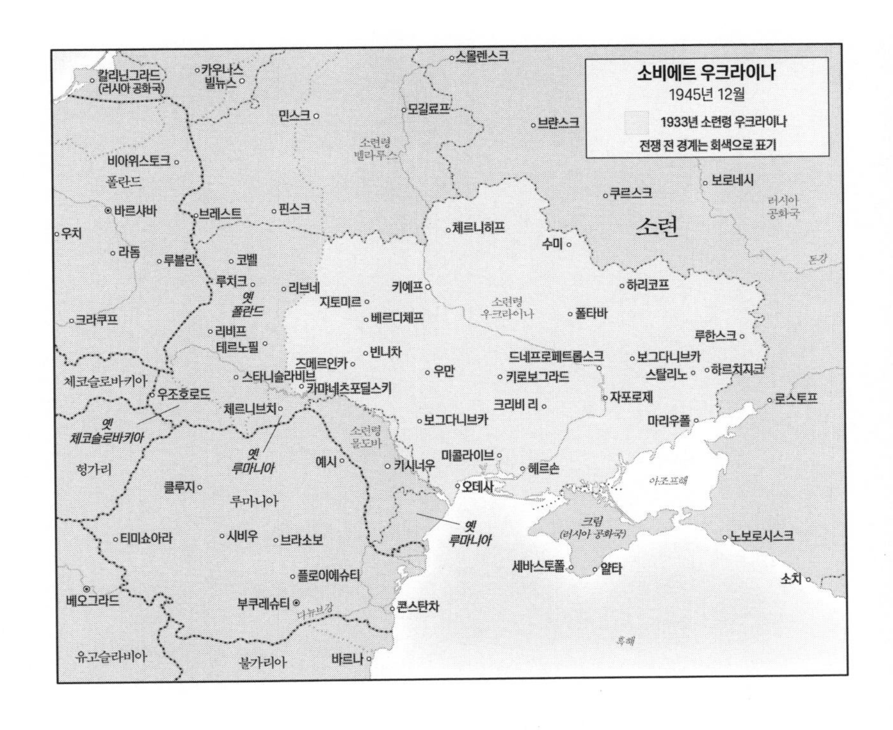

부 폴란드(이제는 서부 우크라이나)에 남아 있던 폴란드인을 몰아내는 일을 했다. 빨치산군을 이끌던 민족주의 조직인 '우크라이나 민족주의 기구OUN-Bandera'는 우크라이나에서 소수 민족을 몰아내겠노라 오래전부터 선언한 상태였다. 폴란드인을 학살할 그들의 능력은 독일군의 훈련으로 배양되었으며, 그들이 폴란드인을 없애버려야 한다고 생각했던 이유는 주로 붉은 군대와의 최후 대결이 있기 전에 '전장을 정리'해두려는 데 있었다. '우크라이나 빨치산군UPA'은 폴란드인 수만 명을 살육했고, 이는 폴란드인들이 우크라이나 민간인들을 공격하는 사태를 일으켰다.[34]

비록 UPA가 공산주의의 숙적(아마도 가장 열성적이었던)이었지만, 그 조직이 일으킨 인종 분규는 스탈린 제국을 튼튼하게만 만들어주었다. 우크라이나 민족주의자들이 시작한 일을 스탈린이 마무리했던 것이다. 그는 계속해서 폴란드인들을 몰아내며, 분쟁에 휘말린 그 땅을 소련령 우크라이나에 병합했다. 1944년 9월에 폴란드 공산주의자들은 폴란드와 소련령 우크라이나(그리고 소련령 벨라루스와 리투아니아)의 주민을 맞바꾸는 협약에 조인했다. 소련령 우크라이나에서, 폴란드인들은 아주 최근에 소련 치하에서 겪은 일을 기억했고, 이제는 또 우크라이나 민족주의자들의 끊임없는 위협에 시달리는 자신들을 봤다. 따라서 그들은 이러한 "국적 변경"에 순응할 이유가 차고 넘칠 수밖에 없었다. 약 78만 명의 폴란드인이 배편으로 폴란드 공산 정부로 갔으며, 소련령 벨라루스와 리투아니아에서도 다수의 폴란드계가 고향을 떠났다. 약 151만7983명이 1946년 중반까지 폴란드인으로서 소련 땅을 떠났는데, 여기에는 공식 기록에 포함되지 않은 수십만 명이 추가되어야 한다. 이들 가운데 약 10만 명이 유대인이었으며, 소련의 정책은 앞서 동부 폴란드였던 땅에서 폴란드와 유대인 인종을 제거하고 벨라루스, 우크라이나, 리투아니아계는 남겨두려는 것이었다. 1944년에서 1946년까지, 약 100만 명의 폴란드인이 앞서 동부 독일이었던 땅, 이제는 "수복 영토"에 정착했다. 그동안 약 48만99명의 우크라이나인이 공산 폴란드를 떠나 소련령 우크라이나에 정착했다. 그들 가운데 다수는 강압에 따라 그렇게 했다.[35]

소련 정권은 외국인들이 국경을 넘나들게 하면서 자국민 역시 수용소와 재정착지로 내몰기도 했다. 새로운 강제수용소 수감자들은

1939년에 스탈린이 독일의 동의 아래 점령하고 1945년 되찾은 땅에서 온 사람들이 대부분이었다. 예를 들어 18만2543명의 우크라이나인이 소련에 의해 강제수용소로 들어갔다. 그들은 뭐 하나 범죄를 저지른 게 없었고, 심지어 우크라이나 민족주의자도 아니었다. 단지 우크라이나 민족주의자와 '무관하다고 할 수 없다'는 이유로 그리된 것이었다. 한편 1946년과 1947년, 소련은 독일인과 내통했다는 혐의로 14만8079명의 붉은 군대 고참 병사를 강제수용소에 집어넣었다. 전후 기간에 그토록 많은 수의 소련인이 수용소행을 맞은 적은 없었다. 사실 1945년부터 스탈린의 사망 시점까지, 소련 국민이 수용소로 가거나 특별 재정착 대상이 되는 예는 갈수록 늘어났지만 말이다.[36]

공산 폴란드에는 강제수용소가 없었다. 그러나 1947년, 그 지도자들은 그들의 "우크라이나 문제"에 "마지막 해결책"을 적용한다는 발표를 했다. 남아 있던 우크라이나계를 되도록 그 고향에서 멀리 떨어뜨려놓되, 폴란드 국경에서 벗어나지는 않게 해야 한다는 것이 그 문제였다. 1947년 4월에서 7월 사이, 폴란드 정부는 "비스와"라는 암호명을 쓰는 작전을 다시 한번 영토 내의 우크라이나계 주민을 상대로 실시했다. 대략 14만660명의 우크라이나계 또는 그렇게 인식된 사람들이 강제로 국토 남부 및 동남부에서 서부 및 북부로 이주했다. 최근까지 독일 땅이었던 "수복 영토"로. 비스와 작전은 폴란드 내 우크라이나인들이나 최소한 그 자녀들을 폴란드 문화에 동화시키려던 작전이었다. 이와 동시에, 폴란드군은 UPA를 폴란드 땅에서 격파했다. 폴란드 내의 우크라이나 민족주의 전사들은 그동안 강제이주를 거부하는 사람들을 보호하는 역할을 맡아왔다. 그러나 거의 모든 우크라이나계가 이주를 마치자, 폴란드에서의 UPA의 입지는 부실해졌다. 이에 일부 UPA 전사들은 서방으로 넘어갔고, 나머지는 소련으로 가서 투쟁을 계속했다.[37]

본래는 '동방 작전'으로 불렸던 비스와 작전은 전적으로 폴란드군이 수행했으며, 폴란드 주둔 소련군의 도움은 거의 없었다. 그러나 그 기획에는 소련 인사가 적잖이 관여되어 있었고, 따라서 모스크바와 연계되어 있었다. 그리고 이는 인근 소련 영토에서의 다수의 소련 작전(비슷하게 암호화되어 있던)과 동시에 진행되었다. 그중 가장 연관성이 높았던 소련 작전은 '서부 작전'으로, 소련령 우크라이나의 폴란드 접경 지역에서 진행되었다. 비스와 작전이 끝날 무렵, 소련은 우크라이나인들을 서부 우크라이나에서 시베리아와 중앙아시아로 이주시키도록 했다. 1947년 10월, 불과 며칠 만에 7만6192명의 우크라이나인들이 강제수용소로 들어갔다. 우크라이나 서부에서는 소련의 특수부대가 무력을 사용했고, 사람들의 눈앞에 팔다리가 토막난 '적' 또는 그 '동조자'의 시체들을 전시했다. 그러나 이주 관련 기술이 발전하면서 소련은 확실한 이득을 봤다. 강제수용소가 확대되고 있었던 것이다.[38]

우크라이나-폴란드 국경 지대에서의 이 작전이 성공으로 돌아가자, 소련은 다른 유럽 변경지대로 눈을 돌렸다. 그리고 비슷한 수단을 쓰는 비슷한 작전을 기획했다. 1948년 5월에 실시된 '춘계 작전'에서, 4만9331명의 리투아니아계가 강제이주되었다. 이듬해 3월에는, '프리보이 작전'으로 3만1917명의 리투아니아계가 추가로 이주되고, 4만2149명의 라트비아계, 2만173명의 에스토니아계도 그렇게 되었다. 모두 따져보면, 1941년에서 1949년 사이에 스탈린은 20만 명가량의 인구를 이 발트 삼국에서 다른 곳으로 옮겼다. 몰로토프-리벤트로프 라인 동쪽에서 세 차례의 점령(소련-독일-다시 소련)을 겪은 모든 지역과 마찬가지로, 발트 국가들은 1945년에 소련에 편입되면서 그 엘리트층 대부분을 잃었다. 그리고 인구의 상당수를 잃어버렸다.[39]

—

스탈린 치하에서, 소련은 천천히 또 단속적으로, 혁명적 마르크스주의 국가에서 변모해갔다. 마르크스주의는 이념적 장식일 뿐이고, 국경과 소수 민족에 대해 전통적인 안보관을 견지하는 대규모 다민족 제국이 되어갔다. 스탈린은 혁명 시기의 보안 기구를 물려받고, 유지하고, 지배했던 사람이다. 그러므로 안보 문제에 대한 우려는 1937년에서 1938년, 그리고 1940년의 대량학살로, 또한 1930년에 시작되어 스탈린 생전 내내 계속된 강제이주로 이어졌다. 전쟁 중에도 강제이주는 계속되면서 소련 이주 정책상의 변화를 가져왔다. 적대 계급 구성원으로 여겨진 개인을 강제이주시키던 전통적인 소련의 방식에서, 변경지대에서의 인종 청소와 인구 재구성으로.

전쟁 이전 시기에 강제수용소로의 강제이주는 언제나 두 가지 목적을 품었다. 소련 경제의 성장, 그리고 소련 인구의 교정. 1930년대에는 소련이 인종을 기준으로 다수의 국민을 추방하기 시작하면서, 그 목표도 소수 인종을 민감한 변경지대에서 내지로 보내는 것으로 바뀐다. 이 '국민 이주'는 개인에 대한 징벌로 보기 어려웠건만, 그들은 계속해서 이주 대상자들이 자기 고향 땅에서 멀리 떠나면 더 나은 소련 국민이 된다는 주장을 했다. 대숙청 시기에는 1937년에서 1938년 사이에 25만 명의 생명이 사라졌다. 다른 한편 수십만 명이 시베리아와 카자흐스탄으로 강제이주되기도 했으며, 그곳에서 이주자들은 국가와 스스로의 개혁을 위해 일하도록 강요되었다. 심지어 새로 병합된 폴란드, 발트 연안, 루마니아 주민들에게 이뤄진 1940년에서 1941년의 강제이주는 소련 입장에서는 '계급투쟁'의 일환이었다. 엘리트층의 가족들은 카틴 숲을 비롯한 여기저기서 학살당했으며, 그들의 아내, 자식, 부모들은 카자흐의 스텝 지대에서 강제노역을 했다. 그들은 소련 사회에 통합되든지, 죽든지 해야 했다.

전쟁 중에 스탈린은 나치 독일과의 연계에 관해 소수 민족들에게 일종의 시험을 내렸다. 90만여 명의 독일계 소련 국민과 약 80만 9000명의 핀란드계가 1941년에서 1942년 사이에 추방당했다. 붉은 군대가 1943년 초 스탈린그라드에서 승리를 거두고 진격함에 따라, 스탈린의 보안참모장이었던 라브렌티 베리야는 독일인들과 결탁 혐의가 있는 모든 사람을 강제이주시키자는 안을 내놓았다. 대체로 그들은 캅카스와 크림반도의 이슬람계 주민이었다.[40]

소련군이 캅카스를 다시 점령하자, 스탈린과 베리야는 강제이주 기계를 재가동했다. 1943년 11월 19일 단 하루 만에, 소련은 6만 9267명에 이르는 카라차이 주민 전부를 소련령 카자흐스탄과 키르기스스탄으로 이주시켰다. 1943년 12월 28일에서 29일 이틀 동안에는 9만1919명의 칼미크인을 시베리아로 보냈다. 베리야는 직접 그로즈니로 가서 1944년 2월 20일에 체첸, 잉구시인들의 이주 상황을 감독했다. 약 12만 명의 병력을 지휘하며, 그는 겨우 일주일 만에 47만 8479명을 소환·추방했다. 그는 미국에서 전쟁 중 수송용으로 보내준 스투드베이커 트럭들을 마음대로 움직일 수 있었다. 체첸, 잉구시인들이 한 사람도 남지 않아야 했으므로, 걸을 수 없었던 사람들은 사살당했다. 모든 마을은 남김없이 불태워졌다. 어떤 곳에서는 사람들이 들어차 있는 헛간도 불태워졌다. 1944년 3월 8일에서 9일 동안에는 발칸 주민 3만7107명이 카자흐스탄으로 갔다. 1944년 4월, 붉은 군대가 크림반도에 진주한 직후, 베리야는 크림 타타르족 전체를 재정착시키자는 의견을 냈고, 스탈린은 이를 승인했다. 1944년 5월 18일부터 20일까지 사흘 동안, 18만14명이 강제이주되었으며, 대부분은 우즈베키스탄으로 갔다. 1944년 말, 베리야는 메시케트 튀르크계 주민 9만1095명을 조지아에서 다른 곳으로 옮겼다.[41]

이런 작전들의 배경에는 근본적으로 계속되는 숙청이 있었다. 소련-폴란드 국경 지대를 청소하자는 스탈린의 결정은 기존의 일반 정책을 답습한 것으로도 읽힌다. 소련의 관점에서 우크라이나, 발트 연안, 폴란드의 빨치산들은 변경지대에서 계속 문제를 일으키는 도적떼 같은 존재였다. 그들을 압도적인 힘과 강제이주로 제압해야만 했다. 그렇지만 여기에는 중대한 차이도 있었다. 1930년대에 강제이주를 겪은 부농과 소수 민족들은 모두 고향에서 멀리 떨어진 땅으로 쫓겨났으나, 그래도 그 땅은 어쨌든 소련의 영토였다. 전쟁 중이나 그 직후에 이주된 크림반도와 캅카스 주민들도 그랬다. 그러나 1944년 9월, 스탈린은 폴란드인(그리고 폴란드계 유대인), 우크라이나인, 벨라루스인들을 국경 너머로 쫓아 보내, 인종적 단일성을 이룩하려고 했다. 같은 논리가, 좀더 큰 규모였지만, 폴란드의 독일계 주민들에게도 적용되었다.

이와 동시에, 또는 함께 이뤄진 일은 소련과 폴란드 공산 정부가 1944년과 1947년에 거둔 의심스러운 승리였다. 그들은 소련-폴란드 국경의 양쪽에서 소수 인종을 몰아냈으며, 그리하여 국경 지대에 있던 인종적 복잡함을 정리했다. 동시에 그들은 바로 그런 인종적 순수성을 위해 애써 싸워온 소수 인종 투사들을 제거했다. 공산주의자들은 그 적들이 만든 프로그램을 이어갔다. 소련의 지배란 곧 인종 청소가 되었으며, 인종 청소를 주장하는 다른 세력까지 청소하는 것이 되었다.

―

전후 폴란드의 영토는 스탈린의 전후 인종 청소 작업의 지리적 중심이 되었다. 그 작업에서 다른 어떤 집단보다 독일인들이 자기 집을 잃었다. 1947년 말에 760만 명 정도의 독일인이 폴란드를 떠났으며, 다시 300만 명 이상이 체코슬로바키아를 등졌다. 볼가강 유역에 살던 약 90만 명의 독일계가 전쟁 중 소련 영토 안에서 이리저리 이주 대상이 되었다. 전쟁 중과 후에 자기 집을 잃은 독일인의 숫자는 1200만 명을 넘었다.

그 숫자가 크다고 하지만, 전쟁 중과 후에 이뤄진 강제이주의 과반수는 넘지 못한다. 이와 같은 전후 기간에 소련(또는 공산 폴란드)에 의해 강제이주된 비독일계는 200만 명 이상이다. 그리고 다시 800만 명은 대부분 독일군의 강제징용자였다가 그 시기에 소련으로 돌아갔던 사람들이다(그들 중 대부분까지는 아니더라도 다수가 돌아가지 않음을 선택했기에, 그 숫자가 두 번 계산되었을 수 있다). 소련과 폴란드에서 1200만 명 이상의 우크라이나계, 폴란드계, 벨라루스계, 기타 등등이 전쟁 중과 후에 피란을 떠나거나 강제이주되었다. 이는 독일의 손에 의도적으로 학살된 1000만 명의 숫자는 제외한 것이다. 그들 가운데 대부분은 살해되기 전 이러저러하게 고향을 등진 사람들이었다.[42]

독일인들의 피란과 강제이주는 의도적인 대량학살 정책이 아닐지라도 전후 인종 청소의 핵심을 이루었다. 1943년에서 1947년까지 모든 내전과 피란, 강제이주, 재정착 사태는 돌아온 붉은 군대가 촉발하거나 주도한 것으로, 그 결과 70만 명의 독일인과 최소 15만 명의 폴란드인, 그리고 약 25만 명의 우크라이나인이 죽었다. 최소한도로 볼 때, 캅카스, 크림반도, 몰도바, 발트 연안국들로부터 소련의 강제이주 정책이 실시된 직후 또 30만 명의 소련 국민이 희생되었다. 리투아니아, 라트비아, 에스토니아의 반소 민족주의 세력들은 강제이주에 반대하는 것으로 여겨졌다. 그리고 그 결과는 또 10만여 명이 인종 청소 과정에서 숨지도록 하는 것에 지나지 않았다.[43]

상대적으로 볼 때, 독일인 전체 숫자에 비해 강제이주된 독일인의 수는 최후의 한 명까지 이주 대상이 된 캅카스와 크림반도 주민들에 비하면 훨씬 적은 비율이라고 할 수 있다. 전쟁 끝 무렵에 피란 또는 강제이주를 겪은 독일인은 폴란드인, 벨라루스인, 우크라이나인, 발트 삼국인보다 높은 비율이었다. 그러나 전쟁 중 독일에 의해 이뤄진 이주민의 숫자가 전쟁 끝 무렵 소련의 점령으로 이뤄진 이주민의 숫자에 더해지면, 그런 차이는 사라지고 만다. 1939년에서 1947년의 기간에 폴란드인, 우크라이나인, 벨라루스인, 발트 삼국인들은 독일인들 만큼(또는 살짝 더, 어떤 경우에는 살짝 덜) 강압적으로 이주를 해야 했다. 한편 다른 모든 민족은 독일과 소련의 강압을 겪었지만, 독일인들은(일부 예외가 있더라도) 소련 쪽에서만 강압을 겪었다.

전후 시기에, 독일인들은 폴란드인과 마찬가지로 생명의 위협을 겪었다. 그들 또한 고향을 떠나 서쪽으로 가야만 했으므로. 그래도 독일인과 폴란드인들은 우크라이나인, 루마니아인, 발트 삼국인, 캅카스인, 크림반도 사람들보다는 훨씬 적게 죽어갔다. 피란, 추방, 강제이주의 직간접적 결과로 숨진 독일인과 폴란드인의 비율은 10분의 1 미만이었다. 반면 발트 삼국인과 소련인들은 5분의 1을 넘었다. 일반적으로, 더 먼 동쪽으로 갈수록, 그리고 소련과 더 직접적으로 연관되어 있을수록 결과는 더 비참했다. 이는 독일인들의 경우에도 예외가 아니었다. 폴란드와 체코슬로바키아를 떠난 독일인들은 대부분 살아남았다. 그러나 더 동쪽으로 강제이주되거나 소련 땅으로 들어가야 했던 독일인들은 대부분 사망했다.

서쪽으로 간 사람들은 동쪽으로 간 사람들보다 나았고, 그들을 반기는 조국으로 돌아가는 편이 멀고 낯선 소련 공화국들로 가는 편보다 나았다. 또한 선진 독일(비록 폭격과 전쟁으로 쑥밭이 되었을지언정)로 가는 게 소련의 황무지로 가서 이주자들이 직접 개척해야 하는 상황보다 나았다. 그리고 점령지 가운데 미국과 영국 관할지로 가는 게 내무인민위원회 지부의 통제를 받는 카자흐스탄이나 시베리아 땅으로 가는 것보다 나았다.

—

좀더 빠르게, 전쟁이 끝나고 약 2년 만에, 스탈린은 새로운 폴란드와 새로운 소련 변경지대를 완성했다. 그리고 그 거주민을 들여보냈다. 1947년, 전쟁은 마침내 완전히 끝난 듯 보였고, 소련은 독일과 그 동맹국들에게 군사적 승리를 거둔 한편 동유럽의 반공산주의자들에게는 정치적 승리까지 거머쥔 듯했다.

언제나 문제가 많았던 인종 집단인 폴란드인들은 새 공산 폴란드를 세우도록 소련에서 파견되었고, 새로운 공산 제국의 거멀못으로서 소련의 조종을 받고 있었다. 폴란드는 완전히 굴복한 듯 보였다. 두 차례나 침공을 받고, 두 차례나 강제이주와 대량학살을 겪고, 국경선과 인구 구성이 달라졌으며, 모스크바의 지령을 받는 정부의 통치를 받고 있었다. 독일은 완전히 패배하고 치욕을 겪었다. 1938년 당시의 영토는 여러 나라에 의해 분할 점령되었으며, 결국 서로 다른 다섯 주권국가(독일연방공화국[서독]과 독일민주공화국[동독], 오스트리아, 폴란드, 소련령이 된 칼리닌그라드)에 의해 쪼개졌다. 일본은 미국에게 완전히 패배를 당했고, 그 도시들은 폭격으로 잿더미가 되었으며, 마지막에는 원폭까지 당했다. 더 이상 그 나라는 아시아 대륙의 세력 기반을 가질 수 없게 되었다. 스탈린의 오랜 위협 세력이 모두 제거된 것이다. 제2차 세계대전 이전에 소련이 두려워하던 악몽인 독일-일본-폴란드 연합의 공격은 완전히 옛이야기가 되었다.

한편 역사상 그 어떤 경우보다 많은 숫자의 소련 국민이 제2차 세계대전에서 죽어갔다. 국내에서, 소련 이론가들은 스탈린 체제를 정

백해
아르한겔스크
소련령
카렐로펀
핀란드
스웨덴
노르웨이
라도가호
오슬로
헬싱키
레닌그라드
러시아 공화국
스톡홀름
탈린
노브고로드
소련령 에스토니아
북해
칼리닌
리가
소련령 라트비아
모스크바
덴마크
코펜하겐
발트해
소련령 리투아니아
비텝스크
소련
스몰렌스크
칼리닌그라드
(러시아 공화국)
카우나스
빌뉴스
그단스크
민스크
함부르크
브랸스크
브레멘
슈체친
비아위스토크
소련령 벨라루스
영국
베를린
폴란드
쿠르스크
보로네시
포즈난
바르샤바
핀스크
독일
소련
체르니히프
라이프치히
우치
라돔
드레스덴
브로츠와프
루블린
루치크
키예프
하리코프
프랑스
슈클라르스카 포렘바
지토미르
자르
미국
프라하
크라쿠프
리비프
소련령 우크라이나
체코슬로바키아
드네프로페트롭스크
스탈리노
프랑스
프랑스
뮌헨
소련
미국
빈
브라티슬라바
소련령 몰도바
스위스
프랑스
오스트리아
부다페스트
키시너우
오데사
헝가리
클루지
아조프해
자그레브
크림
(러시아 공화국)
베네치아
트리에스테
루마니아
세바스토폴
얄타
베오그라드
부쿠레슈티
사라예보
흑해
이탈리아
유고슬라비아
불가리아
소피아
로마
스코페
티라나
이스탄불
앙카라
알바니아
그리스
터키
아테네
소련 서부와 동유럽
1945년경
지중해

당화하는 데 그 점을 활용했다. "위대한 조국 전쟁"의 불가피한 희생이었다고. 여기서 '조국'이란 소련인 동시에 러시아이기도 했다. 잘 알려진 것처럼, 스탈린 스스로가 전쟁이 끝난 직후인 1945년 5월에 "위대한 러시아 민족"을 위한 축배를 들었다. 그는 '러시아인이 전쟁에서 이겼다'고 주장했다. 물론 소련의 약 절반은 러시아인이다. 그리고 당연히 승리에 기여한 공이 가장 많은 민족은 러시아인일 수밖에 없다. 그러나 스탈린의 말에는 의도적인 혼동이 담겨 있었다. 소련 영토에서의 전쟁에서는 러시아계보다 벨라루스계와 우크라이나계 민간인들이 주로 싸웠고, 이겼다. 전쟁 시작 무렵과 끝 무렵 모두 붉은 군대가 워낙 치명적 손실을 입었기에, 해당 지역의 벨라루스계와 우크라이나계를 징집해서 사병 충원을 했던 것이다. 또한 강제이주당한 캅카스와 크림반도 사람들은 붉은 군대에서 러시아계보다 더 많은 비율의 전사자를 냈다. 유대계 병사들은 용맹성 면에서 러시아계보다 더 많은 전적을 올렸다.

특히 유대인들의 비극은 소련에서만 일어난 게 아니며, 따라서 전후 소련의 신화 만들기에 걸림돌이 될 수 있었다. 1941년, 약 570만 명의 유대인 민간인이 독일과 루마니아인들에게 학살되었는데, 그 가운데 260만 명은 소련 국민이었다. 그것은 절대 기준으로 다른 어떤 소련 민족 집단보다 유대계가 가장 많이 희생된 것만 의미하지 않았다. 그런 격변의 절반 이상이 소련의 전후 국경 바깥에서 일어났음을 뜻하기도 했다. 스탈린주의적 시각에서, 그 국민이 대량학살을 경험했다는 점조차 외부 세계에 노출될 위험을 내포하는 것이었다. 1939년에서 1941년까지, 소련이 폴란드를 병합했고 독일은 아직 소련을 침공하지 않았을 시점에, 소련 내 유대인들은 폴란드 유대인들과 어울렸다. 그들은 소련 유대인들에게 그들 조상이 가졌던 종교적, 언어적 전통을 일깨워주었던 것이다. 이 짧지만 중대했던 시기에, 소련과 폴란드 국적의 유대인들은 함께 살았다. 그리고 독일이 침공해오자, 그들은 함께 죽었다. 국경 양쪽의 유대인들에게 멸종은 똑같은 운명이었으므로, 그러한 기억은 위대한 조국 전쟁의 한 가닥 서사로 낄 수가 없었다.

스탈린의 고민거리는 그러한 서방 세계로의 노출이었다. 심지어 그의 시스템이 중부와 동부 유럽의 몇몇 나라에서 복사되듯 운영되고 있음에도 그랬다. 양차 대전 중간쯤에, 소련 국민은 자신들이 자본주의 서방 세계에서 고통받는 대중보다 더 나은 처지라고 진심으로 믿고 있었다. 그러나 이제는 미국이야말로 타의 추종을 불허하는 경제 대국임이 제2차 세계대전을 통해 분명해졌다. 1947년, 미국은 '마셜 플랜'의 형태로 유럽 국가들에 경제 지원을 제안했다. 무역과 재정 정책의 기본만 합의하는 조건이었다. 스탈린은 마셜 플랜을 거부하고 그 위성 국가들에도 그렇게 하도록 지시할 수 있었다. 그러나 소련 국민이 전쟁 도중 얻은 지식까지 없애버릴 수는 없었다. 소련의 모든 귀환 장병과 징용 인력은 다른 유럽 나라들의 생활 수준이 어떤지 알고 있었고, 심지어 루마니아나 폴란드처럼 상대적으로 가난한 나라조차 소련보다는 훨씬 낫다는 것을 알았다. 우크라이나계는 다시금 기근이 창궐하는 고향으로 돌아가야 했다. 아마 100만 명 정도가 전후 2년 만에 굶어 죽었을 것으로 여겨진다. 그때까지 소련이 집단화시키지 못한 민영 농장이 남아 있었던 서부 우크라이나 덕분에 그나

마 나머지 소련 사람들이 더 큰 고난을 면할 수 있었다.[44]

러시아인들은 스탈린주의자들의 전쟁 신화의 좀더 번듯한 기반이었다. 모스크바와 스탈린그라드의 전투는 모두 승리로 돌아갔다. 러시아계는 가장 큰 민족 집단이었고, 언어와 문화에서 주류를 차지했다. 그리고 러시아 공화국은 서쪽 세계에서 아주 멀었다. 나치의 영향에서든, 떠오르는 미국의 영향에서든 말이다. 러시아는 넓다. 독일은 그 서부 지역의 5분의 1조차 채 식민화하지 못했고, 서부의 10분의 1 이상 정복하지 못했다. 소련 러시아계는 발트 삼국이나 벨라루스, 우크라이나와 달리 몇 달이나 몇 년씩 점령 상태에 놓여 있지 않았다. 소련령 벨라루스나 우크라이나에 남아 있던 모두는 독일 점령 통치를 겪었다. 소련령 러시아의 경우에는 대부분이 그렇지 않았다. 소련령 러시아는 우크라이나나 벨라루스에 비해 홀로코스트 또한 덜 겪었는데, 이유는 간단했다. 그 땅에는 독일인들이 더 늦게 왔고 따라서 유대인을 죽일 시간이 덜 주어졌기 때문이다(대략 6만 명인데, 그것은 전체 유대인 학살 숫자의 1퍼센트 남짓이었다). 또한 이런 식으로, 소련령 러시아는 전쟁을 직접 겪은 비율도 낮았다.

일단 전쟁이 끝나자, 남겨진 과제는 러시아 민족을 외국 문화의 영향으로부터 차단하는 것이었다. 그리고 물론 다른 모든 민족도. 가장 위험한 지적 전염병, 그것은 전쟁을 스탈린과는 다른 방식으로 해석하는 것이었다.

동유럽에서 소련식 공산주의의 승리는 한편으로 '승리주의'라는 불안도 떠안고 있었다. 소련이 거둔 정치적 승리는 참으로 눈부셨다.

1947년, 알바니아, 불가리아, 헝가리, 폴란드, 루마니아, 유고슬라비아에서 공산당은 부동의 집권당이었다. 소련의 도움 덕도 있었지만 그들 스스로의 훈련과 잔혹함, 능력 등도 한몫한 결과였다. 공산당은 전후 재건이라는 당면 과제를 놓고 인적 자원을 동원하는 데 더 유능함을 보여주었다. 그 좋은 예가 바르샤바였다.

그러나 소련보다 더 산업화된 나라들에서 1차 경제5개년 계획 때와 같은 소련의 급속한 산업 성장 경제 모델이 언제까지 통용될 것이며, 그런 나라들의 국민이 바라는 높은 생활 수준을 충족시켜줄 수 있을 것인가? 공산당 지도자들이 분명 외세인 소련에 굴종하는 모습을 보이는데, 동유럽 사회가 언제까지 공산주의는 민족 해방이라고 받아들여줄 것인가? 미국이 번영과 자유의 상징처럼 비치는 상황에서, 서방 세계를 숙적이라고 보는 모스크바의 이미지메이킹이 언제까지 성공할 것인가? 스탈린은 그가 뽑은 동유럽 지도자들이 그의 뜻에 따르고, 민족주의를 활용하며, 각자의 국민을 서방 세계와 단절시키기를 바랐다. 이 모두를 함께 성취하기란 정말 어렵지 않을 수 없었다.

이 난제를 한꺼번에 푸는 임무는 스탈린의 새로운 선전장관이자 측근인 안드레이 즈다노프에게 주어졌다. 즈다노프는 전후 세계에서 소련이 승자가 될 수밖에 없다고 이론적으로 풀이해냈으며, 승리를 얻을 때까지 러시아의 순수성을 지켜야 한다고도 했다. 1946년 8월, 소련 공산당은 소련 문화에 대한 서방의 영향을 단죄하는 결의안을 통과시켰다. 그러한 오염은 서유럽이나 미국에서도 올 수 있지만, 국경 저편에 있는 소련 소수 민족의 동족들, 가령 유대인이나 우크라이나인, 폴란드인 등을 통해서 올 수도 있다. 즈다노프는 또 소련과 미국의 새로운 경쟁 구도를 감안했으며, 이를 동유럽 지도자들이 이해하고 각자의 사정에 맞게 적용하도록 대안을 제시했다.

1947년 9월, 유럽 공산당 지도자들은 폴란드에 모여 즈다노프의 새로운 노선을 경청했다. 예전에는 독일의 휴양지였고, 최근까지 슈라이벨라우라는 이름으로 알려져 있던 스클라스카 포렘바에서의 모임에서, 그들은 각자의 당이 "공산주의 국제행정국", 즉 "코민포름"을 창설하는 데 일익을 담당해야 한다는 말을 들었다. 그것은 모스크바가 각 공산당을 지휘하고 그 정책을 조정하는 수단이 될 것이었다. 그 자리에 모인 공산당 지도자들은 세계가 "두 진영"으로 나뉘었다고, 즉 진보 진영과 반동 진영이 되었다고 들었다. 그리고 소련은 새로운 동유럽 "인민민주주의" 진영을 이끌도록 운명지어졌고 미국은 퇴락하고 있는 자본주의의 모든 결점(최근 나치 독일이 여실히 보여준)을 물려받았다는 말도 들었다. 또한 건드릴 수 없는 역사의 법칙은 진보 진영의 최종 승리를 보장한다는 말도.[45]

공산주의자들은 진보 진영에서 각자에게 부여된 역할을 해야 하며, 이는 소련의 지도에 따라야 한다. 그리고 각자 국가별 사회주의 노선을 걸으려는 유혹을 떨쳐버려야 한다. 그러면 모든 것이 잘되리라.

그러고 나서 즈다노프는 심장마비를 일으켰다. 이후 몇 차례 일으킨 심장마비의 첫 번째였다. 아마도 모든 것이 잘될 것 같지는 않았다.

11장

스탈린의 반유대주의

1948년 1월, 스탈린은 유대인 한 사람을 죽였다. 솔로몬 미호엘스, 그는 '유대 반파시스트 위원회' 회장이자 모스크바 이디시어 극장의 감독으로 스탈린 연극상 수상작 심사를 위해 민스크에 파견 와 있었다. 도착한 그는 어느 농촌의 집으로 안내되었는데, 그곳에서는 소련 벨라루스 공화국 경찰의 라브렌티 차나바가 기다리고 있었다. 차나바는 그와 목격자를 모두 살해했다. 그리고 미호엘스의 시체를 조용한 도로에 내버려, 트럭에 치이도록 했다.

민스크 사람들이 독일의 잔인무도한 유대인 학살을 본 겨우 몇 년 뒤일 뿐이었다. 묘한 점 가운데 하나는 소련의 뜻으로 또 한 명의 소련 유대인을 민스크에서 죽인 장본인인 차나바는 경찰이자 역사가라는 사실이었다. 그는 벨라루스 빨치산 운동에 대한 역사책을 마무리하는 중이었고, 그 책에서 독일 점령기에 유대인이 겪은 특별한 고통과 투쟁에 대해서는 일체 기술하지 않았다. 유대인 빨치산에 대한 소련 역사서가 한 권 집필되기는 했으나, 발행 금지되었다. 전쟁 중 민스크에서, 유대인들은 다른 누구보다 더 고통받았다. 그러나 소련에 의한 해방은 유대인의 고통의 끝이 아닌 듯했다. 소련 내 홀로코스트의 역사책도 아직은 쓰기 시작할 때가 아닌 것으로 보였다.[1]

미호엘스는 스탈린이 피하고 싶어하던 쟁점을 건드렸다. 그는 스탈린의 측근이면서 유대계인 사람들과 개인적 친분이 있었다. 가령 정치국원 라자르 카가노비치나 역시 정치국원이던 뱌체슬라프 몰로토프, 클리멘트 보로실로프의 부인들과. 더 고약했던 점은 전쟁 중 유대인들의 운명에 대해 스탈린과 소통하고자 그와의 면담을 추진했다는 것이다. 바실리 그로스만처럼, 미호엘스는 전쟁 중에 소련의 공식 반파시스트 위원회에 소속되어 있었다. 미호엘스는 스탈린의 지시에 따라 소련 유대인들의 고통에 세계의 주의를 환기시켰다. 목표는 소련이 전쟁 수행 비용으로 써먹게 될 모금을 하는 데 있었다. 전쟁이 끝나고, 미호엘스는 유대인 대학살이 역사 속으로 묻혀버리는 일을 스스로 막을 수 없음을 깨달았다. 그리고 그로서는 유대인들의 특별한 고난이 '소련인 모두의 고난'에 흡수되어버리는 일도 마땅치 않았다. 1945년 9월, 그는 바비야르에서 거둔 잿가루를 수정 병에 넣어, 키예프의 강연장에서 보여주었다. 그리고 전후 몇 년 동안 계속 '유대인들을 쏴 죽이고 처넣은 구덩이'에 대해 공공연히 말하고 다녔다. 미호엘스는 또 1947년에 스탈린의 선전장관이던 즈다노프에게 『소련 유대인 블랙북』 출간을 허가해달라고 탄원하기도 했다. 이 책은 그로스만, 일리야 예렌부르크 등이 소련 유대인에 대한 대량학살 관련 기록과 증언을 모은 자료집이었다. 헛된 시도였다. 즈다노프가 활동하던 시기는 곧 소련 문화가 전쟁 중 유대인이 겪은 이야기를 결코 용인할 수 없던 시기였던 것이다. 전후 소련에서, 그 기념비에 다윗의 별은 절대 새겨질 수 없었다. 오직 오각의 붉은 별만 있어야 했다. 전쟁 중과 이후에 소련이 병합한 서쪽 지역은 160만 명의 유대인이 학살당한 땅이기도 했다. 그곳에는 유대인의 묘석들을 재료 삼아 제작된, 레닌을 기리는 기념비가 세워졌다. 코벨의 유대인들이 마지막 메시지를 남기고 등졌던 시너고그는 곡물 창고가 되었다.[2]

스탈린의 딸인 스베틀라나 알릴루예바는 그녀의 아버지가 차나바에게 미호엘스의 살해를 지시하는 대화를 엿들었다. "교통사고로 보이게 처리해." 미호엘스는 소련 문화계에서 일정한 입지를 둔 사람으로, 그의 정치 캠페인은 껄끄러웠다. 그러나 유대인으로서의 미호엘스에 대한 스탈린의 적의에는 아마 정치뿐 아니라 사적인 문제도 얽혀 있었을 것이다. 독일에 포로로 잡혔다가 죽은 스탈린의 아들 야코프는 유대인과 결혼했다. 스베틀라나의 첫사랑도 유대인 배우였는데, 스탈린은 그를 영국의 스파이라고 하면서 수용소로 보내버렸다. 스베틀라나의 첫 번째 남편도 유대인이었지만, 스탈린은 그가 겁쟁이라며 강제 이혼을 시킨 뒤 스탈린의 소련 문화 정화 책임자인 즈다노프의 아들과 딸을 결혼시켰다. '로열 패밀리'의 토대에 그어진 성냥불은 스베틀라나가 정말 좋아하는 사람보다 유대인 아닌 사람을 선택해야 했던 데서 왔다. 스탈린에게는 카가노비치처럼 유대계인 측근들이 언제나 있었다. 그러나 이제 일흔이 가까워졌고, 후계 문제를 고려하기 시작했을 법한 그는 유대인들에 대해 개인적인 태도를 바꾸기 시작

한 듯했다.[3]

미호엘스가 죽은 뒤, 이제 국가보위부라는 이름을 갖게 된 소련 경찰은 왜 이 죽음이 소련에 유익한지를 거꾸로 추산했다. 그것은 유대 민족주의에 경종을 울린다는 점이었다. 보위부장 빅토르 아바쿠모프는 1948년 3월에 미호엘스가 유대 민족주의자로서 위험한 미국인들과 내통했다는 결론을 공표했다. 소련의 기준에서 이는 아주 쉽게 조작할 수 있는 일이었다. 미호엘스는 유대 반파시즘 위원회의 일원으로서 전쟁 중에 소련 지도부의 지시에 따라 유대 민족적 정서에 호소했다. 그는 1943년 미국을 방문해 모금활동을 했으며, 시오니즘에 대해 동감한다는 투의 발언을 하기도 했다. 순전히 사고로, 그의 비행기는 몇 시간 동안 팔레스타인의 활주로에 발이 묶여 있었는데 그때 그는 '성지'의 땅에 입을 맞추는 행동을 했다. 1944년 2월, 미호엘스는 1943년에 창설된 "유대 사회주의 공화국" 사람들과 함께 이슬람계의 적대분자들을 크림반도에서 일소하는 작전에 참여했다. 흑해의 크림반도는 소련의 연안 변경지대였다. 그곳을 소련 내의 유대인 정착지로 삼자는 생각은 몇 차례 제기되었고, 일부 저명한 미국 유대인들의 지지를 받고 있었다. 그러나 스탈린은 소련식 해법을 선호했다. 소련령 극동의 오지에 있는 비로비잔*을 유대인 정착지로 삼는 것이었다.[4]

모든 동유럽인, 소련인, 그리고 소련의 새 위성국 사람들의 삶에 제2차 세계대전이 얼마나 큰 영향을 미쳤는지 생각하면, 새로운 공산

* 이는 1928년 '유대인 정착지'를 명목으로 건설되었으나 지금은 그 인구의 10분의 1 미만만이 유대인이다.

주의 유럽 사람이라면 누구나 러시아 민족이 누구보다 더 용감히 싸우고 누구보다 더 큰 희생을 치렀다는 말을 이해해야 했다. 러시아인은 지금 그리고 영원토록 가장 위대한 승리자이면서 가장 처절한 희생자일 것이었다. 아마도 러시아 중심지는 위험한 서방 국가들로부터 지켜져야 할 텐데, 그 역할은 동유럽의 새 위성국가들이 맡아야 할 것이었다. 여기서의 모순은 명확했다. 적대 세력에 대한 완충 역할을 맡을 사람들은 러시아인의 순교와 순수성을 부르짖는 스탈린주의자들에게 동조할 이유가 가장 적은 이들이었다. 이는 특히 에스토니아, 라트비아, 리투아니아 같은 곳의 주민들에게는 힘겨웠을 테니, 그들은 제2차 세계대전을 소련의 점령으로 맞이해 재점령으로 끝맺었던 것이다. 서부 우크라이나에서도 쉽지 않았을 터, 그곳의 민족주의 빨치산들은 전후 몇 년 동안 소련과 싸웠다. 폴란드인들 역시 제2차 세계대전이 독일과 연합한 소련군의 폴란드 침공으로 시작되었음을 잊을 리 없었다.

그런 논리적 어려움이 가장 심각했던 사람들, 그들은 바로 유대인이었을 것이다. 독일인들이 소련 유대인들을 죽이고, 또 폴란드 유대인들을, 그리고 다른 유럽 나라의 유대인들을 죽였으므로, 홀로코스트는 오직 소련 전쟁사의 한 페이지로만 남을 수는 없었다. 더더구나 비교적 적은 수의 유대인이 죽어간 러시아로 그 비극의 역사 중심이 옮겨가서는 안 될 일이었다. 유대인들이 돌아온 소련을 해방자로 여겼다는 것(대부분 그런 태도였다)과 다른 소련인들이 자신들보다 더 고통받았다고 여겨줄 것인가는 별개의 문제였다. 유대인들이 붉은 군대를 해방군으로 여긴 까닭은 오직 나치가 그들을 멸종시키려 했기 때문이다. 그러나 그러한 감사함이 당연히 위대한 조국 전쟁과 러시아인의 희생이라는 신화를 곧이곧대로 받아들일 조건이 될 수는 없었다. 어쨌든 유대인들도 붉은 군대에 들어가 싸웠고, 보통의 소련인들보다 더 많은 감투 정신을 발휘했다.[5]

독일인의 손으로 학살된 유대계 소련인의 숫자는 국가 기밀이었다. 독일인들은 대략 100만 명의 소련 태생 유대인들을 죽였는데, 여기에 1939년에서 1940년까지 소련에 병합된 폴란드, 리투아니아, 라트비아 유대인 약 160만 명이 추가된다. 루마니아인들도 주로 전후에 소련으로 편입될 땅에서 유대인들을 죽였다. 이 숫자들은 분명 민감했다. 그것들이 유대인들의 매우 특별한 고난을(설령 다른 소련 민족들의 운명 역시 녹록지 않았더라도) 나타내주고 있기 때문이다. 유대인은 소련 인구의 2퍼센트도 안 되었고, 러시아인은 절반 이상이었다. 독일인들은 점령한 소련 땅에서 러시아계 민간인보다 더 많은 수의 유대계를 죽였다. 유대인은 죽어 마땅한 족속으로 따로 분류되었다. 러시아인보다는 더 많이 학대받은 우크라이나계나 벨라루스계, 폴란드계 등의 슬라브족과도 비교할 수 없었다. 소련 지도부도 그 점을 알고 있었으며, 독일군이 점령했던 소련 땅의 소련인들도 알고 있었다. 홀로코스트는 결코 소련 전쟁사의 일부에 지나지 않을 수가 없었다.[6]

이처럼 유대인이 높은 비율로 학살되었다는 사실은 다른 문제도 드러냈다. 독일군이 어떻게 그렇게 짧은 시간 안에 점령한 소련 땅에서 그토록 많은 학살을 저지를 수 있었느냐였다. 그들은 소련인들의 도움을 받은 것이다. 전쟁을 경험한 모두가 알았다시피, 독일군은 대규모였으나 점령지마다 주둔한 병력은 적고 서로 멀리 떨어져 있었다.

독일 민간 행정부와 경찰은 서부 소련을 효과적으로 지배하기에는 수가 적었다. 심지어 대량학살을 꾸준히 벌일 정도에는 한참 못 미쳤다. 결국 원래의 지역 공무원들이 새로운 상사들 밑에서 계속 일했고, 지역 청년들이 경찰에 자원입대했으며, 게토에서는 일부 유대인이 다른 유대인들을 통제하는 역할을 맡았다. 몰로토프-리벤트로프 라인 동쪽에서의 총살은 어떤 식으로든 수십만 명의 소련인과 연루된 일이었다(그런 점에서, 몰로토프-리벤트로프 라인 서쪽인 피점령 폴란드 소재 죽음의 공장들에서 중요한 작업은 소련인들이 했다. 트레블린카, 소비부르, 베우제츠에 소련인 직원들이 있었음은 말할 것도 없다). 독일군이 부역자를 필요로 하고, 찾아냈음은 놀랄 일도 아니었다. 그러나 그 부역활동은 '증오스러운 파시스트 침략자들에게 가열차게 저항함으로써, 조국의 영예를 지켰노라'는 '단합된 소련 국민'이라는 신화에 걸림돌일 수밖에 없었다. 그 점에서 유대인 대량학살은 잊혀야 할 또 하나의 이유가 있었다.

전쟁 중에 소련과 그 동맹국들은 이 전쟁이 유대인 해방전쟁으로 이해되어서는 안 된다는 데 대체적인 합의를 했다. 서로 다른 관점에서 소련, 미국, 영국의 지도자들은 유대인의 고통은 기껏해야 독일 점령의 사악함의 한 측면으로 여겨져야지, 그 자체로 주목받아서는 안 된다는 데 의견을 모았다. 연합군 지도자들은 홀로코스트의 진행 상황에 대해 충분히 알고 있었지만, 아무도 그것을 나치 독일에 대한 전쟁 명분으로 삼지 않았고, 유대인의 고난에 특별한 관심을 기울이지 않았다. 유대인 문제는 보통 선무 공작의 주제에서 빠졌다. 1943년 10월 스탈린, 처칠, 루스벨트가 모스크바에서 "잔악 행위에 대한 선언"을 발표했을 때, 그들은 실제로는 소련의 범죄였던 카틴 숲의 대학살을 "폴란드군 장교들을 무차별 학살했다"며 나치의 범죄 중 하나로 언급했다. 또한 "프랑스, 네덜란드, 벨기에, 노르웨이 포로들을…… 그리고 크레타의 농민들을 처형했다"고 했다. 하지만 유대인은 언급하지 않았다. 폴란드와 소련 "국민"의 희생을 언급하면서, 두 나라의 유대계의 희생은 언급하지 않았다. 이 선언문의 요약본이 출간될 즈음에는, 500만 명 이상의 유대인이 유대인이라는 이유만으로 총에 맞거나 가스를 마시고 죽은 상태였다.[7]

좀더 고상한 형태로는, 이처럼 인종 학살에 대해 말을 아낀 것은 세상을 인종 위주로 봤던 히틀러의 방식을 인정하기 싫었던 데 따른 결과였다. 유대인들은 어느 한 나라의 국민이 아니다. 그렇다면 유대인 학살이라고 할 때 그들을 하나의 인종 단위로 정의하게 되며, 결국 히틀러식으로 세상을 인종별로 구분하는 그림을 그려주게 될 것이 아닌가? 좀 덜 고상한 형태로는, 그런 침묵은 일반적으로 퍼져 있었던 반유대주의를 반영했다. 특히 소련, 폴란드, 영국, 미국의 반유대주의를. 런던과 워싱턴의 경우, 이 긴장은 1945년의 승전으로 해소되었다. 미국인과 영국인들은 전쟁 전에 유대인 인구가 상당했던 유럽 지역은 하나도 해방시키지 않았으며, 독일의 중요한 죽음의 공장도 전혀 보지 않았다. 전후 서유럽과의 경제, 정치, 군사 협력의 필요성은 유대인 문제에 관심이 덜 가게끔 했다.

스탈린의 늘어난 영토에는 독일 킬링필드의 대부분이 속해 있었다. 그리고 전후의 공산 제국(폴란드 포함)으로 범위를 확대하면 모든 독일의 죽음의 공장이 들어갔다. 스탈린과 그의 정치국은 전후에 소련의 통치 체제를 다시 뿌리내릴 때 계속된 저항에 맞서야 했다. 그것은 전쟁 중 유대인들의 죽음을 이념적, 정치적으로 불가피하게 만드는 쪽으로 작용했다. 서부 소련에서의 전후 저항운동은 두 가지 의미에서 세계대전의 연속이라고 볼 수 있었다. 첫째, 이 땅은 소련이 대전의 시작과 함께 손에 넣은 것이었다. 둘째, 그 땅에서 상당수의 주민이 저항을 위해 무기를 들었다. 발트 삼국과 우크라이나, 폴란드에서 일부 빨치산은 공공연히 반유대주의적이었으며, 소련과 유대인을 연결짓는 나치의 전술을 답습했다.

이 상황에서, 소련은 자국과 자국의 공화국들을 유대인의 고난과 떨어뜨리는 데 온갖 정치적 인센티브를 갖고 있었다. 그리고 소련의 통치 복원 및 유대인들의 귀환이 반유대주의와는 무관하다는 점을 확실히 하려고 갖은 애를 다 썼다. 다시 한번 소련에 병합된 리투아니아에서는 소련 공산당 지역당 서기장이 홀로코스트에서 희생된 유대인을 가리켜 "조국의 아들들"이라 불렀다. 공산주의를 위해 싸우다 죽은 리투아니아인들이라는 것이었다. 정치국원이면서 우크라이나 공산당 서기장이던 니키타 흐루쇼프는 한 술 더 떴다. 그는 본래 폴란드 동남부였던 땅, 전쟁 전에는 유대인과 폴란드인이 많이 섞여 살았던 땅에서 우크라이나 민족주의자들을 제압하는 일의 책임을 맡았었다. 독일인들은 그 땅에서 유대인들을 죽였고, 소련은 폴란드인들을 강제이주시켰다. 흐루쇼프는 폴란드인들을 내쫓아 그들 땅을 "통일"시켜준 점과 폴란드 지주들을 "청소"해준 점에 대해 우크라이나인들이 소련에 감사하기를 바랐다. 민족주의자들이 인종적 순수성을 바란다는 것을 알고 있던 그는 소련의 이름으로 다른 것을 표방하지

않도록 유의했다.[8]

대중의 분위기에 민감했던 스탈린은 이 전쟁을 러시아인을 추어올리면서 유대인(그리고 그 점에서만큼은 모든 비러시아계 소련인)을 깎아내리는 식으로 제시했다. 위대한 조국 전쟁에 대한 소련의 아이디어를 보면, 기본적으로 그 전쟁이 1941년에, 그러니까 독일이 소련을 침공했을 때 시작되었다는 전제를 깔고 있었다. 소련이 독일과 함께 폴란드를 침공했던 1939년이 아니고. 달리 말해서, 공식적으로는 1939년 소련 침공으로 병합된 영토는 스탈린이 처음에 히틀러를 도운 덕분에 얻은 전리품이라기보다 '예전부터 소련의 영토였다'라고 되어 있었다. 그렇지 않고 소련이 전쟁을 시작한 두 세력 가운데 하나가 되는 일은 분명 수용 불가능했다.

소련의 제2차 세계대전 풀이 가운데 그 핵심적인 사실을 제대로 언급하는 경우는 전혀 없었다. 독일과 소련이 공동으로 점령했다는 사실 대신, 독일 단독 점령 이야기만 했다. 몰로토프-리벤트로프 라인 동쪽 사람들, 한 번은 독일, 두 번은 소련의 점령을 겪은 사람들은 유럽인의 그 누구보다 더 많은 고통을 겪었다. 소련의 관점에서, 그 지역에서 벌어진 모든 죽음은 대략 '소련인의 희생'으로 치부해버릴 수 있는 것이었다. 비록 문제의 희생자들은 죽기 전까지 겨우 몇 달 동안만 소련 국민이었으며, 독일 친위대보다 소련 내무인민위원회에게 죽은 수가 훨씬 더 많았지만 말이다. 이런 식으로, 폴란드, 루마니아, 리투아니아, 벨라루스, 우크라이나인들의 죽음, 때로는 독일군보다 소련의 손에 따른 죽음들은 큰 관점에서 소비에트 연방의(또는 되는대로 말하자면, 러시아인의) 비극의 일환으로 치부되었다.

소련 유대인의 크나큰 인명 피해, 그 대부분은 소련이 침략한 땅에서 빚어진 것이었다. 이들 유대인은 폴란드, 루마니아, 발트 삼국의 국민이었으며, 독일의 침공이 있기 전까지 고작 21개월(폴란드의 경우), 또는 12개월(동북부 루마니아와 발트 삼국의 경우) 소련의 치하에 있었을 뿐이다. 전쟁 중 고난을 겪은 소련 국민은 대부분 독일군의 점령 이전에 소련 체제에서 고통받았다. 소련과 나치 독일의 동맹 때문이었다. 이는 불편한 진실이었다. 소련의 입장에서 전쟁은 1941년에 시작되었으며, 고통받은 국민은 "평화롭던 소련 인민"이어야 했다.

몰로토프-리벤트로프 라인 동쪽(소련에게 막 정복당한)의 유대인들은 히틀러가 스탈린을 배신하고 소련을 침공한 1941년에 첫 번째로 아인자츠그루펜 부대의 희생자가 되었다. 그들이 1939년에서 1940년까지 벌인 일에 대해서는 소련 언론의 비보도에 따른 비호를 받았다. 현지 주민들은 거의 피란할 시간이 없었는데, 스탈린이 독일의 침공 보도를 처음에 믿지 않았기 때문이다. 그들은 스탈린과 히틀러가 동맹관계이던 1939년에서 1941년 사이에 팽창된 소련 제국에 의해 테러와 강제이주를 당해야 했으며, 다음에는 동맹이 깨짐과 동시에 독일군의 야만스러운 공격에 노출되어야 했다. 이 소규모 지역의 유대인들이 홀로코스트 전체 희생자 숫자의 4분의 1을 냈다.

스탈린주의식 제2차 세계대전관이 계속 살아남으려면, 유대인들이 그 주된 희생자였다는 사실은 잊혀야 했다. 또한 1939년 그 전쟁이 시작되었을 때는 소련이 나치 독일과 동맹이었고, 1941년에 독일이 침공했을 때 소련은 무방비였다는 사실 역시 잊힐 대상이었다. 유대인 학살은 그 자체만이 아니라 또 다른 불편한 기억을 떠올려준다는 점에서도 불편한 기억이었다. 그것은 반드시 잊혀야 했다.

제2차 세계대전이 끝나고, 소련 지도부가 소련 국민의 정신세계를 통제하는 것은 더 어려워졌다. 검열 체제는 아직 잘 돌아가고 있었지만, 소련의 규범이 유일한 규범이 되어야 할 상황, 또는 소련적 삶이 가장 나은 삶으로 여겨져야 할 상황에서 너무 많은 사람이 소련 바깥의 삶을 경험해봤다. 그 전쟁 자체가 '조국(러시아든 소련이든 간에)'의 범위 안에 국한될 수 없었다. 너무나 많은 민족과 연관되어 있었고, 그 종결은 한 나라가 아닌 세계 전체의 모양을 바꿨다. 특히 이스라엘 국가의 건설은 소련이 유대인 문제를 망각하기로 한 결정을 불가능하게 만들었다. 홀로코스트 이후에조차 소련에 사는 유대인들이 팔레스타인에 사는 유대인보다 더 많았다. 그러나 후자는 유대인의 민족국가를 세우는 땅이 되었다. 유대인들이 민족국가를 가진다면, 그것은 중동의 영국 제국주의를 끝장내고, 소련 유대인들의 국가에 대한 충성심 역시 뒤흔들리지 않겠는가?[9]

처음에, 소련 지도부는 이스라엘이 소련과 친한 사회주의 국가가 될 것이라 예상했다. 그리고 공산주의권은 다른 어느 곳보다 열심히 이스라엘을 지지했다. 1947년 하반기, 7만 명의 유대인이 폴란드를 떠나 이스라엘로 가는 것을 허가받았다. 그들 가운데 다수는 그 직전에 소련에서 추방되어 폴란드로 온 사람들이었다.

국제연합이 1948년 5월에 이스라엘을 승인한 뒤(소련은 찬성표를 던졌다), 이 신생 국가는 이웃 나라들의 침공을 받았다. 이제 막 탄생한 이스라엘 군대는 국방을 제대로 했으며, 많은 경우 오히려 아랍 국가들의 영토를 유린했다. 폴란드는 자국 영토에서 유대인 병사들을 훈련시키고, 팔레스타인에 파견했다. 체코슬로바키아는 무기 지원을 했다. 아서 케스틀러의 말처럼, 배편으로 이스라엘로 보내진 무기들은 "유대인들에게 소련에 대한 감사의 마음을 일으켰다".[10] 그러나 1948년 말, 스탈린은 소련이 그 유대 국가에 영향을 주는 것보다 그 유대인들이 소련에 영향을 주는 게 더 크다고 판단했다. 이스라엘에 대한 자연스러운 친애 감정은 모스크바에 만연해 있었고, 스탈린의 크렘린에서도 그랬다. 모스크바 시민들은 새로운 이스라엘 대사, 골다 메이어(키예프 태생이며 미국에서 자라난)를 흠모하는 듯 보였다. 유대인들의 명절은 대규모 팡파르와 함께 지켜졌다. 로시 하샤나는 지난 20년간 최대 인파를 모스크바에서 봤다. 약 1만 명의 유대인이 코랄 시너고그 안팎에 모여들었다. 쇼파르* 소리가 울려 퍼지고, 사람들이 서로를 마주보며 "내년에는 예루살렘에서 봅시다!"라고 외쳤을 때, 분위기는 절정에 이르렀다. 몰로토프 외상의 부인이던 폴리나 젬추지나는 볼셰비키 혁명기념일인 11월 7일에 골다 메이어를 만났다. 그리고 그녀가 계속 시너고그를 다니는 것을 지지해주었다. 더 묘한 일은 젬추지나가 그런 말을 이디시어로 했다는 것인데, 그것은 그녀 자신과 메이어 대사의 부모가 쓰는 언어였다. 그 사실은 국적을 초월한 유대인들의 유대관계에 대해 한편으로 으스스한 정감을 나타내

* 양이나 염소 뿔로 만든 유대인의 전통 관악기.

동유럽과 이스라엘
1949년경
소련의 위성국가
기타 사회주의 국가
핀란드
오슬로
노르웨이
헬싱키
레닌그라드
러시아 공화국
스톡홀름
탈린
소련령 에스토니아
노브고로드
볼가강
스웨덴
덴마크
리가
소련령 라트비아
칼리닌
발트해
코펜하겐
모스크바
소련령 리투아니아
칼리닌그라드 (러시아 공화국)
카우나스
비텝스크
스몰렌스크
그단스크
빌뉴스
소련
브레멘
슈체친
민스크
브랸스크
베를린
비아위스토크
소련령 벨라루스
포즈난
폴란드
동독일
바르샤바
핀스크
쿠르스크
보로네시
우치
체르니히프
브로츠와프
라돔
루블린
서독일
프라하
루치크
키예프
하리코프
크라쿠프
지토미르
체코슬로바키아
리비프
소련령 우크라이나
뮌헨
드네프로페트롭스크
스탈리노
빈
브라티슬라바
부다페스트
소련령 몰도바
오스트리아
키시너우
헝가리
클루지
오데사
트리에스테
자그레보
베네치아
루마니아
크림 (러시아 공화국)
세바스토폴
얄타
베오그라드
부쿠레슈티
이탈리아
사라예보
유고슬라비아
흑해
로마
소피아
스코페
불가리아
티라나
이스탄불
알바니아
앙카라
그리스
터키
이즈미르
아테네
코니아
아다나
알레포
시리아
지중해
베이루트
레바논
다마스쿠스
트리폴리
웨스트뱅크
텔아비브
이스라엘
가자
암만
벵가지
가자지구
트리폴리타니아
키레나이카
예루살렘
요르단
카이로
이집트
사우디아라비아

주었다. 또 다른 정치국 위원 클리멘트 보로실료프의 아내였던 예카테리나 고르브만은 이런 외침을 들었다. '이젠 우리에게도 조국이 있어!'[11]

1948년 말과 1949년 초, 소련의 공적 생활은 반유대주의 쪽으로 방향을 틀었다. 새로운 노선은 간접적이었지만 분명하게 1949년 1월 28일자 『프라우다』 지에 제시되었다. "비애국적인 연극 비평가들"에 대한 그 기사는 그들이 "무국가 코즈모폴리터니즘을 신봉한다"며, 모든 직종에서 유대인들을 격하시키는 운동을 제창하고 있었다. 『프라우다』는 3월 초에 자체적으로 유대인 직원들을 해고했다. 유대인 장교들은 붉은 군대에서, 유대인 활동가들은 공산당 지도부에서 축출되었다. 러시아인 필명을 써오던 수십 명의 유대인 시인과 소설가는 자신의 본명을 괄호 안에 덧붙여 쓰도록 강제되었다. 이디시 문화에 관심 있거나 독일의 유대인 학살을 연구한 유대인 작가들은 체포되었다. 그로스만이 회상하듯이, "소련 전역에서, 유대인만이 도둑질이나 부정부패를 저지르며, 유대인만이 병약한 자들에게 무관심하고, 유대인만이 악랄하거나 형편없는 책을 쓴다는 듯 몰아갔다".[12]

유대 반파시스트 위원회는 1948년 11월에 공식 해체되었는데, 이때 최소한 100명 이상의 유대인 작가와 활동가들이 체포되었다. 예를 들어 작가 데르 니스테르는 1949년에 체포되고, 이듬해 경찰에 구금돼 있던 중에 죽었다. 그의 소설 『마시베르 가』는 지금에 와서는 예언적이었다고 여겨지는 비전을 담고 있었다. 바로 소련의 행태가 나치 모델과 닮아간다는 것이다. "짐을 가득 실은 열차는 똑같아 보이는 붉은 차량들의 행렬이었다. 그 검정 바퀴는 한결같은 속도로 굴러, 마치 가만히 서 있는 것처럼 보였다." 소련 전역의 유대인들은 압박받고 있었다. 보위부는 소련령 우크라이나의 유대인들이 불안해한다고 보고하며, 그들은 이런 움직임이 최상층부에서 내려온 것으로 보고 있다. 그리고 "대체 일이 어떻게 돌아갈지 아무도 모른다"는 게 그들의 불안이라고 했다. 독일 점령 이후 겨우 5년밖에 지나지 않았다. 그런 점에서, 대공포 시대 이후로는 겨우 11년이 지나 있었다.[13]

소련 유대인들은 이제 두 가지 꼬리표가 붙을 상황이었다. "유대 민족주의자", 그리고 "근본 없는 코즈모폴리턴". 민족주의자란 자신의 근본을 중시하는 사람이므로 이 두 가지는 상호 모순적으로 보였지만, 스탈린주의적 논리로는 두 가지가 상호 기능할 수 있었다. 유대인이란 소련 문화와 러시아어에 기대고 있다는 점에서 "코즈모폴리턴"인데, 따라서 불충실하다고 볼 소지가 있었다. 그들은 서방으로부터의 여러 문화 침투에서 소련 또는 러시아 민족을 지키려는 의지가 없어 보였다. 그런 점에서 유대인들은 기본적으로 미국에 이끌릴 소지가 컸다. 미국은 유대인이 가서 부자가 될 가능성이 높은 나라이기 때문(스탈린이 믿기로는, 유대인들은 그렇게들 생각했다)이다. 미국의 산업 역량은 대부분 미제 스튜드베이커 자동차를 승용차로 쓰고 있는 소련인들에게 명확한 것이었다. 미국의 기술적 우위(그리고 잔혹무도함) 역시 일본과의 태평양전쟁 말 히로시마와 나가사키에 떨어진 원자폭탄으로 분명히 인식되었다. 미국의 힘은 또한 1948년 하반기의 베를린 봉쇄에서도 드러났다. 독일은 아직 4개 승전국, 즉 소련, 미국, 영국, 프랑스의 분할 점령 아래 있었으며 소련 점령 구역 안에 있던 베를린은 공동 점령 체제였다. 서방 연합국들은 새로운 독일 화폐인 도이치마르크를 그들이 통제하는 지역에서 도입하겠다고 했다. 소련은 서베를린을 봉쇄하며, 서베를린 시민들이 소련의 물자를 받아들임으로써 소련의 통제권까지 받아들일 것을 기도했다. 그러자 미국은 고립된 도시에 생필품을 공수했는데, 모스크바는 그 효과를 끝끝내 부정했던 조치였다. 1949년 5월, 소련은 봉쇄를 풀 수밖에 없었다. 미국(그리고 영국)은 매일 수천 톤의 보급 물자를 공수할 능력이 있음을 보여주었다. 그 활동 하나로 미국은 선의, 번영, 세력을 모두 과시할 수 있었다. 냉전이 시작되면서, 미국과 미국인들은 모스크바의 예전 적들은 아무도 갖지 못했던 것을 가진 것으로 나타났다. 바로 보편적이고 매력적인 삶의 비전을. 미국인들을 나치와 마찬가지로 "반동 진영"이라고 몰아붙이는 일은 가능했다. 그러나 유대인들(그리고 물론 다른 이들)은 그런 주장에서 설득력을 얻지 못했다.

소련 유대인들은 "시오니스트"라고도 불렸다. 그들이 유대 국가인 이스라엘을 조국인 소련보다 선호한다는 의미를 담고 있었다. 전후 이스라엘은 전전 폴란드, 라트비아, 핀란드처럼 소련의 디아스포라 소수 민족들의 충성을 이끌어낼 만한 민족국가로 보였다. 양차 대전 사이에 소련의 정책은 처음에는 각 소수 민족이 자신의 문화를 발전시키도록 돕는 것이었다. 그러나 이내 폴란드, 라트비아, 핀란드 등의 소수 민족을 강력히 억제하는 쪽으로 바뀌었다. 소련은 유대인들에게(그리고 다른 모든 소수 민족에게) 교육과 동화 정책을 펴겠지만, 교육받은 소련 유대인들은 이스라엘 건국과 미국의 승승장구를 보면서 더 나은 대안이 있다고 생각하지 않을까? 이스라엘이 미국의 위성국가가 아니냐는 소련 지도부의 시각이 떠오르고 있는 한, 소련 유대인은 "근본 없는 코즈모폴리턴"이면서 "시오니스트"일 수 있었다. 미국에 이끌리는 유대인은 미국의 새로운 위성국가를 지지할 수도 있으리라. 이스라엘에 이끌리는 유대인은 이스라엘의 새 종주국을 지지할 수도 있으리라. 어느 쪽이든, 아니 둘 모두일 수도 있을 텐데, 소련 유대인들은 더 이상 믿을 만한 소련 국민일 수 없었다. 적어도 스탈린의 눈에는 그랬다.

이제 유대적 성향과 유대인들의 미국과의 관련성은 보위부장인 빅토르 아바쿠모프의 수사 대상이었다. 그것은 해체된 반파시스트 위원회의 옛 회원들을 미국의 스파이로 의심할 만한 근거가 되었다. 어떤 점에서, 이런 작업은 쉬웠다. 그 위원회는 소련 유대인들이 세계의 유대인들과 소통하기 위한 기구였고, 따라서 그 회원들은 유대 민족주의자이자 코즈모폴리턴이라는 낙인을 찍기 쉬웠다. 그러나 그런 논리는 대규모 테러나 1937년에서 1938년까지의 반민족주의 작전을 곧바로 뒷받침할 정도로 보이진 않았다. 아바쿠모프 자신이 상부의 불신을 받고 있었다. 스탈린의 공개적 지지 없이, 그는 어떤 유대인 거물도 엮어넣을 수 없었다. 대규모 작전은 더더욱 어려웠다.

1937년에서 1938년까지의 반민족주의 작전 동안 해당 소수 민족의 일원인 정치국원은 한 명도 없었다. 앞으로 반유대 작전을 진행한다면? 사정이 다를 것이었다. 1949년, 라자르 카가노비치는 더 이상 스탈린의 최측근이 아니었고, 그의 후계자 물망에 오르던 사람도 아니었다. 그러나 그는 아직 소련 정치국 위원이었다. 소련 최고위 기구에 유대 민족주의자가 침투해 있다는 주장(1937년에서 1938년까지의 시기에는 폴란드 민족주의자에게 겨눠진 주장과 비슷한)을 하려면 카가노비치부터 걸고 넘어져야만 했다. 스탈린은 유일한 유대인 정치국 위원인 카가노비치의 수사를 불허했다. 당시 210명의 소련 공산당 중앙위원회 위원 및 예비위원 가운데 유대계는 5명이었다. 그들도 수사 대상이 되지 않았다.

그러나 유대인 간첩에 대한 아바쿠모프의 수사는 정치국원 가족들에게까지는 뻗쳤다. 몰로토프의 아내인 폴리나 젬추지나는 1949년 1월에 체포되었다. 그녀는 자신의 반역죄 혐의를 부인했다. 반항의 한 방법으로, 몰로토프는 아내를 정죄하는 표결에 참여하지 않았다. 하지만 나중에 그는 사과했다. "나는 젬추지나를 막지 못했던 것에 대해 깊이 참회합니다. 그녀는 제게 너무 사랑스러운 사람이었으며, 따라서 그녀의 실수와 미호엘스 같은 반소 유대 민족주의자와의 유대관계를 어쩌지 못했습니다." 그 이튿날 그녀는 체포되었다. 젬추지나는 강제노역형을 선고받았고, 몰로토프는 그녀와 이혼했다. 그녀는 카자흐스탄에서 5년을 보냈다. 그녀의 주변 사람들은 그녀의 남편이 1930년대에 강제이주에 한몫했던 부농 출신들이었다. 그들은 그녀가 살아남도록 도와준 것 같다. 몰로토프는 외무장관직을 잃었다. 그는 1939년에 그 자리를 맡았는데, 부분적으로는 그가 유대인이 아니기(그의 선임자 리트비노프와는 달리) 때문이었다. 당시 스탈린은 히틀러와 마주보고 외교 협상을 할 사람이 필요했던 것이다. 그러나 그가 1949년에 그 자리에서 물러날 때는 그의 전처가 유대인이었던 게 문제가 되었다.[14]

수사를 받은 사람들도 별로 협조적이지 못했다. 1952년 5월에 마침내 재판을 받게 된 14명 내외의, 이름이 알려지지 않은 소련 유대인들은 기묘한 사법적 혼란을 일으켰다. 피고 가운데 겨우 두 명만이 수사 과정에서 씌워진 혐의를 모두 시인했던 것이다. 나머지는 일부 혐의만 인정하거나 혹은 전면 부인했다. 이후 재판 도중에는 전원이 무죄라고 주장하고 나섰다. 심지어 계속 경찰 정보원으로 일해왔으며 이 재판에서는 증인으로 나선 이치크 페페르조차 마지막에는 협력을 거부했다. 결국 1952년 8월에 14명의 피고 가운데 13명이 사형 선고를 받고 집행되었다. 비록 이 재판은 유대인들을 미국 스파이로 몰아 처형하는 일의 서곡이었으나, 정치적으로는 가치가 거의 없었다. 문제시된 인물들은 큰 관심을 불러일으키기에는 워낙 변변찮았고, 정치적 재판에서 그들의 행동은 부적절했다.[15]

스탈린이 정말 유대인 문제를 크게 부각시키려면 다른 곳을 찾아봐야 했다.

—

공산 폴란드는 반유대주의 정치재판을 위한 약속의 땅인 듯 여겨졌다. 비록 끝내 한 건의 재판도 열리지 못했지만 말이다. 유대인 문제는 모스크바보다 바르샤바에서 더 민감했다. 폴란드는 전쟁 이전에 300만 명 이상의 유대계 국민이 있는 나라였다. 1948년에 이 나라가 다시 세워진 다음, 그 정체성은 '공산주의자들이 다스리는 단일 폴란드 민족국가'가 되었다. 공산주의자 지도자들 일부부터가 유대계였는데도. 폴란드는 서부에서는 원래 독일인의 자산이던 것들을 접수했고, 그 도시들의 유대인 자산도 거둬들였다. 그런 자산에는 "구독일 자산" "구유대인 자산" 등의 폴란드어가 따라붙었다. 그러나 우크라이나계와 독일계가 공산 폴란드에서 강제이주된 반면, 유대인들은 폴란드로 강제이주되었다. 약 10만 명의 유대인이 소련에서 왔던 것이다. 폴란드인들은 자국 국민을 인종 청소했지만 공산당 최고위와 보안 기구에 아직 소수 민족들이 남아 있음을 모를 턱이 없었다. 더구나 비밀경찰 간부들 중에는 유난히 유대계가 많았다. 전후에 폴란드에 남기로 한 유대인들은 대개 사명의식을 띤 공산주의자로, 그 나라의 변모가 모든 이에게 좋은 일이라고 믿는 사람들이었다.[16]

폴란드는 500년 동안 유럽에서 유대인 생활의 중심지였다. 이제 그 역사는 끝나가는 듯했다. 폴란드의 전쟁 전 유대계 인구 90퍼센트쯤이 전쟁 도중에 학살당했다. 전쟁에서 살아남은 폴란드 유대인의 대부분은 전쟁 몇 년 뒤 고향을 떠났다. 그리고 그들 가운데 다수는 결코 고향으로 돌아올 수 없었는데, 이제 그 동부 폴란드 땅은 소련의 병합으로 소련의 일부가 되었기 때문이다. 소련의 인종 청소 정책에서 우크라이나인, 벨라루스인, 리투아니아인은 그들의 이름을 유지하며 소련 공화국에 남게 되었다. 그러나 유대인들은 폴란드인과 마찬가지로 폴란드로 강제이주되어야 했다. 고향으로 돌아가려던 유대인들은 대개 불신과 폭력의 대상이 되었다. 일부 폴란드인은 아마 유대인들이 전쟁 중 잃은 재산을 내놓으라 할까봐도 두려워했을 법하다. 폴란드인들이 이런저런 방법(대개는 자신들의 집이 무너진 뒤)으로 그 재산을 차지했기 때문이다. 하지만 유대인들은 종종 앞서 독일의 슐레지엔이었다가 독일에서 빼앗은 "수복 영토"로 재정착했으므로 그런 문제가 발생할 여지는 거의 없었다. 그렇다 해도, 전후 폴란드의 어디서나 마찬가지로, 슐레지엔으로 간 유대인들도 폭행, 살해, 협박을 당했으며 결국 그들은 대개 다시 떠나기로 마음먹었다. 물론 문제는 또 어디로 갈 것이냐였다. 미국으로? 이스라엘로? 그런 나라들로 가기 위해, 폴란드 유대인들은 먼저 독일의 난민 캠프로 가야 했다.

홀로코스트에서 살아남은 사람들은 독일로 발걸음을 돌렸다. 이는 단지 우울한 아이러니에 그치지 않았다. 유대인과 그 밖의 사람들을 향한, 여러 무서운 정책의 마지막 단계이기도 했다. 독일 난민 캠프의 유대인들은 대체로 1939년 독일에서 서부나 중부 폴란드로 피란했던 사람들, 또는 1940년 소련 수용소로 이송되었다가 전후에 폴란드로 돌아왔던 사람들이었다. 그들은 '자기' 재산을 지키려는 폴란드인이나 그들을 소련의 끄나풀로 비난하는 폴란드인들의 괄시를 받았다. 전후 폴란드에서 유대인으로 살기란 무척 위험했다. 반공주의가 팽배한 사회에서 우크라이나인이나 독일인, 폴란드인으로 살기도 힘겨웠지만 말이다. 그렇지만 그런 사람들은 어쨌거나 각자의 고향 땅에서 살기를 원했다. 그러나 유대인들은 고향에서 살아야 할지 확신 못 할 충분한 이유가 있었다. 그들의 동포 300만 명이 점령 폴란드에서 학살당했기 때문이다.

폴란드 유대인들이 이스라엘과 미국으로 향한 사실은 폴란드 정치에서 유대 공산주의자들의 역할을 전에 없이 주목받게 만들었다. 폴란드 공산 체제는 이중의 정치적 약점에 노출되어 있었다. 지정학적으로 당당한 국가일 수 없다는 점(모스크바의 지원에 기대야만 했으므로), 그리고 인종적으로 단일 민족국가일 수 없다는 점(그 중요한 대표자들 가운데 일부는 유대인이었으므로. 게다가 그들은 소련에서 전쟁을 치렀다)이 그것이었다.[17]

유대인 핏줄의 폴란드 공산주의자들은 1949년에 집권할 수 있었는데, 1948년 냉전 초기의 국제정치 상황 때문이었다. 폴란드와는 별 관련이 없고, 거의 공산주의권 내부의 균열과 관련된 문제로, 스탈린은 1948년 여름에 유대 "코즈모폴리터니즘"이나 "시오니즘" 문제보다 주류 내셔널리즘* 문제에 더 관심을 기울였다.

스탈린이 새로운 공산주의 동맹국 집단을 조정하고 지휘하려 했기에, 모스크바의 이념 전문 집단은 동유럽에서의 불충 조짐을 포착하려 했다. 스탈린은 전쟁 이전 공산주의 지도자들을 소련 노선에 복종하게 하는 일보다 전후 공산주의 정권들의 지도자들을 복종하게 하는 일이 더 어려움을 깨달을 수밖에 없었다. 스탈린은 이 '동지'들을 반드시 지배해야 했다. 스탈린은 또 미국의 실제적 힘 앞에서 스스로의 노선을 수정해야만 했다. 이러한 불안은 1948년 여름에 현실로 다가왔다. 유대 계통 사람들에 대한 우려는 일단 물밑으로 들어갔다. 이는 폴란드에 있어서 중대한 의미를 지녔다. 유대계 공산주의자들이 권력을 유지하고, 반유대주의 정치재판이 일어나지 않도록 막을 수 있었기 때문이다.

1948년 여름, 동유럽에서 스탈린의 주된 골칫거리는 공산 유고슬

* nationalism은 '민족주의' '국가주의'로 모두 번역될 수 있으나, 이 책에서 '내셔널리즘'은 국가주의에 더 가깝지만 민족주의적 뜻도 가진 말로 표시하도록 한다.

라비아였다. 이 중요한 발칸 국가에서, 공산주의자들은 소련에 우호적인 입장이었지만 종속되는 것은 원치 않았다. 유고슬라비아 공산당과 유고슬라비아 빨치산 지도자, 요시프 브로즈라는 이름을 썼던 티토는 외교 정책에서 스탈린의 지휘를 받지 않겠다는 뜻을 나타냈다. 전후 티토는 스탈린에게 외교 독립의 의지를 표명했다. 그는 스탈린을 따르는 발칸 연방 수립 구상을 포기하라고 말했다. 그는 인근 그리스의 공산혁명 운동가들을 지지했는데, 스탈린은 미국과 영국의 세력권에 그리스를 남겨두고 있었다. 해리 트루먼 미국 대통령은 1947년 3월에 '미국은 그리스에서 공산주의가 확산하지 못하도록 행동을 취할 것'이라며 자신의 "독트린"을 천명했다. 스탈린은 혁명 모험을 계속하기보다 유럽에서 자신이 이미 얻은 걸 지키는 쪽을 선호했다. 그는 티토를 실각시키고 더 고분고분한 유고슬라비아 지도자를 세워야 한다고 생각하며, 그럴 수 있다고 확신하고 있었다.[18]

티토와 스탈린의 대립은 국제 공산주의 체제의 틀을 바꿨다. 티토의 독립적 자세와 그 뒤에 이어진 코민포름의 유고슬라비아 축출은 그를 부정적인 "일국 공산주의"의 모델로 만들었다. 1948년 4월에서 9월 사이에, 모스크바의 위성국들은 (유대) 코즈모폴리턴의 위험(당의 "좌경화")보다 모종의 내셔널리즘의 위험(당의 "우경화")에 주의하라는 지시를 받았다. 폴란드 공산당 서기장인 브와디스와프 고무우카가 그 새로운 노선을 반대하자 그 자신이 내셔널리즘 "우경" 분자라는 비판을 뒤집어쓰게 되었다. 1948년 6월, 안드레이 즈다노프는 고무우카의 라이벌이던 폴란드 공산당원을 움직여 고무우카를 실각시키도록 했다. 그 폴란드 정치국원인 야쿠프 베르만은 폴란드 공산당이 우경화에 빠져 있다고 인정했다. 그해 8월, 고무우카는 서기장직에서 물러났다. 8월 말에는 폴란드 공산당 중앙위원회에 출석해 자아비판을 해야만 했다.[19]

고무우카는 사실 내셔널리스트이자 공산주의자였다. 그리고 유대인 핏줄의 그의 공산당 동지들은 아마도 그를 꺼릴 만했다. 고무우카는 유대인이 아니었고(비록 아내가 유대인이었지만), 그의 동지들보다 비유대 폴란드인들의 입장에 더 예민했다. 야쿠프 베르만과 다른 여러 고위 공산당원과 달리, 전쟁 중에 폴란드 땅에 남아 있었으며 따라서 당시 소련으로 피신했던 동지들보다 모스크바의 소련 지도부에 덜 알려진 사람이었다. 그는 분명 민족주의가 문제시될 때 득을 봤다. 독일인과 우크라이나인에 대한 이중 인종 청소 작업을 지휘했으며, 서부 "수복" 지역에 폴란드인을 정착시키는 일의 책임을 맡았다. 그는 중앙위원회에서 폴란드 공산당 좌파들이 유대인 편향의 자세를 보인다며 그들의 관행을 비판하는 연설을 하기도 했다.

고무우카가 실각하자, 대권은 볼레스와프 비에루트, 야쿠프 베르만, 힐라리 민츠의 삼두 체제의 몫이 되었다. 그들 가운데 비에루트를 제외한 두 사람은 유대계였다. 이 새로운 폴란드 트로이카는 폴란드에서 반유대주의 활동이 없어지는 시점에 집권했다. 하지만 그들에게는 혼란스럽게도, 모스크바에서 내려보낸 노선은 그들이 자신들의 입지를 굳히려던 몇 주 사이에 상황을 바꿔놓았다. 우경화된 내셔널리즘의 위협 가능성이 아직 있었음에도, 스탈린은 1948년 가을에 동유럽 공산당에서의 유대인들의 역할에 대해 명확한 선을 그었다. 그는 시오니스트와 코즈모폴리턴은 더 이상 용납할 수 없다는 명확한 표현을 썼다. 아마도 분위기의 전환을 느꼈던 것인지 고무우카는 그 해 12월 스탈린에게 탄원했다. 폴란드 당 지도부에는 너무 많은 "유대인 동지들"이 있으며, 그들은 "폴란드 국가와 유대감을 전혀 느끼지 않습니다". 이는, 고무우카에 따르면, 당과 폴란드 사회의 분리를 가져오고 "국가 허무주의"를 초래할 수 있었다.[20]

따라서 1949년은 특별한 유형의 스탈린주의가 폴란드에 주어진 해였다. 유대인 스탈린주의자들은 큰 권력을 가졌지만, 스탈린의 반유대주의와 폴란드 자체의 반유대주의 사이에 사로잡혀 있었다. 두 반유대주의 중 어느 쪽도 그들의 권력을 무력화할 수는 없었다. 하지만 그들은 두 가지가 하나로 만나는 일이 없도록 노심초사해야 했다. 유대 공산주의자들은 그들의 정치적 정체성이 폴란드 국가와 어김없이 일치하며, 따라서 그들이 유대 혈통이라서 문제가 되거나 유대인 편향의 정책을 쓸 가능성은 전혀 근거가 없다고 강조해야만 했다. 이러한 경향의 한 가지 두드러진 예로, 1943년 바르샤바 게토 봉기의 재이지미화가 있었다. 홀로코스트에 대한 유대인들의 저항의 전형이었던 이 사건은 한편으로 폴란드 공산주의자들의 애국적 봉기이기도 했다.

민스크 게토의 영웅이었던 폴란드 유대인인 헤르시 스몰라르, 그는 일찍이 나치와의 싸움에 있어 유대인다움의 최후까지 짜내야 한다고 했던 사람이다. 이제 그는 즈다노프의 이념적 용어에 맞춰 바르샤바 게토 봉기를 묘사해야 했다. 게토에는 "두 개의 진영"이 있었다. 하나는 진보적이고, 다른 하나는 반동적이었다. 이스라엘을 말하는 사람들은 이제 반동 진영에 소속된 것으로 제시되었고, 진보적인 사람들은 공산주의자였다. 그리고 실제 싸웠던 사람들은 모두 공산주의자라고 묘사되었다. 이는 심각한 왜곡이었다. 공산주의자들이 게토의 무장 봉기를 부추긴 것은 사실이다. 그러나 좌익 시오니스트들과 분트* 인사들이 더 많은 호응을 이끌어냈고, 우익 시오니스트들은 더 많은 무기를 동원했다. 스몰라르는 폴란드의 국가 공산주의를 받아들이지 않은 유대 정치 활동가들에게 숙청을 약속했다. "그리고 만약 그들이 우리 가운데서 파리처럼 앵앵거리며, 더 숭고하고 중요한 유대 민족의 목표 같은 게 있다는 소리를 늘어놓는다면, 우리는 그들을 우리 사회에서 제거할 것이다. 게토의 전사들이 겁쟁이와 나약한 자들을 제쳐놓았듯이."[21]

파시즘에 대한 모든 저항운동은 공산주의자들이 주도한 것으로 정의되었다. 공산주의자들이 주도한 게 아니라면, 저항운동도 아니었다. 1943년 바르샤바 게토 봉기의 역사는 폴란드 유대인 공산주의자들이 주도한 것처럼 다시 쓰였으며, 이는 폴란드의 반나치 저항운동 전반에 적용되었다. 제2차 세계대전에 대한 정치적으로 올바른 역사에서, 게토의 저항운동은 유대인 대량학살과는 별 상관이 없고, 공산주의자들의 용감함과 큰 관련이 있는 것이었다. 이렇게 중점을 크게 바꿔버림으로써 유대인들이 전쟁에서 겪은 일은 흐릿해졌고, 홀로코스트는 파시즘의 만행 가운데 하나로만 되어버렸다. 이러한 조작을 고안하고 널리 퍼뜨린 장본인은 바로 유대 혈통의 공산주의자들이었으니, 그것은 그들이 폴란드인보다 유대인으로서의 정체성에 기울

* 유대인 노동자 연맹. 러시아와 동유럽에 걸쳐 활동했으며 사회주의를 지향하면서도 유대인 자치를 주장한 점에서 시오니스트와 비슷한 점이 있었다.

어져 있다는 비난을 받지 않기 위해서였다. 믿을 만한 폴란드 공산당 지도자들로 보이기 위해, 유대 혈통의 공산주의자들은 유대인들이 유대인의 정체성을 갖고 나치에 저항한 가장 중요한 역사를 지워버려야 했다. 스탈린이 놓은 쥐덫의 미끼는 히틀러가 제공한 셈이었다.[22]

이것이 스탈린 자신의 반유대주의에 대해 폴란드의 유대계 스탈린주의자들이 쓴 자구책이었다. 유대 저항운동의 영웅들이 히틀러의 반유대주의가 유대인의 생명과 정치를 얼마나 해쳤는지에 대해 사실상 부정해버리고, 일부의 경우는 그들 스스로 독일 점령에 맞서 싸운 의지마저 부인했다면, 그들의 충성은 입증된 셈이었다. 스탈린주의는 그들이 가장 명백한 역사적 사실을 부정하고, 그들의 가장 위대한 업적을 부정하게끔 만들었다. 1943년 바르샤바 게토 봉기에 있어 폴란드 유대 혈통 공산주의자들은 두 가지를 다 했다. 대조적으로, 국내군과 1944년 바르샤바 봉기를 깎아내리는 것은 쉬운 일이었다. 바르샤바 봉기는 공산주의자들이 주도하지 않았기에 봉기라 불릴 수 없었다. 국내군 병사들은 공산주의자가 아니었기에, 반동분자들로서 고통받는 대중을 해치는 존재로 묘사되었다. 그들의 수도를 해방시키려고 싸우다 죽어간 폴란드 애국자들에게는 파시스트의 딱지가 붙었고, 히틀러나 별다를 것 없는 존재라는 오명이 씌워졌다. 폴란드 공산주의자들보다 독일군과 더 치열하게 싸웠던 국내군은 "악취 나는 땅꼬마 반동분자들"이 되었다.[23]

야쿠프 베르만은 1949년에 이념과 보안 업무에 모두 책임을 지는 정치국원이 되었다. 그는 테러에 대한 스탈린의 핵심 주장을 되풀이했다. 혁명이 완성 단계에 접어들면, 그 적들은 더 치열하게 덤비기 마련이며, 따라서 의식 있는 혁명가들은 좀더 극단적인 수단을 써야 한다는 것이었다. 소련 노선에 무반응을 가장하면서, 그는 우파 또는 내셔널리스트 분파를 물리칠 방안을 짰다. 티토와 스탈린의 분열 이후 아무도 베르만이 내셔널리즘을 소홀히 봤다고 비난할 수 없게 되었다. 한편 점령 폴란드에서 독일이 벌인 대량학살에 대한 유대인의 기억을 베르만만큼 철저히 윤색한 사람도 없었다. 1942년 트레블린카에서 그의 가족 다수를 잃었던 베르만은 겨우 몇 년 뒤 폴란드 국가공산주의를 다루면서 가스실 관련 이야기를 대부분 역사의 뒤편으로 처넣어버렸다.[24]

홀로코스트는 많은 유대인을 공산주의로 이끌었으며, 소련을 해방자로 여기는 이념을 따르도록 했다. 그러나 이제는 폴란드의 통치권을 유지하고 스탈린의 눈밖에 나지 않기 위해, 지도적 유대 공산주의자들이 홀로코스트의 중요성을 부정할 수밖에 없는 처지였다. 1946년 12월, 베르만은 이미 그 방향으로 중요한 발걸음을 내디뎠다. 비유대계 폴란드인의 사망자 공식 통계 발표치는 크게 늘리는 반면, 유대계는 줄여서 양쪽 다 같은 숫자(300만 명씩)가 되도록 하라고 지시한 것이다. 홀로코스트는 이미 정치적 문제가 되어 있었는데, 그것도 위험하고 어려운 사안이었다. 그것은, 다른 모든 역사적 사건과 마찬가지로 "변증법적으로" 이해되어야 했다. 그것이 스탈린의 이념 노선에, 그리고 현재의 요청에 부응하는 것이었다. 아마도 비유대계보다 유대계 폴란드인이 더 많이 죽었으리라. 그러나 그것은 정치적으로 불편하다. 양쪽 숫자가 같다면 훨씬 더 나으리라. 그러한 변증법적 조정에 개인적으로 '사실 중심' '공정성' 따위의 생각을 들이미는 것은 공산주의자로서 실격이다. 자기 가족들이 가스실에서 죽었음을 떠올린다면? 그것은 그저 부르주아적 센티멘털리즘일 뿐이다. 성공적인 공산주의자는 베르만처럼 멀리 봐야 한다. 바로 이 순간에 진리가 무엇을 요구하는지를 꿰뚫어보고, 그에 따라서 확실히 행동해야 한다. 제2차 세계대전은, 냉전처럼, 진보 세력과 반동 세력의 투쟁이었다. 그것뿐이었다.[25]

매우 지적인 사람이었던 베르만은 이 모든 것을 누구보다 더 잘 알고 있었다. 그리고 그러한 전제들을 논리적 결론으로 옮겨놓았다. 그는 보안 기구를 이끌며, 국내군 출신들을 잡아들였다. 일찍이 유대인들을 구출하는 특수 작전을 수행했던 이들을. 그들과 그들의 행동은 스탈린주의 세계관에서는 아무런 역사적 의미가 없었다. 유대인들은 다른 사람들과 완전히 똑같이 고통받은 것이고, 국내군 병사들은 파시스트들과 완전히 똑같은 자들이었다.

스탈린의 시각에서 볼 때 베르만의 가장 두드러진 잘못은 그 자신이 유대계라는 점이었다(비록 그의 신상 기록은 폴란드계로 되어 있었지만). 이는 정확히 말해 비밀이 아니었다. 그는 후파* 아래서 결혼을 했다. 1949년 7월, 폴란드 주재 소련 대사는 폴란드 정권이 베르만 같은 유대인들로 채워져 있고 보안 기구도 유대인들이 좌지우지하고 있다며 모스크바에 불평했다. 이는 과장이었지만, 어느 정도 근거는 있었다. 1944년에서 1954년까지의 기간에 보위부 간부 450명 중 167명이 유대계(스스로 밝힌 경우와 혈통을 따져본 경우를 모두 포함해)였다.

* 전통 유대식 결혼식에서 신랑 신부가 서 있는 자리 위에 설치되는 천개天蓋.

말하자면 그 나라 인구에서 1퍼센트 미만인 소수 민족이 핵심 기구의 37퍼센트를 차지하고 있었던 것이다. 유대 혈통을 보유한 대부분의 보안 기구 고위 인사들은 신상 기록에 자신을 폴란드계로 지정하고 있었다. 이는 그들이 스스로의 정체성을 어떻게 봤는지의 반영일 수도 있고, 아닐 수도 있었다. 이 문제는 좀처럼 풀기 어려웠다. 그러나 여권에도 표시된 정체성은 그것이 폴란드 국가 또는 폴란드 국민과의 일치성을 나타내고 있음에도(종종 그렇게 판명되듯), 유대 배경을 가진 사람들이 다수의 폴란드인에게, 또는 소련 지도부에게 "그래봤자 너는 유대인이야"라는 낙인을 지우기에는 모자랐다.[26]

유대 혈통을 가진 폴란드 공산주의자로서 가장 중요한 인물이었던 베르만은 어떤 반유대주의 정치재판에서든 명백한 표적이었다. 그는 이 점을 완벽하게 이해하고 있었다. 문제를 더 곤란하게 만들었던 점은 그가 초기 냉전기의 주요 극에서 주연을 맡았던 배우들인 필드 형제와 관계있었을 수 있다는 점이다. 미국인인 노엘 필드와 허먼 필드는 당시 미국 스파이 혐의로 각각 체코슬로바키아와 폴란드에서 감금되어 있었다. 노엘 필드는 미국 외교관을 지냈으나, 소련 첩보원이기도 했다. 그는 미국 정보부 총책임자로서 전략첩보국OSS의 베를린 지부와 스위스 지부를 이끌었던 앨런 덜레스와 친했다. 그는 또한 전후에 공산주의자들을 후원하는 구호단체의 장이기도 했다. 필드는 1949년 프라하에 왔고, 아마도 소련이 다시 자신에게 일을 맡겨주리라 생각했다. 그러나 그는 체포되었다. 그의 형제 허먼은 그를 만나러 왔다가 역시 바르샤바에서 체포되고 말았다. 그 두 사람은 고문 끝에 동유럽에서 대규모의 첩보 조직을 만들었다고 자백했다.[27]

비록 그들이 직접 재판을 받지는 않았지만, 필드 형제의 '했을 법한 행동들' 때문에 공산 동유럽 전체에서 수많은 정치재판이 열릴 시나리오가 만들어졌다. 예를 들어 1949년 9월 헝가리에서는 라슬로 라이크가 노엘 필드의 끄나풀이라는 혐의로 정치재판을 거쳐 처형당했다. 헝가리 수사팀은 공산주의 형제국들에서도 필드 조직의 세포를 발견할 수 있을 것이라 여겼다. 그렇다면 허먼 필드는 베르만의 비서를 알고 있고 그녀에게 베르만에게 전하는 편지를 건넨 적도 있었다. 필드 형제는 많은 공산주의자와 친분이 있다는 사실, 미국 정보기관과 연결되어 있다는 사실, 그리고 이제 고문 때문에 뭐든지 말할 수 있다는 사실에서 위험했다. 어느 시점엔가, 스탈린 자신이 베르만에게 필드에 대해 물어보기까지 했다.[28]

야쿠프 베르만은 더 이상 용인되기 힘든 방식으로 유대 정치와 연결되어 있을 수도 있었다. 그는 유대 반파시즘 위원회 멤버들을 알고 있었다. 그는 미호엘스와 페페르가 1943년 미국을 방문하기 전에 그들을 만났다. 그는 폴란드의 유대 정치인 가문에서 태어났다. (트레블린카에서 죽은) 그의 형제는 사회주의 계열 시오니즘 집단인 '포알레시온 라이트'에 속해 있었다. 또 다른 형제인 아돌프는 바르샤바 게토의 생존자였는데, 좌익 시오니스트들의 '포알레시온 레프트'에 속해 있었다. 아돌프 베르만은 바르샤바 게토의 아이들을 보살피는 활동을 조직했고, 전후에는 폴란드 유대인 중앙위원회를 이끌었다. 폴란드가 공산화되자, 그는 자신의 정치적 입지가 체제와 잘 융화될 수 있으리라는 믿음 아래 좌익 시오니스트로 남았다.[29]

1949년, 아돌프 베르만 같은 사람은 전후 폴란드에서 설 자리가 없다는 게 분명해졌다. 사실 스몰라르가 반동적 시오니스트라며 거친 말을 퍼붓고, 폴란드 사회에서 제거해야 할 겁쟁이 유대인이라고 매도했던 대상이 바로 그였다. 그렇게 함으로써, 스몰라르는 스탈린 스스로에 대한 스탈린주의적 방어막을 만들었다. 폴란드의 유대 공산주의자들이 반시온주의, 친폴란드로 보이기만 한다면 시오니즘과 코즈모폴리터니즘으로 엮이지 않을 것이었다. 그러나 그런 단정적 접근이 야쿠프 베르만을 그의 형제와의 관계 문제에서 그를 지켜줄지는 분명치 않았다. 스탈린주의적 반유대주의는 개인적인 충성이나 헌신으로 쉽게 무마될 수 없었다.

야쿠프 베르만이 버텨낸 것은 그의 친구이자 동맹자인 볼레스와프 비에루트, 폴란드 공산당 서기장이자 삼두 정치에서 유일하게 비유대인이었던 인사의 비호 덕분이었다. 언젠가 스탈린은 비에루트에게 그가 베르만과 민츠 가운데 누구를 더 필요로 하느냐고 물었다. 비에루트는 덫에 걸리기에는 너무나 현명했다. 비에루트는 스스로를 스탈린과 베르만 사이에 놓았는데, 이는 리스크를 감수한다는 의미였다. 일반적으로, 폴란드 공산주의자들은 체코슬로바키아, 루마니아, 헝가리에서처럼 서로를 물고 뜯지 않았다. 치욕을 겪은 고무우카조차 상대를 깎아내리는 발표문을 내거나 정치재판을 시도하지 않았다. 1940년대 말에 집권하고 있던 폴란드 공산주의자들은 개인적인 경험을 통해 1930년대에 자신의 동지들에게 무슨 일이 생겼는지 대개 알고 있었다. 당시 스탈린은 신호를 보냈다. 그에 따라 폴란드 공산주의자들은 서로를 적당히 비판했다. 그러자 대량학살이 이어졌고, 공산당 자체가 끝장나버렸다. 모든 비소련 공산주의자가 대공포 시대에 피해를 입었지만, 폴란드의 사례는 독특했다. 그리고 아마도 각자의 가장 가까울 동지들의 생명에 대해 일정한 생각을 정립시켜주었다.[30]

소련에서의 압력이 심해지면서, 베르만은 마침내 보위부가 반유대주의를 따르도록 1950년에 인가했다. 폴란드 유대인들은 미국이나 이스라엘의 스파이 혐의를 받고 요시찰 대상이 되었다. 이는 어색한 상황을 낳았는데, 폴란드 유대인을 압박하는 요원들 자신이 폴란드 유대인일 경우가 종종 있었기 때문이다. 폴란드 정보기구 자체가 유대인 숙청의 주역이 되었으니, 이들을 가리켜 "자기 멸종" 부서라고 숙덕거리는 사람들도 있었다. 이는 요제프 시아투오가 이끄는 부서였는데, 그는 자신의 누이가 1947년에 팔레스타인으로 떠난 사람이었다.[31]

그러나 베르만, 민츠, 비에루트는 굳건히 버텼다. 그들이 제대로 된 폴란드인이라고, 제대로 된 공산주의자라고, 제대로 된 애국자라고 못 미더워하는 국민과 의심스러워하는 스탈린 모두에게 계속 주장하면서. 비록 유대인들은(공산주의자건 아니건) 홀로코스트에 대한 기억을 억누르도록 강요받았으나, 당시 폴란드에서 시오니스트와 코즈모폴리턴에 대한 공공연한 숙청은 없었다. 그의 친구 비에루트에게 양보하고 또 충성하면서, 베르만은 폴란드의 주된 체제 위협 요소는 유대인이 아닌 폴란드인의 내셔널리즘 우경화라는 노선을 유지할 수 있었다. 1951년 7월에 고무우카가 결국 체포되었을 때, 그를 체포하러 온 두 명의 보안요원은 (고무우카의 기억에 따르면) 유대계였다.

1950년에서 1952년 사이, 폴란드인들이 숙청에 대해 미적거리는 동안 냉전은 군사적 대립으로 바뀌었다. 한국전쟁은 미국의 세력에 대한 스탈린의 우려를 극대화시켰다.

1950년대 초, 소련은 세계대전 이전보다 훨씬 더 강력한 위치에 서 있는 듯 보였다. 소련을 포위하는 듯싶었던 세 대국, 즉 독일, 폴란드, 일본은 모두 완전히 허약해져 있었다. 폴란드는 소련의 위성국가가 되었다(그 국방장관을 소련 장교가 맡고 있는). 소련군은 베를린에 진주했고, 계속 주둔하고 있었다. 1949년 10월, 독일의 소련 점령 구역은 독일민주공화국(동독)으로 탈바꿈했고, 독일 공산당이 지배하는 소련의 위성국가가 되었다. 일찍이 독일의 발트해 연안 영토였던 동프로이센 땅은 공산 폴란드와 소련 스스로에게 분할 흡수되었다. 1930년대에는 소련의 가장 큰 위협이었던 일본이 패배하고 무장해제되었다. 다만 그쪽에서는 소련이 승리에 기여한 내용이 별로 없었고, 점령에서 일부만 차지할 수 있었다. 미국은 일본에 군사기지를 세우고, 일본인들에게 야구를 가르쳤다.[32]

비록 패배했지만, 일본은 동아시아의 정치를 바꿔놓았다. 1937년 일본의 중국 침략은 결국 중국 공산당에게 좋은 일만 만들어주었다. 1944년 일본은 중국 국민당 정부를 육전에서 크게 물리쳤다. 이는 전쟁의 결과에 영향을 주지 않았으나, 국민당 정권에는 치명타를 안겼다. 일단 일본이 항복하자, 그 군대는 중국 본토에서 철수했다. 그러자 중국 공산당이 기회를 잡았다. 30년 전 러시아 공산당과 상당히 비슷하게. 제2차 세계대전에서 일본은 제1차 세계대전에서의 독일과 비슷한 역할을 했다. 스스로는 대제국을 세울 목표에 실패하고, 이

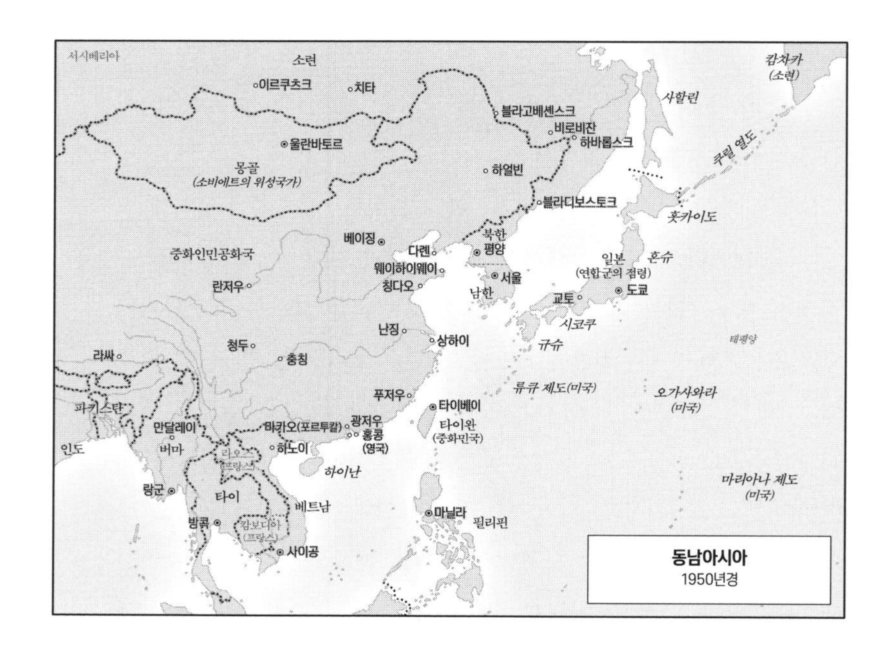

웃 나라에 공산혁명이 일어날 기회를 준 것이다. 중화인민공화국은 1949년 10월에 선포되었다.[33]

워싱턴에서는 중국 공산당을 세계 공산혁명의 연속으로 봤지만, 스탈린에게 이는 희소식이지만은 않았다. 중국 공산당 지도자 마오쩌둥은 동유럽 공산당 지도자들처럼 스탈린의 종복이 아니었기 때문이다. 중국 공산당이 스탈린주의적 마르크스주의를 수용했지만, 스탈린은 그 당에 개인적 통제력을 발휘할 수 없었다. 스탈린은 마오쩌둥이 야심 있고 예측 불가능한 라이벌이 될 것임을 알았다. 그는 이렇게 말했다. "중국에서의 전쟁은 아직 끝나지 않았다." 동아시아 정책을 만들며, 스탈린은 이제 소련이 세계 공산주의의 지도자라는 위치를 유지하는 목표에 열중해야 했다. 이런 우려는 먼저 한반도 문제에서, 공산 국가 하나가 막 수립된 땅과 관련해서 일었다. 1905년부터 한반도를 지배했던 일본은 전쟁이 끝나자 물러났다. 그리고 한반도의 북부는 소련, 남부는 미국에 의해 분할 점령되었다. 북한 공산당은 1948년 북한 지역에 인민공화국을 세웠다.[34]

1950년 봄, 스탈린은 한반도 남부를 침공하고 싶어하는 북한 공산당 지도자 김일성에게 뭐라고 할지 결정했다. 스탈린은 미국이 한반도를 "주 방어선"(일본과 태평양 지역의) 밖에 놓았음을 알고 있었다. 미국 국무장관이 1월에 그렇게 밝혔기 때문이다. 미군은 1949년에 한반도에서 철수했다. 김일성은 자신의 군대가 남한 군대를 쉽사리 밀어버릴 수 있다고 스탈린에게 말했다. 스탈린은 김일성에게 행운을 빈다고 하고, 소련제 무기를 북한에 보내주었다. 북한은 1950년 6월 25일에 남침했다. 스탈린은 심지어 수백 명의 한국계 소련인을 중앙아시아에서 차출해 북한 편에서 싸우도록 했다. 13년 전 스탈린의 명령으로 강제이주되었던 바로 그 사람들을.[35]

한국전쟁은 공산주의 진영과 자본주의 진영의 무력 대결처럼 보일 점이 많았다. 미국은 빠르고 확고하게 대응했으며, 일본과 그 밖의 태평양 지역에서 병력을 동원, 북한을 본래의 경계선 밖으로 쫓아버릴 수 있었다. 9월, 트루먼은 NSC-68을 승인했다. 그것은 공산주의를 전 세계에서 봉쇄한다는 미국 대전략(조지 케넌이 수립한 아이디어였다)의 비밀스럽고 공식적인 승인이었다. 10월, 중국이 북한 편에서 참전했다. 1952년까지 미국과 그 동맹국들은 공산주의 북한 및 공산주의 중국과 전쟁을 벌였다. 미군 탱크가 소련제 탱크와 싸웠고, 미군 전투기가 소련제 전투기와 공중전을 벌였다.

스탈린은 아마도 두 전선에서의 전쟁이 될 확전을 두려워했던 것 같다. 1951년 1월, 스탈린은 동유럽 위성국가 지도자들을 불러모아 유럽 전쟁에 대비하여 군비를 증강하도록 했다. 1951년과 1952년, 붉은 군대의 병력은 두 배로 늘었다.[36]

정확히 이 시기(1951년에서 1952년)에, 소련 유대인들은 미국의 비밀 첩보요원들이 아닐까 하는 생각이 스탈린에게 상당히 들었던 것 같다. 베를린에서 저항에 부딪히고, 폴란드에서 실망하고, 한국에서 전쟁을 겪은 스탈린은 다시 한번(적어도 점점 고약해지고 있던 그의 상상 속에서는) 적에게 포위되었다는 느낌이 들었다. 1930년대처럼, 1950년대에도 소련을 국제적 음모의 대상으로 보는 것은 가능했다. 비록 그 주체가 더 이상 베를린, 바르샤바, 도쿄(그리고 런던을 그 배후로 하는)는 아니더라도. 그러나 워싱턴(그리고 런던을 그 배후로 하는)의 음모는? 스탈린은 제3차 세계대전이 불가피함을 공공연히 피력했고, 1930년대 말에 위협을 느꼈을 때와 비슷하게 행동했다.

어떤 점에서, 국제적 상황은 당시보다 지금이 더 흥미로웠다. 대공황은 적어도 자본주의 진영에 궁핍을 가져다주었다. 그러나 1950년대 초에 서방 열강들에게서 해방된 나라들은 빠른 경제 회복을 나타내는 듯했다. 1930년대에는 자본주의 국가들이 서로 나뉘어 있었다. 1949년 4월에는 그들에게 가장 중요한 일이 새로운 군사동맹(북대서양조약기구NATO)을 맺는 것이었다.[37]

1951년 7월, 스탈린은 그의 보안 기구에 '소련 내부의 유대인들의 음모'라는 공상의 위험에 전력으로 대처하도록 지시했다. 그 음모의 줄거리란 그해 하반기에 다듬어졌는데, 첫째, 반유대주의적으로 보이는 러시아인들은 살해되었다. 둘째, 그 살해 사건들이 소련 보안 기구에 의해 은폐되었다는 점이다.

희생자로 의심된 사람 가운데 한 명은 알렉산드르 셰르바코프였다. 전시 선전 활동가로서 그 전쟁에서 러시아인이 "인류의 짐을 짊어졌다"고 주장한 사람이었다. 그는 유대 반파시즘 위원회를 조사하고, 스탈린의 지시에 따라 유대인이 발행하는 신문들을 금지시키기도 했다. 또 한 사람은 다름 아닌 안드레이 즈다노프였다. 스탈린의 뜻에 따라 소련 문화를 정화했던 그는 소련 유대인의 『흑서』 발간을 막았었다. 그들의 죽음은 유대인들이 미국의 돈을 받고 의료 테러를 시작한 첫발이 아닐까 하고 의심받았다. 그것은 소련 지도부 전체를 몰살시킬 최종 목표를 갖고 있을 터였다.

살인자로 명확히 의심받은 사람 가운데 한 명은 유대인 의사인 야코프 에틴게르였다. 그는 1951년 3월 경찰에 구금되어 있던 중에 죽었다. 보위부장이던 빅토르 아바쿠모프는 이 음모에 대한 보고서를 누락시켰다는 의심을 받았는데, 그것은 그 자신이 살해 사건에 연루되어 있기 때문이라는 것이었다. 자신의 역할이 드러나지 않도록, 그는 의도적으로 에틴게르를 살해한 것이다. 아바쿠모프가 에틴게르를 살해했기에, 에틴게르는 자신의 범죄가 얼마나 되는지 자백할 수 없게 된 것이다.[38]

이 놀라운 주장들이 표명된 첫걸음은 아바쿠모프의 보위부 부하였던 미하일 리우민이 스탈린에게 보낸 아바쿠모프에 대한 비판문이었다. 에틴게르가 지목된 까닭은 스탈린의 우려를 배려한 것이었다. 에틴게르는 의료 살인 혐의가 아니라 유대 민족주의자로서 체포되었다. 영민한 행동으로 리우민은 스탈린의 근심거리였던 유대 민족주의와 오랜 관심거리였던 의료 살해를 연결지었다. 물론 리우민의 주장에 특별히 현실성은 없었다. 셰르바코프는 의사의 권고를 무시하고 승전기념일 퍼레이드에 참석했다가 죽었다. 즈다노프 역시 휴식을 취하라는 의사의 말을 무시한 끝에 죽었다. 문제의 유대인 의사 에틴게르의 경우는 1951년 3월 아바쿠모프가 아니라 리우민 본인의 손에 죽었다. 리우민은 "컨베이어 기법"이라는 끝없는 심문으로 에틴게르를 기진맥진하게 했고, 계속하면 그의 생명이 위험하다는 의사들의 소견에도 불구하고 그렇게 했다.[39]

그러나 리우민은 스탈린에게 통할 수 있는 연결 고리를 제대로 짚었다. '테러리스트 유대인 의사들이 고위 (러시아인) 공산주의자들을 죽이고 있다.' 그 이후로 수사의 방향은 명확했다. 보위부에서 유대인과 그 끄나풀을 숙청하며, 다른 유대인 살인자 의사들을 찾아낸다! 아바쿠모프는 절차에 따라 1951년 7월 4일 체포되고, 리우민에게 자기 자리를 내주었다. 리우민은 보위부 유대인 숙청을 시작했다. 중앙위원회는 7월 11일에 "에틴게르의 테러분자들"을 더 찾아내라고 지시했다. 닷새 뒤, 보위부는 심전도 전문의 소피아 카르파이를 체포했다. 그녀는 전체 수사에 극히 중요한 인물이었다. 어떤 식으로든 소련 지도자들의 사망과 엮을 수 있는 유대인 의사로 유일하게 살아 있는 사람이었기 때문이다. 그녀는 즈다노프의 심전도 조사를 두 차례 하기도 했다. 그러나 체포된 그녀는 의료 살인이라는 이야기를 받아들이

길 거부하고, 다른 누구와의 결탁도 부인했다.[40]

이 사건은 무게가 가벼웠다. 그러나 유대인들의 음모에 대한 다른 근거는 다른 곳에서 발굴될 수 있었다.

—

또 다른 소련 위성국가, 공산 체코슬로바키아는 폴란드에서는 열지 않은 반유대 정치재판을 연 곳이다. 소피아 카르파이의 체포 일주일 뒤, 1951년 7월 23일, 스탈린은 체코슬로바키아 국가원수인 클레멘트 고트발트에게 그의 측근이던 루돌프 슬란스키를 제거하라는 신호를 주었다. 그는 분명 "유대 부르주아 내셔널리즘"을 대표한다면서. 9월 6일, 슬란스키는 서기장 자리에서 밀려났다.[41]

모스크바의 명확한 불신임은 실제 간첩 음모(적어도 하나의 설익은 음모)를 촉발시켰다. 미국 정보부를 위해 일하던 체코인들은 모스크바가 슬란스키의 50회 생일(1951년 7월 31일) 축전을 보내지 않은 사실을 알아차렸다. 그들은 슬란스키에게 체코슬로바키아를 탈출하라고 종용했다. 11월 초, 그들은 그에게 서방 국가의 피란처를 제공하겠다는 편지를 보냈다. 그 편지를 전달하던 이는 사실 이중간첩으로, 공산 체코슬로바키아 보안부를 위해 일하는 사람이었다. 그는 그 편지를 상부에 올렸고, 상부는 다시 그것을 모스크바로 보냈다. 1951년 11월 11일, 스탈린은 고트발트에게 특사를 보내 슬란스키를 즉시 구속하라고 했다. 아직 이 시점에서는 슬란스키도 고트발트도 문제의 편지를 보지 못했으나, 고트발트는 그에게 선택의 여지가 없음을 아

는 듯했다. 슬란스키는 11월 24일 체포되고, 1년 동안 심문을 당했다.[42]

슬란스키 사건의 최후 결과는 스펙터클했다. 체코슬로바키아의 스탈린주의자의 한 사람이 1936년 소련에서 만든 틀대로의 정치재판에 섰다. 의심할 여지가 없는 반유대주의의 배경에 따라서. 비록 1936년 당시 모스크바 정치재판의 가장 두드러진 희생자들은 유대인이었지만, 그들은 유대인이라서 법정에 서야 했던 게 아니다. 프라하에서는 14명의 피고 가운데 11명이 평소 유대인으로 행세했거나 재판 과정에서 유대인으로 분류된 사람이었다. '코즈모폴리턴'이라는 단어는 마치 모두에게 그 의미가 명백한 법률 용어인 듯 쓰였다. 1952년 11월 20일, 슬란스키는 정치적 강령회라도 연 듯한 발언을 했다. 죽기 전에 그에게 이런저런 말을 해준 공산주의자들의 유령을 불러낸 것이다. "나는 나의 죄를 모두 인정하며, 내가 한 일과 내가 저지른 죄를 성실하고 진실하게 밝히고자 합니다." 그는 분명 대본대로 말하고 있었다. 재판의 어느 시점에, 그는 검사가 묻기를 잊어버린 질문에도 대답했다.[43]

슬란스키는 당시 소련 쪽의 문제가 되던 모든 것을 건드리는 음모를 고백했다. 티토이즘, 시오니즘, 프리메이슨, 그리고 유대인들만을 포섭하는 미국 정보부. 그가 의심의 대상이 되던 범죄 중에는 고트발트의 의료 살해도 있었다. 또 다른 피고였던 루돌프 마르골리우스는 아우슈비츠에서 죽은 부모님을 비판해야 했다. 대공포 시기에, 여러 음모가 이른바 "센터"의 조종을 받은 것으로 꾸며졌는데 이번에는 "반국가 음모 센터"라는 게 설정되었다. 14인의 피고는 모두 사형 언도를 받았고, 11명의 사형이 실제 집행되었다. 1952년 12월 3일 슬란스키의 목에 교수형 밧줄이 감겼을 때, 그는 집행관에게 감사하고는 이렇게 말했다. "나는 이래도 싸다오." 11명의 시체는 화장되었고, 그들의 재는 길에 패인 바퀴 자국을 메우는 데 쓰였다.[44]

—

이때 소련 유대인에 대한 정치재판이 또 이어질 거라고 믿지 않기란 힘들었다. 1952년 8월, 13명의 소련인이 미국 첩자라는 혐의로 모스크바에서 처형되었다. 믿을 만한 근거가 있다기보다 이른바 코즈모폴리터니즘과 시오니즘이 그 이유였다. 고문 결과 그들은 유대 민족주의자이자 미국의 스파이라는 자백을 했고, 비밀 재판을 거친 사람들이었다. 1952년 12월에는 프라하에서 11명의 체코슬로바키아 국민이 재판을 받았다. 대개 모스크바의 경우와 똑같았는데, 다만 대공포 시대를 연상시키는 공개 정치재판을 받았다. 이제는 폴란드 정권조차 사람들을 이스라엘 스파이라며 잡아들이고 있었다.[45]

1952년 가을, 또 여러 명의 소련 의사가 조사를 받았다. 그들 가운데 아무도 즈다노프나 셰르바코프와 연결되어 있지 않았지만, 그 밖의 유력한 소련 또는 외국 공산주의자들의 임종 시 치료를 맡고 있었다. 그들 가운데 한 명은 스탈린의 주치의였는데, 그는 1952년 초 스탈린에게 은퇴를 권고했다. 스탈린의 공개적이고 반복적인 지시에 따라, 이들은 무섭게 얻어맞았다. 그러자 일부는 고문자들의 구미에 맞는 대사로 이뤄진 자백서를 썼다. 하필 솔로몬 미호엘스의 조카였던 미론 봅시는 스탈린주의적인 로봇 같은 말들로 자백서를 썼다. "생각을 거듭한 결과, 제가 지은 죄의 추악함에도 불구하고, 저는 반드시 제 사악한 일의 전모를, 소련의 특별한, 지도적인 국가 일꾼들의 건강을 해치고 수명을 줄이려던 음모의 끔찍한 진실을 밝혀야만 한다는 결론에 이르렀습니다."[46]

일단 자백서가 확보되자, 나이 먹어가던 어떤 남자에게는 절호의 기회가 온 듯했다. 스탈린은 대개 주먹을 날리기 전에 계획을 잘 짜곤 했다. 그러나 이번에 그는 서두르는 듯 보였다. 1952년 12월 4일, 슬란스키를 처형한 이튿날, 소련 중앙위원회는 "의사들의 음모"를 포착했으며 그 주요 역할은 "유대 민족주의자들"이 맡고 있다고 발표했다. 음모자들 가운데 한 명은 스탈린의 주치의이고, 그는 러시아인이었다. 그 외에는 유대계 의사들로 음모자 명단이 채워졌다. 이제 스탈린은 자신의 정치생활을 끝내라고 권고해줬던 주치의를 끝내려 하고 있었다. 스탈린은 자신의 개인적 두려움과 정치적 우려가 한데 얽혀 있다는 또 다른 증좌를 보였다. 그는 딸 스베틀라나에게 문자 그대로 의존했다. 1952년 12월 21일, 그의 일흔세 번째 생일에 그녀와 함께 춤을 출 만큼.[47]

그 12월, 그는 자기 자신의 사신死神을 숙청하기를 바랐던 듯하다. 공산주의자는 불멸의 영혼을 믿지 않는다. 그러나 그는 역사를 믿었다. 생산양식의 변화에서 드러난 대로, 프롤레타리아의 세력화에 반영된 대로, 공산당에 의해 대표되고, 스탈린에 의해 정제된 대로, 그리고 그럼으로써 결국 스탈린의 의지대로 흘러가는 역사! 삶이 다만 사회적 구성의 산물이라면, 죽음도 마찬가지 아니겠는가? 그리고 모든 것이 용감하고 굳건한 의지의 변증법에 따라 역전될 수 있지 않겠는가? 의사들은 죽음을 지연시키는 대신 유발했다. 죽음이 임박했다고 경고한 사람은 카운슬러가 아니라 살인자였다. 필요한 것은 제대로 움직이는 것이었다. 솔로몬 미호엘스는 기껏해야 리어 왕의 역할을 했다. 어리석게도 너무 빠르게 권력을 내준, 그것도 잘못된 후계자들에게 그랬던 지도자였다. 이제 미호엘스는 무력한 유령처럼 사라져 버렸다. 그의 유대인들도 마찬가지였다. 그들은 소련의 몰락을 꾀했고, 제2차 세계대전의 역사를 다르게 쓰려 했으며, 잘못된 미래를 꿈꾸었다. 따라서 사라져야 마땅했다.[48]

이제 73세의 병든 노인이 된 스탈린은 누구의 권고도 받아들이지 않고 자기 생각대로 밀고 나갔다. 1952년 12월, 그는 "모든 유대인은 내셔널리스트이며 미국의 정보원이다"라고 발언했다. 심지어 자기 자신이 세운 기준에서도 편집증적인 주장이 아닐 수 없었다. 그는 같은 달에 이렇게도 말했다. "유대인들은 그들 민족이 미국에 구원받았다고 믿고 있다." 그것은 아직 만들어지지 않은 전설이었다. 그러나 스탈린이 완전히 틀린 것은 아니었다. 보기 드문 통찰력으로, 스탈린은 냉전(심지어 그것이 끝나고 나서도 수십 년 동안 유지될)의 주요한 신화 가운데 하나를 정확히 예견했다. 사실은 연합국 중 어디도 유대인 구출에 별 힘을 쓰지 않았다. 미국인들은 중요한 살육 공장을 보지도 못했다.[49]

1953년 1월 13일, 소련 공산당 기관지 『프라우다』는 의료적 수단으로 소련 지도자들을 없애려 했다는 미국의 음모 한 건을 폭로했다. 그 의사들은 유대인으로 여겨졌다. 타스 통신사는 "테러리스트 의사 집단원들"을 "인두겁을 쓴 괴물들"이라고 묘사했다. 하지만 대공포 시대를 떠올리게 할 이처럼 살벌한 언사에도 불구하고 모든 것이 제대로 갖춰져 있지는 못했다. 그 기사에서 거명된 사람들은 아직 범죄사실을 인정하지 않고 있었는데, 그것은 모든 정치재판의 사전 조건이었다. 피고들은 공개적으로 자백하기에 앞서 은밀히 자백해야 했던 것이다. 그것은 스탈린주의적 풍경을 감상하기 위한 최소 조건이었다. 피고들은 심문실에 갇힌 상태에서 인정하지 않은 죄를 공개된 법정에서 인정할 까닭이 없었다.[50]

가장 중요한 피고였던 심전도 전문의 소피아 카르파이는 그 무엇도 인정하지 않았다. 그녀는 유대인이자 여성이었다. 아마 심문관들은 그녀가 제일 먼저 굴복할 거라고 여겼으리라. 그러나 끝내 그녀는 모든 심문을 버티고 스스로의 무죄를 지켜낸 유일한 피고가 되었다. 1953년 2월 18일에 이뤄진 그녀의 마지막 심문에서, 그녀는 자신의 혐의 내용을 완고하고 명백하게 부인했다. 스탈린처럼, 그녀는 병자였으며 죽어가고 있었다. 한편 그와는 달리, 그녀는 그것이 자신에게 유리할 것임을 알고 있었다. 그녀는 진실만을 말하는 게 중요함을 확신하고 있는 듯했다. 그럼으로써 그녀는 심문의 종료를 지연시켰다. 결국 그녀는 스탈린보다 오래 살아남았다. 비록 며칠뿐이긴 했지만. 그녀는 아마도 다른 이들도 스탈린보다 오래 살 것임을 알고 있었으리라.[51]

1953년 2월, 소련 지도부는 유대인들의 자기 비판서를 꾸미고 또 꾸몄다(나치의 선전물에서 직접 베껴온 듯한 문구까지 써가며). 그것은 저명한 소련 유대인들의 서명을 받은 다음 『프라우다』에 실릴 참이었다. 서명을 강요당한 사람들 가운데는 바실리 그로스만도 있었다. 언론의 맹공 속에서, 그의 최근작인 전쟁 소설 『정의를 위하여』가 '충분히 애국적이지 못하다'라는 비판이 갑자기 불거졌다. 『정의를 위하여』는 스탈린그라드 전투를 다룬 대작 소설이었다. 대체로 스탈린주의 원칙에서 벗어나지 않게 쓰인(그러나 이제 그로스만의 관점은 바뀌었다. 그 후속작이자 대표작 『삶과 운명』에서 그로스만은 미래를 내다보는 나치 심문관을 그려낸다. "오늘 너희는 우리가 유대인들에게 갖는 적대감에 놀라겠지. 내일이면 우리 경험을 너희 스스로 써먹게 될걸."). 그 비판서의 최신판인 1953년 2월 20일자 판에서, 서명자들은 "두 개의 진영", 즉 진보 진영과 반동 진영이 유대인들 가운데 있음을 확언해야 했다. 이스라엘은 반동 진영에 있고, 그 지도자들은 "미국 독점자본주의자들과 연계된 유대인 부호들이다". 소련 유대인들은 또한 "소련 인민들, 그리고 그 누구보다 대러시아인들이" 인류와 유대인을 구했음을 인정해야 했다.[52]

그 비판서는 제국주의를 일반적으로 비판하며, 소위 음모를 꾸민 유대인 의사들을 구체적으로 거명하고 있었다. 스탈린주의 용어로, 이는 '충분히 반제국주의적이지 못한' 소련 유대인들에 대한 대규모 숙청을 정당화하는, 심지어 시작하는 문건이었다. 이 비판서에 서명한 소련인들은 그들 스스로를 유대인이라 인정했으며(그들 모두가 실제 그랬던 것 같지는 않다. 그들이 그렇게 확신하고 있었던 것 같지도 않다), 이제 분명 위험에 처해 있는 집단의 지도자들로도 인정했다. 일리야 에렌부르크는 그로스만처럼 유대 혈통의 소련 작가였고, 스탈린이 만든 이스라엘에 대한 논쟁적 기사에 자기 이름을 넣도록 허락했다. 그러나 이제 그는 그런 문건에 서명하기를 주저하고 있었다. 그는 스탈린에게 몰래 서신을 보내 어떻게 해야 하는지 물었다. 그는 몇 년 전 베르만과 폴란드 유대인들이 취했던 것과 같은 변명을 늘어놓았다. '유대인은 혈통 민족이 아니고, 우리 개개인은 충성스러운 공산주의자입니다. 우리가 어찌 유대 민족이라 불리는 집단 정체성을 가지고 우리 스스로를 해치는 일을 벌일 수 있겠습니까?'[53]

스탈린은 답변하지 않았다. 그는 1953년 3월 1일에 혼수상태가 되고, 나흘 뒤에 죽었다. 스탈린이 무엇을 원했는지는 추정만 할 수 있을 뿐이다. 그는 그 스스로도 완전히 확신하지 못했을 수 있다. 그는 자신의 첫 수에 소련 사회가 어떻게 나오는지 지켜보고 있었을 수도 있다. 자신이 영생할 수 없음과 후계자 문제로 번민하고, 소련 체제에 유대인들이 미칠 악영향에 대해 우려하고, 분명히 파악하지 못한 강적과의 냉전을 이어가는 데 지친 그는 통상적인 형태의 자기방어책을 택했다. 바로 정치재판과 숙청을. 당시 돌던 뜬소문을 근거로, 소련인들은 앞으로 벌어질 일을 상상하는 데 전혀 어려움이 없었다. 의사들과 그들의 짝패로 의심받는 소련 고위층들은 정치재판을 받게 되리라. 남은 유대인들은 경찰과 군대의 손으로 숙청되리라. 3만5000명에 이르는 소련 유대인 의사들(그리고 아마 과학자들도)은 아마 수용소로 가게 되리라. 그리고 어쩌면 유대인 전체가 강제이주되든지 총살에 처해지든지 하리라.[54]

그런 일이 실제로 일어났다면, 1930년대에 폴란드인을 대상으로 시작되고 대공포 시대를 거쳐 제2차 세계대전 기간과 이후에 계속된 일련의 반민족 작전 및 소수 민족 강제이주 작전이 다시 벌어졌을 것이다. 그 모든 것이 스탈린이 전에 벌인 일들과 맞았고, 통상적인 논리와 부합했다. 기피되고 처벌될 소수 민족은 비소련 세계와 눈에 띄는 연결 고리가 있는 민족이기 마련이었다. 비록 570만 명의 유대인의 죽음을 가져왔지만, 제2차 세계대전은 유대인에게 스탈린의 손이 닿지 않는 곳에 민족국가를 세울 수 있게 해주었다. 1930년대의 적대국들처럼, 유대인들은 이제 소련 내부의 불안 요인(4년 동안의 숙청과 공식적 반유대주의로)이자, 소련 바깥에 원조 세력(이스라엘)을 갖고 있는 세력이며, 국제 분쟁에서 일정한 역할을 담당할 수 있는 세력(미국과의 내통으로)이었다. 전례가 어땠는지는 분명했고, 대응 논리도 탄탄했다. 그러나 스탈린주의는 이제 끝나가고 있었다.

소련과 동유럽에서 치러진 모든 정치재판, 그리고 경찰에 잡힌 상태에서 죽어간 모든 사람을 생각하면, 스탈린은 자기 인생의 황혼기에 수십 명에 지나지 않는 유대인을 죽였다. 매우 모호했던 '최종 반민족 작전' 같은 것을 그가 원했다면, 그는 그 완성을 보지 못한 채 죽은 셈이다. 오직 그의 죽음이 그런 결과를 방지했다고 상상하기란 어렵지 않다. 소련은 자칫하면 1930년대와 같은 규모의 '민족 숙청'을 되풀이했을 것이라고. 그러나 증거는 이쪽저쪽으로 다 있다. 스탈린 스스로의 행동을 보면 놀랄 만큼 미적거린 모양이며, 그의 권력기구들의 대응도 느릿느릿했다.

스탈린은 1930년대처럼 1950년대에는 자기 나라를 확실히 장악하고 있지 못했다. 그리고 그 나라 자체가 이미 크게 변해 있었다. 그는 이제 한 사람의 개인이라기보다 신화 같은 존재였다. 제2차 세계대전 이후 그는 공장, 농장, 정부 부처 등을 방문한 일이 한 번도 없었다. 그리고 1946년과 1953년 사이에 대중 연설을 단 세 차례만 했다. 1950년경에는 스탈린이 더 이상 (지난 15년간처럼) 고독한 폭군으로서 소련을 통치하고 있지 못했다. 1950년대에 정치국 핵심 멤버들은 그가 모스크바를 오래 비우는 상황을 일상적으로 접해야 했으며, 그들 스스로 소련 관료 기구에 라인을 만들어갈 수 있었다. 1937년에서 1938년까지의 대공포 시대처럼 유대인들을 대량 숙청했다면, 소련 사회에 일반적인 상향적 동원이 부추겨졌을 가능성이 높다. 그러나 대체로 반유대주의적이기는 하나 그런 '기회'에는 상당한 '대가'가 따른다고 여기던 소련 국민에게 그런 상황이 어떻게 받아들여졌을지는 미지수다.[55]

가장 놀라웠던 점은 이 모든 것에 그만큼 왈가왈부가 있었다는 사실 그 자체였다. 대공포 시대에 스탈린의 제안은 곧 명령이 되었고, 명령은 구체적인 할당량이 되었으며, 할당량은 그에 맞는 숫자의 시체로 구현되었고, 시체들은 다시 숫자로 치환되었다. 유대인 문제에는 그런 과정이 전혀 없었다. 최후의 5년 동안 스탈린이 소련 유대인을 주제로 그토록 많은 말을 했음에도, 그는 '제대로 일하도록' 보안 총책임자를 움직일 수 없었다. 과거에 스탈린은 대량학살을 조금 진행한 다음에는 보안 총책임자 자체를 제거해버렸다. 그가 너무 지나쳤다고 비판하면서 말이다. 이제 보위부 간부들은, 아마도 이해할 만한 사유로, 학살의 첫발을 디디는 것조차 꺼리는 듯 보였다. 처음에 스탈린은 라브렌티 베리야가 총책임자임에도 아바쿠모프에게 실행을 맡겼다. 그러고는 아바쿠모프가 리우민의 손에 실각하도록 했다. 리우민 자신도 1952년 11월에 실각했다. 리우민의 후계자는 취임 첫날 심장마비를 일으켰다. 결국 수사 업무는 베리야의 심복이었던 S. A. 고글리제에게 돌아갔다.[56]

스탈린은 그가 한때 가졌던 힘, 그가 꾸며낸 세상으로 실제 사람들을 끌어올 수 있는 힘을 잃었다. 그는 안보 총책임자를 위협해야 하는 자기 자신을 발견했다. 단지 그에게 지시를 내리는 게 아니라 말이다. 그의 부하들은 스탈린이 증거로 여겨질 수 있는 자백과 우연의 일치를 원한다는 것을 알았다. 그러나 그것은 어느 정도의 관료적 우선순위 문제에, 심지어 어떤 점에서는 법률에 가로막혀 뜻대로 되지 않았다. 유대 반파시즘 위원회 멤버들에게 실형을 부과했던 판사 한 명은 피고들에게 항소할 권리를 행사하도록 권했다. 소련 유대인들의 기소 과정에서, 보안 총책임자들은 때때로 부하들과 실갱이를 벌였다(그리고 더 중요하게는 피고들과도). 그들이 '시키는 대로 해'라는 말에 납득하지 않았기 때문이다. 심문 과정은 비록 야만적이었으나 언제나 원하는 대로의 증거를 뽑아낼 순 없었다. 고문이 행해졌지만, 그것은 최후의 수단이었으며 스탈린이 직접 실시를 종용한 경우에만 행해졌다.[57]

—

스탈린은 세계대전의 영향과 서방의 영향에 있어서는 옳았다. 또한 그가 구축해놓은 소련 체제의 지속 가능성에 대해서도. 제2차 세계대전 이후, 1940년대가 1930년대를 정당화한다고, 다시 말해서 독일에 대한 승리가 한편으로는 소련인들에 대한 압제를 정당화한다고 진심으로 믿은 소련인은 별로 없었다. 그것은 물론 대공포 시대의 논리가 당시에 통하지 않는다는 뜻도 내포했다. '전쟁이다. 그러니까 위험 요소를 배제하고 보자'라는 논리 말이다. 스탈린의 생각에, 미국과의 다가오는 전쟁은 1950년대의 '예방적 폭압'을 정당화해줄 것이었다. 그러나 소련인들이 그렇게 해줄지는 미지수였다. 비록 1950년대 초에 많은 사람이 반유대주의 히스테리에 걸려 있었지만, 그래서 예컨대 유대인 의사를 거부하거나 유대인 약제사의 약을 거부하는 등의 행태를 보였지만, 그렇다고 해서 그것이 대량학살을 지지하는 의사 표시가 되지는 않았다.

소련은 스탈린의 죽음 뒤 약 40년을 더 지속했다. 그러나 그 보안기구는 다시는 인위적 기근이나 대량 사살을 실시하지 못했다. 스탈린의 후계자들도 나름대로 야만적인 인간들이었으나, 스탈린식의 대중 테러는 삼갔다. 우여곡절 끝에 결국 스탈린의 후계자가 된 니키타 흐루쇼프는 예전에 그 자신이 수용소로 보낸 우크라이나 죄수들을 대부분 석방했다. 대량학살을 막을 힘이 없어서 막지 못했다는 것은 흐루쇼프를 두고 할 말이 아니다. 그는 1937년에서 1938년까지 누구보다 앞장서서 테러를 벌였고, 제2차 세계대전 뒤에는 앞장서서 우크라이나를 재정복했다. 그보다 그는 소련이 더 이상 종전처럼 굴러갈 수 없음을 알았다고 봐야 하리라. 그는 심지어 1956년 당 전체 회의 연설에서 스탈린의 범죄 일부를 폭로하기도 했다. 비록 공산당 간부들의 고난에 초점을 두고, 더 많은 숫자의 학대받은 집단(농민, 노동자,

그리고 소수 민족)에 대해서는 소홀히 다루었지만 말이다.

동유럽 국가들은 소련의 위성국가로 남았다. 그러나 어느 국가도 더 이상 정치재판(1930년대 대공포의 전주곡이었던)을 넘어 대량학살로 나아가려 하지 않았다. 그들 대부분은(폴란드를 제외하고) 농업을 집단화했다. 그러나 결코 농민이 소작물을 사적으로 활용할 권리를 엄금한 적은 없었다. 소련과는 달리, 위성국가에서는 인위적 기근도 없었다. 흐루쇼프 치하에서, 소련은 1956년에 공산 위성국가인 헝가리를 침공했다. 비록 그곳의 내전이 수천 명의 희생자를 낳고, 소련의 개입으로 정권 담당자가 교체되어야 했지만, 유혈 숙청이 이어지지는 않았다. 1953년 이후에는 상대적으로 적은 사람들이 공산 동유럽에서 의도적으로 살해당했다. 1933년에서 1945년까지의 '대량학살 시대', 그리고 1945년에서 1947년까지의 '인종 청소 시대'에 비하면 희생자 수는 미미했다.

—

스탈린주의적 반유대주의는 스탈린이 죽은 한참 뒤에도 동유럽을 떠돌았다. 그것이 중요한 통치 수단이 되는 일은 드물었으나, 언제나 정치적 불안이 가중되면 불거지곤 했다. 반유대주의는 각국의 지도자가 전시 고난의 역사를 새로 쓸 수 있게 해주고(오직 슬라브족들만 고통받았다는 식으로), 스탈린주의의 역사 역시 그렇게 할 수 있게 했다(왜곡을 거쳐 유대인들이 공산주의를 훼방 놓은 식으로). 1968년, 스탈린 사후 15년에 폴란드에서는 홀로코스트가 공산 내셔널리즘의 목적으로 재조명되었다. 이때는 브와디스와프 고무우카가 재집권해 있었다. 1956년 2월, 흐루쇼프가 스탈린의 통치 행위 일부를 비판했을 때, 그는 스탈린주의와 연계된 동유럽 공산 지도자들의 입지를 흔들었다. 그리고 스스로 개혁파라 부르던 사람들의 입지를 굳혀주었다. 이는 베르만, 비에루트, 민츠 삼두정의 종말로 이어졌다. 고무우카는 감옥에서 풀려나 복권되고, 그해 10월에 집권했다. 그는 개혁 공산주의에 대한 일부 폴란드인의 희망을 대변했다. 폴란드는 이미 전후 재건과 신속한 산업화에 따른 결과를 얻고 있었고, 경제 체제 개선의 시도는 생산성을 저해하거나 정치적으로 부담스러운 것으로 나타났다. 경제 체제 개선의 모든 시도가 실패한 끝에는, 내셔널리즘만 남아 있었다.[58]

1968년 폴란드에서, 고무우카 정권은 스탈린의 말년을 연상시키는 반시온주의 숙청을 법제화했다. 1948년 실각한 뒤 20년이 지난 그때, 고무우카는 폴란드 유대인 공산주의자들에게, 아니면 그 자녀들 일부에게 복수하려 했다. 1952년에서 1953년의 소련에서처럼, 1967년에서 1968년의 폴란드에는 권력 승계의 문제가 맴돌고 있었다. 고무우카는 장기집권 중이었다. 스탈린처럼, 그는 유대인 문제에 연루되었다는 이유로 라이벌들을 기꺼이 숙청하려 했다. 그리고 시오니즘의 위협이라 여겨진 문제에 날카롭게 대응하지 않는 자에 대해서도.

"시오니즘"이라는 말은 1967년 6월, 이스라엘이 '6일 전쟁'에서 승리하면서 폴란드 공산 언론에 재등장했다. 소련에서는 이 전쟁이 '이스라엘은 미국의 위성국가다'라는 인식을 확고히 해주는 계기였으며, 그런 인식은 곧 동유럽 공산 국가들에서 공유되었다. 그러나 폴란드인들은 때때로 소련의 후원을 받던 아랍에 반해 이스라엘을 응원했다(사람들은 "우리 귀여운 유대인들"이라는 말을 썼다). 일부 폴란드인은 당시 이스라엘에서 동병상련을 느꼈다. 두들겨 맞은 약자이자, 소련에 맞서며 서구 문명을 대표하는 사람들로서. 그런 점에서, 아랍에 대한 이스라엘의 승리는 소련을 두들겨 부수는 폴란드라는 판타지를 떠올리게 했다.[59]

폴란드 공산당의 공식 입장은 그와 달랐다. 폴란드 공산당 지도부는 이스라엘을 나치 독일과, 시오니즘을 국가사회주의와 등치시켰다. 이런 주장은 종종 제2차 세계대전을 겪은, 심지어 그 전쟁에서 싸운 사람들의 입에서 나왔다. 그러나 이 기묘한 비교는 일정한 정치 논리에서 비롯된 것으로, 이제 폴란드와 소련의 공산당 지도자들에게는 일반화된 것이었다. 공산주의 세계관에서, 제2차 세계대전의 주역은 유대인이 아니라 슬라브인(소련의 러시아인, 폴란드의 폴란드인)이었다. 언제나 고난 이야기의 주인공이던 유대인은 전후 그 세계관에 짜맞춰졌다. 고통을 받기는 받았는데 어디까지나 "소련인"이나 "폴란드인"의 일부로서 받은 것이다. 폴란드에서 유대 공산주의자들은 독일 점령기 유대인의 역사를 지우는 데 가장 큰 역할을 했다. 이를 1956년에 해치운 유대 공산주의자들은 그다음에 실각했고, 폴란드의 인종적 순수성 신화를 내세우는 비유대 공산주의자인 고무우카가 권좌에 올랐다.

제2차 세계대전에 대한 이런 평가는 냉전기 선전의 일환이기도 했다. 독일인이 일으킨 최근의 전쟁에서 희생된 슬라브인인 폴란드인과 러시아인들은 여전히 독일의 위협을 받고 있다. 다시 말해서 서독과 그 후원자인 미국에게. 냉전의 세계에서, 이는 전적으로 수긍이 가지 않는 말은 아니었다. 당시 서독 수상은 나치 출신이었다.* 독일 교과서의 독일 지도는 1945년에 상실한 폴란드 땅을 그대로 독일 영토로 표시하고 있었다("폴란드 행정부 관리 상태"라는 제목을 붙인 채로). 서독은 전후 폴란드를 끝까지 승인하지 않았다. 서독처럼, 서방 민주 국가들에서는 독일의 전쟁범죄를 많이 이야기하지 않았다. 1955년 서독을 나토에 가입시킬 때, 미국은 최근의 적이었던 독일의 잔악 행위에 대해 사실상 검토하지 않았다.

1950년대처럼 스탈린주의적 반유대주의는 냉전기에도 이스라엘에 대한 불신을 심었다. 1953년 1월 소련 언론의 기사에서 따온 주제로, 1967년 폴란드 언론은 서독이 나치 이데올로기를 이스라엘에 심었다고 보도했다. 정치 카툰은 이스라엘군을 독일 국방군으로 묘사했다. 따라서 자국의 존재는 제2차 세계대전과 홀로코스트의 희생에 따라 도덕적으로 정당화된다는 이스라엘의 주장은 뒤집어 봐야 마땅한 것이었다. 폴란드 공산주의자들이 보기엔, 자본주의는 제국주의로 이행하는데, 국가사회주의가 그 한 예였다. 당시 제국주의 진영의 수장은 미국이며, 이스라엘과 서독은 그 발톱이었다. 이스라엘은 민족 희생에 대한 특별한 역사적 주장거리가 있는 소국이 아니라, 세계 질서를 유지하기 위한 제국주의의 주춧돌 가운데 하나였다. 공산주의자들은 희생자로서의 도덕적 정당성을 독점하기를 원했다.[60]

* 쿠르트 게오르크 키징거를 말한다. 1933년 나치당에 가입했고 전후 한때 전범으로 구속되었으나 단순 가담자로 분류되어 풀려났다. 보수당인 서독 기독민주연합에서 정치활동을 하고, 1966년부터 1969년까지 독일 수상을 지냈다.

이렇게 나치와 시온주의를 등치시키는 주장은 1967년 6월의 6일 전쟁 이후 공산 폴란드에서 나오기 시작했다. 본격화된 것은 그다음 봄 국내의 저항운동을 탄압한 뒤였다. 1968년 3월 8일, 어느 연극 상연의 금지 조치에 반발한 폴란드 대학생들의 시위는 '평화 행진'으로 불렸다. 그러자 정권은 그들의 지도자들을 "시온주의자"라고 불렀다. 그 전해에는 폴란드 유대인들을 "제5열"이라고, 폴란드의 외부 적들을 돕는 자들이라고 부르기도 했다. 이제 폴란드의 골칫거리라는 골칫거리는 다 싸잡아서 유대인 탓으로 여겨졌으며, 소련이 15년 전에 그랬듯 "시온주의자" "코즈모폴리턴"들의 음모라고 내세워졌다. 소련에서 그랬듯이, 두드러진 모순이 있는 주장이었다. "시오니스트"란 이스라엘을 지지할 것이고, "코즈모폴리턴"은 미국 지향일 것이니까. 그러나 두 나라 다 제국주의 동맹국이니 폴란드의 적인 셈이었다. 그들은 외부자이자 반역자들로, 폴란드와 폴란드적 정체성에는 무관심한 자들일 것이었다.[61]

폴란드 공산당은 이제 재빠르게 옛 유럽의 반유대주의 논리를 자기 것으로 받아들여 쓰고 있었다. 나치의 전형적인 "유대볼셰비즘", 공산주의란 유대인들의 음모에서 나온 작품이라는 히틀러 본연의 아이디어는 전쟁 전 폴란드에 꽤 많이 퍼져 있었다. 비록 아주 특별한 역사적 상황 탓이었지만, 초기 공산 정권에 폴란드 유대인들이 두드러졌음은 유대인과 공산주의 사이의 이 널리 퍼진 음모론을 덮는 데 별 도움이 되지 않았다. 그러나 이제, 1968년 봄, 폴란드 공산주의자들은 스탈린주의 내부의 문제는 유대인에게 있다는 식으로 그 전형적인 아이디어를 슬쩍 바꿔서 써먹고 있는 것이었다. 1940년대와

1950년대의 폴란드에 뭐든 잘못된 게 있었다면, 그것은 당을 너무 많이 장악하려 했으며 따라서 전체 시스템을 망쳐버린 유대인들 탓이었다. 일부 공산주의자는 폴란드에 해를 끼쳤다. 그러나 그 공산주의자들이란 유대인이었다. 만약 폴란드 공산주의가 그런 인간들을 청소해버린다면, 또는 적어도 그들의 자식이라도 숙청한다면 나아지리라. 이런 식으로, 고무우카 정권은 폴란드의 인종적 순수성을 확보하려 했다.

해결책은 오직 유대인들을 공직에서 몰아내고 정치적 영향력을 거세하는 것뿐이었다. 그러나 대체 '유대인'이라는 게 누군가? 1968년, 유대식 이름을 가졌거나 스탈린주의를 따르는 부모를 둔 학생들은 언론에서 유다르게 주목을 받았다. 폴란드 당국은 반유대주의를 활용해 학생들과 일반 대중을, 노동자와 군인들의 대규모 집회를 갈라놓았다. 폴란드 노동계급은 그 나라의 지도자들의 강조에 따르면 인종적으로 순수한 폴란드 노동계급이었다. 그러나 실제로는 그리 단순하지 않았다. 고무우카 정권은 자신에게 쏟아지는 비판을 잠재우기 위해 기꺼이 유대인이라는 딱지를 썼다. 폴란드 공산당의 정의에 따르면, 유대인이란 반드시 부모가 유대인인 사람을 가리키지 않는다. 반유대 캠페인은 유대인에 대한 모호한 정의를 포함했다. 종종 "시온주의자"란 그저 지식인이거나, 정권에 반감을 품은 사람을 의미했다.[62]

이 캠페인은 논리적으로 부당했고, 의도적으로 도발적이었으며, 몰역사적이라는 점에서 언어도단이었다. 그렇지만 살의를 띠지는 않았다. 폴란드 공산당의 반유대주의극은 옛 스탈린주의를 떠올리게 하는 것이었고, 나치 독일의 전형적인 낙인과도 흡사했다. 그러나 여기에 유대인을 학살할 계획은 전혀 포함되어 있지 않았다. 비록 "반시온주의 캠페인"의 결과 한 사람이 자살했고, 여러 사람이 경찰에게 매를 맞았으나, 의도적 살해는 한 건도 없었다. 정권은 2591명 정도를 구속하고, 수백 명의 학생을 바르샤바에서 멀리 떨어진 요새지로 징병 보냈으며, 학생 대표 일부는 감옥에 가두었다. 약 1만7000명의 폴란드인(유대계가 다수이기는 했으나 전부는 아니었다)이 일방통행 서류를 받고 나라를 떠나라는 정부의 제안을 받아들였다.[63]

바르샤바 거주민들은 움슐락플라츠에서 얼마 떨어지지 않은 기차역에서 떠나가야 한다는 것을 받아들이는 수밖에 없었다. 움슐락플라츠, 그곳은 바르샤바 유대인들이 겨우 26년 전에 트레블린카로 떠나가야 했던 곳이다. 적어도 300만 명의 유대인이 제2차 세계대전 이전에 폴란드를 떠났다. 이러한 공산주의 반유대주의의 에피소드 이후에는 약 3만 명이 남았다. 폴란드 공산당과 그들을 믿는 사람들에게, 유대인은 1968년이나 그 이전 시기의 희생자들이 아니었다. 그들은 폴란드인들을 올바른 주장(인종적 순수성과 영웅주의)에서 엇나가게 하려는 자들이었다.

1968년 폴란드의 스탈린주의적 반유대주의는 수만 명의 삶을 바꿨으며, 많은 지적인 동유럽 남녀들에게서 마르크스주의에 대한 신뢰를 끝장냈다. 물론 마르크스주의에는 다른 문제들도 있었다. 그 당시 스탈린주의 경제 모델의 잠재력은 공산 폴란드에서 소진되었으며, 이는 다른 공산권에서도 마찬가지였다. 집단화는 농업경제를 전혀 촉진시키지 못했다. 빠른 성장은 오직 강제적인 산업화로만 가능했다. 한 세대가 지나고, 공산 세계보다 서유럽이 더 번영하고 있음은, 게다가 그 격차가 더 벌어지고 있음은 거의 어느 곳에서든 명백히 보였다. 폴란드 공산당 지도자들은 반유대주의를 끌어안으면서 암묵적으로 그들의 체제가 구제불능임을 인정한 셈이었다. 그들은 이전에는 공산주의의 개혁을 믿었을 법한 많은 사람을 소외시켰으며, 그들 스스로 어떻게 체제를 개선할 수 있을지 막막한 지경이었다. 1970년, 고무우카는 상품 가격을 올리려 했다가 권좌에서 밀려났다. 그를 대신한 완전히 비이데올로기적인 계승자는 외채에 의존해 폴란드의 번영을 꾀했다. 그런 구도의 실패는 1980년 연대solidarity 운동의 발생으로 이어졌다.[64]

비록 1968년 3월 폴란드 학생들이 휘두르는 경찰봉에 쓰러졌지만, 체코슬로바키아 공산당은 동유럽에서 마르크스주의를 개혁하려고 시도했다. '프라하의 봄' 동안 공산 정권은 언론의 자유를 매우 높은 수준까지 허용했으며, 그에 따라 경제개혁의 지지 기반을 마련하고자 했다. 그러나 예측 가능했다시피, 민간의 논의는 정권이 예상한 범위를 벗어났다. 소련의 압력이 있었지만, 알렉산드르 둡체크 체코 공산당 서기장은 집회와 토론이 계속되도록 했다. 그해 8월, 소련군(및 폴란드, 동독, 불가리아, 헝가리군)이 체코슬로바키아를 침공하고 '프라하의 봄'을 짓밟았다.

소련의 선전 내용은 폴란드 지도부의 반유대주의 실험이 원칙에 벗어난 게 아니라고 확정했다. 소련 언론에서는 체코슬로바키아 공산 개혁가들이 실제로 또는 허구로 유대인 핏줄이라는 데 크게 주목했다. 1970년대와 1980년대 폴란드에서는 비밀경찰이 저항운동 멤버들 가운데 유대인 혈통인 사람들을 특히 예의주시했다. 1985년 미하일

고르바초프가 소련의 개혁자로 권좌에 올랐을 때, 그의 개혁에 저항하는 이들은 구체제를 지키는 데 러시아 민족주의-반유대주의를 동원하려 했다.[65] 스탈린주의는 동유럽 유대인들을 독일의 희생자라는 역사적 위치에서 끌어내고 공산주의에 대한 제국주의 음모가 그들의 배경에 있는 것으로 바꿔놓았다. 그로부터, 그들 스스로를 음모의 주역들로 못 박는 일은 아주 쉬웠다. 따라서 공산주의자들이 히틀러의 주된 범죄를 구별해내고 정의하기를 꺼린 까닭은 수십 년 뒤 그들이 히틀러의 세계관을 인정했다는 의미였다.

—

모스크바, 프라하, 바르샤바의 스탈린주의적 반유대주의는 별로 많은 사람을 죽이지는 않았다. 그러나 유럽의 과거사를 엉망으로 만들었다. 홀로코스트는 소련 인민들의 고통에 대한 스탈린주의적 이야기를 복잡하게 만들었으며, 러시아인과 슬라브족이야말로 최대 희생자라고 주장하기 어렵게 했다. 공산주의자들과 그들의 충성스러운 슬라브족(그리고 다른 민족들) 추종자들은 제2차 세계대전의 승리자와 희생자가 누구인지 이해하고 있어야 했다. 슬라브족의 무죄와 서방의 침략이라는 구도는 냉전에도 그대로 적용되었는데, 물론 그것은 서방 제국주의 진영의 이스라엘과 미국에 유대인이 연결되어 있으며 따라서 역사에서 침략자로 분류된다는 이야기를 필요로 했지만 말이다.

공산당이 유럽의 대부분을 지배하는 한, 홀로코스트는 그 실체를 제대로 나타낼 수 없었다. 수백만 명의 비유대 동유럽인이 전장에서,

소련의 포로수용소에서, 포위된 도시에서, 촌락과 시골에서 죽어간 바로 그 때문에, 공산주의자들은 비유대인의 고난에 역점을 두는 것이 역사적 근거가 있다고 주장해왔다. 스탈린에서 시작해 사회주의권이 끝날 때까지, 공산주의 지도자들은 서방 세계에서 독일 육군을 무찌르는 데 붉은 군대가 세운 공을, 또한 독일 점령기에 동유럽 인민이 겪은 고통을 별로 의식하지 않는다고 할 만했다. 여기에 한 가지만 수정이 가해졌다. 홀로코스트를 일반적인 고난 속에 묻어버리고, 동유럽에서 한때 중심적이던 유대 문명을 외적인 것으로 몰아내는 것. 냉전기 동안, 서방 세계에서의 자연스런 반응은 스탈린주의의 막대한 고난이 소련 국민의 몫임을 강조하는 것이었다. 그 역시 사실이었다. 그러나 소련이 스스로 주장하는 것처럼, 그것이 유일한 진실, 또는 완전한 진실이라고 할 순 없었다. 이러한 기억의 경쟁 가운데, 또 다른 독일의 대량학살 정책이었던 홀로코스트와 스탈린주의적 대량학살은 서로 다른 역사로 분기되었다. 비록 시간과 공간에 있어 서로 공통되어 있었음에도 불구하고.

나치와 소련 체제가 저지른 수없이 많은 대량학살과 같이, 홀로코스트 역시 블러드랜드에서 자행되었다. 대전 이후 유럽 유대인들의 오랜 고향은 공산 국가의 영토가 되었고, 죽음의 공장과 킬링필드 역시 그리되었다. 새로운 종류의 반유대주의를 세상에 선보이면서, 스탈린은 홀로코스트의 진실을 축소했다. 홀로코스트에 대한 국제적인 집단 기억이 1970년대와 1980년대에 나타났을 때, 그것은 독일과 서유럽 유대인들의 경험에 중점을 두었고, 희생자 가운데 소규모 집단들, 아우슈비츠(학살된 유대인 중 겨우 6명에 1명 정도와 관련 있던)에 집중되었다. 서구와 미국 역사가와 기념운동가들은 스탈린주의적 역사 왜곡을 시정하려 하면서도 아우슈비츠 동쪽에서 희생된 거의 500만 명에 가까운 유대인과 나치에게 죽은 거의 500만 명의 비유대인 희생자는 간단간단히 넘기는 모습을 보였다. 동방에서 특히 유대인들이 많이 죽어간 사실과 서방에서의 지리적 조건을 계산에 넣지 않는다면, 홀로코스트는 유럽사에서 제자리를 찾았다고 볼 수 없다. 유럽인과 그 밖의 사람들이 아무리 '홀로코스트를 잊지 말자'고 말한다고 해도 말이다.

스탈린의 제국은 히틀러의 그것을 포괄했다. 철의 장막은 서방과 동방 사이를 갈랐다. 그리고 산 자와 죽은 자 사이에도 장벽을 마련했다. 이제 그 장막이 걷힌 상태에서, 우리는 원하기만 하면 볼 수 있다. 히틀러와 스탈린 사이에 있었던 유럽의 참된 역사를.

결론

인간성에 대한 질문

모든 삶은 이름을 갖는다. 들판에서 밀의 환상을 봤던 소년은 이오시프 소볼레프스카였다. 그는 굶어 죽었다. 1933년, 기근에 시달리던 우크라이나에서 어머니와 다섯 형제와 함께. 그때 살아남은 그의 형제 하나는 1937년, 스탈린의 대공포 시대에 죽었다. 오직 한 사람, 여동생 한나만이 끝까지 살아서 그와 그의 희망을 들려준다. 스타니스와프 비가노프스키라는 청년은 자신의 체포된 처, 마리아와 반드시 재회하리라 내다봤다. "지하에서 말이야." 그들은 1937년 레닌그라드에서 내무인민위원회에게 총살되었다. 자기 결혼반지에 대해 쓴 폴란드 장교는 아담 솔스키였다. 그의 일기는 그가 1940년에 총살된 카틴 숲이 파헤쳐졌을 때 그의 시신과 함께 발견되었다. 아마 결혼반지도 숨겼을 테지만, 그를 쏴 죽인 병사들이 뒤져서 챙겨갔을 것이다. 1941년, 포위와 굶주림의 레닌그라드에서 간단한 일기를 남긴 열한 살짜리 러시아 소녀는 타냐 사비체바였다. 그녀의 누이 중 한 사람은 얼어붙은 라도가 호를 건너 살아남았다. 타냐와 그 밖의 가족 전부는 죽었다. 1942년 벨라루스의 죽음의 구덩이에서 아빠에게 편지를 썼던 열두 살짜리 유대인 소녀는 유니타 비시니아츠카야였다. 그녀 옆에서 편지를 썼던 그녀의 어머니는 즐라타였다. 모녀 모두 목숨을 잃었다. 유니타의 편지 마지막 구절은 "이제 진짜 마지막 작별 인사예요. 입맞춤을, 끝없는 입맞춤을 보내요"였다.

모든 죽음은 숫자가 되었다. 이오시프에서 유니타의 죽음 사이에 나치와 스탈린주의 체제는 블러드랜드에 1400만 명 이상의 피를 뿌렸다. 살육은 스탈린이 소련령 우크라이나에 내린 지령에 따른 정치 프레임으로 시작되었고, 그에 따라 300만 명 이상의 목숨이 거둬졌다. 그리고 1937년과 1938년, 스탈린의 대공포가 이어졌다. 대략 70만 명이 총살당했는데, 그 가운데 다수는 농민이나 소수 민족이었다. 다시 1939년에서 1941년, 소련과 독일은 손잡고 폴란드 국가와 그 지식계급을 파괴했다. 20만여 명이 살육당했다. 히틀러가 스탈린을 배신하고 소련을 침공하라고 명령한 뒤, 독일군은 소련 전쟁포로들과 포위한 레닌그라드 시민들을 굶겨서 400만 명 이상의 목숨을 앗았다. 독일이 점령한 소련 땅과 폴란드, 발트 삼국에서 독일은 총탄과 독가스로 540만 명의 유대인을 죽였다. 독일과 소련은 앞서거니 뒤서거니 하며 점점 더 흉악한 범죄를 저질렀으며, 벨라루스와 바르샤바에서의 빨치산 전쟁에서는 독일이 50만여 명의 민간인을 학살했다.

이런 잔학 행위는 하나의 땅에서 이뤄졌고, 하나의 시대에 치러졌다. 1933년에서 1945년 동안 '블러드랜드'에서. 그 이야기를 차례로 풀어나가면 당시의 유럽사를 핵심 사건별로 서술하는 셈이 된다. 유럽 공통의 역사에서 대량학살의 사례를 살펴본다는 틀이 없이는, 나치 독일과 소련 사이의 비교는 타당할 수 없다. 이제 이 블러드랜드의 역사를 마친 지금 비교가 남아 있다.

나치와 스탈린주의 체제는 둘을 떼어놓고 비교하기보다 우리 시대와 우리 자신을 이해하는 식으로 비교하는 게 필수적이다. 한나 아렌트는 이를 1951년에 시도하고, 두 체제를 "전체주의"라는 이름 아래 하나로 합쳐 봤다. 19세기 러시아 문학은 그녀에게 "잉여인간"이라는 관념을 일깨워주었다. 홀로코스트 역사의 개척자인 라울 힐베르크는 나중에 그녀에게 관료 국가가 20세기에 그런 사람들을 어떻게 제거했던지를 보여주었다. 아렌트는 현대의 잉여인간에 대한 지워지지 않을 상을 제시했으니, 대중사회를 박살내고, 진보와 행복의 이야기 가운데 죽음이 자리 잡게 할 수 있는 전체주의 체제를 구축하면서 그런 상이 떠오른다고 했다. 학살의 시대에 대한 아렌트의 오래 남는 상을 풀이하면 이랬다. 사람들(희생자와 가해자 모두)이 서서히 인간성을 잃어버렸다는 것이다. 먼저 대중사회의 익명성 속에서, 다음에는 집단수용소에서. 이것은 강력한 이미지이며, 나치와 소련의 학살을 역사적으로 비교하기 전에 정확히 교정되어야 할 것이다.[1]

이런 틀에 가장 가깝게 맞아떨어지는 학살지는 독일의 전쟁포로수용소였다. 그곳은 의도적으로 사람들을 모아놓고 죽이는 유일한 시설이었다(독일이든 소련이든). 소련 전쟁포로들은 수만 명씩 한데 지내면서 음식도 의료 서비스도 제공받지 못했고, 속속 저승으로 떠났다.

약 300만 명이 숨졌는데, 그 대다수가 입소 뒤 겨우 몇 달 만에 그리 되었다. 그러나 집단수용소에서의 살육이라는 이 두드러진 예는 아렌트의 현대사회 개념과는 큰 관련이 없다. 그녀의 분석은 우리의 주의를 베를린과 모스크바로, 즉 전체주의 체제를 대표하는 멀리 떨어진 국가들의 수도로 돌리며, 각각 그 시민들에게 벌인 짓에 주목하도록 한다. 그러나 소련 전쟁포로들은 두 가지 체제의 상호작용 때문에 죽었다. 아렌트의 전체주의론은 현대 대중 산업사회 내의 비인간화에 주목할 뿐, 독일과 소련 사이에서 권력 열망이 역사적으로 중첩되었을 때의 효과에 대해서는 고려하지 않았다. 이들 병사의 결정적 순간은 그들이 붙잡혔을 때였다. 그때 그들은 소련 상급 장교와 내무인민위원회의 통제에서 벗어나 독일군과 친위대의 통제 아래로 들어갔다. 그들의 운명을 한 현대사회의 진보적 소외 현상으로 이해하면 안 된다. 그것은 두 세력의 충돌, 소련 영토에서 펼쳐진 독일의 범죄적 정책의 산물이었다.

다른 곳에서는, 집단수용소에의 집합이 반드시 살육 과정의 단계는 아니었고, 그보다는 사상을 고치고 육체는 강제노동에 동원하기 위한 방법으로 쓰였다. 독일 전쟁포로수용소의 중요한 예외 말고는, 독일도 소련도 의도적으로 수용소 재소자를 살육하려 하진 않았다. 수용소는 종종 처형의 전 단계라기보다 그 대체물로 쓰였다. 소련 대공포 시대에 두 가지 판결이 가능했다. 사형 또는 수용소형. 전자는 목에 총알이 박힌다는 의미였고, 후자는 머나먼 곳에 끌려가서, 암흑의 탄광이나 얼어붙는 숲이나 황량한 스텝 같은 곳에서 중노동에 시달려야 한다는 의미였다. 그러나 후자는 어쨌든 목숨은 보전한다는 뜻도 되었다. 독일 체제에서, 집단수용소와 살인 공장은 다른 원칙에 따라 운영되었다. 벨젠의 집단수용소행이라는 판결은 베우제츠의 살인 공장행이라는 판결과 크게 달랐다. 전자는 굶주림과 중노동을 의미했다. 그러나 생존 가능성이 높다는 것도 의미했다. 후자는 독가스에 의한 즉각적이고도 확실한 죽음이 기다림을 의미했다. 이는 묘하게도 사람들이 벨젠은 기억하고 베우제츠는 잊은 까닭도 되었다.

말살 정책 또한 집단수용소 정책과는 별도였다. 소련의 집단수용소 체제는 지속적일 것으로 기대된 정치경제의 일부였다. 강제수용소는 1930년대 초의 의도적 기근 사태 이전에도, 도중에도, 이후에도 있었다. 그 규모가 가장 커진 때는 1950년대 초로, 소련이 더 이상 자국 국민을 대량으로 죽이지 않게 된 다음이었다(그리고 그 때문에 수용소 규모가 커진 것이기도 했다). 독일이 구덩이를 파게 하고 총살하는 식으로 점령지 소련에서 유대인을 대량학살하기 시작했던 것은 1941년 여름부터다. 이는 이미 8년 전부터 운영하던 집단수용소 체제와는 전혀 달랐다. 1941년 하반기에 겨우 며칠 만에, 독일은 동유럽 유대인들을 대량 사살했는데 그 숫자는 그들의 집단수용소에서 죽어간 숫자를 합한 것보다 훨씬 더 많았다. 가스실은 집단수용소 용도로 만들어진 게 아니라 "안락사" 프로그램을 위해 의료 살인 시설로 쓰려던 것이었다. 그리고 소련 동부의 유대인들을 죽이고자 가스차량이 등장했고, 헤움노에서 독일에 병합된 폴란드 땅의 유대인 학살에 가스 차량이 쓰였다. 그다음이 베우제츠, 소비부르, 트레블린카의 영구 가스 시설이었다. 가스실은 점령된 소련 땅에서 유대인 대량학살 정책을 위해 쓰이는 한편 몰로토프-리벤트로프 라인 서쪽에서

도 계속 쓰였다. 홀로코스트로 죽은 유대인의 대다수는 집단수용소를 보지도 못했다.[2]

국가사회주의의 최악의 요소로 독일 집단수용소를 보는 것은 환상이다. 수수께끼의 사막에 떠오르는 검은 신기루랄까. 1945년 초 몇 달 동안 독일 국가가 무너지면서, 친위대가 운영하던 집단수용소의 비유대 재소자들이 주로 대규모로 죽었다. 그들의 운명은 1941년에서 1943년 사이에 독일의 침공과 점령으로 소련 체제가 흔들릴 때 소련 강제수용소 재소자들이 맞이한 운명과 비슷했다. 일부 굶주림의 희생자들은 영국과 미국이 만든 기록영화에 등장하게 된다. 그 이미지는 유럽과 미국인들이 독일 체제에 대해 잘못된 견해를 갖게끔 했다. 집단수용소는 전쟁 말기에 수십만 명의 목숨을 빼앗기는 했다. 그러나 의도적인 대량학살 프로그램에 따른 것은 아니었다(살인 공장과는 달리). 비록 일부 유대인이 정치범으로 수용소형을 선고받고, 또 일부는 노동자로서 그곳에 가긴 했지만, 집단수용소는 기본적으로 유대인용으로 만들어진 게 아니었다. 집단수용소로 보내진 유대인들은 살아남은 유대인들에 속해 있었다. 그것이 집단수용소가 유명해진 또 다른 이유다. 그들은 수용소에 대해 설명했다. 오래 일하다가 끝내 죽은 사람들이 아니라, 전쟁 끝 무렵에 들어와 바로 해방된 사람들이. 유럽 유대인을 말살하려던 독일의 정책은 집단수용소가 아니라 헤움노, 베우제츠, 소비부르, 트레블린카, 마이다네크, 아우슈비츠 등지의 구덩이, 가스 차량, 살인 공장 등으로 실행되었다.[3]

아렌트가 본 대로, 아우슈비츠는 산업적인 집단수용소와 살인 공장의 보기 드문 조합체였다. 그것은 집단수용소와 말살 정책 두 가지 다의 상징일 수 있는데, 그런 까닭에 혼동을 일으킨다. 이 수용소는 처음에는 폴란드인을 수용했고, 다음에는 소련의 전쟁포로들을, 그러고 나서 유대인과 집시들을 수용했다. 살인 공장이 기능에 추가된 뒤, 일부 새로 도착한 유대인들은 노역을 위해 분류되고, 지칠 때까지 일하고, 가스실로 갔다. 따라서 아우슈비츠는 아렌트가 주장한, 죽음으로 끝나는 진보적 소외의 이미지에 걸맞을 수도 있다. 그것은 아우슈비츠의 생존자들이 쓴 글들과도 구색이 맞았다. 타데우시 보로프스키, 프리모 레비, 엘리 위젤 등등의 글과. 그러나 그런 체험담들은 예외적인 것이었다. 그런 체험은 홀로코스트의 일반 진행 과정을 포괄하지 못했으며, 심지어 아우슈비츠에서조차 그랬다. 아우슈비츠에서 죽은 대부분의 유대인은 그곳에 도착하자마자 죽었고, 수용소 내부 생활을 전혀 해보지 못했다. 그 수용소에서 가스실로의 이동은 아우슈비츠 복합 시설의 역사에서 적은 부분만 차지했기에, 이를 놓고 홀로코스트의 대량학살의 일반적인 사례로 제시하는 일은 잘못된 것이다. 분명 아우슈비츠가 홀로코스트의 주요 장소이기는 하다. 학살된 유대인의 대략 여섯 명 중 한 명이 그곳에서 죽었다. 그러나 아우슈비츠의 살인 공장은 마지막으로 가동했던 살인 공장이며, 사람을 죽이는 기술을 최고 수준까지 발휘한 시설도 아니었다. 가장 효율적인 총살 부대나 아사 정책이 사람들을 더 빠르게 죽일 수 있었다. 트레블린카도 아우슈비츠보다 처리 속도가 빨랐다. 아우슈비츠는 유럽에서 가장 큰 규모의 유대인 집단인 폴란드 유대인과 소련 유대인을 학살하는 주된 장소도 아니었다. 독일 점령 상태에서 대부분의 폴란드계, 소련계 유대인들은 아우슈비츠가 주요 살인 공장이 되기 전에 이미 학살당한 상태였다. 비르케나우*의 가스실과 화장 복합 시설이 1943년 봄에 자리잡았을 때, 홀로코스트에서 희생된 유대인의 4분의 3 이상은 이미 죽은 상태였다. 다시 보자면, 소련과 나치 체제의 손으로 의도적으로 살해된 수없이 많은 사람의 90퍼센트 이상은 비르케나우의 가스실이 가동하기 시작할 무렵 이미 끝장나 있었다. 아우슈비츠는 「죽음의 푸가」의 '코다'**밖에 안 되었다.

아마도, 아렌트의 말처럼, 나치와 소련의 대량학살은 현대사회에 내재된 뭔가 심층적인 어두움의 상징일 수 있었으리라. 그러나 현대성이나 그 밖의 무엇무엇에 대해 그런 이론적인 결론을 내리기 전에, 실제로 일어난 일에 대해 확실히 팩트체크를 해야 한다. 홀로코스트에 대하여, 블러드랜드에 대하여 말이다. 실제로, 오랫동안 유럽의 대량학살 시대에 대해서는 이론이 실제를 넘어서고, 오해가 두드러진 경향이 있었기 때문이다.

아렌트(참으로 많은 지식을 가졌던, 그러나 그 범위는 당시 구할 수 있었던 2차 문건에 한정된)와 달리, 우리는 이런 '이론에 지식을 맞추는 일'에 죄책감을 가질 필요가 없다. 죽은 이들의 숫자는 오늘날 잘 알려져 있다. 어떤 경우에는 좀더 정확하고, 다른 경우에는 그렇지 못하지만, 적어도 두 체제의 파괴성을 파악하기에는 넘칠 만큼으로 알려져 있다. 민간인이나 전쟁포로를 죽이는 정책으로, 나치 독일은 블러드랜드에서 약 1000만 명을 학살했다(그리고 다른 지역까지 합하면

* 정식 명칭은 '아우슈비츠-비르케나우'로, 아우슈비츠의 다른 이름이라고 보면 된다.
** 악장의 마지막을 장식하는, 피날레 부분.

총 1100만 명). 스탈린 치하의 소련은 블러드랜드에서 400만 명 이상을 죽였다(총 600만 명). 기근, 인종 청소, 수용소 장기 재소 등으로 빚어진 죽음(예측 가능했던)까지 치면, 스탈린에게 죽은 숫자는 아마도 900만 명, 나치는 1200만 명으로까지 늘어난다. 아무래도 이렇게 큰 숫자는 완전히 정확하게 셀 수는 없다. 또한 적어도 수백만 명은 제2차 세계대전의 간접적 희생자로서, 두 체제 모두의 희생물이 되었다.

나치와 스탈린주의자들의 손길 모두가 가장 많이 닿은 곳은 바로 블러드랜드였다. 오늘날의 지명대로 하면, 상트페테르부르크와 러시아 연방의 서쪽 변방, 폴란드의 대부분, 발트 삼국, 벨라루스, 우크라이나가 여기에 해당된다. 이는 나치와 소련의 힘이, 그리고 악의가 서로 겹치고 얽힌 땅이었다. 블러드랜드가 중요한 까닭은 희생자의 대부분이 그 땅 출신이라는 데만 있지 않으며, 다른 곳 출신자의 살육 정책에도 그 땅이 중심지 노릇을 했다는 데 있기도 하다. 예를 들면 독일은 540만 명의 유대인을 죽였다. 그중 400만 명 이상이 블러드랜드 출신이었다. 다시 말해서 폴란드, 소련, 리투아니아, 라트비아계 유대인이었다. 그 밖의 유대인들은 다른 동유럽 국가에서 왔었다. 블러드랜드 밖에서 온 유대인들 가운데 가장 규모가 컸던 집단은 헝가리 유대인이었는데, 블러드랜드의 아우슈비츠에서 학살당했다. 루마니아와 체코슬로바키아도 본다면, 이곳에서 홀로코스트에 희생된 동유럽 유대인은 거의 90퍼센트가 된다. 좀더 소규모 유대인 집단은 서유럽과 남유럽에서 끌려와 블러드랜드에서 죽었다.

유대인 희생자들처럼, 비유대인 희생자들도 블러드랜드 태생이거나 그곳에 끌려와 죽은 사람들이었다. 전쟁포로수용소와 레닌그라드

및 다른 도시들에서, 독일은 400만 명 이상의 사람들을 굶겨 죽였다. 고의적 기근의 결과 죽어간 사람의 대부분(전부는 아닐지라도)은 블러드랜드 태생이었다. 아마 그 외 지역 출신의 숫자는 100만 명에 이를 것이고, 그 대부분은 러시아계였을 것이다. 스탈린의 대량학살 정책의 희생자들은 소련 전역에서 골고루 나왔으니, 역사상 가장 큰 국가를 샅샅이 훑듯 했다. 그렇다 해도, 스탈린의 철권이 가장 강력하게 꽂힌 곳은 소련의 서쪽 변경지대, 다시 말해 블러드랜드였다. 소련은 집단화 과정에서 500만 명 이상을 굶겨 죽였는데, 그 대부분이 우크라이나인이었다. 소련은 1937년에서 1938년의 대공포 시기에 68만 1691명의 학살을 기록했는데, 그 다수가 폴란드계 소련인과 우크라이나 농민들이었다. 그들은 서부 소련 거주자였고, 따라서 블러드랜드 거주자였다. 이 숫자들은 그 자체로는 두 체제의 비교에 쓰일 수

없다. 그러나 관점의 전환점은 될 수 있다. 아마도 필수적인 전환점이.[4]

1941년 5월, 아렌트는 미국으로 도피했다. 그녀는 그곳에서 자신이 갈고닦은 독일 철학의 지식을 바탕으로 국가사회주의와 소련 체제의 기원에 대한 연구에 도전했다. 그녀가 미국에 도착하고 겨우 몇 주 만에, 독일은 소련을 침공했다. 그녀가 살던 유럽에서, 나치 독일과 소련은 각각 다르게 출현해 한때 동맹을 맺었다.

두 체제 비교의 두 번째 전통을 세운 사람, 바실리 그로스만의 유럽은 소련과 나치 독일이 전쟁을 벌이는 유럽이었다. 소련의 종군기자로 일했던 소설가인 그로스만은 동부 전선에서 여러 중요한 전투를 목격했고, 독일의 (그리고 소련의) 많은 중대 범죄의 증거들도 봤다. 아렌트처럼, 그는 동쪽 땅에서 저질러진 독일의 유대인 대량학살을 보편적 시각에서 이해하려고 했다. 그에게 그것은 첫째, 현대성의 비판이라기보다 파시즘과 독일에 대한 단죄였다. 아렌트가 『전체주의의 기원』을 써내며 그랬듯이, 그로스만도 소련에서 스스로 겪은 반유대주의의 정치적 틀에서 벗어나서 생각하려 했다. 그리하여 그는 한 세기의 터부를 깨뜨리고, 나치와 소련 체제의 범죄를 같은 페이지, 같은 장면으로 서술했다. 두 권의 소설의 명성은 갈수록 높아졌다. 그로스만이 두 체제를 단일한 사회학적 구조에 따라 하나로 분석했던 것(아렌트의 전체주의론처럼)은 아니며, 두 체제와 그 각각의 이념을 분리하고, 공통적인 비인도성을 폭로한 것이었다.

그의 『삶과 운명』(1959년 탈고되고, 1980년 해외에서 첫 발간된)에서, 그로스만은 한 사람의 영웅을 등장시킨다. '거룩한 바보'*라 할 수 있는 그는 벨라루스에서 독일이 저지른 유대인 총살과 소련령 우크라이나에서 벌어진 식인 사태를 하나의 호흡으로 돌이켜본다. 『모든 것은 흐른다』(그로스만이 죽은 1964년에 미완성이었고, 1970년에 해외 출판된)에서는 독일 집단수용소에서의 상황과 우크라이나에서의 기근을 한목으로 보여준다. "아이들에 대해서는 (…) 당신은 독일 수용소에 갇힌 아이들 사진을 신문에서 봤소? 하나같이 똑같더이다. 머리는 포탄처럼 팅팅 부어오르고, 목은 아욱 대궁처럼 가냘프고, 팔다리는 뼈만 남아 있지요. 그 애들이 몸을 틀 때마다 뼈가 얇다란 가죽 안에서 움직이고, 관절이 삐걱대는 게 훤히 보이지요." 그로스만은 다시 나치와 소비에트의 비교로 돌아가, 비교하고 또 비교한다. 논쟁을 불러일으키려는 게 아니라, 합의를 끌어내기 위하여.[5]

그로스만 소설의 등장인물 하나가 부르짖듯이, 국가사회주의와 스탈린주의의 핵심적인 공통점은 일정 집단의 사람들에게서 사람으로 여겨질 권리를 빼앗는 그들의 능력에 있었다. 따라서 유일한 답은 그것이 말도 안 된다고 외치는 일, 외치고 또 외치는 일뿐이었다. 유대인과 부농은 "사람이다. 그들도 사람인 것이다. 나는 이제 우리 모두가 사람임을 알았다". 이것은 아렌트가 '전체주의의 허구적 세계'라고 불렀던 것에 저항하는 문학이었다. 그녀는 사람들이 떼지어 죽어간 까닭은 스탈린이나 히틀러 같은 지도자들이 부농이나 유대인이 없는 세상을 꿈꾸고, 실제의 세계를 자신들의 꿈에 맞춰 뜯어고치기로(완

* sancta simplitas, holy fool. '뜻은 순수하고 고상하지만 현실을 전혀 모르는 딱한 이상주의자'라는 의미. 괴테의 『파우스트』에서 악마 메피스토펠레스가 파우스트의 이상을 비웃으며 사용했고, 베리야가 목숨 걸고 저항운동을 벌이던 대학생들을 비웃으며 말했다고도 한다.

벽할 수는 없다 해도) 했던 데 있다고 주장했다. 사람이 죽는다는 일이 그 도덕적 무게를 잃었다. 그 일이 비밀로 행해졌기 때문이라기보다, 그런 죽음은 마땅하다는 이야기에 오염되었기 때문이다. 죽은 자들도 인간으로서의 본질을 잃어버렸다. 그들은 진보라는 연극의 배우로 강제 동원되었고, 그 연극이 이념적 적의 저항을 받을 때도 (아니 어쩌면 그런 때에 더욱) 그럴 수밖에 없었다. 그로스만은 이 세기의 시끄러운 소음에서 희생자들의 목소리를 가려냈고, 끝없는 정치 논쟁 가운데 그들의 목소리가 들릴 수 있도록 했다.

아렌트와 그로스만을 함께 보면, 두 가지 간단한 아이디어가 나온다. 첫째, 나치 독일과 소련의 합당한 비교는 그 범죄들을 설명하는 데 그치지 않고, 그들이 희생자들, 집행자들, 방관자들, 지도자들을 포함한 모든 범죄 관련자의 인간성을 어떻게 봤는지를 따져야만 한다. 죽음은 해답이 아니라 주제다. 그것은 소란의 실마리가 되리라. 결코 만족이 아니라. 무엇보다, 그것은 확실한 실제보다 말잔치를 불러일으키는 것이 되어서는 안 되리라. 생은 사에 의미를 부여하지 않고, 그 반대가 차라리 말이 되기에, 중요한 질문은 이것이 되어서는 절대로 안 된다. '정치적, 지적, 문학적, 심리학적으로 대량학살을 뒷받침할 만한 근거로는 뭐가 있는가?' 그런 끝맺음은 잘못된 화음이다. 백조의 노래를 빙자한 사이렌의 노래다.

중요한 질문은 이것이라야 한다. '어떻게 그토록 많은 사람이 폭력적인 최후를 맞게 할 수 있는가(있었는가)?'

소련과 나치 독일 모두에서, 유토피아는 비전으로 제시되고, 현실과 타협되고, 대량학살로 실행되었다. 1932년에는 스탈린이, 1941년에는 히틀러가 그렇게 했다. 스탈린의 유토피아는 9주에서 12주 동안 소련을 집단화하는 것이었다. 히틀러의 것은 그와 같은 시간에 소련을 정복하는 것이었다. 두 가지 모두 돌이켜보면 말도 안 되는 일처럼 보인다. 그러나 두 가지 다 큰 거짓말의 힘을 빌려 실행에 옮겨졌다. 심지어 실패가 명확해졌을 때조차 멈춰지지 않았다. 사람들의 시체는 정책의 견실함에 대한 증거물로 제시되었다. 따라서 히틀러와 스탈린은 둘 다 특정 형태의 폭군 정치를 했다. 그들은 최악의 상황을 연출하고, 자신들의 선택을 두고 적들에게 잘못을 뒤집어씌우며, 수백만 명의 목숨을 빼앗고는 자신들의 정책이 필요하다고, 또는 바람직하다고 입증하기 위한 용도로 사용했다. 두 사람 다 유토피아를 뒤바꾼 형태를 제시했다. 다시 말해서, 원래의 유토피아가 실현 불가능하다고 판명되었을 때, 대량학살 정책을 '실질적인 승리'로 대신 내세웠다.

집단화도 '마지막 해결책'도, 무오류의 존재라고 내세워진 지도자를 지키기 위해 막대한 사람들의 희생을 요구한 것이라는 점에서 똑같았다. 집단화가 우크라이나에서 저항과 굶주림을 불러오자, 스탈린은 부농, 우크라이나인, 폴란드인들에게 그 책임을 물었다. 독일군이 모스크바에서 차단되고, 미군이 제2차 세계대전에 참전하자, 히틀러는 유대인에게 책임을 물었다. 부농, 우크라이나인, 폴란드인이 소련 체제 건설이 지연되는 죄를 뒤집어썼듯이, 유대인들은 소련 체제 파괴의 실패가 빚어진 죄를 뒤집어썼다. 스탈린은 집단화를 선택하고, 히틀러는 전쟁을 선택했다. 그러나 그들과 그들의 동료에게 그런 선택의 결과 빚어진 최악의 상황을 다른 누군가에게 떠넘기는 일은 훨씬 더 손쉬웠다. 스탈린은 우크라이나의 기근과 부농 및 소수 민족의 대량 총살을 정당화하는 식으로 원래의 비전을 뒤틀었다. 히틀러 역시 모든 유대인의 사살과 가스 학살을 정당화하는 식으로 비전을 바꿨다. 집단화가 수백만 명을 굶겨 죽인 뒤, 스탈린은 그것이 계급투쟁의 승리를 의미한다며 엉뚱한 의미 부여를 했다. 유대인들이 총탄과 독가스에 죽어갈 때, 히틀러는 그것이 전쟁 목표 그 자체를 달성한 것이라고 어느 때보다 더 명확히 선언했다. 전쟁에 지면서, 히틀러는 유대인 대량학살이야말로 자신의 승리라고 주장했다.

스탈린은 유토피아를 재정립하는 능력이 있었다. 스탈린주의 자체가 목표 수정이었다. 1917년 볼셰비키 혁명을 추동했던 유럽 혁명에서, 그 혁명이 불발하자 소련의 방어로 후퇴한 것이었다. 1920년, 붉은 군대가 공산주의를 유럽에 확산시키는 데 실패하자, 스탈린은 '후퇴 계획'을 마련했다. '일국사회주의', 다시 말해서 사회주의를 하나의 나라, 소련에서 완성하는 게 먼저라는 것이었다. 사회주의 건설을 위한 5개년 계획이 재앙을 가져오자, 그는 수백만 명을 의도적으로 굶어 죽도록 했다. 그러나 그는 그 일이 정책 추진 과정의 일환이라 설명하고, 그 덕으로 무서운 국부國父이자 정치국의 지배자라는 위상을 굳혔다. 1937년에서 1938년, 내무인민위원회를 부농과 소수 민족 박멸에 내세운 뒤, 그는 그것이 사회주의 조국을 지키기 위해 불가피했다고 설명했다. 1941년 붉은 군대의 퇴각 후, 그러고 나서 결국 1945년에 승리한 뒤, 그는 러시아 민족주의에 기댔다. 냉전이 시작되자, 그는 소련의 내부 약점으로 유대인(그리고 물론 또 다른 자들)을 지목했다.

히틀러에게도 그런 유토피아론 재창작 능력이 있었다. 굶주림 계획으로 수천만 명이 죽고, 일반 계획으로 굶주림 또는 강제이주의 결과 수백만 명이 또 죽었다. 전쟁이 그의 사고를 크게 바꾸게 된 이상, 그런 일들은 나치가 마지막 해결책이라고 부른 것의 일환으로 치부되었다. 전쟁에 이겨서 유대인 "문제"를 "해소"하기를 기다리기보다, 히틀러는 절멸 정책 자체를 전쟁 도중에 추진하기로 했다. 1941년 7월, 유대인 학살은 뚜렷한 결과가 없는 전쟁 한 달 뒤에 격화되었으며, 1941년 12월 모스크바가 함락을 면한 다음에도 그리되었다. 특정 유대인들을 죽이는 정책은 본래 군사적 필요성이라는 말로 뒷받침되었고, 정치적, 경제적 기획과 일부 연계되어 있었다. 그러나 군사적 상황이 변하고 정치, 경제 기획들이 포기 또는 지연을 겪으면서 학살의 범위와 규모는 급증했고, 유대인 말살 그 자체가 히틀러의 목표가 되었다.

마지막 해결책의 마지막 판은 스탈린의 즉흥적 변조가 그랬듯 히틀러나 그의 체제를 지키려는 것이 아니었다. 그것은 합리적 계획의 한 단계라기보다 미학적 비전의 한 요소라고 할 수 있었다. 유대인 학살에 대한 원래의 정당화는 언제나 유대인들의 우주적인 음모가 있으며 그것이 게르만의 미덕과 정면 충돌한다는 반유대주의 주문으로 바뀌었다. 스탈린에게, 정치 갈등은 언제나 정치적 의미가 있었다. 그런 점에서 그의 업적은 히틀러와 거의 정반대였다. 히틀러가 공화국을 혁명적 식민 제국으로 탈바꿈시킨 반면, 스탈린은 혁명 마르크스주의의 시詩를 지속 가능한 일상의 정치로 번역했다. 스탈린의 계급투쟁은 언제나 소련 국가 노선으로서 일반에 표시되었다. 그것은 소련 인민과 외국 공산주의자들을 스탈린 개인에게 묶어놓는 것이 합리적이라는 노선이었다. 히틀러에게 투쟁은 그 자체로 선이었으며, 유대인들을 말살하기 위한 투쟁은 환영받아야 할 것이었다. 독일이 패배한다면, 그것은 그들의 잘못일 터였다.

스탈린은 자신의 허구의 세계를 구현할 능력이 있었다. 그러나 필요할 때면 스스로 자제했다. 하인리히 힘러나 라인하르트 하이드리히 같은 유능한 보좌들의 도움으로, 히틀러는 하나의 허구세계에서 다른 것으로 옮겨갔다. 그리고 대부분의 독일인도 자신과 동행시켰다.

나치와 소련 체제의 비슷함을 두말없이 받아들인다면, 그 차이에 대해서도 열린 마음으로 보게 된다. 두 이데올로기 모두 자유주의와 민주주의에 적대한다. 두 정치 체제 모두, '당黨'이라는 단어의 중요성은 뒤집혀 있다. 인정된 규칙에 따라 권력을 추구하는 여러 집단 가운데 하나를 의미하기보다, 그 규칙 자체를 정하는 유일한 집단이 된다. 나치 독일과 소련은 모두 일당 독재국가였다. 나치나 소련이나 당이 이데올로기와 사회 규범 제정에서 주도적 역할을 하는 나라였다. 그 정치 이론은 국외자를 배제할 것을 요구했고, 그 경제 엘리트는 특정 집단이 잉여적이며 유해하다고 확신했다. 두 정부 모두, 경제기획자들은 농촌 지역에 필요 이상의 주민들이 거주한다고 봤다. 스탈린주의적 집단화는 잉여 농민들을 농촌에서 도시나 강제수용소로 보내 노동자로 만드는 일을 했다. 그들이 굶어 죽는다? 그것은 별문제가 아니었다. 히틀러의 식민화 계획은 수천만 명의 인위적 기근과 강제이주를 추진했다.[6]

소련과 나치의 정치경제는 모두 사회 집단과 그들이 산출하는 자원을 통제하는 집단주의에 근거하고 있었다. 1930년부터 스탈린의 농촌 대개혁 수단이던 집단농장은 1941년부터 독일 점령군 당국에 의해 활용되었다. 점령된 폴란드, 리투아니아, 라트비아, 소련의 도시들은 새로운 집단 구역, 즉 게토를 설치했다. 도시의 유대인 거주 게토는 비록 처음에는 이주를 앞두고 대기토록 하기 위한 목적이었으나 나중에는 유대인의 재산과 노동력을 착취하는 방법으로 쓰였다. 명목상 유대인 자치기구인 유대인 평의회는 보통 "기부금" 징수와 강제노동 조직에 의존했다. 게토나 집단농장이나 지역민에 의해 운영되었다. 나치도 소련도 대규모의 노동집약수용소를 운영했다. 히틀러는 할 수 있었다면 소련 수용소를 유대인과 그 밖의 명백한 적들을 관리·착취하기 위해 써먹었겠지만, 그러기에는 독일군이 소련 땅을 충분히 점령하지 못했다.

지역민 착취 도구가 비슷해 보이고 어떤 때는 아예 똑같기도 했지만, 두 체제는 서로 다른 미래 비전에 이들 도구가 복무하도록 했다. 국가사회주의 비전에서는 집단들 사이의 불평등이 본질적이고 바람직했다. 세상에 불평등은 당연히 존재한다. 부유한 독일과 가난한 소련이 그 예다. 그것은 더 늘어나야 한다. 한편 소련 시스템이 확장될 때 다른 사람들도 소련식 평등을 얻도록 할 것이다. 그보다 더 극적인 계획이란 없고, 이미 충분히 극적이었다. 소련 시스템이 유목민을 만나면, 그들이 정착하도록 강제할 것이다. 농민을 만나면, 국가에 식량을 대도록 강제할 것이다. 여러 민족을 만나면, 그들 가운데 상층 계급을 제거할 것이다(흡수, 강제이주, 살육 등으로). 자족하고 있는 사회를 만나면, 소련 시스템을 모든 가능한 세상 중 최상으로 추구하게끔 강요할 것이다. 그 특별한 의미로 '내포적' 사회가 되도록. 독일이 그 제국의 다수의 주민에게서 평등한 자격을 박탈했던 반면, 소련은 거의 모든 사람을 소련식 평등으로 끌어안았다.

스탈린도 히틀러 못지않게 재산 몰수와 인종 청소를 입에 올렸다. 그러나 민족 말살에 대한 스탈린주의의 당위성은 언제나 소련 국가의 수호나 사회주의의 진흥에 연결되어 있었다. 스탈린주의에서 대량 학살이란 사회주의의 성공적인 방어를 의미하거나 사회주의의 완성을 의미했다. 그 자체로 정치적 승리라고는 여겨지지 않았다. 스탈린주의는 자체 식민화의 기획이었고, 상황이 허락되면 대외로 확장되는 것이었다. 반면 나치의 식민주의는 빠르고 완전한 대 동부 제국의 정복에 전적으로 기대고 있었으며, 전쟁 이전의 독일보다 훨씬 더 커지는 것을 전제로 했다. 그것은 제국 운영에 앞서 수천만 명의 민간인을 없애버려야 함을 의미했다. 실제로 독일은 대체로 독일인이 아닌 사람들을 학살했으며, 소련은 보통 소련 국민을 학살했다. 소련 체제는 소련이 전쟁 중이 아닐 때 가장 살인적이었다.

반면 나치는 전쟁이 시작되기 전에는 겨우 수천 명의 사람을 죽였다. 정복 전쟁 중에는 역사상 그 어느 국가보다 더 빠르게 수백만 명을 학살했다(그 단위의 희생자를 낸 경우만 볼 때는).[7]

시간이 많이 흐른 지금, 우리는 나치와 소련 체제를 비교할 수도 있고, 그러지 않을 수도 있다. 하지만 그 두 체제의 맛을 모두 봐야 했던 유럽의 수억 명의 사람에게는 그런 선택권이 없었다.

지도자와 체제의 비교는 히틀러가 권좌에 올랐을 때부터 시작되었다. 1933년부터 1945년까지 수억 명의 유럽인은 국가사회주의와 스탈린주의에 대해 아는 것을 곱씹어야 했다. 그 체제들이 뭔가를 결정하면 그것은 바로 그들의 치명적 운명을 뜻하는 경우가 너무나 많았기 때문이다. 이는 1933년 초 독일의 실직 노동자들에게는 정말 중대했다. 사회민주당, 공산당, 나치당 사이에서 선택해야 했을 때 말이다. 또한 같은 시간대에 굶어 죽어가고 있던 우크라이나 농민들에게도 중대했다. 그들 가운데 일부는 독일의 침공이 그들의 구원이 되지 않을까 꿈꾸고 있었다. 1930년대 후반의 유럽 정치인들도 그랬다. 스탈린의 인민전선에 가입할까 말까를 선택해야 했기 때문이다. 딜레마는 당시 폴란드에서 더 두드러졌다. 당시 폴란드 외교관들은 강력한 이웃인 독일과 소련 사이에서 등거리 외교를 하는 게 전쟁을 피할 수 있는 방법인지를 놓고 고심해야 했다.

1939년에 독일과 소련이 함께 폴란드를 침공했을 때, 폴란드 장교들은 어느 쪽에 항복할지를 선택해야 했고, 폴란드 유대인들(그리고 그 밖의 폴란드 국민)은 어느 점령 지역으로 갈지 선택해야 했다. 1941년 독일이 소련을 침공한 뒤, 일부 소련 전쟁포로들은 전쟁포로 수용소에서 굶어 죽을 위험 앞에서 독일군에 협력하는 문제를 놓고 고심해야 했다. 벨라루스의 젊은이들은 소련 빨치산이 되느냐, 독일 경찰이 되느냐를 고민해야 했다(결국 둘 중 하나로 취급되어 탄압받게 되지만). 1942년 민스크 유대인들은 게토에 남아 있느냐, 숲으로 달아나 소련 빨치산을 찾느냐를 선택해야 했다. 1944년 폴란드 국내군 지휘관들은 독일군에게서 바르샤바를 자신들 스스로 해방시킬지, 아니면 소련군이 오기를 기다릴지 선택해야 했다. 1933년 우크라이나 기근의 생존자 대부분은 훗날 독일의 점령을 겪었다. 1941년 독일의 수용소에서 아사를 면한 생존자 대부분은 스탈린의 소련으로 돌아갔다. 홀로코스트의 생존자로서 유럽에 남은 대부분도 공산 국가의 국민이 되었다.

결정적 시기에 유럽의 결정적 지역에 살았던 이 유럽인들은 싫어도 체제 비교에 몰두할 수밖에 없었다. 우리는 원하기만 하면 두 체제를 국외자의 입장에서 비교해볼 수 있다. 그러나 그 체제들 치하에서 살았던 사람들은 겹치고 섞이는 상황들을 겪을 수밖에 없었다. 나치와 소련 정권은 때로는 동맹자였다. 폴란드를 동시에 침공했을 때처럼. 또 때로는 적으로서 서로 통할 수 있는 목표를 가졌다. 1944년 스탈린이 바르샤바 봉기자들을 돕지 않기로 하고, 그리하여 독일군이 훗날 공산 정권에 저항하게 될 사람들을 없애도록 했던 것처럼. 이것이 바로 프랑수아 퓌레가 "적대적 공모belligerent complicity"라고 불렀던 관계다. 종종 독일과 소련은 각자 가지고 있던 정책보다 더 많은 사람을 죽이도록 서로를 자극했다. 빨치산 전쟁은 양쪽의 지도자들이 서로에게 더 잔혹하게 나오도록 유혹했던 최고의 경우였다. 1942년부터, 스탈린은 독일 점령하의 벨라루스에서 게릴라전을 부추겼다. 그것이 자신의 인민들에 대한 대량 보복을 초래할 것을 뻔히 알면서 말이다. 히틀러는 "누군가 흘깃 흘겨보기만 해도" 살해할 기회를 얻는 일에 쌍수를 들고 환영했다.[8]

제2차 세계대전 중, 블러드랜드는 한 차례만이 아니라 두 차례, 세 차례씩 침공을 받았으며 침략자도 하나가 아니라 둘이나 셋씩 되었다. 유대인 대량학살은 소련이 불과 몇 달 전에 병합했던 땅에 독일군이 들어오면서 시작되었고, 그 몇 주 전에는 소련이 수만 명을 강제이주시킨 한편 며칠 전에는 수천 명의 재소자를 총살한 참이었다. 독일의 아인자츠그루펜은 소련의 내무인민위원회가 재소자들에게 자행한 살육을 근거로 지역민들에게 분노를 일으킬 수 있었다. 이 민족 살육에서 희생된 2만여 명의 유대인은 홀로코스트 전체로 보면 0.5퍼센트 남짓인 극소수에 불과했다. 그러나 소련과 독일의 세력이 겹침에 따른 현상으로, 나치는 볼셰비즘을 유대인의 음모로 보는 자신들의 주장을 이 사실과 적당히 맞출 수 있었다.

또 다른 대량학살의 에피소드는 나치와 소련의 지배가 중첩된 또 다른 결과라 할 수 있었다. 점령된 벨라루스에서, 벨라루스인들은 다른 벨라루스인들을 죽였다. 그들 가운데 일부는 독일에 복무하는 벨라루스인 경찰이었고, 또 일부는 소련 빨치산 대원이었다. 점령된 우크라이나에서, 민족주의 빨치산에 동조하는 우크라이나인들은 독일 경찰에 열심히 자원했다. 그리고 그들은 사회혁명 및 민족 해방의 이름으로 수만 명의 폴란드인과 우크라이나인 동포를 살해했다. 이런 식의 체제 간 중첩은 또한 블러드랜드에서 수천 마일 떨어져 있던 수백만 명의 목숨에도 영향을 미치고 결국 끝장냈다. 다수의 소련 인민은 블러드랜드를 떠나 동쪽으로 갔는데, 그곳 소련의 중심 지대는 그들을 먹여 살릴 만한 여건이 크게 미비했다. 굴라크에서의 사망률은 전쟁 도중에 급격히 늘었는데, 이는 독일 침공 때문에 식량 부족과 운송 부진이 발생했기 때문이다. 그 결과 50만 명 이상이 사망했으니, 그들은 전쟁의 희생자인 동시에 체제의 희생자였다.

그렇다고 해도, 여러 체제에 의해 연속적인 점령을 겪은 일은 1939년 히틀러가 스탈린에게 비밀리에 불가침조약을 제공하고, 다시 1939년에는 그 조약을 파기하며, 결국 1944년에는 그에게 무릎을 꿇은 일련의 사태에서 가장 극적으로 나타났다. 제2차 세계대전 이전, 이 블러드랜드에는 독립 에스토니아, 라트비아, 리투아니아, 동부 폴란드가 있었다. 이 국가들이 권위주의적 민족주의 정부 치하에 있었고, 인민 전선이 세력을 확장하고 있었지만, 1930년대에 이들 국가에서 살해되거나 폭동의 와중에서 목숨을 잃은 사람의 숫자는 합쳐봐야 몇천 명에 불과했다. 1939년에서 1941년까지의 소련 치하에서는, 그 지역에서 수십만 명이 카자흐스탄과 시베리아로 강제이주되고 그 숫자에 수만 명이 더해진 숫자가 사살되었다. 이 지역은 유럽 유대인 거주지의 중심지였고, 그곳의 유대인들은 1941년에 독일이 새로 확장된 소련 땅을 쳐들어왔을 때 꼼짝 못한 채 붙잡혔다. 그 지역 태생 유대인은 거의 전원이 학살되었다. 우크라이나 빨치산이 1943년에 폴란드인을 인종 청소하고, 그 뒤 1944년에는 소련군이 우크라이나인과 폴란드인을 함께 인종 청소했던 장소도 이곳이었다.

몰로토프-리벤트로프 라인의 동쪽인 이 구역은 홀로코스트가 시작된 곳이었다. 그리고 소련이 두 차례나 서쪽으로 국경을 넓힌 구역이었다. 블러드랜드 내의 이 특별한 구역에서, 1940년대 내무인민위원회가 벌인 대부분의 처형이 이뤄졌으며, 독일인의 유대인 학살도 4분의 1 이상이 이곳에서 이뤄졌다. 그리고 대규모의 인종 청소도 있었다. 몰로토프-리벤트로프 라인 동쪽의 유럽은 소련과 나치의 합동 결과물이었다.

히틀러와 스탈린 모두 경제 변혁을 추진했고, 그 정책의 결과는 블러드랜드에 가장 큰 고통을 입혔다. 국가사회주의와 스탈린주의 이데올로기가 근본적으로 다르기는 해도, 나치와 소련의 경제기획자들은 특정한 기본 경제 문제에 사로잡혀 있었다. 또한 나치와 소련 지도자들은 같은 국제 정치경제 틀에 갇힌 상태에서 그 틀을 바꾸려고 했다. 이데올로기는 경제 없이 기능할 수 없는 법이며, 그들의 시간과 장소에서 경제는 영토 지배에 큰 의미를 차지했다. 동물과 인간의 노역이 여전히 농업과 군사를 움직이고 있던 때였다. 자본은 아직 유동성이 높지 않았고, 지금에 비하면 규모도 훨씬 더 작았다. 식량은 석유, 광물, 귀금속 등과 마찬가지로 천연자원의 하나였다. 세계화는 제1차 세계대전으로 된서리를 맞았고, 자유무역은 대공황으로 빈사 상태였다.

마르크스주의자의 관점에서는, 농업사회는 현대에 존속될 이유가 하나도 없었다. 나치의 관점에서는, 슬라브족 농민은(게르만족 농민은 따로 생각할지라도) 잉여인간들이었다. 독일 농민은 기름진 땅을 개척할 수 있었다. 그들 스스로의 땀에, 다른 이들의 피가 흐르는 가운데. 이는 물론 이데올로기적 관점이었지만, 다른 모든 이데올로기가 그렇듯 일정한 경제적 이해관계에서 비롯되고, 대변하는 점이 있었다.

이론이 현실이 됨에 따라, 나치의 식민화와 소련의 자체 식민화는 경제적 이해관계와 이념적 전제들이 서로를 보장해줄 때만 제대로 될 수 있었다. 지도자들, 경제기획자들, 살육자들은 잉크 냄새 못지않게 황금의 번쩍임도 필요로 했다. 히틀러와 스탈린의 대량학살 정책은 세 가지 경제적 차원을 갖고 있었다. 1) 정치경제 변혁의 큰 그림의 한 조각 2) 대량학살 정책에 따른 신분 변동(상향 및 하향) 촉발 효과 3) 대량학살 도중과 이후 '아래로부터의 갈취'.

스탈린의 대계획에서, 농업 집단화는 소련을 공업국가로 바꾼다는 의미가 있었다. 적어도 당시의 국경선 안에서 말이다. 집단화는 기근을 불러왔으며, 스탈린은 의도적으로 그것이 우크라이나에 집중되도록 했다. 이는 대공포에도 영향을 주었다. 대공포란 처음에는 외침 세력에 협조할 가능성이 있는 소외된 농민들을 대상으로 했던 것이다. 히틀러의 대계획은 다분히 정반대였다. 그는 국외 테러에서 시작했으며, 먼저 그가 소련 지도부에 속해 있다고 생각한 사람들부터 치고, 그리하여 그 정권을 무너뜨리는 것부터 하려 했다. 그리고 그는 집단농장을 활용해 독일에 잉여 농산물을 보급하려 했다. 장기적으로, 그는 독일인이 다스리고, 유대인은 없으며, 노예 상태가 된 슬라브인이 드문드문 있는 방대한 변방 제국을 건설하려 했다. 히틀러는 언제나 유대인 없는 유럽을 꿈꿨다. 그러나 그가 군사력으로 동방 식민 제국을 세우려는 꿈을 유지하는 이상 결코 수백만 명의 폴란드와 소련과 발트 삼국의 유대인들을 전멸시키지도, 통치하지도 못했다.

히틀러와 스탈린이 계획된 수치 및 계획에 없던 수치를 통틀어 물자 부족의 현실을 누구 탓으로 돌릴까 생각했을 때, 그들은 다시 이데올로기적 선호를 내보였다. 스탈린에게, 1933년의 곡물 수출 수익은 그 때문에 빚어진 수백만 농민의 죽음보다 더 중요한 문제였다. 그는 그 농민들이 죽도록 결정했고, 그것도 다수가 죽어야 한다고 결정했다. 말하자면 소련령 우크라이나 주민이 많이 없어져야만 한다고. 그들의 생명을 건질 수 있었을 곡물은 기차편으로 남쪽으로 보내지고, 모두가 보는 가운데 흑해의 항구에서 선적되어 외국으로 갔다. 독일군은 1941년 가을에 예상외로 많은 소련군 포로를 잡았음을 알게 되었다. 그들 가운데 다수는 굶주림 및 그와 연관된 질병으로 죽어갔다. 그러나 살육이 일상화되어 있던 둘라크와 스탈라크에서도, 일정한 우선순위가 엄연히 있었다. 유대인은 일단 총살한다. 러시아인과 벨라루스인은 굶어 죽도록 내버려둔다. 인종적으로 독일계는(그리고 우크라이나계는) 강제노동에 동원한다.

상황에 대해 얼마간 타협하는 모습은 독일의 대유대인 정책에조차 드러났다. 유럽에서 유대인의 씨를 말린다는 것은 히틀러의 변함없는 염원이었다. 그리고 1941년 말에 그들을 있는 대로 죽여 없애는 정책은 거리낌없이 실행되었다. 그럼에도 그러한 절멸 정책조차 당시의 경제적 필요성 때문에 접고 들어가야만 했다. 가령 1941년 겨울, 민스크 유대인들은 전선의 독일군을 위해 겨울 코트를 짜고 부츠를 만드는 일에 종사하느라 목숨을 부지할 수 있었다. 이는 분명 인도주의적인 조치가 아니었다. 히틀러는 그의 군대를 겨울 장비 없이 출동시켰는데, 그들이 얼어 죽지 않게 하려면 일시적으로 유대인을 죽인다는 목표를 내려놓아야만 했다. 이들 유대인 노동자의 대부분은 나중에 살육당했다. 1942년 여름, 식량 보급은 노동 보급보다 심각한 과제가 되었고, 그에 따라 점령 폴란드 지역의 유대인들을 가스실로 보내는 일은 가속화되었다. 1943년 이후로는 식량보다 노동력이 더 중요해졌다. 그래서 그때까지 살아남아 있던 유대인들은 사살이나 가스실행보다 죽어 넘어질 때까지 노동을 시키는 쪽으로 처분되었다.

대량학살은 개인 재산의 노략질과 사회적 이동을 허용했다. 이는 덕분에 이득을 본 사람들이 정권에, 그리고 때로는 이데올로기에 충성하게끔 했다. 1930년 소련에서 더 부유한 농민의 강제이주는 그들의 재산을 빼앗아 가질 기회를 주었고, 그것은 10년 뒤 폴란드 엘리트들의 강제이주 때도 마찬가지였다. 대공포는 당의 고위층들이 총살이나 강제이주를 당한 틈에 젊은 당원들이 상층부로 진입할 수 있게 해주었다. 홀로코스트는 유대인들이 살던 아파트와 주택을 비유대인들이 차지하게 해주었다. 물론 정권 스스로도 노략질을 했다. 유대인들의 재산을 갈취한 폴란드인과 그 밖의 동유럽인들은 많은 경우에 스스로의 재산을 독일인들에게 갈취당해야 했다. 카틴 숲에서 폴란드 장교들은 총알을 맞기 전에 자신의 손목시계와 결혼반지 등등을 내놓아야 했다. 독일 아이들은 민스크에서 사살된 유대인 아이들의 양말을 신었으며, 독일 남성들은 바비야르에서 사살된 유대인들의 손목시계를 찼다. 독일 여성들은 말리 트라치아네츠에서 사살된 유대인 여성들의 모피코트를 입었다.

츠베탄 토도로프는 이렇게 말했다. "그들 스스로 세워놓은 목표에 따르면, 스탈린과 히틀러의 선택은, 맙소사! 합리적이었다." 그 말은 항상 맞지는 않았다. 하지만 대체로 맞았다. 그가 의미한 식으로의 '합리성'이란, 경제학에서는 특히 좁은 의미로 쓰이는 것이지만, 어떤 목표를 이루기에 적합한 수단을 고르느냐의 의미였다. 목표 그 자체가 합리적인가의 여부는 문제가 되지 않았다. 그 목표란 지도자들의 바람대로 정해지는 것이었기에. 정치적 목표는 반드시 일정한 윤리적 범주에 따라 각각 판별받아야 했다. 합리성과 비합리성에 대한 논쟁은 옳음과 그름에 대한 논쟁을 대체할 수 없었다. 나치의 (그리고 소련의) 경제 고민은 정권의 범죄에 대한 도덕적 부담을 줄여주지는 않았다. 어쨌든 그것은 그들의 체제가 갖는 가장 무서운 점의 하나를, 바로 개인의 인간적 삶에 대해 흥미가 없음을 보여준다. 사회 계층 이동과 갈취는 어떻게 보더라도 도덕적 단죄의 근거만 늘릴 뿐이다. 경제문제의 고려는 살인적 인종주의 이데올로기를 뒤로 돌릴 만큼은 아니다. 오히려 그런 고려야말로 그 이데올로기의 힘을 확인하고 묘사해준다.[9]

식민화에서, 이데올로기는 경제와 서로 얽혀들었다. 행정에서, 그것은 기회주의 및 공포와 연결되었다. 나치와 소련의 경우 모두, 대량학살의 시기는 또한 열정적인, 아니면 최소한 일사불란한 행정 처리의 시기이기도 했다. 관료기구 내에서의 저항 비스름한 것이라고는 대량학살 시기가 막 시작될 무렵 우크라이나에서, 기근 보고서를 쓰려던 우크라이나 공산당에서 있었을 뿐이다. 출당, 체포, 강제이주 등의 위협에 따라 그들은 빠르게 입을 다물었다. 한때 용감하게 의문을 제기했던 사람들도 곧 인위적 기근 정책의 열렬한 지지자가 되었다. 1937년에서 1938년의 대공포 시기에, 또한 1941년 처음으로 유대인 학살이 시작되었을 때, 위에서 신호를 주면 아래에서 손을 쓰는 식으로 일이 치러졌고 종종 더 많은 할당량을 달라는 요구가 올라가기도 했다. 내무인민위원회는 바로 당시에 숙청을 당하고 있었다. 1941년에 서부 소련에서는 친위대 장교들이 몇 년 전에 내무인민위원회 장교들이 그랬듯 누가 더 많이 죽여서 능력과 충성심을 입증하느냐를 두고 경쟁을 벌이고 있었다. 사람의 목숨은 상부에 보고를 올릴 때의 순간적 희열을 위한 땔감이 되고 있었다.

물론 친위대와 내무인민위원회 장교들은 비슷한 유형의 엘리트로, 특별히 선발되고 이념 훈련을 거친 사람들이었다. 다른 유형의 요원들(경찰, 군인, 현지 협력자 등등)이 쓰일 때는, 뭔가 간단한 신호보다 더 많은 걸 위에서 내려보낼 필요가 있었다. 히틀러와 스탈린 모두 도덕적 딜레마에 조직을 놓아서, 집단학살을 '덜 나쁜 일lesser evil'처럼 여기도록 만드는 데 선수였다. 1932년, 우크라이나 공산당원들은 곡물 징수를 하는 데 주저했다. 그러나 그들 스스로의 경력 그리고 생명이 달려 있음을 깨닫고, 목표치를 달성하는 데 전념하게 되었다. 독일군 장교 모두가 소련 도시민들을 굶겨 죽이는 데 찬성하지는 않았다. 그러나 소련 민간인들의 목숨과 자기 자신의 목숨 사이에서 선택해야 했을 때, 그들은 자연스러운 선택을 했다. 일반 대중의 경우에는, 전쟁을 옹호하는 말잔치나 더 정확하게는 '선제적 방어' 운운하는 말이 먹혀들었다. 아니면 적어도 저항을 단념할 정도의 효과는 냈다.[10]

유럽의 대량학살이 멈추고 수십 년이 지나자, 책임은 대부분 "부역자들"의 발밑에 놓였다. 부역의 고전적 예는 제2차 세계대전 동안 독일 경찰 노릇을 했던 소련인들로, 그들의 임무 중에는 유대인 학살도 있었다. 그들 가운데 이데올로기적 이유에서 부역한 사람은 한 명도 없었다. 그리고 극소수만이 뭔가 정치적 목표를 얼마간 띠고 그 일을 했다. 물론 일부 부역자는 점령 국가에 대해 정치적 동질감을 느끼긴 했다. 가령 소련의 점령에서 탈출했던 리투아니아 민족주의자들은 독일이 그들에게 1941년 리투아니아 해방을 가져다줬다고 봤다. 동유럽에서 이전에 소련 통치를 겪어보지 않은 사람치고 나치 부역자를 찾기 어려웠다. 그러나 정치나 이념이 문제일 때, 정치사상에 동조해서 부역했던 현지인들은 있을 수가 없었다. 나치는 비게르만인을 동등하다고 여기지 않았으며, 자존감 있는 비게르만 민족주의자가 게르만의 인종적 우월성을 받아들일 리가 없었다. 종종 소련을 격퇴하고 유대인을 죽이는 일에 대해 나치와 현지 민족주의자 사이에 뜻이 통했다(단 유대인 학살은 좀 덜 그랬다). 하지만 더 많은 부역자들은 나치의 구미에 맞는 말을 조금 하거나 아니면 아무 말도 하지 않고 시키는 대로 일했다.

점령기에 우크라이나 또는 벨라루스에서 독일 경찰로 일한 사람들 자신은 체제에서 거의 또는 전혀 힘이 없었다. 그들은 아주 밑바닥 지위에 있지는 않았다. 유대인이 그들 밑이었고, 당연하게도 경찰이 되지 않은 일반 국민도 그랬다. 그러나 그들은 친위대원, 당원, 병사, 독일인 경찰들에 비하면 자기 행동을 존중받지 못할 만큼 하찮았다. 이런 형태의 현지인 부역은 다만 권위에 대한 순종이라는 의미 말고는 별게 없었다. 유대인을 쏘는 데 주저한 독일인은 그리 심각한 대가를 치르지 않아도 되었다. 경찰에 들어가지 않거나 대원을 그만둔 현지인들은 반대로 독일인들에게는 전혀 해당 없는 대가를 각오해야 했다. 굶주림, 강제이주, 강제노동 등등. 독일의 부역 제의를 받아들인 소련군 포로는 굶어 죽지 않을 수 있었다. 독일 경찰을 위해 일한 소련 농민은 집에 남아서 수확을 할 수 있으리라, 그러면 우리 가족은 굶지 않으리라고 기대할 수 있었다. 이는 소극적 기회주의였다. 이미 고약한 개인의 삶이 더 고약해지지 않도록 하는 것이었다. 게토의 유대인 경찰은 소극적 기회주의의 극단적인 형태였다. 하지만 그래도 결국 그들은 자기 자신들을 포함해 누구의 생명도 구하지 못했다.

소련 체제에서는 '부역자'를 정의하기가 더 어렵다. 독일과 달리, 소련은 전시보다 평화시에 훨씬 더 많은 민간인을 죽였다. 그리고 점령한 땅을 소련의 정식 영토로 병합하거나 그 형식적인 주권을 인정하기까지 오래 점령 상태에 두지 않았다. 말하자면, 소련의 그러한 정책은 "운동"과 "전쟁"으로 제시되었다. 이런 분위기에서, 우크라이나 공산당원들은 그들의 동료 시민들을 굶겨 죽이도록 신호를 받았다. 굶고 있는 사람들에게 식량을 내놓으라는 것이 "부역"이라고 할 수 있든 없든, 그것은 체제가 이웃끼리 학살하도록 만드는 특별한 사례가 아닐 수 없었다. 굶주림은 추잡하고, 야만적이고, 오랫동안 지속됐다. 공산당원과 지역 공무원들은 그들이 잘 아는 사람들의 죽음을 지켜보거나, 죽도록 몰아가야만 했다. 아렌트는 집단화 과정의 기근을 도덕적 소외의 시작으로 봤다. 강력한 현대 국가 앞에서 사람들은 스스로 무력함을 알았기 때문이라는 것이다. 하지만 레셰크 코와코프스키*에 따르면, 그것은 단지 절반의 진실일 뿐이다. 실질적으로 모든 사람이 (식량 징수와 소비 모두에 있어서) 그 기근에 관여함으로써 "새로운 유형의 도덕적 통일성"이 창출되었다는 것이다.[11]

사람들이 어떤 체제를 따르는 까닭이 단지 스스로 선호하는 이데

* 폴란드 태생의 철학자. 영국에 망명해서 활동했으며 마르크스주의 비판으로 유명하다. 현실 사회주의권 몰락에 대해 '레닌과 스탈린이 왜곡한 국가자본주의가 무너졌을 뿐이며, 사회주의의 비전은 아직도 유효하다'고 했던 트로츠키 계열의 사회주의자들의 주장에 맞서 '사회주의는 본질적으로 비인간적인 요소를 갖고 있다'는 입장을 견지했다. 그러나 마르크스주의 자체는 현대에도 의미가 있다고 본다.

올로기 때문이었다면 부역은 거의 없었을 것이다. 블러드랜드에서 나치 부역자의 다수는 소련에서 교육받은 사람들이었다. 몰로토프-리벤트로프 라인의 동쪽 지역, 민족 자결이 처음에는 소련, 다음에는 독일의 지배에 밀려났던 그곳에서 일부 사람은 전에 소련에 부역했던 바로 그 이유로 독일에 부역했다. 소련 점령이 독일 점령으로 바뀌자, 소련군에 들어가 있던 사람들은 독일 경찰로 탈바꿈했다. 1939년에서 1941년까지 소련에 부역했던 현지인들은 유대인을 죽임으로써 나치의 눈에 죄인으로 보이지 않을 수 있다는 것을 알았다. 일부 우크라이나 민족주의 빨치산 대원들은 앞서 독일과 소련에 모두 부역한 경력이 있었다. 벨라루스에서는 종종 별것 아닌 이유로 젊은이들이 소련 빨치산이 되거나 독일 경찰이 되거나로 갈렸다. 공산주의 학습을 받은 옛 소련 병사들이 독일의 살인 공장에서 일했다. 인종주의 세뇌가 된 홀로코스트 일꾼들이 소련 빨치산에 들어갔다.

이데올로기는 그것을 버린 사람들에게도 유혹의 손길을 뻗친다. 그 정치경제적 연관자 가운데 적절한 적용 시기나 열성파들이 없는 이데올로기는 대량학살의 도덕적 해석이 된다. 말하자면 살해하는 사람과 그 이유를 설명하는 사람을 분리시키는 것이다. 범죄자를 단지 잘못된 생각을 가진 사람으로, 따라서 그의 존재가 자신에게는 아무 의미가 없다고 여기기는 편리하다. 경제의 중요성과 정치의 복잡성을 무시해버리고, 그런 요인들이 사실상 역사의 죄인들이자 나중에 자신들의 행동을 후회할 자들과 매한가지라고 치부해버리면 더 편안할 수 있다. 더 유혹적이 될 만한 것은, 적어도 오늘날 서구인들에게는, 희생자들과 자기 자신을 동일시하면서 그들이 블러드랜드의 범죄자와 방관자들이 대면해야 했던 역사적 배경과 같은 배경을 공유한다는 사실을 외면하는 것이다. 희생자와 자기 자신의 동일시는 스스로는 범죄자와 전혀 다르다고 주장하는 셈이다. 살인 엔진을 시동한 트레블린카의 직원은 나와 다르다. 방아쇠를 당긴 내무인민위원회 대원도 나와는 다른 인간이다. 그런 이들은 나와 같은 사람을 죽이는 인간들이다. 그러나 그런 희생자와의 동일시가 더 많은 지식을 주게 될지, 또는 그러한 살육자와의 분리가 윤리적으로 타당한 태도인지는 불분명하다. 역사를 도덕으로 치환하는 일이 그 누군가에게라도 도덕적인 일이 될 것인가? 확실하지 않다.

불행히도, 자기 자신을 희생자와 마찬가지라고 주장하는 건 그 자체로는 확실한 윤리적 선택이 못 된다. 스탈린과 히틀러도 정치 경력 내내 스스로를 희생자라고 우겼다. 그들은 다른 수백만 명의 사람도 국제 자본주의와 유대인의 음모의 희생자라고 설득했다. 독일의 폴란드 침공 때, 어느 독일 병사는 폴란드인의 불운은 폴란드가 독일을 비이성적으로 증오했음을 증명한다고 믿었다. 기근 때, 어느 우크라이나 공산당원은 그의 문 앞에 몰려와서 굶어 죽은 시체들이 즐비한 것을 봤다. 그들은 모두 스스로를 희생자라고 생각했다. 20세기의 중요한 전쟁이나 대량학살치고 침략자나 범죄자들이 처음에 자신들은 무죄다, 희생자다라고 주장하지 않았던 경우는 없었다. 21세기의 경우, 우리는 그런 자칭 희생자 세력이 벌이는 일련의 침략 전쟁들을 보고 있다. 그 지도자들은 자기 국민을 희생자라 내세울 뿐 아니라, 20세기의 대량학살도 끌어다 댄다. 사람의 주관적인 피해자 의식은 한도가 없어 보이며, 스스로 희생자라 믿는 사람은 대단히 폭력적으로 행동할 동기를 부여받을 수 있다. 오스트리아의 경찰관 한 사람은 벨라루스의 모길료프에서 아기들을 쏴 죽였다. 소련군이라면 자기 아이들을 쏴 죽일 거라고 상상한 결과였다.

희생자들은 사람이었다. 그들과 진정으로 동일시되고 싶다면, 그들의 죽음만 볼 게 아니라 그들의 삶을 봐야 한다. 정의상으로 희생자란 죽은 사람이며, 다른 이들이 그들의 죽음을 어떻게 이용하든 저항할 수가 없다. 희생자들의 죽음을 내세우며 어떤 정책을 미화하거나 스스로와 희생자를 동일시하는 일은 쉽다. 범죄자들이 저지른 행동을 이해하는 일은 별로 매력이 없다. 그러나 도덕적으로는 더 중요하다. 어쨌든 도덕적 위험은 누군가가 희생자가 될 때보다 범죄자나 방관자가 될 때 발생하기 때문이다. 나치 학살자들은 이해 불가능한 인간들이라고 말하는 것은 유혹적이다. 예를 들어 베네시나 예렌부르크 같은 비범한 정치인이나 지식인들이 전쟁 중에 그런 유혹에 빠졌다. 그 체코 대통령과 유대계 소련 작가는 그런 식으로 독일인들에 대한 복수를 정당화했다. 다른 인간을 인간 이하의 존재라고 부르는 사람이 있다면, 그 자신이 인간 이하다. 그러나 인간에게서 인간성을 부인해버리면 윤리란 불가능해진다.[12]

그런 유혹에 굴복해 다른 사람들을 인간이 아니라고 규정하는 일은 나치의 입장으로 한 발짝 다가가는 것이다. 물러서는 일이 아니고 말이다. 다른 사람들을 이해 불가능하다고 보는 것은 이해를 포기하는 일, 다시 말해 역사를 버리는 일이다.

나치와 소련을 비인간이라고 치부하거나 역사적 이해를 넘어선다고 보는 일은 그들이 놓은 도덕적 덫에 걸리는 것이다. 더 안전한 선택은 그들이 왜 대량학살을 벌였는지 그 동기를 이해하고, 아무리 그것이 말도 안 되게 느껴진다 해도 그들에게는 말이 되었음을 아는 일이다. 하인리히 힘러는 100명의, 또는 500명의, 또는 1000명의 시체가 줄줄이 쌓여 있는 걸 보는 게 선善이라고 말한 적이 있다. 그 말의 의미는 다른 사람을 죽이는 것이 스스로의 영혼의 순수함을 희생하는 일이며, 따라서 그런 희생은 살인자를 더 높은 도덕적 수준으로 끌어올린다는 뜻이었다. 그것은 어떤 식의 헌신을 나타내는 표현이다. 아무리 극단적이라 해도, 나치의 가치가 우리와 전혀 동떨어지지는 않았음을 그 표현은 알려준다. 즉 집단의 이름으로 개인의 희생을 미화하는 것이다. 헤르만 괴링은 자신의 양심이 아돌프 히틀러라는 이름을 가졌다고 말했다. 히틀러를 지도자로 받아들인 독일인들에게, 믿음이란 매우 소중했다. 그들의 믿음의 대상은 그렇게 잘못 뽑기도 어려운 존재였지만, 그들의 믿음의 힘은 누구도 부정할 수 없었다. 악은 선에 의존한다는 간디의 말이 있다. 모여서 악을 행하는 사람들은 서로에게 헌신적이며 그 일이 옳다고 믿어야 한다는 뜻이다. 헌신과 믿음이 있다고 당시의 독일인들을 선량하다고 볼 수는 없다. 그러나 그들도 인간임을 알려줄 근거는 된다. 다른 모든 사람처럼, 그들은 윤리적인 사고를 했다. 비록 무시무시한 착오를 저질렀지만 말이다.[13]

스탈린주의 역시 정치뿐 아니라 도덕 체계였다. '무죄냐, 유죄냐'는 법적인 문제일 뿐 아니라 마음의 문제였다. 도덕적 사고는 도처에 있었다. 어느 젊은 우크라이나 공산당원은 굶주린 사람들에게서 곡물을 빼앗는 일이 옳다고, 왜냐하면 사회주의의 승리에 보탬이 되기 때문이라고 생각했다. “나는 믿고 싶었기 때문에 믿었다.” 그에게는 도덕 감각이 있었다. 비록 잘못되었지만. 마르가레테 부버노이만이 카라간다의 굴라크에 있을 때, 동료 재소자가 그녀에게 “달걀을 깨지 않고 오믈렛을 만들 수는 없어”라고 말했다. 많은 스탈린주의자와 그 동조자들은 대기근과 대공포가 빚은 희생이 정의롭고 안전한 소련 국가를 세우기 위해 불가피하다고 설명했다. 그토록 희생자의 규모가 컸던 것은 그만큼 희망도 강력했다는 뜻이다.

그러나 대량학살에 대한 낭만적 정당화도, 당장의 악이 미래의 선이 되리라는 이야기도, 완전히 틀린 것이다. 차라리 아무것도 하지 않는 편이 아마 훨씬 더 나으리라. 아니면 더 온건한 정책이 소기의 목적을 달성할 수 있을지도 모르는 것이다. 큰 고통이 큰 진보와 연관되리라 믿는 것은 일종의 미신적 마조히즘이다. 말하자면 고통이 있음을 내재된 또는 곧 도래할 선의 징조로 아는 것이다. 이런 식의 이야기를 스스로 풀어내는 것은 미신적 사디즘이다. 내가 고통을 준다면, 그것은 내게 계시된 더 높은 차원의 목표에 부응하는 거라고 여기는 것이다. 스탈린이 정치국을 대표하고 정치국은 중앙위원회를, 중앙위원회는 공산당을, 공산당은 노동계급을, 노동계급은 역사를 대표했으므로, 스탈린은 무엇이 역사적으로 필요한지에 대해 주장할 특권이 있었다. 그런 지위는 그가 스스로에게 모든 책임을 면제해주고, 그의 실패를 다른 이들에게 미룰 수 있도록 해주었다.[14]

대기근이 일정한 유형의 정치적 안정을 가져왔음은 부인할 수 없다. 문제는 그것이 바람직한 유형이냐, 바람직해야 할 유형이냐이다.

대량학살은 집행자들을 지시자들과 꽁꽁 묶는 효과를 가져왔다. 그것은 과연 올바른 유형의 정치 동맹일까? 테러는 일정한 유형의 체제 공고화를 가져왔다. 그런 체제는 선호할 만한 것일까? 민간인 살육은 일정한 유형의 지도자들의 관심사다. 문제는 이 모든 것이 역사적으로 옳으냐이다. 과연 무엇이 바람직하냐이다. 이런 지도자들은 좋은 지도자이고, 이런 체제는 좋은 체제일까? 아니라면, 문제는 이것이다. 그런 정책을 어떻게 방지할 수 있을까?

지금 우리의 추념 문화는 기억이 당연히 살육을 방지한다는 식이다. 그렇게 많은 숫자의 사람이 죽었다면, 그들이 뭔가 자명한 가치 때문에 죽었을 것이고 그것은 쉽게 드러난다. 그리하여 적절한 정치적 기억으로 갈무리될 수 있다고 생각하기 쉽다. 그리고 그런 자명한 가치는 국가적인 것이라 여겨진다. 수백만 명의 희생자는 소련이 위대한 조국 전쟁에서 이기기 위해, 또는 미국이 선한 전쟁에서 이기기 위해 필요했다는 식이다. 유럽은 평화주의 교육을 받을 필요가 있었다. 폴란드는 자유를 위해 싸웠다는 전설을 가질 필요가 있었다. 우크라이나는 영웅을 가져야 했다. 벨라루스는 그 국민의 미덕을 증명해야 했다. 유대인들은 시온주의의 운명을 실현해야 했다. 그러나 이 모두는, 국가 정치와 국민 심리에 어느 정도 중요한 진실을 담고 있음에도, 나중에 만들어 붙인 정당화다. 그리고 진실된 기억과는 거리가 멀다. 죽은 사람들은 기억된다, 그러나 죽은 사람은 기억하지 못한다. 누군가 다른 사람이 기억할 힘이 있고, 누군가 다른 사람이 그들이 어떻게 죽었는지를 판단한다. 나중에는, 누군가 다른 사람이 그들의 죽음의 이유를 정한다. 의미가 살육 행위에서 나온다면, 문제는 더 많은 살육은 더 많은 의미를 가질 수 있다는 데 있다.

여기서 아마도 역사의 목적이 나온다. 죽은 이의 숫자를 세는 것과 그 계속적인 재해석 사이 어딘가에. 대량학살의 역사만이 숫자와 기억을 통합할 수 있다. 역사 없이는, 기억은 사적인 것으로 된다. 오늘날에는 개별 국가의 것으로 된다. 한편 죽은 이의 숫자는 공적인 것으로 된다. 국제적인 순교 행동, 복수 성전의 경쟁판에서 도구로 쓰인다. 기억은 나의 것이며 나는 그것을 내 마음대로 할 권리가 있다. 숫자는 객관적이며 나는 좋든 싫든 그 숫자를 받아들여야 한다. 그런 식의 사고방식은 내셔널리스트들이 한 팔로는 스스로를 끌어안고 다른 팔로는 이웃을 후려갈기도록 해준다. 제2차 세계대전이 끝난 뒤, 그리고 또 공산주의가 끝장난 뒤, 블러드랜드 전역(그리고 그 너머)의 내셔널리스트들은 희생자의 숫자를 부풀리고, 그에 따라 스스로를 무구한 존재로 포장하는 데 맛이 들렸다.

21세기에, 러시아 지도자들은 그들의 나라를 제2차 세계대전에서의 소련인 희생자들과 대충 결부시켰다. 900만 명의 군인, 1700만 명의 민간인 사망자와. 이 수치는 논란의 여지가 많다. 이 책에 나오는 거의 모든 수치와 달리, 이 수치는 실제 계수가 아니라 인구 대비 사망률을 통해 추정해낸 것이다. 하지만 그 수치가 맞든 틀리든, 그것은 소련인의 사망자 숫자이지, 러시아인의 숫자가 아니다. 소련인 사망자의 정확한 수가 얼마가 됐든, 러시아인의 숫자는 훨씬, 훨씬 더 적을 것이 틀림없다. 우크라이나, 벨라루스, 발트 삼국의 희생자들을 포함한, 더 많은 소련인 희생자의 숫자는 그들 땅이 1939년 소련이 점령한 땅(동폴란드, 발트 삼국, 루마니아 동북부)이라는 점에서 특히 중요하다. 사람들은 끔찍하게 높은 비율로 그 땅에서 죽어갔다. 그리고 희생자 가운데 다수는 독일에 의해서만이 아니라 소련의 침공으로 죽었다. 무엇보다 중요한 점은 희생자의 다수가 유대인이었다는 것이다. 단지 6만 명 정도만 죽은 러시아 유대인이 아니라, 우크라이나와 벨라루스 유대인들(약 100만 명), 그리고 독일의 학살 전에 고향이 소련에게 점령되었던 유대인들(약 160만 명) 말이다.

독일은 러시아계 소련인 약 320만 명(민간인과 전쟁포로들)을 의도적으로 살육했다. 이는 우크라이나계나 폴란드계(러시아계보다 총 숫자가 5분의 1 정도밖에 안 되는)가 죽은 숫자보다 절대적으로 적다. 러시아계 민간인 사망자 숫자가 때때로 더 높게 나타나는 까닭은(그게 정확하다면) 두 가지 그럴 법한 해석을 붙일 수 있다. 첫째, 소련의 통계가 나타내는 것보다 많은 소련군 병사가 죽었고, 그들은 (민간인으로 분류되었으나) 실제로는 군인 사망자에 속해야 마땅했다. 또는 이들은 (전쟁 중 희생자로 제시되었으나) 독일의 손에 직접 당한 게 아니라 굶주림, 재산 강탈, 그리고 소련의 압제로 죽었다는 것이다. 두 번째 설명은 더 많은 러시아인이 히틀러가 아니라 스탈린이 다스리던 땅에서 받은 고통 때문에 전쟁 중에 죽어갔을 가능성을 제시한다. 그 가능성은 매우 높다. 비록 죽음의 책임이 분산되겠지만.[15]

소련 굴라크를 생각해보자. 대부분의 소련 강제수용소는 러시아에, 독일 점령지와는 한참 멀리 떨어진 곳에 있었다. 1941년 6월 독일이 소련을 침공할 무렵에는 약 400만 명의 소련인이 강제수용소에 있었다. 소련 당국은 전쟁 도중에 250만 명을 더 강제수용소로 보냈다. 내무인민위원회는 독일이 점령하지 않은 땅이라면 어디서든 활동을 계속했는데, 포위되며 굶주리고 있던 레닌그라드도 그에 포함되었다. 1941년에서 1943년 사이 굴라크에서 숨진 사람의 수는 51만 6841명으로 추산되는데, 아마 더 많이 죽었을 가능성이 있다. 이 추가된 수십만 명의 죽음의 숫자는 독일이 소련을 침공하지 않았다면 없었으리라 추정될 수 있다. 그러나 그들은 굴라크에서 고생하지 않았다면 그토록 허약해지지 않았을 것이다. 소련의 집단수용소에서 죽은 사람들을 단순히 독일의 희생자라고 볼 수는 없다. 비록 히틀러가 그들의 죽음을 재촉했다고 하더라도.[16]

다른 사람들, 가령 우크라이나 주민들은 스탈린과 히틀러 치하에서 러시아계보다 더 고생을 했다. 전쟁 전의 소련에서, 러시아인들은 소수 민족들에 비해 스탈린의 대공포에 희생될 확률이 훨씬 더 적었다(그래도 많은 러시아계가 희생되었지만). 또한 우크라이나계나 카자크계보다 기근에 시달릴 가능성도 훨씬 더 낮았다(역시 다수 희생자가 나왔지만). 소련령 우크라이나에서, 전체 주민들은 전쟁 기간 대부분을 독일 점령 치하에서 보냈다. 그리고 그들의 사망률은 러시아계보다 훨씬 더 높았다. 오늘날의 우크라이나 땅은 대량학살의 시대 내내 스탈린과 나치의 살육 정책이 펼쳐진 한가운데에 있었다. 약 350만 명의 사람이 1933년에서 1938년까지 스탈린주의의 학살 정책으로 사라졌고, 다음에는 1941년에서 1944년까지 독일의 살육 정책으로 또 350만 명 정도가 사라졌다. 그에 더하여, 아마도 우크라이나 주민 300만 명은 전사하거나 전쟁의 간접적인 영향으로 죽었을 것이다.

그렇다 해도, 현재의 독립 우크라이나도 때때로 과장의 정치politics

of exaggeration를 한다. 1932~1933년의 스탈린 기근과 1941~1944년 홀로코스트의 주무대였던 우크라이나에서, 전자의 경우에 죽은 우크라이나인의 숫자는 후자의 경우 죽은 유대인 숫자를 넘어서는 것으로 과장된다. 2005년에서 2009년 사이, 우크라이나 국가 기관 소속 역사학자들은 기근으로 1000만 명이 숨졌다는 발표를 반복하면서 그것을 입증할 어떤 자료도 제시하지 않았다. 2010년 초, 이 공식 수치는 사뭇 줄어서 394만 명이 되었다. 이 칭찬할 만한 (그리고 드문) 수치의 하향 조정은 그 나라의 신용에 보탬이 되었다(그러나 이후 우크라이나는 분열되고, 이후 대통령 자리에 앉은 사람은 우크라이나 기근에 대해 주목하지 않으려 하고 있다*).[17]

벨라루스도 소련-나치 대결의 주무대 땅이었고, 독일 점령 시 특별히 더 고초를 겪었다. 비율로 따지면 전시 사상률은 우크라이나보다 높았다. 벨라루스는 폴란드보다 더 심한 사회적 자산 박탈을 겪었다. 먼저 소련의 내무인민위원회가 1937년에서 1938년 사이에 그 지식계급을 스파이 혐의로 살해했으며, 그다음에는 소련 빨치산들이 교사들을 독일군 부역자라며 살해했다. 수도 민스크는 독일군의 폭격, 난민들의 도주, 식량 고갈, 홀로코스트 등등이 쌓이며 을씨년스럽게 변했고, 전후에는 소련식 도시로 재건되었다. 그러나 벨라루스조차 일반적인 추세를 따르고 있다. 벨라루스 영역에 살던 전쟁 이전 인

* 2013년에서 2014년에 걸친 '우크라이나 사태'에서 유럽연합 가입파와 반대파의 갈등이 심화되었고, 2014년 초의 유혈사태로 빅토르 야누코비치 대통령은 피신하고 올렉산드르 투르치노프 의회 의장이 대통령 권한대행에 취임했다. 이후 그는 러시아의 무력 개입에 대해 우크라이나의 주권을 수호하려는 입장을 제시하면서도 러시아를 '필요 이상으로' 자극하는 일은 피하려는 행보를 보여왔다.

구의 20퍼센트가 제2차 세계대전 중 사망했다. 그러나 오늘날 벨라루스 공화국 젊은이들은 5명 중 한 명이 아니라 셋 중 한 명이 죽었다고 교육받으며, 그렇게 믿고 있다. 소련의 유산을 중시하는 현 정부는 스탈린주의의 살육을 부정하면서, 모든 책임을 독일에, 또는 더 일반적으로는 서방에 돌리고 있다.[18]

희생자 숫자의 과장은 구소련 공화국이나 구공산 국가의 전유물이 아니며, 독일에서도 나타난다. 물론 독일의 홀로코스트 통계는 특별하고 모범적이다. 그건 문제될 게 없다. 독일의 유대인 대량학살에 대한 독일의 추념은 대량학살에 명확한 정치적, 지적, 교육적 책임을 지는 모범적 사례이며, 다른 나라에서도 같은 길을 걸을 희망의 사례이기도 하다. 그러나 독일의 언론과 (일부) 역사학자는 전시와 전후 철수, 피란 과정에서 빚어진 독일인의 사망자 숫자를 종전 이래 계속 과장하고 있다. 아무런 증거도 없이, 아직도 '100만 명이 죽었다' 심지어 '200만 명이 죽었다'는 이야기가 거론된다.

벌써 1974년에, 서독 문서보관국에서는 폴란드에서 피란 또는 이주되는 과정에서의 독일인 사망자 수를 40만 명으로 보고했다. 이 보고서는 묵살되었는데, 희생자 숫자를 가지고 하는 정치에 써먹기에는 숫자가 너무 적었기 때문이다. 한편 이 보고서는 또 체코슬로바키아에서 이주하던 독일인의 사망자가 20만 명이었다고도 했다. 체코와 독일 역사학자들이 합동으로 작성한 보고서에서는 그 숫자가 과장으로 나오는데, 실제로는 그 10분의 1 정도였을 것이라고 한다. 따라서 폴란드를 떠나다가 죽은 독일인 숫자가 40만 명이라는 것 역시 기껏해야 최대로 봐서 그렇다는 것(최소가 아니라)이리라 여겨진다.

전쟁 중 피란길에 오르거나 소개된 독일인들의 운명은 독일이 침공했을 때와 후퇴할 때 소련인과 폴란드인들이 겪어야 했던 운명과 비슷했다. 다만 후자의 경우 숫자가 훨씬 더 많았지만. 전후에 이동해야 했던 독일인들의 경험은 또한 숫자가 훨씬 더 많았던 전쟁 기간, 전후의 소련 및 폴란드인들의 경험과 비슷했다. 그러나 피란, 소개, 강제이주 등을 겪은 독일인들의 경험은 1000만 명의 폴란드인, 소련인, 리투아니아인, 라트비아인, 유대인 등등 의도적인 독일의 대량학살 정책에 희생된 이들의 그것과 비교할 수는 없다. 인종 청소와 대량학살은 비록 여러 면에서 연관이 있기는 해도 똑같지는 않다. 최악의 경우에도, 도주 중이거나 이주 중의 독일인들이 부딪힌 공포는 인위적 기근이나, 대공포나, 홀로코스트 같은 대량학살 정책의 공포와는 비교할 수 없었다.[19]

폴란드 이외의 나라에서 폴란드인의 고난은 과소평가되고 있다. 심지어 폴란드 역사학자들조차 1930년대 초 소련령 카자흐스탄이나 우크라이나에서 굶어 죽은 폴란드인들, 1930년대 말 스탈린의 대공포 때 사살당한 폴란드계 소련인들에 대해서는 별로 들추지 않는다. 1930년대에 다른 어떤 유럽의 소수 민족도 폴란드계 소련인들만큼 고초를 겪지 않았음에도 아무도 주목하지 않았다. 놀라운 사실은 소련의 내무인민위원회가 1940년 다른 소련 지역들에서 잡아들인 사람들보다 더 많은 숫자를 점령된 동폴란드 땅에서 잡아들였다는 점을 거의 떠올리는 경우가 없다는 것이다. 1939년 바르샤바 폭격에서 숨진 폴란드인의 수는 1945년 드레스덴 폭격*으로 숨진 독일인의 숫자와 거의 같다. 폴란드인들에게, 그 폭격은 그 전쟁의 피비린내 나는 점령의 겨우 시작일 뿐이었고, 점령 독일군은 수백만 명의 폴란드인을 죽였다. 바르샤바 봉기 때 죽은 폴란드인의 숫자도 히로시마와 나가사키에 떨어진 원폭에 희생된 일본인의 숫자보다 많다. 1933년 바르샤바에서 살아남은 비유대계 폴란드인이 1945년이 될 때까지 목숨을 부지할 가능성은 1933년에 살아남은 유대계 독일인과 거의 같았다. 유럽의 유대인들이 아우슈비츠에서 죽어간 숫자와 비슷한 비유대계 폴란드인이 이 전쟁에서 죽었다. 그런 점에서, 아우슈비츠에서 죽은 비유대계 폴란드인의 숫자도 두 경우(폴란드 자체와 헝가리)를 빼면 다른 유럽 국가에서 죽은 유대인 숫자보다 많았다.

폴란드의 문학평론가 마리아 야니온은 폴란드가 유럽연합에 가입하려는 데 대해 이렇게 말했다. "유럽으로? 예스! 그러나, 우리의 주검과 함께." 얼마나 많이 죽었는지를 포함해, 죽은 이들에 대해 많이 아는 일은 중요하다. 그 막대한 사망자 수에도 불구하고, 폴란드 역시 희생자 부풀리기 정치놀음을 하고 있다. 폴란드인들은 전쟁 중에 600만 명의 폴란드인과 유대인이 죽었다고 교육받는다. 이 숫자는 1946년 겨울, 스탈린주의 지도자였던 야쿠프 베르만이 폴란드인과 유대인의 사망자 수를 비슷하게 만들려는 국내 정치적 고려에서 창출해낸 숫자에 근거한다. 그가 "교정한" 사망자의 예전 추정치는 480만 명이었고, 아마 그게 사실에 가까울 것이다. 물론 그것도 여

---

* 1945년 2월 13일에서 14일 사이, 연합군의 대규모 폭격으로 독일 동남부의 드레스덴이 완전히 폐허가 된 사건. 폭격이 철저하고 민간인에게도 무차별적이었기 때문에 '연합군의 반인도적 만행'으로 널리 알려졌다. 그러나 나치에 의해 20만이 넘는다고 알려졌던 희생자 수는 실제 2만여 명이었다고 한다.

전히 막대한 숫자다. 폴란드는 아마도 100만 명의 비유대 민간인을 독일에게, 10만 명 이상을 소련에게 잃은 것으로 보인다. 그리고 또 100만 명의 폴란드인이 가혹 행위나 전쟁의 부상으로 숨진 것 같다. 이 수치는 놀라울 정도로 높다. 비유대 폴란드인의 운명은 독일 점령하에 있던 서유럽 사람들의 운명에 비하면 상상할 수 없을 정도로 가혹했다. 그렇다고 해도, 전쟁 중에 폴란드 유대인은 비유대인보다 의도적 살육에 희생된 비율이 15배나 높았다.[20]

12년, 두 체제 동안 1400만 명이 의도적 살육을 당했다. 지금은 이에 대해 우리가 통달은 못 할망정 조금이라도 알기 시작할 때다. 과장된 숫자를 반복하며, 유럽인들은 그들의 문화에 수백만 명의 존재하지 않았던 유령을 집어넣고 있다. 불행히도, 그런 유령은 완전히 무력하다. 서로 경쟁적인 순교자 신화에서 나오는 것은 결국 순교자를 내세운 제국주의martyrological imperialism일 뿐이다. 1990년대의 유고 내전은 부분적으로 세르비아인들이 제2차 세계대전에서 자민족의 희생자 수를 실제보다 훨씬 더 많았다고 인식한 데서 비롯됐다. 역사가 없어지면, 숫자는 부풀려지고 기억은 억눌려지면, 공포스러운 상황이 찾아온다.

죽은 자가 과연 어느 누구에게든 소속되는 것일까? 독일인에게 살육된 400만 명 이상의 폴란드인 가운데 약 300만 명이 유대인이었다. 이 300만 명의 유대인 모두는 폴란드인으로 치부되었는데, 실제로도 그랬다. 그들 중 다수는 스스로를 폴란드인이라 굳게 믿었다. 유대인으로 죽은 사람들이 스스로 유대인이라 생각하지 않으면서 죽었다. 또 이런 유대인 100만 명 이상은 스스로를 소련 국민이라 여기며 죽었다. 전쟁 초기에 소련이 병합한 폴란드 절반의 땅에서 살고 있었기 때문에. 이 100만 명 가운데 다수가 살았던 땅은 지금 독립 우크라이나 공화국에 속해 있다.

코벨 시너고그의 벽에 엄마에게 보내는 글을 긁어 썼던 유대인 소녀, 그녀는 역사상 폴란드인일까, 소련인일까, 이스라엘인일까, 우크라이나인일까? 그녀는 폴란드어로 글을 썼다. 그날 시너고그의 다른 유대인들은 이디시어로 썼다. 디나 프로니체바의 유대인 어머니는 어떨까? 키예프(지금은 독립 우크라이나의 수도인)의 바비야르에서 도망치라고 딸에게 러시아어로 말한 그녀는? 코벨과 키예프의 유대인 대부분은, 동유럽 유대인 대부분과 마찬가지로, 시온주의자도, 폴란드인도, 우크라이나인도, 공산주의자도 아니었다. 그들이 과연 정말로 이스라엘이나, 폴란드나, 우크라이나나, 아니면 소련을 위해 죽었다고 말할 수 있을까? 그들은 유대인이었으며, 폴란드 또는 소련의 국민이었다. 그들의 이웃은 우크라이나 또는 폴란드 또는 러시아계 주민이었다. 그들은 어떤 면에서 네 나라에 소속되어 있었다. 적어도 이 네 나라의 역사가 따로따로 떼어 말할 수 있는 것이라면.

희생자는 애도자의 뒤에 가려져 있다. 살육자는 숫자들 뒤에 숨어 있다. 막대한 죽음의 숫자를 읊조리는 것은 익명성의 흐름에 숨어버리는 일이다. 죽은 뒤에 서로 경쟁하는 국가별 추념에 따라 명단에 실리고, 개별적인 삶을 부수적으로 다루는 숫자의 일부가 되어버리는 것, 그것은 개인을 말살하는 일이다. 그것은 역사에서 빠지는 일이다. 역사란 각 개인은 환원할 수 없는 존재라는 생각에 근거하기 때문이다. 이 모든 복잡성에도 불구하고 역사는 우리 모두가 가질 수 있는, 그리고 공유할 수 있는 것이다. 따라서 우리가 설령 정확한 숫자를 손에 넣었다고 해도, 우리는 그 이상을 고려해야 한다. 정확한 숫자가 역사의 전부는 아니다.

각각의 사망 기록은 하나의 독특한 삶에 대해 그 존재를 제시하지만, 내용을 설명해주지는 못한다. 우리는 죽은 이의 숫자를 셀 뿐 아니라 죽은 이 한 명 한 명을 개인으로 취급해야 한다. 대규모 학살에 심층 조사를 실시한 경우는 홀로코스트로, 570만 명의 유대인이 죽었고 그 가운데 540만 명이 독일의 손에 죽은 것으로 파악된다. 그러나 이 숫자도, 다른 숫자들과 마찬가지로, 다만 추상적인 '570만'으로 여겨져서는 안 된다. '하나의 570만 배'로 여겨져야 한다. 그것은 뭐랄까, 한 사람의 유대인이 570만 번 죽었다는 식의 의미가 아니다. 셀 수 없이 많은 사람이지만, 그럼에도 불구하고 그들의 삶은 하나하나 기억될 가치가 있다는 의미다. 도브시아 카간은 코벨 시너고그에 있던 소녀다. 그리고 그녀와 함께 있던 모든 이들, 코벨에서 죽은, 우크라이나에서 죽은, 동유럽에서 죽은, 유럽에서 죽은 모든 유대인은 독특한 삶의 소유자였다.

기억의 문화는 어림수를 쓰기 마련이다. 그러나 죽은 자들에 대한 기억은 그 수가 어림수가 아닐 때, 다시 말해서 마지막 단위가 0이 아닐 때 쉬워진다. 따라서 홀로코스트의 경우, 트레블린카에 78만 863명의 서로 다른 사람이 있었다고 생각하면 아마 쉬워질 것이다. 그 마지막 3명은 가스실에 들어간 뒤 옷이 한데 뭉쳐져 수거된 타마라 빌렌베르크와 이타 빌렌베르크 자매, 그리고 가스실에 들어가기 전 그녀의 머리를 깎는 남자와 부여잡고 울었던 루트 도르프만이 될 수 있다. 아니면 바비야르에서 사살된 3만3761명의 유대인 가운데 마지막이 되는 한 명을 상상해보자. 가령 디나 프로니체바의 어머니를! 비록 그곳에서 사살된 모든 유대인 하나하나가, 곧 하나하나이지만 말이다.

블러드랜드의 대량학살의 역사에서, 기억은 다음과 같은 이름을 포함해야만 한다. 포위 속에서 굶어 죽은 100만 명의(100만 배의 하나의) 레닌그라드 시민들 각각, 1941년에서 1944년 사이에 독일군에게 살해된 310만 명의(310만 배의 하나의) 소련 전쟁포로 각각, 1932년에서 1933년 사이에 소련 체제 아래 굶어 죽어야 했던 330만 명의(330만 배의 하나의) 우크라이나 농민 각각도 이들의 숫자를 완전히 정확히는 알 수가 없다. 하지만 그것은 개인들을 나타내고 있다. 무시무시한 선택을 해야 했던 농민 가족, 구덩이에서 서로의 몸을 덥혀주려 애쓰던 포로들, 레닌그라드에서 가족들이 한 명씩 죽어가는 모습을 봤던 타냐 사비체바 같은 아이들.

1937년에서 1938년, 스탈린의 대공포 시기에 사살된 68만1692명 각각은 저마다의 이야기를 가지고 있다. 마지막 두 명은 마리아 유리에비치와 스타니스와프 비가노프스키일 수 있다. "지하에서" 다시 만나기를 바랐던 부부 말이다. 1940년 내무인민위원회에게 사살된 2만1892명의 폴란드 포로들도 저마다의 삶이 있었다. 마지막 두 명은 자신의 딸을 꿈에 봤던 아버지, 도비에슬라우 야쿠보비치와 총탄이 자신의 머리를 꿰뚫던 날 자신의 결혼반지에 대해 글을 남긴 남편, 아담 솔스키일 수 있다.

나치와 소련 체제는 사람들을 숫자로 바꿔버렸다. 그들 중 일부는 단지 추정치가 되어버렸고, 나머지 일부는 우리의 정밀한 추계를 통해 복원될 수 있다. 우리 학자들로서는 이 숫자들을 찾고, 이를 통해 일정한 전망을 내놓아야 한다. 우리, 인간의 마음을 가진 우리로서는, 그런 숫자들을 사람들로 돌려놓아야 한다. 우리가 그럴 수 없다면, 히틀러와 스탈린은 단지 우리의 세상을 마구 뜯어고쳤을 뿐 아니라, 우리의 인간성마저 개조했다는 뜻이 되리라.

옮긴이의 말

대학원에서 사회과학 공부를 하던 시절 '전체주의totalitarianism'는 비판의 대상이었다. 파시즘 체제와 사회주의 체제는 기본 이념에서부터 정치 방식, 구조, 사회경제적 목표 등이 모두 크게 다른데, 다만 표면적인 유사성만을 들어 전체주의라는 이름으로 한데 묶었다는 것이었다. 그 용어를 처음 만든 사람 중 한 명인 한나 아렌트는 위대한 정치철학자이긴 하지만, 사회과학자라고 하긴 어렵다는 말도 뒤따랐다.

그러나 어쩌면 『전체주의의 기원』의 속편이라고도 볼 수 있을 이 책은 그런 비판에 오히려 비판의 여지가 있음을 보여준다. 분명 '극우' 나치 독일과 '극좌' 스탈린 소련은 다른 체제였을지 모른다. 그러나 그 체제를 움직이는 사람들, 총통 또는 서기장 동지에서부터 힘러나 베리야 같은 '정권 실세'들, 공무원과 군인들, 일반 시민에 이르는 사람들의 철학과 심리는 상당히 엇비슷하지 않았을까? 스나이더가 분노를 억누르며 술하게 언급하듯 사람을 사람이 아닌 숫자로 보고, 나름의 이상을 실현하기 위한 '작은 희생'은 아무렇지 않게 여기며, 지도자나 당의 뜻이라면 상식에 아무리 어긋나는 일이라도 서슴없이 해치우고, 유사 종교와 비슷한 열정 및 신념을 유지하기 위해서는 말도 안 되는 목표 변경(가령 집단화의 달성 대신 부농의 박멸, 전쟁 승리 대신 유대인 말살)도 위에서든 아래서든 버젓이 실행하는 등등의 사고방식과 행동은 현대 민주 국가에서는 상상하기 어려운 것들 아닌가.

아렌트는 자기 나름의 속편을 『예루살렘의 아이히만』에서 썼다. 수많은 유대인을 기계처럼 학살한 아우슈비츠 책임자 아돌프 아이히만은 그녀의 눈에 악마도 괴물도 아니었다. 평범한 중년 남자를 살인기계로 만든 것이 전체주의 체제였으며, 따라서 인간성을 말살하는 악이 실현될 가능성은 언제나 우리 곁에 잠재해 있다. 언젠가 우리가 '자유에서의 도피'를 선택하고, 전체주의적 에토스를 떠받드는 나머지 생각하기를 멈추는 날에는…….

그러나 그녀가 봤던 아이히만, 그녀가 생각했던 '악의 평범성'만이 전부가 아님을 이 책은 일깨워준다. 아우슈비츠는 서구인들에게 홀로코스트의 대명사이지만, 전체 유대인 학살에서는 그리 큰 비중을 차지하지 않았다. 또한 그 유대인 학살도 '피에 젖은 땅'에서 자행된 폴란드인, 우크라이나인, 벨라루스인, 발트 삼국인들 등에 대한 학살과 궤를 같이하는 것이었다. 그리고 그런 대량학살은 두 '전체주의' 체제의 상호작용에 따라 군비 경쟁을 하듯 서로 증폭되어갔다. 말하자면 악은, 적어도 1000만 명 이상을 절멸시킬 정도의 거대한 악은 평범 이상의 무대를 필요로 한다. 호전적이고 광신적인 세력끼리 경쟁하고 충돌할 때, 미친 고래들의 몸부림 가운데 놓인 새우들은 등이 터지는 정도가 아니라 아예 가루가 된다. 지정학과 국제정치학이 또 다른 피에 젖은 땅을 만들지 않기 위해 고려되어야 할 이유다. 오늘날 시리아와 예멘을, 쿠르드족을, 그리고 아직은 별 이상 없어 보이는 한반도를 조심스레 돌아봐야 할 이유다.

그녀가 놓친 것이 또 있다. 그녀는 악행을 그만두게 된 지 오래인 아이히만을 보았다. 그녀가 나치 장교복을 갖춰 입고 아우슈비츠에서 살인 명령을 내리던 아이히만을 볼 수 있었다면(물론 그러면 살아남지 못했겠지만) 평범한 중년 남자 이상의 무엇을 볼 수 있지 않았을까? 스나이더의 책은 페이지마다 잔악 행위와 대량 살육을 저지르는 과정을 담고 있지만, 그 주체들이 비인도적인 행위를 주저하거나 그에 반항하는 모습은 별로 눈에 띄지 않는다. 오히려 '살인 할당량을 더 늘려달라'고 상부에 재촉하는 모습, '단지 없애라'는 명령을 상상 이상의 잔혹한 수법으로 실행하며, 거기에 강간·절도·패륜까지 추가하는 장면이 점철된다. 그들도 사람이거늘 왜 그랬을까? 아렌트는 '스스로 생각하기를 멈추고 조직의 명령에 따라서만 움직였기 때문'이라고 한다. 그런 점도 있다. 하지만 가스실의 스위치를 내리고 사망자 수를 장부에 기입하는 일이야 '직무 명령에 따른 관료적 임무 수행'으로 볼 수 있다 쳐도, 가족들 눈앞에서 생사람을 도끼로 난자하고, 굶주림에 미쳐버린 부모가 자기 자식들을 잡아먹도록 하고, 어린 소녀들에게 발가벗고 춤을 추게 하고, 집단 강간한 뒤 그 음부를 찔러 죽이는 일은 차원이 다르다. 적어도 히틀러나 스탈린이 그렇게 세세한 살인 주문을 하지는 않았다. 그것은 우리 모두에게 평범하게 내재된 악이 어떤 삐뚤어진 욕망과 광기를 부르는 메시지에 따라 '멀쩡한 정신으로, 선을 행한다는 믿음 아래' 인간을 인간 이하의 존재로 만들 수 있음을 의미한다. 히틀러와 스탈린이 저열한 인간들이었는지 모르나, 다른 한편 그들은 분명 이상주의자였다. 그리고 몇 세기 전 프랑스 대혁명 때, '미덕을 갖지 못한 사람들은 미덕의 이름으로 없어져야 한다'며 죄 없는 왕족, 귀족, 나아가 서민과 혁명 동지들을 차례로 단두대로 보냈던 공포정치의 주역들은 분명 고결한 이상주의자였다. 이상에 심취한 범죄자, 그것은 악마의 다른 이름일지도 모른다.

그런 점에서 우리 역시 한반도를 돌아봐야 한다. 구체적으로는 지금, 2021년의 정치판을, 그리고 유튜브와 SNS의 세상을 돌아봐야 한다. 고귀한 이상의 이름으로 그 반대자를 인간 이하, '벌레'로 취급하고, 사람을 숫자로만 여기고, 기회만 주어진다면 이상을 위해 민주주의의 파괴와 폭력 행사까지 서슴지 않으려는 경향은 혹시 없는가?

마지막으로, 개인이 온다. 이 책의 시작에서 끝까지, 절망 속에서 몸부림치며 '복수해줘, 복수해줘!' 하고 외치거나, '끝없는 입맞춤을 보내요'라며 사랑하는 이에게 편지를 쓰거나, 시체 더미 속에서 비명을 억누르며 끝끝내 살아남은 사람들. 굶어 죽어가는 수용소 사람들을 살리려고 그들과 결혼하기를 선택한 사람들. 죽음의 땅으로 가는 열차 창밖으로 자신의 마지막 흔적, 누군가에게 전하고픈 메시지를 던지던 사람들. 이 책에 쏟아진 여러 찬사에서 지적하듯, 저자는 수없이 많은 죽음을 이야기하면서 그들이 한낱 통계가 아닌 저마다 독특한 개인들이었음을 강조한다. 자기가 살던 땅이 피에 젖은 땅으로 바뀐다면 그것은 개인이 어떻게 해볼 수 있는 것이 아니다. 그러나 거대한 악, 비참한 운명 앞에서 개인은 각자 나름대로 종말을 맞이할 수 있다. 스스로도 어렵지만 더 어려운 사람을 도울 수 있고, 상상도 못 할 역경을 이 악물고 견뎌낼 수 있으며, 자신의 삶의 한 조각을 남김으로써 자기 존재를 증명할 수도 있다. 그것은 어쩌면 피에 젖은 땅은 아니더라도, 개인의 힘을 넘어서는 악운에 대해 우리 모두가 취할 수 있는 선택이다. 환경 재앙이 되었든, 코로나 팬데믹이 되었든 말이다.

이 땅 역시 끔찍한 피에 젖은 땅이 되는 일이 없도록 깨어 있고, 스스로 생각하며, 연대하여 협력하는 시민이 되는 것, 그리고 처음부터 끝까지 존엄하고 특별한 자기 자신, 개인으로 남는 것, 그것이 아렌트의 공포에서 스나이더의 분노를 배운 우리가 가져야 할 목표가 아닐까 한다.

2021년 겨울의 끝 무렵 함규진

주

1장 스탈린, 소련을 굶주림에 빠뜨리다

1 Siriol Colley, *More Than a Grain*, 161에서 인용.

2 저널리스트 개러스 존스에 대해서는 Siriol Colley, *More Than a Grain*, 224-238; Jones, "Will there be soup?"; Conquest, *Harvest*, 309; 그리고 Dalrymple, "Further References", 473을 참조하라. 하르키우에 대해서는 Falk, *Sowjetische Städte*, 140, 172-175, 288; Kovalenko, *Holod*, 557; Werth, *Terreur*, 130을 참조하라. 사진은 바실리 그로스만의 작품이다.

3 Falk, *Sowjetische Städte*, 284-285, 288, 298-300.

4 Falk, *Sowjetische Städte*, 299에서 인용, 297-301; Kuśnierz, *Ukraina*, 157, 160도 참조하라. 소녀와 병원에 대해서는 Davies, *Years*, 160, 220을 참조하라. Kuromiya, *Freedom and Terror*, 171, 184도 참조하라. 생존자 증언 사용에 관한 내용은 Graziosi, *War*, 4를 참조하라.

5 Siriol Colley, *More Than a Grain*, 233에서 인용. 드네프로페트롭스크에 대해서는 Kravchenko, *I Chose Freedom*, 111을 참조하라. 스탈리노에 대해서는 Maksudov, "Victory", 211을 참조하라.

6 쇠약으로 인한 기절에 대해서는 Kovalenko, *Holod*, 61을 참조하라. Siriol Colley, *More Than a Grain*, 235도 참조하라. 하르트시즈스크에 대해서는 Kuromiya, *Freedom and Terror*, 170을 참조하라. 그로스만에 대해서는 Todorov, *Mémoire*

du mal, 61을 참조하라. Koestler, *Yogi*, 137도 참조하라.

7 Serbyn, "Ukrainian Famine", 131을 참조하라. Falk, *Sowjetische Städte*, 289도 참조하라.

8 계획의 의미에 대한 자세한 설명은 Harrison, *Soviet Planning*, 1-5를 참조하라.

9 Kuromiya, *Stalin*, 85; Kuśnierz, *Ukraina*, 37에서 인용.

10 인용문 및 포스터: Viola, *War*, 177; Viola, *Unknown Gulag*, 32.

11 Viola, *War*, 238; Conquest, *Harvest*, 121에서 인용. 처형과 추방에 관한 자세한 내용은 Davies, *Years*, 20, 46; Werth, *Terreur*, 463; Viola, *Unknown Gulag*, 6, 32; Kuśnierz, *Ukraina*, 51, 56; Khlevniuk, *Gulag*, 11; Graziosi, *War*, 48; Davies, *Years*, 46을 참조하라.

12 강제 이주한 11만3637명에 대해서는 Viola, *War*, 289를 참조하라. Kulczycki, *Hołodomor*, 158도 참조하라. 일부 주민의 도착에 관한 자세한 내용은 Kotkin, "Peopling", 70-72를 참조하라.

13 비가에 대해서는 Kovalenko, *Holod*, 259를 참조하라. 솔롭키에 대해서는 Applebaum, *Gulag*, 18-20, 49를 참조하라. 특별 정착지에 대해서는 Viola, *Unknown Gulag*를 참조하라(추방당한 우크라이나 농민의 숫자는 195 및 32에서 확인할 수 있다).

14 Applebaum, *Gulag*, 48에서 인용. 사망 추정치에 대해서는 Viola, *Unknown Gulag*, 3 및 Applebaum, *Gulag*, 583을 참조하라. 굴라크의 특징에 대해서는 Khlevniuk, *Gulag*, 1-10; Applebaum, *Gulag*, xvi-xvii; and Viola, *Unknown Gulag*, 2-7을 참조하라.

15 Siegelbaum, *Stalinism*, 45 (first two); Viola, *Unknown Gulag*, 53에서 인용. 벨로모르에 대해서는 Khlevniuk, *Gulag*, 24-35; Applebaum, *Gulag*, 62-65를 참조하라.

16 Applebaum, *Gulag*, 64-65.

17 Viola, *Unknown Gulag*, 35에서 인용. 일반적인 정보는 Viola, *Best Sons*도 참조하라. 집단화 속도에 대해서는 Kuśnierz, *Ukraina*, 39를 참조하라.

18 경작지 비율에 대해서는 Kuśnierz, *Ukraina*, 40을 참조하라.

19 Snyder, *Sketches*, 93에서 인용. 우크라이나 농민이 땅을 놓고 투쟁한 배경에 대해서는 Beauvois, *Bataille*; Edelman, *Proletarian Peasants*; Hildermeier, *Sozialrevolutionäre Partei*; Kingston-Mann, *Lenin*; Lih, *Bread and Authority*를 참조하라.

20 Dzwońkowski, *Głód*, 84에서 인용. 스탈린주의자의 '제1계명'에 대해서는 Kulczycki, *Hołodomor*, 170을 참조하라. Kuśnierz, *Ukraina*, 70도 참조하라.

21 가축과 여성의 저항에 대해서는 Kuśnierz, *Ukraina*, 66, 72; Conquest, *Harvest*, 158을 참조하라.

22 Graziosi, *War*, 53-57; Viola, *War*, 320; Kulczycki, *Hołodomor*, 131; Snyder, *Sketches*, 92-94.

23 Morris, "The Polish Terror", 753에서 인용. 폴란드의 우크라이나 소수 민족 관련 새로운 정책에 관한 스탈린주의자의 우려는 Report of 13 July 1926, AVPRF, 122/10/34를 참조하라. 일반적인 정보는 Snyder, *Sketches*, 83-114도 참조하라.

24 Kuromiya, "Spionage", 20-32.

25 Cameron, "Hungry Steppe", chap. 6. 신장에 대해서는 Millward, *Eurasian Crossroads*, 191-210을 참조하라.

26 Snyder, *Sketches*, 101-102.

27 Kuśnierz, *Ukraina*, 74; Snyder, *Sketches*, 103-104.

28 Davies, *Years*, 8-11, 24-37; Kuśnierz, *Ukraina*, 86-90.

29 Viola, *Unknown Gulag*, 75; Kravchenko, *I Chose Freedom*, 106에서 인용. 소련령 우크라이나에서 추방당한 3만2127가구에 대해서는 Kulczycki, *Hołodomor*, 158을 참조하라. 집단화된 농지 비율에 대해서는 Kuśnierz, *Ukraine*, 86을 참조하라.

30 Davies, *Years*, 48-56.

31 수확에 대해서는 Davies, *Years*, 57-69, 110-111; Graziosi, "New Interpretation", 1-5; Dronin, *Climate Dependence*, 118을 참조하라. 코시오르와 카가노비치에 대해서는 Davies, *Years*, 72, 82, 89, 95를 참조하라.

32 Kuśnierz, *Ukraina*, 102-103; Davies, *Years*, 112-114.

33 적십자에 대해서는 Davies, *Years*, 112-113을 참조하라. Kul'chyts'kyi, *Kolektyvizatsiia*, 434; Kul'chyts'kyi, "Trahichna", 151에서 인용.

34 기아로 인한 사망 관련 보고서는 Kuśnierz, 104-105를 참조하라. 스탈린에 대해서는 Davies, *Kaganovich Correspondence*, 138을 참조하라. 식량 원조 요청에 대해서는 Lih, *Letters to Molotov*, 230을 참조하라. 카가노비치(1932년 6월 23일)에 대해서는 Hunchak, *Famine*, 121을 참조하라.

35 Cameron, "Hungry Steppe", chap. 2; Pianciola, "Collectivization Famine", 103-112; Mark, "Hungersnot", 119.

36 Davies, *Kaganovich Correspondence*, 138에서 인용. 스탈린의 사적 정치 성향에 대해서는 Kulczycki, *Hołodomor*, 180; Kuśnierz, *Ukraina*, 152를 참조하라.

37 스탈린에 대해서는 Marochko, *Holodomor*, 21을 참조하라. 지역 당료들이 목격한 현실적인 문제에 대해서는 Davies, *Years*, 105-111, 117-122를 참조하라.

38 Kovalenko, *Holod*, 110에서 인용.

39 Davies, *Years*, 146에서 인용. Kuśnierz, *Ukraina*, 107; Werth, *Terreur*, 119도 참조하라.

40 "우리 아버지"에 대해서는 Sebag Montefiore, *Court*, 69를 참조하라. 굶주림이 게으름에 대한 변명에 불과하다는 말에 대해서는 Šapoval, "Lügen", 136을 참조하라. 몰로토프와 카가노비치, 스탈린의 관계를 알고 싶다면 Lih, *Letters to Molotov*; Davies, *Kaganovich Correspondence*를 참조하라.

41 Davies, *Kaganovich Correspondence*, 175, 183에서 인용.

42 Snyder, *Sketches*, 83-95; Kuromiya, "Great Terror", 2-4.

43 Snyder, *Sketches*, 102-104; Haslam, *East*, 31.

44 Report of 6 June 1933, CAW I/303/4/1928에서 인용. 폴란드 영사관에 대해서는 Marochko, *Holodomor*, 36을 참조하라. 폴란드의 경고에 대해서는 Snyder, *Sketches*, 102-108; Papuha, *Zakhidna Ukraina*, 80을 참조하라.

45 Kuśnierz, *Ukraina*, 108; Maksudov, "Victory", 204.

46 소련 판사에 대해서는 Solomon, *Soviet Criminal Justice*, 115-116을 참조하라. Kuśnierz, *Ukraina*, 116에서 인용.

47 Kuśnierz, *Ukraina*, 139; Kovalenko, *Holod*, 168에서 인용. 감시탑과 감시탑 수에 대해서는 Kuśnierz, *Ukraina*, 115를 참조하라. Maksudov, "Victory", 213 및 Conquest, *Harvest*, 223-225도 참조하라.

48 이러한 징발 방법에 따른 제한적 이익에 대해서는 Maksudov, "Victory", 192를 참조하라. 정당 활동가의 학대에 대해서는 Kuśnierz, *Ukraina*, 144-145, 118-119; 그리고 Kuromiya, *Freedom and Terror*, 170-171을 참조하라.

49 소련 전역에서의 57퍼센트와 대비되는 수치다. Davies, *Years*, 183을 참조하라. 몰로토프에 대해서는 Davies, *Years*, 171-172를 참조하라.

50 스탈린에 대해서는 Sebag Montefiore, *Court*, 21, 107을 참조하라.

51 Kovalenko, *Holod*, 44에서 인용. 정치국이 보낸 전보 두 통에 대해서는 Marochko, *Holodomor*, 152; 그리고 Davies, *Years*, 174를 참조하라. 체포된 집단 농장원 1623명에 대해서는 Davies, *Years*, 174를 참조하라. 추가로 추방된 30만400명에 대해서는 Kuśnierz, *Ukraina*, 59를 참조하라.

52 '지어낸 이야기' 참조 문헌이 필요하다면 Šapoval, "Lügen", 159; and Davies, *Years*, 199를 참조하라.

53 Kuśnierz, *Ukraina*, 124에서 인용. Vasiliev, "Tsina", 60; 그리고 Kuromiya, *Stalin*, 110도 참조하라.

54 Kuromiya, *Freedom and Terror*, 174에서 인용. 가족 해석(스타니스와프 코시오르)에 대해서는 Davies, *Years*, 206을 참조하라.

55 비슷한 판단을 알고 싶다면 Jahn, *Holodomor*, 25; Davies, *Tauger, and Wheatcroft*, "Grain Stocks", 657; Kulczycki, *Hołodomor*, 237; 그리고 Graziosi, "New Interpretation", 11 등을 참조하라.

56 Sen, *Poverty and Famines*, 7에서 인용. 154-155도 참조하라. 굶주림에 대한 그럴듯한 민족적 해석은 Martin, "Ukrainian Terror", 109 여러 부분에 있다. Simon, "Waffe", 45-47; 그리고 Conquest, *Harvest*, 219도 참조하라. 1932년 11월의 카가노비치에 대해서는 Kulczyski, *Hołodomor*, 236을 참조하라.

57 Graziosi, "New Interpretation", 8; Kuśnierz, *Ukraina*, 143; Maksudov, "Victory", 188, 190; Davies, *Years*, 175. 종곡에 대해서는 151을 참조하라.

58 고기 벌금에 대해서는 Shapoval, "Proloh trahedii holodu", 162; and Maksudov, "Victory", 188을 참조하라. Dzwonkowski, *Głód*, 71에서 인용. 설명하는 사례에 대해서는 Dzwonkowski, *Głód*, 160과 219를 참조하라. 가축의 전반적인 감소에 대해서는 Hunczak, *Famine*, 59를 참조하라.

59 Shapoval, "Proloh trahedii holodu", 162; Maksudov, "Victory", 188; Marochko, *Holodomor*, 171; Werth, *Terreur*, 123.

60 Shapoval, "Holodomor."

61 Davies, *Years*, 190; Marochko, *Holodomor*, 171.

62 Snyder, *Sketches*, 107-114.

63 Davies, *Years*, 187에서 인용. 12월 20일에 대해서는 Vasiliev, "Tsina", 55; Graziosi, "New Interpretation", 9; 그리고 Kuśnierz, *Ukraina*, 135를 참조하라.

64 Davies, *Years*, 190-192.

65 굶주리는 사람을 간첩으로 보는 해석에 대해서는 Shapoval, "Holodomor"를 참조하라. 체포되어 고향 마을로 이송된 농민 19만 명에 대해서는 Graziosi, "New Interpretation", 7을 참조하라. 1월 22일의 사건에 대해서는 Marochko, *Holodomor*, 189; and Graziosi, "New Interpretation", 9를 참조하라.

66 체포된 3만7392명에 대해서는 Marochko, *Holodomor*, 192를 참조하라. Davies, *Years*, 161-163도 참조하라.

67 활동가의 기억에 대해서는 Conquest, *Harvest*, 233을 참조하라. 숙청의 중요성에 대한 인용문과 상세 정보는 Šapoval, "Lügen", 133을 참조하라. 지도부의 숙청에 대해서는 Davies, *Years*, 138을 참조하라.

68 소련령 우크라이나의 죽음 같은 침묵에 대해서는 Kovalenko, *Holod*, 31; Dzwonkowski, *Głód*, 104를 참조하라. Arendt, *Totalitarianism*, 320-322도 참조하라.

69 Dalrymple, "Soviet Famine", 261에서 인용. 벨디에 대해서는 Kovalenko, *Holod*, 132를 참조하라.

70 *New York Evening Post*, 30 March 1933에서 인용.

71 와빈스카에 대해서는 Dzwonkowski, *Głód*, 104를 참조하라. 파나센코에 대해서는 Kuśnierz, *Ukraina*, 105를 참조하라. 크라브첸코는 이 경험을 *I Chose Freedom*, 104-106에서 자세히 설명한다.

72 추방당한 1만5000명에 대해서는 Davies, *Years*, 210을 참조하라. 쿠반에서 추방당한 6만 명에 대해서는 Martin, "Ethnic Cleansing", 846을 참조하라.

73 수용소에서 죽은 6만7297명에 대해서는 Khlevniuk, *Gulag*, 62, 77을 참조하라. 특별 정착지에서 사망한 24만1355명에 대해서는 Viola, *Unknown Gulag*, 241을 참조하라.

74 Khlevniuk, *Gulag*, 79에서 인용.

75 Dzwonkowski, *Głód*, 215-219; Kul'chyts'kyi, *Kolektyvizatsiia*, 365에서 인용. 소련령 우크라이나에서의 기대 수명에 대해서는 Vallin, "New Estimate", 256을 참

조하라.

76 여학생과 잘린 머리에 대해서는 Kovalenko, *Holod*, 471, 46을 참조하라.

77 밀가루를 얻기 위한 매춘에 대해서는 Kuromiya, *Famine and Terror*, 173을 참조하라. 빈니차에 대해서는 Kovalenko, *Holod*, 95를 참조하라. 식인에 대한 두려움은 Kovalenko, *Holod*, 284를 참조하라. 기차역에 있던 농민에 대해서는 Kuśnierz, *Ukraina*, 155를 참조하라. 시 경찰에 대해서는 Falk, *Sowjetische Städte*를 참조하라. 사비라에 대해서는 Kovalenko, *Holod*, 290을 참조하라.

78 Czech, "Wielki Głód", 23에서 인용. 잡아먹힌 아들에 대해서는 Kovalenko, *Holod*, 132를 참조하라. 칼을 가는 아버지 사건에 대해서는 Kuśnierz, *Ukraina*, 168을 참조하라. 돼지에 대해서는 Kuromiya, *Freedom and Terror*, 172를 참조하라.

79 감시탑에 있던 50만여 명의 미성년자에 대해서는 Maksudov, "Victory", 213을 참조하라. Kuśnierz, *Ukraina*, 119에서 인용.

80 여의사에 대해서는 Dalrymple, "Soviet Famine", 262를 참조하라. 고아에 대해서는 Kuśnierz, *Ukraina*, 157; 그리고 Dzwonkowski, *Głód*, 142를 참조하라. Graziosi, "Italian Archival Documents", 41도 참조하라.

81 Kuśnierz, *Ukraina*, 157.

82 식인 행위 혐의로 처벌받은 2505명에 대해서는 Davies, *Years*, 173을 참조하라. 굴뚝 예시에 대한 자세한 내용은 Kovalenko, *Holod*, 31을 참조하라. 육류 배급 할당치에 대해서는 Conquest, *Harvest*, 227을 참조하라.

83 식인에 반대하는 윤리에 대해서는 Kuromiya, *Freedom and Terror*, 173을 참조하라. 코일라 그라니예비치에 대해서는 Dzwonkowski, *Głód*, 76을 참조하라. 엄마의 부탁에 대해서는 Conquest, *Harvest*, 258을 참조하라.

84 Bruski, *Holodomor*, 179에서 인용. 농학자에 대해서는 Dalrymple, "Soviet Famine", 261을 참조하라. 매장 팀과 매장에 대해서는 Kovalenko, *Holod*, 31, 306, 345를 참조하라.

85 Graziosi, "Italian Archival Documents"에서 인용. Davies, *Years*, 316도 참조하라.

86 키예프주에서 굶주리던 49만3644명에 대해서는 Marochko, *Holodomor*, 233을 참조하라.

87 소련 인구조사에 대해서는 Schlögel, *Terror*를 참조하라. 5500만 명이라고 추정한 대화에 대해서는 Dalrymple, "Soviet Famine", 259를 참조하라.

88 이 인구 추계는 Vallin, "New Estimate"로, 252쪽에서 총 기근 사망자를 확인하기 위해 다른 대량 살인 숫자를 차감해 1928~1937년 소련령 우크라이나에서의 "특이한 죽음"이 260만 명임을 확인한다. 2010년 1월 정부 연구 요약은 *Dzerkalo Tyzhnia*, 15-22 January 2010을 참조하라. '기록된 사망에 근거한' 250만 명이라는 추정치는 Kul'chyts'kyi, "Trahichna", 73-74에만 존재한다. 엘만은 1933년과 1934년 소련령 우크라이나에서의 총 기근 사망자를 900만~1230만 명으로 추정한다("Note on the Number", 376). 막수도브는 1926~1937년 우크라이나 사망자 수를 390만 명으로 추정한다("Victory", 229). 그라지오시는 소련령 우크라이나에서의 사망자 수를 350만~380만 명으로 추정한다("New Interpretation", 6).

89 Serbyn, "Lemkin"에서 인용. 일반적인 정보는 Martin, *Affirmative Action Empire*; 그리고 Snyder, *Sketches*도 참조하라.

90 Koestler, *God That Failed*, 68; Weissberg-Cybulski, *Wielka Czystka*, 266; Koestler, *God That Failed*, 77에서 인용.

91 개선문에 대해서는 Kuśnierz, *Ukraina*, 178을 참조하라. 부의 이전에 대해서는 Falk, *Sowjetische Städte*, 288; Davies, *Years*, 158; 그리고 Conquest, *Harvest*, 237을 참조하라. "소시지 제조자"에 대해서는 Kuromiya, *Freedom and Terror*, 172를 참조하라.

92 Conquest, *Harvest*, 256을 참조하라. 일반적인 정보는 Slezkine, *Jewish Century*; 그리고 Fitzpatrick, *Education*도 참조하라.

93 Subtelny, "German Diplomatic Reports", 17; Polish Consul-General, 4 February 1933, CAW I/303/4/1867; Border Defense Corps, 15 November 1933, CAW I/303/4/6906에서 인용. 침공을 바라는 마음에 대해서는 Snyder, *Sketches*, 110을 참조하라. 소련의 독일인이 독일에 보낸 편지에 대해서는 *Hungersnot*을 참조하라. Berkhoff, "Great Famine"도 참조하라.

94 히틀러가 한 관련 연설은 *Deutschösterreichische Tageszeitung*, 3 March 1933에서 확인할 수 있다. 추기경에 대해서는 Dalrymple, "Soviet Famine", 254를 참조하라. 이니처의 개입에 대해서는 *Reichspost*, 20 August 1933 and 12 October 1933; 그리고 *Die Neue Zeitung*, 14 October 1933을 참조하라.

95 듀런티에 대해서는 *New York Times*, 31 March 1933을 참조하라. 머거리지에 대해서는 Taylor, "Blanket of Silence", 82를 참조하라. 오웰에 대해서는 *Orwell and Politics*, 33-34를 참조하라. Engerman, *Modernization*, 211도 참조하라. 참고로 『뉴욕타임스』도 1933년 1월 1일과 11일에 실린 두 익명 기사에서 "인위적" 굶주림과 "농민과의 전쟁"이라는 개념을 사용하고 있다.

96 Papuha, *Zakhidna Ukraina*, 33, 46, 57.

97 소련의 역선전에 대해서는 Papuha, *Zakhidna Ukraina*, 56을 참조하라. 에리오의 체중에 대해서는 *Time*, 31 October 1932를 참조하라. Zlepko, *Hunger-Holocaust*, 177; 그리고 Conquest, *Harvest*, 314도 참조하라.

98 Kovalenko, *Holod*, 353; Zlepko, *Hunger-Holocaust*, 180에서 인용. 175-179도 참조하라. Mark, *Hungersnot*, 26-27; Subtelny, "German Diplomatic Reports", 21; Marochko, *Holodomor*, 256-257, 283; *Time*, 22 January 1934도 참조하라.

99 Marochko, *Holodomor*, 257; Zlepko, *Hunger-Holocaust*, 176-177; *Time*, 11 September 1933. 마지막 문단: Werth, "Un État"; Marochko, *Holodomor*, 283. 참고로 에리오는 1940년 6월 의회 투표에서 기권해 페탱에게 프랑스 통치권을 넘겨

준 뒤 체포되었고, 독일 점령이 끝난 후 독일로 이송되었다.

2장 스탈린, 계급에 대해 테러를 벌이다

1 Siriol Colley, *More Than a Grain*, 212, 216에서 인용.

2 존스는 Siriol Colley, *More Than a Grain*, 218에서 인용된다.

3 Evans, *Coming*, 330에서 인용.

4 독일 유권자에 대해서는 King, "Ordinary", 987-988 여러 부분을 참조하라. 다하우에 대해서는 Goeschel, *Concentration Camps*, 14를 참조하라. 힘러의 인용문과 그에 대한 분석을 확인하고 싶다면 Eiber, "Gewalt in KZ Dachau", 172를 참조하라.

5 Evans, *Power*, 23.

6 *Deutschösterreichische Tageszeitung*, 3 March 1933에서 인용.

7 "계급에 대한 계급 투쟁"에 대해서는 Brown, *Rise and Fall*, 85를 참조하라. 투표 행태에 대해서는 King, "Ordinary", 987-988을 참조하라. 일반적인 정보는 Bayerlein, "Abschied"도 참조하라.

8 Longerich, *Politik der Vernichtung*, 26-32, 38에서 인용; Tooze, *Wages of Destruction*, 73.

9 독일 유대인 3만7000명에 대해서는 Evans, *Power*, 15를 참조하라. Longerich, *Politik der Vernichtung*, 126도 참조하라.

10 Longerich, *Politik der Vernichtung*, 35.

11 Goeschel, *Concentration Camps*, 7.

12 일반적인 정보는 Krüger, *Die Außenpolitik*; Turner, *Stresemann*; Snyder, *Sketches*를 참조하라.

13 Roos, *Polen*, 130-154; Ken, *Collective Security*, 94, 157; Kornat, *Polityka*, 32-33; Rossino, *Hitler*, 2.

14 Davies, *Kaganovich Correspondence*, 33에서 인용.

15 가장 확실한 안내서는 Kołakowski, *Main Currents*다. 가장 유명한 일화적 정의는 한 퇴역 군인 공산주의자가 부헨발트 강제수용소에 있던 호르헤 셈프룬에게 들려준 "C'est l'art et la maniere de toujours retomber sur ces pattes, mon vieux-!(항상 이놈의 발톱에 걸려들기 마련이거든. 알겠나, 늙은이?)"다.

16 Graziosi, "New Interpretation."

17 일반적인 정보는 Haslam, *Collective Security*; Furet, *Passé*; 그리고 Brown, *Rise and Fall*을 참조하라.

18 이상의 숫자에 대해서는 본장과 다음 장에서 자세히 설명한다.

19 관련 변증법에 대해서는 Burrin, *Fascisme, nazisme, autoritarisme*, 202, 209를 참조하라. 일반적인 정보는 Weber, *Hollow Years*도 참조하라. 블룸에 대해서는

Judt, *Burden of Responsibility*를 참조하라.

20 Haslam, *Collective Security*, 120-121. 소련 언론에 대해서는 Schlögel, *Terror*, 136-137을 참조하라. 일반적인 정보는 Beevor, *Battle for Spain*을 보라. 핵심 포인트에서 나는 Furet, *Passé*를 따랐다.

21 Orwell, *Homage*, 53-64. Schlögel, *Terror*, 148에서 인용. Brown, *Rise and Fall*, 89도 참조하라.

22 5월 11일에 대해서는 Kuromiya, "Anti-Russian", 1427을 참조하라.

23 Kuromiya, "Notatka", 133 및 119에서 인용.

24 Levine, *In Search of Sugihara*, 13-89; Kuromiya, *Między Warszawą a Tokio*, 160-175; Siriol Colley, *Incident*.

25 해슬람은 인민전선이라는 틀 안에서 중국을 분석했다. *East*, 64-70을 참조하라. 신장에 대해서는 Millward, *Eurasian Crossroads*, 206-207을 참조하라. "대장정"에 대해서는 Brown, *Rise and Fall*, 100을 참조하라.

26 Kuromiya, *Stalin*, 136을 참조하라.

27 McLoughlin, "Mass Operations", 121에서 인용.

28 Khlevniuk, "Objectives"; Kuromiya, *Stalin*, 118-119.

29 Kuromiya, *Stalin*, 134 및 101에서 인용.

30 3인조의 역사에 대해서는 Wheatcroft, "Mass Killings", 126-139를 참조하라. 국가경찰에 대한 전반적인 소개는 Andrew, *KGB*; and Dziak, *Chekisty*를 참조하라.

31 Getty, *Yezhov*, 140; Kuromiya, *Stalin*, 116.

32 예조프의 공모자와 그들이 사용한 방법에 대해서는 Wheatcroft, "Agency", 38-40을 참조하라. 예조프의 건강에 대한 스탈린의 걱정은 Getty, *Yezhov*, 216을 참조하라.

33 Haslam, *Collective Security*, 129에서 인용. 부하린의 위협 관련 내용은 Kuromiya, *Stalin*, 83을 참조하라.

34 Brown, *Rise and Fall*, 122에서 인용. 물론 안토니 스워님스키 같은 예외도 존재했다. Shore, *Caviar and Ashes*, 150을 참조하라. 파시즘과 반파시즘에 대해서는 Furet, *Passé*를 참조하라.

35 Werth, *Terreur*, 282. Kuromiya, *Stalin*, 121도 참조하라. 강점인 동시에 약점이라는 주제는 Furet, *Passé*가 고안했다.

36 Orwell, *Homage*, 145-149. Furet, *Passé*, 296, 301, 306; 그리고 Haslam, *Collective Security*, 133도 참조하라.

37 5만6209명은 1937~1938년의 대공포 시대에 처형된 총 68만1692명 중에서 민족 처형(다음 장 참조)과 부농 처형을 제외하고 남은 숫자다. 대략적인 수치를 제시한 이유는 부농 처형 소문에서 말하는 수치와 조금 다르기 때문이다. Jansen, *Executioner*, 75를 참조하라. 붉은 군대 장성에 대해서는 Wieczorkiewicz, *Łańcuch*, 296을 참조하라. 이는 군 숙청에 대한 중요한 연구다.

38 Evans, *Power*, 21-22.

39 *Ibid.*, 34, 39; Shore, *Information*, 31, 37.

40 힘러의 부상에 대해서는 Longerich, *Himmler*를 참조하라. 경찰 조직 구조에 대해서는 Westermann, "Ideological Soldiers", 45를 참조하라. 상황을 대단히 단순하게 설명하고자 독일 국가의 연방 구조는 언급하지 않았다. 힘러는 이러한 연방 구조 역시 극복해야 하는 문제라고 생각했다. 여기서 언급하는 경찰 기구는 5, 6, 7장에서 자세히 설명한다.

41 Evans, *Power*, 627; Lee, *Dictatorships*, 172.

42 독일 경찰이 저지른 이러한 살인 행위는 6장과 7장에서 다루는 주제다.

43 Wheatcroft, "Mass Killing", 139와 비교해보라.

44 Baberowski, *Feind*, 758-759에서 인용.

45 Werth, *Terreur*, 280; Viola, *Forgotten Gulag*, 195.

46 신앙에 대해서는 McLoughlin, "Mass Operations", 124; 그리고 Binner, "S etoj", 181-183을 참조하라.

47 Shearer, "Social Disorder", 527-531, 531에서 인용.

48 시베리아에서의 테러에 대해서는 Ablažej, "Die ROVS-Operation", 287-298; Baberowski, *Terror*, 189-190; 그리고 Kuromiya, "Accounting", 93을 참조하라.

49 Binner, "Massenmord", 561-562; Werth, *Terreur*, 283. "추가 1000명"에 대해서는 Jansen, *Executioner*, 82, 87을 참조하라.

50 "영원한" 근절에 대해서는 Binner, "Massenmord", 565를 참조하라. 567도 참조하라. 인용된 숫자에 대해서는 Nikol's'kyi, "Represyvna", 93을 참조하라.

51 Vashlin, *Terror*, 38. "부족함보다는 지나침이 낫다……"에 대해서는 Baberowski, *Terror*, 192를 참조하라.

52 Binner, "Massenmord", 565-568.

53 *Ibid.*, 567.

54 *Ibid.*, 568. 변소 사건에 대해서는 Michniuk, "Przeciwko Polakom", 118을 참조하라. Weissberg, *Wielka czystka*, 293. 백지에 서명하는 일에 대해서는 McLoughlin, "Mass Operations", 127을 참조하라.

55 Binner, "Massenmord", 571-577. 스탈린의 명령이 대단히 지역적이고 정확할 때도 있었다. 관련 예시는 Kuz'niatsou, *Kanveer*, 72-73을 참조하라. 최종적으로는 솔롭키의 죄수 약 1825명이 총살당했다.

56 옴스크에 대해서는 Binner, "Massenmord", 657-680을 참조하라. 하룻밤에 1301명을 선고한 사건에 대해서는 McLoughlin, "Mass Operations", 129를 참조하라. Khlevniuk, *Gulag*, 150도 참조하라.

57 처형 기법에 대한 인용문과 상세 정보는 McLoughlin, "Mass Operations", 130, 131; 그리고 Schlögel, *Terror*, 602, 618을 참조하라. 폭발물에 대해서는 Gregory, *Terror*, 71을 참조하라.

58 3만5454명을 사살한 사건에 대해서는 Junge, *Vertikal*, 201을 참조하라. 잔여 숫자에 대해서는 Binner, "S etoj", 207을 참조하라. 수용소에 대해서는 Werth, *Terreur*, 285; 그리고 Khlevniuk, *Gulag*, 332를 참조하라. 노인들에 대해서는 Nikol's'kyi, "Represyvna", 99를 참조하라. "청각 및 언어 장애인 35명"에 대해서는 Schlögel, *Terror*, 624; McLoughlin, "Mass Operations", 136; 그리고 Binner, "Massenmord", 590을 참조하라.

59 12월과 2월의 사건에 대해서는 Nikol'skij, "Kulakenoperation", 623; 그리고 Nikol's'kyi, "Represyvna", 100을 참조하라. 명령 00447호의 대상에 관한 레플렙스키의 해석에 대해서는 Šapoval, "Behandlung", 339, 341을 참조하라. 4만530명을 체포한 사건에 대해서는 Nikol's'kyi, "Represyvna", 153을 참조하라. 사망자 할당량에 추가된 2만3650명에 대해서는 Šapoval, "Behandlung", 343을 참조하라. 7만868명과 3만5563명이라는 수치에 대해서는 Junge, *Vertikal'*, 533을 참조하라. 1102명과 1226명이라는 수치에 대해서는 Nikol'skij, "Kulakenoperation", 634-635를 참조하라.

60 Stroński, *Represje*, 243. 논의 사항에 대해서는 Weiner, *Making Sense*를 참조하라.

61 파스테르나크는『닥터 지바고』에서 이러한 일반적 견해를 드러내고 있다.

62 Gurianov, "Obzor", 202.

63 Goeschel, *Concentration Camps*, 26-27. 동성애자라는 이유로 5000~1만5000명이 강제수용소로 이송되었고, 제2차 세계대전이 끝날 무렵에는 그중 절반이 사망한 것으로 추정된다. 자세한 내용은 Evans, *Third Reich at War*, 535를 참조하라.

64 Goeschel, *Concentration Camps*, 4, 20, 21, 27; Evans, *Power*, 87. 극과 극을 오가는 민족 정책 관련 논쟁에 관한 대단히 강렬한 설명은 Martin의 *Affirmative Action Empire*에서 확인할 수 있다.

65 나치 독일에서 처형된 267명에 대해서는 Evans, *Power*, 69-70을 참조하라.

3장 스탈린, 민족에 대해 테러를 벌이다

1 Martin, "Origins"에서 민족 박멸 작전에 대한 엄격한 분석을 제공한다. Jansen, *Executioner*, 96에서 인용. Baberowski, *Terror*, 198도 참조하라.

2 폴란드계에 관한 상세 정보는 Snyder, *Sketches*, 115-132를 참조하라.

3 Snyder, *Sketches*, 115-116. "폴란드 군사 조직"이라는 개념은 1929년 한 소련 간첩이 폴란드 공산당 보안 위원회에 임명되면서 처음 제시된 것으로 보인다. Stroński, *Represje*, 210을 참조하라.

4 Stroński, *Represje*, 211-213. 소하츠키에 대해서는 Kieszczyński, "Represje", 202를 참조하라. Wandurski에 관한 상세 정보는 Shore, *Caviar and Ashes*를 참조하라. 소련에서 돌아와 폴란드인을 위해 일한 중요한 폴란드 공산주의자가 최소

한 명은 있었다. 그의 저서는 Reguła, *Historia*다.

5 1934년 1월에 대해서는 Stroński, *Represje*, 226-227을 참조하라. 이후 추방의 이유와 관련 수치에 대해서는 Kupczak, *Polacy*, 324를 참조하라.

6 첫 번째 신호에 대해서는 Kuromiya, *Voices*, 221을 참조하라. "모든 것을 알고 있다"에 대해서는 Stroński, *Represje*, 226-227을 참조하라. Morris, "Polish Terror", 756-757도 참조하라.

7 Stroński, *Represje*, 227; Snyder, *Sketches*, 119-120.

8 Nikol's'kyi, *Represyvna*, 337; Stroński, *Represje*, 227. 발리츠키에 관한 상세 정보는 Shapoval, "Balyts'kyi", 69-74를 참조하라. 우크라이나 지부의 전 대표이자 폴란드인인 스타니스와프 코시오르에게도 비슷한 운명이 기다리고 있었다. 그도 1933년 기아 정책에서 중요한 역할을 했으며 폴란드 간첩이라는 이유로 처형당했다.

9 폴란드 작전의 기원에 관한 추가 논의는 Rubl'ov "Represii proty poliakiv", 126; Paczkowski, "Pologne", 400; 그리고 Stroński, *Represje*, 220을 참조하라.

10 명령 00485호의 전문은 *Leningradskii martirolog*, 454-456을 참조하라.

11 추가 사례를 알고 싶다면 Gilmore, *Defying Dixie*를 참조하라.

12 Petrov, "Polish Operation", 154; Nikol's'kyi, *Represyvna*, 105. 소수 민족 대표에 관한 수치는 이 장의 후반부에 제시한다.

13 "공급자"에 대해서는 Kuromiya, *Stalin*, 118을 참조하라. 폴란드 외교관에 대해서는 Snyder, *Sketches*, 121-127을 참조하라. 중앙위원회 관련 날짜에 대해서는 Kieszczyński, "Represje", 198을 참조하라. 소련 내 폴란드 공산주의자들이 한 경험에 대해서는 Budzyńska의 *Strzępy*가 대단히 유용한 자료다.

14 Petrov, "Pol'skaia operatsiia", 23에서 인용. 전화번호부 일화는 Brown, *No Place*, 158에서 확인할 수 있다.

15 Stroński, *Represje*, 240.

16 Petrov, "Pol'skaia operatsiia", 28; Werth, *Terreur*, 294.

17 인용 및 수치: Naumov, *NKVD*, 299-300. 사례를 확인하고 싶다면 Stroński, *Represje*, 223, 246을 참조하라.

18 유리예비치 가족에 대해서는 Głębocki, "Pierwszy", 158-166, 164를 참조하라.

19 마코프스키 가족에 대해서는 Głębowski, "Pierwszy", 166-172를 참조하라. 6597명이라는 수치에 대해서는 Petrov, "Polish Operation", 168을 참조하라.

20 Ilic, "Leningrad", 1522.

21 Dzwonkowski, *Głód*, 236. '검은 까마귀'는 폴란드어와 러시아어로, '죄수 호송차'는 러시아어로 적혀 있다. 뒤에 나오는 독일 가스 차량 언급에서도 사용하는 '영혼 파괴자' 증언에 대해서는 Schlögel, *Terror*, 615를 참조하라. 쿤체보에 대해서는 Vashlin, *Terror*, 40, 44를 참조하라.

22 폴란드 국경지대 정체성 관련 원본은 Snyder, *Reconstruction of Nations*를 참조하라. 폴란드계 소련인을 다시 정의하는 일은 Brown, *No Place*의 핵심 주제다.

23 민족 숙청에 대해서는 Naumov, *NKVD*, 262-266을 참조하라. 꽃 인용문은 266을 참조하라. 베르만의 인용문은 Michniuk, "Przeciwko Polakow", 115에서 확인할 수 있다. 작가 218명에 대해서는 Mironowicz, *Białoruś*, 88-89를 참조하라. Junge, *Vertikal'*, 624도 참조하라.

24 이러한 살인 방법에 대한 추가 논의는 Goujon, "Kurapaty"; 그리고 Marples, "Kurapaty", 513-517을 참조하라. Ziółkowska, "Kurapaty", 47-49도 참조하라.

25 1만7772명 사형 선고라는 수치에 대해서는 Petrov, "Pol'skaia operatsiia", 168을 참조하라. 총 사망자 수(6만1501명)에 대해서는 Morris, "Polish Terror", 759를 참조하라.

26 Jansen, *Yezhov*, 258. 우스펜스키에 대해서는 Parrish, *Lesser Terror*, 6, 11; 그리고 Kuromiya, *Freedom and Terror*, 240과 비교해보라.

27 Werth, *Terreur*, 292.

28 모신스카와 안기엘치크에 대해서는 Kuromiya, *Voices*, 49-51, 221-223을 참조하라.

29 Dzwonkowski, *Głód*, 94에서 인용. 주메린카에 대해서는 Stroński, *Represje*, 225를 참조하라.

30 Dzwonkowski, *Głód*, 244에서 인용. Stroński, *Represje*, 235; 그리고 Iwanow, *Stalinizm*, 153도 참조하라.

31 코셰비치, 속옷과 메시지에 대해서는 Dzwonkowski, *Głód*, 90, 101, 147을 참조하라.

32 1937년 가을과 고아원에 대해서는 Petrov, "Pol'skaia operatsiia", 26; Kupczak, *Polacy*, 327, 329; 그리고 Jansen, *Executioner*, 97을 참조하라. 피빈스키와 파슈키에비치에 대해서는 Dzwonkowski, *Głód*, 151, 168을 참조하라.

33 소볼레프스카에 대해서는 Dzwonkowski, *Głód*, 215-219를 참조하라.

34 Petrov, "Pol'skaia operatsiia", 30; Binner, "Massenmord", 591; Werth, *Terreur*, 294, 470.

35 100명과 138명 사형에 대해서는 Stroński, *Represje*, 228을 참조하라.

36 11만1091명에 대해서는 Petrov, "Pol'skaia operatsiia", 32를 참조하라. 폴란드계 소련인 8만5000명 처형 추정에 대해서는 비슷한 결론을 도출하는 Petrov, "Polish Operation", 171. Jansen, *Executioner*, 99를 참조하라. 나우모프는 폴란드 사망자를 9만5000명으로 추정한다. *NKVD*, 299를 참조하라. Schlögel, *Terror*, 636도 참조하라.

37 계산 결과가 거의 동일한 Morris, "Polish Terror", 762와 비교해보라.

38 체포 숫자 비교에 대해서는 Khaustov, "Deiatel'nost", 316을 참조하라. 이 주석과 다른 곳에서 1937년과 1938년에 존재한 폴란드 간첩의 약점에 관한 언급은 폴란드 군사 기록 보관소the Centralne Archiwum Wojskowe, CAW에 있는 폴란드군 총참모부 제2부의 관련 파일을 몇 주간 검토한 결과 찾아낸 것이다. 더 자세한 논의와 다양한

기록 인용에 대해서는 Snyder, *Sketches*, 83-112를 참조하라. 대공포 시대가 소련 경계 진지에 행한 해악에 대해서도 논의했다.

39 캅카스에서는 가장 적은 수의 사람들이 강제로 이주당했다. Baberowski, *Feind*, 771-772를 참조하라. 2만474명 살인에 대해서는 Kuromiya, "Asian Nexus", 13을 참조하라. Gelb, "Koreans"도 참조하라.

40 Evans, *Power*, 357에서 인용. 독일 작전에 대해서는 명령 00439호(5만5005명 선고, 4만1989명 사형 선고)를 참조하라. Schlögel, *Terror*, 628도 참조하라.

41 Khlevniuk, *Gulag*, 147. 수치는 Binner, "S etoj", 207에서 인용한 것이다. 마틴은 명령 00447호 때문에 38만6798명이 사망했다고 말한다. "Origins", 855를 참조하라.

42 소련령 우크라이나는 인구의 22퍼센트를 차지했고 유죄 판결의 27퍼센트를 차지했다. Gregory, *Terror*, 265를 참조하라. 12만3421건의 사형에 대해서는 Nikol's'kyi, *Represyvna*, 402를 참조하라. 11장에는 1937~1938년 소련령 우크라이나에서 체포된 민족 비율이 나와 있다. 우크라이나인은 53.2퍼센트(전체 인구의 78.2퍼센트), 러시아인은 7.7퍼센트(전체 인구의 11.3퍼센트), 유대인은 2.6퍼센트(전체 인구의 5.2퍼센트), 폴란드인은 18.9퍼센트(전체 인구의 1.5퍼센트), 독일인은 10.2퍼센트(전체 인구의 1.4퍼센트)다.

43 Khlevniuk, "Party and NKVD", 23, 28; Binner, "Massenmord", 591-593.

44 고위 장교 비율에 대해서는 Petrov, *Kto rukovodil*, 475; 그리고 Gregory, *Terror*, 63을 참조하라. 1936년 여름의 유대인 비율은 장성급에서 여전히 높았고(54퍼센트) 모스크바의 내무인민위원회 중앙 기구(64퍼센트)와 소련령 우크라이나의 고위 장교(67퍼센트)에서도 높았다. Naumov, *Bor'ba*, 119를 참조하라. 처음 두 항목에 대해서는 Zolotar'ov를, 세 번째 항목에 대해서는 "Nachalnyts'kyi", 326-331을 참조하라. 대공포 시대에 라트비아인, 독일인, 폴란드인은 내무인민위원회 고위층에서 완전히 자취를 감추었다. 예를 들어 폴란드인인 스타니스와프 레덴스는 모스크바 내무인민위원회의 수장이었고, 대공포 시대에 2만761명을 처형하라는 명령에 서명했다. 그는 폴란드 민족주의자라는 혐의로 체포된 후 처형당했다.

45 연금에 대해서는 Kotkin, *Magnetic Mountain*, 122를 참조하라.

46 Haslam, *Collective Security*, 194.

47 Hirsch, *Empire*, 293-294.

48 오스트리아에 대해서는 Dean, *Robbing*, 86, 94, 105를 참조하라.

49 추방에 대해서는 Tomaszewski, *Preludium*, 5, 139 등 여러 곳을 참조하라. Longerich, *Politik der Vernichtung*, 193-204; 그리고 Kershaw, *Hitler*, 459, 472도 참조하라.

50 Goeschel, *Concentration Camps*, 24.

51 1938년 11월 12일에 대해서는 Polian, "Schriftwechsel", 4를 참조하라.

52 마다가스카르에 대해서는 Polian, "Schriftwechsel", 4, 8을 참조하라. 수정주의자에 대해서는 Arens, "Jewish Military", 205; 그리고 Spektor, "Żydzi wołyńscy",

539를 참조하라.

53 폴란드와 독일의 관계에 대해서는 Roos, *Polen*, 253, 396; Kershaw, *Hitler*, 475; 그리고 Weinberg, *Foreign Policy*, 20, 404, 484를 참조하라.

54 Evans, *Power*, 604에서 인용.

55 Kershaw, *Hitler*, 482; Zarusky, "Hitler bedeutet Krieg", 106–107.

56 Haslam, *Collective Security*, 90, 153을 참조하라. 리트비노프에 대해서는 Herf, *Jewish Enemy*, 104; 그리고 Orwell, *Orwell and Politics*, 78을 참조하라.

57 Wieczorkiewicz, *Łańcuch*, 323에서 인용.

58 Haslam, *Collective Security*, 227. Weinberg, *World at Arms*, 25에서 인용. 친구인 바이스베르크가 소련에서 투옥된 사건과 동시에 발생한, 케슬러가 스페인에서 경험에 대해서는 논의하지 않았다. *God That Failed*, 75–80을 참조하라.

59 Lukacs, *Last European War*, 58–59에서 인용.

60 Krebs, "Japan", 543; Haslam, *East*, 132.

61 Levine, *In Search of Sugihara*, 121; Sakamoto, *Japanese Diplomats*, 102; Kuromiya, *Między Warszawą a Tokio*, 470–485; Hasegawa, *Racing*, 13.

4장 독소불가침 조약과 유럽

1 Böhler, *Verbrechen*, 16, 69, 72, 74, Böhler, *Überfall*, 100. 다트너가 158개를 세었다. *55 Dni*, 94를 참조하라.

2 바르샤바에 대해서는 Böhler, *Überfall*, 171–172를 참조하라. 기관총 사격에 대해서는 Datner, *55 Dni*, 96; 그리고 Mazower, *Hitler's Empire*, 67을 참조하라.

3 Naumann, "Die Mörder", 54–55; Grass, *Beim Häuten*, 15–16.

4 독일 병사들의 죽음을 "살해"로 묘사한 것에 대해서는 Datner, *Zbrodnie*, 73을 참조하라. "오만불손한 짓"에 대해서는 Lukacs, *Last European War*, 58을 참조하라. 외양간과 기갑부대에 대해서는 Datner, *Zbrodnie*, 72, 69; Rossino, *Hitler*, 166, 169; 그리고 Böhler, *Verbrechen*, 23을 참조하라.

5 자세한 지시는 다음과 같다. "자비 따윈 개나 줘라. 악랄하게 행동하라. 8000만 명이 마땅한 권리를 누려야 한다. 그들의 존재를 보호해야 한다. 강자가 권리를 갖는다. 가장 가혹하게 행동할 권리를." Mallman, *Einsatzgruppen*, 54를 참조하라. 치에피엘루프에 대해서는 Böhler, *Verbrechen*, 131을 참조하라. 적십자에 대해서는 Rossino, *Hitler*, 181을 참조하라. 184도 참조하라. 다른 탱크 사건에 대해서는 Datner, *Zbrodnia*, 62를 참조하라.

6 "폴란드인은 노예"와 일그러진 표정에 대해서는 Rossino, *Hitler*, 141, 204를 참조하라. "위대한 총통의 뜻은, 폴란드인들을 모조리 죽여 그 씨를 말려버리는 것이다"에 대해서는 Mallmann, *Einsatzgruppen*, 57을 참조하라.

7 Rossino, *Hitler*, 138, 141; Böhler, *Verbrechen*, 100.

8 Bartoszewski, *Warszawski pierścień*, 52-53.

9 Böhler, *Verbrechen*, 19.

10 솔레크에 대해서는 Böhler, *Verbrechen*, 116을 참조하라. 물을 달라는 말을 들은 유대인 소년에 대해서는 Rossino, *Hitler*, 172를 참조하라. 디노우에 대해서는 Böhler, *Überfall*, 200을 참조하라. Rossino는 1939년 말까지 독일인이 폴란드 민간인 5만 명 중 7000명을 죽였다고 추정한다. *Hitler*, 234를 참조하라. Mallman, Böhler, Mathaüs 역시 *Einsatzgruppen*, 88에서 같은 수치를 제시한다. Böhler는 10월 말까지는 약 3만 명이(Verbrechen, 140), 연말까지는 4만5000명이 사망했으며 그중 7000명이 유대인이었다고 추정한다(Überfall, 138).

11 이러한 희망의 실현 가능성에 대해서는 Młynarski, *W niewoli*, 54-59를 참조하라.

12 Weinberg, *World at Arms*, 57에서 인용.

13 르부프에서의 배신에 대해서는 Cienciala, *Crime*, 20; Czapski, *Wspomnienia*, 9-10; 그리고 Wnuk, *Za pierwszego Sowieta*, 35를 참조하라.

14 우크라이나 초원지대에 대해서는 Czapski, *Wspomnienia*, 15를 참조하라. 폴란드 농부들의 고통에 대해서는 Młynarski, *W niewoli*, 98-99를 참조하라.

15 Hrycak은 전쟁포로를 12만5000명으로 추정한다("Victims", 179); Cienciala, 23만-24만(*Crime*, 26). 소련인은 광산과 도로 건설 관련 중노동에 약 1만5000명을 계속 투입했고, 그중 2000여 명이 1941년 피란 도중 사망했다. Hryciuk, "Victims", 180을 참조하라.

16 여러 지역에서 이송된, 죄수에서 권력자가 된 사람 예시에 대해서는 HI 209/1/10420, HI 209/6/5157, HI 209/11/4217, HI 210/14/10544, HI 210/14/4527, HI 210/14/2526, HI 209/13/2935와 HI 210/12/1467을 참조하라. 여기서 제시하는 폭력 사건은 Gross, *Revolution*, 37, 44에서 확인할 수 있다. 비슷한 사건에 대한 상세 정보는 HI 209/13/2935, HI 209/13/3124, HI 210/1/4372, HI 210/5/4040, HI 210/14/4908과 HI 209/7/799를 참조하라.

17 전형적인 처벌에 대해서는 Jasiewicz, *Zagłada*, 172를 참조하라. 체포된 10만 9400명과 사형이 선고된 8513명에 대해서는 Hryciuk, 182를 참조하라. 체포된 사람과 투옥된 사람 숫자 간의 불균형에 대해서는 Khlevniuk, *Gulag*, 236; 그리고 Głowacki, *Sowieci*, 292를 참조하라.

18 6만1000명의 폴란드 민간인에 대해서는 Rossino, *Hitler*, 15와 30을 참조하라. "폴란드 파괴"는 77에서 확인할 수 있다. 일반적인 정보는 Ingrao, "Violence", 219-220도 참조하라. 하이드리히와 히틀러에 대해서는 Mallman, *Einsatzgruppen*, 57; 그리고 Mańkowski, "Ausserordentliche", 7을 참조하라. 박사학위에 대해서는 Browning, *Origins*, 16을 참조하라.

19 카토비체에 대해서는 Rossino, *Hitler*, 78을 참조하라. 제대로 된 기록의 부재에 대해서는 Mallman, *Einsatzgruppen*, 80을 참조하라.

20 아인자츠그루펜 z. b. V에는 유대인 추방 임무가 할당되었다. Rossino, *Hitler*, 90, 94,

98을 참조하라. 2만2000명이라는 수치는 101에 있다. 프셰미실에 대해서는 Böhler, *Überfall*, 202-203을 참조하라. Pohl, *Herrschaft*, 52도 참조하라.

21 히틀러에 대해서는 Rutherford, *Prelude*, 53을 참조하라. 프랑크에 대해서는 Seidel, *Besatzungspolitik*, 184(인용문 포함)를 참조하라. 히틀러의 전 변호사로서의 프랑크에 대해서는 Mazower, *Hitler's Empire*, 74를 참조하라.

22 Wnuk, *Za pierwszego Sowieta*, 13-23. 표준 문구는 Gross, *Revolution*이다.

23 Wnuk, *Za pierwszego Sowieta*, 23; Hryciuk, "Victims", 199.

24 집에서 끌려 나온 13만9794명에 대해서는 Hryciuk, "Victims", 184를 참조하라. Głowacki는 섭씨 영하 42도라고 기록했는데, 이는 화씨 영하 43도에 해당된다. *Sowieci*, 328을 참조하라. Jolluck, *Exile*, 16도 참조하라.

25 "지옥"과 죽은 성인에 대해서는 Wróbel, *Polskie dzieci*, 156, 178을 참조하라. Gross, *Revolution*, 214-218도 참조하라. "꿈과 희망"에 대해서는 Gross, *Children's Eyes*, 78을 참조하라.

26 Jolluck, *Exile*, 41.

27 1941년 7월까지 특별 정착지로 추방된 사람 중 1만864명이 사망했다. Khlevniuk, *Gulag*, 279를 참조하라. "토착민"에 대해서는 *Dark Side*, 143을 참조하라. 신발과 부종에 대해서는 Gross, *Children's Eyes*, 63, 88을 참조하라.

28 뼛조각과 "자신이 가진 믿음" 및 흰 독수리 상징에 대해서는 Gross, *Children's Eyes*, 191, 202, 78을 참조하라(71, 194도 참조하라).

29 Pankowicz, "Akcja", 43; Burleigh, *Germany Turns Eastwards*, 275.

30 Shore, *Information*, 15에서 인용. Rutherford, *Prelude*, 56도 참조하라.

31 Rutherford, *Prelude*, 59, 75.

32 인용된 숫자에 대해서는 Rutherfold, *Prelude*, 59; Grynberg, *Relacje, xii*; 그리고 Hilberg, *Destruction(vol. I)*, 156, 189도 참조하라.

33 추방당한 사람의 숫자에 대해서는 Rutherford, *Prelude*, 1을 참조하라. 75, 88도 참조하라. 오빈스카에 대해서는 Kershaw, *Hitler*, 535; 그리고 Evans, *Third Reich at War*, 75-76도 참조하라. 정신 질환 관련 시설에서 찾은 살해당한 7700여 명의 폴란드인에 대해서는 Browning, *Origins*, 189를 참조하라. Mazower, *Hitler's Empire*, 85도 참조하라.

34 Urbański, *Zagłada*, 32에서 인용. 워비치에 대해서는 Grynberg, *Relacje*, 239-240을 참조하라.

35 Rutherford, *Prelude*, 9, 인용문은 88과 102에 있다.

36 세 수용소의 일반적인 설명에 대해서는 Cienciala, *Crime*, 29-33을 참조하라. Abramov, *Murder*, 46, 83, 101; 그리고 Młynarski, *W niewoli*, 113-114도 참조하라. 크리스마스 의식에 대해서는 Młynarski, *W niewoli*, 156-157을 참조하라.

37 Cienciala, *Crime*, 33. 흔적과 해골에 대해서는 Czapski, *Wspomnienia*, 16, 31; 그리고 Młynarski, *W niewoli*, 115-117을 참조하라. 까마귀에 대해서는 Berling,

Wspomnienia, 34를 참조하라.

38 Czapski, *Wspomnienia*, 18; Swianiewicz, *Shadow*, 58; Młynarski, *W niewoli*, 205-209; Cienciala, *Crime*, 33-35, 84-99, 총 밀고자 수백여 명에 대한 그녀의 추정은 159를 참조하라.

39 *Jakubowicz: Pamiętniki znalezione*, 30, 38, 43, 53. 발신인 주소에 대해서는 Swianiewicz, *Shadow*, 65를 참조하라.

40 수감자들의 친구가 된 개에 대해서는 Młynarski, *W niewoli*, 256-257; Abramov, *Murderers*, 86, 102; 그리고 Czapski, *Wspomnienia*, 43을 참조하라. 개들을 보살펴준 수의사에 대해서는 Młynarski, *W niewoli*, 84, 256을 참조하라.

41 폴란드 지하활동 세력에 대해서는 Wnuk, *Za pierwszego Sowieta*, 368-371을 참조하라. 수감자 처형 결정에 대해서는 Cienciala, *Crime*, 116-120를 참조하라. 인용문은 118에 있다. Jasiewicz, *Zagłada*, 129도 참조하라.

42 Jasiewicz, *Zagłada*, 131, 144-145, 159. 이 7305명은 대공포 시대의 주요 학살 현장인 비키브냐와 쿠라파트에서 사살당한 것이 분명하다. Kalbarczyk "Przedmioty", 47-53을 참조하라.

43 Swianiewicz, *Shadow*, 75; Cienciala, *Crime*, 122, 129-130, 175, 인용문은 130에 있다. 아담 솔스키의 일기장에 적힌 다른 글에 대해서는 *Zagłada polskich elit*, 37을 참조하라.

44 Cienciala, *Crime*, 124; *Zagłada polskich elit*, 43.

45 Cienciala, *Crime*, 124; *Zagłada polskich elit*, 43. 블로킨에 대해서는 Braithwaite, *Moscow*, 45를 참조하라.

46 Cienciala, *Crime*, 126-128; *Zagłada polskich elit*, 39.

47 Cienciala, *Crime*, 122-123; *Czapski, Wspomnienia*, 7, 8, 15, 17, 18, 45.

48 Abramov, *Murderers*, 46; Swianiewicz, *Shadow*, 63, 66.

49 Cienciala, *Crime*, 34; Czapski, *Wspomnienia*, 18; Swianiewicz, *Shadow*, 64; Młynarski, *W niewoli*, 225. 체계의 밀고자에 대해서는 Berling, *Wspomnienia*, 32를 참조하라.

50 Swianiewicz, *Shadow*, 69에서 인용.

51 Cienciala, *Crime*, 여러 곳에서 제시된 처형 수치의 합계다.

52 Cienciala, *Crime*, 118, 173-174, 198-199, 아빠에 관한 인용문은 198에 있다. 카자흐스탄의 특별 정착지로 보낸 6만667명에 대해서는 Hryciuk, "Victims", 187을 참조하라. "앞서 있던 자들"에 대해서는 Khlevniuk, *Gulag*, 282를 참조하라. Goussef, "Les déplacements", 188도 참조하라. 남편을 만날지도 모른다는 말을 들은 아내들에 대해서는 Jolluck, *Exile*, 16을 참조하라. "끝도 없는 진흙과 눈밭"에 대해서는 Gross, *Children's Eyes*, 79를 참조하라.

53 배설물과 내무인민위원회 사무실에 대해서는 Jolluck, *Exile*, 40, 122-123을 참조하라. 경제학자에 대해서는 Czapski, *Wspomnienia*, 27을 참조하라.

54 추방당한 7만8339명과 84퍼센트가 유대인이었다는 사실에 대해서는 Hryciuk, "Victims", 189를 참조하라.

55 Gross, *Children's Eyes*, 221.

56 Snyder, *Reconstruction*을 참조하라.

57 Krebs, "Japan", 545, 548; Levine, *Sugihara*, 132, 218, 262, 273; Sakamoto, *Japanese Diplomats*, 102, 107, 113–114.

58 인용된 수치에 대해서는 Polian, *Against Their Will*, 123을 참조하라. Weinberg, *World at Arms*, 167–169; 그리고 Kuromiya, *Między Warszawą a Tokio*, 470–485도 참조하라.

59 이 수치(추방자 40만8525명)는 주요 사건의 추방자 수를 합한 것이다. Rutherford는 총 50만 명이라고 추정한다. *Prelude*, 7을 참조하라.

60 아이히만과 1940년 1월의 제안에 대해서는 Polian, "Schriftwechsel", 3, 7, 19를 참조하라.

61 우치에 있는 게토의 기원에 대해서는 Grynberg, *Życie*, 430을 참조하라. 바르샤바의 게토에 관한 가장 탁월한 설명은 Engelking, *Getto warszawskie*이며, 영어 번역본은 *The Warsaw Ghetto: A Guide to the Perished City*다. 쇤에 대해서는 T. B., "Organizator", 85–90을 참조하라. 독일의 의도와 인구 이동에 대해서는 Browning, *Origins*, 100–124를 참조하라.

62 Drozdowski, "Fischer", 189–190. Engelking, *Getto warszawskie*, chap. 2도 참조하라. 린겔블룸은 Friedländer, *Extermination*, 160에서 인용한다. 관광객에 대해서는 Mazower, *Hitler's Empire*, 95를 참조하라.

63 *Zagłada polskich elit*, 23에서 인용. Longerich, *Unwritten Order*, 55; Kershaw, *Fateful Choices*, 447도 참조하라. 1941년 우치 게토에서는 약 1만1437명이 사망했다. Grynberg, *Życie*, 430을 참조하라.

64 위의 모든 항목과 Żbikowski, "Żydowscy przesiedleńcy", 224–228을 참조하라. Grynberg, *Relacje*, 244; Browning, *Origins*, 124; 그리고 Kassow, *Archive*, 107, 273도 참조하라. 이러한 이주는 독일인이 보기에도 비상식적인 일이었다. 유대인은 1941년 1~3월 바르샤바에서 쫓겨났고, 그 자리는 바르테가우에서 추방당하거나, 독일인이 살 공간을 마련하기 위해 쫓겨나거나, 소련 서부에서 온 폴란드인들이 채웠다. 그러나 독일인 1941년 6월 소련을 침공했고, 따라서 독일인은 동쪽으로 이주하여 그곳을 식민지화할 수 없었다.

65 스보로프와 레데르만에 대해서는 Sakowska, *Dzieci*, 51, 50을 참조하라. Żbikowski, "Żydowscy przesiedleńcy", 260에서 인용.

66 "Sprawozdania Świetliczanek", 65, 인용문은 70, 69에 있다.

67 엘리트에 대한 두 가지 접근 방식에 대해서는 Friedländer, *Extermination*, 40을 참조하라. Tooze, *Wages of Destruction*, 364–365; 그리고 Mańkowski, "Ausserordentliche", 9–11도 참조하라. 인용문은 11에 있다. Cienciala, *Crime*, 114–115;

그리고 Jolluck, *Exile*, 15와 비교해보라.

68 Wieliczko, "Akcja", 34-35; Pankowicz, "Akcja", 43-45; *Zagłada polskich elit*, 62, 67.

69 Bartoszewski, *Warszawski pierścień*, 64-65; Dunin-Wąsowicz, "Akcja", 24.

70 Pietrzykowski, "Akcja", 113-115; Jankowski, "Akcja", 65-66. 독일인용 사창가에 대해서는 Pietrzykowski, *Akcja AB*, 77-78을 참조하라.

71 Pietrzykowski, "Akcja", 114-115.

72 관련 예시는 Pankowicz, "Akcja", 44를 참조하라. "소련이 우리를……"에 대해서는 Cienciala, *Crime*, 182를 참조하라.

73 세 남자에 대해서는 Pietrzykowski, "Akcja", 117-118을 참조하라.

74 Dunin-Wąsowicz, "Akcja", 22-25; Bauer, *Dowbor*, 217, 241; *Crime of Katyń*, 33; *Zagłada polskich elit*, 73.

75 *Zagłada polskich elit*, 77.

76 힘러와 이송에 대해서는 Bartoszewski, *Warszawski pierścień*, 59, 60, 123-125를 참조하라. 이송에 대한 추가 정보는 *Zagłada polskich elit*, 69; Seidel, *Besatzungspolitik in Polen*을 참조하라. 바흐첼레프스키와 처형장에 대해서는 Dwork, *Auschwitz*, 166, 177을 참조하라. 이게파르벤에 대해서는 Tooze, *Wages of Destruction*, 443을 참조하라.

77 집단화에 대해서는 Report of 25 November 1941, SPP 3/1/1/1/1을 참조하라. Shumuk, *Perezhyte*, 17도 참조하라.

78 대상이 된 우크라이나인에 대해서는 HI 210/14/7912를 참조하라. 이러한 작전은 1941년 6월에 진행된 일련의 이주 작업의 일환이었는데, 이 작전은 이후 발트해에서 루마니아에 이르는 소련에 새로 병합된 지역 전역에서 조직되었다. 폴란드 민간인 1만1328명과 2만2353명에 대해서는 Hryciuk, "Victims", 191, 193을 참조하라. Olaru-Cemirtan, "Züge"도 참조하라.

79 폭격에 대해서는 Jolluck, *Exile*, 16을 참조하라. Gross, *Children's Eyes*, 52에서 인용.

80 네 차례 작전에서 폴란드 민간인 약 29만2513명이 추방당했고, 개별 또는 소규모 작전에서 수천 명이 추가로 추방당했다. *Deportacje obywateli*, 29; 그리고 Hryciuk, "Victims", 175를 참조하라. 소련은 추방자 중 약 57.5퍼센트가 폴란드인이고, 21.9퍼센트는 유대인, 10.4퍼센트는 우크라이나인, 7.6퍼센트는 벨라루스인이라고 기록했다. Hryciuk, "Victims", 195를 참조하라. 전반적인 숫자는 Hryciuk, "Victims", 175; 그리고 Autuchiewicz, "Stan", 23을 참조했다. Gurianov, "Obzor", 205도 참조하라.

81 Czapski, *Na nieludzkiej ziemi*, 68.

82 킹 제임스 성서, 마태복음 5장 37절; Koestler, *Darkness at Noon*, 249. 차프스키와 라이크만의 만남은 1942년 2월 3일 진행되었다. *Crimes of Katyń*, 90을 참조하라.

83 Czapski, *Na nieludzkiej ziemi*, 120, 141-143, 148.
84 Czapski, *Na nieludzkiej ziemi*, 149.
85 프랑크에 대해서는 Longerich, *Unwritten Order*, 47을 참조하라. 내무인민위원회 에 대해서는 Kołakowski, *NKWD*, 74를 참조하라. 히틀러에 대해서는 Mańkowski, "Ausserordentliche", 7을 참조하라. Aly, *Architects*, 151과 비교해보라.

5장 파멸의 경제학

1 이 책은 사상사 책이 아니기에 나는 이 복잡한 문제를 아주 간단하게 언급할 수밖에 없다. 개인으로서의 히틀러와 스탈린은 19세기 초반 계몽주의에 대한 독일의 응답을 서로 다른 형태로 구현한 존재다. 비극적이면서도 낭만적인 영웅인 히틀러는 결함 있는 국가를 이끈다는 부담을 져야 했고, 헤겔식 세계 정신을 추구한 스탈린은 역사 속에서 이성을 드러내며 이를 다른 사람들에게 지시해야 했다. 더 자세히 비교하자면, 크리스토퍼 클라크의 말처럼 두 사람은 시간에 대한 다른 관점을 반영한다. 나치와 소련 정권은 모두 시간은 스스로의 힘으로 진행되면서 지식을, 나아가 진보를 전달한다는 기본적인 계몽주의적 가정을 거부했다. 대신 과거에 존재해야 했던 특정 지점으로 돌아갔다. 마르크스주의는 철저하게 진보를 추구하는 계획이었지만 레닌은 후진국에서 혁명을 일으켜 마르크스의 예측을 뛰어넘었고, 산업혁명이 진행된 국가는 사회주의 혁명을 아예 하지 않음으로써 마르크스의 예측을 거부했다. 따라서 1930년대 스탈린이 이끄는 소련은 사회주의의 고향이 제국주의자 세계에 지지 않도록 서둘러야 했다. 나치는 훨씬 더 환상적인 비전 달성을 위해 훨씬 더 서둘렀다. 그들은 소련을 파괴하고, 동유럽을 재건하고, 독일의 위대함과 순수성을 복원할 대변혁을 상상했다. 히틀러는 죽기 전에 자신이 꿈꾸는 독일을 만들고 싶어했지만, 오래 살지 못하리라는 두려움에 시달렸다. 나치 독일과 소련 관련 논의를 사상사라는 관점에서 살펴본 시도는 Bracher, *Zeit der Ideologien*에서 간략하게 확인할 수 있다.
2 이것은 1~3장에서 전개한 주장을 다른 관점에서 제시한 것이다. "에덴동산"(1941년 7월 16일)에 대해서는 Mulligan, *Illusion*, 8을 참조하라.
3 Goulder, "Internal Colonialism"; 그리고 Viola, "Selbstkolonisierung"과 비교해보라.
4 이 연구에서 영국은 연구 대상이 아닌 외적 요인에 해당된다. 그러나 여기서도 역사에서 개인이 얼마나 중요한지를 보여주는 사례가 있다. Lukacs, *Hitler and Stalin*; 그리고 Lukacs, *Five Days in London*을 참조하라. Isaiah Berlin의 에세이인 "Winston Churchill in 1940", *Personal Impressions*, 1-23도 참조하라.
5 '들어가기에 앞서'를 참조하라. Streit, *Keine Kameraden*, 26-27도 참조하라. 석유는 산업은 물론 농업에도 필요했다. 여기서도 독일은 수입에 의존해야 했고, 진정한 경제적 자급자족을 이루려면 소련 캅카스 지역과 그곳의 석유 매장 지역을 정복해

야 하는 것처럼 보였다.

6 Tooze, *Wages of Destruction*, 409, 424, 429, 452를 참조하라. "세계에서 가장 경제 자립도가 높은 국가"에 대해서는 Kennedy, *Aufstieg*, 341을 참조하라. 석유 매장 지역에 대해서는 Eichholtz, *Krieg um Öl*, 8, 15 등 여러 곳을 참조하라. Hildebrand, *Weltreich*, 657-658과 비교해보라. 독일군은 전쟁을 하려면 소련의 자원이 필요하다고 확신했다. Kay, *Exploitation*, 27, 37, 40과 212의 "immense riches"를 참조하라.

7 독일 해군의 역량에 대해서는 Weinberg, *World at Arms*, 118을 참조하라. Tooze, *Wages of Destruction*, 397-399; 그리고 Evans, *Third Reich at War*, 143-146도 참조하라. Mazower, *Hitler's Empire*, 133에서 인용. Alan Milward는 오래전 신속한 승리를 가정하는 일의 중요성을 강조하여 주목받기도 했다. *German Economy*, 40-41을 참조하라.

8 동유럽 종합 계획에 대해서는 Madajczyk, "Generalplan", 12-13을 참조하라. 64-66; Aly, *Architects*, 258; Kay, *Exploitation*, 100-101, 216; Wasser, *Himmlers Raumplannung*, 51-52; Tooze, *Wages of Destruction*, 466-467; Rutherford, *Prelude*, 217; Mazower, *Hitler's Empire*, 206, 210; 그리고 Longerich, *Himmler*, 597-599도 참조하라.

9 힘러에 대해서는 Longerich, *Himmler*, 599를 참조하라. 히틀러에 대해서는 Kershaw, *Hitler*, 651도 참조하라. Tooze, *Wages of Destruction*, 469도 참조하라.

10 1941년 1월 31일 히틀러의 선언은 Tooze, *Wages of Destruction*, 465 이후에 인용되어 있다. 마지막 해결책의 마지막 형태는 다음 장에서 다룬다. Evans는 독일 민간인들이 새로운 전쟁을 반대할 것이 뻔했기에 히틀러는 영국과의 전쟁이 끝나기 전에 소련과의 전쟁을 시작해야 했다고 주장했다. *Third Reich at War*, 162를 참조하라.

11 *Deutschösterreichische Tageszeitung*, 3 March 1933; Kershaw, *Fateful Choices*, 267. 인용한 비율에 대해서는 Kay, *Exploitation*, 56, 143을 참조하라.

12 Kay, *Exploitation*, 211, 50, 40에서 인용. Tooze, *Wages of Destruction*, 469; 그리고 Kershaw, *Hitler*, 650도 참조하라.

13 Gerlach, *Kalkulierte Morde*, 342에서 인용. 기관 조직에 대한 자세한 설명은 Kay, *Exploitation*, 17-18, 148에서 확인할 수 있다.

14 Kay, *Exploitation*, 138, 162-163.

15 "인구의 대다수 역시 절멸시킬 것"에 대해서는 *Verbrechen der Wehrmacht*, 65를 참조하라. 긴 인용문은 Kay, *Exploitation*, 133에 있다. Gerlach, *Kalkulierte Morde*, 52-56도 참조하라. 소련계 유대인의 정착 패턴을 고려하면, 이러한 "불필요한 존재"에는 러시아인, 벨라루스인, 우크라이나인, 발트인은 물론 소련계 유대인 인구의 4분의 3 이상도 포함된다.

16 Kay, *Exploitation*, 164. 6월 히틀러는 경제 기획에 대한 총괄 책임을 괴링에게 맡겼다.

17 Hauner, *Axis Strategy*, 378-383.

18 히틀러의 즉흥성 때문에 전통적인 의미의 전술을 논의하기가 쉽지 않았다. 내가 보기에 대륙 전략과 세계 전략을 주장하는 사람들 간의 논쟁은 아주 쉽게 해결할 수 있다. 히틀러와 그의 사령관들은 어떤 형태로든 전쟁을 계속하려면 소련을 정복해야 한다는 데 동의했다. 히틀러는 대륙 간 전쟁을 염두에 두었고 현실이 될 수 있다고 생각했다. 이러한 세계대전에서 승리하려면 대륙 내 전쟁에서 먼저 승리해야 했다.

19 중립 조약에 대해서는 Weinberg, *World at Arms*, 167-169; 그리고 Hasegawa, *Racing*, 13-14를 참조하라.

20 Burleigh, *Third Reich*, 484, 487.

21 일본의 망설임에 대해서는 Weinberg, *World at Arms*, 253을 참조하라. "당분간"에 대해서는 Hasegawa, *Racing*, 13을 참조하라. 재확인에 대해서는 Krebs, "Japan", 554를 참조하라. 자주 잊히는 이탈리아의 역할에 대해서는 Schlemmer, *Italianer*를 참조하라.

22 Römer, *Kommissarbefehl*, 204에서 인용. 히틀러의 인용문에 대해서는 Kershaw, *Hitler*, 566을 참조하라. Pohl, *Herrschaft*, 64; 그리고 Bartov, *Hitler's Army*, 16도 참조하라.

23 민간인을 인간 방패로 쓰는 행위에 대해서는 1941년 5월 13일 명령을 참조하라. 전문은 *Verbrechen der Wehrmacht*, 46에 있다. Bartov, *Hitler's Army*, 71; Pohl, *Herrschaft*, 71과 205에 있는 제복 입은 여성 관련 논의; Römer, *Kommissarbefehl*, 228도 참조하라. 551; 그리고 Gerlach, *Kalkulierte Morde*, 774도 참조하라.

24 Gerlach, *Kalkulierte Morde*, 244, 266; Bartov, *Eastern Front*, 132.

25 *Verbrechen der Wehrmacht*, 344; Pohl, *Herrschaft*, 185; Gerlach, *Kalkulierte Morde*, 266.

26 Arnold, "Eroberung", 46에서 인용.

27 Edele, "States", 171과 비교해보라. 식량 배급을 줄이지 않고 독일군을 먹여살리는 문제는 Tooze, *Wages of Destruction*에서 자세하게 설명한다.

28 Gerlach, *Kalkulierte Morde*, 798. Tooze가 지적했듯이 독일인들은 전쟁 물자 조달을 위한 경제적 희생을 기꺼이 감수하려 했다. *Wages of Destruction*을 참조하라.

29 Streit, *Keine Kameraden*, 143, 153. 발터 폰 라이헤나우(9월 28일)에 대해서는 Arnold, "Eroberung", 35를 참조하라.

30 Streit, *Keine Kameraden*, 143, 153. Kay, *Exploitation*, 2와 비교해보라.

31 Keegan, *Face of Battle*, 73; Gerlach, *Kalkulierte Morde*, 51; Förster, "German Army", 22; 그리고 *Verbrechen der Wehrmacht*, 288을 참조하라.

32 Arnold, "Eroberung", 27-33.

33 키예프에 대해서는 Berkhoff, *Harvest*, 170-186을 참조하라. 최대 사망자 수(5만 6400)는 184에 나와 있다. Arnold, "Eroberung", 34도 참조하라. 하르키우에 대해

서는 Pohl, *Herrschaft*, 192; *Verbrechen der Wehrmacht*, 328을 참조하라. 최소 숫자로 1만1918명을 제시하고 있다.

34 Kay, *Exploitation*, 181, 186.

35 바그너는 1944년 히틀러에 대한 음모를 꾸민 사람 중 한 명이었다. 인용문은 *Verbrechen der Wehrmacht*, 193 및 311을 참조하라. 100만 명은 서양 문헌에서 자주 제시하는 추정치다. 관련 사례는 Kirschenbaum, *Siege*; 그리고 Salisbury, *900 Days*를 참조하라. 소련은 63만2000명이라 추정한다. *Verbrechen der Wehrmacht*, 308을 참조하라. 식량과 연료에 대해서는 Simmons, *Leningrad*, 23을 참조하라.

36 Gerlach, *Krieg*, 36; Salisbury, *900 Days*, 508-509; Simmons, *Leningrad, xxi*; Kirschenbaum, *Siege*, 1.

37 Głębocki, "Pierwszy", 179-189.

38 Simmons, *Leningrad*, 51.

39 이 일기장은 상트페테르부르크 국립 역사박물관의 "대조국 전쟁 시기의 레닌그라드" 전시실에 전시되어 있다.

40 인용된 수치에 대해서는 *Verbrechen der Wehrmacht*, 209를 참조하라. 예상 포로 숫자에 대해서는 Gerlach, *Kalkulierte Morde*, 783을 참조하라.

41 Bartov, *Hitler's Army*, 87; Polian, "Violence", 123; Overmans, "Kriegsgefangenpolitik", 800-801. Merridale, *Ivan's War*, 28; 그리고 Braithwaite, *Moscow*, 165도 참조하라.

42 Berkhoff, *Harvest*, 94-96; Gerlach, *Kalkulierte Morde*, 845-857. 전쟁포로 취급에 대한 일반적인 관점은 탁월한 저서인 Keegan, *Face of Battle*, 49-51을 참조하라.

43 Polian, "Violence", 121. Datner는 20만~25만 명이라 추정한다. *Zbrodnie*, 379를 참조하라.

44 Overmans, "Kriegsgefangenpolitik", 805; Gerlach, *Krieg*, 24.

45 "전우"에 대해서는 Dugas, *Vycherknutye*, 30을 참조하라.

46 권위 사슬에 대해서는 Streim, *Behandlung*, 7을 참조하라. Pohl, *Herrschaft*, 219 및 Gerlach, *Kalkulierte Morde*, 801에서 인용. Overmans, "Kriegsgefangenpolitik", 808도 참조하라. 식인에 대해서는 Shumejko, "Atanasyan", 174; 그리고 Hartmann, "Massenvernichtung", 124를 참조하라.

47 배급량 감축에 대해서는 Megargee, *Annihilation*, 119를 참조하라. "그야말로 지옥"에 대해서는 *Ich werde es nie vergessen*, 178을 참조하라. 민스크에 대해서는 *Verbrechen der Wehrmacht*, 227-229; Gerlach, *Kalkulierte Morde*, 768, 856; Gerlach, *Krieg*, 51; Polian, "Violence", 121; Overmans, "Kriegsgefangenpolitik", 807; 그리고 Beluga, *Prestupleniya*, 199를 참조하라. 바브루이스크에 대해서는 Pohl, *Herrschaft*, 224를 참조하라. 호멜에 대해서는 Pohl, *Herrschaft*, 224; 그

리고 Dugas, *Sovetskie Voennoplennye*, 125를 참조하라. 모길료프에 대해서는 Pohl, *Herrschaft*, 224-225를 참조하라. 몰로데치노에 대해서는 Gerlach, *Krieg*, 34; 그리고 Magargee, *Annihilation*, 90을 참조하라. Bartov, *Hitler's Army*, 79도 참조하라.

48 키로보흐라드에 대해서는 *Verbrechen der Wehrmacht*, 239-244를 참조하라. 호롤에 대해서는 Pohl, *Herrschaft*, 226을 참조하라. 스탈리노에 대해서는 Pohl, *Herrschaft*, 227; 그리고 Datner, *Zbrodnie*, 404를 참조하라.

49 Motyka, "Tragedia jeńców", 2-6; Kopówka, *Stalag 366*, 47. 총독부 관할 수용소에서 사망한 4만5690명에 대해서는 Dugas, *Sovetskie Voennoplennye*, 131을 참조하라. Młynarczyk, *Judenmord*, 245(25만~57만 명)과 비교해보라.

50 온기를 보존해줄 옷가지 부족에 대해서는 Bartov, *Eastern Front*, 112를 참조하라. 소련군 세 사람에 대해서는 Dugas, *Sovetskie Voennoplennye*, 125를 참조하라.

51 *Ich werde es nie vergessen*, 113.

52 수용소로 음식을 가져오려 한 민간인에 대해서는 Berkhoff, *Harvest*, 95, 101; 그리고 Overmans, "Kriegsgefangenpolitik", 808을 참조하라. 크레멘추크에 대해서는 Pohl, *Herrschaft*, 226을 참조하라.

53 *Verbrechen der Wehrmacht*, 188과 비교해보라.

54 소련 엘리트 학살 계획에 대해서는 Kay, *Exploitation*, 104를 참조하라. 1941년 3월의 히틀러에 대해서는 Streim, *Behandlung*, 36을 참조하라. 지침 전문은 *Verbrechen der Wehrmacht*, 53-55를 참조하라.

55 사살 사례 2252건에 대해서는 Römer, *Kommissarbefehl*, 581을 참조하라.

56 1941년 7월 2일에 대해서는 *Verbrechen der Wehrmacht*, 63; Kay, *Exploitation*, 105; 그리고 Kershaw, *Fateful Choices*, 453을 참조하라. 아인자츠그루펜에 내린 지시와 그들의 임무 완수에 대해서는 Datner, *Zbrodnie*, 153; Streim, *Behandlung*, 69, 99; 그리고 Berkhoff, *Harvest*, 94를 참조하라. 1941년 10월에 대해서는 Streit, "German Army", 7을 참조하라.

57 Pohl, *Herrschaft*, 204(그리고 150만 명 추정치에 대해서는 153 및 235). Overmans는 "Kriegsgefangenpolitik", 815에서 10만 명이 사살되었다고 추정한다. Arad는 유대인 전쟁 포로 사망자를 8만 명으로 추정한다. *Soviet Union*, 281을 참조하라. 인용(의사): Datner, *Zbrodnie*, 234. 나치화된 직군으로서의 의학계에 대해서는 Hilberg, *Perpetrators*, 66을 참조하라.

58 Streim, *Behandlung*, 102-106.

59 최저치 추정에 대해서는 Streim, *Behandlung*, 244를 참조하라. 최저 240만 명을 제시한다. 300만~330만 명 추정에 대해서는 Pohl, *Herrschaft*, 210; Overmans, "Kriegsgefangenpolitik", 811, 825; Dugas, *Sovetskie Voennoplennye*, 185; 그리고 Hartmann, "Massenvernichtung", 97을 참조하라. 최대치 추정에 대해서는 Sokolov, "How to Calculate", 452를 참조하라. 390만 명을 제시한다. 사기에 대해

서는 *Verbrechen der Wehrmacht*, 204를 참조하라.

60 1941년 11월 7일에 대해서는 Gerlach, *Kalkulierte Morde*, 817을 참조하라. Gerlach and Werth, "State Violence", 164와 비교해보라. Streim, *Behandlung*, 99-102, 234도 참조하라. 독일로 보낸 포로 중 사망한 40만 명에 대해서는 Pohl, *Herrschaft*, 215도 참조하라. 인용(Johannes Gutschmidt): Hartmann, "Massenvernichtung", 158; Rosenberg도 Klee, "Gott mit uns", 142에서 비슷한 추정을 한다.

61 벨기에에 대해서는 *Kay, Exploitation*, 121을 참조하라.

62 괴벨스에 대해서는 Evans, *Third Reich at War*, 248을 참조하라. Kay, *Exploitation*, 109; Longerich, *Unwritten Order*, 55, 60; Browning, *Origins*; Gerlach, *Kalkulierte Morde*, 747; Gerlach, *Krieg*, 178; Arad, *Reinhard*, 14; 그리고 Aly, *Architects*, 160과 비교해보라.

63 질식 실험에 대해서는 Overmans, "Kriegsgefangenpolitik", 814; Longerich, *Unwritten Order*, 82; Longerich, *Himmler*, 567; Datner, *Zbrodnie*, 208, 428; *Verbrechen*, 281; Mazower, *Hitler's Empire*, 383; Browning, *Origins*, 357; 그리고 Klee, "Gott mit uns", 136을 참조하라.

64 선발된 포로 숫자에 대해서는 Pohl, *Herrschaft*, 181을 참조하라. Black, "Handlanger", 313-317; 그리고 Gerlach, *Kalkulierte Morde*, 207-208도 참조하라.

6장 마지막 해결책

1 브라우닝과 게를라흐는 히틀러가 결정을 1941년 여름/가을에 내렸는지 12월에 내렸는지를 놓고 논쟁했다. 이번 장에서 나는 유대인 총살이 마지막 해결책의 다섯 번째 버전이자, 가능성을 보인 첫 번째 버전이라 주장한다. 유대인을 죽여 유럽에서 쓸어버릴 수 있다는 것은 힘러와 히틀러가 적어도 8월에는 한 생각임이 분명하다. 그럴 필요가 없었지만, 두 사람은 분명히 이 문제를 노골적으로 논의했을 것이다. 라인하르트 코젤레크(*Futures Past*, 222)는 히틀러를 인용하는데, 히틀러 본인도 (내 생각에는 무의식적으로) 도스토옙스키의 『죄와 벌』을 인용한 적이 있다. '계획을 갖기 위해 계획이 있다고 인정할 필요는 없다'는 것이다. 자기 자신에 대한 계획일지라도. 내가 추구하는 관점에서는 1941년 12월이 더욱 중요한 날짜인데, 히틀러의 다른 심복들이 마지막 해결책은 유대인 일부 살해 및 일부 이송이 아닌 대량 살해임을 알아차린 날이기 때문이다.

2 슈페어의 역할에 대한 중대한 변화는 Tooze, *Wages of Destruction*을 참조하라. 이 문제는 Milward, *German Economy*, 6-7 외 여러 곳에서 전형적인 형식으로 제기된다. Longerich, *Himmler*, 561에서 인용. "제도주의"와 "기능주의"에 관한 방대한 논의는 여기서 제시할 수 없다. 이러한 논의는 홀로코스트에서 동부 전선이 얼마나 중요한 역할을 했는지를 이해하기 전에 시작되었다. 다른 많은 학자처럼 나도

상부에서 오는 신호(예를 들어 히틀러에서 힘러로, 힘러에서 바흐로)와 하부에서 오는 신호(예를 들어 아인자츠그루펜 A에서 힘러로, 힘러에서 히틀러로)의 조합이나 양방향(예켈른과 힘러 간의 관계) 신호에서 대량 살해라는 마지막 해결책이 나왔을지도 모른다고 주장한다. 살해가 마지막 해결책의 수단으로 대두된 곳은 동부 전선으로, 주된 방법은 총살이었다.

3 Mazower, *Hitler's Empire*, 368에서 인용. 반제에 대해서는 Gerlach, "Wannsee"; 그리고 Longerich, *Unwritten Order*, 95를 참조하라. 일반적인 정보는 Roseman, *Villa*도 참조하라. 히틀러와 로젠베르크의 민간 행정 간의 관계는 Lower, "Nazi Civilian Rulers", 222-223에서 체결되었다.

4 아인자츠그루펜 A, B, C, D는 각각 990명, 655명, 700명, 600명이었다. MacLean, *Field Men*, 13을 참조하라. "숫자 역시 매우 적은 편이었다"에 대해서는 Browning, "Nazi Decision", 473을 참조하라. 질서 경찰의 중요성에 대해서는 Pohl, "Schauplatz", 152를 참조하라. 사망자 수는 Brandon, "First Wave"에서 인용했다. 1941년 말까지 최소 45만7436명의 유대인이 아인자츠그루펜에 의해 사망했다.

5 Longerich, *Himmler*에서는 이 문제를 비슷한 용어를 사용해 명시적으로 논의하지 않지만, 나는 그의 해석이 여기에 제시한 주장과 일맥상통한다고 생각한다. Gerlach, *Kalkulierte Morde*, 115; 그리고 Lück, "Partisanbekämpfung", 229와 비교해보라.

6 Wasser, "Raumplannung", 51에서 인용. Mazower, *Hitler's Empire*, 378 외 여러 곳; 그리고 Steinberg, "Civil Administration", 647도 참조하라.

7 스탈린이 차지한 루마니아 영토는 독일군이 아닌 루마니아군이 침공했다. 이후에는 아인자츠그루펜 D가 침공했다. Angrick, *Besatzungspolitik*를 참조하라.

8 Snyder, *Reconstruction*을 참조하라.

9 추방 수치는 Angrick, *Riga*, 46에 나와 있다. 강제 징집을 포함하면 총 수치는 3만 4000명까지 증가한다.

10 MacQueen, "White Terror", 97; Angrick, *Riga*, 59. 나는 20만 명에 빌뉴스와 리투아니아에 합병된 인근 지역에 사는 유대인도 포함했다.

11 Arad, *Soviet Union*, 144, 147; MacQueen, "White Terror", 99-100; Angrick, *Riga*, 60.

12 Tomkiewicz, *Ponary*, 191-197.

13 *Ibid.*, 203.

14 Angrick, *Riga*, 66-76. See also Arad, *Soviet Union*, 148.

15 Weiss-Wendt, *Estonians*, 39, 40, 45, 90, 94-105.

16 *Verbrechen*에 있는 9817이라는 숫자는 93에 나와 있다. Wnuk, *Za pierwszego Sowieta*, 371(1만1000~1만2000); 그리고 Hryciuk, "Victims", 183(9400)도 참조하라.

17 양차 대전 사이의 반유대인 정책과 일반적인 정보에 대해서는 Polonsky, *Politics*;

그리고 Mendelsohn, *Jews*를 참조하라.

18 비아위스토크에 대해서는 Matthäus, "Controlled Escalation", 223; 그리고 *Verbrechen der Wehrmacht*, 593을 참조하라. Spektor("Żýdzi wołyńscy", 575)는 볼히니아에서 38회의 집단 학살이 있었다고 말한다. 그리고 Wokół Jedwabnego의 저자와 편집자는 비아위스토크 지역에서 약 30회가 있었다고 말한다.

19 살해당한 총 유대인 사망자(1만9655명)에 대해서는 Brandon, "First Wave"를 참조하라. "수백의 유대인들이…길거리를 뛰어다니고 있다"에 대해서는 *Verbrechen der Wehrmacht*, 99를 참조하라. 포로들의 국적에 대해서는 Himka, "Ethnicity", 8을 참조하라.

20 이중 협력으로 자체 신분 정화를 한다는 개념은 Gross, *Neighbors*에서 제시한다. 에스토니아, 우크라이나, 벨라루스에서의 이중 협력 사례는 Weiss-Wendt, *Estonians*, 115-119; *Dubno: sefer zikaron*, 698-701; Rein, "Local Collaborators", 394; Brakel, *Unter Rotem Stern*, 304; Musial, *Mythos*, 266; 그리고 Mironowicz, *Białoruś*, 160을 참조하라. Snyder, "West Volhynian Jews"도 참조하라. 이중 협력에 대한 체계적인 연구를 진행할 가치가 있을 것이다.

21 이것은 소외에 관한 아렌트식 주장에 대한 나의 의견이기도 하다. 아렌트의 추종자인 얀 그로스는 소비에트 1차 점령에 관한 연구인 *Revoion from Abroad*에서 폭력의 사유화에 대해 비슷한 주장을 한다. 그러나 두 차례의 점령에 따른 결과에 대한 연구인 *Neighbors*와 *Fear*에서는 사회학에서 윤리학으로 관점을 바꿔, 폴란드인은 소련의 점령에 이은 독일 점령과 독일의 점령에 이은 소련 점령 시기를 스스로 기억해야 한다고 주장하는 듯하다. 내가 보기에 논리적으로는 아렌트식 주장을 고수하는 것이 맞지만, 두 "전체주의적" 열강의 겹침은 아렌트가 모더니티에 부여한 역사적 역할을 수행했다. 이것은 (*Upiorna dekada*와 *Neighbors* 및 *Fear*의 몇몇 구절에서 암시를 주기는 했지만) 그로스의 주장과는 전혀 다르다. 하지만 나는 그의 점령 연구를 전체적으로, (폴란드인의 윤리학이 아닌) 인간 행동에 관한 연구로 읽는다면 같은 의미라고 생각한다. 이러한 논법은 결론에서 다룬다.

22 Westermann, "Ideological Soldiers", 46(30퍼센트 및 66퍼센트).

23 Browning, "Nazi Decision", 476과 비교해보라.

24 Longerich, *Himmler*, 551; Kay, *Exploitation*, 106. 우만에 대해서는 USHMM-SBU 4/1747/19-20을 참조하라.

25 Matthäus, "Controlled Escalation", 225; Gerlach, *Kalkulierte Morde*, 555; Kershaw, *Fateful Choices*, 456, 458. Cüppers, *Wegbereiter*에서는 무장친위대의 중요한 초기 역할에 대한 주장이 나와 있다.

26 Kay, *Exploitation*, 107; Browning, "Nazi Decision", 474. Pohl은 증원대가 우크라이나에 가장 먼저 도착했다고 말한다. *Herrschaft*, 152를 참조하라. 그는 아인자츠그루펜 C가 여성과 어린이를 죽여야 한다는 사실을 안 시기가 8월 초라고 주장한다. "Schauplatz", 140을 참조하라.

27 Mallmann, *Einsatzgruppen*, 97.

28 Pohl, "Schauplatz", 142; Kruglov, "Jewish Losses", 274-275; *Verbrechen der Wehrmacht*, 135.

29 Kruglov, "Jewish Losses", 275.

30 Ruß, "Massaker", 494, 503, 505; Berkhoff, "Records", 294; Pohl, "Schauplatz", 147.

31 Berkhoff, *Harvest*, 65-67; FVA 3267.

32 Darmstadt testimony, 29 April 1968, IfZ(M), Gd 01.54/78/1762.

33 Ruß, "Massaker", 486; Berkhoff, *Harvest*, 68. 사라에 대해서는 Ehrenburg, *Black Book*, Borodyansky-Knysh 증언을 참조하라. 귀중품에 대해서는 Dean, "Jewish Property", 86을 참조하라. "총에 맞기 전부터 피투성이가 된" 사람들에 대해서는 "Stenogramma", 24 April 1946, TsDAVO, 166/3/245/118을 참조하라. 뼛조각과 재와 모래에 대해서는 Klee, *Gott mit uns*, 136을 참조하라.

34 Darmstadt testimony, 29 April 1968, IfZ(M), Gd 01.54/78/1764-1765; Berkhoff, "Records", 304.

35 Prusin, "SiPo/SD", 7-9; Rubenstein, *Unknown*, 57. Romanowsky는 "Nazi Occupation", 240에서 주적의 전환을 지적한다.

36 Rubenstein, *Unknown*, 54, 57, 61; Prusin, "SiPo/SD", 7-9.

37 하르키우에 대해서는 Pohl, "Schauplatz", 148; 그리고 *Verbrechen der Wehrmacht*, 179를 참조하라. 키예프에 대해서는 Prusin, "SiPo/SD", 10을 참조하라.

38 Gerlach, *Kalkulierte Morde*, 544, 567. 네베는 1944년 히틀러 저항군의 일원이었다.

39 Megargee, *Annihilation*, 99.

40 인용문 및 수치는 Gerlach, *Kalkulierte Morde*, 588, 585에서 가져왔다. Ingrao, "Violence", 231도 참조하라.

41 "피바다"에 대해서는 Gerlach, *Kalkulierte Morde*, 182를 참조하라. "반드시 없애야 할 대상"에 대해서는 *Verbrechen*, 138을 참조하라.

42 이것은 이전 장에서 다룬 주장이다.

43 소련의 이론적 근거는 고전적인 근거였다. 먼저 내무인민위원회는 볼가 독일인 중에 첩자가 수백 명에 달한다고 "확인"했다. 그리고 인구 전체가 유죄라고 주장했다. 이러한 간첩 행위를 관련 당국에 신고한 볼가 독일인이 아무도 없었기 때문이다. 더 세련된 방법으로, 내무인민위원회는 독일 가정집에 있는 만자십자장이 나치 협력의 증거라고 몰아갔다. 실제로는 모스크바와 베를린이 동맹이었고 히틀러의 친선 방문이 예견되었던 1939년, 소련인들은 만자십자장을 직접 나눠 가지곤 했다. 1942년 말까지 소련인들은 독일인 약 90만 명을 재정착시켰는데, 이는 소련 내 독일 인구 대부분에 해당됐다. 소련인들은 핀란드인 약 8만9000명을 이송했는데 대부분 시베리아로 추방당했다. 스탈린에 대해서는 Polian, *Against Their Will*, 134를 참조하라. 히틀

러에 대해서는 Longerich, *Unwritten Order*, 75; Gerlach, *Krieg*, 96; Gerlach, "Wannsee", 763; Pinkus, "Deportation", 456-458; Mazower, *Hitler's Empire*, 370; 그리고 Friedlander, *Extermination*, 239, 263-264를 참조하라.

44 Lukacs, *Last European War*, 154에서 인용. Friedlander, *Extermination*, 268도 참조하라.

45 Angrick, *Riga*, 133-150.

46 헤움노에 대해서는 8장에서 논의한다. 이러한 연관성은 Kershaw, *Fateful Choices*, 462에서 확인할 수 있다. Kershaw, *Hitler*, 66도 참조하라. Mazower는 *Hitler's Empire*에서 바르테란트의 중요성을 강조한 바 있다. 나는 이 판단에서 "안락사" 프로그램에서 사망한 유대인은 제외했다.

47 힘러와 글로보츠니크는 8장에서 자세하게 다룬다.

48 Megargee, *Annihilation*, 115.

49 변방을 주장하는, 즉 벨라루스와 우크라이나에서 베를린으로 이어진다고 주장하는 Gerlach와 Pohl은 유대인 근절에 있어 식량 공급이 얼마나 중요한지를 강조한다. 전쟁 전 계획 수립의 논리를 바탕으로 논쟁하는 Aly와 Heim은 홀로코스트에 대한 소극적인 설명을 제시한다. 미래 계획에서 유대인은 이미 해로운 존재이자 현재의 생필품을 소비하는 쓸모없는 존재로 간주되었다는 것이다. 히틀러는 현재의 전쟁과 미래의 전쟁에서 식량 공급을 확보할 수 있다는 확신을 바탕으로 소련에 대한 전쟁에 착수했다. 굶주림 계획, 현실이 된 독일 국방군 식량 공급 차질, 그리고 독일 민간인 욕구 충족에 대한 인지된 필요성은 동부 전선 전역에 큰 부담이 되었다. 식량에 대한 우려 때문에 장교들은 유대인 살해를 더욱 지지하게 되었다. 전쟁이 계속되면 유대인 노동력의 경제성에 대한 주장은 유대인이 먹는 식량의 경제성에 대한 주장으로 반박당하게 될 것이다. 나는 식량이 전쟁 과정에서 홀로코스트에 관한 영어 문헌에 적힌 것보다 훨씬 더 중요한 역할을 했다는 데 동의한다. 하지만 식량(또는 다른 경제적 고려 사항)이 1941년 12월에 전달된 히틀러 정책의 실행 시점이나 그것의 정확한 내용을 설명할 수 있다고 생각하지는 않는다. 그것은 이데올로기적 표현이자 실패한 식민지 전쟁이 유발한 긴급한 문제에 대한 정치적 해결책이었다. 그리고 동시에 선택이기도 했다.

50 Edele, "States", 374에서 인용.

51 1월 3일 진행된 히틀러와 일본 대사의 만남에 대해서는 Hauner, *Axis Strategy*, 384를 참조하라. Lukacs, *Last European War*, 143도 참조하라.

52 Krebs, "Japan", 547-554.

53 독일 선전물은 이러한 주장을 노골적으로 했다. Herf, *Jewish Enemy*, 100, 128을 참조하라. Gerlach, "Wannsee"와 비교해보라. 최근 학술적으로 강조되는 힘러와 12월은 Gerlach의 저서 및 Witte, *Dienstkalendar*와 Longerich, *Himmler*의 발행과 밀접한 관련이 있다. 힘러는 히틀러가 책임지는 정책의 중요 집행자였다.

54 Longerich, *Unwritten Order*, 95; Gerlach, *Krieg*, 123; Gerlach, "Wannsee",

783, 790; Kershaw, *Fateful Choices*, 466; Tooze, *Wages of Destruction*, 504; 그리고 Mazower, *Hitler's Empire*, 376(프랑크 인용도 확인 가능) 등에서 인용 및 논의된다. Friedländer가 설득력 있는 문단에서 지적하듯이, 이것은 이러한 진술의 모음 중 하나이다. *Extermination*, 281을 참조하라.

55 히틀러("공동 전선")에 대해서는 Herf, *Jewish Enemy*, 132를 참조하라. 괴벨스에 대해서는 Pohl, *Verfolgung*, 82를 참조하라.

56 Madajczyk, "Generalplan Ost", 17; Mazower, *Hitler's Empire*, 198.

57 Browning, "Nazi Decision"; 그리고 Gerlach, "Wannsee"와 비교해보라. Kershaw, *Fateful Choices*, 433도 참조하라.

58 Kroener, "Frozen Blitzkrieg", 140, 148을 참조하라.

59 인용과 해석에 대해서는 Gerlach, *Kalkulierte Morde*, 582를 참조하라.

60 세르비아에 대해서는 Manoschek, *Serbien*, 79, 107, 186-197; 그리고 Evans, *Third Reich at War*, 237, 259를 참조하라. 이 개념에 따르면 유대인의 죽음에 대한 책임은 독일인에게 있지 않다. 미국이 유대 국가였고 나치의 생각을 따랐다면, 미국의 지도부는 히틀러가 유럽의 유대인을 인질로 잡은 일을 이해했을 것이다. 미국이 전쟁에 참가하고 나치를 따랐다면, 이러한 인질의 죽음은 워싱턴이 책임져야 했다. 물론 어떤 미국인도 이런 식으로 생각하지 않았고, 미국의 전쟁 참가는 유럽 또는 미국계 유대인과는 거의 아무런 상관이 없었다. Longerich, *Unwritten Order*, 55; Friedländer, *Extermination*, 265, 281; Arad, *Soviet Union*, 139; 그리고 Gerlach, "Wannsee"를 참조하라.

61 이러한 위장이 필수적이라 느꼈던 것이 하나의 신호였는데, 누군가가 자신의 문서를 볼지도 모른다는 나치의 상상을 드러내기 때문이다. 이는 전쟁에서 나치가 패배해야 가능한 일이었다. 스탈린주의자와 스탈린 본인은 대량 학살을 직접 명령하는 문서를 작성하고, 서명하고, 보관하는 데 거리낌이 없었다.

62 Birn, "Anti-Partisan Warfare", 289.

63 숫자에 대해서는 Brandon, "The First Wave"를 참조하라.

64 Deletant, "Transnistria", 157-165; Pohl, *Verfolgung*, 78-79; Hilberg, *Destruction* (vol. I), 810.

65 Deletant, "Transnistria", 172; Pohl, *Verfolgung*, 79. Case, *Between States*도 참조하라.

66 Pohl, "Schauplatz", 153, 162. 가스실은 8장에서 다룬다.

67 Pohl은 1942년 7월 우크라이나 자치정부에서 보조 경찰 3만7000명이 활동했다고 말한다. "Hilfskräfte", 210을 참조하라.

68 이러한 볼히니아 공동체에 대해서는 Spector, *Volhynian Jews* 및 Snyder, "West Volhynian Jews", 77-84에서 자세하게 다룬다. 8장에서 다루는 갈리시아 유대인의 운명은 달랐다. Pohl, *Ostgalizien*과 Sandkühler, *Galizien*을 참조하라.

69 Arad는 *Soviet Union* 521 및 524에서 소련에 병합된 지역에서 유대인 156만

1000~162만8000명이 살해당했고, 전쟁 전 소련에서 유대인 94만6000~99만 6000명이 살해당했다고 말한다. Snyder, "West Volhynian Jews", 85-89도 참조하라.

70 Grynberg, *Życie*, 602; Spektor, "Żydzi wołyńscy", 477; Snyder, "West Volhynian Jews", 91-96; Pohl, "Schauplatz", 158-162.

71 유대인 평의회 협상에 대해서는 1942년 5월 8일과 10일 편지, DAR 22/1/10=USHMM RG-31.017M-2를 참조하라. Grynberg, *Życie*, 588; Spektor, "Żydzi wołyńscy", 477; 그리고 Snyder, "West Volhynian Jews", 91-96도 참조하라.

72 ŻIH 301/1982; ŻIH 301/5657; Sefer Lutsk, "Calendar of Pain, Resistance and Destruction"; Grynberg, *Życie*, 584-586, 인용문은 586에 있다.

73 Spektor, "Żydzi wołyńscy", 477; Snyder, "West Volhynian Jews", 91-96. "아무 짝에도 쓸모없는 식충들"에 대해서는 Grynberg, *Życie*, 577을 참조하라. 코벨의 거대한 시너고그와 다음 단락에 있는 인용문에 대해서는 ŻIH/1644를 참조하라. 벽에 새긴 글은 Hanoch Hammer가 언급했다. 소련인은 시너고그를 곡물 창고로 사용했다.

7장 홀로코스트, 그리고 복수

1 Gerlach, *Kalkulierte Morde*, 374; Szybieka, *Historia*, 337. Edele, "States", 348, 361과 비교해보라. 7월 19일의 게토 명령에 대해서는 *Verbrechen*, 80을 참조하라.

2 최초의 살해 작전에 대해서는 Gerlach, *Kalkulierte Morde*, 506, 549, 639; Matthäus, "Reibungslos", 260; Longerich, *Vernichtung*, 370(여성); Epstein, *Minsk*, 81; 그리고 Ehrenburg, *Black Book*, 116을 참조하라. 11월 7~9일 살해에 대해서는 Gerlach, *Kalkulierte Morde*, 506, 509, 624; Smolar, *Ghetto*, 41; Ehrenburg, *Black Book*, 118; 그리고 Rubenstein, *Unknown*, 237-238, 245, 251을 참조하라. 다른 상징적인 살해도 존재한다. 독일인은 1942년 2월 23일(붉은 군대의 날)에 작전을 실행했고 1942년 3월 8일(세계 여성의 날)에 유대인 여성들을 사살했다.

3 예정된 가두 행진에 대해서는 Braithwaite, *Moscow*, 252를 참조하라.

4 Smilovitsky, "Antisemitism", 207-208; Braithwaite, *Moscow*, 262.

5 Brandenberger, *National Bolshevism*, 118-119를 참조하라.

6 Brandenberger, *National Bolshevism*, 119에서 인용.

7 Projektgruppe, "Existiert", 90에서 인용.

8 죽이거나 사로잡은 군인에게서 빼앗은 신발에 대해서는 *Ich werde es nie vergessen*, 66, 188; 그리고 Merridale, *Ivan's War*, 138을 참조하라.

9 Gerlach, *Kalkulierte Morde*, 768; Epstein, *Minsk*, 22; Smolar, *Ghetto*, 15; Projektgruppe, "Existiert", 221.

10 유대인에게 준비된 굴욕 행위에 대해서는 Rubenstein, *Unknown*, 256을 참조하라. Ehrenburg, *Black Book*, 125도 참조하라. 에베를에 대해서는 Grabher, *Eberl*,

66을 참조하라. 영상에 대해서는 Longerich, *Himmler*, 552를 참조하라.

11 "미인 대회"에 대해서는 Ehrenburg, *Black Book*, 132; 그리고 Smolar, *Ghetto*, 22를 참조하라. 1941년 가을밤에 대해서는 Smolar, *Ghetto*, 46을 참조하라. Rubenstein, *Unknown*, 244에서 인용. 인근의 콜디케보 강제수용소에서는 간수들이 여성들을 윤간하고 살해했다. Chiari, *Alltag*, 192를 참조하라.

12 Epstein, *Minsk*, 42 외 여러 곳. 소비에트 문서에 대해서는 Chiari, *Alltag*, 249를 참조하라.

13 Epstein, *Minsk*, 130.

14 Projektgruppe, "Existiert", 228. 스몰라의 생애에 대해서는 Smolar, see "Ankieta", 10 August 1949, AAN, *teczka osobowa* 5344를 참조하라.

15 Cholawsky, "Judenrat", 117-120; Chiari, *Alltag*, 240; Smolar, *Ghetto*, 19.

16 위험 신호에 대해서는 Smolar, *Ghetto*, 62를 참조하라. 유대인 경찰에 대해서는 Epstein, *Minsk*, 125를 참조하라. 장갑과 양말에 대해서는 Gerlach, *Kalkulierte Morde*, 680을 참조하라. 안내자 역할에 대해서는 Smolar, *Ghetto*, 95; 그리고 Projektgruppe, "Existiert", 164를 참조하라. 공에 대해서는 Epstein, *Minsk*, 215를 참조하라.

17 Brakel, "Versorgung", 400-401.

18 기금 지원에 대해서는 Epstein, *Minsk*, 96, 194를 참조하라.

19 Klein, "Zwischen", 89. Hull, *Absolute Destruction*; Anderson, "Incident"; 그리고 Lagrou, "Guerre Honorable"도 참조하라.

20 프란츠 할더와 그의 핵무기 환상에 대해서는 Gerlach, *Kalkulierte Morde*, 558을 참조하라. 힘러와 3000만 슬라브족에 대해서는 Sawicki, *Zburzenie*, 284를 참조하라. Lück, "Partisanbekämpfung", 228에서 인용.

21 Birn, "Anti-Partisan Warfare", 286; *Verbrechen*, 469에서 인용. Gerlach, *Kalkulierte Morde*, 566도 참조하라.

22 Szybieka, *Historia*, 348; Mironowicz, *Białoruś*, 158; Lück, "Partisanbekämpfung", 232; Klein, "Zwischen", 90.

23 Gerlach, *Kalkulierte Morde*, 680, 686.

24 Matthäus, "Reibungslos", 261에서 인용.

25 Smolar, *Ghetto*, 72; Cholawsky, "Judenrat", 125. 3412명이라는 수치에 대해서는 Matthäus, "Reibungslos", 262를 참조하라. 립스키에 대해서는 Projektgruppe, "Existiert", 158을 참조하라.

26 Cholawsky, "Judenrat", 123; Epstein, *Minsk*, 133. 하이드리히에 대해서는 Gerlach, *Kalkulierte Morde*, 694를 참조하라. 모피코트에 대해서는 Browning, *Origins*, 300을 참조하라.

27 인용된 수치에 대해서는 Smolar, *Ghetto*, 98을 참조하라. Ehrenburg, *Black Book*, 189에서 인용. Cholawsky, "Judenrat", 126; 그리고 Gerlach, *Kalkulierte Morde*,

704도 참조하라.

28 가스 차량에 대해서는 Gerlach, *Kalkulierte Morde*, 1075; 그리고 Rubenstein, *Unknown*, 245, 248, 266-267을 참조하라. "영혼 파괴자"에 대해서는 Projektgruppe, "Existiert", 162를 참조하라.

29 Rubenstein, *Unknown*, 246; Ehrenburg, *Black Book*, 132도 참조하라.

30 Smolar, *Ghetto*, 158; Projektgruppe, "Existiert", 231; Brakel, "Versorgung", 400-401. 여성과 아이들에 대해서는 Smilovitsky, "Antisemitism", 218을 참조하라.

31 조린에 대해서는 Slepyan, *Guerillas*, 209; 그리고 Epstein, *Minsk*, 24를 참조하라. 습격에 대해서는 Ehrenburg, *Black Book*, 135를 참조하라. 루페이센에 대해서는 Matthäus, "Reibungslos", 254를 참조하라.

32 Tec, *Defiance*, 80, 82, 145, 185, 인용문은 80에 있다. Slepyan, *Guerillas*, 210; Musial, "Sowjetische", 185, 201-202.

33 빨치산 2만3000명과 "빨치산 공화국"에 대해서는 Lück, "Partisanbekämpfung", 231을 참조하라. 민간인에 대해서는 Brakel, *Unter Rotem Stern*, 290, 304; Szybieka, *Historia*, 349; Slepyan, *Guerillas*, 81; 그리고 Mironowicz, *Białoruś*, 160을 참조하라. 기관차에 대해서는 Gerlach, *Kalkulierte Morde*, 868을 참조하라.

34 Musial, *Mythos*, 189, 202; Lück, "Partisanbekämpfung", 238; Ingrao, *Chasseurs*, 131; *Verbrechen*, 495.

35 Slepyan, *Guerillas*, 17, 42.

36 크라베츠와 게라시모바는 Projektgruppe, "Existiert", 47, 126에서 인용한다. 기본 직함으로서의 "매춘부"에 대해서는 Chiari, *Alltag*, 256을 참조하라. 숨바꼭질 놀이에 대해서는 Projektgruppe, "Existiert", 164를 참조하라.

37 8월 18일에 대해서는 Lück, "Partisanbekämpfung", 232; 그리고 Westermann, "Ideological Soldiers", 57을 참조하라. "특별 조치"에 대해서는 Musial, *Mythos*, 145를 참조하라. "유대인들과 마찬가지로" 몰살시켜야 하는 민간인에 대해서는 Lück, "Partisanbekämpfung", 239를 참조하라.

38 Westermann, "Ideological Soldiers", 53, 54, 60; Gerlach, *Kalkulierte Morde*, 705, 919.

39 1942년 벨라루스에서 사망한 유대인을 20만8089명으로 추산한 방법에 대해서는 Brandon, "The Holocaust in 1942"를 참조하라. 1939~1941년에는 벨라루스 소비에트 사회주의 공화국에 속했지만 전후에는 그렇지 않았던 비아위스토크 지역은 제외한 수치다.

40 고트베르그에 대해서는 Klein, "Massenmörder", 95-99를 참조하라. 바흐와 인용된 수치에 대해서는 Lück, "Partisanbekämpfung", 233, 239를 참조하라.

41 Stang, "Dirlewanger", 66-70; Ingrao, *Chasseurs*, 20-21, 수치("적어도 3만 명의 민간인을")는 26, 132에서 인용되어 있다. Gerlach, *Kalkulierte Morde*, 958; MacLean, *Hunters*, 28, 133.

42 살인 할당에 대해서는 Gerlach, *Kalkulierte Morde*, 890을 참조하라. 늪지역 작전에 대해서는 Gerlach, *Kalkulierte Morde*, 911-913, 930; Benz, *Einsatz*, 239; Matthäus, "Reibungslos", 267; 그리고 Ingrao, *Chasseurs*, 34를 참조하라. 예켈른에 대해서는 Brakel, *Unter Rotem Stern*, 295를 참조하라. 2월 작전에 대해서는 Gerlach, *Kalkulierte Morde*, 946; 그리고 Klein, "Massenmörder", 100을 참조하라.

43 Brakel, *Unter Rotem Stern*, 304; Smilovitsky, "Antisemitism", 220. 전쟁 이전 공산주의자에 대해서는 Rein, "Local Collaborators", 394를 참조하라.

44 800여 명의 경찰과 민병대에 대해서는 Musial, *Mythos*, 266을 참조하라. 1만 2000명에 대해서는 Mironowicz, *Białoruś*, 160을 참조하라. Slepyan, *Guerillas*, 209도 참조하라.

45 Szybieka, *Historia*, 345, 352; Mironowicz, *Białoruś*, 159.

46 1942년 10월에 대해서는 Nolte, "Partisan War", 274를 참조하라.

47 Klein, "Zwischen", 100.

48 코트부스 작전에 대해서는 Gerlach, *Kalkulierte Morde*, 948; Pohl, *Herrschaft*, 293; Musial, *Mythos*, 195; 그리고 *Verbrechen*, 492를 참조하라. 돼지에 대해서는 Lück, "Partisanbekämpfung", 241을 참조하라.

49 헤르만 작전에 대해서는 Musial, *Mythos*, 212; 그리고 Gerlach, *Kalkulierte Morde*, 907을 참조하라.

50 폴란드인 127명 사살에 대해서는 Musial, *Mythos*, 210을 참조하라. Jasiewicz, *Zagłada*, 264-265도 참조하라.

51 Brakel, *Unter Rotem Stern*, 317; Gogun, *Stalinskie komandos*, 144.

52 Shephard, "Wild East", 174; Angrick, *Einsatzgruppe D*, 680-689. Lück, "Partisanbekämpfung", 242에서 인용.

53 Birn, "Anti-Partisan Warfare", 291; 일반적인 정보는 Klein, "Zwischen", 96도 참조하라.

54 Dallin, *Brigade*, 8-58.

55 Chiari, *Alltag*, 138; Szybieka, *Historia*, 346; Mironowicz, *Białoruś*, 148, 155.

56 Szybieka, *Historia*, 346.

57 Musial, "Sowjetische", 183.

58 인용된 수치("1만5000명"과 "92명")에 대해서는 Ingrao, *Chasseurs*, 36을 참조하라. 5295곳이라는 수치에 대해서는 Gerlach, *Kalkulierte Morde*, 943을 참조하라. 사살당했다고 보고된 빨치산 1만431명에 대해서는 Klee, *Gott mit uns*, 55를 참조하라. 일기장에 대해서는 Lück, "Partisanbekämpfung", 239를 참조하라. Matthäus, "Reibungslos", 268도 참조하라.

59 Gerlach, *Kalkulierte Morde*, 1158.

60 1만7431명을 배신자로 몰아 살해한 사건에 대해서는 Musial, *Mythos*, 26을 참조하라. 계급의 적에 대해서는 Jasiewicz, *Zagłada*, 264-265를 참조하라.
61 Gerlach, *Kalkulierte Morde*, 1160. Chiari는 전쟁이 끝날 무렵에는 폴란드인 27만6000명이 살해당하거나 강제 이주당했다고 추정한다. *Alltag*, 306을 참조하라.
62 화장터에 대해서는 Gerlach, "Mogilev", 68을 참조하라. 아스가르드에 대해서는 Gerlach, *Kalkulierte Morde*, 425를 참조하라.
63 Arad, *Reinhard*, 136-137.

8장 히틀러, 살육 공장을 돌리다

1 같은 역사학자가 수행한 두 가지 중요 연구인 Arad, *Reinhard*와 Arad, *Soviet Union*을 비교해보라.
2 Wasser, *Raumplannung*, 61에서 인용. 77에도 인용되어 있다. 루블린의 특수한 지위에 대해서는 Arad, *Reinhard*, 14; Musiał, "Przypadek", 24; 그리고 Dwork, *Auschwitz*, 290을 참조하라. "자모시치 작전"이라고도 하는 동유럽 종합 계획의 실행에 대해서는 Autuchiewicz, "Stan", 71; Aly, *Architects*, 275; 그리고 Tooze, *Wages of Destruction*, 468을 참조하라. 인용된 날짜(1941년 10월 13일)에 대해서는 Pohl, "Znaczenie", 45를 참조하라.
3 Browning, *Origins*, 419; Rieger, *Globocnik*, 60.
4 인력 부족에 대해서는 Musiał, "Przypadek", 31을 참조하라. 독일인들의 선호도에 대해서는 Black, "Handlanger", 315를 참조하라.
5 Browning, *Origins*, 419; Black, "Handlanger", 320.
6 Evans, *Third Reich at War*, 84-90.
7 Gerlach, "Wannsee", 782에서 인용. Rieß, "Wirth", 244; Pohl, "Znaczenie", 45; 그리고 Poprzeczny, *Globocnik*, 163도 참조하라. 비르트의 역할에 대해서는 Black, "Prosty", 105; 그리고 Scheffler, "Probleme", 270, 276을 참조하라. "안락사" 프로그램은 더욱 은밀하게 계속 진행되었고, 현재는 독극물 주사와 약물 과량투여 방법을 사용한다. 이후 수년 동안 독일인 수만 명이 추가로 살해당했다.
8 Kershaw, *Final Solution*, 71; Mazower, *Hitler's Empire*, 191 외 여러 곳.
9 Kershaw, *Final Solution*, 66에서 인용. 일반적인 정보는 Mallmann, "Rozwiązać", 85-95; Horwitz, *Ghettostadt*, 154; 그리고 Friedländer, *Origins*, 314-318도 참조하라. 랑게에 대해서는 Friedlander, *Origins*, 286; 그리고 Kershaw, *Final Solution*, 71을 참조하라.
10 Arad에 따르면 설계 책임자는 비르트였다. *Reinhard*, 24를 참조하라.
11 Pohl, *Ostgalizien*; 그리고 Sandkühler, *Galizien*을 참조하라.
12 Arad, *Reinhard*, 44, 56; Młynarczyk, *Judenmord*, 252, 257. 3월 14일에 대해서는 Rieger, *Globocnik*, 108을 참조하라. 노동자 증명서가 없는 유대인 1600명에 대

해서는 Poprzeczny, *Globocnik*, 226을 참조하라.

13 Młynarczyk, *Judenmord*, 260.

14 일별 할당량과 일반적인 정보에 대해서는 Młynarczyk, *Judenmord*, 260; 그리고 Pohl, *Verfolgung*, 94를 참조하라.

15 43만4508명이라는 수치에 대해서는 Witte, "New Document", 472를 참조하라. Pohl은 생존자가 3명이라고 말한다. *Verfolgung*, 95를 참조하라. 비르트에 대해서는 Black, "Prosty", 104를 참조하라. 1942년 8월 베우제츠의 지휘자는 고틀리프 헤링이었다.

16 크라쿠프에 대해서는 Grynberg, *Życie*, 3; Pohl, *Verfolgung*, 89; 그리고 Hecht, *Memories*, 66을 참조하라.

17 Pohl, *Verfolgung*, 95.

18 4월 17일에 대해서는 Pohl, "Znaczenie", 49를 참조하라. 6월 1일에 대해서는 "Obóz zagłady", 134를 참조하라.

19 Grabher, *Eberl*, 70, 74.

20 프랑크에 대해서는 Arad, *Reinhard*, 46; Berenstein, "Praca", 87; 그리고 Kershaw, *Final Solution*, 106을 참조하라. 트라브니키 인력에 대해서는 Młynarczyk, "Akcja", 55를 참조하라.

21 Longerich, *Himmler*, 588에서 인용.

22 Friedländer, *Extermination*, 349.

23 Gerlach, "Wannsee", 791. Pohl, "Znaczenie", 49도 참조하라.

24 Tooze, *Wages of Destruction*, 365, 549.

25 Gutman, *Resistance*, 198. Aly, *Architects*, 211와 비교해보라.

26 Witte, "New Document", 477에서 인용.

27 Arad, *Reinhard*, 61; Młynarczyk, "Akcja", 55; Urynowicz, "Zagłada", 108; Friedländer, *Extermination*, 428; Hilburg, "Ghetto", 108. 약속한 빵과 마멀레이드에 대해서는 Berenstein, "Praca", 142를 참조하라. FVA 2327에서 인용.

28 Engelking, *Getto*, 661-665; Gutman, *Resistance*, 142.

29 Urynowicz, "Zagłada", 108-109; Trunk, *Judenrat*, 507.

30 Urynowicz, "Zagłada", 109-111. Gutman, *Resistance*, 142도 참조하라.

31 코르차크에 대해서는 Kassow, *History*, 268; 그리고 Friedländer, *Extermination*, 429를 참조하라. Engelking, *Getto*, 676에서 인용.

32 인용된 수치에 대해서는 Friedländer, *Extermination*, 230을 참조하라. Drozdowski, "History", 192(31만5000명)와 Bartoszewski, *Warszawski pierścień*, 195(31만322명)에서는 더 많은 추정치를 제시한다.

33 "Treblinka", 174. "현물" 지급에 대해서는 Trunk, *Judenrat*, 512를 참조하라.

34 땀에 대해서는 Arad, *Reinhard*, 64를 참조하라. 들판과 숲에 대해서는 Wdowinski, *Saved*, 69를 참조하라.

35 비에르니크에 대해서는 Kopówka, *Treblinka*, 28을 참조하라.

36 Arad, *Reinhard*, 81; Mlynarczyk, "Treblinka", 266; "Obóz zagłady", 141; Królikowski, "Budowałem", 49.

37 8월 22일에 대해서는 Evans, *Third Reich at War*, 290을 참조하라. 8월 23일에 대해서는 Mlynarczyk, "Treblinka", 262를 참조하라. 8월 24일에 대해서는 Wiernik, *Year*, 8을 참조하라. 8월 25일에 대해서는 Krzepicki, "Treblinka", 98을 참조하라. 8월 26일에 대해서는 Shoah 02694, in FVA를 참조하라. 슈탕글 인용문(8월 21일)은 Sereny, *Darkness*, 157에 있다.

38 Arad, *Reinhard*, 87.

39 Wdowinski, *Saved*, 78; Arad, *Reinhard*, 65.

40 슈탕글 인용문: Arad, *Reinhard*, 186.

41 프란츠에 대해서는 Arad, *Reinhard*, 189; Kopówka, *Treblinka*, 32; Glazar, *Falle*, 118; 그리고 "Treblinka", 194를 참조하라.

42 폴란드 정부에 대해서는 Libionka, "ZWZ-AK", 36-53을 참조하라. 심사숙고한 습격에 대해서는 Libionka, "Polska konspiracja", 482를 참조하라. 엽서에 대해서는 Hilberg, "Judenrat", 34를 참조하라. 우편 업무에 대해서는 Sakowska, *Ludzie*, 312를 참조하라.

43 "치료소"에 대해서는 "Obóz zagłady", 137; Glazar, *Falle*, 51; Arad, *Reinhard*, 122; 그리고 Mlynarczyk, "Treblinka", 267을 참조하라. "역"에 대해서는 "Obóz zagłady", 137; Arad, *Reinhard*, 123; 그리고 Willenberg, *Revolt*, 96을 참조하라. 오케스트라에 대해서는 "Tremblinki", 40; 그리고 "Treblinka", 193을 참조하라. 이디시어에 대해서는 Krzepicki, "Treblinka", 89를 참조하라.

44 "Treblinka", 178; Arad, *Reinhard*, 37; Mlynarczyk, "Treblinka", 269. 강간에 대해서는 Willenberg, *Revolt*, 105를 참조하라.

45 Arad, *Reinhard*, 108; Młynarczyk, "Treblinka", 267; Willenberg, *Revolt*, 65.

46 Arad, *Reinhard*, 119; Mlynarczyk, "Treblinka", 259, 269.

47 Kopówka, *Treblinka*, 34; Mlynarczyk, "Treblinka", 263, 269. "뒤틀림"에 대해서는 Rajchman, *Le dernier Juif*, 88을 참조하라.

48 Rajgrodzki, "W obozie zagłady", 107. Arad, *Reinhard*, 174. 몸을 녹인 독일인에 대해서는 Wiernik, *Year*, 29를 참조하라. 추위 속에 나체로 있었던 여인들에 대해서는 Rajch man, *Le dernier Juif*, 96을 참조하라.

49 "이런 건 이제 필요 없어"에 대해서는 Rajchman, *Le dernier Juif*, 33을 참조하라. 포옹과 루스 도르프만에 대해서는 Willenberg, *Revolt*, 56, 65를 참조하라.

50 현지 경제에 대해서는 Willenberg, *Revolt*, 30; 그리고 Rusiniak, *Obóz*, 26을 참조하라. "유럽"에 대해서는 Rusiniak, *Obóz*, 27을 참조하라.

51 Friedländer, *Extermination*, 598. 스탈린그라드에 대해서는 Rajgrodzki, "W obozie zagłady", 109를 참조하라.

52 시설물 해체 작업에 대해서는 Arad, *Reinhard*, 373을 참조하라. 추수 감사제Erntefest 작전에 대해서는 Arad, *Reinhard*, 366을 참조하라. 비아위스토크 유대인 약 1만5000명도 사살당했다. Bender, "Białystok", 25를 참조하라.

53 트레블린카 수치의 출처는 Witte, "New Document", 472이며, 여기서는 1942년 (영국인에게 저지당한) 독일인이 센 숫자가 71만3555명이라고 나와 있다. 또 다른 출처인 Młynarczyk, "Treblinka", 281에서는 1943년에 센 숫자를 6만7308명이라고 제시한다. 라돔 지구의 추정치에 대해서는 Młynarczyk, *Judenmord*, 275를 참조하라. Wiernik는 (할례받지 않은) 폴란드인들이 두 번 이송되었다고 주장한다. *Year*, 35를 참조하라. 1946년 초반에 바르샤바에서 출간된 보고서인 "절멸 수용소"에서는 73만 1600명이라는 추정치와 아주 기본적인 정보를 제시한다.

54 Rusiniak, *Obóz*, 20.

55 Kamenec, "Holocaust", 200-201; Kamenec, "Deportation", 116, 123, 수치는 130에 나와 있다.

56 Hilberg, *Destruction (vol. III)*, 939, 951; Browning, *Origins*, 421.

57 Brandon, "Holocaust in 1942"; Dwork, *Auschwitz*, 326을 비교해보라.

58 Pohl, *Verfolgung*, 107; Hilberg, *Destruction (vol. III)*, 959; Stark, *Hungarian Jews*, 30; Długoborski, "Żydzi", 147.

59 이러한 시설에서의 사망자 수는 비교적 정확하게 알 수 있지만, 전체 숫자에서 폴란드 유대인의 정확한 사망자 수를 추려내기란 쉽지 않다. 트레블린카, 소비보르, 베우제츠가 동방 총독부의 폴란드 유대인 주요 살해 장소였지만, 이 세 곳에서는 폴란드인과 집시는 물론 체코슬로바키아계 유대인, 독일계 유대인, 네덜란드계 유대인도 살해당했으며 특히 1943년에 절정에 달했다.

60 집시에 대해서는 Pohl, *Verfolgung*, 113-116; Evans, *Third Reich at War*, 72-73, 531-535; 그리고 Klein, "Gottberg", 99를 참조하라.

61 "훌륭한 노래"에 대해서는 *Glazar*, 57을 참조하라. "혁명적인" 음악에 대해서는 Rajgrodzki, "W obozie zagłady", 109를 참조하라. "엘 말레 라하임"에 대해서는 Arad, *Reinhard*, 216을 참조하라.

9장 저항하는 자, 불태워지는 자

1 Lück, "Partisanbekämpfung", 246; Zaloga, *Bagration*, 27, 28, 43, 56.

2 Zaloga, *Bagration*, 7, 69, 71. 미국인들은 1943년부터 이탈리아에 진입했다.

3 Grossman, *Road*, 159-160. Furet, *Passé*, 536; 그리고 Gerard, *Bones*, 187-189도 참조하라. Grossman은 현지 폴란드인들이 귀중품을 찾고 있었다는 사실을 통해 대량 살해를 눈치챌 수 있음을 이해하지 못한 것 같다. 트레블린카의 간수들이 소련인이었다는 사실을 기록하는 것은 그에게는 불가능한 일이었을 것이다.

4 Engelking, *Żydzi*, 260. Miłosz, *Legends*; 그리고 Snyder, "Wartime Lies"도 참조

하라.

5 Tokarzewski-Karaszewicz, "U podstaw tworzenia Armii Krajowej", 124-157.

6 폴란드를 민주공화국으로 돌려놓기 위한 싸움에 대해서는 Libionka, "ZWZ-AK", 19, 23, 34를 참조하라. 내무인민위원회에 대해서는 Engelking, *Żydzi*, 147을 참조하라.

7 Libionka, "ZWZ-AK", 24.

8 Wdowinski, *Saved*, 78; Arens, "Jewish Military", 205.

9 Wdowinski, *Saved*, 79, 82; Libionka, "Pomnik", 110; Libionka, "Deconstructing", 4; Libionka, "Apokryfy", 166.

10 아구다스 이스라엘에 대해서는 Bacon, *Politics of Tradition*을 참조하라.

11 유대 전투단의 창설 과정은 제법 복잡하다. Sakowska, *Ludzie*, 322-325; 그리고 Zuckerman, *Surplus*를 참조하라.

12 구출 조직에 대해서는 Bartoszewski, *Warszawski pierścień*, 16; 그리고 Libionka, "ZWZ-AK", 27, 33, 36, 39, 56을 참조하라.

13 Libionka, "ZWZ-AK", 60, 71.

14 Bartoszewski, *Ten jest*, 32; Sakowska, *Ludzie*, 321, 인용문(Marek Lichtenbaum)은 326에 있다.

15 Gutman, *Resistance*, 198.

16 Engelking, *Warsaw Ghetto*, 763; Kopka, *Warschau*, 33-34.

17 무기를 숨겨둔 장소에 대해서는 Libionka, "ZWZ-AK", 69; 그리고 Moczarski, *Rozmowy*, 232를 참조하라. 반유대주의 소수자에 대해서는 Engelking, *Żydzi*, 193 외 여러 곳을 참조하라.

18 인용(Himmler): Kopka, *Warschau*, 36.

19 Szapiro, *Wojna*, 9; Milton, *Stroop* 등 여러 곳; Libionka, "Polska konspiracja", 472.

20 인용(Gustawa Jarecka): Kassow, *History*, 183.

21 Engelking, *Warsaw Ghetto*, 774; Engelking, *Getto warszawskie*, 733; Gutman, *Resistance*, 201.

22 Szapiro, *Wojna* 등 여러 곳; also Libionka, "ZWZ-AK", 82.

23 Zuckerman, *Surplus*, 357; Szapiro, *Wojna*, 35에서 인용.

24 깃발에 대해서는 Milton, *Stroop*을 참조하라. Moczarski, *Rozmowy*, 200에서 인용.

25 에델만 증언은 "Proces Stroopa Tom 1", SWMW-874, IVk 222/51(현재는 IPN)에 있다.

26 Moczarski, *Rozmowy*, 252, 인용문은 253에 있다.

27 Engelking, *Warsaw Ghetto*, 794.

28 Puławski, *W obliczu*, 412, 420-421, 446. 교황에 대해서는 Libionka, "Głową w mur"를 참조하라.

29 Engelking, *Warsaw Ghetto*, 795에서 인용. 유대인을 도우려는 열한 번의 시도에 대해서는 Engelking, *Getto warszawskie*, 745; 그리고 Libionka, "ZWZ-AK", 79를 참조하라. 소비에트 선전원에 대해서는 Redlich, *Propaganda*, 49를 참조하라.

30 빌네드에 대해서는 Sakowska, *Ludzie*, 326을 참조하라.

31 Engelking, *Getto warszawskie*, 750; Gutman, *Resistance*, 247; Marrus, "Jewish Resistance", 98; Friedländer, *Extermination*, 598에서 인용.

32 인용된 숫자에 대해서는 Bartoszewski, *Warszawski pierścień*, 256을 참조하라. 1943년 6월 1일에 대해서는 Kopka, *Warschau*, 39를 참조하라.

33 Zimmerman, "Attitude", 120; 그리고 Libionka, "ZWZ-AK", 119-123을 참조하라.

34 Bartoszewski, *Warszawski pierścień*, 242.

35 Madajczyk, "Generalplan", 15; Rutherford, *Prelude*, 218; Aly, *Architects*, 275; Ahonen, *People*, 39.

36 1943년 3월에 대해서는 Borodziej, *Uprising*, 41을 참조하라. 동기 부여를 위한 유대인 근절에 대해서는 Puławski, *W obliczu*, 442를 참조하라. 6214건의 빨치산 저항 활동에 대해서는 BA-MA, RH 53-23 (WiG), 66을 참조하라.

37 1943년 10월 13일에 대해서는 Bartoszewski, *Warszawski pierścień*, 286을 참조하라. 회반죽과 흙에 대해서는 Kopka, *Warschau*, 58-59를 참조하라.

38 Bartoszewski, *Warszawski pierścień*, 331, 348, 376, 378, 385, 수치는 427에 나와 있다.

39 Kopka, *Warschau*, 40.

40 *Ibid.*, 46, 53, 75.

41 Kopka, *Warschau*, 69에서 인용.

42 Kopka, *Warschau*, 60.

43 바그라티온의 연관성에 대해서는 Zaloga, *Bagration*, 82를 참조하라.

44 연합군은 1943년 11월 28일~12월 1일 진행된 테헤란 정상회담에서 향후 폴란드 국경 문제를 논의했다. Ciechanowski, *Powstanie*, 121을 참조하라.

45 Operatsia "Seim", 5 외 여러 곳.

46 비엘스키 빨치산 부대에 대해서는 Libionka, "ZWZ-AK", 112를 참조하라. 비엘스키에 대한 다양한 관점에 대해서는 Snyder, "Caught Between"을 참조하라.

47 1944년 7월 22일에 대해서는 Borodziej, *Uprising*, 64를 참조하라.

48 배제와 무기에 대해서는 Borodziej, *Uprising*, 61을 참조하라.

49 분위기와 전투에 대한 설명은 Davies, *Rising '44*에 있다. 핵심적 군사 요충지 점령 실패에 대해서는 Borodziej, *Uprising*, 75를 참조하라.

50 질베르베르크에 대해서는 Engelking, *Żydzi*, 91 외 여러 곳; 폴란드 국민군에 대해서는 62, 86, 143을 참조하라.

51 아론손에 대해서는 Engelking, *Żydzi*, 61, 폴란드 국민군에 대해서는 62, 86, 143; 그리고 Kopka, *Warschau*, 42, 106, 110을 참조하라. "초연" 인용문은 101에 있다.

52 Krannhals, *Warschauer Aufstand*, 124.

53 *Ibid.*, 124-127.

54 Wroniszewski, *Ochota*, 567, 568, 627, 628, 632, 654, 694; Dallin, *Kaminsky*, 79-82. 마리 퀴리 재단에 대해서는 Hanson, *Civilian Population*, 90을 참조하라. Mierecki, *Varshavskoe*, 642("대량학살"); Dallin, *Kaminsky*, 81("그들은 수녀들을 강간하고……"); Mierecki, *Varshavskoe*, 803 ("도둑질……")에서 인용.

55 Madaczyk, *Ludność*, 61.

56 힘러의 명령에 대해서는 Sawicki, *Zburzenie*, 32, 35; 그리고 Krannhals, *Warschauer Aufstand*, 420을 참조하라. 인간 방패(및 다른 잔혹 행위)에 대해서는 Stang, "Dirlewanger", 71; Serwański, *Życie*, 64; Mierecki, *Varshavskoe*, 547, 751; 그리고 MacLean, *Hunters*, 182를 참조하라. Ingrao, *Chasseurs*, 180도 참조하라. 민간인 사망자 4만 명 추정에 대해서는 Hanson, *Civilian Population*, 90; 그리고 Borodziej, *Uprising*, 81을 참조하라. Ingrao는 디를레방거 부대가 하루에 사살한 사람만 1만2500명에 달한다고 말한다. *Chasseurs*, 53을 참조하라.

57 세 곳의 병원에 대해서는 Hanson, *Civilian Population*, 88; 그리고 MacLean, *Hunters*, 182를 참조하라. 윤간과 살해에 대해서는 Ingrao, *Chasseurs*, 134, 150을 참조하라.

58 2000명이 사살된 공장에 대해서는 Mierecki, *Varshavskoe*, 547. 인용: Hanson, *Civilian Population*, 88을 참조하라.

59 Borodziej, *Uprising*, 81.

60 Klimaszewski, *Verbrennungskommando*, 25-26, 53, 69, 70. 유대인 일꾼에 대해서는 Engelking, *Żydzi*, 210을 참조하라. Białoszewski, *Pamiętnik*, 28도 참조하라.

61 Borodziej, *Uprising*, 91에서 인용. Ciechanowski, *Powstanie*, 138, 145, 175, 196, 205도 참조하라.

62 Borodziej, *Uprising*, 94에서 인용.

63 Borodziej, *Uprising*, 94에서 인용. Davies, *Rising' 44*도 참조하라.

64 힘러에 대해서는 Borodziej, *Uprising*, 79, 141; Mierecki, *Varshavskoe*, 807; Krannhals, *Warschauer Aufstand*, 329(및 게토 경험); 그리고 Ingrao, *Chasseurs*, 182를 참조하라.

65 바흐와 독일 국방군에 대해서는 Sawicki, *Zburzenie*, 284; 그리고 Krannhals, *Warschauer Aufstand*, 330-331을 참조하라. 마지막 도서관에 대해서는 Borodziej, *Uprising*, 141을 참조하라.

66 추정치: Ingrao, *Les chasseurs*(20만); Borodziej, *Uprising*, 130(18만5000); Pohl, *Verfolgung*, 121(17만); Krannhals, *Warschauer Aufstand*, 124(16만6000).

67 란다우와 린겔블룸에 대해서는 Bartoszewski, *Warszawski pierścień*, 385를 참조하라. 린겔블룸 관련 정보는 Engelking, *Warsaw Ghetto*, 671을 참조하라. 일반적인 정보는 Kassow, *History*도 참조하라.
68 몸을 숨긴 사람들에 대한 추정치는 Paulson, *Secret City*, 198에 나와 있다.
69 Strzelecki, *Deportacja*, 25, 35-37; Długoborski, "Żydzi", 147; Löw, *Juden*, 455, 466, 471, Bradfisch와 기차는 472, 476에 나와 있다.
70 Kopka, *Warschau*, 51, 116.
71 Strzelecki, *Deportacja*, 111.

10장 전쟁 전후의 인종 청소

1 독일의 전례가 갖는 중요성에 대해서는 Brandes, *Weg*, 58, 105, 199 외 여러 곳을 참조하라. Ahonen, *After the Expulsion*, 15-25도 참조하라.
2 폴란드와 체코의 전시 추방 계획은 대부분 기록된 내용만큼 심하지는 않았다. Brandes, *Weg*, 57, 61, 117, 134, 141, 160, 222, 376 외 여러 곳을 참조하라.
3 Borodziej, *Niemcy*, 61에서 인용. 폴란드어에서는 narodowy(민족)과 narodowościowy(민족주의)를 구분한다.
4 미코와이치크의 인용문은 Nitschke, *Wysiedlenie*, 41에 있다. Naimark, *Fires*, 124를 참조하라. 루스벨트에 대해서는 Brandes, *Weg*, 258을 참조하라. 후버에 대해서는 Kersten, "Forced", 78을 참조하라. 처칠에 대해서는 Frank, *Expelling*, 74를 참조하라. 봉기에 대해서는 Borodziej, *Niemcy*, 109를 참조하라.
5 Brandes, *Weg*, 267-272를 참조하라.
6 Frank, *Expelling*, 89.
7 헝가리에 대해서는 Ungvary, *Schlacht*, 411-432; 그리고 Naimark, *Russians*, 70을 참조하라. 폴란드에 대해서는 Curp, *Clean Sweep*, 51을 참조하라. 유고슬라비아 관련 인용문은 Naimark, *Russians*, 71에 나와 있다.
8 이전 점령 시기에서의 강간 사건에 대해서는 Gross, *Revolution*, 40; 그리고 Shumuk, *Perezhyte*, 17을 참조하라. 살펴볼 만한 가치가 있는 피해자의 회고담은 Anonyma, *Eine Frau*, 61에서 확인할 수 있다.
9 Salomini, *L'Union*, 123에서 인용. 62, 115-116, 120, 177도 참조하라. 징집병 관련 핵심 사항은 특히 *Vertreibung*, 26에 자세하게 나와 있다.
10 *Vertreibung*, 33. Naimark, *Russians*, 70-74에서 뛰어난 논의를 확인할 수 있다. 그라스에 대해서는 *Beim Häuten*, 321을 참조하라.
11 어머니를 매장하는 일화에 대해서는 *Vertreibung*, 197을 참조하라.
12 독일인 52만 명에 대해서는 Urban, *Verlust*, 517을 참조하라. 폴란드인 4만 명에 대해서는 Zwolski, "Deportacje", 49를 참조하라. Gurianov는 3만9000~4만8000명이라 추정한다. "Obzor", 205를 참조하라. 다른 폴란드인이 소련령 벨라루스에서 강

제 추방당한 것으로 추정된다. Szybieka, *Historia*, 362를 참조하라. 헝가리 민간인에 대해서는 Ungvary, *Schlacht*, 411-432를 참조하라. 탄광에 대해서는 Nitschke, *Wysiedlenie*, 71을 참조하라. 노동자로 끌려간 28만7000명과 517호 수용소에 대해서는 Wheatcroft, "Scale", 1345를 참조하라.

13 독일 민간인 18만5000명에 대해서는 Urban, *Verlust*, 117을 참조하라. 독일 전쟁포로 36만3000명에 대해서는 Overmans, *Verluste*, 286을 참조하라. Wheatcroft는 35만6687명이라고 말한다. "Scale", 1353을 참조하라. 이탈리아, 헝가리, 루마니아 병사 수만 명도 붉은 군대에 항복한 후 사살당했다. 이탈리아인에 대해 Schlemmer는 사망자를 6만 명으로 추정한다. *Italianer*, 74를 참조하라. 헝가리인에 대해 Stark는 (불가능한 수준처럼 보이는) 20만 명이라 추정한다. *Human Losses*, 33을 참조하라. Biess, "Vom Opfer", 365도 참조하라.

14 소개 프로그램의 심리학적 출처에 대해서는 Nitschke, *Wysiedlenie*, 48을 참조하라. Hillgruber, *Germany*, 96에서 인용. Steinberg, "Third Reich", 648; 그리고 Arendt, *In der Gegenwart*, 26-29도 참조하라.

15 가울라이터와 배에 대해서는 Nitschke, *Wysiedlenie*, 52-60을 참조하라.

16 얀츠에 대해서는 *Vertreibung*, 227을 참조하라. Grass, *Beim Häuten*, 170에서 인용.

17 Nitschke, *Wysiedlenie*, 135; Jankowiak, "Cleansing", 88-92. Ahonen은 125만 명이 되돌아왔다고 추정한다. *People*, 87을 참조하라.

18 Staněk, *Odsun*, 55-58. Naimark, *Fires*, 115-117; Glassheim, "Mechanics", 206-207; 그리고 Ahonen, *People*, 81도 참조하라. 체코-독일 공동 위원회는 사망자 수를 1만9000~3만 명으로 제시한다. *Community*, 33을 참조하라. 체코슬로바키아에 있던 독일인 약 16만 명이 독일 국방군과 싸우다 사망했다. 그라스에 대해서는 그의 저서인 *Beim Häuten*, 186을 참조하라.

19 Nitschke, *Wysiedlenie*, 136과 Borodziej, *Niemcy*, 144에서 인용. 120만 명의 추방에 대해서는 Jankowiak, *Wysiedlenie*, 93과 100을 참조하라. Borodziej는 30만~40만 명(*Niemcy*, 67)이라 추정한다. Curp는 35만 명(*Clean Sweep*, 53)이라는 수치를 제시한다. Jankowiak, "Cleansing", 89-92도 참조하라.

20 포츠담에 대해서는 Brandes, *Weg*, 404, 458, 470; 그리고 Naimark, *Fires*, 111을 참조하라.

21 Naimark, *Fires*, 109에서 인용. 슐레지엔 주지사인 알렉산더 자와드키에 대해서는 Urban, *Verlust*, 115; 그리고 Nitschke, *Wysiedlenie*, 144를 참조하라. 올슈틴에 대해서는 Nitschke, *Wysiedlenie*, 158을 참조하라.

22 보안부에 대해서는 Borodziej, *Niemcy*, 80을 참조하라. Stankowski, *Obozy*, 261에서 인용.

23 왐비노비체에서 사망한 독일인 6488명에 대해서는 Stankowski, *Obozy*, 280을 참조하라. Urban(Verlust, 129)은 폴란드 수용소에 있던 독일인 20만 명 중 6만 명

이 사망했다고 추정한다. 6만 명이라는 숫자는 개별 수용소의 수치를 감안하면 높은 편에 속한다. Stankowski는 2만7847~6만 명이라는 범위를 제시한다. *Obozy*, 281을 참조하라. 체스와프 겡보르스키에 대해서는 Stankowski, *Obozy*, 255-256을 참조하라. 1945년 10월 4일 살해당한 수감자 40명에 대해서는 Borodziej, *Niemcy*, 87을 참조하라.

24 화물 열차에 대해서는 Nitschke, *Wysiedlenie*, 154를 참조하라.

25 도적질에 대해서는 Urban, *Verlust*, 123; 그리고 Borodziej, *Niemcy*, 109를 참조하라. Nitschke(*Wysiedlenie*, 161)는 이 당시 독일인 59만4000명이 국경을 건넜다고 추정한다. Ahonen(*People*, 93)은 60만 명이라는 수치를 제시한다.

26 11월 계획에 대해서는 Ahonen, *People*, 93을 참조하라. 인용된 수치에 대해서는 Nitschke, *Wysiedlenie*, 182, 230을 참조하라. (등록된 수송 관련 인원만 포함하여) 1946년과 1947년의 합계로 218만9286명을 제시한 Jankowiak와 비교해보라. *Wysiedlenie*, 501을 참조하라. 영국 지구로의 수송 과정에서 사망한 사람 수는 Frank, *Expelling*, 258-259; 그리고 Ahonen, *People*, 141에 나와 있다.

27 사망한 독일인 40만 명에 대해서는 *Vertreibung*, 40-41에 나와 있는 원래 추정치를 참조하라. 합의는 Nitschke, *Wysiedlenie*, 231과 Borodziej, *Niemcy*, 11에 나와 있다. 토론과 암묵적 지지는 Overmans, "Personelle Verluste", 52, 59, 60에 나와 있다. 과장에 대한 비평은 Haar, "Entstehensgeschichte", 262-270에 나와 있다. Ahonen은 사망자를 60만 명으로 추정한다. *People*, 140을 참조하라.

28 '들어가기에 앞서'와 '결론'에 나온, 의도적 살육과 다른 형태의 죽음 간의 차이에 대한 논의를 참조하라.

29 Simons는 *Eastern Europe*에서 지리민족적 문제도 제시한다.

30 전쟁과 공산주의자의 정권 장악 관의 관계에 대한 일반적인 정보는 Abrams, "Second World War"; Gross, "Social Consequences"; 그리고 Simons, *Eastern Europe*을 참조하라.

31 국무장관 제임스 번즈와 변화하는 미국의 위상에 대해서는 Ahonen, *After the Expulsion*, 26-27에서 논의한다. Borodziej, *Niemcy*, 70도 참조하라.

32 Brandes, *Weg*, 437에서 인용. Kersten, "Forced", 81; Sobór-Świderska, *Berman*, 202; 그리고 Torańska, *Oni*, 273도 참조하라.

33 Snyder, *Reconstruction*을 참조하라.

34 폴란드인에 대한 UPA의 계획과 작전에 관한 문서는 TsDAVO 3833/1/86/6a; 3833/1/131/13-14; 3833/1/86/19-20; 그리고 3933/3/1/60에 있다. 관련된 이익에 대해서는 DAR 30/1/16=USHMM RG-31.017M-1; DAR 301/1/5=USHMM RG-31.017M-1; 그리고 DAR 30/1/4=USHMM RG-31.017M-1에 나와 있다. 이러한 OUN-B 및 UPA 전시 선언은 전후 심문(GARF, R-9478/1/398 참조) 및 폴란드 생존자(예를 들어 1943년 7월 12~13일 대학살에 대해서는 OKAW, II/737, II/1144, II/2099, II/2650, II/953 및 II/775를 참조하라)와 유대인 생존자(예를 들어 ŻIH 301/2519; 그리

고 Adini, *Dubno: sefer zikaron*, 717-718을 참조하라)의 회상에 나온 내용과 일치한다. 현재 가장 기초적인 연구는 Motyka, Ukraińska partyzantka이다. Il'iushyn, OUN-UPA와 Armstrong, *Ukrainian Nationalism*도 참조하라. 나는 "Causes", Reconstruction, "Life and Death"와 Sketches에서 이러한 충돌을 설명하려 했다.

35 배편으로 공산 폴란드로 이동한 78만 명에 대해서는 Slivka, *Deportatsii*, 25를 참조하라. 공산 폴란드에서 소련령 우크라이나로 이동한 48만3099명에 대해서는 Cariewskaja, *Teczka specjalna*, 544를 참조하라. 유대인 10만 명에 대해서는 Szajnok, *Polska a Izrael*, 40을 참조하라. 비스와 작전에 대한 논의는 Snyder, *Reconstruction*; 그리고 Snyder, "To Resolve"를 참조하라.

36 소련령 우크라이나에서 강제수용소로 끌려온 우크라이나인 18만2543명에 대해서는 Weiner, "Nature", 1137을 참조하라. 붉은 군대 고참 병사 14만8079명에 대해서는 Polian, "Violence", 129를 참조하라. 일반적인 정보는 Applebaum, *Gulag*, 463도 참조하라.

37 강제로 재정착한 14만660명에 대한 추가 정보는 Snyder, *Reconstruction* 또는 Snyder, "To Resolve"를 참조하라.

38 Snyder, *Reconstruction*; and Snyder, "To Resolve"; Motyka, *Ukraińska partyzantka*, 535. Burds, "Agentura"도 참조하라.

39 Polian, *Against Their Will*, 166-168. 남부 작전에서는 소련이 루마니아로부터 병합한 지역에서 1949년 7월 5일 밤 약 3만5796명이 강제 추방당했다.

40 Polian, *Against Their Will*, 134.

41 인용된 수치에 대해서는 Polian, *Against Their Will*, 134-155를 참조하라. Naimark, *Fires*, 96; Lieberman, *Terrible Fate*, 206-207; 그리고 Burleigh, *Third Reich*, 749도 참조하라.

42 소련으로 돌아간 800만 명에 대해서는 Polian, "Violence", 127을 참조하라. 우크라이나인, 벨라루스인, 폴란드인 1200만 명에 대해서는 이 문제를 면밀하게 검토하고 벨라루스에서만 최소 300만 명이 이주했다고 추정한 Gerlach(*Kalkulierte Morde*, 1160)를 참조하라.

43 Weiner("Nature", 1137)는 소련인이 1944년 2월과 1946년 5월 사이에 우크라이나 민족주의자라는 이유로 11만825명을 살해했다고 말한다. 내무인민위원회는 체첸인, 잉구시인, 발카르인, 카라차이인 14만4705명이 강제 이주의 결과로 또는 재정착 직후에(1948년까지) 사망했다고 추정한다. Lieberman, *Terrible Fate*, 207을 참조하라.

44 기근에서 살아남은 사람들은 자신의 회고록에서 이 내용을 언급한다. Potichnij, "1946~1947 Famine", 185를 참조하라.

45 Mastny, *Cold War*, 30을 참조하라. 즈다노프의 심장마비에 대해서는 Sebag Montefiore, *Court*, 506을 참조하라.

11장 스탈린의 반유대주의

1 살인에 대해서는 Rubenstein, *Pogrom*, 1을 참조하라. 차나바에 대해서는 Mavrogordato, "Lowlands", 527; 그리고 Smilovitsky, "Antisemitism", 207을 참조하라.

2 『소련 유대인 블랙북』에 대해서는 Kostyrchenko, *Shadows*, 68을 참조하라. 별에 대해서는 Weiner, "Nature", 1150; 그리고 Weiner, *Making Sense*, 382를 참조하라. 곡물 창고로 사용한 시너고그에 대해서는 ŻIH/1644를 참조하라. 바비야르에서 거둔 잿가루에 대해서는 Rubenstein, *Pogrom*, 38을 참조하라. 일반적인 정보는 Veidlinger, *Yiddish Theater*, 277도 참조하라.

3 Rubenstein, *Pogrom*, 35.

4 크림반도에 대해서는 Redlich, *War*, 267; 그리고 Redlich, *Propaganda*, 57을 참조하라. Lustiger, *Stalin*, 155, 192; Luks, "Brüche", 28; 그리고 Veidlinger, "Soviet Jewry", 9-10도 참조하라.

5 국가 기밀에 대해서는 Lustiger, *Stalin*, 108을 참조하라. 무공 훈장에 대해서는 Weiner, "Nature", 1151; 그리고 Lustiger, *Stalin*, 138을 참조하라.

6 이러한 수치는 이전 장에서 논의했으며 결론에서도 다시 다룬다. 소련 내 유대인 사망자에 대해서는 Arad, *Soviet Union*, 521과 524를 참조하라. Filimoshin("Ob itogakh", 124)은 독일 점령 시기에 민간인 180만 명이 의도적으로 살해당했다고 추정한다. 나는 여기에 굶어 죽은 전쟁포로 약 100만 명과 레닌그라드 공방전에서 사망한 (실제보다 적게 계산된) 약 40만 명을 더하고 싶다. 따라서 민간인과 전쟁포로를 모두 포함하여, 나는 유대인 260만 명과 소련 거주자 320만 명이 민간인이나 전쟁포로로 사망했다고 굉장히 대략적으로 추정한다. 전쟁포로를 군인 사상자로 간주한다면 유대인 숫자가 러시아인 숫자보다 많을 것이다.

7 Franklin D. Roosevelt, Winston Churchill, and Josif Stalin, "Declaration Concerning Atrocities Made at the Moscow Conference", 30 October 1943. 이것은 모스크바 선언의 일환이었다.

8 "조국의 아들들"에 대해서는 Arad, *Soviet Union*, 539를 참조하라. 흐루쇼프에 대해서는 Salomini, *L'Union*, 242; 그리고 Weiner, *Making Sense*, 351을 참조하라.

9 전후 소련 문화에 대한 친절한 소개는 Kozlov, "Soviet Literary Audiences"; 그리고 Kozlov, "Historical Turn"에서 확인할 수 있다.

10 폴란드를 떠나 이스라엘로 가도록 허가받은 유대인 7만 명에 대해서는 Szajnok, *Polska a Izrael*, 49를 참조하라. 케슬러에 대해서는 Kostyrchenko, *Shadows*, 102를 참조하라.

11 로시 하샤나와 시너고그에 대해서는 Veidlinger, "Soviet Jewry", 13-16; 그리고 Szajnok, *Polska a Izrael*, 159를 참조하라. 젬추지나에 대해서는 Rubenstein, *Pogrom*, 46을 참조하라. 고르브만에 대해서는 Luks, "Brüche", 34를 참조하라. 정책 전환에 관한 일반적인 정보는 Szajnok, *Polska a Izrael*, 40, 82, 106, 111-116을

참조하라.

12 『프라우다』 기사에 대해서는 Kostyrchenko, *Shadows*, 152를 참조하라. 당 지도부 내 유대인 숫자 감소(1945~1952년 13퍼센트에서 4퍼센트로 감소)에 대해서는 Kostyrchenko, *Gosudarstvennyi antisemitizm*, 352를 참조하라. 그로스만의 인용문은 챈들러의 *Everything Flows* 번역본에서 가져온 것이다.

13 유대 반파시스트 위원회의 결정에 대해서는 Kostyrchenko, *Shadows*, 104를 참조하라. 열차 인용문에 대해서는 Der Nister, *Family Mashber*, 71을 참조하라. 보위부 보고에 대해서는 Kostyrchenko, *Gosudarstvennyi antisemitizm*, 327을 참조하라.

14 몰로토프의 인용문: Gorlizki, *Cold Peace*, 76. Redlich, *War*, 149도 참조하라.

15 Redlich, *War*, 152; Rubenstein, *Pogrom*, 55-60.

16 소련에서 온 유대인 10만 명에 대해서는 Szajnok, *Polska a Izrael*, 40을 참조하라.

17 이것은 체코슬로바키아, 루마니아, 헝가리를 포함한 대부분의 전후 정권에도 적용되는 내용이다.

18 Banac, *With Stalin Against Tito*, 117-142; Kramer, *Konsolidierung*, 81-84. Gaddis, *United States*도 참조하라.

19 고무우카와 베르만에 대해서는 Sobór-Świderska, *Berman*, 219, 229, 240; Paczkowski, *Trzy twarze*, 109; 그리고 Torańska, *Oni*, 295-296을 참조하라.

20 스탈린과 고무우카 간의 언쟁에 대해서는 Naimark, "Gomułka and Stalin", 244를 참조하라. Sobór-Świderska, *Berman*, 258에서 인용.

21 스몰라 인용문과 일반적인 정보는 Shore, "Język", 56을 참조하라.

22 Shore, "Język", 60. 전후 수년 동안 홀로코스트에 관한 귀중한 연구 다수를 수행한 폴란드 유대계 역사학자가 있었으며, 그중 일부는 오늘날에도 필수 불가결한 연구임을 말하고 있다.

23 이것은 브워지미에시 자크세스키가 집행한 가장 충격적인 선전 포스터 문구의 일부였다.

24 Torańska, *Oni*, 241, 248을 참조하라.

25 Gniazdowski, "Ustalić liczbę", 100-104 외 여러 곳.

26 소련 대사에 대해서는 Sobór-Świderska, *Berman*, 202; 그리고 Paczkowski, *Trzy twarze*, 114를 참조하라. 유대인이라고 스스로 지정하거나 유대 혈통인 사람의 보안 기구 고위직 비율에 대해서는 Eisler, "1968", 41을 참조하라.

27 *Proces z vedením*, 9 외 여러 곳; Lukes, "New Evidence", 171.

28 Torańska, *Oni*, 322-323.

29 Shore, "Children"을 참조하라.

30 폴란드에 공산당 피의 숙청이 없었던 이유에 대한 설명은 특히 Luks, "Brüche", 47에서 확인할 수 있다. 한 폴란드 공산당 지도자는 전쟁 중에 다른 지도자를 살해했고, 이 사건이 주의를 환기했을지도 모른다.

31 Paczkowski, *Trzy twarze*, 103.

32 소련은 쿠릴 열도를 병합했다.

33 Weinberg, *World at Arms*, 81.

34 Sebag Montefiore, *Court*, 536에서 인용.

35 Service, *Stalin*, 554. 중앙아시아에 대해서는 Brown, *Rise and Fall*, 324를 참조하라.

36 Kramer, "Konsolidierung", 86-90.

37 1950년대와 1930년대 간의 차이에 대한 논의는 Zubok, *Empire*, 77에서 전개된다. Gorlizki, *Cold Peace*, 97도 참조하라.

38 셰르바코프에 대해서는 Brandenberger, *National Bolshevism*, 119 외 여러 곳; Kuromiya, "Jews", 523, 525; 그리고 Zubok, *Empire*, 7을 참조하라.

39 승전기념일 퍼레이드에 대해서는 Brandenberger, "Last Crime", 193을 참조하라. 에틴게르에 대해서는 Brent, *Plot*, 11을 참조하라. Lustiger, *Stalin*, 213도 참조하라. 의료 살인에 대한 스탈린의 우려는 최소한 1930년까지 거슬러 올라간다. Prystaiko, *Sprava*, 49를 참조하라.

40 카르파이에 대해서는 Brent, *Plot*, 296을 참조하라.

41 Lukes, "New Evidence", 165.

42 *Ibid*., 178-180; Lustiger, *Stalin*, 264.

43 인용문과 비율(유대인 혈통 피고인 14명 중 11명)에 대해서는 *Proces z vedením*, 44-47을 참조하라. 비난에 대해서는 Margolius Kovály, *Cruel Star*, 139를 참조하라.

44 슬란스키의 고백에 대해서는 *Proces z vedením*, 66, 70, 72를 참조하라. 사형과 교수형 집행관에 대해서는 Lukes, "New Evidence", 160, 185를 참조하라. 마르골리우스에 대해서는 Margolius Kovály, *Cruel Star*, 141을 참조하라.

45 폴란드에 대해서는 Paczkowski, *Trzy twarze*, 162를 참조하라.

46 Brent, *Plot*, 250에서 인용.

47 Kostyrchenko, *Shadows*, 264; Brent, *Plot*, 267. 춤에 대해서는 Service, *Stalin*, 580을 참조하라.

48 리어왕 역할을 한 미호엘스에 대해서는 Veidlinger, *Yiddish Theater*를 참조하라.

49 "모든 유대인은…… "에 대해서는 Rubenstein, *Pogrom*, 62를 참조하라. "그들 민족이 미국에 구원받았다고……"에 대해서는 Brown, *Rise and Fall*, 220을 참조하라.

50 Kostyrchenko, *Shadows*, 290에서 인용. Lustiger, *Stalin*, 250도 참조하라.

51 카르파이에 대해서는 Kostyrchenko, *Gosudarstvennyi antisemitizm*, 466; 그리고 Brent, *Plot*, 296을 참조하라.

52 자기 비판서를 꾸미고 또 꾸민 일에 대해서는 Kostyrchenko, *Gosudarstvennyi antisemitizm*, 470-478을 참조하라. 그로스만에 대해서는 Brandenberger, "Last Crime", 196을 참조하라. Luks, "Brüche", 47도 참조하라. 그로스만 인용문은 *Life and Fate 398*에서 발췌한 것이다.

53 예렌부르크에 대해서는 Brandenberger, "Last Crime", 197을 참조하라.
54 소문에 대해서는 Brandenberger, "Last Crime", 202를 참조하라. 의사 숫자에 대해서는 Luks, "Brüche", 42를 참조하라.
55 Khlevniuk, "Stalin as dictator", 110, 118. 제2차 세계대전 이후 공장, 농장, 정부 부처를 방문하지 않은 스탈린에 대해서는 Service, *Stalin*, 539를 참조하라.
56 스탈린의 보안 총책임자에 대해서는 Brent, *Plot*, 258을 참조하라.
57 스탈린은 11월 13일에 구타를 명령했다. Brent, *Plot*, 224를 참조하라. 재판에 대해서는 Lustiger, *Stalin*, 250을 참조하라.
58 1968년의 "반시온주의 캠페인"에 관한 자세한 내용은 Stola, *Kampania antysyjonistyczna*; 그리고 Paczkowski, *Pół wieku*를 참조하라.
59 Rozenbaum, "March Events", 68.
60 소련의 이전 관행에 대해서는 Szajnok, *Polska a Izrael*, 160을 참조하라.
61 Stola, "Hate Campaign", 19, 31. "제5열"에 대해서는 Rozenbaum, "1968", 70을 참조하라.
62 Stola, "Hate Campaign", 20.
63 체포된 2591명에 대해서는 Stola, "Hate Campaign", 17을 참조하라. 그단스크 기차역에 대해서는 Eisler, "1968", 60을 참조하라.
64 Judt, *Postwar*, 422–483; 그리고 Simons, *Eastern Europe*을 참조하라.
65 Brown, *Rise and Fall*, 396.

결론: 인간성에 대한 질문

1 Moyn, "In the Aftermath"와 비교해보라. 이러한 해석은 이전 여러 장에서 언급했던 내용이며, 따라서 자세히 설명하지 않는다.
2 (죽음 공장과 사살 및 기아 현장과는 달리) 독일 집단수용소에서는 100만 명이 사망한 것으로 추정된다. Orth, *System*을 참조하라.
3 Keegan, *Face of Battle*, 55; 그리고 Gerlach and Werth, "State Violence", 133과 비교해보라.
4 굶주린 사람 중 남은 자들은 대부분 카자흐스탄에 있었다. 나는 우크라이나의 사망자 수는 제시된 대로 계산했고, 카자흐스탄의 사망자 수는 예상되는 수치를 계산했다. 향후 연구에서는 추정 내용이 바뀔지도 모른다.
5 이 인용문과 아래의 인용문은 이 글을 쓰는 시점에서는 아직 출판되지 않은 Robert Chandler의 *Everything Flows* 2010년 번역판을 따른다. *Life and Fate*, 29도 참조하라.
6 땅과 살인의 도덕 경제에 관한 일관된 논의를 Kiernan, *Blood and Soil*에서 확인할 수 있다.
7 마오쩌둥의 중국은 1958~1960년 기근으로 약 3000만 명을 죽게 하여 히틀러의 독

일이 빚은 죽음의 규모를 앞질렀다.

8 "적대적 공모"에 대해서는 Furet, *Fascism and Communism*, 2를 참조하라. Edele, "States", 348과 비교해보라. 히틀러 인용문은 Lück, "Partisanbekämpfung", 228에 있다.

9 Todorov, *Mémoire du mal*, 90.

10 Milgram, "Behavior Study"는 지금도 읽을 만한 가치가 있다.

11 Kołakowski, *Main Currents*, 43.

12 국제적 방관에 대해서는 Power, *Problem*을 참조하라.

13 Fest, *Das Gesicht*, 108, 162.

14 Harold James가 강조했듯이, 폭력적인 근대화 이론은 경제적인 면만 본다면 잘 작동하지 않는다. *Europe Reborn*, 26을 참조하라. Buber-Neumann 인용문은 *Under Two Dictators*, 35에 있다.

15 구소련에서 벌어진 가장 중요한 독일의 범죄는 레닌그라드를 의도적으로 굶주리게 한 것으로, 약 100만 명이 사망했다. 독일인이 구소련에서 죽인 유대인 숫자는 상대적으로 적은 6만 명이다. 또한 독일인은 둘라크와 스탈라크에 있던 구소련 전쟁 포로도 100만 명 이상 죽였다. 이들은 소련과 러시아 추정치에서는 대부분 군 사망자로 계산되었다. 나는 이들을 고의적인 살인 정책의 희생자로 간주하며, 따라서 Filimoshin, "Ob itogakh", 124에서 추정치를 180만 명으로 늘렸다. 그리고 내가 보기에 레닌그라드 사망자에 대한 러시아의 추정치는 40만 명 이상 낮기 때문에 이 수치도 더했다. Boris Sokolov가 옳다면 소련군 사망자는 일반적인 추정치보다 훨씬 높고, 이렇게 높은 추정치 대부분은 군인이었을 것이다. Ellman과 Maksudov가 옳다면 소련군 사망자는 실제보다 낮고, 대부분은 민간인이며, 많은 이는 독일 점령기간이 아닐 때 사망했을 것이다. Sokolov, "How to Calculate", 451-457; 그리고 Ellman, "Soviet Deaths", 674-680을 참조하라.

16 사망한 강제수용소 수감자 51만6841명에 대해서는 Zemskov, "Smertnost'", 176을 참조하라. 강제수용소에 있는(특별 정착지 포함) 소련 민간인 400만 명에 대해서는 Khlevniuk, *Gulag*, 307을 참조하라.

17 Brandon과 Lower는 전쟁 중 소련령 우크라이나 총사망자 수를 550만~700만 명으로 추정한다. "Introduction", 11을 참조하라.

18 기억 문화에 관한 소개는 Goujon, "Memorial"에서 확인할 수 있다.

19 결론의 다른 부분에서처럼, 여기서도 앞의 장들에 제시된 내용을 보면 된다.

20 Janion, *Ibid.* 베르만에 대해서는 Gniazdowski, "'Ustalić liczbę"를 참조하라.

참고문헌

기록보관소(약자)

AAN	Archiwum Akt Nowych Archive of New Files, Warsaw
AMP	Archiwum Muzeum Polskiego Archive of the Polish Museum, London
AVPRF	Arkhiv Vneshnei Politiki Rossiiskoi Federatsii Archive of the Foreign Policy of the Russian Federation, Moscow
AW	Archiwum Wschodnie, Ośrodek Karta Eastern Archive, Karta Institute, Warsaw
BA-MA	Bundesarchiv-Militärarchiv Bundesarchiv, Military Archive, Freiburg, Germany
CAW	Centralne Archiwum Wojskowe Central Military Archive, Rembertów, Poland
DAR	Derzhavnyi Arkhiv Rivnens'koï Oblasti State Archive of Rivne Oblast, Ukraine
FVA	Fortunoff Video Archive for Holocaust Testimonies Yale University, New Haven, Connecticut
GARF	Gosudarstvennyi Arkhiv Rossiiskoi Federatsii

	State Archive of the Russian Federation, Moscow
HI	Hoover Institution Archive, Stanford University, California
IfZ(M)	Institut für Zeitgeschichte, München
	Institute for Contemporary History, Munich
IPN	Instytut Pamięci Narodowej
	Institute of National Remembrance, Warsaw
OKAW	Ośrodek Karta, Archiwum Wschodnie
	Karta Institute, Eastern Archive, Warsaw
SPP	Studium Polski Podziemnej
	Polish Underground Movement Study Trust, London
TsDAVO	Tsentral'nyi Derzhavnyi Arkhiv Vyshchykh Orhaniv Vlady ta Upravlinnia
	Central State Archive of Higher Organs of Government and Administration, Kiev
USHMM	United States Holocaust Memorial Museum, Washington, D.C.
ŻIH	Żydowski Instytut Historyczny
	Jewish Historical Institute, Warsaw

언론 기사(연대순)

Gareth Jones, "Will there be soup?" *Western Mail*, 17 October 1932.
"France: Herriot a Mother," *Time*, 31 October 1932.
"The Five-Year Plan," *New York Times*, 1 January 1933.
"The Stalin Record," *New York Times*, 11 January 1933.
"Die Weltgefahr des Bolschewismus. Rede des Reichskanzlers Adolf Hitler im Berliner Sportpalast," *Deutschösterreichische Tageszeitung*, 3 March 1933, 2.
Gareth Jones, "Famine grips Russia," *New York Evening Post*, 30 March 1933.
Walter Duranty, "Russians Hungry, but not Starving," *New York Times*, 31 March 1933, 13.
"Kardinal Innitzer ruft die Welt gegen den Hungertod auf," *Reichspost*, 20 August 1933, 1.
"Foreign News: Karakhan Out?" *Time*, 11 September 1933.
"Die Hilfsaktion für die Hungernden in Rußland," *Reichspost*, 12 October 1933, 1.
"Helft den Christen in Sowjetrußland," *Die Neue Zeitung*, 14 October 1933, 1.
"Russia: Starvation and Surplus," *Time*, 22 January 1934.
Mirosław Czech, "Wielki Głód," *Gazeta Wyborcza*, 22–23 March 2003, 22.
Michael Naumann, "Die Mörder von Danzig," *Die Zeit*, 10 September 2009, 54–55.

Polina Ivanushkina, "Ona napisala blokadu," *Argumenty i fakty*, 2 May 1997.
"Vyrok ostatochnyi: vynni!" *Dzerkalo Tyzhnia*, 15–22 January 2010, 1.

단행본 및 논문

Natal'ja Ablažej, "Die ROVS-Operation in der Westsibirischen Region," in Rolf Binner, Bernd Bonwetsch, and Marc Junge, eds., *Stalinismus in der sowjetischen Provinz 1937–1938*, Berlin: Akademie Verlag, 2010, 287–308.

Vladimir Abramov, *The Murderers of Katyn*, New York: Hippocrene Books, 1993.

Bradley Abrams, "The Second World War and the East European Revolution," *East European Politics and Societies*, Vol. 16, No. 3, 2003, 623–664.

Henry Abramson, *A Prayer for the Government: Ukrainians and Jews in Revolutionary Times*, Cambridge, Mass.: Harvard University Press, 1997.

Ya'acov Adini, *Dubno: sefer zikaron*, Tel Aviv: Irgun yots'e Dubno be-Yisra'el, 1966.

Pertti Ahonen, *After the Expulsion: West Germany and Eastern Europe*, 1945–1990, Oxford: Oxford University Press, 2003.

Pertti Ahonen, Gustavo Corni, Jerzy Kochanowski, Rainer Schulze, Tamás Stark, and Barbara Stelzl-Marx, *People on the Move: Forced Population Movements in the Second World War and Its Aftermath*, Oxford: Berg, 2008.

Götz Aly and Susanne Heim, *Architects of Annihilation: Auschwitz and the Logic of Destruction*, Princeton: Princeton University Press, 2002.

Truman Anderson, "Incident at Baranivka: German Reprisals and the Soviet Partisan Movement in Ukraine, October-December 1941," *Journal of Modern History*, Vol. 71, No. 3, 1999, 585–623.

Christopher Andrew and Oleg Gordievsky, *KGB: The Inside Story of Foreign Operations from Lenin to Gorbachev*, London: Hodder & Stoughton, 1990.

Andrej Angrick, *Besatzungspolitik und Massenmord: Die Einsatzgruppe D in der südlichen Sowjetunion 1941–1943*, Hamburg: Hamburger Edition, 2003.

Andrej Angrick and Peter Klein, *The "Final Solution" in Riga: Exploitation and Annihilation, 1941–1944*, New York: Berghahn Books, 2009.

Anonyma, *Eine Frau in Berlin: Tagebuchaufzeichnungen vom 20. April bis 22. Juni 1945*, Munich: btb Verlag, 2006.

Anne Applebaum, *Gulag: A History, New York: Doubleday*, 2003.

Yitzhak Arad, *Belzec, Sobibor, Treblinka: The Operation Reinhard Death Camps*, Bloomington: Indiana University Press, 1987.

Yitzhak Arad, *The Holocaust in the Soviet Union*, Lincoln: University of Nebraska Press and Jerusalem: Yad Vashem, 2009.

Yitzhak Arad, Shmuel Krakowski, and Shmuel Spector, eds., *The Einsatzgruppen Reports*, New York: Holocaust Library, 1989.

Hannah Arendt, *Eichmann in Jerusalem: A Report on the Banality of Evil*, London: Faber and Faber, 1963.

Hannah Arendt, *In der Gegenwart*, Munich: Piper, 2000.

Hannah Arendt, *The Origins of Totalitarianism*, New York: Harcourt, Brace, 1951.

Moshe Arens, "The Jewish Military Organization (ŻZW) in the Warsaw Ghetto," *Holocaust and Genocide Studies*, Vol. 19, No. 2, 2005, 201–225.

John Armstrong, *Ukrainian Nationalism*, New York: Columbia University Press, 1963.

Klaus Jochen Arnold, "Die Eroberung und Behandlung der Stadt Kiew durch die Wehrmacht im September 1941: Zur Radikalisierung der Besatzungspolitik," *Militärgeschichtliche Mitteilungen*, Vol. 58, No. 1, 1999, 23–64.

Jerzy Autuchiewicz, "Stan i perspektywa nad deportacjami Polaków w głąb ZSRS oraz związane z nimi problemy terminologiczne," in Marcin Zwolski, ed., *Exodus: Deportacje i migracje (wątek wschodni)*, Warsaw: IPN, 2008, 13–30.

T. B., "Waldemar Schön—Organizator Getta Warszawskiego," *Biuletyn Żydowskiego Instytutu Historycznego*, No. 49, 1964, 85–90.

Jörg Baberowski, *"Der Feind ist überall": Stalinismus im Kaukasus*, Munich: Deutsche Verlags-Anstalt, 2003.

Jörg Baberowski, *Der rote Terror: Die Geschichte des Stalinismus*, Munich: Deutsche Verlags-Anstalt, 2003.

Jörg Baberowski and Anselm Doering-Manteuffel, "The Quest for Order and the Pursuit of Terror," in Michael Geyer and Sheila Fitzpatrick, eds., *Beyond Totalitarianism: Stalinism and Nazism Compared*, Cambridge: Cambridge University Press, 2009, 180–227.

Gershon C. Bacon, *The Politics of Tradition: Agudat Yisrael in Poland, 1916–1939*, Jerusalem: Magnes Press, 1996.

Peter Baldwin, ed., *Reworking the Past: Hitler, the Holocaust, and the Historians' Debate*, Boston: Beacon Press, 1990.

Alan Ball, *Russia's Last Capitalists: The Nepmen, 1921–1929*, Berkeley: University of California Press, 1987.

Ivo Banac, *With Stalin Against Tito: Cominformist Splits in Yugoslav Communism*, Ithaca: Cornell University Press, 1988.

John Barber and Andrei Dzeniskevich, eds., *Life and Death in Besieged Leningrad, 1941–44*, London: Palgrave Macmillian, 2005.

Władysław Bartoszewski, *Warszawski pierścień śmierci*, Warsaw: Świat Książki,

2008.
Władysław Bartoszewski and Zofia Lewinówna, *Ten jest z ojczyzny mojej: Polacy z pomocą Żydom 1939–1945*, Warsaw: Świat Książki, 2007.
Omer Bartov, "Eastern Europe as the Site of Genocide," *Journal of Modern History*, No. 80, 2008, 557–593.
Omer Bartov, *The Eastern Front 1941–1945: German Troops and the Barbarisation of Warfare*, Basingstoke: Palgrave Macmillan, 2001.
Omer Bartov, *Hitler's Army: Soldiers, Nazis, and War in the Third Reich*, New York: Oxford University Press, 1991.
Piotr Bauer, *Generał Józef Dowbor-Muśnicki 1867–1937*, Poznań: Wydawnictwo Poznańskie, 1988.
Yehuda Bauer, *Rethinking the Holocaust*, New Haven: Yale University Press, 2001.
Bernhard H. Bayerlein, "Abschied von einem Mythos: Die UdSSR, die Komintern, und der Antifaschismus 1930–1941," *Osteuropa*, Vol. 59, Nos. 7–8, 2009, 125–148.
Daniel Beauvois, *La bataille de la terre en Ukraine, 1863–1914: Les polonais et les conflits socio-ethniques*, Lille: Presses Universitaires de Lille, 1993.
Antony Beevor, *The Battle for Spain: The Spanish Civil War 1936–1939*, London: Penguin, 2006.
Werner Beinecke, *Die Ostgebiete der Zweiten Polnischen Republik*, Köln: Böhlau Verlag, 1999.
Z. I. Beluga, ed., *Prestupleniya nemetsko-fashistskikh okkupantov v Belorussii 1941–1944*, Minsk: Belarus, 1965.
Sara Bender, "The Jews of Białystok During the Second World War, 1939–1943," doctoral dissertation, Hebrew University, 1994.
Wolfgang Benz, Konrad Kwiet, and Jürgen Matthäus, eds., *Einsatz im "Reichskommissariat Ostland": Dokumente zum Völkermord im Baltikum und in Weißrußland 1941–1944*, Berlin: Metropol, 1998.
Tatiana Berenstein, "Praca przymusowa Żydów w Warszawie w czasie okupacji hitlerowskiej," *Biuletyn Żydowskiego Instytutu Historycznego*, Nos. 45–46, 1963, 43–93.
Karel C. Berkhoff, "Dina Pronicheva's Story of Surviving the Babi Yar Massacre: German, Jewish, Soviet, Russian, and Ukrainian Records," in Ray Brandon and Wendy Lower, eds., *The Shoah in Ukraine: History, Testimony, Memorialization*, Bloomington: Indiana University Press, 2008, 291–317.
Karel C. Berkhoff, "The Great Famine in Light of the German Invasion and Occupation," *Harvard Ukrainian Studies*, forthcoming.

Karel C. Berkhoff, *Harvest of Despair: Life and Death in Ukraine Under Nazi Rule*, Cambridge, Mass.: Harvard University Press, 2004.

Isaiah Berlin, *Personal Impressions*, Princeton: Princeton University Press, 2001.

Zygmunt Berling, *Wspomnienia: Z łagrów do Andersa*, Warsaw: PDW, 1990.

Dietrich Beyrau, *Schlachtfeld der Diktatoren: Osteuropa im Schatten Von Hitler und Stalin*, Göttingen:Vandenhoeck & Ruprecht, 2000.

Miron Białoszewski, *Pamiętnik z Powstania Warszawskiego*, Warsaw: Państwowy Instytut Wydawniczy, 1970.

Frank Biess, "Vom Opfer zum Überlebenden des Totalitarismus: Westdeutsche Reaktionen auf die Rückkehr der Kriegsgefangenen aus der Sowjetunion, 1945–1953," in Günter Bischof and Rüdiger Overmans, eds., *Kriegsgefangenschaft im Zweiten Weltkrieg: Eine vergleichende Perspektive*, Ternitz-Pottschach: Gerhard Höller, 1999, 365–389.

Anna Bikont, *My z Jedwabnego*, Warsaw: Prószyński i S-ka, 2004.

Ivan Bilas, *Represyvno-karal'na systema v Ukraïni*, 1917–1953, Kiev: Lybid', 1994.

Rolf Binner and Marc Junge, "'S etoj publikoj ceremonit'sja ne sleduet': Die Zielgruppen des Befehls Nr. 00447 und der Große Terror aus der Sicht des Befehls Nr. 00447," *Cahiers du Monde russe*, Vol. 43, No. 1, 2002, 181–228.

Rolf Binner and Marc Junge, "Wie der Terror 'Gross' wurde: Massenmord und Lagerhaft nach Befehl 00447," *11 Cahiers du Monde russe*, Vol. 42, Nos. 2–3/4, 2001, 557–614.

Ruth Bettina Birn, "Two Kinds of Reality? Case Studies on Anti-Partisan Warfare During the Eastern Campaign," in Bernd Wegner, ed., *From Peace to War: Germany, Soviet Russia, and the World, 1939–1941*, Providence: Berghahn Books, 1997, 277–324.

Peter Black, "Handlanger der Endlösung: Die Trawniki-Männer und die Aktion Reinhard 1941–1943," in Bogdan Musial, ed., *Aktion Reinhardt, Der Völkermord an den Juden im Generalgouvernement 1941–1944*, Osnabrück: Fibre, 2004, 309–352.

Peter Black, "Prosty żołnierz 'akcji Reinhard'. Oddziały z Trawnik i eksterminacja polskich Żydów," in Dariusz Libionka, ed., *Akcja Reinhardt: Zagłaga Żydów w Generalnym Gubernatorstwie*, Warsaw: IPN, 2004, 103–131.

David Blackbourn, *The Long Nineteenth Century: A History of Germany, 1780–1918*, New York: Oxford University Press, 1986.

Jochen Böhler, *"Größte Härte": Verbrechen der Wehrmacht in Polen September/ Oktober 1939*, Osnabrück: Deutsches Historisches Institut, 2005.

Jochen Böhler, *Der Überfall: Deutschlands Krieg gegen Polen*, Frankfurt am Main:

Eichborn, 2009.
Włodzimierz Borodziej, *The Warsaw Uprising of 1944*, trans. Barbara Harshav, Madison: University of Wisconsin Press, 2001.
Włodzimierz Borodziej, Hans Lemberg, and Claudia Kraft, eds., *Niemcy w Polsce: Wybór dokumentów*, Vol. 1, Warsaw: Neriton: 2000.
Jerzy Borzęcki, *The Soviet-Polish Peace of 1921 and the Creation of Interwar Europe*, New Haven: Yale University Press, 2008.
Karl Dietrich Bracher, *Zeit der Ideologien: Eine Geschichte politischen Denkens im 20.Jahrhundert*, Stuttgart: Deutsche Verlags-Anstalt, 1984.
Rodric Braithwaite, *Moscow 1941: A City and Its People at War*, New York: Knopf, 2006.
Aleksander Brakel, "'Das allergefährlichste ist die Wut der Bauern': Die Versorgung der Partisanen und ihr Verhältnis zur Zivilbevölkerung. Eine Fallstudie zum Gebiet Baranowicze 1941–1944," *Vierteljahrshefte für Zeitgeschichte*, No. 3, 2007, 393–424.
Alexander Brakel, *Unter Rotem Stern und Hakenkreuz: Baranowicze 1939 bis 1944*, Paderborn: Schöningh, 2009.
David Brandenberger, *National Bolshevism: Stalinist Mass Culture and the Formation of Modern Russian National Identity, 1931–1956*, Cambridge, Mass.: Harvard University Press, 2002.
David Brandenberger, "Stalin's Last Crime? Recent Scholarship on Postwar Soviet Antisemitism and the Doctor's Plot," *Kritika*, Vol. 6, No. 1, 2005, 187–204.
Detlef Brandes, *Der Weg zur Vertreibung: Pläne und Entscheidungen zum "Transfer" aus der Tschechoslowakei und aus Polen*, Munich: Oldenbourg, 2005.
Ray Brandon, "The First Wave," unpublished manuscript, 2009.
Ray Brandon, "The Holocaust in 1942," unpublished manuscript, 2009.
Ray Brandon and Wendy Lower, "Introduction," in idem, eds., *The Shoah in Ukraine: History, Testimony, Memorialization*, Bloomington: Indiana University Press, 2008, 1–12.
Jonathan Brent and Vladimir Naumov, *Stalin's Last Crime: The Plot Against the Jewish Doctors 1948–1953*, New York: HarperCollins, 2003.
Archie Brown, *The Rise and Fall of Communism*, New York: HarperCollins, 2009.
Kate Brown, *A Biography of No Place*, Cambridge, Mass.: Harvard University Press, 2004.
Christopher R. Browning, "The Nazi Decision to Commit Mass Murder: Three Interpretations. The Euphoria of Victory and the Final Solution: Summer–

Fall 1941," *German Studies Review*, Vol. 17, No. 3, 1994, 473–481.
Christopher R. Browning, *The Origins of the Final Solution: The Evolution of Nazi Jewish Policy*, September 1939–March 1942, Lincoln: University of Nebraska Press, 2004.
Jan Jacek Bruski, *Hołodomor 1932–1933: Wielki głód na Ukrainie w dokumentach polskiej dyplomacji i wywiadu*, Warsaw: PISM, 2008.
Margarete Buber-Neumann, *Under Two Dictators: Prisoner of Hitler and Stalin*, London: Pimlico, 2008 [1949].
Celina Budzyńska, *Strzępy rodzinnej sagi*, Warsaw: Żydowski Instytut Historyczny, 1997.
Alan Bullock, *Hitler and Stalin: Parallel Lives*, London: HarperCollins, 1991.
Jeffrey Burds, "Agentura: Soviet Informants Networks and the Ukrainian Underground in Galicia," *East European Politics and Societies*, Vol. 11, No. 1, 1997, 89–130.
Michael Burleigh, *Germany Turns Eastwards: A Study of Ostforschung in the Third Reich*, Cambridge: Cambridge University Press, 1988.
Michael Burleigh, *The Third Reich: A New History*, New York: Hill and Wang, 2000.
Philippe Burrin, *Fascisme, nazisme, autoritarisme*, Paris: Seuil, 2000.
Sarah Cameron, "The Hungry Steppe: Soviet Kazakhstan and the Kazakh Famine, 1921–1934," doctoral dissertation, Yale University, 2010.
Tatiana Cariewskaja, Andrzej Chmielarz, Andrzej Paczkowski, Ewa Rosowska, and Szymon Rudnicki, eds., *Teczka specjalna J. W. Stalina*, Warsaw: Rytm, 1995.
Holly Case, *Between States: The Transylvanian Question and the European Idea During World War II*, Stanford: Stanford University Press, 2009.
David Cesarini, *Eichmann: His Life and Crimes*, London: William Heinemann, 2004.
William Chase, *Enemies Within the Gates? The Comintern and the Stalinist Repression, 1934–1939*, New Haven: Yale University Press, 2001.
Bernhard Chiari, *Alltag hinter der Front: Besatzung, Kollaboration und Widerstand in Weißrußland 1941–1944*, Düsseldorf: Droste Verlag, 1998.
Shalom Cholawsky, "The Judenrat in Minsk," in Yisrael Gutman and Cynthia J. Haft, eds., *Patterns of Jewish Leadership in Nazi Europe, Jerusalem: Yad Vashem, 1979*, 113–132.
Bohdan Chyrko, "Natsmen? Znachyt' voroh. Problemy natsional'nykh menshyn v dokumentakh partiinykh i radians'kykh orhaniv Ukraïny v 20–30-x rr.," *Z arkhiviv V.U.Ch.K H.P.U N.K.V.D K.H.B*, Vol. 1, No. 2, 1995, 90–115.
Jan M. Ciechanowski, *Powstanie Warszawskie*, Warsaw: Państwowy Instytut

Wydawniczy, 1989.
Anna M. Cienciala, Natalia S. Lebedeva, and Wojciech Materski, eds., *Katyn: A Crime Without Punishment*, New Haven: Yale University Press, 2007.
Margeret Siriol Colley, *Gareth Jones: A Manchukuo Incident*, Newark: self-published, 2001.
Margaret Siriol Colley, *More Than a Grain of Truth: The Biography of Gareth Richard Vaughan Jones*, Newark: self-published, 2006.
Robert Conquest, *The Harvest of Sorrow: Soviet Collectivization and the TerrorFamine*, New York: Oxford University Press, 1986.
Lorenzo Cotula, Sonja Vermeulen, Rebeca Leonard, and James Keeley, *Land Grab or Development Opportunity? Agricultural investment and international land deals in Africa*, London: IIED/FAO/IFAD, 2009.
Stéphane Courtois, Nicolas Werth, Jean-Louis Panné, Andrzej Paczkowski, Karel Bartosek, and Jean-Louis Margolin, *Le livre noir du communisme: Crimes, terreur, repression*, Paris: Robert Laffont, 1997.
The Crime of Katyń: Facts and Documents, London: Polish Cultural Foundation, 1965.
Martin Cüppers, *Wegbereiter der Shoah. Die Waffen-SS, der Kommandostab Reichsführer-SS und die Judenvernichtung 1939–1945*, Darmstadt: Wissenschaftliche Buchgesellschaft, 2005.
T. David Curp, *A Clean Sweep? The Politics of Ethnic Cleansing in Western Poland, 1945–1960*, Rochester: University of Rochester Press, 2006.
Józef Czapski, *Na nieludzkiej ziemi*, Paris: Editions Spotkania, 1984.
Józef Czapski, *Wspomnienia starobielskie*, Nakład Oddziału Kultury i Prasy II Korpusu (published in the field), 1945.
Czech-German Joint Commission of Historians, *A Conflictual Community, Catas -trophe, Detente, trans. Ruth Tusková*, Prague: Ústav Mezinarodních Vztahů, 1996.
Alexander Dallin, *The Kaminsky Brigade: 1941–1944*, Cambridge, Mass.: Russian Research Center, 1956.
Alexander Dallin and F. I. Firsov, eds., *Dimitrov and Stalin: Letters from the Soviet Archives*, New Haven: Yale University Press, 2000.
Dana G. Dalrymple, "The Soviet Famine of 1932-1934," *Soviet Studies*, Vol. 15, No. 3, 1964, 250-284.
Dana G. Dalrymple, "The Soviet Famine of 1932-1934: Some Further References," *Soviet Studies*, Vol. 16, No. 4, 1965, 471-474.
V. Danilov et al., eds., *Tragediia sovetskoi derevni: Kollektivizatsiia i raskulachivanie*, Vols. 1-2, Moscow: Rosspen, 1999-2000.

The Dark Side of the Moon, London: Faber and Faber, 1946.

Szymon Datner, *55 Dni Wehrmachtu w Polsce*, Warsaw: MON, 1967.

Szymon Datner, *Zbrodnie Wehrmachtu na jeńcach wojennych w II Wojniej Światowej*, Warsaw: MON, 1964.

Norman Davies, "The Misunderstood Victory in Europe," *New York Review of Books*, Vol. 42, No. 9, 25 May 1995.

Norman Davies, *Rising '44: "The Battle for Warsaw,"* London: Macmillan, 2003.

R. W. Davies, Oleg V. Khlevniuk, E. A. Rhees, Liudmila P. Kosheleva, and Larisa A. Rogovaya, eds., *The Stalin-Kaganovich Correspondence 1931–36*, New Haven: Yale University Press, 2003.

R. W. Davies, M. B. Tauger, and S. G. Wheatcroft, "Stalin, Grain Stocks and the Famine of 1932–33," *Soviet Studies*, Vol. 54, No. 3, 1995, 642–657.

R. W. Davies and Stephen G. Wheatcroft, *The Years of Hunger: Soviet Agriculture, 1931–1933*, London: Palgrave, 2004.

Martin Dean, *Collaboration in the Holocaust: Crimes of the Local Police in Belorussia and Ukraine*, London: Macmillan, 2000.

Martin Dean, "Jewish Property Seized in the Occupied Soviet Union in 1941 and 1942: The Records of the Reichshauptkasse Beutestelle," *Holocaust and Genocide Studies*, Vol. 14, No. 1, 2000, 83–101.

Martin Dean, *Robbing the Jews: The Confiscation of Jewish Property in the Holocaust, 1933–1945*, Cambridge: Cambridge University Press, 2008.

Sławomir Dębski. *Między Berlinem a Moskwą. Stosunki niemiecko-sowieckie 1939–1941*, Warsaw: PISM, 2003.

Dennis Deletant, "Transnistria and the Romanian Solution to the 'Jewish Problem,'" in Ray Brandon and Wendy Lower, eds., *The Shoah in Ukraine: History, Testimony, Memorialization*, Bloomington: Indiana University Press, 2008, 156–189.

Deportacje obywateli polskich z Zachodniej Ukrainy i Zachodniej Białorusi w 1940/ Deportatsii pol'skikh grazhdan iz Zapadnoi Ukrainy i Zapadnoi Belorussii v 1940 godu, Warsaw: IPN, 2003.

Der Nister, *The Family Mashber, trans. Leonard Wolf*, New York: NYRB, 2008.

Jared Diamond, *Collapse: How Societies Choose to Fail or Succeed*, New York: Penguin, 2005.

Wacław Długoborski, "Żydzi z ziem polskich wcielonych do Rzeszy w KL Auschwitz-Birkenau," in Aleksandra Namysło, ed., *Zagłada Żydów na polskich terenach wcielonych do Rzeszy*, Warsaw: IPN, 2008, 127–149.

Nikolai M. Dronin and Edward G. Bellinger, *Climate Dependence and Food*

Problems in Russia 1900–1990, Budapest: Central European Press, 2005.
Marian Marek Drozdowski, "The History of the Warsaw Ghetto in the Light of the Reports of Ludwig Fischer," *Polin*, Vol. 3, 1988, 189–199.
I. A. Dugas and F. Ia. Cheron, *Sovetskie Voennoplennye v nemetskikh kontslageriakh (1941–1945)*, Moscow: Avuar konsalting, 2003.
I. A. Dugas and F. Ia. Cheron, *Vycherknutye iz pamiati: Sovetskie Voennoplennye mezhdu Gitlerom i Stalinym*, Paris: YMCA Press, 1994.
Krzysztof Dunin-Wąsowicz, "Akcja AB w Warszawie," in Zygmunt Mańkowski, ed., *Ausserordentliche Befriedungsaktion 1940 Akcja AB na ziemiach polskich*, Warsaw: GKBZpNP-IPN, 1992, 19–27.
Debórah Dwork and Robert Jan van Pelt, *Auschwitz*, New York: Norton, 1996.
John Dziak, *Chekisty: A History of the KGB*, Lexington: Lexington Books, 1988.
Roman Dzwonkowski, ed., *Głód i represje wobec ludności polskiej na Ukrainie 1932–1947*, Lublin: Towarzystwo Naukowe KUL, 2004.
Mark Edele and Michael Geyer, "States of Exception," in Michael Geyer and Sheila Fitzpatrick, eds., *Beyond Totalitarianism: Stalinism and Nazism Compared*, Cambridge: Cambridge University Press, 2009, 345–395.
Robert Edelman, *Proletarian Peasants: The Revolution of 1905 in Russia's Southwest*, Ithaca: Cornell University Press, 1987.
Ilya Ehrenburg and Vasily Grossman, *The Black Book: The Ruthless Murder of Jews by German-Fascist Invaders Throughout the Temporarily-Occupied Regions of the Soviet Union and in the Death Camps of Poland During the War of 1941–1945*, New York: Holocaust Publications, 1981.
Ludwig Eiber, "Gewalt in KZ Dachau. Vom Anfang eines Terrorsystems," in Andreas Wirsching, ed., *Das Jahr 1933: Die nationalsozialistische Machteroberung und die deutsche Gsellschaft*, Göttingen: Wallstein Verlag, 2009, 169–184.
Dietrich Eichholtz, *Krieg um Öl: Ein Erdölimperium als deutsches Kriegsziel (1938–1943)*, Leipzig: Leipziger Universitätsverlag, 2006.
S. N. Eisenstadt, *Die Vielfalt der Moderne*, Weilerswist: Velbrück Wissenschaft, 2000.
Jerzy Eisler, "1968: Jews, Antisemitism, Emigration," *Polin*, Vol. 21, 2008, 37–62.
Michael Ellman, "A Note on the Number of 1933 Famine Victims," *Soviet Studies*, Vol. 43, No. 2, 1991, 375–379.
Michael Ellman, "The Role of Leadership Perceptions and of Intent in the Soviet Famine of 1931–1934," *Europe-Asia Studies*, Vol. 57, No. 6, 2005, 823–841.
Michael Ellman and S. Maksudov, "Soviet Deaths in the Great Patriotic War: A

Note," *Europe-Asia Studies*, Vol. 46, No. 4, 1994, 671–680.
Barbara Engelking and Jacek Leociak, *Getto warszawskie: Przewodnik po nieistniejącym mieście*, Warsaw: OFiS PAN, 2003.
Barbara Engelking and Jacek Leociak, *The Warsaw Ghetto: A Guide to the Perished City*, New Haven: Yale University Press, 2009.
Barbara Engelking and Dariusz Libionka, *Żydzi w powstańczej Warszawie*, Warsaw: Polish Center for Holocaust Research, 2009.
David Engerman, *Modernization from the Other Shore: American Intellectuals and the Romance of Russian Development*, Cambridge, Mass.: Harvard University Press, 2003.
Barbara Epstein, *The Minsk Ghetto: Jewish Resistance and Soviet Internationalism*, Berkeley: University of California Press, 2008.
Richard J. Evans, *The Coming of the Third Reich*, New York: Penguin, 2003.
Richard J. Evans, *The Third Reich in Power*, London: Penguin, 2005.
Richard J. Evans, *The Third Reich at War*, New York: Penguin, 2009.
Andrew Ezergailis, *The Holocaust in Latvia: The Missing Center*, Washington, D.C.: Historical Institute of Latvia, 1996.
Barbara Falk, *Sowjetische Städte in der Hungersnot 1932/33*, Cologne: Böhlau Verlag, 2005.
Niall Ferguson, *The War of the World: History's Age of Hatred*, London: Allan Lane, 2006.
Joachim C. Fest, *Das Gesicht des Dritten Reiches*, Munich: Piper, 2006.
Orlando Figes, *A People's Tragedy: The Russian Revolution, 1891–1924*, London: Penguin, 1998.
Barbara Fijałkowska, *Borejsza i Różański: Przyczynek do historii stalinizmu w Polsce*, Olsztyn: Wyższa Szkoła Pedagogiczna, 1995.
M. V. Filimoshin, "Ob itogakh ischisleniya poter' sredi mirnogo naseleniya na okkupirovannoi territorii SSSR i RSFSR v gody Velikoi Otechestvennoi Voiny," in R. B. Evdokimov, ed., *Liudskie poteri SSSR v period vtoroi mirovoi voiny*, St. Petersburg: RAN, 1995, 124–132.
Sheila Fitzpatrick, *Education and Social Mobility in the Soviet Union, 1921–1934*, Cambridge: Cambridge University Press, 1979.
Jürgen Förster, "The German Army and the Ideological War against the Soviet Union," in Gerhard Hirschfeld, ed., *The Policies of Genocide: Jews and Soviet Prisoners of War in Nazi Germany*, London: Allen & Unwin, 1986, 15–29.
Matthew Frank, *Expelling the Germans: British Opinion and Post-1945 Population Transfers in Context*, Oxford: Oxford University Press, 2007.

Henry Friedlander, *The Origins of Nazi Genocide: From Euthanasia to the Final Solution*, Chapel Hill: University of North Carolina Press, 1995.
Saul Friedländer, *The Years of Extermination: Nazi Germany and the Jews, 1939–1945*, New York: HarperCollins, 2007.
François Furet, *Le passé d'une illusion: Essai sur l'idée communiste au XXe siècle*, Paris: Robert Laffont, 1995.
François Furet and Ernst Nolte, *Fascism and Communism*, Lincoln: University of Nebraska Press, 2001.
John Lewis Gaddis, *The Long Peace: Inquiries into the History of the Cold War*, Oxford: Oxford University Press, 1987.
John Lewis Gaddis, *The United States and the Coming of the Cold War*, New York: Columbia University Press, 1972.
W. Horsley Gantt, *Russian Medicine*, New York: Paul B. Hoeber, 1937.
Jörg Ganzenmüller, *Das belagerte Leningrad 1941–1944*, Paderborn: Schöningh, 2005.
Michael Gelb, "An Early Soviet Ethnic Deportation: The Far-Eastern Koreans," *Russian Review*, Vol. 54, No. 3, 1995, 389–412.
Robert Gellately, *Lenin, Stalin, and Hitler: The Age of Social Catastrophe*, New York: Knopf, 2007.
John Gordon Gerard, *The Bones of Berdichev: The Life and Fate of Vassily Grossman*, New York: Free Press, 1996.
Christian Gerlach, "Failure of Plans for an SS Extermination Camp in Mogilëv, Belorussia," *Holocaust and Genocide Studies*, Vol. 11, No. 1, 1997, 60–78.
Christian Gerlach, *Kalkulierte Morde: Die deutsche Wirtschafts-und Vernichtungspolitik in Weißrußland 1941 bis 1944*, Hamburg: Hamburger Edition, 1999.
Christian Gerlach, *Krieg, Ernährung, Völkermord: Forschungen zur deutschen Vernichtungspolitik im Zweiten Weltkrieg*, Hamburg: Hamburger Edition, 1998.
Christian Gerlach, "The Wannsee Conference, the Fate of German Jews, and Hitler's Decision in Principle to Exterminate All European Jews," *Journal of Modern History*, Vol. 70, 1998, 759–812.
Christian Gerlach and Nicolas Werth, "State Violence—Violent Societies," in Michael Geyer and Sheila Fitzpatrick, eds., *Beyond Totalitarianism: Stalinism and Nazism Compared*, Cambridge: Cambridge University Press, 2009, 133–179.
J. Arch Getty and Oleg V. Naumov, *Road to Terror: Stalin and the Self-Destruction of the Bolsheviks, 1932–1939*, New Haven: Yale University Press, 1999.

J. Arch Getty and Oleg V. Naumov, *Yezhov: The Rise of Stalin's "Iron Fist,"* New Haven: Yale University Press, 2008.

Glenda Gilmore, *Defying Dixie: The Radical Roots of Civil Rights, 1919–1950*, New York: Norton, 2008.

David M. Glantz, *The Battle for Leningrad, 1941–1944*, Lawrence: University Press of Kansas, 2002.

Eagle Glassheim, "The Mechanics of Ethnic Cleansing: The Expulsion of Germans from Czechoslovakia, 1945–1947," in Philipp Ther and Ana Siljak, eds., *Redrawing Nations: Ethnic Cleansing in East-Central Europe, 1944–1948*, Lanham: Rowman and Littlefield, 2001, 197–200.

Richard Glazar, *Die Falle mit dem grünen Zaun: Überleben in Treblinka*, Frankfurt am Main: Fischer Verlag, 1992.

Henryk Głębocki, ed., "Pierwszy naród ukarany: świadectwa Polaków z Leningradu," *Arcana*, Nos. 64–65, 2005, 155–192.

Albin Głowacki, *Sowieci wobec Polaków na ziemiach wschodnich II Rzeczypospolitej 1939–1941*, Łódź: Wydawnictwo Uniwersytetu Łódzkiego, 1998.

Mateusz Gniazdowski, "'Ustalić liczbę zabitych na 6 milionów ludzi': dyrektywy Jakuba Bermana dla Biura Odszkodzowań Wojennych przy Prezydium Rady Ministrów," *Polski Przegląd Diplomatyczny*, No. 1 (41), 2008, 99–113.

C. Goeschel and N. Wachsmann, "Introduction," in idem, eds., *The Nazi Concentration Camps, 1933–39: A Documentary History*, Lincoln: Nebraska University Press, 2010.

Aleksandr Gogun, *Stalinskie kommandos: Ukrainskie partizanskie formirovaniia, 1941–1944*, Moscow: Tsentrpoligraf, 2008.

Daniel J. Goldhagen, *Hitler's Willing Executioners: Ordinary Germans and the Holocaust*, New York: Knopf, 1996.

Golod v SSSR, 1930–1934 gg., Moscow: Federal'noe arkhivnoe agentstvo, 2009.

Jan Góral, "Eksterminacja inteligencji i tak zwanych warstw przywódczych w zachodnich powiatach Dystryktu Radomskiego (1939–1940)," in Zygmunt Mańkowski, ed., *Ausserordentliche Befriedungsaktion 1940 Akcja AB na ziemiach polskich*, Warsaw: GKBZpNP-IPN, 1992, 71–82.

Yoram Gorlizki and Oleg Khlevniuk, *Cold Peace: Stalin and the Soviet Ruling Circle, 1945–1953*, Oxford: Oxford University Press, 2004.

Sergei Gorlov, *Sovershenno sekretno, Moskva-Berlin, 1920–1933: Voenno-politicheskie otnosheniia mezhdu SSSR i Germaniei*, Moscow: RAN, 1999.

Alexandra Goujon, "Kurapaty (1937–1941): NKVD Mass Killings in Soviet

Belarus," unpublished paper, 2008.
Alexandra Goujon, "Memorial Narratives of WWII Partisans and Genocide in Belarus," *East European Politics and Societies*, Vol. 24, No. 1, 2010, 6–25.
Alvin Gouldner, "Stalinism: A Study of Internal Colonialism," *Telos*, No. 34, 1978, 5–48.
Catherine Goussef, "Les déplacements forcés des populations aux frontières russes occidentales (1914–1950)," in S. Audoin-Rouzeau, A. Becker, Chr. Ingrao, and H. Rousso, eds., *La violence de guerre 1914–1945*, Paris: Éditions Complexes, 2002, 177–190.
Michael Grabher, *Irmfried Eberl: "Euthanasie"-Arzt und Kommandant von Treblinka*, Frankfurt am Main: Peter Lang, 2006.
Günter Grass, *Beim Häuten der Zwiebel*, Munich: Deutscher Taschenbuch Verlag, 2008.
Günter Grass, *Im Krebsgang*, Munich: Deutscher Taschenbuch Verlag, 2004.
Andrea Graziosi, "Collectivisation, révoltes paysannes et politiques gouvernementales a travers les rapports du GPU d'Ukraine de février-mars 1930," *Cahiers du Monde russe*, Vol. 34, No. 3, 1994, 437–632.
Andrea Graziosi, *The Great Soviet Peasant War*, Cambridge, Mass.: Harvard University Press, 1996.
Andrea Graziosi, "Italian Archival Documents on the Ukrainian Famine 1932–1933," in Wsevolod Isajiw, ed., *Famine-Genocide in Ukraine*, 1932–1933, Toronto: Ukrainian Canadian Research and Documentation Centre, 2003, 27–48.
Andrea Graziosi, "The Soviet 1931–1933 Famines and the Ukrainian Holodomor: Is a New Interpretation Possible, and What Would Its Consequences Be?" *Harvard Ukrainian Studies*, Vol. 37, Nos. 1–4, 2004–2005.
Paul R. Gregory, *Terror by Quota: State Security from Lenin to Stalin*, New Haven: Yale University Press, 2009.
Jan T. Gross, *Neighbors: The Destruction of the Jewish Community in Jedwabne, Poland*, Princeton: Princeton University Press, 2001.
Jan T. Gross, "Polish POW Camps in Soviet-Occupied Western Ukraine," in Keith Sword, ed., *The Soviet Takeover of the Polish Eastern Provinces, 1939–1941*, London: Macmillan, 1991.
Jan T. Gross, *Polish Society Under German Occupation: The Generalgouvernement, 1939–1944*, Princeton: Princeton University Press, 1979.
Jan T. Gross, *Revolution from Abroad: The Soviet Conquest of Poland's Western Ukraine and Western Belorussia*, Princeton: Princeton University Press, 2002.

Jan T. Gross, "The Social Consequences of War: Preliminaries for the Study of the Imposition of Communist Regimes in Eastern Europe," *East European Politics and Societies*, 3, 1989, 198–214.

Jan T. Gross, *Upiorna dekada: trzy eseje o sterotypach na temat Żydów, Polaków, Niemców, i komunistów, 1939–1948*, Cracow: Universitas, 1948.

Vasily Grossman, *Everything Flows*, trans. Robert Chandler, New York: NYRB Classics, 2010.

Vasily Grossman, *Life and Fate*, trans. Robert Chandler, New York: Harper and Row, 1985.

Vasily Grossman, *The Road*, trans. Robert Chandler, New York: NYRB Classics, 2010.

Irena Grudzińska Gross and Jan Tomasz Gross, *War Through Children's Eyes: The Soviet Occupation and the Deportations, 1939–1941*, Stanford: Hoover Institution Press, 1981.

Michał Grynberg and Maria Kotowska, eds., *Życie i zagłada Żydów polskich 1939–1945: Relacje świadków*, Warsaw: Oficyna Naukowa, 2003.

A. Ie. Gurianov, "Obzor sovetskikh repressivnykh kampanii protiv poliakov I pols's'kikh grazhdan," in A. V. Lipatov and I. O. Shaitanov, eds., *Poliaki i russkie: Vzaimoponimanie i vzaimoneponimanie*, Moscow: Indrik, 2000, 199–207.

A. Ie. Gurianov, "Pol'skie spetspereselentsy v SSSR v 1940–1941 gg.," in idem, ed., *Repressii protiv poliakov i pol'skikh grazhdan*, Moscow: Zven'ia, 1997.

Israel Gutman, *Resistance: The Warsaw Ghetto Uprising*, Boston: Houghton Mifflin, 1994.

Ingo Haar, "Die deutschen 'Vertreibungsverluste'—Zur Entstehungsgeschichte der 'Dokumentation der Vertreibung,'" *Tel Aviver Jahrbuch für deutsche Geschichte*, Vol. 35, 2007, 251–271.

Eva and H. H. Hahn, "Die Deutschen und 'ihre' Vertreibung," *Transit*, No. 23, 2002, 103–116.

Joanna K. M. Hanson, *The Civilian Population and the Warsaw Uprising of 1944*, Cambridge: Cambridge University Press, 1982.

Stephen Hanson, *Time and Revolution: Marxism and the Design of Soviet Economic Institutions*, Chapel Hill: University of North Carolina Press, 1997.

Mark Harrison, *Soviet Planning in Peace and War*, Cambridge: Cambridge University Press, 1985.

Christian Hartmann, "Massensterben oder Massenvernichtung? Sowjetische Kriegsgefangene im 'Unternehmen Barbarossa.' Aus dem Tagebuch eines deutschen Lagerkommandanten," *Vierteljahrshefte für Zeitgeschichte*, Vol. 49, No. 1, 2001, 97–158.

Tsuyoshi Hasegawa, *Racing the Enemy: Stalin, Truman, and the Surrender of Japan*, Cambridge, Mass.: Harvard University Press, 2005.

Jonathan Haslam, *The Soviet Union and the Struggle for Collective Security in Europe, 1933–39*, Houndsmills: Macmillan, 1984.

Jonathan Haslam, *The Soviet Union and the Threat from the East*, Houndsmills: Macmillan, 1992.

Milan Hauner, *India in Axis Strategy: Germany, Japan, and Indian Nationalists in the Second World War*, Stuttgart: Klett-Cotta, 1981.

Thomas T. Hecht, *Life Death Memories*, Charlottesville: Leopolis Press, 2002.

Susanne Heim, "Kalorien-Agrarforschung, Ernährungswirtschaft und Krieg: Herbert Backe als Wissenschaftspolitiker," in idem, ed., *Kalorien, Kautschuk, Karrieren: Pflanzenzüchtung und landwirtschaftliche Forschung in KaiserWilhelm-Instituten, 1933–1945*, Wallstein: Göttingen, 2003, 23–63.

James W. Heinzen, *Inventing a Soviet Countryside: State Power and the Transformation of Rural Russia, 1917–1929*, Pittsburgh: University of Pittsburgh Press, 2003.

Ulrich Herbert, *Best: Biographische Studien über Radikalismus, Weltanschauung und Vernunft, 1903–1989*, Bonn: J.H.W. Dietz, 1996.

Jeffrey Herf, *The Jewish Enemy: Nazi Propaganda During World War II and the Holocaust*, Cambridge, Mass.: Harvard University Press, 2006.

Dagmar Herzog, *Sex After Fascism: Memory and Morality in Twentieth-Century Germany*, Princeton: Princeton University Press, 2005.

Raul Hilberg, *The Destruction of the European Jews*, New Haven: Yale University Press, 2003, 3 vols..

Raul Hilberg, "The Ghetto as a Form of Government," *Annals of the American Academy of Political and Social Science*, Vol. 450, 1980, 98–112.

Raul Hilberg, "The Judenrat: Conscious or Unconscious 'Tool,'" in Yisrael Gutman and Cynthia J. Haft, eds., *Patterns of Jewish Leadership in Nazi Europe*, Jerusalem: Yad Vashem, 1979, 31–44.

Raul Hilberg, *Perpetrators, Victims, Bystanders: The Jewish Catastrophe*, New York: HarperPerennial, 1993.

Klaus Hildebrand, *Vom Reich zum Weltreich: Hitler, NSDAP und koloniale Frage 1919–1945*, Munich: Wilhelm Fink Verlag, 1969.

Manfred Hildermeier, *Sozialrevolutionäre Partei Russlands: Agrarsozialismus und Modernisierung im Zarenreich*, Cologne: Böhlau, 1978.

Andreas Hillgruber, *Germany and the Two World Wars*, Cambridge, Mass.: Harvard University Press, 1981.

John-Paul Himka, "Ethnicity and Reporting of Mass Murder: Krakivski visti, the NKVD Murders of 1941, and the Vinnytsia Exhumation," unpublished paper, 2009.

Francine Hirsch, *Empire of Nations: Ethnographic Knowledge and the Making of the Soviet Union*, Ithaca: Cornell University Press, 2005.

Eric Hobsbawm, *The Age of Extremes: A History of the World, 1914–1991*, London: Vintage, 1996.

Peter Holquist, *Making War, Forging Revolution: Russia's Continuum of Crisis*, Cambridge, Mass.: Harvard University Press, 2002.

Gordon J. Horwitz, *Ghettostadt: Łódź and the Making of a Nazi City*, Cambridge, Mass.: Harvard University Press, 2008.

Grzegorze Hryciuk, "Victims 1939–1941: The Soviet Repressions in Eastern Poland," in Elazar Barkan, Elisabeth A. Cole, and Kai Struve, eds., *Shared History—Divided Memory: Jews and Others in Soviet-Occupied Poland*, Leipzig: Leipzig University-Verlag, 2007, 173–200.

Isabel Hull, *Absolute Destruction: Military Culture and the Practices of War in Imperial Germany*, Ithaca: Cornell University Press, 2005.

Taras Hunczak and Roman Serbyn, eds., *Famine in Ukraine 1932–1933: Genocide by Other Means*, New York: Shevchenko Scientific Society, 2007.

Hungersnot: Authentische Dokumente über das Massensterben in der Sowjetunion, Vienna, 1933.

Ich werde es nie vergessen: Briefe sowjetischer Kriegsgefangener 2004–2006, Berlin: Ch. Links Verlag, 2007.

Hennadii Iefimenko, "Natsional'na polityka Kremlia v Ukraïni pislia Holodomoru 1932–33 rr.," *Harvard Ukrainian Studies*, forthcoming.

Melanie Ilic, "The Great Terror in Leningrad: a Quantitative Analysis," *Europe-Asia Studies*, Vol. 52, No. 8, 2000, 1515–1534.

I. I. Il'iushyn, *OUN-UPA i ukraïns'ke pytannia v roky druhoï svitovoï viiny v svitli pol's'kykh dokumentiv*, Kiev: NAN Ukraïny, 2000.

Christian Ingrao, *Les chasseurs noirs: La brigade Dirlewanger*, Paris: Perrin, 2006.

Christian Ingrao, "Violence de guerre, violence génocide: Les Einsatzgruppen," in S. Audoin-Rouzeau, A. Becker, Chr. Ingrao, and H. Rousso, eds., *La violence de guerre 1914–1945*, Paris: Éditions Complexes, 2002, 219–240.

Mikołaj Iwanow, *Pierwszy naród ukarany: Stalinizm wobec polskiej ludności kresowej 1921–1938*, Warsaw: Omnipress, 1991.

George D. Jackson, Jr., *Comintern and Peasant in East Europe, 1919–1930*, New York: Columbia University Press, 1966.
Egbert Jahn, "Der Holodomor im Vergleich: Zur Phänomenologie der Massenvernichtung," *Osteuropa*, Vol. 54, No. 12, 2004, 13–32.
Harold James, *Europe Reborn: A History, 1914–2000*, Harlow: Pearson, 2003.
Maria Janion, *Do Europy: tak, ale razem z naszymi umarłymi*, Warsaw: Sic!, 2000.
Stanisław Jankowiak, "'Cleansing' Poland of Germans: The Province of Pomerania, 1945–1949," in Philip Ther and Ana Siljak, eds., *Redrawing Nations: Ethnic Cleansing in East-Central Europe, 1944–1948*, Lanham: Rowman and Littlefield, 2001, 87–106.
Stanisław Jankowiak, *Wysiedlenie i emigracja ludności niemieckiej w polityce władz polskich w latach 1945–1970*, Warsaw: IPN, 2005.
Andrzej Jankowski, "Akcja AB na Kielecczyźnie," in Zygmunt Mańkowski, ed., *Ausserordentliche Befriedungsaktion 1940 Akcja AB na ziemiach polskich*, Warsaw: GKBZpNP-IPN, 1992, 65–82.
Marc Jansen and Nikolai Petrov, *Stalin's Loyal Executioner: Nikolai Ezhov, 1895–1940*, Stanford: Hoover University Press, 2002.
Krzysztof Jasiewicz, *Zagłada polskich Kresów. Ziemiaństwo polskie na Kresach Północno-Wschodnich Rzeczypospolitej pod okupacją sowiecką 1939–1941*, Warsaw: Volumen, 1998.
Katherine R. Jolluck, *Exile and Identity: Polish Women in the Soviet Union During World War II*, Pittsburgh: University of Pittsburgh Press, 2002.
Die Judenausrottung in Polen. Die Vernichtungslager, Geneva, 1944.
Tony Judt, *The Burden of Responsibility: Blum, Camus, Aron, and the French Twentieth Century*, Chicago: University of Chicago Press, 1998.
Tony Judt, *Postwar: A History of Europe Since 1945*, New York: Penguin, 2005.
Marc Junge, Gennadii Bordiugov, and Rolf Binner, *Vertikal' bol'shogo terrora*, Moscow: Novyi Khronograf, 2008.
Sławomir Kalbarczyk, "Przedmioty odnalezione w Bykowni a Kuropatach świadczą o polskości ofiar," *Biuletyn Instytutu Pamięci Narodowej*, Nos. 10–11, 2007, 47–54.
Ivan Kamenec, "The Deportation of Jewish Citizens from Slovakia," *in The Tragedy of the Jews of Slovakia*, Oświęcim: Auschwitz-Birkenau State Museum and Museum of the Slovak National Uprising, 2002, 111–140.
Ivan Kamenec, "The Holocaust in Slovakia," in Dušan Kováč, ed., *Slovak Contributions to 19th International Congress of Historical Sciences*, Bratislava: Veda, 2000, 195–206.

Samuel D. Kassow, *Who Will Write Our History? Rediscovering a Hidden Archive from the Warsaw Ghetto*, New York: Vintage, 2009.

Nikolaus Katzer, "Brot und Herrschaft: Die Hungersnot in der RSFSR," *Osteuropa*, Vol. 54, No. 12, 2004, 90–110.

Alex J. Kay, *Exploitation, Resettlement, Mass Murder: Political and Economic Planning for German Occupation Policy in the Soviet Union*, 1940–1941, New York: Berghahn Books, 2006.

Alex J. Kay, "'Hierbei werden zweifellos zig Millionen Menschen verhungern': Die deutsche Wirtschaftsplanung für die besetzte Sowjetunion und ihre Umsetzung, 1941 bis 1944," *Transit*, No. 38, 2009, 57–77.

John Keegan, *The Face of Battle*, New York: Viking, 1976.

Oleg Ken, *Collective Security or Isolation: Soviet Foreign Policy and Poland, 1930–1935*, St. Petersburg: Evropeiskii Dom, 1996.

O. N. Ken and A. I. Rupasov, eds., *Politbiuro Ts.K. VKP(b) i otnosheniia SSSR s zapadnymi sosednimi gosudarstvami*, St. Petersburg: Evropeiskii Dom, 2001.

Paul M. Kennedy, *Aufstieg und Verfall der britischen Seemacht*, Herford: E. S. Mittler & Sohn, 1978.

Ian Kershaw, *Fateful Choices: Ten Decisions That Changed the World, 1940–1941*, London: Penguin Books, 2007.

Ian Kershaw, *Hitler: A Biography*, New York: W. W. Norton, 2008.

Ian Kershaw, *Hitler, the Germans, and the Final Solution*, New Haven: Yale University Press, 2008.

Krystyna Kersten, *The Establishment of Communist Rule in Poland*, Berkeley: University of California Press, 1991.

Krystyna Kersten, "Forced Migration and the Transformation of Polish Society in the Postwar Period," in Philip Ther and Ana Siljak, eds., *Redrawing Nations: Ethnic Cleansing in East-Central Europe, 1944–1948*, Lanham: Rowman and Littlefield, 2001, 75–86.

Vladimir Khaustov, "Deiatel'nost' organov gosudarstvennoi bezopasnosti NKVD SSSR (1934–1941 gg.)," doctoral dissertation, Akademia Federal'noi Sluzhby Bezopasnosti Rossiiskoi Federatsii, 1997.

Oleg Khlevniouk, *Le cercle du Kremlin: Staline et le Bureau politique dans les années 30: les jeux du pouvoir*, Paris: Éditions du Seuil, 1996.

Oleg V. Khlevniuk, *The History of the Gulag: From Collectivization to the Great Terror*, New Haven: Yale University Press, 2004.

Oleg Khlevnyuk, "The Objectives of the Great Terror, 1937–1938," in Julian Cooper, Maureen Perrie, and E. A. Rhees, eds., *Soviet History 1917–1953:*

Essays in Honour of R. W. Davies, Houndmills: Macmillan, 1995, 158–176.
Oleg Khlevniuk, "Party and NKVD: Power Relationships in the Years of the Great Terror," in Barry McLoughlin and Kevin McDermott, eds., *Stalin's Terror: High Politics and Mass Repression in the Soviet Union*, New York: Palgrave Macmillan, 2003.
Oleg Khlevniuk, "Stalin as dictator: the personalisation of power," in Sarah Davies and James Harris, eds., *Stalin: A New History*, Cambridge: Cambridge University Press, 2005, 109–120.
Ben Kiernan, *Blood and Soil: A World History of Genocide and Extermination from Sparta to Darfur*, New Haven: Yale University Press, 2007.
Lucjan Kieszczyński, "Represje wobec kadry kierowniczej KPP," in Jarema Maciszewski, ed., *Tragedia Komunistycznej Partii Polski*, Warsaw: Książka I Wiedza, 1989, 198–216.
Charles King, *The Moldovans: Russia, Romania, and the Politics of Culture*, Stanford: Hoover Institution, 2000.
Gary King, Ori Rosen, Martin Tanner, and Alexander F. Wagner, "Ordinary Voting Behavior in the Extraordinary Election of Adolf Hitler," *Journal of Economic History*, Vol. 68, No. 4, 2008, 951–996.
Esther Kingston-Mann, *Lenin and the Problem of Marxist Peasant Revolution*, New York: Oxford University Press, 1983.
Lisa A. Kirschenbaum, *The Legacy of the Siege of Leningrad, 1941–1995: Myth, Memories, and Monuments*, Cambridge: Cambridge University Press, 2006.
Ernst Klee and Willi Dreßen, eds., *Gott mit uns: Der deutsche Vernichtungskrieg im Osten 1939–1945*, Frankfurt: S. Fischer, 1989.
Peter Klein, "Curt von Gottberg—Siedlungsfunktionär und Massenmörder," in Klaus-Michael Mallmann, ed., *Karrieren der Gewalt: Nationalsozialistische Täterbiographien*, Darmstadt: Wissenschaftliche Buchgesellschaft, 2004, 95–103.
Peter Klein, "Zwischen den Fronten. Die Zivilbevölkerung Weißrusslands und der Krieg der Wehrmacht gegen die Partisanen," in Babette Quinkert, ed., *Wir sind die Herren dieses Landes. Ursachen Verlauf und Folgen des deutschen Überfalls auf die Sowjetunion*, Hamburg: VSA Verlag, 2002, 82–103.
Tadeusz Klimaszewski, *Verbrennungskommando Warschau*, Warsaw: Czytelnik, 1959.
Gerd Koenen, *Der Russland-Komplex: Die Deutschen und der Osten, 1900–1945*, Munich: Beck, 2005.
Arthur Koestler, untitled, in Richard Crossman, ed., *The God That Failed*,

London: Hamilton, 1950, 25–82.
Arthur Koestler, *Darkness at Noon*, New York: Macmillan, 1941.
Arthur Koestler, "Vorwort," to Alexander Weißberg-Cybulski, *Im Verhör*, Vienna: Europaverlag, 1993, 9–18 [1951].
Arthur Koestler, *The Yogi and the Commissar*, New York: Macmillan, 1946.
Leszek Kołakowski, *Main Currents of Marxism*, Vol. 3: The Breakdown, Oxford: Oxford University Press, 1978.
Piotr Kołakowski, *NKWD i GRU na ziemiach polskich 1939–1945*, Warsaw: Bellona, 2002.
Bogusław Kopka, *Konzentrationslager Warschau: Historia i następstwa*, Warsaw: IPN, 2007.
Edward Kopówka, *Stalag 366 Siedlce*, Siedlce: SKUNKS, 2004.
Edward Kopówka, *Treblinka. Nigdy więcej*, Siedlce: Muzeum Rejonowe, 2002.
Marek Kornat, *Polityka równowagi: Polska między Wschodem a Zachodem*, Cracow: Arcana, 2007.
Marek Kornat, *Polska 1939 roku wobec paktu Ribbentrop-Mołotow*, Warsaw: Polski Instytut Spraw Międzynarodowych, 2002.
Reinhart Koselleck, *Futures Past: On the Semantics of Historical Time*, trans. Keith Tribe, Cambridge, Mass.: MIT Press, 1985.
I. I. Kostiushko, ed., *Materialy "Osoboi papki": Politbiuro Ts.K. RKP(b)-VKP(b) po voprosu sovetsko-pol'skikh otnoshenii 1923–1944 gg.*, Moscow: RAN, 1997.
G. V. Kostyrchenko, *Gosudarstvennyi antisemitizm v SSSR ot nachala do kul'minatsii 1938–1953*, Moscow: Materik, 2005.
Gennadi Kostyrchenko, *Out of the Red Shadows: Anti-Semitism in Stalin's Russia*, Amherst, NY: Prometheus Books, 1995.
G. V. Kostyrchenko, *Tainaia politika Stalina: Vlast' i antisemitizm*, Moscow: Mezhdunarodnye otnosheniia, 2001.
Stephen Kotkin, *Magnetic Mountain: Stalinism as a Civilization*, Berkeley: University of California Press, 1995.
Stephen Kotkin, "Peopling Magnitostroi: The Politics of Demography," in William G. Rosenberg and Lewis H. Siegelbaum, eds., *Social Dimensions of Soviet Industrialization*, Bloomington: Indiana University Press, 1993, 63–104.
Lidia Kovalenko and Volodymyr Maniak, eds., *33'i: Holod: Narodna knyhamemorial*, Kiev: Radians'kyi pys'mennyk, 1991.
Heda Margolius Kovály, *Under a Cruel Star: A Life in Prague 1941–1968*, trans. Franci Epstein and Helen Epstein, New York: Holmes and Maier, 1997.

Tadeusz Kowalski, "Z badań nad eksterminacją inteligencji w Rzeszowskim w okresie II wojny światowej," in Zygmunt Mańkowski, ed., *Ausserordentliche Befriedungsaktion 1940 Akcja AB na ziemiach polskich*, Warsaw: GKBZpNP-IPN, 1992, 83-89.

Beata Kozaczyńska, "Wysiedlenie mieszkańców Zamojszczyzny do dystryktu warszawskiego w latach 1942-1943 i los deportowanych," in Marcin Zwolski, ed., *Exodus: Deportacje i migracje (wątek wschodni)*, Warsaw: IPN, 2008, 70-92.

Denis Kozlov, "The Historical Turn in Late Soviet Culture: Retrospectivism, Factography, Doubt, 1953-1991," *Kritika*, Vol. 2, No. 3, 2001, 577-600.

Denis Kozlov, "'I Have Not Read, But I Will Say': Soviet Literary Audiences and Changing Ideas of Social Membership, 1958-1966," *Kritika*, Vol. 7, No. 3, 2006, 557-597.

Mark Kramer, "Die Konsolidierung des kommunistischen Blocks in Osteuropa 1944-1953," *Transit*, No. 39, 2009, 78-95.

Hans von Krannhals, *Der Warschauer Aufstand 1944*, Frankfurt am Main: Bernard & Graefe Verlag für Wehrwesen, 1964.

Victor Kravchenko, *I Chose Freedom: The Personal and Political Life of a Soviet Official*, New York: Charles Scribner's Sons, 1946.

Gerhard Krebs, "Japan and the German-Soviet War, 1941," in Bernd Wegner, ed., *From Peace to War: Germany, Soviet Russia, and the World, 1939–1941*, Providence: Berghahn Books, 1997, 541-560.

G. Krivosheev, ed., *Grif sekretnosti sniat: Poteri vooruzhennykh sil SSSR v voinakh*, Moscow: Voenizdat, 1993.

Bernhard R. Kroener, "The 'Frozen Blitzkrieg': German Strategic Planning against the Soviet Union and the Causes of its Failure," in Bernd Wegner, ed., *From Peace to War: Germany, Soviet Russia, and the World, 1939–1941*, Providence: Berghahn Books, 1997, 135-150.

Jerzy Królikowski, "Budowałem most kolejowy w pobliżu Treblinki," *Biuletyn Żydowskiego Instytutu Historycznego*, No. 49, 1964, 46-57.

Peter Krüger, *Die Außenpolitik der Republik von Weimar*, Darmstadt: Wissenschaftliche Buchgesellschaft, 1985.

A. I. Kruglov, *Entsiklopediia Kholokosta*, Kiev: Evreiskii sovet Ukrainy, 2000.

Alexander Kruglov, "Jewish Losses in Ukraine," in Ray Brandon and Wendy Lower, eds., *The Shoah in Ukraine: History, Testimony, Memorialization*, Bloomington: Indiana University Press, 2008, 272-290.

Abraham Krzepicki, "Treblinka," *Biuletyn Żydowskiego Instytutu Historycznego*,

Nos. 43–44, 1962, 84–109.

Stanisław Kulczycki, *Hołodomor: Wielki głód na Ukrainie w latach 1932–1933 jako ludobójstwo*, Wrocław: Kolegium Europy Wschodniej, 2008.

S. V. Kul'chyts'kyi, ed., *Kolektyvizatsiia i holod na Ukraïni 1929–1933*, Kiev: Naukova Dumka, 1993.

S. V. Kul'chyts'kyi, "Trahichna statystyka holodu," in F. M. Rudych, I. F. Kuras, M. I. Panchuk, P. Ia. Pyrih, and V. F Soldatenko, eds., *Holod 1932–1933 rokiv na Ukraïni: Ochyma istorykiv, movoiu dokumentiv*, Kiev: Vydavnytstvo Politychnoi Literatury Ukrainy, 1990, 66–85.

Janusz Kupczak, *Polacy na Ukrainie w latach 1921–1939*, Wrocław: Wydawnictwo Uniwersytetu Wrocławskiego, 1994.

Hiroaki Kuromiya, "Accounting for the Great Terror," *Jahrbücher für Geschichte Osteuropas*, Vol. 53, No. 1, 2003, 86–101.

Hiroaki Kuromiya, "The Great Terror and 'Ethnic Cleansing': The Asian Nexus," unpublished paper, October 2009.

Hiroaki Kuromiya, *Stalin*, Harlow: Pearson Longman, 2005.

Hiroaki Kuromiya, *Freedom and Terror in the Donbas: A Ukrainian-Russian Borderland, 1870s-1990s*, Cambridge: Cambridge University Press, 1998.

Hiroaki Kuromiya, *The Voices of the Dead: Stalin's Great Terror in the 1930s*, London: Yale University Press, 2007.

Hiroaki Kuromiya, "World War II, Jews, and Post-War Soviet Society," *Kritika*, Vol. 3, No. 3, 2002, 521–531.

Hiroaki Kuromiya and Paweł Libera, "Notatka Włodzimierza Bączkowskiego na temat współpracy polsko-japońskiej wobec ruchu prometejskiego (1938)," *Zeszyty Historyczne*, 2009, 114–135.

Hiroaki Kuromiya and Georges Mamoulia, "Anti-Russian and Anti-Soviet Subversion: The Caucasian-Japanese Nexus, 1904–1945," *Europe-Asia Studies*, Vol. 61, No. 8, 2009, 1415–1440.

Hiroaki Kuromiya and Andrzej Pepłoński, *Między Warszawą a Tokio: Polskojapońska współpraca wywiadowcza 1904–1944*, Toruń: Wydawnictwo Adam Marszałek, 2009.

Hiroaki Kuromiya and Andrzej Pepłonski, "Stalin und die Spionage," *Transit*, No. 38, 20–33.

Robert Kuśnierz, *Ukraina w latach kolektywizacji i wielkiego głodu*, Toruń: Grado, 2005.

Ihar Kuz'niatsou, ed., *Kanveer s'mertsi*, Minsk: Nasha Niva, 1997.

Pieter Lagrou, "La 'Guerre Honorable' et une certaine idée de l'Occident.

Mémoires de guerre, racisme et réconciliation après 1945," in François Marcot and Didier Musiedlak, eds., *Les Résistances, miroir des régimes d'oppression. Allemagne, France, Italie*, Besançon: Presses Universitaires de Franche-Comté, 2006, 395-412.
Stephen J. Lee, *European Dictatorships 1918–1945*, London: Routledge, 2000.
Leningradskii martirolog 1937–1938, St. Petersburg: Rossiiskaia natsional'naia biblioteka, 1996, Vol. 4.
S. V. Leonov, *Rozhdenie Sovetskoi imperii: Gosudarstvo i ideologiia*, 1917-1922 gg., Moscow: Dialog MGU, 1997.
Zofia Lesczyńska, "Z badań nad stratami inteligencji na Lubelszczyźnie w latach 1939-1944," in Zygmunt Mańkowski, ed., *Ausserordentliche Befriedungsaktion 1940 Akcja AB na ziemiach polskich*, Warsaw: GKBZpNP-IPN, 1992, 58-70.
Hillel Levine, *In Search of Sugihara*, New York: The Free Press, 1996.
Dariusz Libionka, "Apokryfy z dziejów Żydowskiego Związku Wojskowego i ich autorzy," *Zagłada Żydów. Studia i materiały*, No. 1, 2005, 165-198.
Dariusz Libionka, "Głową w mur. Interwencje Kazimierza Papée, polskiego ambasadora przy Stolicy Apostolskiej, w sprawie zbrodni niemieckich w Polsce, listopad 1942-styczeń 1943," *Zagłada Żydów. Studia i materiały*, No. 2, 2006, 292-314.
Dariusz Libionka, "Polska konspiracja wobec eksterminacji Żydów w dystrykcie warszawskim," in Barbara Engelking, Jacek Leociak, and Dariusz Libionka, eds., *Prowincja noc. Życie i zagłada Żydów w dystrykcie warszawskim*, Warsaw: IFiS PAN, 2007, 443-504.
Dariusz Libionka, "ZWZ-AK i Delegatura Rządu RP wobec eksterminacji Żydów polskich," in Andrzej Żbikowski, ed., *Polacy i Żydzi pod okupacją niemiecką 1939–1945, Studia i materiały*, Warsaw: IPN, 2006, 15-208.
Dariusz Libionka and Laurence Weinbaum, "Deconstructing Memory and History: The Jewish Military Union (ZZW) and the Warsaw Ghetto Uprising," *Jewish Political Studies Review*, Vol. 18, Nos. 1-2, 2006, 1-14.
Dariusz Libionka and Laurence Weinbaum, "Pomnik Apfelbauma, czyli klątwa 'majora' Iwańskiego," *Więź*, No. 4, 2007, 100-111.
Benjamin Lieberman, *Terrible Fate: Ethnic Cleansing in the Making of Modern Europe*, Chicago: Ivan R. Dee, 2006.
Lars T. Lih, *Bread and Authority in Russia, 1914–1921*, Berkeley: University of California Press, 1990.
Lars T. Lih, Oleg. V. Naumov, and Oleg Khlevniuk, eds., *Stalin's Letters to*

Molotov, New Haven: Yale University Press, 1995.
Peter Longerich, *Heinrich Himmler: Biographie*, Berlin: Siedler, 2008.
Peter Longerich, *Politik der Vernichtung: Eine Gesamtdarstellung der nationalsozialistischen Judenverfolgung*, Munich: Piper, 1998.
Peter Longerich, *The Unwritten Order: Hitler's Role in the Final Solution*, Stroud: Tempus, 2001.
Andrea Löw, *Juden im Getto Litzmannstadt: Lebensbedingungen, Selbstwahrnehmung, Verhalten*, Göttingen: Wallstein Verlag, 2006.
Wendy Lower, *Nazi Empire-Building and the Holocaust in Ukraine*, Chapel Hill: University of North Carolina Press, 2005.
Wendy Lower, "'On Him Rests the Weight of the Administration': Nazi Civilian Rulers and the Holocaust in Zhytomyr," in Ray Brandon and Wendy Lower, eds., *The Shoah in Ukraine: History, Testimony, and Memorialization*, Bloomington: Indiana University Press, 2008, 224–227.
Moritz Felix Lück, "Partisanenbekämpfung durch SS und Polizei in Weißruthenien 1942. Die Kampfgruppe von Gottberg," in Alfons Kenkmann and Christoph Spieker, eds., *Im Auftrag: Polizei, Verwaltung und Verantwortung*, Essen: Klartext Verlag, 2001, 225–247.
John Lukacs, *Five Days in London*, May 1940, New Haven: Yale University Press, 1999.
John Lukacs, *June 1941: Hitler and Stalin*, New Haven: Yale University Press, 2007.
John Lukacs, *The Last European War*, New Haven: Yale University Press, 1976.
Igor Lukes, "The Rudolf Slansky Affair: New Evidence," *Slavic Review*, Vol. 58, No. 1, 1999, 160–187.
Leonid Luks, "Zum Stalinschen Antisemitismus: Brüche und Widersprüche," *Jahrbuch für Historische Kommunismus-Forschung*, 1997, 9–50.
Arno Lustiger, *Stalin and the Jews: The Red Book*, New York: Enigma Books, 2003.
Paweł Machcewicz and Krzysztof Persak, eds., *Wokół Jedwabnego*, Warsaw: Instytut Pamięci Narodowej, 2002, 2 vols.
French MacLean, *The Cruel Hunters: SS-Sonderkommando Dirlewanger: Hitler's Most Notorious Anti-Partisan Unit*, Atglen: Schiffer Military History, 1998.
French MacLean, *The Field Men: The SS Officers Who Led the Einsatzkommandos*, Atglen: Schiffer, 1999.
Michael MacQueen, "Nazi Policy Toward the Jews in the Reichskommissariat Ostland, June-December 1941: From White Terror to Holocaust in Lithuania," in Zvi Gitelman, ed., *Bitter Legacy: Confronting the Holocaust in the USSR*, Bloomington: Indiana University Press, 1997, 91–103.

Czesław Madajczyk, "Vom 'Generalplan Ost' zum 'Generalsiedlungsplan,'" in Mechtild Rössler and Sabine Schleiermacher, eds., *Der "Generalplan Ost": Hauptlinien der nationalsozialistischen Planungs-und Vernichtungspolitik*, Berlin: Akademie Verlag, 1993, 12–19.

Czesław Madajczyk, Marek Getter and Andrzej Janowski, eds., *Ludność cywilna w Powstaniu Warszawskim*, Vol. 2, Warsaw: Państwowy Instytut Wydawniczy, 1974.

Krzysztof Madeja, Jan Żaryn, and Jacek Żurek, eds., *Księga świadectw. Skazani na karę śmierci w czasach stalinowskich i ich losy*, Warsaw: IPN, 2003.

Sergei Maksudov, "Victory over the Peasantry," *Harvard Ukrainian Studies*, Vol. 25, Nos. 3/4, 2001, 187–236.

Sergui Maksudov, "Raschelovechivanie," *Harvard Ukrainian Studies*, forthcoming.

Martin Malia, *Alexander Herzen and the Birth of Russian Socialism, 1812–1855*, Cambridge, Mass.: Harvard University Press, 1961.

Klaus-Michael Mallmann, "'Rozwiązać przez jakikolwiek szybko działający środek: Policja Bezpieczeństwa w Łodzi a Shoah w Kraju Warty," in Aleksandra Namysło, ed., *Zagłada Żydów na polskich terenach wcielonych do Rzeszy*, Warsaw: IPN, 2008, 85–115.

Klaus-Michael Mallmann, Jochen Böhler, and Jürgen Matthäus, *Einsatzgruppen in Polen: Darstellung und Dokumentation*, Darmstadt: WGB, 2008.

Zygmunt Mańkowski, "Ausserordentliche Befriedungsaktion," in Zygmunt Mańkowski, ed., *Ausserordentliche Befriedungsaktion 1940 Akcja AB na ziemiach polskich*, Warsaw: GKBZpNP-IPN, 1992, 6–18.

Walter Manoschek, *"Serbien ist judenfrei": Militärische Besatzungspolitik und Judenvernichtung in Serbien 1941/1942*, Munich: R. Oldenbourg Verlag, 1993.

Vasyl' Marochko and Ol'ha Movchan, *Holodomor v Ukraïni 1932–1933 rokiv: Khronika*, Kiev: Kyievo-Mohylians'ka Akademiia, 2008.

David Marples, "Kuropaty: The Investigation of a Stalinist Historical Controversy," *Slavic Review*, Vol. 53, No. 2, 1994, 513–523.

Michael R. Marrus, "Jewish Resistance to the Holocaust," *Journal of Contemporary History*, Vol. 30, No. 1, 1995, 83–110.

Józef Marszałek, "Akcja AB w dystrykcie lubelskim," in Zygmunt Mańkowski, ed., *Ausserordentliche Befriedungsaktion 1940 Akcja AB na ziemiach polskich*, Warsaw: GKBZpNP-IPN, 1992, 48–57.

Terry Martin, *Affirmative Action Empire*, Ithaca: Cornell University Press, 2001.

Terry Martin, "The 1932–1933 Ukrainian Terror: New Documentation on

Surveillance and the Thought Process of Stalin," in Wsevolod Isajiw, ed., *FamineGenocide in Ukraine, 1932–1933*, Toronto: Ukrainian Canadian Research and Documentation Centre, 2003, 97–114.

Terry Martin, "The Origins of Soviet Ethnic Cleansing," *Journal of Modern History*, Vol. 70, No. 4, 1998, 813–861.

Vojtech Mastny, *The Cold War and Soviet Insecurity: The Stalin Years*, Oxford: Oxford University Press, 1996.

Vojtech Mastny. *The Czechs Under Nazi Rule: The Failure of National Resistance, 1939–1942*, New York: Columbia University Press, 1971.

Wojciech Materski, *Tarcza Europy. Stosunki polsko-sowieckie 1918–1939*, Warsaw: Książka i Wiedza, 1994.

Wojciech Materski i Tomasz Szarota, eds., *Polska 1939–1945. Straty osobowe i ofiary represji pod dwiema okupacjami*, Warsaw: IPN, 2009.

Jürgen Matthäus, "Controlled Escalation: Himmler's Men in the Summer of 1941 and the Holocaust in the Occupied Soviet Territories," *Holocaust and Genocide Studies*, Vol. 21, No. 2, Fall 2007, 218–242.

Jürgen Matthäus, "Reibungslos und planmäßig: Die Zweite Welle der Judenvernichtung im Generalkommissariat Weißruthenien (1942–1944)," *Jahrbuch für Antisemitismusforschung*, Vol. 4, No. 4, 1995, 254–274.

Ralph Mavrogordato and Earl Ziemke, "The Polotsk Lowland," in John Armstrong, ed., *Soviet Partisans in World War II*, Madison: University of Wisconsin Press, 1964.

Mark Mazower, *Dark Continent: Europe's Twentieth Century*, New York, Vintage, 2000.

Mark Mazower, *Hitler's Empire: Nazi Rule in Occupied Europe*, London: Allen Lane, 2008.

Mark Mazower, "Violence and the State in the Twentieth Century," *American Historical Review*, Vol. 107, No. 4, 2002, 1147–1167.

Barry McLoughlin, "Mass Operations of the NKVD, 1937–8: A Survey," in Barry McLoughlin and Kevin McDermott, eds., *Stalin's Terror: High Politics and Mass Repression in the Soviet Union*, Houndsmill: Palgrave, 2003, 118–152.

Geoffrey Megargee, *War of Annihilation: Combat and Genocide on the Eastern Front, 1941*, Lanham: Rowman & Littlefield, 2007.

Ezra Mendelsohn, *The Jews of East Central Europe Between the World Wars*, Bloomington: Indiana University Press, 1983.

Catherine Merridale, *Ivan's War: Life and Death in the Red Army, 1939–1945*, New York: Henry Holt, 2006.

Catherine Merridale, *Night of Stone: Death and Memory in Twentieth-Century Russia*, New York: Viking, 2000.
Włodzimierz Michniuk, "Z historii represji politycznych przeciwko Polakom na Białorusi w latach trzydziestych," in Wiesław Balcerak, ed., *PolskaBiałoruś 1918–1945: Zbiór studiów i materiałów*, Warsaw: IH PAN, 1993, 112–120.
Piotr Mierecki i Wasilij Christoforow et al., eds., *Varshavskoe vosstanie 1944/ Powstanie Warszawskie 1944*, Moscow-Warsaw, IHRAN-IPN, 2007.
Anna Mieszkowska, *Matka dzieci Holocaustu: Historia Ireny Sendlerowej*, Warsaw: Muza SA, 2008.
Stanley Milgram, "Behavior Study of Obedience," *Journal of Abnormal and Social Psychology*, Vol. 67, No. 2, 1963, 371–378.
James A. Millward, *Eurasian Crossroads: A History of Xinjiang*, London: Hurst & Company, 2007.
Czesław Miłosz, *Legends of Modernity: Essays and Letters from Occupied Poland, 1942–43*, New York: Farrar, Strauss, and Giroux, 2005.
Sybil Milton, ed., *The Stroop Report*, New York: Random House, 1979.
Alan S. Milward, *The German Economy at War*, London: Athlone Press, 1965.
Eugeniusz Mironowicz, *Białoruś*, Warsaw: Trio, 1999.
Jacek Andrzej Młynarczyk, "Akcja Reinhardt w gettach prowincjonalnych dystryktu warszawskiego 1942–1943," in Barbara Engelking, Jacek Leociak, and Dariusz Libionka, eds., *Prowincja noc. Życie i zagłada Żydów w dystrykcie warszawskim*, Warsaw: IFiS PAN, 2007, 39–74.
Jacek Andrzej Młynarczyk, *Judenmord in Zentralpolen: Der Distrikt Radom im Generalgouvernement 1939–1945*, Darmstadt: WGB, 2007.
Jacek Andrzej Młynarczyk, "Treblinka–ein Todeslager der 'Aktion Reinhard,'" in Bogdan Musial, ed., *Aktion Reinhardt, Der Völkermord an den Juden im Generalgouvernement 1941–1944*, Osnabrück: Fibre, 2004, 257–281.
Bronisław Młynarski, *W niewoli sowieckiej*, London: Gryf Printers, 1974.
Kazimierz Moczarski, *Rozmowy z katem*, Cracow: Znak, 2009.
Simon Sebag Montefiore, *Stalin: The Court of the Red Tsar*, London: Weidenfeld & Nicolson, 2003.
James Morris, "The Polish Terror: Spy Mania and Ethnic Cleansing in the Great Terror," *Europe-Asia Studies*, Vol. 56, No. 5, July 2004, 751–766.
Grzegorz Motyka, "Tragedia jeńców sowieckich na ziemiach polskich podczas II wojny światowej," *unpublished manuscript*, 2009.
Grzegorz Motyka, *Ukraińska partyzantka 1942–1960*, Warsaw: Rytm, 2006.
Samuel Moyn, "In the Aftermath of Camps," in Frank Biess and Robert Mueller,

eds., *Histories of the Aftermath: The Legacies of the Second World War*, New York: Berghahn Books, 2010.

Timothy Patrick Mulligan, *The Politics of Illusion and Empire: German Occupation Policy in the Soviet Union, 1942–1943*, New York: Praeger, 1988.

Bogdan Musiał, *Na zachód po trupie Polski*, Warsaw: Prószyński, 2009.

Bogdan Musiał, "'Przypadek modelowy dotyczący eksterminacji Żydów': Początki 'akcji Reinhardt'—planowanie masowego mordu Żydów w Generalnym Gubernatorstwie," Dariusz Libionka, ed., *Akcja Reinhardt. Zagłada Żydów w Generalnym Gubernatorstwie*, Warsaw: IPN, 2004, 15–38.

Bogdan Musial, *Sowjetische Partisanen 1941–1944: Mythos und Wirklichkeit*, Paderborn: Ferdinand Schöningh, 2009.

Bogdan Musial, ed., *Sowjetische Partisanen in Weißrussland: Innenansichten aus dem Gebiet Baranoviči*, Munich: R. Oldenbourg Verlag, 2004.

Norman Naimark, *Fires of Hatred: Ethnic Cleansing in Twentieth-Century Europe*, Cambridge, Mass.: Harvard University Press, 2001.

Norman Naimark, "Gomułka and Stalin: The Antisemitic Factor in Postwar Polish Politics," in Murray Baumgarten, Peter Kenez, and Bruce Thompson, eds., *Varieties of Antisemitism: History, Ideology, Discourse*, Newark: University of Delaware Press, 2009, 237–250.

Norman Naimark, *The Russians in Germany: A History of the Soviet Zone of Occupation, 1945–1949*, Cambridge, Mass.: Harvard University Press, 1995.

Leonid Naumov, *Bor'ba v rukovodstve NKVD v 1936–1938 gg.*, Moscow: Modern-A, 2006.

Leonid Naumov, *Stalin i NKVD*, Moscow: Iauza, 2007.

Vladimir Nikol'skij, "Die 'Kulakenoperation' im ukrainischen Donbass," in Rolf Binner, Bernd Bonwetsch, and Marc Junge, eds., *Stalinismus in der sowjetischen Provinz 1937–1938*, Berlin: Akademie Verlag, 2010, 613–640.

V. M. Nikol's'kyi, *Represyvna diial'nist' orhaniv derzhavnoï bezpeky SRSR v Ukraïni*, Donetsk: Vydavnytstvo Donets'koho Natsional'noho Universytetu, 2003.

Bernadetta Nitschke, *Wysiedlenie ludności niemieckiej z Polski w latach 1945–1949*, Zielona Góra: Wyższa Szkoła Pedagogiczna im. Tadeusza Kotarbińskiego, 1999.

Hans-Heinrich Nolte, "Partisan War in Belorussia, 1941–1944," in Roger Chickering, Stig Förster, and Bernd Greiner, eds., *A World at Total War: Global Conflict and the Politics of Destruction, 1937–1945*, Cambridge: Cambridge University Press, 2005, 261–276.

Andrzej Nowak, *Polska a trzy Rosje*, Cracow: Arcana, 2001.

"Obóz zagłady Treblinka," *Biuletyn Glownej Komisji Badania Zbrodni Niemieckich w Polsce*, No. 1, 1946, 133–144.
Viorica Olaru-Cemirtan, "Wo die Züge Trauer trugen: Deportationen in Bessarabien, 1940–1941," *Osteuropa*, Vol. 59, Nos. 7–8, 2009, 219–226.
Operatsia "Seim" 1944–1946/Operacja "Sejm" 1944–1946, Warsaw-Kiev: IPN, 2007.
Karin Orth, *Das System der nationalsozialistischen Konzentrationslager. Eine politische Organisationsgeschichte*, Hamburg: Hamburger Edition, 1999.
George Orwell, *Homage to Catalonia*, San Diego: Harcourt Brace Jovanovich, 1980.
George Orwell, *Orwell and Politics*, London: Penguin, 2001.
Rüdiger Overmans, *Deutsche militärische Verluste im Zweiten Weltkrieg*, Munich: Oldenbourg, 1999.
Rüdiger Overmans, "Die Kriegsgefangenenpolitik des Deutschen Reiches 1939 bis 1945," in Jörg Echternkamp, ed., *Das Deutsche Reich und der Zweite Weltkrieg*, Vol. 9/2, Munich: Deutsche Verlags-Anstalt, 2005.
Rüdiger Overmans, "Personelle Verluste der deutschen Bevölkerung durch Flucht und Vertreibung," *Dzieje Najnowsze*, Vol. 26, No. 2, 1994, 50–65.
Andrzej Paczkowski, "Pologne, la 'nation ennemie,'" in Stéphane Courtois, Nicolas Werth, Jean-Louis Panné, Andrzej Paczkowski, Karel Bartosek, and Jean-Louis Margolin, eds., *Le livre noir du communisme: Crimes, terreur, repression*, Paris: Robert Laffont, 1997.
Andrzej Paczkowski, *Pół wieku dziejów Polski*, Warsaw: PWN, 2005.
Andrzej Paczkowski, *Trzy twarze Józefa Światła. Przyczynek do historii komunizmu w Polsce*, Warsaw: Prószyński i S-ka, 2009.
Pamiętniki znalezione w Katyniu, Paris: Editions Spotkania, 1989.
Andrzej Pankowicz, "Akcja AB w Krakowie," in Zygmunt Mańkowski, ed., *Ausserordentliche Befriedungsaktion 1940 Akcja AB na ziemiach polskich*, Warsaw: GKBZpNP-IPN, 1992, 43–47.
Yaroslav Papuha, *Zakhidna Ukraïna i holodomor 1932–1933 rokiv*, Lviv: Astroliabiia, 2008.
Michael Parris, *The Lesser Terror: Soviet State Security, 1939–1953*, Santa Barbara: Praeger, 1996.
Gunnar S. Paulsson, *Secret City: The Hidden Jews of Warsaw 1940–1945*, New Haven: Yale University Press, 2002.
Stevan L. Pawlowitch, *Hitler's New Disorder: The Second World War in Yugoslavia*, New York: Columbia University Press, 2008.
Nikita Petrov and K. V. Skorkin, *Kto rukovodil NKVD, 1934–1941*, Moscow,

Zven'ia, 1999.
N. V. Petrov and A. B. Roginsksii, "'Pol'skaia operatsiia' NKVD 1937–1938 gg.," in A. Ie. Gurianov, ed., *Repressii protiv poliakov i pol'skikh grazhdan*, Moscow: Zven'ia, 1997, 22–43.
Niccolo Pianciola, "The Collectivization Famine in Kazakhstan," in Halyna Hryn, ed., *Hunger by Design: The Great Ukrainian Famine in Its Soviet Context*, Cambridge, Mass.: Harvard University Press, 2008, 103–116.
Jan Pietrzykowski, "Akcja AB na ziemi częstochowskiej i radomszczańskiej," in Zygmunt Mańkowski, ed., *Ausserordentliche Befriedungsaktion 1940 Akcja AB na ziemiach polskich*, Warsaw: GKBZpNP-IPN, 1992, 107–123.
Jan Pietrzykowski, *Akcja AB w Częstochowie*, Katowice: Wydawnictwo Śląsk, 1971.
Benjamin Pinkus, "The Deportation of the German Minority in the Soviet Union, 1941–1945," in Bernd Wegner, ed., *From Peace to War: Germany, Soviet Russia, and the World, 1939–1941*, Providence: Berghahn Books, 1997, 449–462.
Richard Pipes, *The Formation of the Soviet Union*, Cambridge, Mass.: Harvard University Press, 1997.
Richard Pipes, *Struve*, Cambridge, Mass.: Harvard University Press, 1970–1980, 2 vols.
Dieter Pohl, *Nationalsozialistische Judenverfolgung in Ostgalizien: Organisation und Durchführung eines staatlichen Massenverbrechens*, Munich: Oldenbourg, 1996.
Dieter Pohl, "Schauplatz Ukraine: Der Massenmord an den Juden im Militärverwaltungsgebiet und im Reichskommissariat 1941–1943," in Norbert Frei, Sybille Steinbacher, and Bernd C. Wagner, eds., *Ausbeutung, Vernichtung, Öffentlichkeit: Neue Studien zur nationalsozialistischen Lagerpolitik*, Munich: K. G. Saur, 2000, 135–179.
Dieter Pohl, "Ukrainische Hilfskräfte beim Mord an den Juden," in Gerhard Paul, ed., *Die Täter der Shoah*, Göttingen: Wallstein Verlag, 2002.
Dieter Pohl, *Verfolgung und Massenmord in der NS-Zeit 1933–1945*, Darmstadt: Wissenschaftliche Buchgesellschaft, 2008.
Dieter Pohl, "Znaczenie dystrykyu lubelskiego w 'ostatecznym rozwiązaniu kwestii żydowskiej'," in Dariusz Libionka, ed., *Akcja Reinhardt: Zagłada Żydów w Generalnym Gubernatorstwie*, Warsaw: IPN, 2004, 39–53.
Pavel Polian, *Against Their Will: The History and Geography of Forced Migrations in the USSR*, Budapest: CEU Press, 2004.
Pavel Polian, "Hätte der Holocaust beinahe nicht stattgefunden? Überlegungen

zu einem Schriftwechsel im Wert von zwei Millionen Menschenleben," in Johannes Hurter and Jürgen Zarusky, eds., *Besatzung, Kollaboration, Holocaust*, Munich: R. Oldenbourg Verlag, 2008, 1–20.

Pavel Polian, "La violence contre les prisonniers de guerre soviétiques dans le IIIe Reich et un URSS," in S. Audoin-Rouzeau, A. Becker, Chr. Ingrao, and H. Rousso, eds., *La violence de guerre 1914–1945*, Paris: Éditions Complexes, 2002, 117–131.

Antony Polonsky, *Politics in Independent Poland 1921–1939: The Crisis of Constitutional Government*, Oxford: Clarendon Press, 1972.

Joseph Poprzeczny, *Odilo Globocnik, Hitler's Man in the East*, Jefferson: McFarland & Company, 2004.

Peter J. Potichnij, "The 1946–1947 Famine in Ukraine: A Comment on the Archives of the Underground," Wsevolod Isajiw, ed., *Famine-Genocide in Ukraine, 1932–1933*, Toronto: Ukrainian Canadian Research and Documentation Centre, 2003, 185–189.

Robert Potocki, *Polityka państwa polskiego wobec zagadnienia ukraińskiego w latach 1930–1939*, Lublin: IEŚW, 2003.

Samantha Power, *"A Problem from Hell": America and the Age of Genocide*, New York: Basic Books, 2002.

Volodymyr Prystaiko and Iurii Shapoval, eds., *Sprava "Spilky Vyzvolennia Ukraïny,"* Kiev: Intel, 1995.

Proces z vedením protistátního spikleneckého centra v čele s Rodolfem Slánským, Prague: Ministerstvo Spravedlnosti, 1953.

Projektgruppe Belarus, ed., *"Existiert das Ghetto noch?" Weißrussland: Jüdisches Überleben gegen nationalsozialistische Herrschaft*, Berlin: Assoziation A, 2003.

T. S. Prot'ko, *Stanovlenie sovetskoi totalitarnoi sistemy v Belarusi: 1917–1941 gg: (1917–1941)*, Minsk: Tesei, 2002.

Alexander V. Prusin, "A Community of Violence: The SiPo/SD and its Role in the Nazi Terror System in Generalbezirk Kiew," *Holocaust and Genocide Studies*, Vol. 21, No. 1, 2007, 1–30.

Adam Puławski, *W obliczu Zagłady. Rząd RP na Uchodźstwie, Delegatura Rządu RP na Kraj, ZWZ-AK wobec deportacji Żydów do obozów zagłady (1941–1942)*, Lublin: IPN, 2009.

E. A. Radice, "Economic Developments in Eastern Europe Under German Hegemony" in Martin McCauley, ed., *Communist Power in Europe 1944–1949*, New York: Harper and Row, 1977, 3–21.

E. A. Radice, "General Characteristics of the Region Between the Wars," in Michael Kaser, ed., *An Economic History of Eastern Europe*, Vol. 1, New York: Oxford University Press, 1984.

Chil Rajchman, *Je suis le dernier Juif*, trans. Gilles Rozier, Paris: Éditions des Arenes, 2009.

J. Rajgrodzki, "Jedenaście miesięcy w obozie zagłady w Treblince," *Biuletyn Żydowskiego Instytutu Historycznego*, No. 25, 1958, 101–118.

Donald J. Raleigh, "The Russian Civil War, 1917–1922," in Ronald Grigor Suny, ed., *Cambridge History of Russia*, Vol. 3, Cambridge: Cambridge University Press, 2006, 140–167.

Shimon Redlich, *Propaganda and Nationalism in Wartime Russia: The Jewish AntiFascist Committee in the USSR, 1941–1948*, Boulder: East European Monographs, 1982.

Shimon Redlich, *War, Holocaust, and Stalinism: A Documented History of the Jewish Anti-Fascist Committee in the USSR*, Luxembourg: Harwood, 1995.

Jan Alfred Reguła [Józef Mitzenmacher or Mieczysław Mützenmacher], *Historia Komunistycznej Partji Polski*, Toruń: Portal, 1994 [1934].

Leonid Rein, "Local Collaboration in the Execution of the 'Final Solution' in NaziOccupied Belarussia," *Holocaust and Genocide Studies*, Vol. 20, No. 3, 2006, 381–409.

"Relacje dwóch zbiegów z Treblinki II," *Biuletyn Żydowskiego Instytutu Historycznego*, No. 40, 1961, 78–88.

Alfred J. Rieber, "Civil Wars in the Soviet Union," *Kritika*, Vol. 4, No. 1, 2003, 129–162.

Berndt Rieger, *Creator of the Nazi Death Camps: The Life of Odilo Globocnik*, London: Vallentine Mitchell, 2007.

Volker Rieß, "Christian Wirth—Inspekteur der Vernichtungslager," in KlausMichael Mallmann and Gerhard Paul, eds. *Karrieren der Gewalt: Nationalsozialistische Täterbiographien*, Darmstadt: Wissenschaftliche Buchgesellschaft, 2004, 239–251.

Gabor Rittersporn, *Stalinist Simplifications and Soviet Complications: Social Tensions and Political Conflict in the USSR, 1933–1953*, Chur: Harwood, 1991.

Henry L. Roberts, *Rumania: Political Problems of an Agrarian State*, New Haven: Yale University Press, 1951.

Daniel Romanowsky, "Nazi Occupation in Northeastern Belarus and Western Russia," in Zvi Gitelman, ed., *Bitter Legacy: Confronting the Holocaust in the USSR*, Bloomington: Indiana University Press, 1997, 230–252.

Felix Römer, *Der Kommissarbefehl: Wehrmacht und NS-Verbrechen an der Ostfront 1941/42*, Paderborn: Ferdinand Schöningh, 2008.
Hans Roos, *Polen und Europa: Studien zur polnischen Außenpolitik*, Tübingen: J.C.B. Mohr, 1957.
Mark Roseman, *The Villa, the Lake, the Meeting: Wannsee and the Final Solution*, New York: Penguin, 2003.
Alexander B. Rossino, *Hitler Strikes Poland: Blitzkrieg, Ideology, and Atrocity*, Lawrence: University Press of Kansas, 2003.
Joseph Rothschild, *Piłsudski's Coup d'Etat*, New York: Columbia University Press, 1966.
David Rousset, *L'univers concentrationnaire*, Paris: Éditions du Pavois, 1946.
Włodzimierz Rozenbaum, "The March Events: Targeting the Jews," *Polin*, Vol. 21, 2008, 62–93.
Joshua Rubenstein and Ilya Altman, eds., *The Unknown Black Book: The Holocaust in the German-Occupied Soviet Territories*, Bloomington: Indiana University Press, 2008.
Oleksandr Rubl'ov and Vladimir Reprintsev, "Represii proty poliakiv v Ukraïni u 30-ti roky," *Z arkhiviv V.U.Ch.K H.P.U N.K.V.D K.H.B*, Vol. 1, No. 2, 1995, 119–146.
F. M. Rudych, I. F. Kuras, M. I. Panchuk, P. Ia. Pyrih, and V. F Soldatenko, eds., *Holod 1932–1933 rokiv na Ukraïni: Ochyma istorykiv, movoiu dokumentiv*, Kiev: Vydavnytstvo Politychnoï Literatury Ukrainy, 1990.
Martyna Rusiniak, *Obóz zagłady Treblinka II w pamięci społecznej (1943–1989)*, Warsaw: Neriton, 2008.
Hartmut Ruß, "Wer war verantwortlich für das Massaker von Babij Jar?" *Militärgeschichtliche Mitteilungen*, Vol. 57, No. 2, 1999, 483–508.
Philip T. Rutherford, *Prelude to the Final Solution: The Nazi Program for Deporting Ethnic Poles, 1939–1941*, Lawrence: University Press of Kansas, 2007.
Pamela Rotner Sakamoto, *Japanese Diplomats and Jewish Refugees: A World War II Dilemma*, Westport: Praeger, 1998.
A. N. Sakharov et al., eds., *"Sovershenno sekretno": Lubianka-Stalinu o polozhenii v strane (1922–1934 gg.)*, Vol. 6, Moscow: RAN 2002.
Ruta Sakowska, ed., *Archiwum Ringelbluma. Tom 2: Dzieci—tajne nauczanie w getcie warszawskim*, Warsaw: ŻIH, 2000.
Ruta Sakowska, *Ludzie z dzielnicy zamkniętej. Żydzi w Warszawie w okresie hitlerowskiej okupacji*, Warsaw: PAN, 1975.
Harrison E. Salisbury, *The 900 Days: The Siege of Leningrad*, New York: Harper &

Row, 1969.
Antonella Salomini, *L'Union soviétique et la Shoah*, trans. Marc Saint-Upéry, Paris: La Découverte, 2007.
Thomas Sandkühler, *"Endlösung" in Galizien: Der Judenmord in Ostpolen und die Rettungsinitiativen von Berthold Beitz, 1941–1944*, Bonn: Dietz, 1996.
[Jerzy Sawicki], *Zburzenie Warszawy*, Katowice: Awir, 1946.
Wolfgang Scheffler, "Probleme der Holocaustforschung," in Stefi Jersch-Wenzel, ed. *Deutsche—Polen—Juden. Ihre Beziehungen von den Anfängen bis ins 20. Jahrhundert*, Berlin: Colloquium Verlag, 1987, 259–281.
Cornelia Schenke, *Nationalstaat und nationale Frage: Polen und die Ukraine 1921–1939*, Hamburg: Dölling und Galitz Verlag, 2004.
Thomas Schlemmer, *Die Italiener an der Ostfront*, Munich: R. Oldenbourg Verlag, 2005.
Karl Schlögel, *Terror und Traum: Moskau 1937*, Munich: Carl Hanser Verlag, 2008.
Simon Sebag Montefiore, *Stalin: The Court of the Red Tsar*, New York: Knopf, 2004.
Sefer Lutsk, Tel Aviv: Irgun Yots'e Lutsk be-Yisrael, 1961.
Robert Seidel, *Deutsche Besatzungspolitik in Polen: Der Distrikt Radom 1939–1945*, Paderborn: Ferdinand Schöningh, 2006.
Amartya Sen, *Poverty and Famines: An Essay on Entitlement and Deprivation*, Oxford: Oxford University Press, 1982.
Roman Serbyn, "Lemkin on Genocide of Nations," *Journal of International Criminal Justice*, Vol. 7, No. 1, 2009, 123–130.
Gitta Sereny, *Into That Darkness: From Mercy Killing to Mass Murder*, New York: McGraw Hill, 1974.
Robert Service, *Stalin: A Biography*, Cambridge, Mass.: Harvard University Press, 2004.
Edward Serwański, *Życie w powstańczej Warszawie*, Warsaw: Instytut Wydawniczy PAX, 1965.
G. N. Sevostianov et al., eds., *"Sovershenno sekretno": Lubianka-Stalinu o polozhenii v strane (1922–1934 gg.)*, Vol. 4, Moscow: RAN, 2001.
Jurij Šapoval, "Die Behandlung der 'ukrainischen Nationalisten' im Gebiet Kiev," in Rolf Binner, Bernd Bonwetsch, and Marc Junge, eds., *Stalinismus in der sowjetischen Provinz 1937–1938*, Berlin: Akademie Verlag, 2010, 334–351.
Iurii Shapoval, "Holodomor i ioho zv'iazok iz represiiamy v Ukraïni u 1932–1934 rokakh," *Harvard Ukrainian Studies*, forthcoming.
Iurii Shapoval, *Liudyna i systema: Shtrykhy do portretu totalitarnoï doby v Ukraïni*, Kiev: Natsional'na Akademiia Nauk Ukraïny, 1994.

Jurij Šapoval, "Lügen und Schweigen: Die unterdrückte Erinnerung an den Holodomor," *Osteuropa*, Vol. 54, No. 12, 2009, 131–145.

Iurii Shapoval, "III konferentsiia KP(b)U: proloh trahedii holodu," in Valerii Vasiliev and Iurii Shapoval, eds., *Komandyry velykoho holodu*, Kiev: Heneza, 2001, 152–165.

Iurii Shapoval, "Vsevolod Balickij, bourreau et victime," *Cahiers du Monde russe*, Vol. 44, Nos. 2–3, 2003, 371–384.

Iurii Shapoval, Volodymyr Prystaiko, and Vadym Zolotar'ov, eds., *ChK-HPU-NKVD v Ukraïni: Osoby, fakty, dokumenty*, Kiev: Abrys, 1997.

Iurii Shapoval, Volodymyr Prystaiko, and Vadym Zolotar'ov, "Vsevolod Balyts'kyi," *in ChK-HPU-NKVD v Ukraini: Osoby, fakty, dokumenty*, Kyiv: Abrys, 1997.

David R. Shearer, "Social Disorder, Mass Repression, and the NKVD During the 1930s," *Cahiers du Monde russe*, Vol. 42, Nos. 2–3/4, 2001, 506–534.

Ben Shepherd, *War in the Wild East: The German Army and Soviet Partisans*, Cambridge, Mass.: Harvard University Press, 2004.

Marci Shore, *Caviar and Ashes: A Warsaw Generation's Life and Death in Marxism*, New Haven: Yale University Press, 2006.

Marci Shore, "Children of the Revolution: Communism, Zionism, and the Berman Brothers," *Jewish Social Studies*, Vol. 10, No. 3, 2004, 23–86.

Marci Shore, "Język, pamięć i rewolucyjna awangarda. Kształtowanie historii powstania w getcie warszawskim w latach 1944–1950," *Biuletyn Żydowskiego Instytutu Historycznego*, No. 3 (188), 1998, 43–60.

Zachary Shore, *What Hitler Knew: The Battle for Information in Nazi Foreign Policy*, Oxford: Oxford University Press, 2003.

M. F. Shumejko, "Die NS-Kriegsgefangenenlager in Weißrussland in den Augen des Militärarztes der Roten Armee, L. Atanasyan," in V. Selemenev et al., eds., *Sowjetische und deutsche Kriegsgefangene in den Jahren des Zweiten Weltkriegs*, Dresden-Minsk, 2004.

Danylo Shumuk, *Perezhyte i peredumane*, Kiev: Vydavnyts'tvo imeni Oleny Telihy, 1998.

Lewis Siegelbaum, *Soviet State and Society Between Revolutions*, Cambridge: Cambridge University Press, 1992.

Lewis Siegelbaum and Andrei Sokolov, *Stalinism as a Way of Life*, New Haven: Yale University Press, 2004.

Cynthia Simmons and Nina Perlina, eds., *Writing the Siege of Leningrad*, Pittsburgh: University of Pittsburgh Press, 2002.

Gerhard Simon, "Holodomor als Waffe: Stalinismus, Hunger und der ukrainische Nationalismus," *Osteuropa*, Vol. 54, No. 12, 2004, 37–56.
Thomas W. Simons, Jr., *Eastern Europe in the Postwar World*, New York: St. Martin's, 1993.
Kenneth Slepyan, *Stalin's Guerillas: Soviet Partisans in World War II*, Lawrence: University of Kansas Press, 2006.
Kenneth Slepyan, "The Soviet Partisan Movement and the Holocaust," *Holocaust and Genocide Studies*, Vol. 14, No. 1, 2000, 1–27.
Ivan Slivka, ed., *Deportatsiï*, Lviv: Natsional'na Akademiia Nauk Ukraïny, 1996.
Leonid Smilovitsky, "Antisemitism in the Soviet Partisan Movement, 1941–1944: The Case of Belorussia," *Holocaust and Genocide Studies*, Vol. 20, No. 2, 2006, 207–234.
Jeremy Smith, *The Bolsheviks and the National Question*, New York: St. Martin's, 1999.
Hersh Smolar, *The Minsk Ghetto: Soviet-Jewish Partisans Against the Nazis*, New York: Holocaust Library, 1989.
Timothy Snyder, "Caught Between Hitler and Stalin," *New York Review of Books*, Vol. 56, No. 7, 30 April 2009.
Timothy Snyder, "The Causes of Ukrainian-Polish Ethnic Cleansing, 1943," *Past and Present*, No. 179, 2003, 197–234.
Timothy Snyder, "The Life and Death of West Volhynian Jews, 1921–1945," in Ray Brandon and Wendy Lower, eds., *The Shoah in Ukraine: History, Testimony, and Memorialization*, Bloomington: Indiana University Press, 2008, 77–113.
Timothy Snyder, "Nazis, Soviets, Poles, Jews," *New York Review of Books*, Vol. 56, No. 19, 3 December 2009.
Timothy Snyder, *The Reconstruction of Nations: Poland, Ukraine, Lithuania, Belarus, 1569–1999*, New Haven: Yale University Press, 2003.
Timothy Snyder, "'To Resolve the Ukrainian Problem Once and for All': The Ethnic Cleansing of Ukrainians in Poland, 1943–1947," *Journal of Cold War Studies*, Vol. 1, No. 2, 1999, 86–120.
Timothy Snyder, *Sketches from a Secret War: A Polish Artist's Mission to Liberate Soviet Ukraine*, New Haven: Yale University Press, 2005.
Timothy Snyder, "Wartime Lies," *The Nation*, 6 January 2006.
Anna Sobór-Świderska, *Jakub Berman: biografia komunisty*, Warsaw: IPN, 2009.
Alfred Sohn-Rethel, *Industrie und Nationalsozialismus: Aufzeichnungen aus dem "Mitteleuropäischen Wirtschaftstag,"* ed. Carl Freytag, Wagenbach: Berlin,

1992.
A. K. Sokolov, "Metodologicheskie osnovy ischisleniia poter' naseleniia SSSR v gody Velikoi Otechestvennoi Voiny," in R. B. Evdokimov, ed., *Liudskie poteri SSSR v period vtoroi mirovoi voiny*, St. Petersburg: RAN, 1995, 18–24.
Boris Sokolov, "How to Calculate Human Losses During the Second World War," *Journal of Slavic Military Studies*, Vol. 22, No. 3, 2009, 437–458.
Peter J. Solomon, *Soviet Criminal Justice Under Stalin*, Cambridge: Cambridge University Press, 1996.
Vladimir Solonari, *Purifying the Nation: Population Exchange and Ethnic Cleansing in Nazi-Allied Romania*, Baltimore: John Hopkins University Press, 2010.
Shmuel Spector, *The Holocaust of Volhynian Jews 1941–1944*, Jerusalem: Yad Vashem, 1990.
Szmuel Spektor, "Żydzi wołyńscy w Polsce międzywojennej i w okresie II wojny światowej (1920–1944)," in Krzysztof Jasiewicz, ed., *Europa Nieprowincjonalna*, Warsaw: Instytut Studiów Politycznych PAN, 1999, 566–578.
"Sprawozdania świetliczanek z getta warszawskiego," *Biuletyn Żydowskiego Instytutu Historycznego*, No. 94, 1975, 57–70.
Knut Stang, "Dr. Oskar Dirlewanger—Protagonist der Terrorkriegsführung," in Klaus-Michael Mallmann, ed., *Karrieren der Gewalt: Nationalsozialistische Täterbiographien*, Darmstadt: Wissenschaftliche Buchgesellschaft, 2004, 66–75.
Witold Stankowski, *Obozy i inne miejsca odosobnienia dla niemieckiej ludności cywilnej w Polsce w latach 1945–1950*, Bydgoszcz: Akademia Bydgoska, 2002.
Tomáš Staněk, *Odsun Němců z Československa 1945–1947*, Prague: Akademia Naše Vojsko, 1991.
Tamás Stark, *Hungarian Jews During the Holocaust and After the Second World War: A Statistical Review*, Boulder: East European Monographs, 2000.
Tamás Stark, *Hungary's Human Losses in World War II*, Uppsala: Centre for Multiethnic Research, 1995.
Jonathan Steinberg, "The Third Reich Reflected: German Civil Administration in the Occupied Soviet Union," *English Historical Review*, Vol. 110, No. 437, 1995, 620–651.
Stanisław Stępień, ed., *Polacy na Ukrainie: Zbiór dokumentów 1917–1939*, Przemyśl: Południowo-Wschodni Instytut Naukowy, 1998.
Dariusz Stola, "The Hate Campaign of March 1968: How Did It Become AntiJewish?" *Polin*, Vol. 21, 2008, 16–36.

Dariusz Stola, *Kampania antysyjonistyczna w Polsce 1967–1968*, Warsaw: IH PAN, 2000.

Norman Stone, *The Eastern Front, 1914–1917*, New York: Penguin, 1998.

Alfred Streim, *Die Behandlung sowjetischer Kriegsgefangener im "Fall Barbarossa,"* Heidelberg: C. F. Müller Juristischer Verlag, 1981.

Christian Streit, "The German Army and the Policies of Genocide," in Gerhard Hirschfeld, ed., *The Polices of Genocide: Jews and Soviet Prisoners of War in Nazi Germany*, London: Allen & Unwin, 1986.

Christian Streit, *Keine Kameraden: Die Wehrmacht und die sowjetischen Kriegsgefangenen 1941–1945*, Stuttgart: Deutsche Verlags-Anstalt, 1978.

Henryk Stroński, "Deportacja—masowe wywózki ludności polskiej z Ukrainy do Kazachstanu w 1936 roku," *Przegląd Polonijny*, Vol. 23, No. 3, 1997, 108–121.

Henryk Stroński, *Represje stalinizmu wobec ludności polskiej na Ukrainie w latach 1929–1939*, Warsaw: Wspólnota Polska, 1998.

Andrzej Strzelecki, *Deportacja Żydów z getta łódzkiego do KL Auschwitz i ich zagłada*, Oświęcim: Państwowe Muzeum Auschwitz Birkenau, 2004.

Orest Subtelny, "German Diplomatic Reports on the Famine of 1933," in Wsevolod Isajiw, ed., *Famine-Genocide in Ukraine, 1932–1933*, Toronto: Ukrainian Canadian Research and Documentation Centre, 2003, 13–26.

Gordon R. Sullivan et al., *National Security and the Threat of Climate Change*, Alexandra: CNA Corporation, 2007.

Ronald Grigor Suny, "Reading Russia and the Soviet Union in the Twentieth Century: How 'the West' Wrote Its History of the USSR," in idem, ed., *Cambridge History of Russia*, Vol. 3, Cambridge: Cambridge University Press, 2006, 5–64.

Stanisław Swianiewicz, *In the Shadow of Katyń*, Calgary: Borealis, 2002.

Paweł Szapiro, ed., *Wojna żydowsko-niemiecka*, London: Aneks, 1992.

Bożena Szaynok, *Z historią i Moskwą w tle: Polska a Izrael 1944–1968*, Warsaw: IPN, 2007.

Roman Szporluk, *Russia, Ukraine, and the Breakup of the Soviet Union*, Stanford: Hoover Press, 2000.

Zachar Szybieka, *Historia Białorusi, 1795–2000*, Lublin: IESW, 2002.

Sally J. Taylor, "A Blanket of Silence: The Response of the Western Press Corps in Moscow to the Ukraine Famine of 1932–1933," in Wsevolod Isajiw, ed., *Famine-Genocide in Ukraine, 1932–1933*, Toronto: Ukrainian Canadian Research and Documentation Centre, 2003, 77–95.

Nechama Tec, *Defiance: The Bielski Partisans*, New York: Oxford University Press, 1993.
Philipp Ther, *Deutsche und polnische Vertriebene: Gesellschaft und Vertriebenenpolitik in SBZ/DDR und in Polen 1945–1956*, Göttingen: Vandenhoeck & Ruprecht, 1998.
Tzvetan Todorov, *Les Aventuriers de l'Absolu*, Paris: Robert Laffont, 2006.
Tzvetan Todorov, *Face à l'extrême*, Paris: Editions de Seiul, 1991.
Tsvetan Todorov, *Mémoire du mal, Tentacion du Bien: Enquête sur le siècle*, Paris: Robert Laffont, 2000.
Michał Tokarzewski-Karaszewicz, "U podstaw tworzenia Armii Krajowej," *Zeszyty Historyczne*, No. 56, 1981, 124–157.
Jerzy Tomaszewski, *Preludium Zagłady. Wygnanie Żydów polskich z Niemiec w 1938 r.*, Łódź: PWN SA, 1998.
Monika Tomkiewicz, *Zbrodnia w Ponarach 1941–1944*, Warsaw: IPN, 2008.
Adam Tooze, *The Wages of Destruction: The Making and Breaking of the Nazi Economy*, New York: Viking, 2007.
Teresa Torańska, *Oni*, London: Aneks, 1985.
Ryszard Torzecki, *Kwestia ukraińska w Polsce w latach 1923–1939*, Cracow: Wydawnictwo Literackie, 1989.
"Treblinka," in M. Blumental, ed., *Dokumenty i materialy. Obozy*, Łódź: Wydawnictwa Centralnej Żydowskiej Komisji Historycznej, 1946, 173–195.
Isaiah Trunk, *Judenrat: The Jewish Councils in Eastern Europe Under Nazi Occupation*, New York: Macmillan, 1972.
Henry Ashby Turner, *Stresemann and the Politics of the Weimar Republic*, Princeton: Princeton University Press, 1963.
Krisztián Ungvary, *Die Schlacht um Budapest: Stalingrad an der Donau, 1944/45*, Munich: Herbig, 1998.
Thomas Urban, *Der Verlust: Die Vertreibung der Deutschen und Polen im 20. Jahrhundert*, Munich: C. H. Beck, 2004.
Krzysztof Urbański, *Zagłada Żydów w dystrykcie radomskim*, Cracow: Wydawnictwo Naukowe Akademii Pedagogicznej, 2004.
Marcin Urynowicz, "Gross Aktion—Zagłada Warszawskiego Getta," *Biuletyn Instytutu Pamięci Narodowej*, No. 7, 2007, 105–115.
Benjamin Valentino, *Final Solutions: Mass Killing and Genocide in the Twentieth Century*, Ithaca: Cornell University Press, 2004.
Jacques Vallin, France Meslé, Serguei Adamets, and Serhii Pyrozhkov, "A New Estimate of Ukrainian Population Losses During the Crises of the 1930s and

1940s," *Population Studies*, Vol. 56, No. 3, 2002, 249–264.
A. Iu. Vashlin, *Terror raionnogo masshtaba: "Massovye operatsii" NKVD v Kuntsevskom raione Moskovskoi oblasti 1937–1938 gg.*, Moscow: Rosspen, 2004.
Valerii Vasiliev, "Tsina holodnoho khliba. Polityka kerivnytstva SRSR i USRR v 1932–1933 rr.," in Valerii Vasiliev and Iurii Shapoval, eds., *Komandyry velykoho holodu: Poizdky V. Molotova i L. Kahanovycha v Ukraïnu ta na Pivnichnyi Kavkaz 1932–1933 rr.*, Kiev: Heneza, 2001, 12–81.
Jeffrey Veidlinger, *The Moscow State Yiddish Theater: Jewish Culture on the Soviet Stage*, Bloomington: Indiana University Press, 2000.
Jeffrey Veidlinger, "Soviet Jewry as a Diaspora Nationality: The 'Black Years' Reconsidered," *East European Jewish Affairs*, Vol. 33, No. 1, 2003, 4–29.
Verbrechen der Wehrmacht: Dimensionen des Vernichtungskrieges 1941–1944, Hamburg: Institut für Sozialforschung, 2002.
Vertreibung und Vertreibungsverbrechen 1945–1948: Bericht des Bundesarchivs vom 28. Mai 1974, Bonn: Kulturstiftung der Deutschen Vertriebenen, 1989.
Lynne Viola, *The Best Sons of the Fatherland: Workers in the Vanguard of Soviet Collectivization*, Oxford: Oxford University Press, 1987.
Lynne Viola, *Peasant Rebels Under Stalin: Collectivization and the Culture of Popular Resistance*, New York: Oxford University Press, 1996.
Lynne Viola, "Selbstkolonisierung der Sowjetunion," *Transit*, No. 38, 34–56.
Lynne Viola, *The Unknown Gulag: The Lost World of Stalin's Special Settlements*, New York: Oxford University Press, 2007.
Lynn Viola, V. P. Danilov, N. A., Ivnitskii, and Denis Kozlov, eds., *The War Against the Peasantry, 1927–1930: The Tragedy of the Soviet Countryside*, New Haven: Yale University Press, 2005.
T. V. Volokitina et al., eds., *Sovetskii faktor v Vostochnoi Evrope 1944–1953*, Moscow: Sibirskii khronograf, 1997.
Ricarda Vulpius, "Ukrainische Nation und zwei Konfessionen. Der Klerus und die ukrainische Frage 1861–1921," *Jahrbücher für Geschichte Osteuropas*, Vol. 49, No. 2, 2001, 240–256.
Andrzej Walicki, *The Controversy over Capitalism: Studies in the Social Philosophy of the Russian Populists*, Oxford: Clarendon Press, 1969.
Martin Walsdorff, *Westorientierung und Ostpolitik: Stresemanns Rußlandpolitik in der Locarno-Ära*, Bremen: Schünemann Universitätsverlag, 1971.
Piotr Wandycz, *Soviet-Polish Relations, 1917–1921*, Cambridge, Mass.: Harvard University Press, 1969.

Piotr Wandycz, *Z Piłsudskim i Sikorskim: August Zaleski, minister spraw zagranicznych w latach 1926–1932 i 1939–1941*, Warsaw: Wydawnictwo Sejmowe, 1999.
Bruno Wasser, *Himmlers Raumplannung im Osten*, Basel: Birkhäuser Verlag, 1993.
Eugen Weber, *The Hollow Years: France in the 1930s*, New York: Norton, 1994.
David Wdowinski, *And Are We Not Saved*, New York: Philosophical Library, 1985.
Gerhard L. Weinberg, *The Foreign Policy of Hitler's Germany*, Chicago: University of Chicago Press, 1980.
Gerhard L. Weinberg, *A World at Arms: A Global History of World War II*, Cambridge: Cambridge University Press, 1994.
Amir Weiner, *Making Sense of War: The Second World War and the Fate of the Bolshevik Revolution*, Princeton: Princeton University Press, 2001.
Amir Weiner, "Nature, Nurture, and Memory in a Socialist Utopia: Delineating the Soviet Socio-Ethnic Body in the Age of Socialism," *American Historical Review*, Vol. 104, No. 4, 1999, 1114–1155.
Anton Weiss-Wendt, *Murder Without Hatred: Estonians and the Holocaust*, Syracuse: Syracuse University Press, 2009.
Aleksander Weissberg-Cybulski, *Wielka czystka*, trans. Adam Ciołkosz, Paris: Institut Litteraire, 1967.
Eric D. Weitz, "From the Vienna to the Paris System: International Politics and the Entangled Histories of Human Rights, Forced Deportations, and Civilizing Missions," *American Historical Review*, Vol. 113, No. 5, 2008, 1313–1343.
Bernd-Jürgen Wendt, *Großdeutschland: Außenpolitik und Kriegsvorbereiterung des Hitler-Regimes*, Munich: Deutscher Taschenbuch Verlag, 1987.
Nicolas Werth, "Un État contre son peuple," in Stéphane Courtois, Nicolas Werth, Jean-Louis Panné, Andrzej Paczkowski, Karel Bartosek, and Jean-Louis Margolin, eds., *Le livre noir du communisme: Crimes, terreur*, repression, Paris: Robert Laffont, 1997.
Nicolas Werth, *La terreur et le désarroi: Staline et son système*, Paris: Perrin, 2007.
Edward B. Westermann, "'Ordinary Men' or 'Ideological Soldiers'? Police Battalion 310 in Russia, 1942," *German Studies Review*, Vol. 21, No. 1, 1998, 41–68.
Stephen G. Wheatcroft, "Agency and Terror: Evdokimov and Mass Killing in Stalin's Great Terror," *Australian Journal of Politics and History*, Vol. 53, No. 1, 2007, 20–43.
Stephen G. Wheatcroft, "The Scale and Nature of German and Soviet Repression

and Mass Killings, 1930–45," *Europe-Asia Studies*, Vol. 48, No. 8, 1996, 1319–1353.
Stephen G. Wheatcroft, "Towards Explaining the Changing Levels of Stalinist Repression in the 1930s: Mass Killings," in idem, ed., *Challenging Traditional Views of Russian History*, Houndmills: Palgrave, 2002, 112–138.
John W. Wheeler-Bennett, *Brest-Litovsk: The Forgotten Peace*, London: Macmillan, 1938.
Paweł Piotr Wieczorkiewicz, *Łańcuch śmierci. Czystka w Armii Czerwonej 1937–1939*, Warsaw: Rytm, 2001.
Mieczysław Wieliczko, "Akcja AB w Dystrykcie Krakowskim," in Zygmunt Mańkowski, ed., *Ausserordentliche Befriedungsaktion 1940 Akcja AB na ziemiach polskich*, Warsaw: GKBZpNP-IPN, 1992, 28–40.
Yankiel Wiernik, *A Year in Treblinka*, New York: General Jewish Workers' Union of Poland, 1944.
Hans-Heinrich Wilhelm, *Die Einsatzgruppe A der Sicherheitspolizei und des SD 1941/1942*, Frankfurt am Main: Peter Lang, 1996.
Samuel Willenberg, *Revolt in Treblinka*, Warsaw: Jewish Historical Institute, 1992.
Kieran Williams, *The Prague Spring And Its Aftermath: Czechoslovak Politics, 1968–1970*, New York: Cambridge University Press, 1997.
Andreas Wirsching, *Die Weimarer Republik in ihrer inneren Entwicklung: Politik und Gesellschaft*, Munich: Oldenbourg, 2000.
Peter Witte, Michael Wildt, Martina Voigt, Dieter Pohl, Peter Klein, Christian Gerlach, Christoph Dieckmann, and Andrej Angrick, eds., *Der Dienstkalender Heinrich Himmlers 1941/42*, Hamburg: Hans Christians Verlag, 1999.
Peter Witte and Stephen Tyas, "A New Document on the Deportation and Murder of Jews During 'Einsatz Reinhardt' 1942," *Holocaust and Genocide Studies*, Vol. 15, No. 3, 2001, 468–486.
Rafał Wnuk, "Za pierwszego Sowieta." *Polska konspiracja na Kresach Wschodnich II Rzeczypospolitej*, Warsaw: IPN, 2007.
Janusz Wróbel and Joanna Żelazko, eds., *Polskie dzieci na tułaczych szlakach 1939–1950*, Warsaw: IPN, 2008.
Józef Wroniszewski, *Ochota 1939–1946*, Warsaw: MON, 1976.
Dali L. Yang, *Calamity and Reform in China: State, Rural Society, and Institutional Change Since the Great Leap Famine*, Stanford: Stanford University Press, 1996.
Serhy Yekelchyk, *Stalin's Empire of Memory: Russian-Ukrainian Relations in the Soviet Historical Imagination*, Toronto: University of Toronto Press, 2004.

Zagłada polskich elit. Akcja AB–Katyń, Warsaw: Instytut Pamięci Narodowej, 2006.
Steven J. Zaloga, *Bagration 1944: The Destruction of Army Group Center*, Westport: Praeger, 2004.
Jürgen Zarusky, "'Hitler bedeutet Krieg': Der deutsche Weg zum Hitler-Stalin-Pakt," *Osteuropa*, Vol. 59, Nos. 7–8, 2009, 97–114.
Andrzej Żbikowski, "Lokalne pogromy Żydów w czerwcu i lipcu 1941 r. na wschodnich rubieżach II Rzeczypospolitej," *Biuletyn Żydowskiego Instytutu Historycznego*, Nos. 162–163, 1992, 3–18.
Andrzej Żbikowski, "Żydowscy przesiedleńcy z dystryktu warszawskiego w getcie warszawskim, 1939–1942," in Barbara Engelking, Jacek Leociak, and Dariusz Libionka, eds., *Prowincja noc. Życie i zagłada Żydów w dystrykcie warszawskim*, Warsaw: IFiS PAN, 2007, 223–279.
I. Zelenin et al., eds., *Tragediia sovetskoi derevni: Kollektivizatsiia i raskulachivanie*, Vol. 3, Moscow: Rosspen, 2001.
V. N. Zemskov, "Smertnost' zakliuchennykh v 1941–1945 gg.," in R. B. Evdokimov, ed., *Liudskiie poteri SSSR v period vtoroi mirovoi voiny*, St. Petersburg: RAN, 1995, 174–177.
V. N. Zemskov, *Spetsposelentsy v SSSR, 1930–1960*, Moscow: Nauka, 2003.
Joshua D. Zimmerman, "The Attitude of the Polish Home Army (AK) to the Jewish Question During the Holocaust: The Case of the Warsaw Ghetto Uprising," in Murray Baumgarten, Peter Kenez, and Bruce Thompson, eds., *Varieties of Antisemitism: History, Ideology, Discourse*, Newark: University of Delaware Press, 2009, 105–126.
Ewa Ziółkowska, "Kurapaty," *Biuletyn Instytutu Pamięci Narodowej*, Nos. 96–97, 2009, 44–53.
D. Zlepko, ed., *Der ukrainische Hunger-Holocaust*, Sonnenbühl: Helmut Wild, 1988.
Vadim Zolotar'ov, "Nachal'nyts'kyi sklad NKVS USRR u seredyni 30-h rr.," *Z arkhiviv VUChK-HPU-NKVD-KGB*, No. 2, 2001, 326–331.
Vladislav M. Zubok, *A Failed Empire: The Soviet Union in the Cold War from Stalin to Gorbachev*, Chapel Hill: University of North Carolina Press, 2007.
Marcin Zwolski, "Deportacje internowanych Polaków w głąb ZSRS w latach 1944–1945," in Marcin Zwolski, ed., *Exodus: Deportacje i migracje (wątek wschodni)*, Warsaw: IPN, 2008, 40–49.
Yitzhak Zuckerman, *A Surplus of Memory: Chronicle of the Warsaw Ghetto Uprising*, Berkeley: University of California Press, 1993.

찾아보기

ㅂ

ㅅ

ㅇ

ㅈ

ㅊ

ㅋ

ㅌ

ㅍ

ㅎ

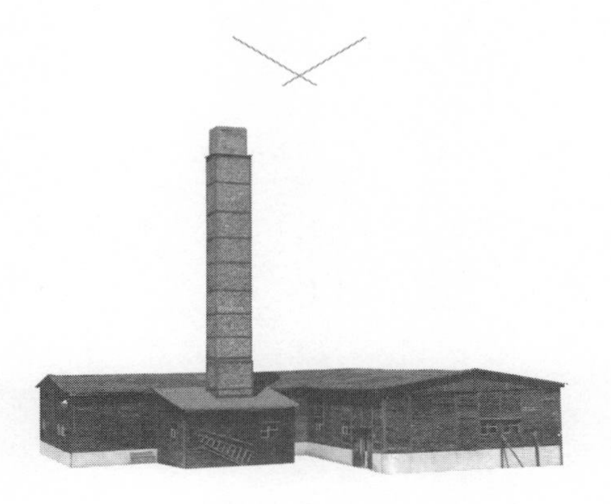

BLOODLANDS

피에 젖은 땅

스탈린과 히틀러 사이의 유럽

1판 1쇄 2021년 3월 5일
1판 6쇄 2023년 10월 6일

지은이 티머시 스나이더
옮긴이 함규진
펴낸이 강성민
편집장 이은혜
기획 노만수
마케팅 정민호 박치우 한민아 이민경 박진희 정경주 정유선 김수인
브랜딩 함유지 함근아 박민재 김희숙 고보미 정승민 배진성
제작 강신은 김동욱 이순호
독자모니터링 황치영

펴낸곳 (주)글항아리 | 출판등록 2009년 1월 19일 제406-2009-000002호

주소 10881 경기도 파주시 심학산로 10 3층
전자우편 bookpot@hanmail.net
전화번호 031-941-5159(편집부) 031-955-8869(마케팅)
팩스 031-941-5163

ISBN 978-89-6735-871-6 03900

잘못된 책은 구입하신 서점에서 교환해드립니다.
기타 교환 문의 031-955-2661, 3580

www.geulhangari.com